U0936023

广州统计年鉴

GUANGZHOU STATISTICAL YEARBOOK

2016

（总第28期 NO. 28）

广 州 市 统 计 局
国家统计局广州调查队 编
Guangzhou Municipal Statistics Bureau
Guangzhou Survey Office of National Bureau of Statistics

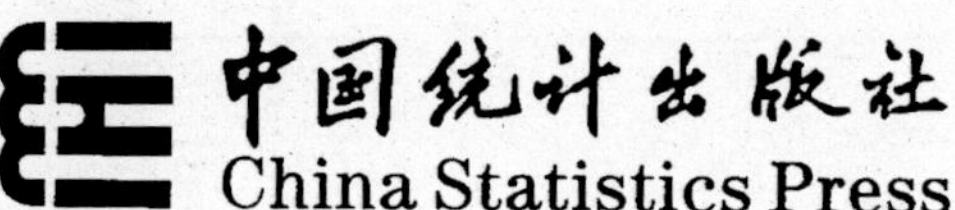

图书在版编目（C I P）数据

广州统计年鉴. 2016 / 广州市统计局, 国家统计局广州调查队编.
-- 北京 : 中国统计出版社, 2016.9
ISBN 978-7-5037-7904-6

Ⅰ. ①广…
Ⅱ. ①广… ②国…
Ⅲ. ①统计资料－广州－2016－年鉴
Ⅳ. ①C832.651-54

中国版本图书馆 CIP 数据核字(2016)第 192216 号

广州统计年鉴-2016

作　　者/ 广州市统计局　国家统计局广州调查队
责任编辑/ 陈越月
出版发行/ 中国统计出版社
地　　址/ 北京市丰台区西三环南路甲 6 号　邮政编码/100073
电　　话/ 邮购（010）63376909　书店（010）68783171
网　　址/ http://csp.stats.gov.cn
印　　刷/ 广州星河印刷有限公司
经　　销/ 新华书店
开　　本/ 890mm×1240mm　1/16
字　　数/ 1480 千字
印　　张/ 36.25
版　　别/ 2016 年 9 月第 1 版
版　　次/ 2016 年 9 月第 1 次印刷
定　　价/ 398 元

如有印装差错，由本社发行部调换。

地区生产总值（亿元）
[Gross Domestic Product (100 million yuan)]

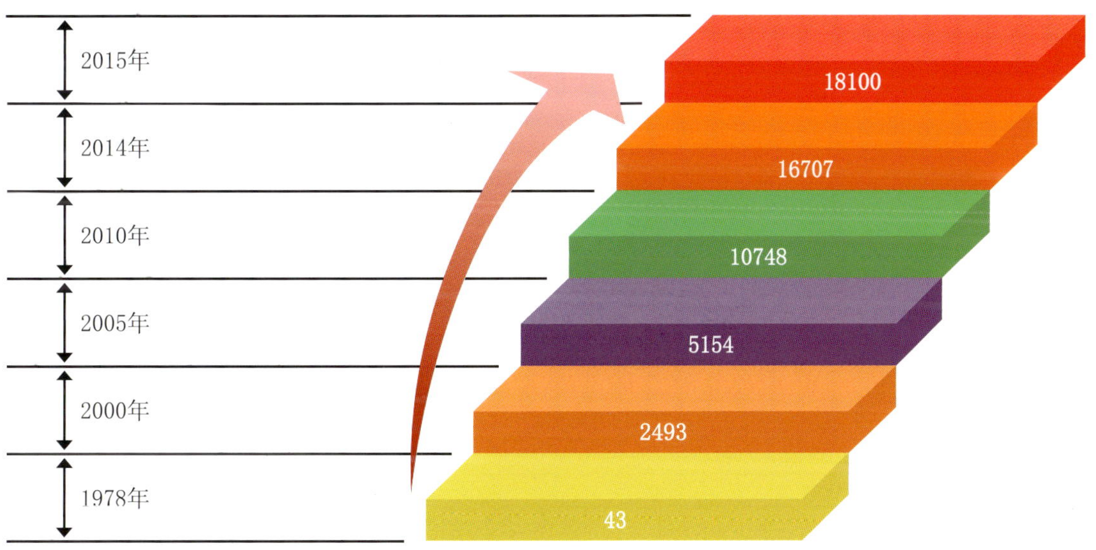

地区生产总值构成（%）
[Proportions in GDP (%)]

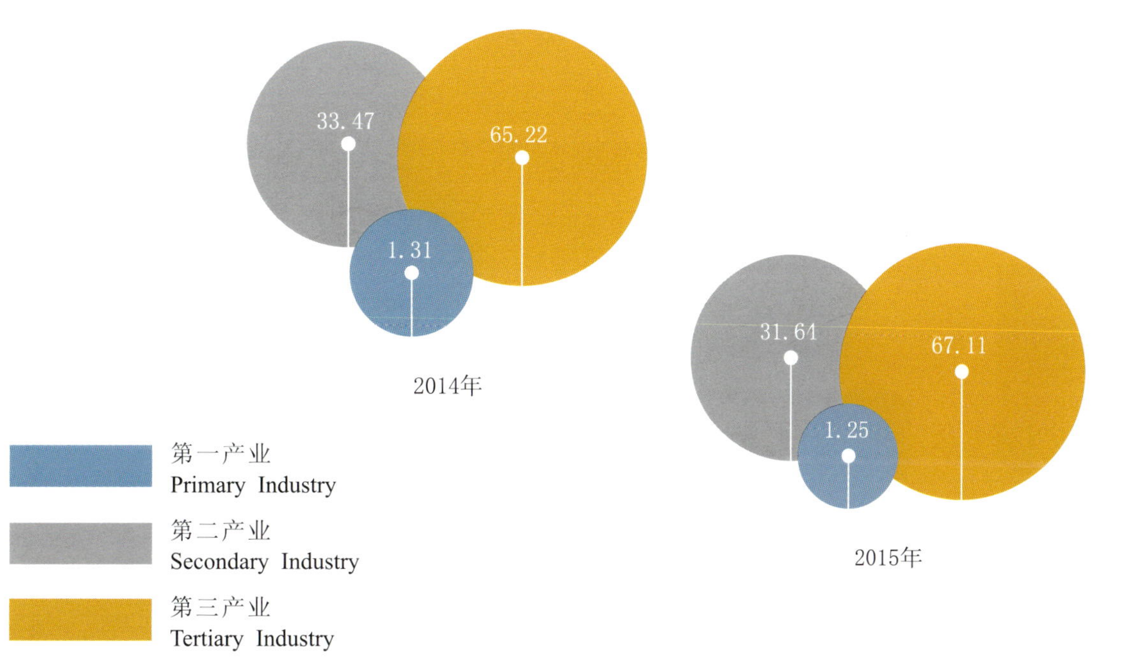

年末户籍总人口（万人）
[Total Registered Permanent Residents at Year-end (10000 persons)]

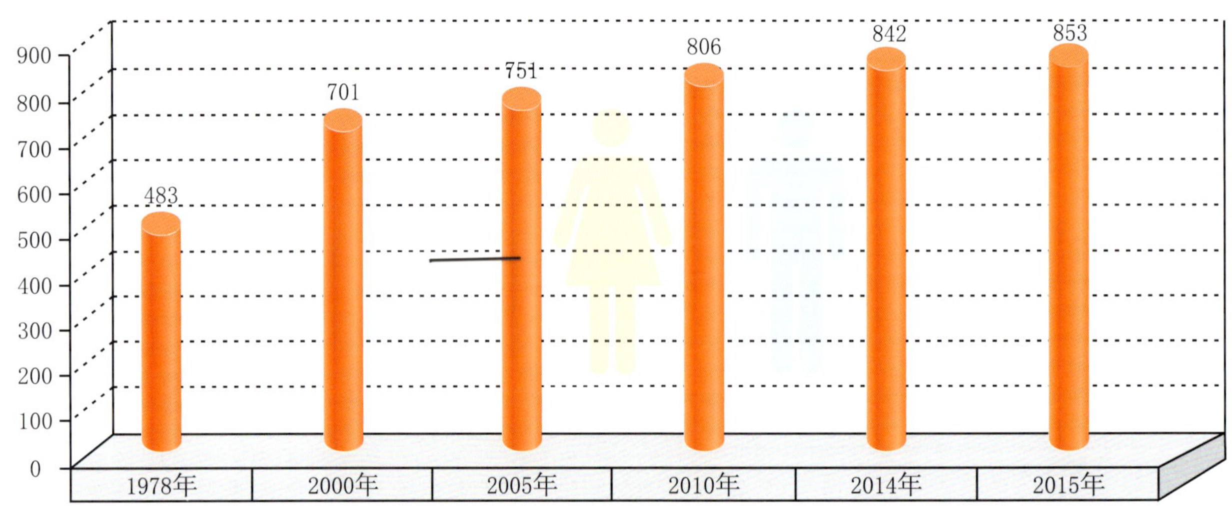

户籍人口自然增长率（‰）
[Natural Growth Rate of Registered Population (‰)]

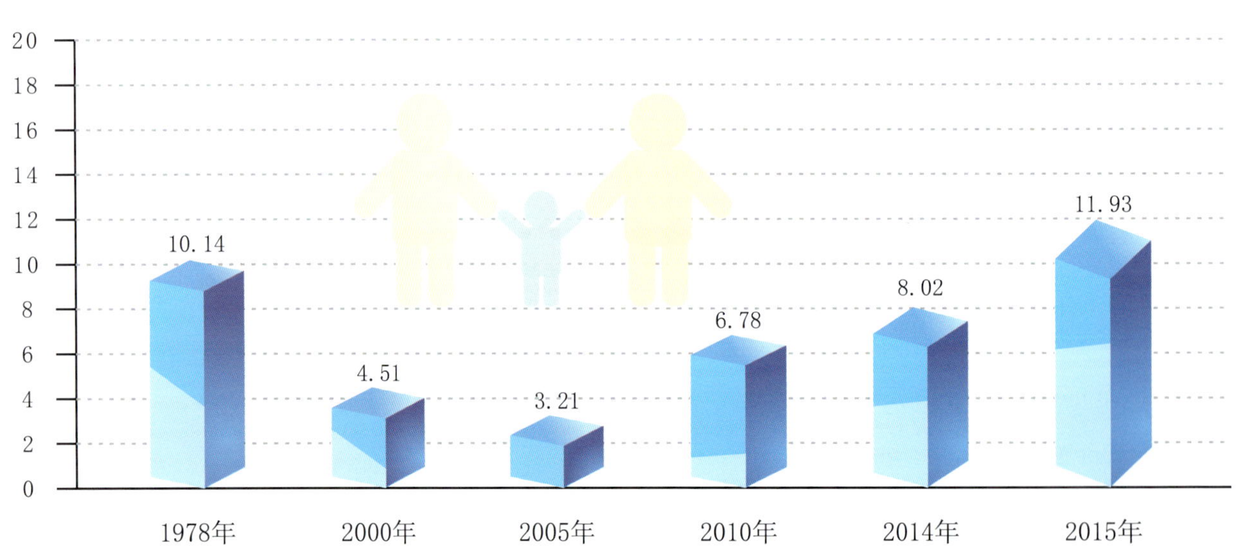

从业人员和工资
EMPLOYMENT AND WAGES

社会从业人员（万人）
[Number of Employed Persons (10000 persons)]

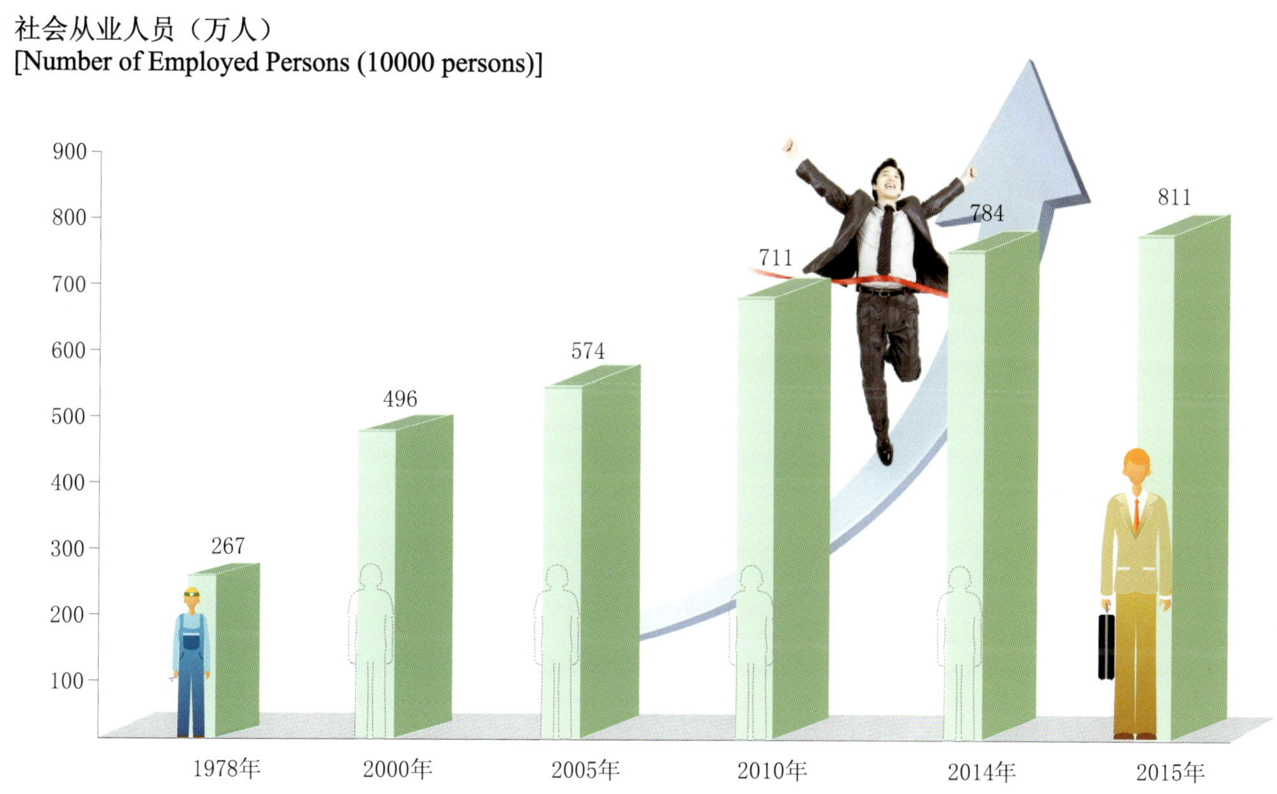

城镇非私营单位在岗职工年平均工资（元）
[Average Wage of Fully Employed Staff and Workers in Urban Units (yuan)]

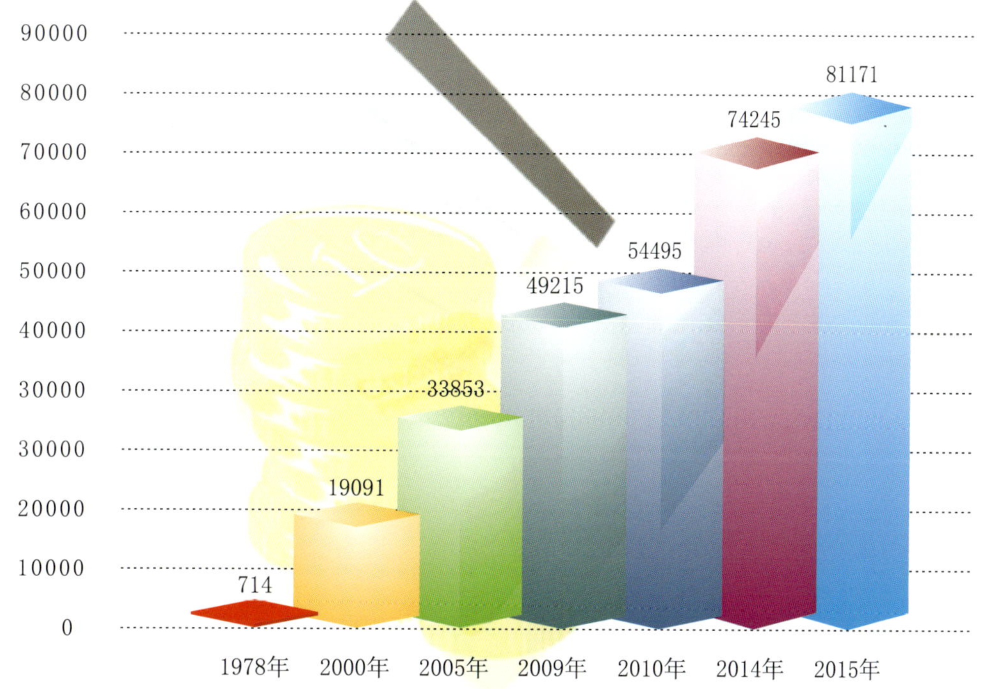

固定资产投资额（亿元）
[Total Investment in Fixed Assets (100 million yuan)]

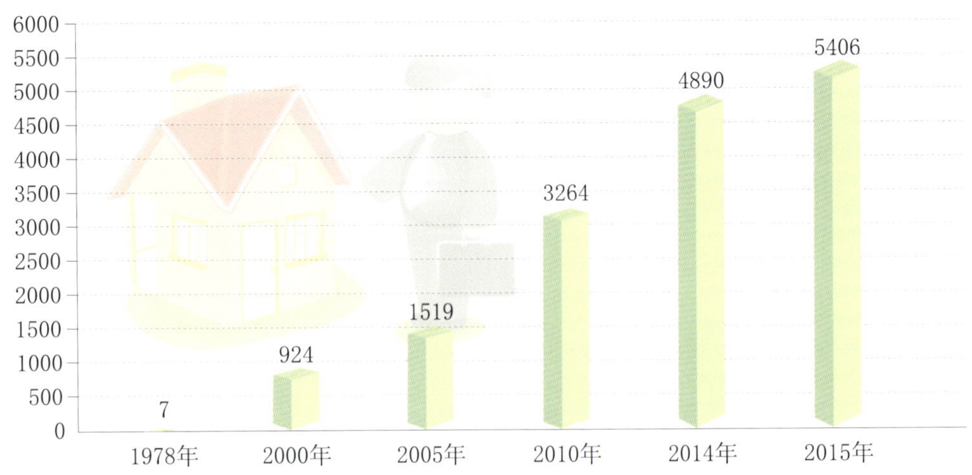

固定资产投资额三次产业构成（%）
[Compositions of Investment in Fixed Assets Classified by Three Strata of Industries (%)]

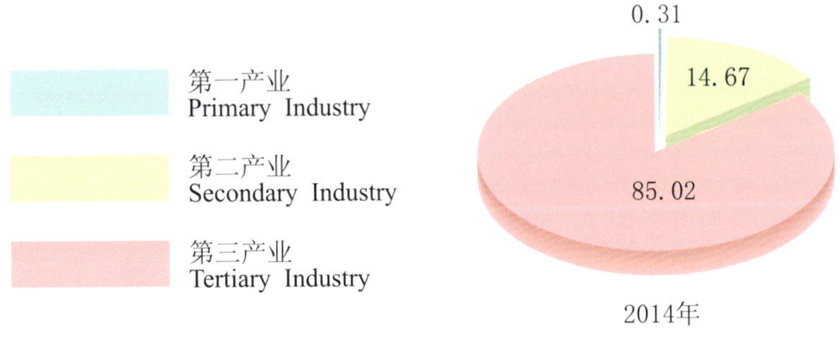

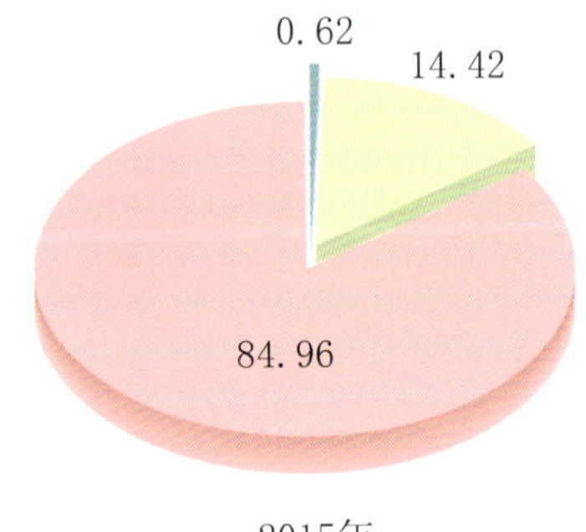

2015年

房屋建设(万平方米)
[Real Estate Development (10000 sq.m)]

房屋施工面积
Floor Space under Construction

13996
13130
2014年
2015年

房屋竣工面积
Floor Space Completed

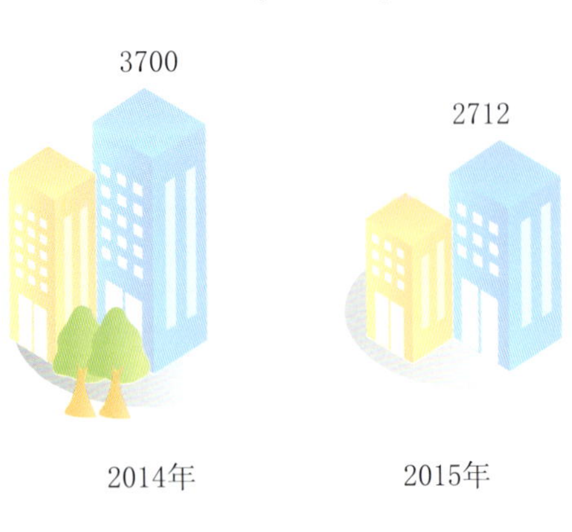

能源消费总量（万吨标准煤）
[Total Energy Consumption (10000 tons of SCE)]

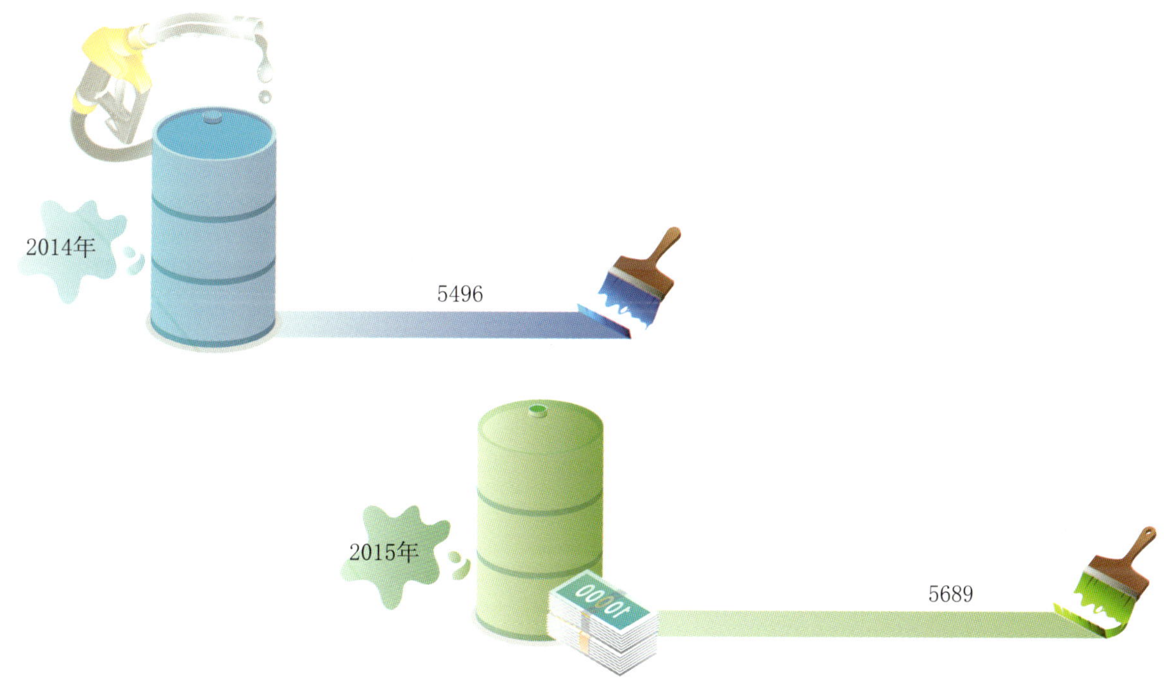

能源消费总量构成（%）（2015 年）
[Proportions of Total Energy Consumption (%) (2015)]

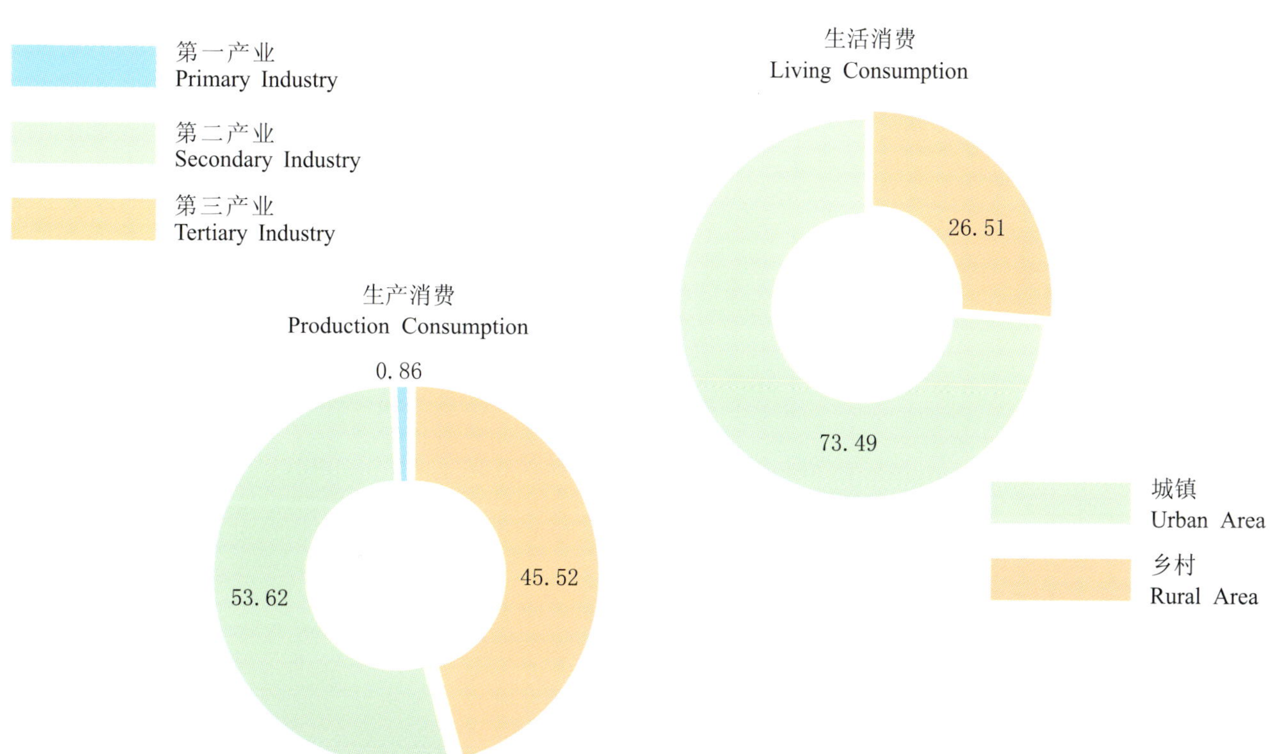

财政、金融
GOVERNMENT FINANCE,BANKING

财政收支（按当年口径、亿元）
[Revenue and Expenditure of Local Government (at the Coverage of Current Year,100 million yuan)]

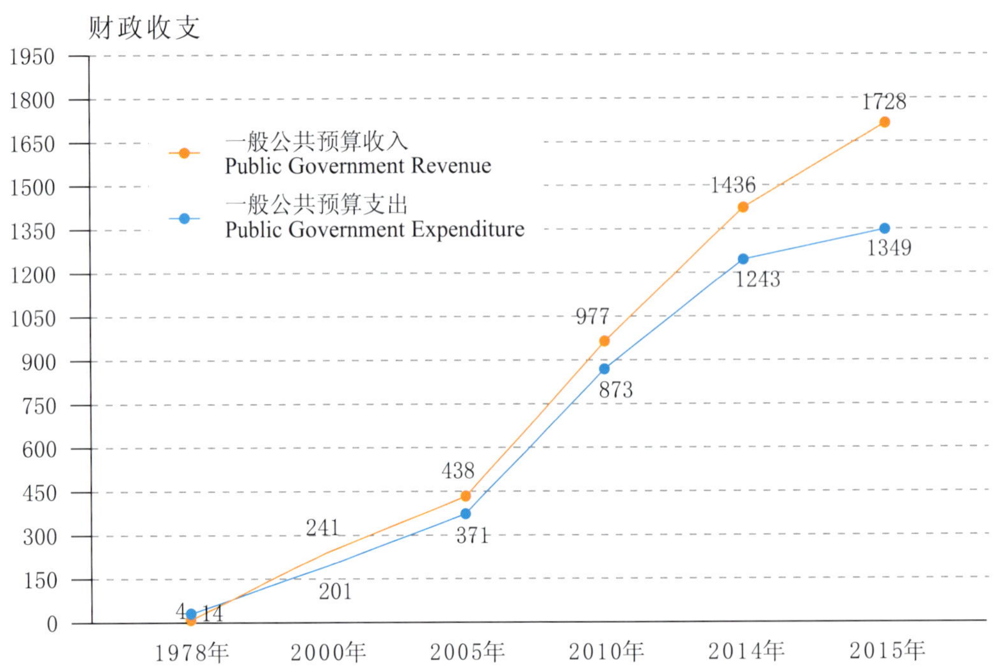

金融机构人民币存、贷款余额（亿元）
[RMB Saving Deposit and Loan of Financial Institutions (100 million yuan)]

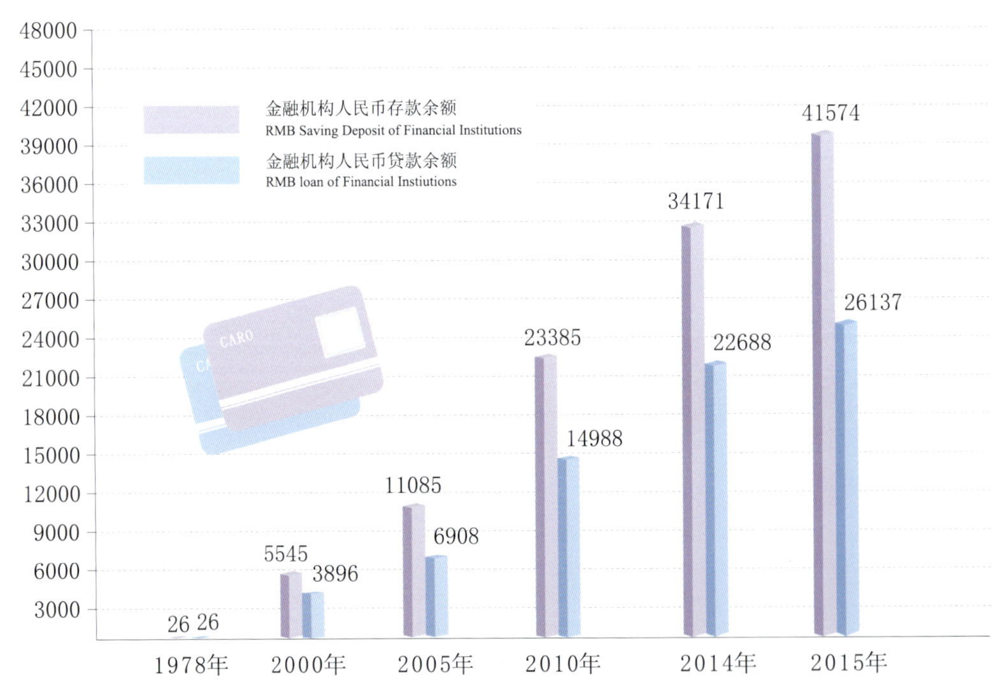

城市居民消费价格指数（以1978年价格为100）
[Urban Residents Consumer Price Indices (the price of 1978=100)]

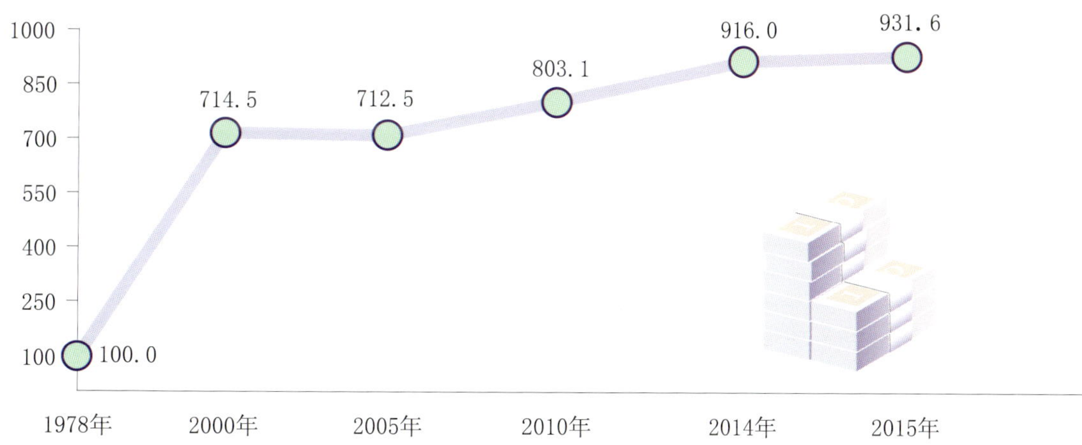

城市商品零售价格指数（以1978年价格为100）
[Urban Retail Price Indices in Main Years (the price of 1978=100)]

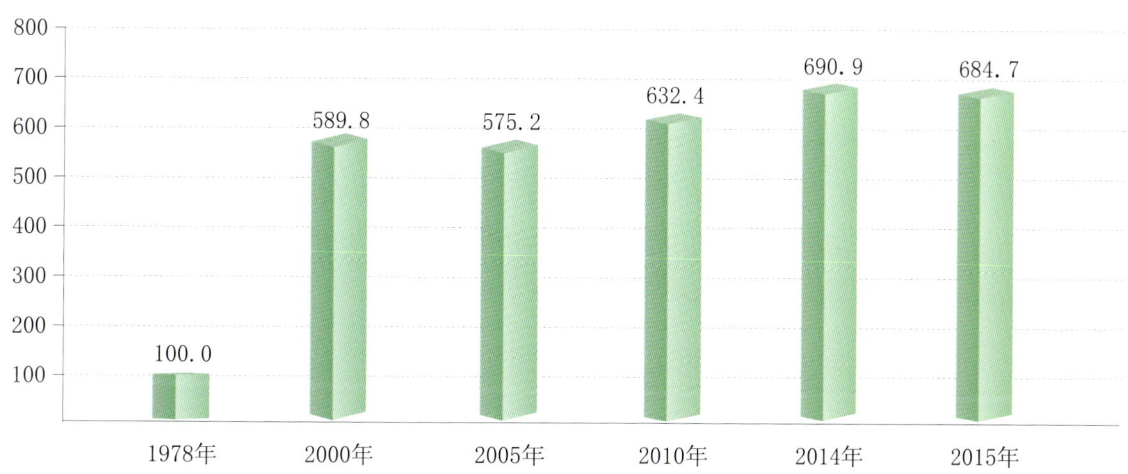

城市居民年人均可支配收入（元）
[Per Capita Annual Disposable Income of Urban Residents (yuan)]

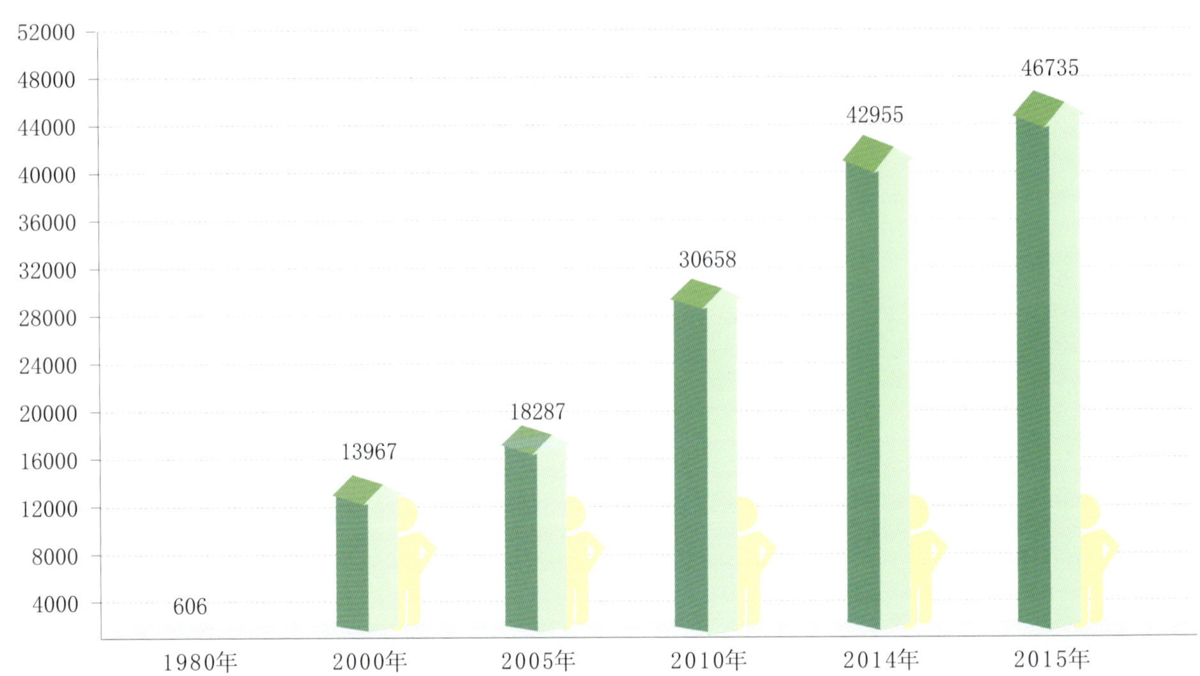

农村居民年人均纯收入（元）
[Per Capita Annual Net Income of Rural Residents (yuan)]

城市市政公用设施建设固定资产投资（亿元）
[Investment in Fixed Assets in Public Facilities in Urban Districts (100 million yuan)]

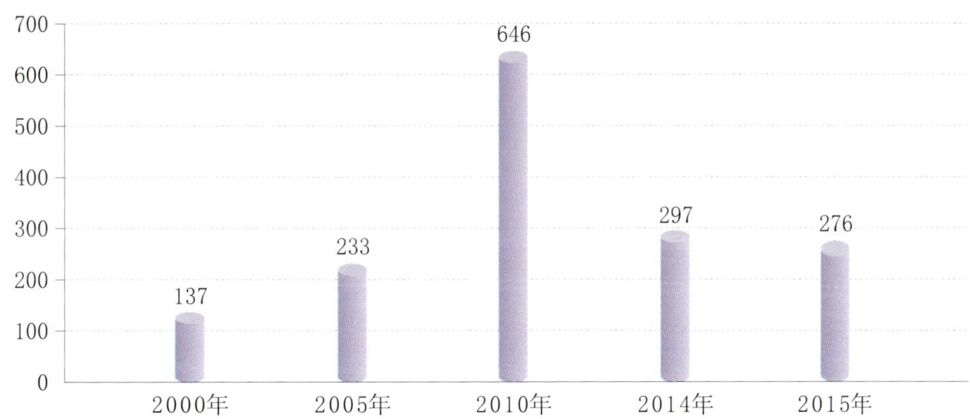

城市道路面积（万平方米）
[Roads Area in Urban Districts (10000 sq.m)]

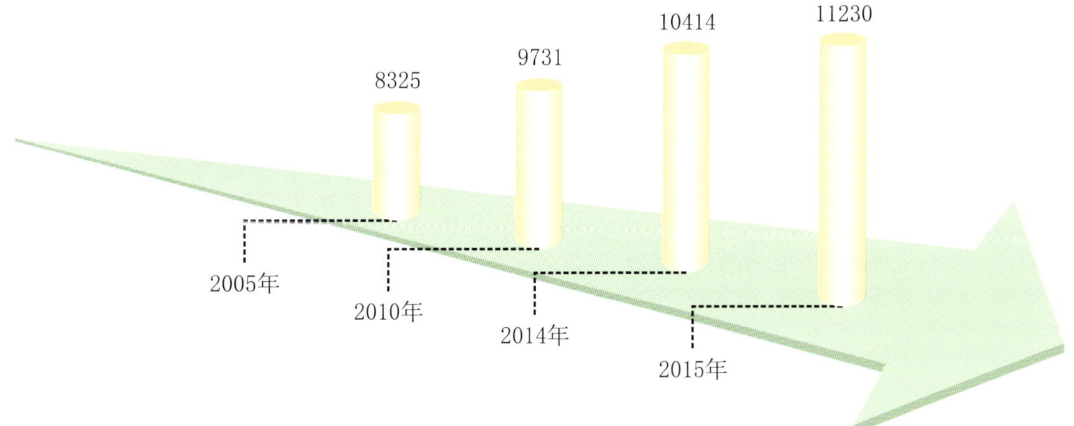

绿地面积（公顷）
[Area of Green Areas (hectare)]

农、林、牧、渔业总产值及增加值（亿元）
[Gross Output Value and Added Value of Agriculture (100 million yuan)]

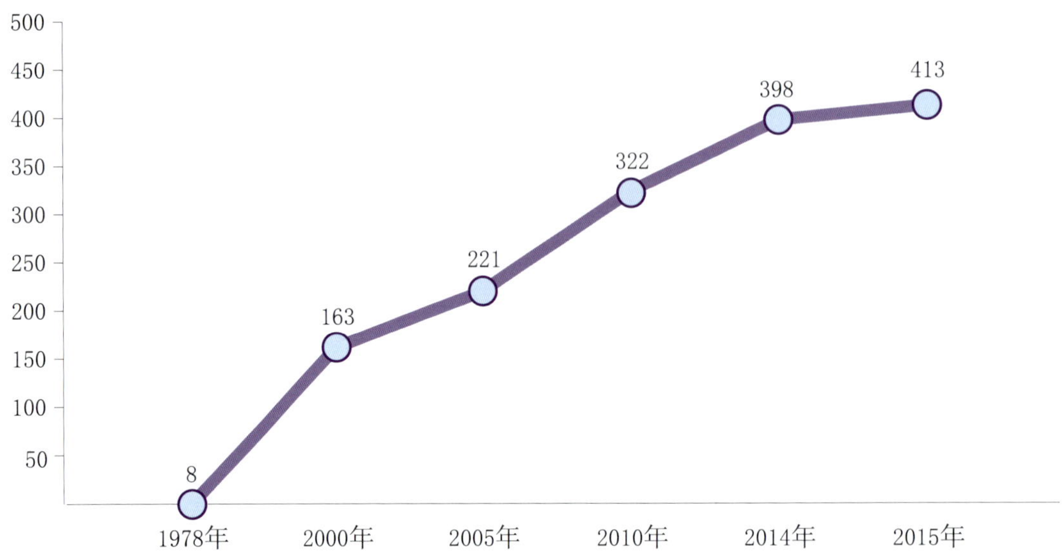

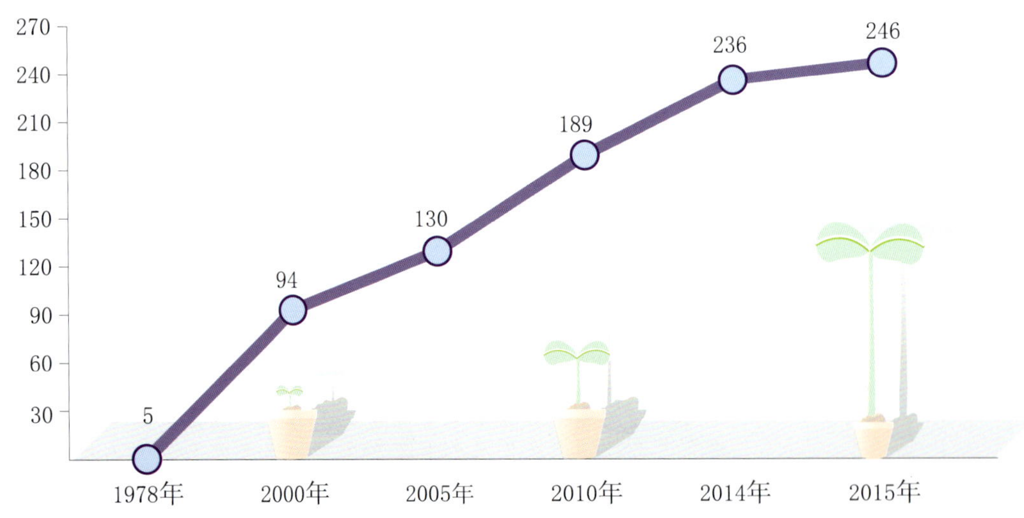

工业总产值（亿元）
[Gross Output Value of Industry (100 million yuan)]

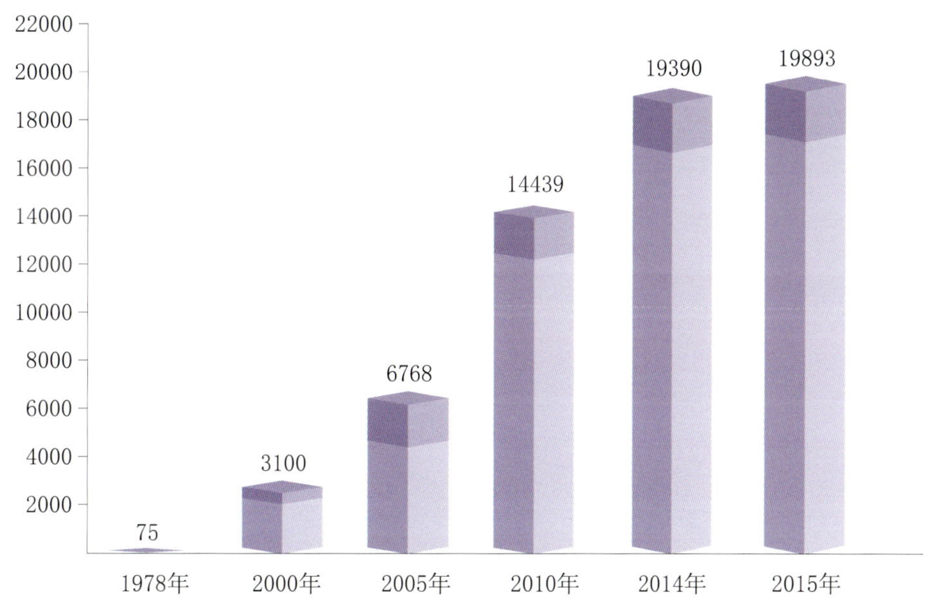

规模以上工业总产值构成（%）（2015）
[Proportions in Gross Output Value of Industry Enterprises above Designated Size(%) (2015)]

按规模分
by Scale

按轻重工业分
by Light and Heavy Industries

□ 建筑业总产值（亿元）
[Gross Output Value (100 million yuan)]

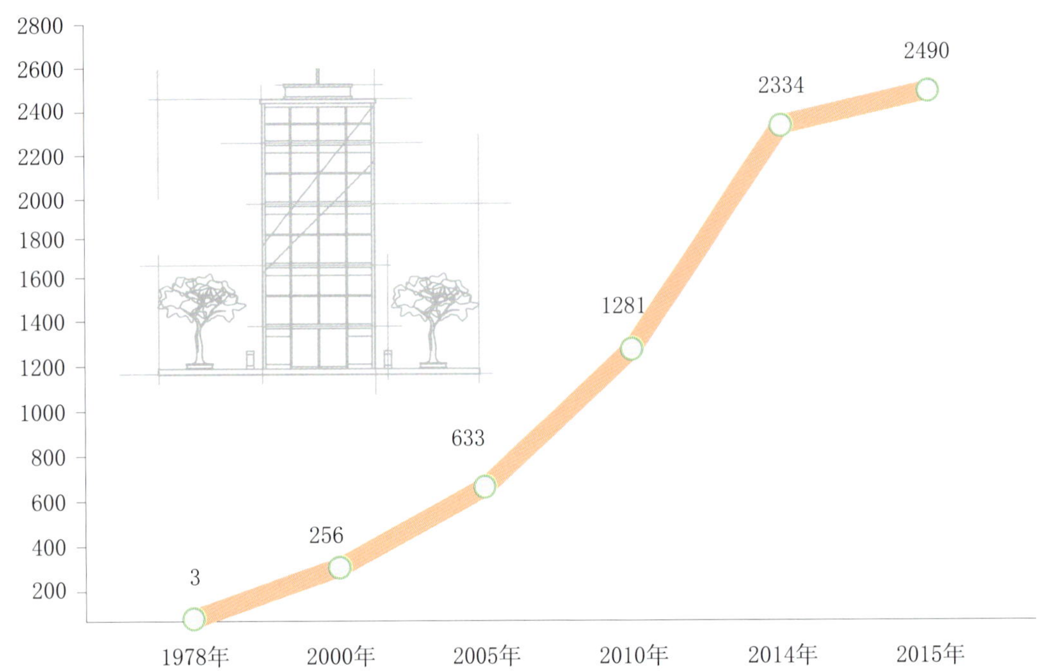

运输和邮电

货物、旅客运输量
[Freight and Passenger Traffic]

邮电业务收入（亿元）
[Revenue of Postal and Telecommunication Services (100 million yuan)]

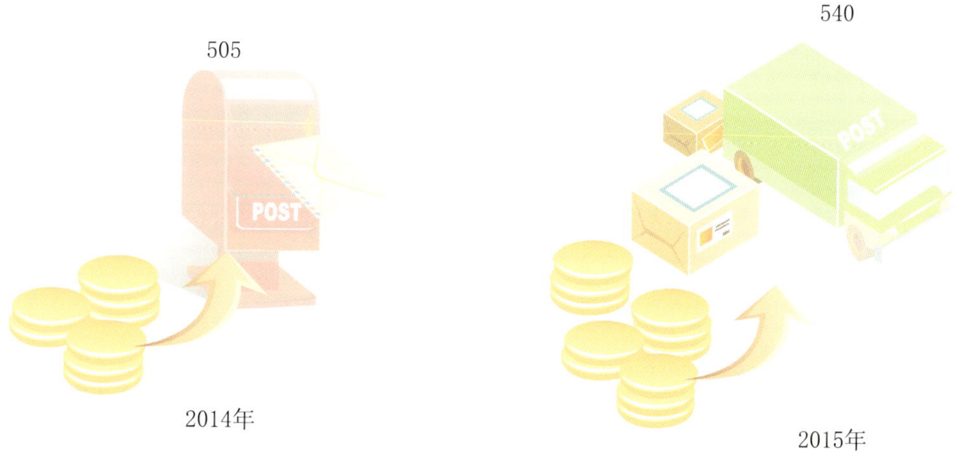

国内贸易
DOMESTIC TRADE

社会消费品零售总额（亿元）
[Retail Sale of Consumer Goods (100 million yuan)]

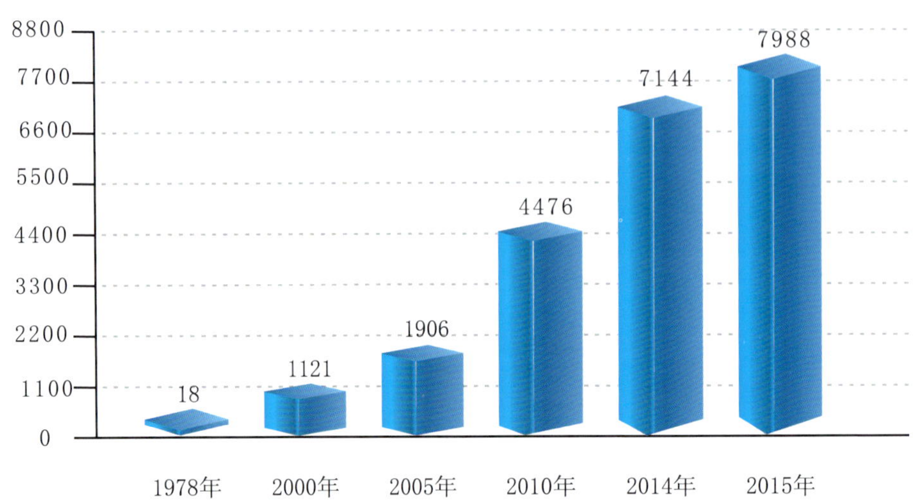

社会消费品零售总额构成（%）
[Proportions in Retail Sale of Consumer Goods (%)]

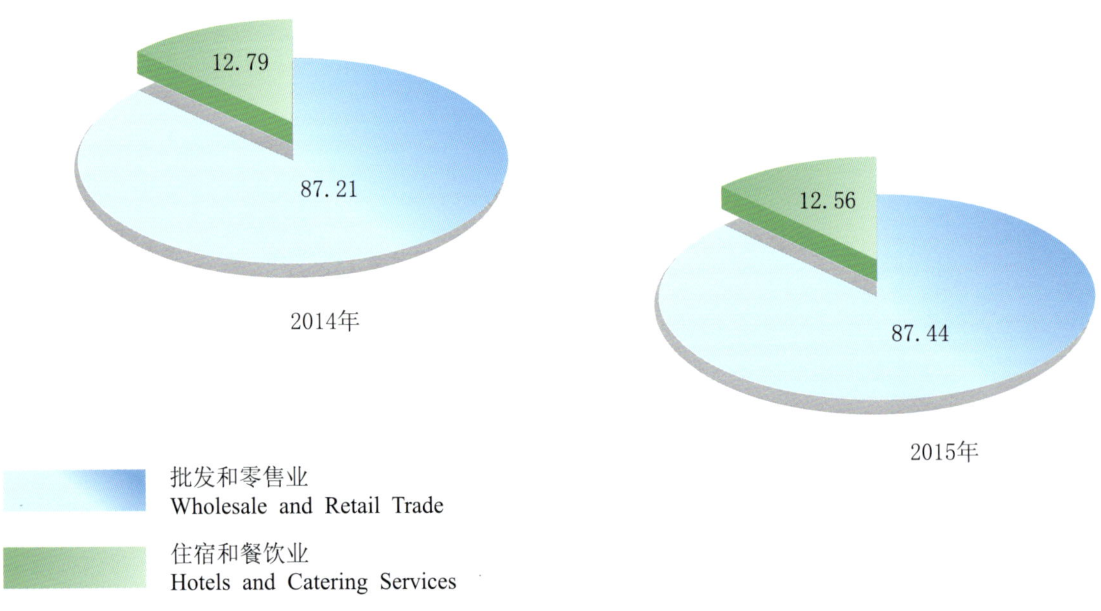

海外旅游者（万人次）
[International Tourists (10000 person-times)]

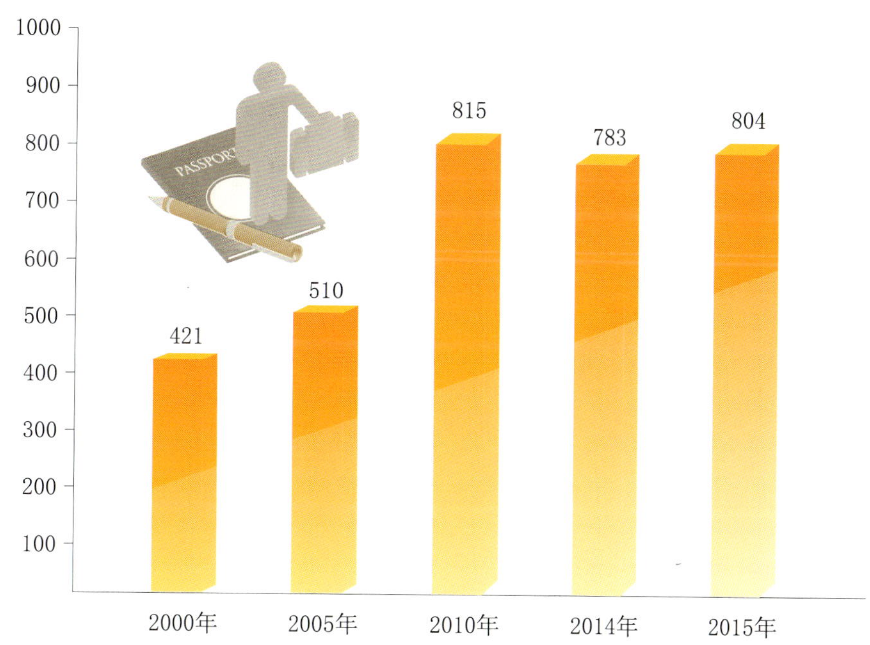

商品出口总值构成（%）
[Proportions in Total Value of Export Comodities (%)]

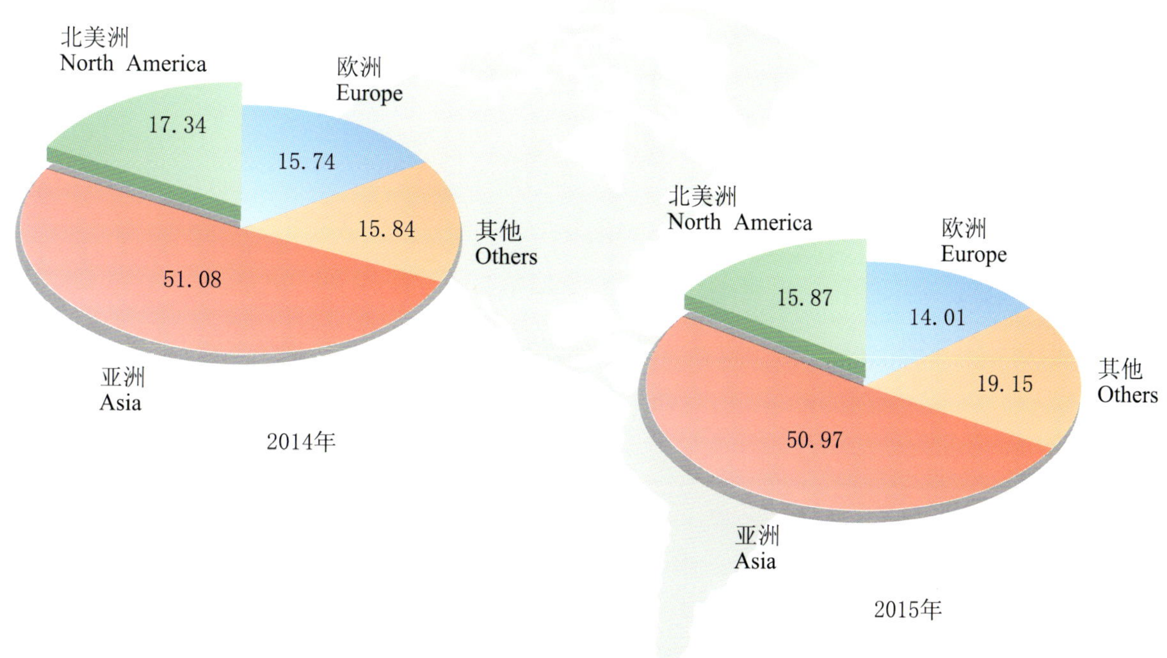

专利申请量和专利授权量
[Patent Applications and Patent Certified]

专利申请量（件）
Patent Applications (item)

46330

63366

2014年

2015年

专利授权量（件）
Patent Certified (item)

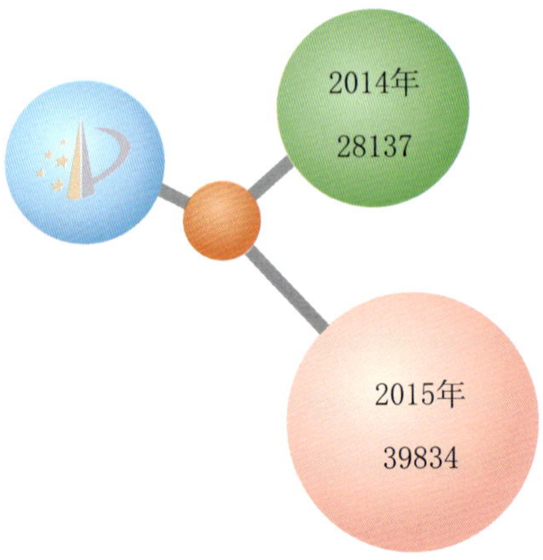

教育、文化、体育、卫生、社会福利、环保和其他

EDUCATION, CULTURE, SPORTS, PUBLIC HEALTH, SOCIAL WELFARE, ENVIRONMENTAL PROTECTION AND OTHERS

各类学校及在校学生数
[Number of Schools and Enrolled Students]

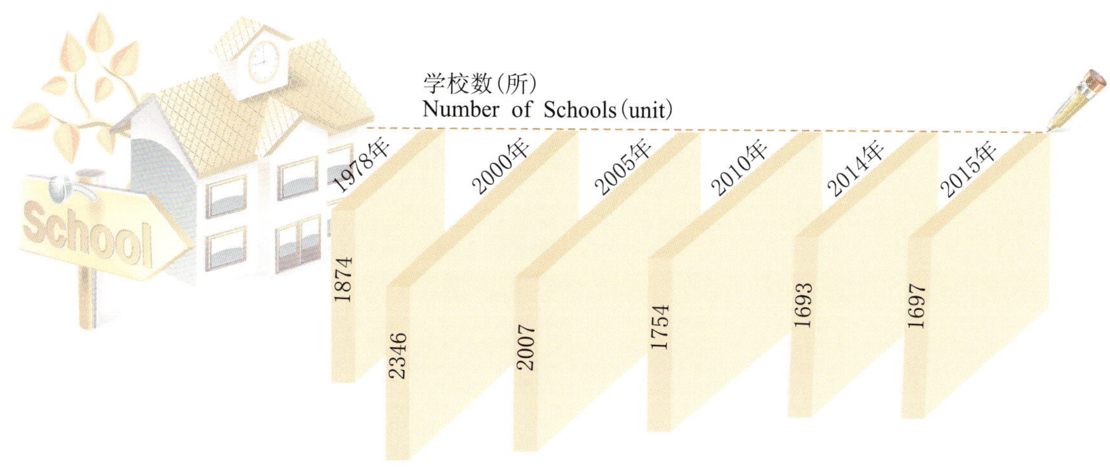

在校学生数(万人)
Number of Enrolled Students (10000 persons)

1978年	99.71
1995年	127.69
2000年	158.09
2005年	232.66
2010年	274.70
2014年	294.16
2015年	297.41

卫生事业机构床位数（张）
[Number of Beds in Health Institutions (unit)]

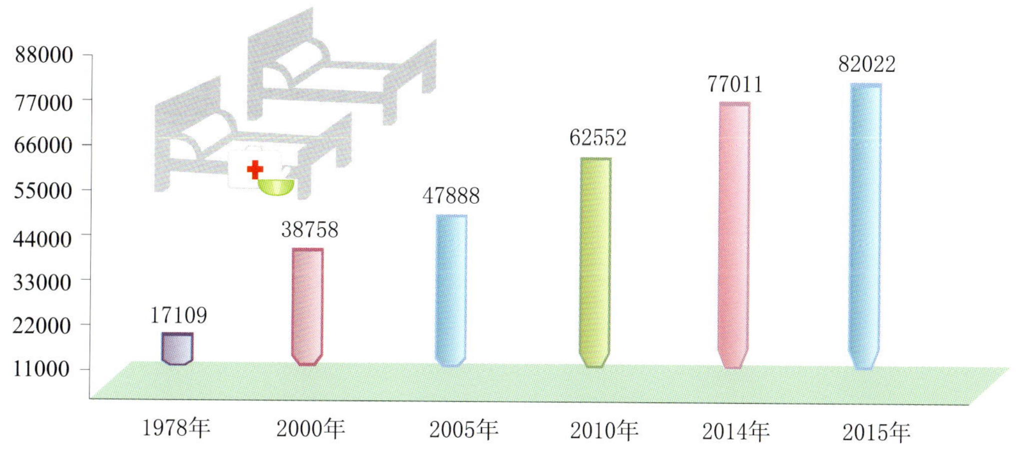

编者说明

EDITOR'S NOTE

一、《2016广州统计年鉴》是一本全面反映广州经济和社会发展的资料工具书。本书通过大量的统计数据，全面客观地记录了2015年及重要历史年份广州市经济、社会的发展情况。

二、全书内容分为17个篇目，即：1. 综合；2. 人口；3. 从业人员和工资；4. 固定资产投资；5. 能源；6. 财政、金融；7. 价格指数；8. 人民生活；9. 城市建设；10. 农业；11. 工业；12. 建筑业；13. 运输和邮电；14. 国内贸易；15. 对外经济贸易和旅游；16. 科技；17. 教育、文化、体育、卫生、社会福利、环保和其他。在附录部分，收集了全国、广东省及香港特别行政区、澳门特别行政区主要经济指标。

三、本年鉴资料主要来自政府各级统计局、国家统计局广州调查队的各种定期统计报表和抽样调查资料，部分资料来自省属、市属各主管部门。

四、2014年广州市行政区划有调整，原黄埔区和原萝岗区合并为新黄埔区，原增城市更名为增城区，原从化市更名为从化区。从2015年起，我市行政区划包括荔湾区、越秀区、海珠区、天河区、白云区、黄埔区、番禺区、花都区、南沙区、从化区和增城区等11个区，无县级市。

五、从2014年起广州市实施城乡一体化分市县住户调查制度，住户调查统计指标体系有较大变动。

六、本年鉴总量指标计算所采用的价格除注明外均为当年价格。

七、读者在使用历年资料时，凡与本年鉴有出入的，均以本年鉴为准。

八、本年鉴中部分数据合计数或相对数由于单位取舍不同而产生的计算误差，均未作机械调整。

九、本年鉴表中的符号使用说明："空格"表示该项统计指标数据不详或无该项数据；"…"表示数不足本表最小单位数；"#"表示其中的主要项。

Ⅰ. Guangzhou Statistical Yearbook 2016 (abbreviation as the Yearbook below)is an annual statistics publication, reflecting comprehensively the economic and social development of Guangzhou. It covers maily statistics in 2015 and some selected major data series in historically important years, at municipal level and local level of district.

II. The Yearbook contains the following 17 chapters: 1. Gerneral Survey; 2. Population; 3. Employment and Wages; 4. Investment in Fixed Assets; 5. Energy; 6. Government Finance, Financial; 7. Price Indices; 8. People's Livelihood; 9. City Construction; 10. Agriculture; 11. Industry; 12. Construction; 13. Transport, Postal and Telecommunication Services; 14. Domestic Trade; 15. Foreign Economy and Tourism; 16. Science and Technology; 17. Education, Culture, Sports, Public Health, Social Welfare, Environmental Protection and Others. The data listed in the Appendix are main economic indicators of China, Guangdong province, Hongkong Special Administrative Region and Macao Administrative Region.

III. The data in the Yearbook are mainly obtained from regular ststistical reports and sample surveys conducted by statistics bureaus of all levels of government and the Surney office of the National Bureau of statistics in Guangzhou. Some data are collected from the departments of the provincial and municipal government.

Ⅳ. Since 2014 Guangzhou administrative division has been adjusted. The original Huangpu and Luogang districts have been merged into the new Huangpu district. The original Zengcheng county-level city has been renamed Zengcheng district, the original Conghua county-level city has been renamed Conghua district. Since 2015, Guangzhou city administrative division has included 11 districts, which are Liwan district, Yuexiu district, Haizhu district, Tianhe district, Baiyun district, Huangpu district, Panyu district, Huadu district, Nansha district, Conghua district and Zengcheng district, excluding county-level cities.

V. From 2014 urban and rural integrated household survey is carried out in Guangzhou, statistical indicator system of urban and rural integrated household survey is changed greatly.

Ⅵ. The prices used in calculation in the Yearbook are current prices except noted.

VII. In any case the data of this book shall be deemed as the authoritative ones.

Ⅷ. In the Yearbook all caculating errors of some total and regular figures for the differency of measuring units haven't been adjusted.

Ⅸ. Notations in this book: blank space indicates data are not available; "…" indicates not large enough to be rounded into the least unit of measurement; "#" indicates major item in a category.

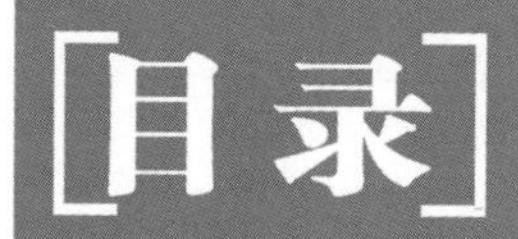

第一篇 综 合
General Survey

第二篇 人 口
Population

第三篇 从业人员和工资
Emplyment and Wages

第四篇 固定资产投资
Investment in Fixed Assets

第五篇 能 源
Energy

第六篇 财政、金融
Government Finance，Banking

第七篇　价格指数
Price Indices

第八篇 人民生活
People's Livelihood

第九篇 城市建设
City Construction

第十篇 农 业
Agriculture

第十一篇 工 业
Industry

第十二篇 建筑业
Construction

第十三篇 运输和邮电
Transport, Postal and Telecommunication Services

第十四篇 国内贸易
Domestic Trade

第十五篇 对外经济贸易和旅游
Foreign Economy and Tourism

第十六篇 科 技
Science and Technology

第十七篇 教育、文化、体育、卫生、社会福利、环保和其他
Education, Culture, Sports, Public Health, Social Welfare, Environmental Protection and Others

附 录 Appendix

第一篇 CHAPTER I

综合

GENERAL SURVEY

简要说明

Brief Introduction

第一篇　综　合

一、本篇资料反映广州国民经济和社会发展的综合情况以及国民经济核算情况，分别由广州市统计局综合统计处和国民经济核算统计处整理提供。

二、综合统计资料是根据广州市统计局各专业统计年报资料以及广州市有关部门提供的统计资料加工整理而成。

三、国民经济核算资料主要包括广州市地区生产总值及其有关资料。2008年度广州市地区生产总值利用第二次全国经济普查资料进行核算，并根据国家《利用经济普查数据修订年度历史数据的方法》和广州市的实际情况，对2006～2007年广州市年度GDP当年价数据进行了修订。2013年年度广州市地区生产总值数据依据第三次全国经济普查数据修订。

四、2003年至2013年地区生产总值数据执行《国民经济行业分类》（GB/T4754-2002），原第三产业中的农林牧渔服务业划入第一产业。从2014年执行《国民经济行业分类》（GB/T4754-2011）以及《三次产业划分规定》（国统字【2012】108号）。

五、2015年新增规模以上其他服务业资料。

六、资料来源

1．行政区划资料由广州市民政局提供；

2．城市房地产市场交易情况、国有土地使用权出让、划拨情况由广州市国土规划委提供；

3．气象资料由广州市气象局提供；

4．劳动力市场情况由广州市人力资源和社会保障局提供；

5．技术市场交易情况由广州市科技创新委员会提供；

6．私营企业、城乡个体工商企业资料由广州市工商行政管理局提供。

1 General Survey

I. The summary data in this chapter reflect the national economy and social development of Guangzhou and also cover the data on its national economic accounts. The data are prepared and provided by the Division of Comprehensive Statistics and the Division of National Accounts of Guangzhou Municipal Bureau of Statistics respectively.

II. The summary data are processed and prepared in the light of the annual reports of various specialized fields provided by Guangzhou Municipal Bureau of Statistics and data provided by some related departments of Guangzhou Municipality.

Ⅲ. The data on the national economic accounts mainly cover the gross domestic Product (GDP)and related data of Guangzhou. The annual GDP of Guangzhou in 2008 was accounted according to the data from the Second National Economic Census. According to the Way of Adjusting Historical Data Using the Data from the First National Economic Census stipulated by the National Bureau of Statistics and Guangzhou's factual situation, the GDP (current prices)of Guangzhou from 2006 to2007 was adjusted. The annual GDP of Guangzhou in 2013 was adjusted by the statistics data of the Third National Economic Census.

IV. From 2003 to 2013 the data of GDP has been grouped in accordance with Standard Industrial Classification (GB/T4754-2002),and farming,forestry,animal husbandry and fishing services in old tertiary industry are classified to primary industry. Standard Industrial Classification (GB/T4754-2011) and Three strata of Industry Classification (National Digit [2012] No.108) are implemented since 2014.

V. Other Service Industry above the Designated Size data is added in 2015.

Ⅵ. Data Resources comes as follows:

The data on administrative divisions are provided by Guangzhou Municipal Bureau of Civil Affairs.

The data on transaction in urban real estate, lease and administrative allocation of the use right of state-owned land are provided by Guangzhou Land Resources & Urban Planning Committee.

The data on meteorological phenomena are provided by Guangzhou Municipal Bureau Meteorology.

The data on labor force markets are provided by Guangzhou Municipal Bureau of Labor and Social Security.

The data on transactions in technology markets are provided by Guangzhou Science Technology and Innovation Commission.

The data on private enterprises and individuals are provided by Guangzhou Municipal Administration for Industry and Commerce.

1-1 行政区划（2015年末）
Administrative Divisions (Year-end of 2015)

单位:个 (unit)

地区	Districts	街道办事处 Street Communities	镇 Towns	社区居委会 Community Committees	村民委员会 Villagers' Committees
合 计	**Total**	**136**	**34**	**1494**	**1144**
荔湾区	Liwan	22		186	
越秀区	Yuexiu	18		222	
海珠区	Haizhu	18		257	
天河区	Tianhe	21		208	
白云区	Baiyun	18	4	250	118
黄埔区	Huangpu	14	1	96	28
番禺区	Panyu	11	5	90	177
花都区	Huadu	4	6	54	188
南沙区	Nansha	3	6	28	128
从化区	Conghua	3	5	46	221
增城区	Zengcheng	4	7	57	284

1-2 各月平均温度、湿度（2015年）

Monthly Average Temperature and Humidity (2015)

月 份	Month	平均温度(℃) Average Temperature (℃)					平均相对湿度(%) Average Humidity (%)
		全 市 Total	番禺站 Panyu	花都站 Huadu	从化站 Conghua	增城站 Zengcheng	全 市 Total
全 年	**Annual Total**	**22.7**	**23.8**	**23.1**	**21.9**	**22.6**	**79.5**
一 月	January	14.1	15.2	14.8	12.9	14.2	72.4
二 月	February	16.7	17.5	17.1	15.8	16.9	76.4
三 月	March	18.7	19.4	18.6	18.2	18.9	84.8
四 月	April	22.5	23.4	23.0	21.7	22.5	78.4
五 月	May	26.2	27.2	26.5	25.7	25.9	88.5
六 月	June	28.9	29.9	29.3	28.2	28.5	82.0
七 月	July	28.6	29.4	28.9	28.1	28.5	79.9
八 月	August	28.5	29.8	29.3	27.6	28.1	79.7
九 月	September	27.6	28.7	28.3	26.8	27.2	79.3
十 月	October	24.3	25.6	25.1	23.2	24.0	76.6
十一月	November	21.4	22.7	21.5	20.4	21.4	78.3
十二月	December	15.3	16.3	14.9	14.6	15.6	77.6

1-3 各月降雨量、日照时数(2015年)

Monthly Precipitation and Sunshine Hours (2015)

月 份	Month	降 雨 量（毫米） Precipitation (millimeter)					日 照 时 数（小时） Sunshine Hours (hour)				
		全 市 Total	#番禺站 Panyu	#花都站 Huadu	#从化站 Conghua	#增城站 Zengcheng	全 市 Total	#番禺站 Panyu	#花都站 Huadu	#从化站 Conghua	#增城站 Zengcheng
全 年	**Annual Total**	**2245.5**	**1788.7**	**2079.0**	**2615.7**	**2272.0**	**1629.4**	**1631.2**	**1780.0**	**1441.2**	**1700.8**
一 月	January	68.6	61.3	71.6	79.5	74.7	160.7	147.3	163.5	150.0	181.9
二 月	February	30.7	36.4	24.2	27.2	24.6	81.8	73.0	96.7	74.4	90.7
三 月	March	28.6	26.6	21.3	47.1	20.7	23.8	25.6	28.5	15.9	30.9
四 月	April	119.6	105.6	111.6	122.7	141.5	137.0	142.4	150.2	111.1	151.3
五 月	May	752.2	497.8	594.2	1068.8	794.7	75.5	110.6	89.6	32.5	64.7
六 月	June	236.5	161.2	317.0	303.2	149.4	212.1	223.8	232.9	177.8	221.9
七 月	July	328.4	209.9	323.6	294.3	373.2	176.5	173.0	200.9	170.0	164.3
八 月	August	233.5	153.7	120.9	284.0	266.2	201.0	201.9	222.2	192.7	191.8
九 月	September	141.0	143.8	128.7	100.9	215.0	173.1	169.8	188.4	156.0	178.3
十 月	October	143.9	236.6	181.7	123.0	55.2	175.9	160.8	188.4	165.4	190.4
十一月	November	38.4	34.6	46.2	39.4	27.2	127.0	117.1	132.8	124.2	138.1
十二月	December	124.1	121.2	138.0	125.6	129.6	85.0	85.9	85.9	71.2	96.5

1-4 行政区域面积和人口密度(2015年)

Administrative Divisions Area and Population Density (2015)

地 区	District	行政区域面积(平方公里) Administrative Divisions area (sq.km)	年末常住人口(万人) Permanent Populationat Year-end (10000 person)	年末户籍人口(万人) Registered Permanent Residents at Year-end (10000 person)	常住人口密度(人/平方公里) Permanent Population Density (person/sq.km)	户籍人口密度(人/平方公里) Population Density by Registered Permanent Residents (person/sq.km)
全 市	**Total**	**7434.40**	**1350.11**	**854.19**	**1816**	**1149**
荔湾区	Liwan	59.10	92.17	72.10	15596	12200
越秀区	Yuexiu	33.80	115.68	117.48	34225	34757
海珠区	Haizhu	90.40	161.37	101.05	17851	11178
天河区	Tianhe	96.33	154.57	84.46	16046	8768
白云区	Baiyun	795.79	240.34	91.78	3020	1153
黄埔区	Huangpu	484.17	89.85	43.95	1856	908
番禺区	Panyu	529.94	154.41	85.57	2914	1615
花都区	Huadu	970.04	101.58	70.68	1047	729
南沙区	Nansha	783.86	65.58	38.35	837	489
从化区	Conghua	1974.50	62.53	61.52	317	312
增城区	Zengcheng	1616.47	112.03	87.25	693	540

注：行政区域面积数据由广州市民政局提供。

Note: The data of administrative divisions area are provided by Bureau of Civil Affairs of Guangzhou Municipality.

1-5 法人和产业活动单位数（2015年）

单位:个

项　　目	Item
总　计	**Total**
按产业分	**Grouped By Industry**
第一产业	Primary Industry
第二产业	Secondary Industry
第三产业	Tertiary Industry
按行业分	**Grouped By Sector**
农、林、牧、渔业	Agriculture, Forestry, Animal Husbandry and Fishery
采矿业	Mining
制造业	Manufacturing
电力、热力、燃气及水生产和供应业	Production and Supply of Electricity, Heat,Gas and Water
建筑业	Construction
批发和零售业	Wholesale and Retail Trade
交通运输、仓储和邮政业	Transport, Storage and Post
住宿和餐饮业	Hotels and Catering Services
信息传输、软件和信息技术服务业	Information Transmission, Software and Information Technology
金融业	Financial Intermediation
房地产业	Real Estate
租赁和商务服务业	Leasing and Business Services
科学研究和技术服务业	Scientific Research and Technical Services
水利、环境和公共设施管理业	Management of Water Conservancy, Environment and Public Facilities
居民服务、修理和其他服务业	Service to Households, Repair and Other Services
教　育	Education
卫生和社会工作	Health and Social Service
文化、体育和娱乐业	Culture, Sports and Entertainment
公共管理、社会保障和社会组织	Public Management, Social Security and Social Organizations
按注册类型分	**Grouped by Registration Status**
内资	Domestic Funded
国有	State-owned
集体	Collective-owned
股份合作	Cooperative
联营企业	Joint Ownership Enterprises
有限责任公司	Limited Liability Corporations
股份有限公司	Share-holding Corporations Ltd.
私营企业	Private Enterprises
其他	Others
港、澳、台商投资企业	Enterprises with Funds from Hong Kong, Macao and Taiwan Investors
与港、澳、台商合资经营企业	Joint-venture Enterprises
与港、澳、台商合作经营企业	Cooperative Enterprises
港、澳、台商独资经营企业	Enterprises with Sole Funds
港、澳、台商投资股份有限公司	Share-holding Corporations Ltd.
其他港、澳、台商投资企业	Other Enterprises with Funds from Hong Kong, Macao and Taiwan
外商投资企业	Foreign Funded Enterprises
中外合资经营企业	Joint-venture Enterprises
中外合作经营企业	Cooperative Enterprises
外资企业	Enterprises with Sole Foreign Funds
外商投资股份有限公司	Share-holding Corporations Ltd.
其他外商投资企业	Other Foreign Funded Enterprises

Number of Corporate Units and Industrial Establishments (2015)

(unit)

法人单位 Corporate Units	单产业法人单位 Single Industry	多产业法人单位 Multi-industry	产业活动单位 Industrial Establishments	其中:多产业法人所属的产业活动单位 Establishments belonging to Multi-industry Corporation	法人单位数中企业法人 Enterprise Judicial Entities
247199	**236574**	**10625**	**282588**	**46014**	**222984**
1266	1233	33	1322	89	1027
46138	44541	1597	48243	3702	46134
199795	190800	8995	233023	42223	175823
1398	1360	38	1457	97	1115
32	30	2	33	3	32
39786	38697	1089	40836	2139	39786
235	209	26	351	142	231
6601	6103	498	7571	1468	6601
82001	78918	3083	94424	15506	82001
7567	6966	601	9673	2707	7522
5994	5654	340	7714	2060	5913
10955	10478	477	11891	1413	10882
1098	923	175	4462	3539	1079
13355	12201	1154	17147	4946	12632
39030	37729	1301	43247	5518	31785
13339	12698	641	14153	1455	12741
1117	1069	48	1232	163	727
5320	5055	265	6163	1108	5011
4938	4656	282	5672	1016	1078
1784	1648	136	2282	634	419
3926	3811	115	4233	422	3429
8723	8369	354	10047	1678	
237446	227834	9612	267121	39287	213281
8543	7673	870	13113	5440	1992
8540	8267	273	10533	2266	4061
3084	2909	175	3854	945	3049
677	647	30	850	203	615
27782	25840	1942	33144	7304	27699
2245	1995	250	4805	2810	2231
168299	162659	5640	180826	18167	167618
18276	17844	432	19996	2152	6016
6148	5557	591	8824	3267	6131
772	659	113	1497	838	769
478	439	39	696	257	476
4182	3770	412	5812	2042	4175
84	73	11	144	71	84
632	616	16	675	59	627
3605	3183	422	6643	3460	3572
773	677	96	1607	930	771
167	146	21	391	245	167
2409	2126	283	4259	2133	2388
98	88	10	195	107	98
158	146	12	191	45	148

1-6 按行业和登记注册类型分组的法人单位数（2015年）

单位:个

项　目	Item	总　计 Total
总　计	**Total**	**247199**
按产业分	**Grouped By Industry**	
第一产业	Primary Industry	1266
第二产业	Secondary Industry	46138
第三产业	Tertiary Industry	199795
按行业分	**Grouped By Sector**	
农、林、牧、渔业	Agriculture, Forestry, Animal Husbandry and Fishery	1398
采矿业	Mining	32
制造业	Manufacturing	39786
电力、热力、燃气及水生产和供应业	Production and Supply of Electricity, Heat,Gas and Water	235
建筑业	Construction	6601
批发和零售业	Wholesale and Retail Trade	82001
交通运输、仓储和邮政业	Transport, Storage and Post	7567
住宿和餐饮业	Hotels and Catering Services	5994
信息传输、软件和信息技术服务业	Information Transmission, Software and Information Technology	10955
金融业	Financial Intermediation	1098
房地产业	Real Estate	13355
租赁和商务服务业	Leasing and Business Services	39030
科学研究和技术服务业	Scientific Research and Technical Services	13339
水利、环境和公共设施管理业	Management of Water Conservancy, Environment and Public Facilities	1117
居民服务、修理和其他服务业	Service to Households, Repair and Other Services	5320
教　育	Education	4938
卫生和社会工作	Health and Social Service	1784
文化、体育和娱乐业	Culture, Sports and Entertainment	3926
公共管理、社会保障和社会组织	Public Management, Social Security and Social Organizations	8723

Number of Corporate Units by Sector and by Status of Registration (2015)

(unit)

内资 Domestic Funded	国有 State-owned	集体 Collective-owned	股份合作 Cooperative	联营企业 Joint Ownership Enterprises	有限责任公司 Limited Liability Corporations	股份有限公司 Share-holding Corporations Ltd.	私营企业 Private Enterprises	其他 Others
237446	**8543**	**8540**	**3084**	**677**	**27782**	**2245**	**168299**	**18276**
1230	39	13	1	4	112	5	550	506
42620	275	453	642	104	4044	488	35398	1216
193596	8229	8074	2441	569	23626	1752	132351	16554
1358	60	24	1	4	118	5	604	542
30	1	1			12		15	1
36360	173	343	601	89	3074	430	30546	1104
212	18	31		3	69	5	81	5
6518	90	81	51	12	949	57	5158	120
79512	436	794	1374	212	8706	663	65933	1394
7212	123	96	69	19	1009	59	5693	144
5730	164	74	248	12	522	39	4546	125
10527	72	12	26	19	1729	150	8305	214
997	45	3	6	3	276	87	541	36
12556	277	1335	105	66	2888	127	7126	632
37926	510	4973	185	111	4630	308	22347	4862
12923	643	91	90	46	2504	197	8915	437
1089	338	41	2	5	167	7	462	67
5231	173	93	221	19	420	47	3976	282
4904	1393	210	19	24	206	19	980	2053
1779	461	211	12	4	79	5	352	655
3869	386	46	71	14	404	36	2677	235
8713	3180	81	3	15	20	4	42	5368

1-6 续表

单位:个

项目	Item	港、澳、台商投资企业 Enterprises with Funds from Hong Kong, Macao and Taiwan Investors	与港、澳、台商合资经营企业 Joint-venture Enterprises
总计	**Total**	**6148**	**772**
按产业分	**Grouped By Industry**		
第一产业	Primary Industry	30	3
第二产业	Secondary Industry	2278	322
第三产业	Tertiary Industry	3840	447
按行业分	**Grouped By Sector**		
农、林、牧、渔业	Agriculture, Forestry, Animal Husbandry and Fishery	32	4
采矿业	Mining	2	
制造业	Manufacturing	2209	310
电力、热力、燃气及水生产和供应业	Production and Supply of Electricity, Heat,Gas and Water	12	7
建筑业	Construction	68	10
批发和零售业	Wholesale and Retail Trade	1464	116
交通运输、仓储和邮政业	Transport, Storage and Post	236	32
住宿和餐饮业	Hotels and Catering Services	154	27
信息传输、软件和信息技术服务业	Information Transmission, Software and Information Technology	256	29
金融业	Financial Intermediation	37	12
房地产业	Real Estate	609	96
租赁和商务服务业	Leasing and Business Services	677	82
科学研究和技术服务业	Scientific Research and Technical Services	247	15
水利、环境和公共设施管理业	Management of Water Conservancy, Environment and Public Facilities	16	3
居民服务、修理和其他服务业	Service to Households, Repair and Other Services	63	9
教育	Education	19	2
卫生和社会工作	Health and Social Service	3	2
文化、体育和娱乐业	Culture, Sports and Entertainment	38	14
公共管理、社会保障和社会组织	Public Management, Social Security and Social Organizations	6	2

continued

(unit)

与港、澳、台商合作经营企业 Cooperative Enterprises	港、澳、台商独资经营企业 Enterprises with Sole Funds	港、澳、台商投资股份有限公司 Share-holding Corporations Ltd.	其他港、澳、台商投资企业 Other Share-holding Corporations Ltd.	外商投资企业 Foreign Funded Enterprises	中外合资经营企业 Joint-venture Enterprises	中外合作经营企业 Cooperative Enterprises	外资企业 Enterprises with Sole Foreign Funds	外商投资股份有限公司 Share-holding Corporations Ltd.	其他外商投资企业 Other Share-holding Corporations Ltd.
478	**4182**	**84**	**632**	**3605**	**773**	**167**	**2409**	**98**	**158**
2	23		2	6	2	2	2		
127	1692	33	104	1240	310	47	825	18	40
349	2467	51	526	2359	461	118	1582	80	118
2	24		2	8	3	2	3		
1	1								
120	1680	31	68	1217	301	45	816	17	38
2	3			11	7	1	2	1	
4	9	2	43	15	3	1	8		3
16	1137	18	177	1025	122	14	819	32	38
70	99	3	32	119	44	25	39	2	9
17	95	3	12	110	37	8	57	4	4
6	187	5	29	172	45	2	117	4	4
	17	1	7	64	29		32	3	
201	286	4	22	190	52	38	78	12	10
16	451	7	121	427	58	12	295	20	42
5	129	7	91	169	52	7	105	1	4
2	7	1	3	12	2	3	7		
4	33	1	16	26	6	4	15		1
4	9	1	3	15	1	2	9		3
	1			2			1		1
7	12		5	19	9	3	4	2	1
1	2		1	4	2		2		

1-7 国民经济和社会发展总量与速度指标

指　　标	Item	1978	2000
人口和劳动力	Population and Employment		
年末户籍人口 (万人)	Year-end Registered Permanent Residents (10000 persons)	482.90	700.69
年末常住人口 (万人)	Year-end Permanent Population (10000 persons)	482.90	994.80
年末社会从业人员 (万人)	Year-end Employment (10000 persons)	266.90	496.26
城镇非私营单位从业人员年末人数(万人)	Number of Employed Persons at Year-end in Urban Units(10000 person)	147.36	175.55
地区生产总值 (亿元)	Gross Domestic Product (100 million yuan)	43.09	2492.74
第一产业	Primary Industry	5.03	94.37
第二产业	Secondary Industry	25.24	1021.62
第三产业	Tertiary Industry	12.82	1376.75
人均地区生产总值 (元)	Per Capita GDP (yuan)	907	25626
农业生产	Agriculture		
农林牧渔业总产值 (亿元)	Gross Output Value of Agriculture, Forestry, Animal Husbandry and Fishery (100 million yuan)	7.99	163.05
主要农业产品产量	Output of Major Farm Products		
粮　食 (万吨)	Grain (10000 tons)	111.06	88.11
糖　蔗 (万吨)	Sugarcane (10000 tons)	134.34	7.60
园林水果 (万吨)	Fruits (10000 tons)	5.17	32.97
花　生 (万吨)	Peanuts (10000 tons)	3.31	2.56
蔬　菜 (万吨)	Vegetable (10000 tons)	55.68	306.49
水产品 (万吨)	Aquatic Products (10000 tons)	3.16	32.52
工业生产	Industry		
工业总产值 (亿元)	Gross Industrial Output Value (100 million yuan)	75.39	3100.02
主要工业产品产量	Output of Major Industrial Products		
汽　车 (万辆)	Motor Vehicles (10000 unit)	0.23	3.81
摩托车整车 (万辆)	Motorcycles (10000 units)		60.31
自行车 (万辆)	Bicycles (10000 units)	57.05	134.87
家用电冰箱 (万台)	Household Refrigerators (10000 sets)		58.14
彩色电视机 (万台)	Color TV Sets (10000 sets)	1.31	34.61
房间空气调节器 (万台)	Air Conditioners (10000 sets)	0.32	103.43
原电池及原电池组 (亿只)	Primary Cells and Batteries (100 million units)	2.69	18.89
发电量 (亿千瓦·时)	Electricity (100 million kwh)	11	267
生　铁 (万吨)	Pig Iron (10000 tons)	20.56	66.68
粗　钢 (万吨)	Crude Steel (10000 tons)	18.46	151.16
水　泥 (万吨)	Cement (10000 tons)	94	1262
化学纤维 (吨)	Chemical Fiber (ton)	4562	38683
固定资产投资	Investment in Fixed Assets		
固定资产投资 (亿元)	Total Investment in Fixed Assets (100 million yuan)	7.26	923.67
#住　宅	Residential Buildings	0.90	325.03
社会消费品零售总额 (亿元)	Total Retail Sales of Consumer Goods (100 million yuan)	17.63	1121.13

注：本表工业总产值指数按照可比口径计算(下同)。

Principal Aggregate Indicators on National Economic and Social Development and Growth Rates

2005	2010	2013	2014	2015	速度指标(%) Indices and Growth Rates (%)								
					指数(2015为以下各年) Index(2015 as percentage of the following years)					平均增长速度 Average Annual Growth Rate			
					1978	2000	2005	2010	2014	1979–2015	2001–2015	2006–2015	2011–2015
750.53	806.14	832.31	842.42	854.19	176.9	121.9	113.8	106.0	101.4	1.6	1.3	1.3	1.2
949.68	1270.96	1292.68	1308.05	1350.11	279.6	135.7	142.2	106.2	103.2	2.8	2.1	3.6	1.2
574.46	711.07	759.93	784.84	810.99	303.9	163.4	141.2	114.1	103.3	3.0	3.3	3.5	2.7
199.76	246.37	324.59	326.40	320.31	217.4	182.5	160.3	130.0	98.1	2.1	4.1	4.8	5.4
5154.23	10748.28	15497.23	16706.87	18100.41	10753.2	582.1	304.7	161.6	108.4	13.5	12.5	11.8	10.1
130.22	188.56	228.46	218.70	226.84	586.9	159.8	122.6	113.3	102.2	4.9	3.2	2.1	2.5
2045.22	4002.27	5270.09	5590.97	5726.08	11975.4	565.4	281.8	154.6	106.8	13.8	12.2	10.9	9.1
2978.79	6557.45	9998.68	10897.20	12147.49	13173.2	617.6	328.3	167.2	109.4	14.1	12.9	12.6	10.8
53809	87458	120294	128478	136188	3845.1	426.0	219.6	149.4	106.0	10.4	10.1	8.2	8.4
220.81	322.13	389.98	398.30	413.46	625.6	156.9	124.4	111.1	102.2	5.1	3.1	2.2	2.1
51.73	43.04	43.55	44.31	44.09	39.7	50.0	85.2	102.4	99.5	-2.5	-4.5	-1.6	0.5
17.23	0.69	0.57	0.65	0.54	0.4	7.1	3.1	78.3	83.1	-13.9	-16.2	-29.3	-4.8
48.87	39.92	41.06	45.66	48.58	939.7	147.3	99.4	121.7	106.4	6.2	2.6	-0.1	4.0
2.24	1.80	1.89	1.90	1.88	56.8	73.4	83.9	104.4	98.9	-1.5	-2.0	-1.7	0.9
348.89	325.99	343.32	357.25	369.10	662.9	120.4	105.8	113.2	103.3	5.2	1.2	0.6	2.5
38.83	44.14	47.68	47.85	48.39	1531.3	148.8	124.6	109.6	101.1	7.7	2.7	2.2	1.9
6767.96	14438.99	18224.26	19389.88	19892.51	20954.7	769.6	332.3	159.8	106.0	15.5	14.6	12.8	9.8
41.35	135.84	180.53	197.39	220.99	96082.6	5800.3	534.4	162.7	112.0	20.4	31.1	18.2	10.2
196.57	441.05	454.39	439.51	363.77		603.2	185.1	82.5	82.8		12.7	6.3	-3.8
322.27	152.38	209.61	180.37	161.39	282.9	119.7	50.1	105.9	89.5	2.9	1.2	-6.7	1.2
146.29	179.14	201.48	365.71	349.74		601.5	239.1	195.2	95.6		12.7	9.1	14.3
256.31	421.07	572.09	503.41	694.07	52982.4	2005.4	270.8	164.8	137.9	18.5	22.1	10.5	10.5
292.71	636.78	564.06	832.78	1154.23	360696.9	1116.0	394.3	181.3	138.6	24.8	17.4	14.7	12.6
39.35	22.90	6.26	3.43	2.26	84.0	12.0	5.7	9.9	65.9	-0.5	-13.2	-24.9	-37.1
353	405	391	444	419	3875.7	156.9	118.7	103.4	94.3	10.4	3.0	1.7	0.7
103.84	104.20	63.26	2.51	3.92	19.1	5.9	3.8	3.8	156.2	-4.4	-17.2	-27.9	-48.1
308.71	403.17	236.93	117.61	101.44	549.5	67.1	32.9	25.2	86.3	4.7	-2.6	-10.5	-24.1
1920	868	889	792	781	833.0	61.9	40.7	90.0	98.6	5.9	-3.1	-8.6	-2.1
17291	22511	21277	20457	24255	531.7	62.7	140.3	107.7	118.6	4.6	-3.1	3.4	1.5
1519.16	3263.57	4454.55	4889.50	5405.95	74420.1	585.3	355.9	181.9	110.6	20.8	12.3	14.0	12.7
377.70	572.71	996.97	1039.14	1406.81	156538.2	432.8	372.5	252.6	135.4	23.4	7.9	12.5	20.4
1905.84	4476.38	6882.85	7144.45	7987.96	46780.6	776.1	457.3	194.1	111.0	18.1	14.6	16.4	14.2

Note:Indices of gross industrial output value are calculated at comparable coverage(The same as below).

1-7 续表

指　　标	Item	1978	2000
运输邮电	Transport, Post and Telecommunication		
货运量 (万吨)	Total Freight Traffic (10000 tons)		27972
#铁　路	Railway		5398
公　路	Highway		12549
水　路	Waterway		9569
民　航	Civil Aviation		27
客运量 (万人次)	Total Passenger Traffic (10000 person-times)		26097
#铁　路	Railway		4848
公　路	Highway		19964
水　路	Waterway		190
民　航	Civil Aviation		1095
港口货物吞吐量 (万吨)	Volume of Freight Handled at Ports (10000 tons)	1950	12455
邮电业务收入 (亿元)	Postal and Telecommunication Services (100 million yuan)	0.24	138.48
对外贸易、外经	Foreign Trade and Economic Cooperation		
商品进口总值 (亿美元)	Total Imports through Customs (USD 100 million)		115.60
商品出口总值 (亿美元)	Total Exports through Customs (USD 100 million)		117.91
实际使用外资 (亿美元)	Amount of Foreign Capital Actually Used (USD 100 million)		31.15
#外商直接投资	Foreign Direct Investment		29.89
财　政	Government Finance		
一般公共预算收入 (亿元)	General Budgetary Revenue (100 million yuan)	13.65	200.55
一般公共预算支出 (亿元)	General Budgetary Expenditure (100 million yuan)	3.87	240.72
价格指数 (上年=100)	Price Indices (preceding year =100)		
城市居民消费价格总指数	Urban Residents Consumer Price Index	100.3	102.8
人民生活	People's Livelihood		
城镇非私营单位从业人员年平均工资 (元)	Average Wage of Employed Persons in Urban Units (yuan)	714	19091
城镇非私营单位在岗职工年平均工资 (元)	Average Wage of Fully Employed Staff and Workers in Urban Units (yuan)		19674
城市居民年人均可支配收入 (元)	Per Capita Annual Disposable Income of Urban Households (yuan)	442	13967
农村居民年人均可支配收入 (元)	Per Capita Annual Disposable Income of Rural Households (yuan)	250	6086
教育文化	Education and Culture		
普通高等学校所数 (所)	Number of Regular Institutions of Higher Education (unit)	15	31
普通高等学校在校学生数 (万人)	Number of Students Enrollment of Regular Institutions of Higher Education (10000 persons)	2.17	18.51
普通中学所数 (所)	Number of Regular Secondary Schools (unit)	234	388
普通中学在校学生数 (万人)	Number of Students Enrollment of Regular Secondary Schools (10000 persons)	38.43	42.53
小学学校所数 (所)	Number of Primary Schools (unit)	1515	1626
小学学校在校学生数 (万人)	Number of Students Enrollment of Primary Schools (10000 persons)	56.92	75.70
卫　生	Health Care		
医院病床数 (万张)	Hospital Beds (10000 units)	1.44	3.37
卫生技术人员 (万人)	Medical Technical Personnel (10000 persons)	3.15	5.57
#医　生	Doctors	1.20	2.35

注：国家统计局对2012年城市居民可支配收入统计方法有所调整，绝对值按新口径，增长幅度按可比口径计算。

continued

2005	2010	2013	2014	2015	速度指标(%) Indices and Growth Rates (%)								
					指数(2015为以下各年) Index(2015 as percentage of the following years)					平均增长速度 Average Annual Growth Rate			
					1978	2000	2005	2010	2014	1979–2015	2001–2015	2006–2015	2011–2015
38153	57369	89099	96553	100124		357.9	262.4	174.5	103.7		8.9	10.1	11.8
6379	6689	6137	5324	4811		89.1	75.4	71.9	90.4		-0.8	-2.8	-6.4
20601	39696	59142	66040	71284		568.0	346.0	179.6	107.9		12.3	13.2	12.4
10710	10169	22908	24167	23007		240.4	214.8	226.2	95.2		6.0	7.9	17.7
63	90	102	114	116		429.6	184.1	128.9	101.8		10.2	6.3	5.2
40524	62595	89269	98062	106082		406.5	261.8	169.5	108.2		9.8	10.1	11.1
6356	9362	11703	12107	13647		281.5	214.7	145.8	112.7		7.1	7.9	7.8
30782	47296	70815	78690	85109		426.3	276.5	179.9	108.2		10.1	10.7	12.5
104	273	299	280	281		147.9	270.2	102.9	100.4		2.6	10.5	0.6
3282	5664	6452	6985	7045		643.4	214.7	124.4	100.9		13.2	7.9	4.5
27283	42526	47267	50097	52096	2671.6	418.3	190.9	122.5	104.0	9.3	10.0	6.7	4.1
222.06	290.09	458.51	505.26	540.01	225004.2	390.0	243.2	186.2	106.9	23.2	9.5	9.3	13.2
268.07	553.89	560.89	578.77	527.01		456.8	196.9	95.3	91.1		10.7	7.0	-1.0
266.68	483.79	628.07	727.13	811.67		688.3	304.2	167.7	111.6		13.7	11.8	10.9
28.41	40.81	50.79	54.39										
26.49	39.79	48.04	51.07	54.16		463.7	204.5	136.2	106.1		10.8	7.4	6.4
371.26	872.65	1141.80	1243.10	1349.47	9886.2	672.9	363.5	154.6	108.6	13.2	13.6	13.8	9.1
438.41	977.32	1386.13	1436.22	1727.72	44643.9	717.7	394.1	176.8	120.3	17.9	14.0	14.7	12.1
101.5	103.2	102.6	102.3	101.7	931.6	130.4	130.7	116.0	101.7	6.2	1.8	2.7	3.0
33853	54495	68594	73131	79534	11139.2	416.6	234.9	145.9	108.8	13.6	10.0	8.9	7.9
34328	54807	69692	74245	81171		412.6	236.5	148.1	109.3		9.9	9.0	8.2
18287	30658	42049	42955	46735	13362.4	423.2	280.8	167.5	108.8	14.1	10.1	10.9	10.9
7080	12676	18887	17663	19323	10727.7	440.3	321.9	179.8	109.4	13.5	10.4	12.4	12.4
59	77	80	80	81	540.0	261.3	137.3	105.2	101.3	4.7	6.6	3.2	1.0
55.43	84.39	98.31	101.93	104.32	4807.4	563.6	188.2	123.6	102.3	11.0	12.2	6.5	4.3
448	475	494	500	510	217.9	131.4	113.8	107.4	102.0	2.1	1.8	1.3	1.4
55.03	57.23	54.69	53.29	51.52	134.1	121.1	93.6	90.0	96.7	0.8	1.3	-0.7	-2.1
1283	1004	936	938	941	62.1	57.9	73.3	93.7	100.3	-1.3	-3.6	-3.1	-1.3
90.34	82.48	85.93	90.01	93.79	164.8	123.9	103.8	113.7	104.2	1.4	1.4	0.4	2.6
3.94	5.32	6.49	6.87	7.33	509.0	217.5	186.0	137.8	106.7	4.5	5.3	6.4	6.6
6.42	9.55	11.48	12.09	12.67	402.2	227.5	197.4	132.7	104.8	3.8	5.6	7.0	5.8
2.59	3.36	3.97	4.07	4.25	354.2	180.9	164.1	126.5	104.4	3.5	4.0	5.1	4.8

Note: Since 2012,the coverage of per capita annual disposable income of urban households has been adjusted,the grow rate of which being calaulated at comparable coverage.

1-8 平均每天主要社会经济活动

Selected Indicators on Average Daily Social and Economic Activities

项 目		Item		2014	2015
每天创造的财富		**Daily Production**			
地区生产总值	(万元)	Gross Domestic Product	(10000 yuan)	457723	495902
工农业总产值	(万元)	Gross Output Value of Industry and Agriculture	(10000 yuan)	542142	556328
工业总产值		Gross Output Value of Industry		531230	545000
农业总产值		Gross Output Value of Agriculture		10912	11328
一般公共预算收入		General Budgetary Revenue		34058	36972
每天主要产品产量		**Daily Output of Major Industrial Products**			
原油加工量	(吨)	Crude Oil Processing	(ton)	34553	33151
汽 车	(辆)	Motor Vehicles	(unit)	5408	6055
家用电冰箱	(台)	Household Refrigerators	(set)	10019	9582
化学药品原药	(吨)	Chemical Medicines	(ton)	52	54
自动柜员机(ATM机)	(台)	Automated Teller Machines	(set)	33	32
平板电脑	(台)	Tablet Personal Computer	(unit)	216	291
智能电视	(台)	Smart TV	(set)	310	1269
光电子器件	(万只)	Optoelectronic Device	(10000unit)	355	779
每天收入与消费量		**Daily Income and Consumption**			
城市居民人均可支配收入	(元)	Per Capita Disposable Income of Urban Residents	(yuan)	117.68	128.04
城市居民人均消费支出	(元)	Per Capita Annual Expenditure for Consumption of Urban Residents	(yuan)	91.47	97.95
农村居民人均可支配收入	(元)	Per Capita Disposable Income of Rural Residents	(yuan)	48.39	52.94
农村居民人均消费支出	(元)	Per Capita Annual Expenditure for Consumption of Rural Residents	(yuan)	35.25	43.63
城镇非私营单位在岗职工平均工资	(元)	Average Wage of Fully Employed Staff and Workers	(yuan)	203.41	222.39
城乡居民消费水平	(万元)	Resident Consumption	(10000 yuan)	104494	109592
社会消费品零售总额	(万元)	Total Resident Sales of Consumer Goods	(10000 yuan)	195738	218848

1-8 续表 continued

项目		Item		2014	2015
每天服务量		**Daily Service**			
用电量	（万千瓦·时）	Electricity Supply	(10000 kwh)	20982	21351
售水量	（万立方米）	Tap Water Sales	(10000 cu.m)	458	516
液化气销售量	（吨）	Sales of Liquefied Petroleum Gas	(ton)	2818	2659
港口货物吞吐量	（吨）	Volume of Freight Handled at Ports	(ton)	1372521	1427288
全社会货运量	（吨）	Total Freight Traffic	(ton)	2645288	2743123
铁路货运量	（吨）	Railway Freight Traffic	(ton)	145863	131808
铁路客运量	（人次）	Railway Passenger Traffic	(person-times)	331699	373890
汽、电车客运量	（万人次）	Passenger Traffic by Bus and Tram	(10000 person-times)	717	699
出租汽车客运量	（万人次）	Passenger Traffic by Taxi	(10000 person-times)	211	180
邮电业务收入	（万元）	Postal and Telecommunication Services	(10000 yuan)	13843	14795
邮寄函件	（万件）	Handled Letters	(10000 pcs)	65	66
报纸发行量	（万份）	Newspaper Circulation	(10000 copies)	450	398
杂志发行量	（万份）	Magazine Circulation	(10000 copies)	14	14
电影观众人次	（万人次）	Movie Spectators	(10000 person-times)	5.36	7.09
入境旅游者		Overseas Tourists	(10000 person-times)	21460	22016
境内旅游者		Domestic Tourists	(10000 person-times)	124568	132996
每天人口变动和婚姻		**Daily Population Changes and Marriages**			
出生人口	（人）	Births	(person)	312	412
死亡人口	（人）	Deaths	(person)	128	135
迁入人口	（人）	Immigrants	(person)	292	309
迁出人口	（人）	Emigrants	(person)	168	190
登记结婚对数	（对）	Marriages	(couple)	267	254
离婚对数	（对）	Divorces	(couple)	64	68

1-9 按人口平均的国民经济主要指标
Per Capita Main National Economic Indicators

项 目	Item	2014	2015
地区生产总值 (元)	Gross Domestic Product (yuan)	128478	136188
工业总产值 (元)	Gross Output Value of Industry (yuan)	231558	234497
农业总产值 (元)	Gross Output Value of Agriculture (yuan)	4757	4874
公共财政收入	Public Goverment Revenue	14845	15908
粮食总产量 (公斤)	Gross Output of Grain Crops (kilogram)	53	52
社会消费品零售总额 (元)	Total Retail Sales of Consumer Goods (yuan)	85321	94164
固定资产投资额 (元)	Total Investment in Fixed Assets (yuan)	58392	63726
商品出口总值 (美元)	Total Exports on Customs Statistics (USD)	8684	8572
城市居民人均居住面积 (平方米)	Per Capita Living Space of Urban Residents (sq.m)	33.50	32.17

注：1.人均地区生产总值按常住人口计算。
2.从2014年起，城市居民人均居住面积数据来源于城乡一体户住户调查。城市居民人均居住面积统计口径调整为包括城市居民和城乡结合部的城镇居民住房面积。

Note: I. Per capita gross domestic product is calculated on permanent population.
II.Since 2014, Per Capita Living Space of Urban Residents is derived from the integrated survey of urban and rural residents. Since 2014, the statistical scale of Per Capita Living Space of Urban Residents has been adjusted to include urban resident houseing area and urban housing area of urban and rural combining zone .

1-10 各时期主要指标平均每年增长速度
Average Annual Growth Speed of Main Indicators in Different Periods

单位:% (%)

时 期	Period	地区生产总值 Gross Domestic Product	工业总产值 Gross Output Value of Industry	农林牧渔业总产值 Gross Output Value of Agriculture	社会消费品零售总额 Total Retail Sales of Consumer Goods	一般公共预算收入 Genera Budgetary Revenue	居民消费水平 Resident Consumption Level
“六五”时期	6th Five-year Plan Period	12.7	12.8	6.2	21.2	13.3	13.0
“七五”时期	7th Five-year Plan Period	10.8	13.1	4.6	14.5	5.1	15.8
“八五”时期	8th Five-year Plan Period	20.2	26.1	10.0	30.1	21.3	8.9
“九五”时期	9th Five-year Plan Period	13.1	15.7	5.9	14.1	23.6	6.7
“十五”时期	10th Five-year Plan Period	13.8	18.3	5.8	11.1	18.1	13.0
“十一五”时期	11th Five-year Plan Period	13.5	15.8	2.3	18.7	18.6	11.0
“十二五”时期	12th Five-year Plan Period	10.1	9.8	2.1	14.2	9.1	9.3
1979-2015	1979-2015	13.5	15.5	5.1	18.1	13.2	
2001-2015	2001-2015	12.5	14.6	3.1	14.6	13.6	11.1
2003-2015	2003-2015	12.4	14.5	2.7	15.3	14.0	10.5
2006-2015	2006-2015	11.8	12.8	2.2	16.4	13.8	10.1
2007-2015	2007-2015	11.4	12.3	2.7	16.5	13.6	10.5

1-11 国民经济主要指标比例关系

Proportions of Main National Economic Indicators

单位:%　　(%)

项　　目	Item	2014	2015
全社会从业人员比例	Employed Persons		
第一产业	Primary Industry	8.00	7.75
第二产业	Secondary Industry	36.22	35.38
第三产业	Tertiary Industry	55.78	56.87
地区生产总值三次产业比例	Gross Domestic Product		
第一产业	Primary Industry	1.31	1.25
第二产业	Secondary Industry	33.47	31.64
第三产业	Tertiary Industry	65.22	67.11
工业总产值中轻重工业比例	Gross Output Value of Industry		
轻工业	Light Industry	36.64	36.60
重工业	Heavy Industry	63.36	63.40
农林牧渔业总产值中各业比例	Gross Output Value of Agriculture		
#农　业	Agriculture	53.77	54.67
林　业	Forestry	1.01	1.02
牧　业	Animal Husbandry	16.29	14.95
渔　业	Fishery	18.40	18.17
社会消费品零售总额比例	Total Retail Sales of Consumer Goods		
批发和零售业	Wholesale and Retail Trade	87.21	87.44
住宿和餐饮业	Hotels and Catering Services	12.79	12.56
固定资产投资比例	Total Investment in Fixed Assets		
第一产业	Primary Industry	0.31	0.62
第二产业	Secondary Industry	14.67	14.42
第三产业	Tertiary Industry	85.02	84.96

1-12 主要年份人民物质文化生活水平
People's Material and Culture Life in Main Years

项　　目	Item	2014	2015
城镇非私营单位在岗职工年平均工资（元）	Average Wage of Fully Employed Staff and Workers in Urban Units (yuan)	74245	81171
城市居民年人均可支配收入（元）	Per Capita Annual Disposable Income of Urban Residents(yuan)	42955	46735
农村居民年人均可支配收入（元）	Per Capita Annual Disposable Income of Rural Residents (yuan)	17663	19323
社会消费品零售总额（亿元）	Total Retail Sales of Consumer Goods (100 million yuan)	7144.45	7987.96
平均每人房屋建筑面积（平方米）	Per Capita Floor Space of Buildings (sq.m)	23.32	24.00
储　蓄	Savings Deposits		
住户存款余额（亿元）	Deposits of Households (100 million yuan)	12571.70	13297.42
平均每人储蓄额（元）	Per Capita Savings Deposits (yuan)	96678	100050
交　通	Transportation		
每万人拥有公交车辆（辆）	Possession of Buses per 10000 Persons (unit)	16.25	16.42
公交车辆平均每日乘客人数（万人次）	Average Daily Passengers by Buses (10000 person-times)	716.86	698.50
每万人拥有出租汽车（辆）	Possession of Taxis per 10000 Persons (uint)	25.46	25.96
出租车平均每日乘客人数（万人次）	Average Daily Passengers by Taxi (10000 person-times)	210.60	179.55
通讯、电信	Postal and Telecommunication Services		
城市电话普及率(含移动电话)(部/百人)	Possession of Telephones per 100 Persons in Urban Areas (including mobile telephones) (sets/100 persons)	442.40	431.59
每人每年函件交寄（件）	Per Capita Annual Number of Letters Mailed (unit)	195	259
供　气	Gas Supply		
居民燃气普及率（%）	Popularization Rate of Residents with Access to Gas (%)	99.80	99.75
自来水	Tap Water		
人均日生活用水量（升）	Per Capita Daily Water Used (liter)	329.58	318.7

1-12 续表 continued

项　　目	Item	2014	2015
文　化	Culture		
每百万人拥有出版物	Number of Publications per one million Persons		
报纸(每天)　(份)	Newspaper (Daily)　(piece)	94	78
杂志(每年)　(册)	Magazines (Annual)　(volume)	1600	1491
图书(每年)　(册)	Books (Annual)　(volume)	3375	3632
教　育	Education		
每万人拥有在校大学生　(人)	Number of University and College Students Enrollment per 10000 Persons　(person)	1210	1221
适龄儿童入学率　(%)	Percentage of School-age Children Enrolled　(%)	100.00	100.00
卫　生	Public Health		
每万人拥有医院床位　(张)	Number of Hospital Beds per 10000 Persons　(unit)	82	86
每万人拥有医生　(人)	Number of Doctors per 10000 Persons　(person)	48	50
就　业	Employment		
城镇每一就业者负担人口（人）	Number of Dependents per Employee in Urban Areas (person)	1.68	1.67
绿　化	Green Areas		
建成区绿化覆盖率　(%)	Coverage Rate of Green Areas in Developed Land Area　(%)	41.5	41.6
人均公园绿地面积　(平方米)	Per Capita Garden　(sq.m)	20.19	21.80
居民家庭耐用消费品拥有量	Number of Durable Consumer Goods Owned		
每百户城市居民家庭拥有	Owned by per 100 Urban Households		
彩色电视机　(台)	Color TV Sets　(set)	126	128
计算机　(台)	Computers　(set)	117	121
组合音响　(套)	Hi-fi Stereo Component Systems　(set)	33	33
洗衣机　(台)	Washing Machines　(set)	97	98
电冰箱　(台)	Refrigerators　(set)	100	101
空调器　(台)	Air Conditioners　(set)	220	226
每百户农村居民家庭拥有	Owned by Per 100 Rural Household		
彩色电视机　(台)	Color TV Sets　(set)	133	137
计算机　(台)	Computers　(set)	80	86
洗衣机　(台)	Washing Machines　(set)	96	98
电冰箱　(台)	Refrigerators　(set)	98	102
空调器　(台)	Air Conditioners　(set)	146	163

1-13 主要年份地区生产总值

Gross Domestic Product in Main Years

单位：万元 (10000 yuan)

年 份 Year	地区生产总值 Gross Domestic Product	第一产业 Primary Industry	第二产业 Secondary Industry	第三产业 Tertiary Industry	地区生产总值中 In GDP: 工 业 Industry	建筑业 Construction	人均地区生产总值（元） Per Capita GDP (yuan)	人均地区生产总值(美元) Per Capita GDP (USD)
1978	430947	50287	252479	128181	243585	8894	907	
1980	575497	62438	313734	199325	295337	18397	1160	
1985	1243623	120449	658130	465044	577048	81082	2302	784
1986	1395466	132079	701074	562313	608511	92563	2536	734
1987	1732050	156794	794127	781129	693003	101124	3092	831
1988	2400818	227772	1141606	1031440	972078	169528	4205	1130
1989	2878733	243187	1296309	1339237	1093864	202445	4953	1315
1990	3195952	257288	1362975	1575689	1180978	181997	5418	1133
1991	3866741	281734	1799166	1785841	1582970	216196	5956	1119
1992	5107027	356399	2413129	2337499	2120096	293033	7521	1364
1993	7443455	475960	3512607	3454888	3050098	462509	10481	1819
1994	9853082	606222	4556278	4690582	3870183	686095	13264	1539
1995	12591974	734606	5780268	6077100	4934092	846176	16207	1941
1996	14680643	811630	6719717	7149296	5775040	944677	18066	2175
1997	16781156	857155	7612156	8311845	6605408	1006748	19744	2382
1998	18935177	888763	8201281	9845133	7070126	1131155	21300	2573
1999	21391758	928522	9310691	11152545	7980207	1330484	23007	2779
2000	24927434	943718	10216241	13767475	8779835	1436406	25626	3096
2001	28416511	972806	11122943	16320762	9554676	1568267	28537	3448
2002	32039616	1030721	12113416	18895479	10509450	1603966	32339	3907
2003	37586166	1099080	14859261	21627825	13141254	1718007	38398	4639
2004	44505503	1171452	17880638	25453413	15941538	1939100	45906	5546
2005	51542283	1302159	20452183	29787941	18439550	2012633	53809	6569
2006	60818614	1285029	24415160	35118425	22270093	2145067	62495	7840
2007	71403223	1498737	28257805	41646681	26029310	2228495	69673	9163
2008	82873816	1691849	32278717	48903250	29724781	2553936	76440	11006
2009	91382135	1722837	34051588	55607710	31173422	2878166	79383	11618
2010	107482828	1885645	40022658	65574525	36449611	3573047	87458	12882
2011	124234390	2045420	45769763	76419207	41405926	4363837	97588	15027
2012	135512072	2137620	47206504	86167948	42641557	4564947	105909	16778
2013	154972334	2284630	52700860	99986844	47592091	5108769	120294	19360
2014	167068719	2186993	55909683	108972043	50706347	5309971	128478	20915
2015	181004136	2268409	57260783	121474944	51856341	5511726	136188	21835

注：1．本表数据按当年价格计算。
2．从1991年起，人均地区生产总值按常住人口计算。
3．人均地区生产总值(美元)按当年年平均汇率换算。

Note: I. The data in this table are calculated at current prices.
II. Since 1991 the per capita GDP are calculated by resident population.
III. The Per Capita GDP (USD) are calculated at current annual average exchange rate.

1-14 主要年份地区生产总值指数（上年=100）

Indices of Gross Domestic Product in Main Years (Preceding Year=100)

年 份 Year	地区生产总值 Gross Domestic Product	第一产业 Primary Industry	第二产业 Secondary Industry	第三产业 Tertiary Industry	地区生产总值中: In Gross Domestic Product 工 业 Industry	建筑业 Construction	人均地区生产总值 Per Capita GDP
1978	110.3	100.1	108.5	117.6	108.7	105.0	108.8
1980	115.4	114.6	119.0	110.3	117.4	154.8	113.2
1985	118.3	107.4	124.3	111.7	123.1	135.7	116.3
1986	105.7	100.5	101.3	114.1	101.3	101.3	103.7
1987	115.2	99.0	108.2	128.9	108.6	104.5	113.2
1988	117.8	104.6	126.3	109.0	125.1	137.2	115.6
1989	104.7	100.7	100.6	111.4	101.0	96.9	102.9
1990	111.3	103.7	107.8	116.9	109.6	92.1	109.7
1991	116.3	109.1	127.2	108.0	128.6	118.2	114.6
1992	123.3	120.4	128.1	118.8	128.7	123.3	117.8
1993	126.4	102.1	133.6	122.4	132.1	144.0	120.9
1994	118.8	112.6	123.2	114.5	121.0	137.3	113.6
1995	116.4	104.1	116.9	117.4	118.6	107.0	111.3
1996	112.4	105.3	113.4	112.0	115.5	99.5	107.5
1997	113.4	105.5	112.9	114.9	114.6	99.7	108.4
1998	113.1	104.0	112.6	114.7	112.9	110.1	108.2
1999	113.2	110.4	115.5	110.5	115.2	118.1	108.2
2000	113.3	101.7	111.9	116.3	112.5	106.7	108.3
2001	112.7	102.2	110.9	114.8	111.1	109.5	110.1
2002	113.2	109.8	112.4	114.0	113.8	103.9	113.8
2003	115.2	104.5	121.6	111.4	124.5	101.6	116.6
2004	115.0	105.4	117.2	113.9	118.6	105.7	116.2
2005	112.9	105.6	113.0	113.3	113.8	105.6	114.3
2006	114.9	95.7	116.5	114.7	117.8	104.4	113.1
2007	115.3	102.8	113.8	116.7	115.1	100.5	109.5
2008	112.5	102.7	111.1	113.8	111.8	102.5	106.4
2009	111.7	103.8	109.3	113.4	109.2	111.5	105.2
2010	113.2	103.2	113.1	113.6	112.7	119.0	106.1
2011	111.3	103.0	111.7	111.3	111.5	114.0	107.5
2012	110.5	103.2	108.5	112.0	109.1	102.9	110.0
2013	111.6	103.0	111.2	112.1	112.1	102.4	110.9
2014	108.6	101.3	107.4	109.4	107.8	102.4	107.6
2015	108.4	102.2	106.8	109.4	106.9	105.3	106.0

注：本表数据按可比价格计算。

Note: The data in this table are calculated at comparable prices.

1-15 主要年份地区生产总值构成
Composition of Gross Domestic Product in Main Years

单位：% (%)

年 份 Year	地区生产总值 Gross Domestic Product	第一产业 Primary Industry	第二产业 Secondary Industry	第三产业 Tertiary Industry	地区生产总值中：In Gross Domestic Product 工 业 Industry
1978	100.00	11.67	58.59	29.74	56.52
1980	100.00	10.85	54.51	34.64	51.32
1985	100.00	9.69	52.92	37.39	46.40
1986	100.00	9.46	50.24	40.30	43.61
1987	100.00	9.05	45.85	45.10	40.01
1988	100.00	9.49	47.55	42.96	40.49
1989	100.00	8.45	45.03	46.52	38.00
1990	100.00	8.05	42.65	49.30	36.95
1991	100.00	7.29	46.53	46.18	40.94
1992	100.00	6.98	47.25	45.77	41.51
1993	100.00	6.39	47.19	46.42	40.98
1994	100.00	6.15	46.24	47.61	39.28
1995	100.00	5.83	45.91	48.26	39.18
1996	100.00	5.53	45.77	48.70	39.34
1997	100.00	5.11	45.36	49.53	39.36
1998	100.00	4.70	43.31	51.99	37.34
1999	100.00	4.34	43.53	52.13	37.31
2000	100.00	3.79	40.98	55.23	35.22
2001	100.00	3.42	39.14	57.44	33.62
2002	100.00	3.22	37.81	58.97	32.80
2003	100.00	2.93	39.53	57.54	34.96
2004	100.00	2.63	40.18	57.19	35.82
2005	100.00	2.53	39.68	57.79	35.78
2006	100.00	2.10	40.20	57.70	36.70
2007	100.00	2.10	39.57	58.33	36.50
2008	100.00	2.04	38.95	59.01	35.90
2009	100.00	1.89	37.26	60.85	34.11
2010	100.00	1.75	37.24	61.01	33.91
2011	100.00	1.65	36.84	61.51	33.33
2012	100.00	1.58	34.84	63.58	31.47
2013	100.00	1.47	34.01	64.52	30.71
2014	100.00	1.31	33.47	65.22	30.35
2015	100.00	1.25	31.64	67.11	28.65

注：本表数据按当年价格计算。

Note: The data in this table are calculated at comparable prices.

1-16 地区生产总值

Gross Domestic Product

单位：万元 (10000 yuan)

项　　目	Item	2014	2015	2015年比2014年增长(%) Growth Rate in 2015 over 2014 (%)
地区生产总值	**Gross Domestic Product**	**167068719**	**181004136**	**8.4**
按产业分	**Grouped By Industry**			
第一产业	Primary Industry	2186993	2268409	2.2
第二产业	Secondary Industry	55909683	57260783	6.8
第三产业	Tertiary Industry	108972043	121474944	9.4
按行业分	**Grouped By Sector**			
农、林、牧、渔业	Agriculture, Forestry, Animal Husbandry and Fishery	2360057	2459204	2.6
工　业	Industry	50706347	51856341	6.9
建筑业	Construction	5309971	5511726	5.3
批发和零售业	Wholesale and Retail Trade	25117459	26973090	7.3
交通运输、仓储和邮政业	Transport, Storage and Post	11361928	12551921	7.5
住宿和餐饮业	Hotels and Catering Services	4455742	4026066	1.4
信息传输、软件和信息技术服务业	Information Transmission, Software and Information Technology	4990875	5836728	12.5
金融业	Financial Intermediation	14221516	16287084	14.2
房地产业	Real Estate	13700297	15294203	6.1
租赁和商务服务业	Leasing and Business Services	11631231	13808430	6.8
科学研究和技术服务业	Scientific Research and Technical Services	4214822	4656028	10.6
水利、环境和公共设施管理业	Management of Water Conservancy, Environment and Public Facilities	983461	1181459	18.9
居民服务、修理和其他服务业	Service to Households, Repair and Other Services	1870971	2231582	14.4
教　育	Education	5500432	6105480	12.6
卫生和社会工作	Health and Social Work	4196215	4801572	13.6
文化、体育和娱乐业	Culture, Sports and Entertainment	2468424	2930964	18.0
公共管理、社会保障和社会组织	Public Management, Social Security and Social Organizations	3978971	4492258	13.3

注：本表数据绝对值按当年价格计算，增长速度按可比价格计算。
Note: The level data in this table are calculated at current prices while the growth rates at comparable prices.

1-17 各时期地区生产总值和平均每年增长速度

Gross Domestic Product and Annual Average Growth Speed in Different Periods

时 期	Period	地区生产总值 Gross Domestic Product	第一产业 Primary Industry	第二产业 Secondary Industry	第三产业 Tertiary Industry	地区生产总值中: In Gross Domestic Product	
						工 业 Industry	建筑业 Construction
绝对值(万元)	**Absolute Figure (10000 yuan)**						
“六五”时期	6th Five-year Plan Period	4373327	459872	2395362	1518093	2137482	257880
“七五”时期	7th Five-year Plan Period	11603019	1017120	5296091	5289808	4548434	747657
“八五”时期	8th Five-year Plan Period	38862279	2454921	18061448	18345910	15557439	2504009
“九五”时期	9th Five-year Plan Period	96716168	4429788	42060086	50226294	36210616	5849470
“十五”时期	10th Five-year Plan Period	194090079	5576218	76428441	112085420	67586468	8841973
“十一五”时期	11th Five-year Plan Period	413960616	8084097	159025928	246850591	145647217	13378711
“十二五”时期	12th Five-year Plan Period	762791651	10923072	258847593	493020986	234202262	24859250
1950-1978	1950-1978	5578418	753734	3146791	1677893	2999275	147516
1979-2015	1979-2015	1523460151	33059087	562698407	927702657	506444400	56467926
1991-2015	1991-2015	1506420793	31468096	554423496	920529201	499204002	55433413
1996-2015	1996-2015	1467558514	29013175	536362048	902183291	483646563	52929404
2001-2015	2001-2015	1370842346	24583387	494301962	851956997	447435947	47079934
2003-2015	2003-2015	1310386219	22579860	471065603	816740756	427371821	43907701
平均每年增长(%)	**Annual Average Growth Speed (%)**						
“六五”时期	6th Five-year Plan Period	12.7	7.6	13.6	12.5	12.5	27.6
“七五”时期	7th Five-year Plan Period	10.8	1.7	8.4	15.9	8.8	5.3
“八五”时期	8th Five-year Plan Period	20.2	9.5	25.7	16.1	25.7	25.3
“九五”时期	9th Five-year Plan Period	13.1	5.4	13.2	13.7	14.1	6.6
“十五”时期	10th Five-year Plan Period	13.8	5.4	14.9	13.5	16.3	5.2
“十一五”时期	11th Five-year Plan Period	13.5	1.6	12.8	14.4	13.3	7.4
“十二五”时期	12th Five-year Plan Period	10.1	2.5	9.1	10.8	9.5	5.3
1950-1978	1950-1978	9.2	3.8	12.7	9.5	12.7	13.1
1979-2015	1979-2015	13.5	4.9	13.8	14.1	14.1	13.0
1991-2015	1991-2015	14.1	4.8	15.0	13.7	15.6	9.7
1996-2015	1996-2015	12.6	3.7	12.5	13.1	13.3	6.1
2001-2015	2001-2015	12.5	3.2	12.2	12.9	13.0	6.0
2003-2015	2003-2015	12.4	2.8	12.3	12.7	13.0	5.9

注:本表数据绝对值按当年价格计算，增长速度按可比价格计算。

Note: The level data in this table are calculated at current prices while the growth rates at comparable prices.

1-18 地区生产总值使用表
Utilization Balance Sheet of Gross Domestic Product

单位:万元 (10000 yuan)

项 目	Item	2014	2015	2015年比2014年增长(%) Growth Rate in 2015 over 2014 (%)
支出法地区生产总值	**Gross Domestic Product by Expenditure Approach**	**167068719**	**181004136**	**8.4**
最终消费支出	Final Consumption Expenditure	83775280	92907765	10.6
居民消费支出	Household Consumption Expenditure	62118369	69322988	11.2
农村居民	Rural Households	4967104	5501697	9.8
城镇居民	Urban Households	57151265	63821291	11.3
政府消费支出	Government Consumption Expenditure	21656911	23584777	8.7
资本形成总额	Gross Capital Formation	61763979	64289660	5.6
固定资本形成总额	Gross Fixed Capital Formation	58535052	60867002	5.4
存货增加	Changes in Inventories	3228928	3422659	8.3
货物和服务净流出	Net Exports of Goods and Services	21529460	23806711	7.6

1-19 居民消费水平
Household Consumption

单位:元/人 (yuan/person)

项 目	Item	2014	2015	2015年比2014年增长(%) Growth Rate in 2015 over 2014 (%)
全市居民	Total Households	47770	52159	9.2
农村居民	Rural Households	26074	28511	9.3
城镇居民	Urban Households	51494	56175	9.1
农村居民与城镇居民对比（农村居民为1）	Ratio of Consumption of Urban Households to Rural Households (rural households=1)	1:1.97	1:1.97	

注：本表数据绝对值按当年价格计算，增长速度按可比价格计算。从2015年起，本表统计方法有所调整。

Note: The level data in this table are calculated at current prices while the growth rates at comparable prices. Since 2015, the data of this table has been adjusted.

1-20　各行业增加值（2015年）

单位:万元

项　　目	Item
地区生产总值	**Gross Domestic Product**
按产业分	**Grouped By Industry**
第一产业	Primary Industry
第二产业	Secondary Industry
第三产业	Tertiary Industry
按行业分	**Grouped By Sector**
农、林、牧、渔业	Agriculture, Forestry, Animal Husbandry and Fishery
工　业	Industry
建筑业	Construction
批发和零售业	Wholesale and Retail Trade
交通运输、仓储和邮政业	Transport, Storage and Post
住宿和餐饮业	Hotels and Catering Services
信息传输、软件和信息技术服务业	Information Transmission, Software and Information Technology
金融业	Financial Intermediation
房地产业	Real Estate
租赁和商务服务业	Leasing and Business Services
科学研究和技术服务业	Scientific Research and Technical Services
水利、环境和公共设施管理业	Management of Water Conservancy, Environment and Public Facilities
居民服务、修理和其他服务业	Service to Households, Repair and Other Services
教　育	Education
卫生和社会工作	Health and Social Work
文化、体育和娱乐业	Culture, Sports and Entertainment
公共管理、社会保障和社会组织	Public Management, Social Security and Social Organizations

1-21　各行业增加值构成（2015年）

单位:%

项　　目	Item
地区生产总值	**Gross Domestic Product**
按产业分	**Grouped By Industry**
第一产业	Primary Industry
第二产业	Secondary Industry
第三产业	Tertiary Industry
按行业分	**Grouped By Sector**
农、林、牧、渔业	Agriculture, Forestry, Animal Husbandry and Fishery
工　业	Industry
建筑业	Construction
批发和零售业	Wholesale and Retail Trade
交通运输、仓储和邮政业	Transport, Storage and Post
住宿和餐饮业	Hotels and Catering Services
信息传输、软件和信息技术服务业	Information Transmission, Software and Information Technology
金融业	Financial Intermediation
房地产业	Real Estate
租赁和商务服务业	Leasing and Business Services
科学研究和技术服务业	Scientific Research and Technical Services
水利、环境和公共设施管理业	Management of Water Conservancy, Environment and Public Facilities
居民服务、修理和其他服务业	Service to Households, Repair and Other Services
教　育	Education
卫生和社会工作	Health and Social Work
文化、体育和娱乐业	Culture, Sports and Entertainment
公共管理、社会保障和社会组织	Public Management, Social Security and Social Organizations

Added Value by Sector (2015)

(10000 yuan)

合 计 Total	劳动者报酬 Compensation of Employees	固定资产折旧 Depreciation of Fixed Assets	生产税净额 Net Taxes on Production	营业盈余 Operating Surplus
181004136	**81586681**	**20130272**	**31076059**	**48211124**
2268409	2204420	63989		
57260783	26508737	5693856	11447041	13611149
121474944	52873524	14372427	19629018	34599975
2459204	2389833	69371		
51856341	23291524	5304273	10654401	12606143
5511726	3265851	398419	815630	1031826
26973090	11320456	1216466	8745871	5690297
12551921	5476093	2523860	1268278	3283690
4026066	3322527	211748	312540	179251
5836728	1923375	1676082	563773	1673498
16287084	4998149	86098	2313887	8888950
15294203	2449349	5179332	3159423	4506099
13808430	3483766	1404960	2050569	6869135
4656028	2551603	337570	443955	1322900
1181459	582334	213620	58537	326968
2231582	1472532	143770	205295	409985
6105480	5168002	573886	101765	261827
4801572	3906104	183304	74114	638050
2930964	1821594	278844	308021	522505
4492258	4163589	328669		

Composition of Added Value by Sector (2015)

(%)

合 计 Total	劳动者报酬 Compensation of Employees	固定资产折旧 Depreciation of Fixed Assets	生产税净额 Net Taxes on Production	营业盈余 Operating Surplus
100.00	**45.07**	**11.12**	**17.17**	**26.64**
100.00	97.18	2.82		
100.00	46.30	9.94	19.99	23.77
100.00	43.53	11.83	16.16	28.48
100.00	97.18	2.82		
100.00	44.92	10.23	20.55	24.31
100.00	59.25	7.23	14.80	18.72
100.00	41.97	4.51	32.42	21.10
100.00	43.63	20.11	10.10	26.16
100.00	82.53	5.26	7.76	4.45
100.00	32.95	28.72	9.66	28.67
100.00	30.69	0.53	14.21	54.57
100.00	16.02	33.86	20.66	29.46
100.00	25.23	10.17	14.85	49.75
100.00	54.80	7.25	9.54	28.41
100.00	49.29	18.08	4.95	27.68
100.00	65.99	6.44	9.20	18.37
100.00	84.64	9.40	1.67	4.29
100.00	81.35	3.82	1.54	13.29
100.00	62.15	9.51	10.51	17.83
100.00	92.68	7.32		

1-22 三次产业对地区生产总值增长的贡献率(1990-2015年)

Share of the Contributions of the Three Strata of Industry to the Growth of GDP (1990-2015)

单位：%　　(%)

年 份 Year	地区生产总值 Gross Domestic Product	第一产业 Primary Industry	第二产业 Secondary Industry	第三产业 Tertiary Industry	地区生产总值中：In Gross Domestic Product 工 业 Industry
1990	100.0	1.7	37.1	61.2	41.0
1991	100.0	4.2	71.3	24.5	64.9
1992	100.0	6.2	56.3	37.5	50.4
1993	100.0	0.5	61.6	37.9	51.8
1994	100.0	3.7	62.5	33.8	49.4
1995	100.0	1.3	54.1	44.6	50.8
1996	100.0	2.0	57.0	41.0	57.3
1997	100.0	1.8	51.4	46.8	51.5
1998	100.0	1.2	51.1	47.7	46.9
1999	100.0	2.9	62.3	34.8	55.0
2000	100.0	0.5	49.7	49.8	46.8
2001	100.0	0.7	35.0	64.3	30.7
2002	100.0	2.5	37.8	59.7	36.2
2003	100.0	1.0	56.7	42.3	56.2
2004	100.0	1.1	48.3	50.6	46.6
2005	100.0	1.2	43.2	55.6	41.4
2006	100.0	-0.7	43.9	56.8	42.7
2007	100.0	0.4	36.4	63.2	36.3
2008	100.0	0.4	35.1	64.5	34.5
2009	100.0	0.5	31.4	68.1	28.6
2010	100.0	0.4	38.1	61.5	34.0
2011	100.0	0.5	38.6	60.9	34.5
2012	100.0	0.5	30.2	69.3	29.2
2013	100.0	0.4	35.4	64.2	34.8
2014	100.0	0.2	31.5	68.3	30.7
2015	100.0	0.3	29.2	70.5	27.5

注：1．本表数据按可比价格计算。

2．三次产业贡献率指各产业增加值增量与GDP增量之比。

Note: I. The data of this table are calculated at comparable prices.

II. Share of the contributions of the three strata of industry to the growth of GDP refers to the proportion of the increment of the Value-added of each Industry to the increment of GDP.

1-23 三次产业对地区生产总值增长的拉动（1990-2015年）

Contribution of the Three Strata of Industry to the Growth of GDP (1990-2015)

单位：百分点 (percentage points)

年 份 Year	地区生产总值 Gross Domestic Product	第一产业 Primary Industry	第二产业 Secondary Industry	第三产业 Tertiary Industry	地区生产总值中：In Gross Domestic Product 工 业 Industry
1990	11.3	0.2	4.2	6.9	4.6
1991	16.3	0.7	11.6	4.0	10.6
1992	23.3	1.4	13.1	8.8	11.7
1993	26.4	0.1	16.3	10.0	13.7
1994	18.8	0.7	11.8	6.3	9.3
1995	16.4	0.2	8.9	7.3	8.4
1996	12.4	0.2	7.1	5.1	7.1
1997	13.4	0.2	6.9	6.3	6.9
1998	13.1	0.2	6.6	6.3	6.0
1999	13.2	0.4	8.2	4.6	7.2
2000	13.3	0.1	6.6	6.6	6.2
2001	12.7	0.1	4.5	8.1	4.0
2002	13.2	0.3	5.0	7.9	4.8
2003	15.2	0.1	8.6	6.5	8.5
2004	15.0	0.2	7.3	7.5	7.0
2005	12.9	0.2	5.6	7.1	5.4
2006	14.9	-0.1	6.6	8.4	6.4
2007	15.3	0.1	5.6	9.6	5.6
2008	12.5	0.1	4.4	8.0	4.3
2009	11.7	0.1	3.6	8.0	3.3
2010	13.2	0.1	5.0	8.1	4.5
2011	11.3	0.1	4.3	6.9	3.9
2012	10.5	0.1	3.2	7.2	3.1
2013	11.6	0.1	4.1	7.4	4.0
2014	8.6	…	2.7	5.9	2.6
2015	8.4	…	2.5	5.9	2.3

注：1．本表数据按可比价格计算。

2．三次产业拉动指GDP增长速度与各产业贡献率之乘积。

Note: I. The data of this table are calculated at comparable prices.

II. Contribution of the three strata of industry to the growth of GDP refers to the growth rate of GDP multiplied by the contribution share of each industry.

1-24 三大需求对地区生产总值增长的贡献率和拉动（1991-2015年）

Contribution Share and Contribution of the Three Components of GDP to the Growth of GDP (1991-2015)

年 份 year	最终消费支出 Final Consumption Expenditure		资本形成总额 Gross Capital Formation		货物和服务净流出 Net Exports of Goods and Services	
	贡献率 (%) Contribution Share (%)	拉 动 （百分点） Contribution (percentage points)	贡献率 (%) Contribution Share (%)	拉 动 （百分点） Contribution (percentage points)	贡献率 (%) Contribution Share (%)	拉 动 （百分点） Contribution (percentage points)
1991	9.6	1.6	41.4	6.7	49.0	8.0
1992	37.1	8.6	133.9	31.2	-71.0	-16.5
1993	21.1	5.6	68.5	18.1	10.4	2.7
1994	32.1	6.0	75.7	14.2	-7.8	-1.4
1995	31.5	5.2	59.6	9.8	8.9	1.4
1996	30.6	3.8	4.6	0.6	64.8	8.0
1997	39.3	5.3	-3.7	-0.5	64.4	8.6
1998	35.9	4.7	55.7	7.3	8.4	1.1
1999	51.5	6.8	33.9	4.5	14.6	1.9
2000	59.2	7.9	13.8	1.8	27.0	3.6
2001	63.7	8.1	28.3	3.6	8.0	1.0
2002	55.6	7.3	21.2	2.8	23.2	3.1
2003	43.8	6.7	17.4	2.6	38.8	5.9
2004	26.4	4.0	42.4	6.4	31.2	4.6
2005	46.8	6.0	-8.5	-1.1	61.7	8.0
2006	39.2	5.9	39.1	5.8	21.7	3.2
2007	43.9	6.7	18.4	2.8	37.7	5.8
2008	47.8	6.0	33.9	4.2	18.3	2.3
2009	53.9	6.3	61.8	7.2	-15.7	-1.8
2010	67.9	9.0	44.0	5.8	-11.9	-1.6
2011	49.2	5.6	17.5	2.0	33.3	3.7
2012	47.0	4.9	50.8	5.4	2.2	0.2
2013	42.4	4.9	39.7	4.6	17.9	2.1
2014	42.2	3.6	48.6	4.2	9.2	0.8
2015	65.1	5.5	26.0	2.2	8.9	0.7

注：1．本表数据按可比价格计算。
2．三大需求指支出法计算的GDP的三大构成项目，即最终消费支出、资本形成总额、货物和服务净流出。
3．贡献率指三大需求增量与支出法计算的GDP增量之比。
4．拉动指GDP增长速度与三大需求贡献率的乘积。

Note: I. The data of this table are calculated at comparable prices.
II. Three Components of GDP by expenditure approached are final consumption expenditure, gross capital formation and net exports of goods and services.
III. Contribution Share of the three components to the increase of the GDP refers to the proportion of the increment of the each component of GDP by expenditure approach to the Increment of GDP.
IV. Contribution of the three components to GDP growth refers to the growth rate of GDP multiplied by the contribution share of the three components.

1-25 全市国有土地使用权出让、划拨情况

Total City Lease and Administrative Allocation of the Right to the Use of the State-owned Land

项目		Item		2014	2015
国有土地使用权出让		**Lease of the Right to the Use of the State-owned Land**			
出让小计		Lease Sub-total			
出让地块	(宗)	Number of Plots	(piece)	170	188
出让面积	(公顷)	Areas	(hectare)	1088.38	779.22
成交价款	(万元)	Value of Transactions	(10000 yuan)	8762674	9647180
# 协议出让		Lease by Negotiation			
出让地块	(宗)	Number of Plots	(piece)	37	39
出让面积	(公顷)	Areas	(hectare)	354.45	77.19
成交价款	(万元)	Value of Transactions	(10000 yuan)	279421	106569
国有土地使用权划拨		**Allocation of the Right to the Use of the State-owned Land**			
划拨地块	(宗)	Number of Plots	(piece)	168	161
划拨面积	(公顷)	Areas	(hectare)	1650.55	714.29

注：1．本表数据由广州市国土规划委提供。
2．本表数据已剔除被解除合同数据。
3．本表统计范围为全市口径。

Note: I. The data in this table are provided by Guangzhou Land Resources & Urban Planning Committee.
II. The data in this table has excluded the part of terminated contracts.
III.The statistical scale of this table is total city scale.

1-26 全市房地产市场交易情况

Transactions in Total Real Estate Market

项目		Item		2014	2015
新建商品房现售		**Newly-constructed Commercial Buildings Sold Out**			
成交面积	(万平方米)	Transacted Floor Space	(10000 sq.m)	165.16	210.30
# 住宅		Residential Buildings		92.65	125.56
成交金额	(万元)	Transacted Value	(10000 yuan)	2788553	3807071
# 住宅		Residential Buildings		1569099	2316882
住宅成交套数	(套)	Number of Transacted Flats	(flat)	6383	8751
新建商品房预售		**Newly-constructed Commercial Buildings Sold in Advance**			
成交面积	(万平方米)	Transacted Floor Space	(10000 sq.m)	954.26	1162.10
# 住宅		Residential Buildings		743.30	953.89
成交金额	(万元)	Transacted Value	(10000 yuan)	15701571	17586565
# 住宅		Residential Buildings		11032703	13971361
住宅成交套数	(套)	Number of Transacted Flats	(flat)	66275	83924
存量房买卖		**Sales of Buildings in Stock**			
成交面积	(万平方米)	Transacted Floor Space	(10000 sq.m)	653.34	834.59
# 住宅		Residential Buildings		485.58	696.72
成交金额	(万元)	Transacted Value	(10000 yuan)	6864768	10517582
# 住宅		Residential Buildings		5346916	9239687
住宅成交套数	(套)	Number of Transacted Flats	(flat)	57439	81608

注：1.本表数据由广州市国土规划委提供。
2.新建商品房现售和新建商品房预售为网签数据，存量房买卖为交易登记数据。
3.本表统计口径为全市口径。

Note: I. The data in this table are provided by Guangzhou Land Resources & Urban Planning Committee.
II.The Data of Newly-constructed Commercial Buildings Sold out and Newly-constructed Commercial Buildings Sold in Advance is Net Registered Data.The Data of Buildings in Stock is Transaction Registered Data.
III.The statistical scale of this table is total city scale.

1-27 劳动力市场情况

Statistics on Labor Force Market

项　　目	Item	2014	2015
全市经人力资源社会保障部门批准的人力资源服务机构(个)	Number of Employment Service Institutions Approved by Human Resources and Social Security Department (unit)	865	870
劳动部门所属	Run by Labor Departments	207	190
非劳动部门所属	Run by Non-labor Departments	658	680

注：2014年以前是劳动部门的职业介绍机构，2014年开始包括了人才中介机构和职业介绍机构。

Note: Before 2014, it is vocational introduction institutions of labour department. Since 2014, it includes recruitment agencies and vocational introduction institutions.

1-28 技术市场交易情况

Statistics on Transactions in Technological Market

项　　目	Item	2014		2015	
		合同数(项) Numbers of Contracts (unit)	金额(万元) Value (10000 yuan)	合同数(项) Numbers of Contracts (unit)	金额(万元) Value (10000 yuan)
买方市场	Buyers' Market	7902	2468698	5844	2660023
机关法人	Official Organ as Juridical Person	1451	255391	1178	141606
事业法人	Institution as Juridical Person	1306	85215	1001	79072
社团法人	Mass Organization as Juridical Person	33	2099	23	1070
企业法人	Corporate as Juridical Person	4893	2031816	3469	2376028
自然人	Natural Person	49	1628	38	1639
其他组织	Others	170	92549	135	60608
卖方市场	Sellers' Market	7902	2468698	5844	2660023
机关法人	Official Organ as Juridical Person	7	158	7	1714
事业法人	Institution as Juridical Person	2994	104120	1663	84742
社团法人	Mass Organization as Juridical Person	7	758	7	596
企业法人	Corporate as Juridical Person	4865	2355635	4141	2571020
自然人	Natural Person	18	1157	20	1264
其他组织	Others	11	6870	6	688

1-29 公有制经济主要指标（2015年）

Main Indicators of Public-owned Economy (2015)

单位：万元、% (10000 yuan, %)

项　　目	Item	全　市 Total	#公有制经济 Public-owned Economy	公有制经济占全市的比重 Ratio of Public-owned Economy to Total
地区生产总值	Gross Domestic Product	181004136	73562111	40.64
规模以上工业	Above Designated Size Industry			
工业总产值	Gross Industrial Output Value	186842162	61905267	33.13
工业增加值	Value Added	48689258	16241586	33.36
产品销售收入	Sales Revenue	171050610	56818972	33.22
建筑业	Construction			
建筑业增加值	Value Added	5511726	2374680	43.08
固定资产投资中:建筑安装工程投资	Investment in Construction Installation	34965551	12225103	34.96
交通运输、仓储和邮政业	Transport, Storage and Post			
交通运输、仓储和邮政业增加值	Value Added	12551921	6734037	53.65
货物运输量 (万吨)	Freight Traffic (10000 tons)	100124	56790	56.72
货物周转量 (万吨/公里)	Freight Ton-kilometers (10000 tons/kilometer)	90504153	81833855	90.42
客运量 (万人次)	Passenger Traffic (10000 persons-times)	106082	71966	67.84
旅客周转量 (万人/公里)	Passenger-kilometers (10000 persons/kilometer)	26681268	23474180	87.98
邮政业务收入	Revenue of Post	2222763	341194	15.35
批发和零售业、住宿和餐饮业	Wholesale, Retail Trade, Hotels and Catering Services			
批发和零售业增加值	Value Added of Wholesale and Retail Trade	26973090	6783977	25.15
住宿和餐饮业增加值	Value Added of Hotel and Catering Services	4026066	361838	8.99
社会消费品零售总额	Total Retail Sales of Consumer Goods	79879595	10769834	13.48
商品销售总额	Total Value of Commodities Sold	509023780	105280575	20.68

1-30 各区国民经济主要指标（2015年）

项　　目		Item	
土地面积	（平方公里）	Total Land Area	(10000 sq.m)
年末户籍人口	（人）	Year-end Population by household registered	(person)
街道办事处	（个）	Street Communities	(unit)
镇	（个）	Towns	(unit)
社区居委会	（个）	Community Committees	(unit)
村民委员会	（个）	Village Committees	(unit)
地区生产总值	（万元）	Gross Domestic Product	(10000 yuan)
第一产业	（万元）	Primary Industry	(10000 yuan)
第二产业	（万元）	Secondary Industry	(10000 yuan)
第三产业	（万元）	Tertiary Industry	(10000 yuan)
地区生产总值中：工业	（万元）	Industry In Gross Domestic Product	(10000 yuan)
年末全社会从业人员	（人）	Total Number of Employed Persons at Year-end	(person)
# 城镇非私营单位在岗职工年末人数	（人）	Number of Fully Employed Staff and Workers in Urban Units at Year-end	(person)
城镇非私营单位在岗职工工资总额	（万元）	Total Wages of Fully Employed Staff and Workers in Urban Units	(10000 yuan)
城镇非私营单位在岗职工年平均工资	（元）	Average Wages of Fully Employed Staff and Workers in Urban Units	(yuan)
固定资产投资额(按法人单位办公所在地分)	（万元）	Investment in Fixed Assets (by legal person office location)	(10000 yuan)
固定资产投资额(按项目所在地分)	（万元）	Investment in Fixed Assets (by project location)	(10000 yuan)
# 建筑和安装工程	（万元）	Construction and Erection Engineering	(10000 yuan)
新增固定资产(按法人单位办公所在地分)	（万元）	Newly-increased Investment in Fixed Assets (by legal person office location)	(10000 yuan)
一般公共预算收入	（万元）	General Budgetary Revenue	(10000 yuan)
一般公共预算支出	（万元）	General Budgetary Expenditure	(10000 yuan)
农林牧渔业总产值	（万元）	Gross Output Value of Agriculture	(10000 yuan)
社会消费品零售总额	（万元）	Total Retail Sales of Consumer Goods	(10000 yuan)
实际使用外商直接投资金额	（万美元）	Foreign Direct Capital Actually Utilized	(USD 10000)
普通中学学校数	（所）	Number of Regular Secondary Schools	(unit)
普通中学在校学生数	（人）	Number of Students Enrolled in Regular Secondary Schools	(person)
小学学校数	（所）	Number of Primary Schools	(unit)
小学在校学生数	（人）	Number of Students Enrolled in Primary Schools	(person)
幼儿园数	（所）	Number of Kindergartens	(unit)
幼儿园在园人数	（人）	Number of Children Enrolled	(person)
各类卫生机构数	（个）	Number of Health Institutions	(unit)
# 医　院		Hospitals	
各类卫生机构床位数	（张）	Number of Beds	(unit)
# 医　院		Hospitals	
卫生技术人员	（人）	Medical Technical Personnel	(person)
# 执业(助理)医师		Licensed (Assistant) Doctors	

Main Indicators of National Economic by District and County-level City (2015)

荔湾区 Liwan	越秀区 Yuexiu	海珠区 Haizhu	天河区 Tianhe	白云区 Baiyun	黄埔区 Huangpu	番禺区 Panyu	花都区 Huadu	南沙区 Nansha	从化区 Conghua	增城区 Zengcheng
59.10	33.80	90.40	96.33	795.79	484.17	529.94	970.04	783.86	1974.50	1616.47
720978	1174794	1010503	844576	917827	439547	855654	706805	383526	615155	872548
22	18	18	21	18	14	11	4	3	3	4
				4	1	5	6	6	5	7
186	222	257	208	250	96	90	54	28	46	57
				118	28	177	188	128	221	284
10157960	26996261	14229675	34386497	15349652	28740745	16042156	10802099	11391882	3491247	9415961
48678		23242	14238	328371	68087	261069	301616	512796	237236	473076
2162258	542920	1988923	4171170	3310277	19159585	5596849	5966923	7953422	1547933	4860523
7947024	26453341	12217510	30201089	11711004	9513073	10184238	4533560	2925664	1706078	4082362
2016492	201738	1166276	3501283	2913709	18142360	4743996	5806712	7468401	1326453	4568921
330285	895711	623996	1025277	1130245	763569	1101750	733520	422840	396942	685746
136419	474215	304185	535871	299675	512682	252428	162299	153178	78842	131286
1117199	3975656	2523001	5485871	2462458	4228226	1681555	1043732	1036114	436267	884797
81042	83462	83419	102801	82326	80468	65304	63399	65599	55808	67330
3348544	3973744	6644280	6898753	4489664	7903962	5797173	2762096	6205467	2080062	3955777
3769583	2486339	4226979	5437239	5371990	9059399	6424127	3485521	6614652	2786151	4397542
1587107	1033845	2911358	3792033	3142186	5760431	5260160	2498109	3951250	1924184	3104888
886564	3037340	3491785	6105725	1954921	4198561	3713312	1632392	2377841	1888252	3284120
421565	508055	525149	618478	582141	1492917	844749	721513	712497	250912	721136
653329	818920	857982	872260	941510	1471860	1248504	924728	1157562	452657	1057125
75893		40876	58899	617294	142678	455062	559687	840211	427108	916854
7204963	11450474	7972787	17446723	10076106	5382453	10377939	3938851	1717564	1283798	3027937
26896	42521	22743	86114	14255	114682	34392	27069	102300	10010	20685
40	35	37	53	70	33	62	76	24	27	53
39483	58728	45418	49287	60917	28302	70709	56661	22336	31391	51996
52	53	83	71	181	57	133	92	60	65	94
59157	63617	83786	106615	148637	54799	129053	129254	39401	41599	81952
101	114	161	186	309	93	296	105	87	72	142
23559	30524	39886	44162	85391	24668	77081	31938	20763	23726	43520
210	309	272	435	554	257	367	392	189	348	391
23	37	22	32	40	12	26	9	12	7	9
5126	23906	9290	9714	13398	3547	5777	3508	1555	3062	3139
4976	21615	8616	9169	12619	2666	5689	2335	1434	2226	1968
7882	37904	14267	16176	15381	4949	10683	6765	2750	4291	5633
3046	11782	4584	5647	5377	1761	3799	2335	951	1333	1884

1-31 广州开发区国民经济主要指标

Main Indicators of National Economy of Guangzhou Development Zone

项 目		Item		2014	2015
年末社会从业人员	(人)	Year-end Employed Persons	(person)	440110	447913
#工业从业人员		Employed Persons in Industry		323239	301108
地区生产总值	(万元)	Gross Domestic Product	(10000 yuan)	22123704	23368185
第一产业		Primary Industry		64740	58002
第二产业		Secondary Industry		15270278	15944669
第三产业		Tertiary Industry		6788686	7365514
地区生产总值中：		In Gross Domestic Product			
工 业		Industry		14397481	14973381
建筑业		Construction		872796	971288
固定资产投资额	(万元)	Investment in Fixed Assets	(10000 yuan)	5785712	6742710
#基础(公共)设施		Infrastructure		1655789	1336347
工业项目		Industry		1723125	1559590
区内税收	(万元)	Tax	(10000 yuan)	4585578	4722268
利润总额	(万元)	Total Profits	(10000 yuan)	4619577	4779697
#工业利润		Industry		3357917	3141647
地方可支配财力	(万元)	Local Disposable Financial Resources	(10000 yuan)	2585806	2962056
地方财政支出	(万元)	Local Government Financial Expenditure	(10000 yuan)	2214507	2200809
工业总产值	(万元)	Gross Industrial Output Value	(10000 yuan)	53488027	55892650
#港澳台企业产值		Enterprises with Funds from Hong Kong, Macao and Taiwan		45847643	47772476
工业销售产值	(万元)	Output Value of Industrial Products Sold	(10000 yuan)	51043624	53315999
商品销售总额	(万元)	Total Sales of Industrial Products	(10000 yuan)	26711636	29563945
外贸出口总值	(万美元)	Total Exports	(USD 10000)	1659000	1707432
外贸进口总值	(万美元)	Total Imports	(USD 10000)	1994000	1780197
利用外资项目(合同)数	(个)	Number of Projects (Contracts) for Utilization of Foreign Capital	(USD 10000)	63	63
合同利用外资金额	(万美元)	Contracted Value of Foreign Capital to be Utilized	(USD 10000)	231548	99413
实际利用外资	(万美元)	Total Amount of Foreign Capital Actually Used	(USD 10000)	157376	108613
#外商直接投资		Direct Foreign Investment		157376	108613
在校学生数	(人)	Students Enrollment	(person)	43641	48835
#中学生		Number of Students Enrollment of Secondary Schools		13039	15086
小学生		Number of Students Enrollment of Primary Schools		21479	23646
专业卫生技术人员	(人)	Medical Technical Personnel	(person)	1756	2196

注：广州开发区包括广州经济技术开发区、广州保税区、广州高新技术产业开发区和广州出口加工区。

Note: The indicators include Guangzhou economic and technological development zone, Guangzhou bonded zone, Guangzhou hi-tech development zone and Guangzhou exportance manufacturing district.

1-32 广州保税区国民经济主要指标

Main Indicators of National Economy of Guangzhou Bonded Zone

项　　目		Item		2014	2015
工业增加值	(万元)	Value-added of Industry	(10000 yuan)	146022	123743
工业总产值	(万元)	Gross Industrial Output Value	(10000 yuan)	618211	523891
固定资产投资额	(万元)	Investment in Fixed Assets	(10000 yuan)	114072	57258
外贸出口总值	(万美元)	Total Exports	(USD 10000)		
合同利用外资金额	(万美元)	Foreign Capital to be Utilized in the Signed Agreements and Contracts	(USD 10000)	435	-572
实际利用外资	(万美元)	Foreign Capital Actually Utilized	(USD 10000)	1256	
外商投资企业		Foreign Investment Enterprises			
项目(合同)数	(个)	Number Of Projects (Contracts)	(unit)	2	6
项目总投资	(万美元)	Total Investment of Projects	(USD 10000)	495	188
国内投资企业		Domestic Investment Enterprises			
批准项目数	(个)	Number of Projects Approved	(unit)	43	55
注册资本	(万元)	Registered Capital	(10000 yuan)	6613	36372
进出区货物总值	(万美元)	Total Value of Imports and Exports	(USD 10000)	1310000	1121300
# 出口总值	(万美元)	Exports	(USD 10000)		
进口总值	(万美元)	Imports	(USD 10000)		
税收总额	(万元)	Total Taxes	(10000 yuan)	80000	82500

1-33 广州高新技术产业开发区国民经济主要指标

Main Indicators of National Economy of Guangzhou Hi-tech Development Zone

项　　目		Item		2014	2015
营业总收入	(万元)	Revenue	(10000 yuan)	50291859	53657512
工业总产值	(万元)	Gross Industrial Output Value	(10000 yuan)	36103576	39436609
高新区企业数	(个)	Number of Enterprises in Development Zone	(unit)	5357	5197
认定高新技术企业数	(个)	Number of Enterprises Certified	(unit)	938	969
港澳台企业数	(个)	Number of Enterprises with Funds from Hong Kong, Macao and Taiwan	(unit)	318	305
职工人数	(人)	Number of Staff and Workers	(person)	440023	408653
利税总额	(万元)	Total Profits and Taxes	(10000 yuan)	4272685	4302530
合同利用外资	(万美元)	Foreign Capital to be Utilized in the Signed Agreements and Contracts	(USD 10000)	51470	22998
实际利用外资	(万美元)	Foreign Capital Actually Utilized	(USD 10000)	48890	46330

1-34 私营企业基本情况（2015年末，按行业分）

项　　　目	Item
总　计	**Total**
农林牧渔业	Agriculture, Forestry, Animal Husbandry and Fishing
采矿业	Mining
制造业	Manufacturing
电力、热力、燃气及水生产和供应业	Production and Supply of Electricity, Heat,Gas and Water
建筑业	Construction
批发和零售业	Wholesale and Retail Trade
交通运输、仓储和邮政业	Transport, Storage and Post
住宿和餐饮业	Hotels and Catering Services
信息传输、软件和信息技术服务业	Information Transmission, Software and Information Technology
金融业	Financial Intermediation
房地产业	Real Estate
租赁和商务服务业	Leasing and Business Services
科学研究和技术服务业	Scientific Research and Technical Services
水利、环境和公共设施管理业	Management of Water Conservancy, Environment and Public Facilities
居民服务、修理和其他服务业	Service to Households, Repair and Other Services
教育	Education
卫生和社会工作	Health and Social Service
文化、体育和娱乐业	Culture, Sports and Entertainment
其他	Others

注：本表数据由广州市工商行政管理局提供。

Basic Statistics on Private Enterprises (Year-end of 2015, by Sector)

全市 Total			#城镇 Urban Areas		
户数 (户) Number of Enterprises (unit)	投资者和雇工人数 (人) Investors and Employees (person)	注册资金 (万元) Registered Capital (10000 yuan)	户数 (户) Number of Enterprises (unit)	投资者和雇工人数 (人) Investors and Employees (person)	注册资金 (万元) Registered Capital (10000 yuan)
455506	**1177090**	**126754599**	**393897**	**988098**	**112869530**
1788	5698	642227	1535	4289	578633
30	200	30586	27	149	30443
58060	201192	10461393	46542	144347	8383578
157	639	88635	137	545	83830
20561	52454	7941496	17805	45446	6986762
170192	383559	25069477	147789	326685	22369277
13236	31021	3285051	11387	26497	2930834
8287	24828	582223	7255	18662	516978
15643	44929	5821129	14509	41850	5469141
574	3046	6814919	482	2751	6369805
13284	37556	6520539	11015	31869	4744928
68983	184721	38670001	61024	165950	35509017
64091	151718	17267438	56040	133446	15553905
806	3171	306260	682	2738	268629
7681	22198	587934	6543	16942	539654
949	2173	159800	859	2028	154628
458	2341	262478	393	1551	242266
10726	25646	2243013	9873	22353	2137222

Note: The data in this table are provided by Guangzhou Municipal Administration for Industry and Commerce.

1-35 私营企业基本情况（2015年末，按地区分）

Basic Statistics on Private Enterprises (Year-end of 2015, by Region)

地 区	District	年末户数（户）Number of Enterprises at Year-end (unit)	年末人数（人）Number of Personnel at Year-end (person)	投资者人数 Numbers of Investors	雇工人数 Number of Employees
合 计	**Total**	**455506**	**1177090**	**838805**	**338285**
# 荔湾区局	Liwan	19769	49102	36467	12635
越秀区局	Yuexiu	41213	103910	76814	27096
海珠区局	Haizhu	39231	88507	69559	18948
天河区局	Tianhe	115194	252427	212165	40262
白云区局	Baiyun	83084	182731	143908	38823
黄埔区局	Huangpu	11659	30919	21751	9168
开发区局	Development Zone	10886	28814	22692	6122
番禺区局	Panyu	55328	166091	97993	68098
花都区局	Huadu	22257	60969	38071	22898
南沙区局	Nansha	12355	32357	22008	10349
从化区局	Conghua	5063	23613	9010	14603
增城区局	Zengcheng	18371	71598	31698	39900

1-36 城乡个体工商业基本情况

Basic Statistics on Individual Business in Urban and Rural Areas

年 份 Year	期末户数 (户) Number of Year-end Enterprises (unit)	从业人数 (人) Number of Employees (person)	注册资金 (万元) Registered Capital (10000 yuan)
2000	226016	380941	404995
2001	250672	427923	490425
2002	245505	415817	660203
2003	230229	360809	585762
2004	244756	375349	546263
2005	285557	446874	592574
2006	308655	492191	603861
2007	417392	633234	701374
2008	469128	710642	754857
2009	552031	858694	912604
2010	596854	953510	999560
2011	661026	1031588	1166051
2012	675449	1055281	1262195
2013	716711	1127338	1434127
2014	739923	1169148	1604837
2015	799583	1256776	1836453

注：本表数据由广州市工商行政管理局提供。

Note: The data in this table are provided by Guangzhou Municipal Administration for Industry and Commerce.

1-37 城乡个体工商业基本情况（2015年末，按行业分）

项 目	Item
总 计	**Total**
# 农林牧渔业	Agriculture, Forestry, Animal Husbandry and Fishing
采矿业	Mining
制造业	Manufacturing
电力、热力、燃气及水生产和供应业	Production and Supply of Electricity, Heat,Gas and Water
建筑业	Construction
批发和零售业	Wholesale and Retail Trade
交通运输、仓储和邮政业	Transport, Storage and Post
住宿和餐饮业	Hotels and Catering Services
信息传输、软件和信息技术服务业	Information Transmission, Software and Information Technology
金融业	Financial Intermediation
房地产业	Real Estate
租赁和商务服务业	Leasing and Business Services
科学研究和技术服务业	Scientific Research and Technical Services
水利、环境和公共设施管理业	Management of Water Conservancy, Environment and Public Facilities
居民服务、修理和其他服务业	Service to Households, Repair and Other Services
教育	Education
卫生和社会工作	Health and Social Service
文化、体育和娱乐业	Culture, Sports and Entertainment

注：本表数据由广州市工商行政管理局提供。

Basic Statistics on Individual Business in Urban and Rural Areas
(Year-end of 2015, by Sector)

户 数 (户) Number of Enterprises (unit)	# 城 镇 Urban Areas	从业人员 (人) Number of Employed Persons (person)	# 城 镇 Urban Areas	注册资金 (万元) Registered Capital (10000 yuan)	# 城 镇 Urban Areas
799583	**783853**	**1256776**	**1230500**	**1836453**	**1777157**
4603	4175	10519	9266	112251	96260
2	1	2	1	198	18
64773	62901	211656	204889	233841	222880
118	53	227	105	11660	2047
4441	4329	8625	8403	19477	19037
571175	561298	724116	712069	1009338	995994
8099	8040	12008	11914	26478	26256
73272	71580	162406	159131	235492	229778
989	934	1363	1291	1368	1304
12	12	18	18	31	31
1026	1011	1708	1682	4335	3998
11387	11193	19014	18711	29867	29466
4246	4152	7109	6977	8616	8489
61	58	129	119	277	270
51180	49955	88496	86610	102370	100612
544	543	1233	1232	2795	2794
690	679	2444	2423	24690	24636
2965	2939	5703	5659	13369	13287

Note: The data in this table are provided by Guangzhou Municipal Administration for Industry and Commerce.

1-38 内资企业基本情况（2015年末）

项　　目	Item
总　计	**Total**
按行业分	**Grouped by Sector**
农林牧渔业	Agriculture, Forestry, Animal Husbandry and Fishing
采矿业	Mining
制造业	Manufacturing
电力、热力、燃气及水生产和供应业	Production and Supply of Electricity, Heat,Gas and Water
建筑业	Construction
批发和零售业	Wholesale and Retail Trade
交通运输、仓储和邮政业	Transport, Storage and Post
住宿和餐饮业	Hotels and Catering Services
信息传输、软件和信息技术服务业	Information Transmission, Software and Information Technology
金融业	Financial Intermediation
房地产业	Real Estate
租赁和商务服务业	Leasing and Business Services
科学研究和技术服务业	Scientific Research and Technical Services
水利、环境和公共设施管理业	Management of Water Conservancy, Environment and Public Facilities
居民服务、修理和其他服务业	Service to Households, Repair and Other Services
教育	Education
卫生和社会工作	Health and Social Service
文化、体育和娱乐业	Culture, Sports and Entertainment
其他	Others

注：1．本表数据由广州市工商行政管理局提供。
　　2．本表不包括私营企业。

Basic Statistics on Domestic-Funded Enterprises (Year-end of 2015)

企业数 (户) Numbers of Enterprises (unit)	# 国有企业 Stated-owned Enterprises	# 集体企业 Collective-owned Enterprises	# 公司 Corporations	# 其他企业 Other Enterprises	注册资金 (万元) Registered Capital (10000 yuan)
49777	**2938**	**5417**	**36917**	**4505**	**93136628**
348	48	83	210	7	258610
13	2	3	8		56577
3913	294	810	1792	1017	9596546
290	36	46	206	2	2440585
1928	212	237	1367	112	10264211
14405	877	2755	8758	2015	7561356
2471	355	165	1844	107	4527868
1593	163	94	979	357	1038289
1801	7	14	1766	14	2524519
3793	7		3783	3	6436259
4162	149	544	3390	79	12793450
8231	478	358	7193	202	27635168
4464	184	139	4008	133	6017388
197	22	22	148	5	989791
869	48	96	373	352	132511
191	9	22	147	13	56837
201		4	192	5	183085
906	47	25	752	82	623578
1			1		

Note: I. The data in this table are provided by Guangzhou Municipal Administration for Industry and Commerce.
II. This table excludes private enterprises.

1-39 规模以上服务业企业分行业主要财务指标(2015年)

Sector Finance Indicators of Service Industry above the Designated Size (2015)

单位：万元 (10000 yuan)

项 目	Item	企业单位数(个) Number of Enterprises (unit)	#亏损企业 Unprofitable Enterprises	资产总计 Total Assets
总 计	**Total**	**6333**	**1292**	**344060416**
# 交通运输、仓储和邮政业	Transport, Storage and Post	885	171	139638927
信息传输、软件和信息技术服务业	Information Transmission, Software and Information Technology	774	179	32166410
房地产业(物业管理和房地产中介)	Real Estate	858	193	14693535
租赁和商务服务业	Leasing and Business Services	2089	383	134805738
科学研究和技术服务业	Scientific Research and Technical Services	851	131	14062919
水利、环境和公共设施管理业	Management of Water Conservancy, Environment and Public Facilities	92	21	1928686
居民服务、修理和其他服务业	Service to Households, Repair and Other Services	273	62	541986
教育	Education	203	60	1028117
卫生和社会工作	Health and Social Service	85	24	440694
文化、体育和娱乐业	Culture, Sports and Entertainment	223	68	4753404

1-39 续表 continued

单位：万元 (10000 yuan)

项 目	Item	营业收入 Business Revenue	应付职工薪酬 Benefits Payable of the Employee	利润总额 Total Profits
总 计	**Total**	**71075059**	**14105400**	**8075370**
# 交通运输、仓储和邮政业	Transport, Storage and Post	28622891	6021074	1108447
信息传输、软件和信息技术服务业	Information Transmission, Software and Information Technology	11819432	2177237	1726462
房地产业(物业管理和房地产中介)	Real Estate	3438925	1055390	423667
租赁和商务服务业	Leasing and Business Services	15958188	2224703	3828744
科学研究和技术服务业	Scientific Research and Technical Services	7167683	1499482	803961
水利、环境和公共设施管理业	Management of Water Conservancy, Environment and Public Facilities	641365	93435	16000
居民服务、修理和其他服务业	Service to Households, Repair and Other Services	635970	208220	28103
教育	Education	664095	258188	20032
卫生和社会工作	Health and Social Service	498200	156234	28262
文化、体育和娱乐业	Culture, Sports and Entertainment	1628310	411437	91692

1-40　规模以上服务业企业分区主要财务指标（2015年）

Finance Indicators of Service Industry above the Designated Size by District and County-level City (2015)

单位：万元　　　　(10000 yuan)

地　区	District	企业单位数（个）Number of Enterprises (unit)	#亏损企业 Unprofitable Enterprises	资产总计 Total Assets	营业收入 Business Revenue	应付职工薪酬 Benefits Payable of the Employee	利润总额 Total Profits
总　计	**Total**	**6333**	**1292**	**344060416**	**71075059**	**14105400**	**8075370**
荔湾区	Liwan	217	34	3879465	1414416	309162	314424
越秀区	Yuexiu	1519	308	133803273	21854270	4305968	1856881
海珠区	Haizhu	1147	263	61400089	4957936	1380136	428493
天河区	Tianhe	1300	228	80330447	18312317	3435347	3480305
白云区	Baiyun	652	153	26271866	12499844	2564474	921555
黄埔区	Huangpu	587	105	14291741	5925436	950401	551051
番禺区	Panyu	392	73	7194217	2084369	446158	380803
花都区	Huadu	157	29	1904344	816487	207259	110144
南沙区	Nansha	160	40	12441046	2701527	358411	13116
从化区	Conghua	120	33	2154160	275654	87039	7107
增城区	Zengcheng	82	26	389768	232803	61046	11492

【地区生产总值】指按市场价格计算的一个地区所有常住单位在一定时期内生产活动的最终成果。

地区生产总值有三种核算方法，即生产法、收入法和支出法。三种方法分别从不同的角度反映国民经济生产活动成果。

支出法是从最终使用的角度反映生产活动最终成果的方法。最终使用包括最终消费支出、资本形成总额及货物和服务净流出三部分，计算公式为：支出法地区生产总值=最终消费支出+资本形成总额+货物和服务净流出。

【三次产业】根据社会生产活动历史发展的顺序对产业结构的划分，产品直接取自自然界的部门称为第一产业，对初级产品进行再加工的部门称为第二产业。为生产消费提供各种服务的部门称为第三产业。它是世界上通用的产业结构分类，但各国的划分不尽一致。第一产业增加值等于农林牧渔业增加值减去于农林牧渔服务业增加值；第二产业增加值等于工业增加值与建筑业增加值之和，减去开采辅助活动以及金属制品、机械和设备修理业增加值；第三产业增加值等于地区生产总值减去第一产业、第二产业增加值。

【最终消费支出】指常住单位为满足物质、文化和精神生活的需要，从本地区经济区域和地区外购买的货物和服务的支出。它不包括非常住单位在本地区经济区域内的消费支出。最终消费支出包括居民消费支出和政府消费支出。

【居民消费支出】指常住住户在一定时期内对货物和服务的全部最终消费支出，包括以货币形式购买的货物和服务，以实物报酬和实物转移方式获得的货物和服务，自产自用的货物和服务，自有住房服务，金融中介服务。

【政府消费支出】指政府部门为全社会提供公共服务的消费支出，等于政府部门的产出价值减去政府部门所获得的经营收入，政府部门产出价值等于它的经常性业务支出加上固定资产折旧。

【资本形成总额】常住单位在一定时期内获得减去处置的固定资产和存货的净额，包括固定资本形成总额和存货增加部分。

【固定资本形成总额】指常住单位在一定时期内购置、转入和自产自用的固定资产价值，扣除销售和转出的价值，包括有形固定资本形成总额和无形固定资本形成总额。

【存货增加】指常住单位在核算期内存货实物量变动的市场价值，即期末价值减期初价值的差额，再扣除当期由于价格变动而产生的持有收益。

【可比价格】指在不同时期的价值指标对比时，扣除了价格变动的因素，以确切反映物量的变化。按可比价格计算有两种方法：一种是直接用产品产量乘某一年的不变价格计算；另一种是用价格指数换算。

【平均每年增长速度】在我国计算平均增长速度有两种方法。一种是习惯上经常使用的“水平法”，又称几何平均法，是以间隔期最后一年的水平同基期水平对比来计算平均每年增长（或下降）速度；另一种是“累计法”，又称代数平均法或方程法，是以间隔期内各年水平的总和同基期水平对比来计算平均每年增长（或下降）速度。

在正常情况下，两种方法计算的平均每年增长速度比较接近。但在经济发展不平衡，出现大起大落时，两种方法计算的结果差别较大。

本年鉴内所列的平均每年增长速度，除固定资产投资、直接吸收外资是用“累计法”计算以外，其余均用“水平法”计算。从某年到某年平均增长速度的年份，均不包括基期年在内。如1979—2004年平均增长速度是以1978年为基期计算的，余类推。

【国有企业】指企业全部资产归国家所有，并按《中华人民共和国企业法人登记管理条例》规定登记注册的非公司制的经济组织。不包括有限责任公司中的国有独资公司。

【集体企业】指企业资产归集体所有，并按《中华人民共和国企业法人登记管理条例》规定登记注册的经济组织。

【股份合作企业】指以合作制为基础，由企业职工共同出资入股，吸收一定比例的社会资产投资组建，实行自主经营，自负盈亏，共同劳动，民主管理，按劳动分配与按股分红相结合的一种集体经济组织。

【联营企业】指两个及两个以上相同或不同所有制性质的企业法人或事业单位法人，按自愿、平等、互利的原则，共同投资组成的经济组织。联营企业包括国有联营企业、集体联营企业、国有与集体联营企业和其他联营企业。

【有限责任公司】指根据《中华人民共和国公司登记管理条例》规定登记注册，由2个以上，50个以下的股东共同出资，每个股东以其所认缴的出资额对公司承担有限责任，公司以其全部资产对其债务承担责任的经济组织。有限责任公司包括国有独资公司以及其他有限责任公司。

【股份有限公司】指根据《中华人民共和国公司登记管理条例》规定登记注册，其全部注册资本由等额股份构成并通过发行股票筹集资本，股东以其认购的股份对公司承担有限责任，公司以其全部资产对其债务承担责任的经济组织。

【私营企业】指由自然人投资设立或由自然人控股，以雇佣劳动为基础的营利性经济组织。包括按照《公司法》、《合伙企业法》、《私营企业暂行条列》以及《个人独资企业法》规定登记注册的私营有限责任公司、私营股份有限公司、私营合伙企业、私营独资企业和个人独资企业。

【其他内资企业】指国有企业、集体企业、股份合作企业、联营企业、有限责任公司、股份有限公司和私营企业之外的其他内资经济组织。

【与港澳台商合资经营企业】指港澳台地区投资者与内地企业依照《中华人民共和国中外合作经营企业法》及有关法律的规定，依照合作合同的约定进行投资或提供条件设立、分配利润、分担风险和亏损的企业。

【与港澳台商合作经营企业】指港澳台地区投资者与内地企业依照《中华人民共和国中外合作经营企业法》及有关法律的规定，依照合作合同的约定进行投资或提供条件设立、分配利润和分担风险的企业。

【港澳台商独资经营企业】指依照《中华人民共和国外资企业法》及有关法律的规定，在内地由港澳台地区投资者全额投资设立的企业。

【港澳台商投资股份有限公司】指根据国家有关规定，经商务部（原外经贸部）依法批准设立，其中港、澳、台商的股本占公司注册资本的比例达25%以上的股份有限公司。凡其中港、澳、台商的股本占公司注册资本的比例小于25%的，属于内资企业中的股份有限公司。

【其他港、澳、台商投资企业】指在中国境内参照《外国企业或个人在中国境内设立合伙企业管理办法》和《外商投资合伙企业登记管理规定》，依法设立的港、澳、台商投资合伙企业。

【中外合资经营企业】指外国企业或外国人与中国内地企业依照《中华人民共和国中外合资经营企业法》及有关法律的规定，按合同规定的比例投资设立、分享利润和分担风险的企业。

【中外合作经营企业】指外国企业或外国人与中国内地企业依照《中华人民共和国中外合作经营企业法》及有关法律的规定，依照合作合同的约定进行投资或提供条件设立、分享利润和分担风险的企业。

【外资企业】指依照《中华人民共和国外资企业法》及有关法律的规定，在中国内地由外国投资者全额投资设立的企业。

【外商投资股份有限公司】指根据国家有关规定，经商务部（原外经贸部）依法批准设立，其中外资的股本占公司注册资本的比例达25%以上的股份有限公司。凡其中外资股本占公司注册资本的比例小于25%的，属于内资企业中的股份有限公司。

【其他外商投资企业】指在中国境内依照《外国企业或个人在中国境内设立合伙企业管理办法》和《外商投资合伙企业登记管理规定》，依法设立的外商投资合伙企业。

【法人单位】指同时具备以下条件的单位：（1）依法成立、有自己的名称、组织机构和场所、能够独立承担民事责任；（2）独立拥有和使用（或授权使用）资产或者经费、承担负债、有权与其它单位签订合同；（3）具有包括资产负债表在内的账户，或者能够根据需要编制账户。法人单位包括企业法人、事业单位法人、机关法人、社会团体法人、民办非企业法人和其他法人。

【单产业法人】指只在一个地点，主要从事一种生产经营活动的法人单位。

【多产业法人】指坐落于两个及两个以上地点或主要从事两种及两种以上生产经营活动的，按照单位划分规定可以划分为两个或两个以上的产业活动单位的法人单位。

【产业活动单位】是法人单位的组成部分。产业活动单位应同时具备下列条件：（1）在一个场所从事一种或主要从事一种社会经济活动；（2）相对独立组织生产活动或经营活动；（3）能够提供收入和支出等相关资料。

【规模以上服务业】包括以下行业：交通运输、仓储和邮政业，信息传输、软件和信息技术服务业，租赁和商务服务业，科学研究和技术服务业，水利、环境和公共设施管理业，居民服务、修理和其他服务业，教育，卫生和社会工作，文化、体育和娱乐业，物业管理、房地产中介服务。规模以上服务业的划分标准是：居民服务、修理和其他服务业，文化、体育和娱乐业的年营业收入500万以上或从业人数50人以上的法人单位，规模以上服务业中的其他行业的年营业收入1000万以上或从业人数50人以上的法人单位。

【Gross Domestic Product】refers to the final products of all resident units of a country (or region) during a certain period of time. In the practice of national accounting, Gross Domestic Product is calculated by three approaches, i.e. product approach, income approach, and expenditure approach, respectively, to reflect Gross Domestic Product and its composition of different aspects. Expenditure approach refers to total expenditure on final consumption, total capital formation and net exports of goods and services by resident units of a country in a certain period of time.

【Three Strata of Industry】means the division of industrial structure according to the historical sequence of social productive activities. The sector which receives products directly from the nature is called the primary industry. The sector which re-processes primary products is called the secondary industry. The sector which offers various services for production and consumption is called the tertiary industry. This is a world universal classification of industrial structure. But it is different in different countries. As stated in China's standards on Classification of Sectors in National Economy Version 2002: The growth level of the primary industry is equals to the growth level of agriculture, forestry, animal husbandry and fishery minus the growth level of service industries of agriculture, forestry, animal husbandry and fishery; The growth level of secondary industry is equals to the sum of the growth level of industry and construction, minus the growth level of supporting activities for mining and repair industries of metal products, machinery and equipment.; The growth rate of the tertiary industry is equals to Gross Domestic Product minus the growth level of the primary and secondary industries.

Primary Industry: agriculture, forestry, animal husbandry and fishery (Including agriculture, forestry, animal husbandry and fishery sectors and services in support of these industries.

Secondary Industry: industry (including mining, manufacturing, production and supply of electricity, water and gas) and construction.

Tertiary Industry: any sector other than the primary or secondary industries.

【Final Consumption Expenditure】refers to the total expenditure of the resident units for purchases of goods and services from domestic economic territory and abroad to meet the requirements of material, cultural and spiritual life. It excludes the expenditure of nonresident units on consumption in the economic territory of the country. The final consumption expenditure is classified into household consumption expenditure and government consumption expenditure.

【Households Consumption Expenditure】refers to the total expenditure of resident households on the final consumption of goods and services, including the consumption of goods and services bought by the households directly with money, the goods and services provided to the households by the units in the form of payment in kind and transfer in kind; The goods and services produced and consumed by the households themselves, the services of house building possessed by themselves, the services of financial intermediary provided by the financial institutions.

【Government Consumption Expenditure】refers to the expenditure on the consumption of the public services provided by the government to the whole society. The former equals to the output value of the government services minus the value of operating income obtained by the government departments.(The output value of the government services equals to its current operating expenditure plus depreciation of fixed assets).

【Total Capital Formation】refers to the fixed assets acquired minus those disposed and the change in inventory, including the total fixed capital formation and the increase in inventory.

【Total Fixed Capital Formation】refers to the value of fixed assets purchased, transferred in by the resident units and those produced and used by themselves deducting the value of fixed assets sold and transferred out. It can be classified into total tangible capital formation and total intangible capital formation.

【Increase in Inventory】 refers to the market value of the change in inventory, i.e. the balance of value between the beginning and the end of the period minus the income produced by the change of prices in the current period .

【Comparable Prices】All factors of price change are deducted when comparing indicators over time to reflect accurately the changes in real term. Two methods are used for calculating comparable prices:1.output by constant price of certain year; 2. output in current prices divided by relevant price index.

【Average Annual Growth Rate】Two methods for calculating Average Annual Growth Rate are applied in China, one is often called"level approach"or geometry average, which is derived by comparing the growth rate for the last year of the interval with that of the beginning year; the other is called "accumulating approach"or algebraic average of equation method, which is calculated by comparing the total growth rate of each year for the interval with that of base year.

Usually the results calculated by the two methods are fairly close, but they differ sharply when imbalance occurred in

economic development with striking fluctuations in growth.

The Average Annual Growth Rates listed in this statistical yearbook are calculated by "level approach" except for the growth rate of investment in fixed assets and foreign capital absorbed. The base years are not listed when the years are listed for average annual growth rates, for instance the average annual growth rate of 19792004 is calculated with the base year 1978.And the analogy of this is also for the rest.

【The state-owned enterprises】 are economic organizations whose assets are solely owned by the state and whose registrations are made according to "Regulations of the People's Republic of China for Controlling the Registration of Enterprises as legal Persons." Excluding the state-owned solely enterprises of liability limited companies.

【The collective-owned enterprises】 are economic organizations whose assets are owned by the collective and whose registration are made according to"Regulations of the People's Republic of China for Controlling the Registration of Enterprises as Legal Persons."

【Joint stock cooperative enterprises】 are a kind of collective economic organizations based on a cooperative system. In addition to the shares bought by their workers and staff, the enterprises also absorb a certain percentage of social capital. They enjoy staff, the autonomy in operation and take care of their own losses and profits. The shareholding work together, conduct democratic management, and combine distribution according to one's performance with sharing out profits according to shares.

【Joint operation enterprises】 refer to economic organizations set up with joint investment from legal persons of two or more enterprises of different ownerships or institutions according to principle of voluntary participation, equality and mutual benefit. They include state-owned joint operation enterprises, collective joint operation enterprises, state-collective joint operation enterprises and other types of joint operation enterprises.

【Company with limited liability】 is a company registered in accordance with the "Regulations of the People's Republic of China on Administration of Company Registration."Its investment comes from more than 2 and less than 50 shareholders. Each shareholder assumes limited liability for the company according to his subscription to capital stock. The company assumes liabilities for its debts according to all its assets. Such economic organizations include solely state invested companies and other types of companies with limited liability.

【The joint stock company limited】 refers to economic organizations registered in accordance with the"Regulations of the People's Republic of China on Administration of Company Registration."All its registered capital is composed of shares of equal value and its capital is collected through share issuing. The shareholders bear limited liability for the company according to the amount of shares they have bought from the company and the company assumes liabilities for its debts according to all its assets.

【Private enterprise】 refers to profit making economic organizations set up with investment from natural persons or with controlling interest in the hands of natural persons who employ laborers for operation. Such enterprises include private companies with limited liability, private joint stock companies limited, private partnership enterprises and solely individual invested enterprises, which are registered according to the "Company Law","Partnership Enterprises Law","Temporary Regulations of Private Enterprises" and "Individual Proprietorship Enterprise Law".

【Other domestic companies】 refers to other economic organizations exclude the state-owned enterprises, the collective-owned enterprises, joint stock cooperative enterprises, joint operation enterprises, company with limited liability, the joint stock company limited, private enterprise.

【The enterprise with investment from Hong Kong, Macao and Taiwan investors】 refer to those established according to the "Law of the People's Republic of China on Chinese foreign Joint Ventures"and regulations stipulated in relevant laws, by investors from those regions and the Chinese mainland enterprises with contracted share of investment and sharing profits and ventures between the parties.

【Cooperative ventures with Hong Kong, Macao and Taiwan investors】 refer to enterprises jointly set up by investors from Hong Kong, Macao and Taiwan and mainland enterprises according to the "Law of the People's Republic of China on Chinese foreign Contractual Joint Ventures" and other relevant regulations. They invest or provide conditions for establishment, decide profit distribution, and share risks according to provisions prescribed in the cooperative venture contracts.

【Solely invested Hong Kong, Macao and Taiwan enterprises】 refer to enterprises set up on the mainland according to the "Law of the People's Republic of China on Foreign Capital Enterprises and solely invested by investors from Hong Kong, Macao and Taiwan."

【The joint stock company limited funded by investors from Hong Kong, Macao and Taiwan】 refers to any joint stock company limited that is set up according relevant state regulations and is approved by the Ministry of Commerce of PRC (former Ministry of Foreign Economic Relations and Trade). The investment from Hong Kong, Macao and Taiwan investors must account more than 25 percent of the company's total capital. If such investment is less than 25 percent, it shall be classified as a joint stock company limited invested by domestic investors.

【Other invested Hong Kong, Macao and Taiwan enterprises】 refer to the Hong Kong, Macao and Taiwan enterprises set up on the mainland according to the "Law of the People's Republic of China on Foreign enterprises or individuals to establish a partnership enterprises"and "Foreign-invested Partnership Enterprise Registration Regulations".

【The Sino foreign joint ventures】 refers to any enterprise that is jointly set up by foreign enterprises or foreigners with Chinese enterprises in accordance with the "Law of the People's Republic of China on Joint Ventures with Chinese and Foreign Investment." The investors shall put in investment, share profits and risks according to the contract on the joint venture.

【The foreign capital enterprise】 refers to any enterprise that is set up on the Chinese mainland according to the "Law of the People's Republic of China on Foreign Capital Enterprises" and with all its investment coming from foreign investors.

【The foreign-invested joint stock company limited】 refers to any joint stock company limited that is set up according to relevant state regulations and is approved by the Ministry of Foreign Economic Relations and Trade. The foreign investment must account more than 25 percent of the company's total capital .If such investment is less than 25 percent, it shall be classified as a joint stock company limited invested by Chinese investors.

【Other foreign capital enterprises】 refer to the foreign capital enterprises set up on the mainland according to the Ministry of Commerce of PRC (former Ministry of Foreign Economic Relations and Trade) on Foreign enterprises or individuals to establish a partnership enterprises"and "Foreign-invested Partnership Enterprise Registration Regulations".

【Legal entities】 Refers to a unit meet the following conditions at the same time: Established by law, it has its own name, organization and location, ability to independently bear civil liability; Independently owned and use (or authorize the use of) assets or funds, assume liabilities, and entitled to sign contracts with other units; Having accounts including balance sheet, including, or can prepare accounts according to needs. Legal entities including corporate, legal institutions, corporate bodies, corporate social groups, private non-enterprise legal persons and other legal entities.

【Single-industry Legal entities】 refers to the legal entities at only one location and mainly one production and business activities .

【Multi-industry Legal entities】 refers to the legal entities located in two or more locations or mainly engaged in two kinds and two or more production and business activities, in accordance with the provisions of the unit can be divided into two or more of the industrial units of legal entities.

【Industrial units】 is part of Legal entities. Industrial units should also meet the following conditions: engaged in a place or primarily in a social economic activities; a relatively independent production activities or operating activities; the ability to provide income and expenditure and other related information.

【Service Industry above the Designated Size】 includes the following sectors: Transport, Storage and Post,Information Transmission, Software and Information Technology ,Leasing and Business Services, Scientific Research and Technical Services,Management of Water Conservancy, Environment and Public Facilities,Service to Households, Repair and Other Services,Education, Health and Social Service,Culture, Sports and Entertainment,Property Management, Real Estate Intermediary Services.

第二篇 CHAPTER 2

人口
POPULATION

简要说明

Brief Introduction

第二篇 人 口

一、本篇资料由广州市统计局人口和社会科技统计处整理提供。

二、本篇资料2-4表中2006-2009年的常住人口数根据2010年第六次全国人口普查结果进行了修正。2-6表中的婴儿死亡率和2-8表数据由广州市卫生和计划生育委员会提供，其他资料均由广州市公安局提供。

三、本篇资料中的农业与非农业人口统计，2003年以前按户口性质分类。2003-2014年，非农业人口的统计口径根据省公安厅《转发公安部办公厅关于修改人口统计年报表等有关问题的通知》（广公（办）字[2003]146号）调整为：设区市的区和不设区市的市区所辖街道办事处区域内的常住人口和市辖镇、县辖镇所辖居民委员会或镇政府驻地村委会区域内的常住人口按非农业人口统计。表2-2中2003-2014年的农业人口和非农业人口均按此口径列出。从2015年开始，按户籍人口所在区域城乡属性分为城镇人口和乡村人口。

2 Population

I. The data in this chapter are prepared by the Division of Population, Social, Science and Technology Statistics of Guangzhou Statistics Bureau.

II. Table 2-4 Data in this chapter of the resident population data for 2006- 2009, according to the sixth national census in 2010 the results were correct. The death rate of infants in table 2-6 and table 2-8 is provided by Health and Family Planning Commission of Guangzhou Municipality, the other data on household population are provided by the Public Security Bureau of Guangzhou Municipality.

Ⅲ. The agricultural population and nonagricultural population in this chapter were cataloged by residence registration before 2003. From 2003 to 2014 the statistical coverage of nonagricultural population has been adjusted in accordance with The Notice about Some Items on Changing the Annual Reporting Tables of Population Statistics Transmitted from the Ministry of Public Security stipulated by Guangdong Provincial Bureau of Public Security. The permanent population living in the region of sub-district offices under the jurisdiction of districts, neighborhood committees under the jurisdiction of towns and village committees where town governments seat are cataloged to non-agricultural population. The agricultural population and nonagricultural population from 2003 to 2014 in table 2-2 are cataloged on this coverage. Since 2015, urban population and rural population are divided by the registered region of registered population.

2-1 主要年份全市年末户籍总户数、总人口数

Total Registered Households and Population at Year-end in Main Years

年 份 Year	总户数 (户) Total Households (household)	总人口 (人) Total Population (person)	男 Male	女 Female	性别比 (女=100) Sex Ratio (Female=100)
1978	1145925	4828961	2454010	2374951	103.33
1980	1162717	5018638	2549801	2468837	103.28
1985	1369661	5449820	2786389	2663431	104.62
1986	1414794	5554073	2844443	2709630	104.98
1987	1462530	5650761	2898250	2752511	105.29
1988	1514705	5769101	2964697	2804404	105.72
1989	1565517	5854265	3009581	2844684	105.80
1990	1641840	5942534	3055107	2887427	105.81
1991	1675951	6022186	3096991	2925195	105.87
1992	1722833	6122016	3151204	2970812	106.07
1993	1825541	6236647	3210324	3026323	106.08
1994	1832571	6370241	3284477	3085764	106.44
1995	1871894	6467115	3334356	3132759	106.44
1996	1905998	6560508	3380751	3179757	106.32
1997	1945905	6664862	3432921	3231941	106.22
1998	2007082	6741400	3469164	3272236	106.02
1999	2044756	6850024	3522913	3327111	105.89
2000	2100434	7006896	3605481	3401415	106.00
2001	2135837	7125979	3670177	3455802	106.20
2002	2162532	7206229	3705036	3501193	105.82
2003	2202851	7251888	3722168	3529720	105.45
2004	2259730	7376720	3779757	3596963	105.08
2005	2302890	7505322	3839680	3665642	104.75
2006	2346536	7607220	3883760	3723460	104.31
2007	2382491	7734787	3942645	3792142	103.97
2008	2425582	7841695	3990328	3851367	103.61
2009	2474396	7946154	4036898	3909256	103.27
2010	2526804	8061370	4089885	3971485	102.98
2011	2595686	8145797	4125784	4020013	102.63
2012	2646091	8222969	4158292	4064677	102.30
2013	2706068	8323096	4201393	4121703	101.93
2014	2765020	8424169	4244403	4179766	101.55
2015	2802675	8541913	4293289	4248624	101.05

2-2 主要年份全市年末户籍常住户口户数、常住户口人口数

Permanent Registered Households and Population at Year-end in Main Years

年 份 Year	总户数 (户) Total Households (household)	人口数 (人) Total Population (person)	农业人口(乡村人口) Agricultural Population (urban Population)	非农业人口(城镇人口) Non-agricultural Population (Rural Population)
1978	1145925	4815417	2500559	2314858
1980	1162717	5000658	2444826	2555832
1985	1369170	5431487	2475329	2956158
1986	1414007	5532926	2485169	3047757
1987	1461719	5632622	2492576	3140046
1988	1513715	5750293	2484339	3265954
1989	1564202	5837019	2475068	3361951
1990	1641063	5918462	2504602	3413860
1991	1674843	5997893	2514973	3482920
1992	1721098	6095547	2537164	3558383
1993	1784571	6204135	2450263	3753872
1994	1831663	6338332	2465936	3872396
1995	1871173	6433241	2480482	3952759
1996	1905305	6532967	2500263	4032704
1997	1945526	6629339	2520700	4108639
1998	2006279	6704699	2531875	4172824
1999	2042447	6807635	2551340	4256295
2000	2090384	6939568	2578513	4361055
2001	2127840	7058885	2548091	4510794
2002	2162199	7171300	2297622	4873678
2003	2202124	7226882	990540	6236342
2004	2251393	7348972	828510	6520462
2005	2294825	7466206	784226	6681980
2006	2330293	7573939	782154	6791785
2007	2361299	7701900	787611	6914289
2008	2402885	7802474	760735	7041739
2009	2450739	7917646	806140	7111506
2010	2510473	8042445	820905	7221540
2011	2580335	8129427	806652	7322775
2012	2646091	8222969	782640	7440329
2013	2706068	8323096	792254	7530842
2014	2765020	8424169	761300	7662869
2015	2802675	8541913	1731646	6810267

注：2003—2014年，农业人口、非农业人口资料口径与以前口径不同，详细情况见第二篇简要说明。2015年开始，按户籍人口所在区域城乡属性分为城镇人口和乡村人口。

Note: 2003-2014 agricultural population and non-agricultural population has been calculated on different coverage.Since 2015, urban population and rural population are divided by the registered region of registered population.

2-3 主要年份全市户籍总人口自然变动情况

Statistics on Natural Changes of Total Registered Population in Main Years

单位：人、‰ (person, ‰)

年 份 Year	年平均人数 Annual Average Population	出 生 Birth		死 亡 Death		自然增长率 Natural Growth Rate
		人 数 Population	出生率 Birth Rate	人 数 Population	死亡率 Death Rate	
1978	4753314	73470	15.46	25283	5.32	10.14
1980	4959822	80604	16.25	27643	5.57	10.68
1985	5402904	89630	16.59	28968	5.36	11.23
1986	5501946	91522	16.63	27839	5.06	11.57
1987	5602417	89106	15.90	28794	5.14	10.76
1988	5709931	86032	15.07	30265	5.30	9.77
1989	5811683	91402	15.73	30910	5.32	10.41
1990	5898400	88289	14.97	32388	5.49	9.48
1991	5982360	78680	13.15	30476	5.09	8.06
1992	6072101	79592	13.11	33588	5.53	7.58
1993	6179332	82515	13.35	34619	5.60	7.75
1994	6303444	78614	12.47	33349	5.29	7.18
1995	6418678	75867	11.82	35735	5.57	6.25
1996	6513812	78339	12.03	37216	5.71	6.32
1997	6612685	75184	11.37	35696	5.40	5.97
1998	6703131	67695	10.10	40981	6.11	3.99
1999	6795712	81485	11.99	39176	5.76	6.23
2000	6928460	71248	10.28	39987	5.77	4.51
2001	7066438	67542	9.56	37641	5.33	4.23
2002	7166104	61929	8.64	39673	5.54	3.10
2003	7229059	57277	7.92	41082	5.68	2.24
2004	7314304	69928	9.56	41961	5.74	3.82
2005	7441021	65840	8.85	41949	5.64	3.21
2006	7556271	67662	8.95	40936	5.42	3.53
2007	7671004	71332	9.30	42548	5.55	3.75
2008	7788241	79130	10.16	44420	5.70	4.46
2009	7893925	76482	9.69	42746	5.42	4.27
2010	8003762	99779	12.47	45571	5.69	6.78
2011	8103584	87024	10.74	44130	5.45	5.29
2012	8184383	101782	12.44	50538	6.17	6.27
2013	8273033	115813	14.00	44966	5.44	8.56
2014	8373633	113926	13.61	46767	5.59	8.02
2015	8483041	150403	17.73	49158	5.79	11.94

2-4 各区、县级市年末人口数（2005-2014年）

Population at Year-end by District and County-level City (2005-2014)

单位:万人 (10000 person)

地 区	District	2005	2006	2007	2008	2009	2010	2011	2012	2013	2014
户籍人口	**Registered Population**										
全 市	Total	750.53	760.72	773.48	784.17	794.62	806.14	814.58	822.30	832.31	842.42
荔湾区	Liwan	70.47	70.53	70.48	70.61	70.65	70.93	71.04	71.20	71.56	71.96
越秀区	Yuexiu	115.06	115.15	115.84	116.33	116.69	116.97	117.17	117.21	117.52	117.55
海珠区	Haizhu	87.70	89.05	90.79	92.31	93.73	95.28	96.75	97.74	98.89	99.81
天河区	Tianhe	61.97	64.54	69.00	71.66	74.53	77.06	78.51	79.63	80.95	82.43
白云区	Baiyun	76.07	76.77	77.65	78.99	80.65	83.19	84.66	86.31	88.15	89.83
黄埔区	Huangpu	19.27	19.36	19.55	19.71	19.85	19.97	20.15	20.42	20.64	20.93
番禺区	Panyu	93.08	94.76	97.51	98.92	99.92	100.39	100.86	80.81	82.06	83.57
花都区	Huadu	63.03	63.67	63.93	64.62	65.16	66.19	66.93	67.71	68.73	69.56
南沙区	Nansha	14.26	14.76	14.86	15.05	15.23	15.41	15.68	36.74	37.23	37.74
萝岗区	Luogang	16.37	16.73	17.16	17.63	18.27	18.90	19.57	20.20	20.91	21.58
增城市	Zengcheng	79.43	81.06	81.80	82.66	83.36	83.98	84.58	84.77	85.44	86.46
从化市	Conghua	53.82	54.34	54.91	55.68	56.58	57.87	58.68	59.56	60.23	61.00
常住人口	**Permanent Population**										
全 市	Total	949.68	996.66	1053.01	1115.34	1186.97	1270.96	1275.14	1283.89	1292.68	1308.05
荔湾区	Liwan	71.08	73.80	77.11	80.74	84.91	89.82	89.15	89.31	88.92	89.14
越秀区	Yuexiu	98.34	100.66	103.69	107.03	110.98	115.73	114.89	114.95	114.09	114.65
海珠区	Haizhu	122.07	127.01	132.99	139.56	147.09	155.92	156.63	157.58	158.34	159.98
天河区	Tianhe	104.56	110.34	117.19	124.74	133.34	143.37	143.65	144.66	148.43	150.61
白云区	Baiyun	155.45	165.46	177.24	190.27	205.16	222.48	223.67	225.20	226.57	228.89
黄埔区	Huangpu	27.52	30.19	33.34	36.89	41.00	45.83	46.10	46.47	46.67	47.43
番禺区	Panyu	142.36	147.26	153.31	159.95	167.61	176.65	177.64	143.75	144.86	146.75
花都区	Huadu	67.93	71.91	76.61	81.79	87.70	94.59	94.86	95.64	96.48	97.51
南沙区	Nansha	17.80	19.03	20.46	22.06	23.89	26.01	26.77	62.33	62.51	63.53
萝岗区	Luogang	19.60	22.10	25.08	28.51	32.57	37.41	38.06	38.67	39.61	40.58
增城市	Zengcheng	75.70	79.88	84.83	90.29	96.51	103.76	104.14	104.92	105.18	106.97
从化市	Conghua	47.27	49.02	51.16	53.51	56.21	59.39	59.58	60.41	61.02	62.01

注：2006年～2009年常住人口数根据2010年第六次全国人口普查结果进行了修正。2015年行政区划调整，数据见表2-5。

Note: The permanent population from 2006 to 2009 are revised according to the Sixth National Population Census.The district has been adjusted in 2015, data in Form 2-5.

2-5 各区年末人口数（2015年）
Population at Year-end by District (2015)

地 区	District	年末常住人口（万人）Permanent Population at Year-end (10000 person)	年末户籍人口户数（户）Total Households at Year-end (household)	年末户籍人口数（人）Total Population at Year-end (person)	男 Male	女 Female
全 市	**Total**	**1350.11**	**2802675**	**8541913**	**4293289**	**4248624**
荔湾区	Liwan	92.17	253300	720978	357485	363493
越秀区	Yuexiu	115.68	359460	1174794	581507	593287
海珠区	Haizhu	161.37	356656	1010503	504330	506173
天河区	Tianhe	154.57	256591	844576	428035	416541
白云区	Baiyun	240.34	304763	917827	459228	458599
黄埔区	Huangpu	89.85	130609	439547	227825	211722
番禺区	Panyu	154.41	321075	855654	423837	431817
花都区	Huadu	101.58	241762	706805	359382	347423
南沙区	Nansha	65.58	138472	383526	191812	191714
从化区	Conghua	62.53	178285	615155	312487	302668
增城区	Zengcheng	112.03	261702	872548	447361	425187

2-6 各区户籍总人口自然变动状况（2015年）

Statistics on Natural Changes of Total Registered Population by District (2015)

单位：人、‰ (person, ‰)

地　区	District	年平均人数 Annual Average Population	出　生 Birth		死　亡 Death		
			人　数 Population	出生率 Brith Rate	人　数 Population	死亡率 Death Rate	#婴　儿 Infant
全　市	**Total**	**8483041**	**150403**	**17.73**	**49158**	**5.79**	**2.96**
荔湾区	Liwan	720303	7978	11.08	6202	8.61	2.80
越秀区	Yuexiu	1175121	12015	10.22	8132	6.92	2.08
海珠区	Haizhu	1004296	12096	12.04	6773	6.74	2.51
天河区	Tianhe	834457	12545	15.03	2931	3.51	2.73
白云区	Baiyun	908056	18321	20.18	4684	5.16	3.46
黄埔区	Huangpu	432333	10038	23.22	2061	4.77	4.92
番禺区	Panyu	845691	13882	16.41	3715	4.39	1.97
花都区	Huadu	701190	15038	21.45	3413	4.87	2.83
南沙区	Nansha	380479	5845	15.36	2426	6.38	1.67
从化区	Conghua	612558	21960	35.85	3457	5.64	3.67
增城区	Zengcheng	868560	20685	23.82	5364	6.18	3.49

2-7 各区户籍人口迁移状况（2015年）

Statistics on Migration of Registered Population by District (2015)

单位：人、‰ (person, ‰)

地 区	District	迁入人数 Number of Immigration	迁入率 Immigration Rate	迁出人数 Number of Emigration	迁出率 Emigration Rate	净增人数 Number of Net Migration	净增率 Net Migration Rate
全 市	**Total**	**112823**	**13.30**	**69375**	**8.18**	**43448**	**5.12**
荔湾区	Liwan	6077	8.44	1822	2.53	4255	5.91
越秀区	Yuexiu	13377	11.38	7110	6.05	6267	5.33
海珠区	Haizhu	14101	14.04	6601	6.57	7500	7.47
天河区	Tianhe	27701	33.20	16914	20.27	10787	12.93
白云区	Baiyun	13173	14.51	6936	7.64	6237	6.87
黄埔区	Huangpu	7778	17.99	2014	4.66	5764	13.33
番禺区	Panyu	16348	19.33	9603	11.36	6745	7.98
花都区	Huadu	4885	6.97	4762	6.79	123	0.18
南沙区	Nansha	2518	6.62	742	1.95	1776	4.67
从化区	Conghua	3172	5.18	4255	6.95	-1083	-1.77
增城区	Zengcheng	3693	4.25	8616	9.92	-4923	-5.67

2-8 各区计划生育情况（2015年）

Statistics on Family Planning by District (2015)

单位：人、%　　(person, %)

地　区	District	已婚育龄妇女人数 Married Women at Childbearing Age	晚婚率 Late Married Rate	节育率 Contraceptive Prevalence Rate	政策生育率 Family Planning Rate	一孩率 One-child Rate	二孩率 Two-child Rate	多孩率 More Than One-child Rate	独生子女领证率 Married Couples with One-child Certificate
全 市	**Total**	**1653467**	**85.58**	**81.35**	**92.51**	**65.87**	**32.53**	**1.60**	**14.45**
荔湾区	Liwan	111193	93.84	79.82	95.49	70.41	28.50	1.09	22.49
越秀区	Yuexiu	196336	96.47	79.06	95.88	66.62	31.98	1.40	16.61
海珠区	Haizhu	173705	94.87	80.92	94.73	67.35	31.24	1.41	19.16
天河区	Tianhe	171745	96.46	82.09	92.47	68.82	29.81	1.37	13.98
白云区	Baiyun	188433	86.48	83.92	88.94	66.92	31.34	1.74	19.08
黄埔区	Huangpu	94895	86.52	82.65	90.43	67.95	30.22	1.83	19.10
番禺区	Panyu	181279	88.21	83.48	92.91	66.71	31.68	1.61	13.04
花都区	Huadu	148956	77.31	83.19	90.96	63.22	34.74	2.04	10.49
南沙区	Nansha	78999	75.51	82.42	94.20	69.27	29.24	1.49	9.27
从化区	Conghua	128282	66.54	83.44	90.54	57.61	40.31	2.08	4.44
增城区	Zengcheng	179644	67.55	75.49	91.81	60.82	37.55	1.63	9.65

2-9 户籍人口年龄构成（2015）

The Registered Population Composition by Age (2015)

地 区	District	人口数（人）Total Population (person)			占总人口比重（%）The Proportion of the Total Population (%)		
		18岁以下 Under 18	18-60岁 Between 18 and 60	60岁以上 Above 60	18岁以下 Under 18	18-60岁 Between 18 and 60	60岁以上 Above 60
总 计	**Total**	**1500908**	**5565745**	**1475260**	**17.57**	**65.16**	**17.27**
荔湾区	Liwan	92051	452359	176568	12.77	62.74	24.49
越秀区	Yuexiu	161453	748170	265171	13.74	63.69	22.57
海珠区	Haizhu	148708	636959	224836	14.72	63.03	22.25
天河区	Tianhe	152235	582459	109882	18.03	68.96	13.01
白云区	Baiyun	176444	590737	150646	19.22	64.36	16.41
黄埔区	Huangpu	88091	289789	61667	20.04	65.93	14.03
番禺区	Panyu	170714	568993	115947	19.95	66.50	13.55
花都区	Huadu	135949	463265	107591	19.23	65.54	15.22
南沙区	Nansha	69329	251169	63028	18.08	65.49	16.43
从化区	Conghua	136547	402214	76394	22.20	65.38	12.42
增城区	Zengcheng	169387	579631	123530	19.41	66.43	14.16

2-10 常住人口城镇人口比重(2010-2015年)

The Proportion of Urban Population in the Permanent Population (2010-2015)

单位:% (%)

地　区	District	2010	2011	2012	2013	2014	2015
全　市	**Total**	**83.78**	**84.13**	**85.02**	**85.27**	**85.43**	**85.53**
荔湾区	Liwan	96.70	96.81	97.68	98.02	100.00	100.00
越秀区	Yuexiu	100.00	100.00	100.00	100.00	100.00	100.00
海珠区	Haizhu	100.00	100.00	100.00	100.00	100.00	100.00
天河区	Tianhe	99.61	99.72	100.00	100.00	100.00	100.00
白云区	Baiyun	78.13	78.47	79.95	80.21	80.26	80.53
黄埔区	Huangpu	90.37	90.77	91.39	91.45	91.47	91.56
番禺区	Panyu	80.06	82.55	83.94	84.24	84.28	85.04
花都区	Huadu	64.54	64.91	66.21	66.53	66.59	66.85
南沙区	Nansha	68.83	70.59	71.99	72.11	72.19	72.33
从化区	Zengcheng	38.61	41.33	43.09	44.31	44.49	44.79
增城区	Conghua	68.47	69.32	70.95	71.67	71.86	71.88

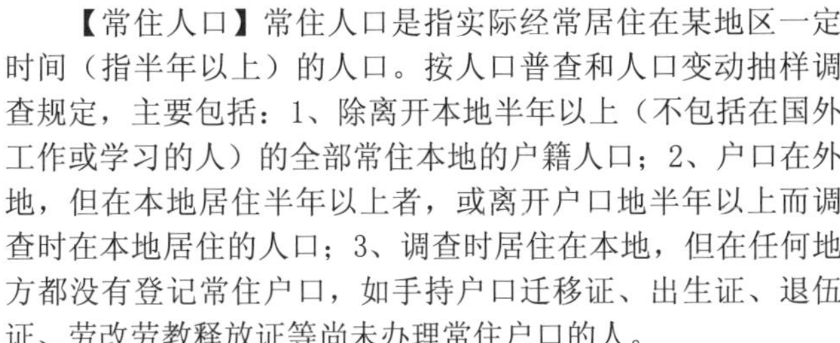

【常住人口】常住人口是指实际经常居住在某地区一定时间（指半年以上）的人口。按人口普查和人口变动抽样调查规定，主要包括：1、除离开本地半年以上（不包括在国外工作或学习的人）的全部常住本地的户籍人口；2、户口在外地，但在本地居住半年以上者，或离开户口地半年以上而调查时在本地居住的人口；3、调查时居住在本地，但在任何地方都没有登记常住户口，如手持户口迁移证、出生证、退伍证、劳改劳教释放证等尚未办理常住户口的人。

【户籍人口】户籍人口是指公民依照《中华人民共和国户口登记条例》，已在其经常居住地的公安户籍管理机关登记了常住户口的人。这类人口不管其是否外出，也不管外出时间长短，只要在某地注册有常住户口，则为该地区的户籍人口。户籍人口数一般是通过公安部门的经常性统计月报或年报取得。

【晚婚率】指在一定时期内(通常为一年)的女性初婚人口中23岁以上人数占当年女性初婚人数的比例，一般用百分比表示。计算公式：

晚婚率=本年23岁以上女性初婚人数/本年女性初婚人数×100%

【出生率(又称粗出生率)】指在一定时期内(通常为一年)一定地区的出生人数与同期平均人数(或期中人数)之比，一般用千分率表示。计算公式：

$$出生率 = \frac{年出生人数}{年平均人数} \times 1000‰$$

出生人数是指活产婴儿，即胎儿脱离母体时(不管怀孕月数)，有过呼吸或其他生命现象。年平均人数是年初、年底人口数的平均数，也可用年中人口数代替。

【死亡率(又称粗死亡率)】 指在一定时期内(通常为一年)一定地区的死亡人数与同期平均人数(或期中人数)之比，一般用千分率表示。计算公式：

$$死亡率 = \frac{年死亡人数}{年平均人数} \times 1000‰$$

【人口自然增长率】 指在一定时期内(通常为一年)人口自然增加数(出生人数减死亡人数)与该时期内平均人数(或期中人数)之比，一般用千分率表示。计算公式：

$$人口自然增长率 = \frac{本年出生人数-本年死亡人数}{年平均人数} \times 1000‰$$

人口自然增长率 = 人口出生率-人口死亡率

【The population of permanent residents】The population of permanent residents refers to the population who actually and usually lives in a given area for a certain time (above half a year). According to the provisions of the population census and the sampling survey of population, the population of permanent residents mainly includes the following types: 1.All registered population who usually live in one certain place, excluding the person who leave away above half a year, including persons working or studying abroad. 2.The population who has lived in a certain place above half a year and whose household registration at other place, or living at a certain place at the survey moment, and leaving the household registered location for half a year. 3.The population who live at a certain place at the survey moment, but without registered permanent residence certificate everywhere, for example the person who has not gained registered permanent residence certificate, and with registration movement certificate, birth certificate,retirement certificate,or prisoners released certificate.

【The registered population】According to the household registration ordinance of the People's Republic of China, the registered population refers to the citizens who have registered in the household registration department where the citizens usually live. No matter going out or not, no matter how long dose he go out, as long as the person has gained the permanent residence registration, the person is the region's registered population. Registered population data is generally gained from the regular statistical monthly or annual report of republic security department.

【Birth Rate (or Crude Birth Rate)】 means the ratio between the number of births in a certain period (usually a year)and the average population in the same period (or mid-year figure).It is usually calculated in terms of permillage and its calculating formula is:

$$\text{Birth Rate} = \frac{\text{Number of Births}}{\text{Average Number of Population}} \times 1000‰$$

Number of Births refers to live births,when babies have showed any vital phenomena regardless of the length of pregnancy.

Average Number of Population is the average of the number of population at the beginning of the year and,at the end of the year and sometimes is substituted for with mid-year population.

【Death Rate(or Crude Death Rate)】 refers to the ratio of number of deaths to the average population (or mid-year population)during a certain period of time (usually a year),which is often presented as perminvar.its calculating formula is:

$$\text{Death Rate} = \frac{\text{Number of Deaths}}{\text{Average Number of Population}} \times 1000‰$$

【Natural Growth Rate of Population】 refers to the ratio of natural increase in population (number of births minus number of deaths) in a certain period of time (usually a year) to the average population (or mid-year population) of the same period,which is often presented as perminvar.The following formula are applied:

$$\text{Number of Growth of Population} = \frac{\text{Number of Births} - \text{Number of Deaths}}{\text{Average Number of Population}} \times 1000‰$$

Natural Growth Rate of Population = Birth Rate-Death Rate

第三篇 CHAPTER 3

从业人员和工资
EMPLOYMENT AND WAGES

第三篇　从业人员和工资

一、本篇资料反映广州市社会从业人员总量及构成、城镇单位就业与工资等基本情况。

二、本篇资料由广州市统计局人口和社会科技统计处整理提供。

三、本篇资料主要是根据国家统计调查制度搜集汇总，部分是由广州市人力资源和社会保障局、广州市工商行政管理局、广州市农业局、广州市教育局、广州市卫生和计划生育委员会等有关部门提供并经加工整理。

四、本篇资料中的城镇非私营单位在岗职工及工资统计范围只包括城镇以上国有、集体及其他经济类型单位，不包括乡镇企业、私营单位和个体工商户。

五、本篇资料中的社会从业人员主要包括本市劳动力以及外来劳动力。

六、1998年，劳动统计年报中对全部调查单位改按企业登记注册类型分组，使统计口径发生变化，即国有单位中不再包括国有联营和有限责任公司中的国有独资公司；城镇集体单位中不再包括集体联营和股份合作企业；其他单位则包括国有联营和有限责任公司中的国有独资公司，集体联营和股份合作企业。

3 Employment and Wages

I. The data in this chapter show the basic conditions of social composition of employees and total, employment and wages in urban units of Guangzhou.

II. The data in this chapter are prepared and provided by the Division of Population, Social, Science and Tech1ology Statistics of Guangzhou Statistical Bureau.

Ⅲ. The data in this chapter are collected and tabulated mainly in accordance with the statistical survey scheme of the National Bureau of Statistics, part of which are processed and prepared from the figures provided by Guangzhou Municipal Bureau of Labor and Social Security, Guangzhou Municipal Administration for Industry and Commerce, Guangzhou Municipal Bureau of Agriculture, Guangzhou Bureau of Education, Health and Family planning Commission of Guangzhou Municipality ,and some other related organs.

Ⅳ. The statistical coverage of staff and worker urban units and wages in this chapter only includes the state-owned units, the collective -owned units and other economic ownership in urban areas, not including township enterprises, private institutions and individual businesses.

V. The employed persons in this chapter mainly include the labor resources of Guangzhou origin and the migrant labors.

VI. Since 1998,the statistical coverage of the annual reports of labor statistics has been adjusted, in which all the survey units are grouped by registration ownership of the enterprises, i.e. the state-owned units excludes the exclusively state-invested companies in state-owned joint ownership units and limited liability companies, the urban collective units excludes the collective-owned joint ownership units and share-holding cooperative operation and the other units include the exclusively state-invested companies in state-owned joint ownership units and limited liability companies, the collective-owned jointed owner-ship units and share-holding cooperative operation.

3-1 社会就业情况主要指标
Main Indicators of Social Employment Situation

项 目	Item	2015	2015年比2014年增长(%) Growth Rate in 2015 over 2014 (%)
全社会从业人员 (人)	Total Number of Employed Persons at Year-end (person)	8109881	3.3
第一产业	Primary Industry	628668	0.1
第二产业	Secondary Industry	2869003	0.9
第三产业	Tertiary Industry	4612210	5.4
城镇非私营单位从业人员 (人)	Number of Employed Persons in Urban Units at Year-end (person)	3203134	-1.9
国有单位	State-owned Units	735253	0.4
集体单位	Urban Collective-owned Units	81877	-17.5
其他单位	Units of Other Types of Ownership	2386004	-1.9
# 外商及港澳台投资单位	Enterprises with Funds from Foreign Countries, Hong Kong,Macao and Taiwan	1019727	-5.2
私营、个体和其他从业人员 (人)	Employed Persons in Private Enterprises and Self-employed Individuals at Year-end (person)	4906747	7.0
城镇非私营单位从业人员工资总额(万元)	Total Wages of Employed Persons in Urban Units (10000 yuan)	25674928	7.5
国有单位	State-owned Units	6789535	7.2
集体单位	Urban Collective-owned Units	373831	-13.9
其他单位	Units of Other Types of Ownership	18511562	8.2
# 外商及港澳台投资单位	Enterprises with Funds from Foreign Countries, Hong Kong,Macao and Taiwan	7498199	7.2
城镇非私营单位从业人员年平均工资(元)	Average Wage of Employed Persons in Urban Units (yuan)	79534	8.8
国有单位	State-owned Units	92551	7.2
集体单位	Urban Collective-owned Units	45635	3.8
其他单位	Units of Other Types of Ownership	76728	9.1
# 外商及港澳台投资单位	Enterprises with Funds from Foreign Countries, Hong Kong,Macao and Taiwan	71767	11.9
城镇非私营单位在岗职工年平均工资(元)	Average Wage of Fully Employed Staff and Workers in Urban Units (yuan)	81171	9.3
国有单位	State-owned Units	93815	7.3
集体单位	Urban Collective-owned Units	46489	3.9
其他单位	Units of Other Types of Ownership	78390	9.9
# 外商及港澳台投资单位	Enterprises with Funds from Foreign Countries, Hong Kong,Macao and Taiwan	71632	12.8
年末城镇登记失业人员 (人)	Number of Registered Unemployed Persons in Urban Areas (person)	251092	3.1
城镇登记失业率 (%)	Registered Unemployment Rate in Urban Areas (%)	2.20	-0.06(百分点)

注：1．私营、个体和其他从业人员指全社会从业人员中扣除城镇非私营单位从业人员外的部分。

2．城镇登记失业人员及城镇登记失业率由广州市人力资源和社会保障局提供。

Note: I. Employed persons in private enterprises and self-employed individuals are refer to employed persons other than employed persons in urban units.

II. Data on number of registered unemployed persons in urban areas and registered unemployment rate in urban areas are provided by Guangzhou Municipal Bureau of Labor and Social Security.

3-2 主要年份全社会从业人员人数

Number of Employed Persons in Main Years

单位：人 (person)

年 份 Year	合 计 Total	城镇非私营单位从业人员 Employed Persons in Urban Units	私营、个体和其他从业人员 Employed Persons in Private Enterprises, Self-employed Individuals and others
全 市 Total			
1978	2668989	1473615	1195374
1980	2750467	1565533	1184934
1985	3134739	1756497	1378242
1990	3411513	1893944	1517569
1995	4077775	2082361	1995414
2000	4962579	1755512	3207067
2001	5029338	1686900	3342438
2002	5070216	1755779	3314437
2003	5210706	1880184	3330522
2004	5407087	1943955	3463132
2005	5744550	1997579	3746971
2006	5994973	2071574	3923399
2007	6236312	2236902	3999410
2008	6529045	2255380	4273665
2009	6791495	2351538	4439957
2010	7110695	2463713	4646982
2011	7431755	3102356	4329399
2012	7512997	3268488	4244509
2013	7599295	3245858	4353437
2014	7848358	3263983	4584375
2015	8109881	3203134	4906747

注：1．2000年以前，城镇非私营单位从业人员年末人数为城镇单位职工年末人数。
2．2006年～2010年数据根据第六次全国人口普查结果作了相应调整。

Note: I. "Number of Employed Persons in Urban Units" is number of staff and workers at year-end before 2000.
II. The data from 2006 to 2010 are revised according to the Sixth National Population Census.

3-3 主要年份三次产业从业人员及构成

Employed Persons and Composition by Three strata of Industry in Main Years

年 份 Year	从业人员（人） Employed Persons (person)				构成 (%) Composition (%)		
		第一产业 Primary Industry	第二产业 Secondary Industry	第三产业 Tertiary Industry	第一产业 Primary Industry	第二产业 Secondary Industry	第三产业 Tertiary Industry
全 市 Total							
1978	2668989	1165987	857527	645475	43.69	32.13	24.18
1980	2750467	1106432	922756	721279	40.23	33.55	26.22
1985	3134739	979869	1180526	974344	31.26	37.66	31.08
1990	3411513	963548	1241813	1206152	28.24	36.40	35.36
1995	4077775	924969	1583686	1569120	22.68	38.84	38.48
2000	4962579	956596	1982905	2023078	19.27	39.96	40.77
2001	5029338	969793	1960309	2099236	19.28	38.98	41.74
2002	5070216	949624	1953095	2167497	18.73	38.52	42.75
2003	5210706	958819	2001677	2250210	18.40	38.42	43.18
2004	5407087	901318	2046552	2459217	16.67	37.85	45.48
2005	5744550	869141	2222177	2653232	15.13	38.68	46.19
2006	5994973	831303	2335315	2828355	13.87	38.95	47.18
2007	6236312	774596	2477232	2984484	12.42	39.72	47.86
2008	6529045	730174	2625645	3173226	11.18	40.22	48.60
2009	6791495	733557	2733281	3324657	10.80	40.25	48.95
2010	7110695	590223	2736424	3784048	8.30	38.48	53.22
2011	7431755	629012	2829341	3973402	8.46	38.07	53.47
2012	7512997	647755	2817179	4048063	8.62	37.50	53.88
2013	7599295	646758	2631214	4321323	8.51	34.62	56.87
2014	7848358	627996	2842800	4377562	8.00	36.22	55.78
2015	8109881	628668	2869003	4612210	7.75	35.38	56.87

注：2006年～2010年数据根据第六次全国人口普查结果作了相应调整。

Note: The data from 2006 to 2010 are revised according to the Sixth National Population Census.

3-4 三次产业全社会从业人员及构成（2015年末）

Employed Persons and Composition by Three Strata of Industry (Year-end of 2015)

项 目	Item	从业人员（人）Employed Persons (person)	构成（%）Composition (%)
合 计	**Total**	**8109881**	**100.00**
按产业分	**Grouped By Industry**		
第一产业	Primary Industry	628668	7.75
第二产业	Secondary Industry	2869003	35.38
第三产业	Tertiary Industry	4612210	56.87
按行业分	**Grouped By Sector**		
农、林、牧、渔业	Agriculture, Forestry, Animal Husbandry and Fishery	629254	7.76
工 业	Industry	2620603	32.32
建筑业	Construction	254530	3.14
批发和零售业	Wholesale and Retail Trade	1586399	19.56
交通运输、仓储和邮政业	Transport, Storage and Post	452275	5.58
住宿和餐饮业	Hotels and Catering Services	478421	5.90
信息传输、软件和信息技术服务业	Information Transmission, Software and Information Technology	195578	2.41
金融业	Financial Intermediation	116913	1.44
房地产业	Real Estate	253883	3.13
租赁和商务服务业	Leasing and Business Services	278731	3.44
科学研究和技术服务业	Scientific Research and Technical Services	174941	2.16
水利、环境和公共设施管理业	Management of Water Conservancy, Environment and Public Facilities	61020	0.75
居民服务、修理和其他服务业	Service to Households, Repair and Other Services	350160	4.32
教 育	Education	287570	3.54
卫生和社会工作	Health and Social Work	131092	1.62
文化、体育和娱乐业	Culture, Sports and Entertainment	66271	0.82
公共管理、社会保障和社会组织	Public Management, Social Security and Social Organizations	172240	2.12

3-5 全市全社会从业人员（2015年末）

Number of Employed Persons (Year-end of 2015)

单位：人 (person)

项　　目	Item	合　计 Total	城镇非私营单位从业人员 Number of Employed Persons in Urban Units	私营、个体和其他从业人员 Employed Persons in Private Enterprises, Self-employed Individuals and Others
总　计	**Total**	**8109881**	**3203134**	**4906747**
按国民经济行业分	**Grouped by Economic Sector**			
农、林、牧、渔业	Agriculture, Forestry, Animal Husbandry and Fishery	629254	1301	627953
采矿业	Mining	180		180
制造业	Manufacturing	2584363	853171	1731192
电力、热力、燃气及水生产和供应业	Production and Supply of Electricity, Heat, Gas and Water	36060	28410	7650
建筑业	Construction	254530	247184	7346
批发和零售业	Wholesale and Retail Trade	1586399	267876	1318523
交通运输、仓储和邮政业	Transport, Storage and Post	452275	298277	153998
住宿和餐饮业	Hotels and Catering Services	478421	101923	376498
信息传输、软件和信息技术服务业	Information Transmission, Software and Information Technology	195578	100529	95049
金融业	Financial Intermediation	116913	83341	33572
房地产业	Real Estate	253883	189781	64102
租赁和商务服务业	Leasing and Business Services	278731	199268	79463
科学研究和技术服务业	Scientific Research and Technical Services	174941	172514	2427
水利、环境和公共设施管理业	Management of Water Conservancy, Environment and Public Facilities	61020	56263	4757
居民服务、修理和其他服务业	Service to Households, Repair and Other Services	350160	24009	326151
教　育	Education	287570	240958	46612
卫生和社会工作	Health and Social Service	131092	122988	8104
文化、体育和娱乐业	Culture, Sports and Entertainment	66271	43101	23170
公共管理、社会保障和社会组织	Public Management, Social Security and Social Organizations	172240	172240	

3-6 主要年份城镇非私营单位从业人员数及工资
Number and Wages of Employed Persons in Urban Units in Main Years

年份 Year	城镇非私营单位从业人员年末人数（人）Number of Employed Persons in Urban Units at Year-end (person)	城镇非私营单位从业人员工资总额（万元）Total Wages of Employed Persons in Urban Units (10000 yuan)	城镇非私营单位从业人员年平均工资（元）Average Wage of Employed Persons in Urban Units (yuan)
1995	2104432	2176743	10349
2000	1755512	3489371	19714
2005	1997579	6772629	34171
2006	2071574	7532573	36566
2007	2236902	8961040	40280
2008	2255380	10251127	45368
2009	2351538	11439796	49054
2010	2463713	13354746	54091
2011	3102356	17486373	56618
2012	3268488	20305943	62598
2013	3245858	21724541	68594
2014	3263983	23881767	73131
2015	3203134	25674928	79534

3-7 主要年份城镇非私营单位在岗职工工资总额及指数

Total Wages of Fully Employed Staff and Workers in Urban Units and Related Indices in Main Years

年份 Year	在岗职工工资总额（万元） Total Wages of Fully Employed Staff and Workers in Urban Units (10000 yuan)	国有单位 State-owned Units	集体单位 Urban Collective-owned Units	其他单位 Units of Other Types of Ownership	#外商及港澳台投资单位 Enterprises with Funds from Foreign Countries,Hong Kong,Macao and Taiwan	在岗职工年平均工资（元） Average Wage of Fully Employed Staff and Workers in Urban Units (yuan)
工资总额（万元） Total Wages (10000 yuan)						
1978	101809	76913	24896			714
1980	142243	108015	34228			941
1985	278892	208829	65660	4403	3127	1621
1990	656434	487524	121441	47469	41198	3504
1991	783043	565974	148783	68286	61119	4022
1992	971335	690135	183771	97429	89978	4792
1993	1316773	941475	226929	148369	106957	6342
1994	1815428	1277944	308933	228551	183030	8623
1995	2146245	1481375	344494	320376	263343	10317
1996	2395597	1672483	348629	374485	313623	11813
1997	2615842	1798987	338388	478467	404483	13118
1998（原口径） 1998 (Original Standards)	2831440	1900631	344677	586132	454061	14318
1998（新口径） 1998 (New Standards)	2831440	1758088	322399	750953	454061	14318
1999	3085768	1917375	296558	871835	507875	16202
2000	3480880	2188085	289750	1003045	586413	19091
2001	3878065	2401471	216967	1259627	691639	22141
2002	4534911	2817578	229015	1488318	838420	25583
2003	5335484	3185006	243455	1907023	1097924	28237
2004	5983255	3529828	240966	2212461	1251256	31025
2005	6653196	3837476	233643	2582077	1464470	33853
2006	7389676	3967484	238729	3183463	1718714	36321
2007	8770687	4448123	254851	4067713	2228358	40187
2008	10053742	4970189	261939	4821614	2655221	45365
2009	11180296	5345813	276463	5558020	2889870	49215
2010	13044801	6053212	284742	6706846	3565786	54495
2011	17008733	7040246	274165	9694322	5332522	57473
2012	19695115	7944452	356403	11394260	5950277	63752
2013	21107782	5536325	408310	15163147	6568426	69692
2014	23049712	6233018	414591	16402103	6773266	74245
2015	24874876	6690706	361441	17822729	7250138	81171

注：1．本表数据2011年以前为城镇单位职工工资总额，2011年起为城镇非私营单位在岗职工工资总额。

2．城镇非私营单位职工含劳务派遣人员。

Note: I. The name of Total Wages of Fully Employed Staff and Workers in Urban Units is adjusted to Total Wages of Staff and Workers in Urban Units since 2011.

II. Fully employed staff and workers in urban units contain labor dispatching personnel .

3-7 续表 continued

年 份 Year	在岗职工工资总额（上年=100） Total Wages of Fully Employed Staff and Workers in Urban Units (preceding year=100)	国有单位 State-owned Units	集体单位 Urban Collective-owned Units	其他单位 Units of Other Types of Ownership	#外商及港澳台投资单位 Enterprises with Funds from Foreign Countries,Hong Kong,Macao and Taiwan	在岗职工年平均工资（上年=100） Average Wage of Fully Employed Staff and Workers in Urban Units (preceding year=100)
指 数（上年=100） **Indices (preceding year=100)**						
1978	116.2	121.3	102.8			105.0
1980	139.7	140.4	137.5			114.8
1985	123.2	122.0	124.3	190.7	236.4	121.2
1990	107.7	106.1	105.4	137.1	152.4	107.1
1991	119.3	116.1	122.5	143.9	148.4	114.8
1992	124.1	121.9	123.5	142.7	147.2	119.1
1993	135.6	136.4	123.5	152.3	118.9	132.4
1994	137.9	135.7	136.1	154.0	171.1	136.0
1995	118.2	115.9	111.5	140.2	143.9	119.7
1996	111.6	112.9	101.2	116.9	119.1	114.5
1997	109.2	107.6	97.1	127.8	129.0	111.1
1998	108.2	105.7	101.9	122.5	112.3	109.2
1999	109.0	109.1	92.0	116.1	111.9	113.2
2000	112.8	114.1	97.7	115.1	115.5	117.8
2001	111.4	109.8	74.9	125.6	117.9	116.0
2002	116.9	117.3	105.6	118.2	121.2	115.6
2003	117.7	113.0	106.3	128.1	131.0	110.4
2004	112.1	110.8	99.0	116.0	114.0	109.9
2005	111.2	108.7	97.0	116.7	117.0	109.1
2006	111.1	103.4	102.2	123.3	117.4	107.3
2007	118.7	112.1	106.8	127.8	129.7	110.6
2008	114.6	111.7	102.8	118.5	119.2	112.9
2009	111.2	107.6	105.5	115.3	108.8	108.5
2010	116.7	113.2	103.0	120.7	123.4	110.7
2011	130.4	116.3	96.3	144.5	149.6	111.6
2012	115.8	112.8	130.0	117.5	111.6	110.9
2013	107.2	69.7	114.6	133.1	110.4	109.3
2014	109.2	112.6	101.5	108.2	103.1	106.5
2015	107.9	107.3	87.2	108.7	107.0	109.3

注：1．本表数据2011年以前为城镇单位职工工资总额指数，2011年起为城镇非私营单位在岗职工工资总额指数。

2．2011年城镇非私营单位在岗职工年平均工资指数按可比口径计算。

Note: I. The name of Total Wages of Fully Employed Staff and Workers in Urban Units is adjusted to Total Wages of Staff and Workers in Urban Units since 2011.

II. The data of 2011 are calculated at comparable coverage.

3-8 城镇非私营单位从业人数与工资（2015年）

Number and Wages of Employed Persons in Urban Units (2015)

项　　目	Item	2014	2015
城镇非私营单位从业人员年末人数（人）	Number of Employed Persons in Urban Units at Year-end (person)	3263983	3203134
国有单位	State-owned Units	732212	735253
集体单位	Urban Collective Owned Units	99233	81877
其他单位	Units of Other Types of Ownership	2432538	2386004
#外商及港澳台投资单位	Enterprises with Funds from Foreign Countries, Hong Kong, Macao and Taiwan	1075750	1019727
城镇非私营单位从业人员年平均人数（人）	Average Number of Employed Persons in Urban Units (person)	3265614	3228156
国有单位	State-owned Units	733462	733602
集体单位	Urban Collective Owned Units	98770	81918
其他单位	Units of Other Types of Ownership	2433382	2412636
#外商及港澳台投资单位	Enterprises with Funds from Foreign Countries, Hong Kong, Macao and Taiwan	1091078	1044803
城镇非私营单位从业人员工资总额（万元）	Total Wages of Employed Persons in Urban Units (10000 yuan)	23881767	25674928
国有单位	State-owned Units	6332824	6789535
集体单位	Urban Collective Owned Units	434165	373831
其他单位	Units of Other Types of Ownership	17114778	18511562
#外商及港澳台投资单位	Enterprises with Funds from Foreign Countries, Hong Kong, Macao and Taiwan	6995953	7498199
城镇非私营单位从业人员年平均工资（元）	Average Wage of Employed Persons in Urban Units (yuan)	73131	79534
国有单位	State-owned Units	86342	92551
集体单位	Urban Collective Owned Units	43957	45635
其他单位	Units of Other Types of Ownership	70333	76728
#外商及港澳台投资单位	Enterprises with Funds from Foreign Countries, Hong Kong, Macao and Taiwan	64120	71767

3-9 全市城镇非私营单位在岗职工人数与工资（2015年）

项 目	Item
合 计	**Total**
按隶属关系分	**Grouped by Subordination**
中央属单位	Units Subordinated to Central Government
省属单位	Units Subordinated to Provincial Government
市属单位	Units Subordinated to Municipal Government
按执行会计制度类别分	**Grouped by Accounting Regulation Implemented**
企 业	Enterprises
事业单位	Institutions
行政单位	Agencies & Organizations
民间非营利组织	Civil Nonprofit Organizations
其 他	Others
按国民经济行业分	**Grouped by Economic Sector**
农、林、牧、渔业	Agriculture, Forestry, Animal Husbandry and Fishery
#农、林、牧、渔服务业	Services for Agriculture, Forestry, Animal Husbandry and Fishery
采矿业	Mining
制造业	Manufacturing
#食品制造业	Manufacture of Foods
纺织服装、服饰业	Manufacture of Textile Wearing Apparel, Clothing
皮革、毛皮、羽毛及其制品和制鞋业	Manufacture of Leather, Fur, Feather and Related Products and Footwear
文教、工美、体育和娱乐用品制造业	Manufacture of Culture and Education,Art and Crafts,Sports and Entertainment Supplies
化学原料和化学制品制造业	Manufacture of Raw Chemical Materials and Chemical Products
医药制造业	Manufacture of Medical
通用设备制造业	Manufacture of General Purpose Machinery
汽车制造业	Manufacture of Automobile
铁路、船舶、航空航天和其他运输设备制造业	Manufacture of Railway, Ship, Aerospace and Other Transportation Equipment
电气机械和器材制造业	Manufacture of Electrical Machinery and Equipment
计算机、通信和其他电子设备制造业	Manufacture of Computers, Communications and Other Electronic Equipment
电力、热力、燃气及水生产和供应业	Production and Supply of Electricity, Heat,Gas and Water
建筑业	Construction
房屋建筑业	Housing Industry
土木工程建筑业	Civil Engineering Construction
建筑安装业	Architectural Installation
建筑装饰和其他建筑业	Building Decoration and Other Construction
批发和零售业	Wholesale and Retail Trade
批发业	Wholesale
零售业	Retail Trade
交通运输、仓储和邮政业	Transport, Storage and Post
铁路运输业	Railway Transport
道路运输业	Highway Transport

Number and Wages of Fully Employed Staff and Workers in Urban Units (2015)

单位数 (个) Number of Units (unit)	在岗职工年末人数 (人) Number of Fully Employed Staff and Workers in Urban Units at Year-end (person)	在岗职工年平均人数 (人) Average Number of Fully Employed Staff and Workers in Urban Units (person)	在岗职工工资总额 (万元) Total Wages of Fully Employed Staff and Workers in Urban Units (10000 yuan)	在岗职工年平均工资 (元) Average Wages of Fully Employed Staff and Workers in Urban Units (yuan)
19719	**3041080**	**3064510**	**24874876**	**81171**
632	340854	347717	3950343	113608
1556	339679	342524	3317441	96853
17531	2360547	2374269	17607092	74158
13856	2445474	2472610	19488621	78818
3618	394851	392930	3582664	91178
1186	140931	139934	1370311	97926
589	25419	25236	136893	54245
470	34405	33800	296387	87688
51	1235	1292	8362	64723
20	580	625	3382	54110
2429	846356	869133	5909064	67988
90	46432	46859	343876	73385
154	40486	42416	206191	48612
97	30493	32019	1385403	43268
137	52450	53335	238012	44626
212	48194	52508	500479	95315
62	29207	29532	235738	79825
124	33930	34732	253191	72898
198	118840	118206	1051974	88995
46	29712	31014	254692	82122
171	63297	64954	368987	56807
193	151405	159168	978076	61449
70	28219	28073	314680	112093
433	186067	184417	1309570	71011
126	58796	58077	348913	60078
116	84745	85045	685878	80649
103	24285	24254	181529	74845
88	18241	17041	93250	54721
2666	258091	263362	1835123	69681
1757	150762	157326	1217116	77363
909	107329	106036	618007	58283
581	286698	298260	2761626	92591
6	14290	19949	171690	86065
217	114065	115002	848921	73818

3-9 续表

项　　目	Item
水上运输业	Waterway Transport
航空运输业	Air Transport
装卸搬运和运输代理业	Handing and Transportation Agents
仓储业	Storage
邮政业	Post
住宿和餐饮业	Hotels and Catering Services
住宿业	Hotels Services
餐饮业	Catering Services
信息传输、软件和信息技术服务业	Information Transmission, Software and Information Technology
电信、广播电视和卫星传输服务	Telecommunications, Broadcasting, TV Transmission and Satellite Services
互联网和相关服务	Networks Related Services
软件和信息技术服务业	Software and Information Technology Services
金融业	Financial Intermediation
# 货币金融服务	Monetary Financial Services
资本市场服务	Capital Market Services
保险业	Insurance
房地产业	Real Estate
租赁和商务服务业	Leasing and Business Services
租赁业	Leasing Services
商务服务业	Business Services
科学研究和技术服务业	Scientific Research and Technical Services
研究与试验发展	Research and Experimental Development
专业技术服务业	Professional Skill Services
科技推广和应用服务业	Science and Technology Popularization and Application Services
水利、环境和公共设施管理业	Management of Water Conservancy, Environment and Public Facilities
水利管理业	Management of Water Conservancy
生态保护和环境治理业	Ecological Protection and Environmental Governance Industry
公共设施管理业	Management of Public Facilities
居民服务、修理和其他服务业	Service to Households, Repair and Other Services
教　育	Education
卫生和社会工作	Health and Social Work
卫　生	Health
社会工作	Social Work
文化、体育和娱乐业	Culture, Sports and Entertainment
新闻和出版业	Press and Publishing Industry
广播、电视、电影和影视录音制作业	Radio,Television,Movie and Recording Manufacturing
文化艺术业	Culture and Art
体　育	Sports
娱乐业	Entertainment
公共管理、社会保障和社会组织	Public Management, Social Security and Social Organizations
# 社会保障	Social Security

continued

单位数 (个) Number of Units (unit)	在岗职工年末人数 (人) Number of Fully Employed Staff and Workers in Urban Units at Year-end (person)	在岗职工年平均人数 (人) Average Number of Fully Employed Staff and Workers in Urban Units (person)	在岗职工工资总额 (万元) Total Wages of Fully Employed Staff and Workers in Urban Units (10000 yuan)	在岗职工年平均工资 (元) Average Wages of Fully Employed Staff and Workers in Urban Units (yuan)
61	20673	20756	226276	109017
7	78097	77577	1063194	137050
190	19305	21193	142919	67437
81	6777	6792	47999	70670
19	33491	36991	260626	70457
659	93877	93998	487756	51890
299	39138	39308	212953	54175
360	54739	54690	274803	50247
430	99899	98117	1209876	123310
42	29941	30240	359736	118960
30	4159	4433	65626	148041
358	65799	63444	784514	123655
313	69848	69207	1277058	184527
241	49163	48922	885403	180983
26	5046	4606	173124	375867
42	15541	15580	216582	139013
2337	184911	184283	1314762	71345
1613	184055	177728	1333971	75057
57	5980	5749	43265	75257
1556	178075	171979	1290706	75050
1902	165579	164651	1634794	99288
358	35663	35090	308792	88000
1300	115321	115067	1212330	105359
244	14595	14494	113672	78427
470	51664	51010	279572	54807
83	2756	2757	29552	107187
53	3274	3262	26135	80119
334	45634	44991	223885	49762
363	23420	23040	120464	52285
2463	231930	229773	1958451	85234
647	120509	118665	1114536	93923
506	112569	110776	1064253	96073
141	7940	7889	50283	63738
402	40456	41730	386035	92508
96	14687	15530	152371	98114
72	9990	10225	120673	118018
138	7111	7251	59017	81392
62	6336	6412	39140	61041
34	2332	2312	14834	64159
1890	168266	167771	1619176	96511
34	1392	1387	10480	75559

3-10 城镇国有单位在岗职工人数与工资（2015年）

项　　目	Item
总　计	**Total**
按执行会计制度类别分	**Grouped by Accounting Regulation Implemented**
企　业	Enterprises
事业单位	Institutions
行政单位	Agencies & Organizations
民间非营利组织	Civil Nonprofit Organizations
其　他	Others
按国民经济行业分组	**Grouped by Economic Sector**
农、林、牧、渔业	Agriculture, Forestry, Animal Husbandry and Fishery
采矿业	Mining
制造业	Manufacturing
电力、热力、燃气及水生产和供应业	Production and Supply of Electricity, Heat,Gas and Water
建筑业	Construction
批发和零售业	Wholesale and Retail Trade
交通运输、仓储和邮政业	Transport, Storage and Post
住宿和餐饮业	Hotels and Catering Services
信息传输、软件和信息技术服务业	Information Transmission, Software and Information Technology
金融业	Financial Intermediation
房地产业	Real Estate
租赁和商务服务业	Leasing and Business Services
科学研究和技术服务业	Scientific Research and Technical Services
水利、环境和公共设施管理业	Management of Water Conservancy, Environment and Public Facilities
居民服务、修理和其他服务业	Service to Households, Repair and Other Services
教　育	Education
卫生和社会工作	Health and Social Service
文化、体育和娱乐业	Culture, Sports and Entertainment
公共管理、社会保障和社会组织	Public Management, Social Security and Social Organizations

Number and Wages of Fully Employed Staff and Workers in Urban State-owned Units (2015)

单位数 (个) Number of Units (unit)	在岗职工年末人数 (人) Number of Fully Employed Staff and Workers in Urban Units at Year-end (person)	在岗职工年平均人数 (人) Average Number of Fully Employed Staff and Workers in Urban Units (person)	在岗职工工资总额 (万元) Total Wages of Fully Employed Staff and Workers in Urban Units (10000 yuan)	在岗职工年平均工资 (元) Average Wages of Fully Employed Staff and Workers in Urban Units (yuan)
5786	**714426**	**713178**	**6690706**	**93815**
1242	200612	201707	1849098	91672
3224	363291	362052	3350147	92532
1175	140711	139709	1368017	97919
60	915	917	6811	74276
85	8897	8793	116633	132642
31	696	696	5699	81875
112	13587	13672	120576	88192
10	6697	6665	61344	92039
67	19784	19395	148872	76758
212	6897	6913	53561	77479
97	63901	65573	596881	91025
123	14207	14220	77426	54449
27	5367	5361	51408	95893
56	10493	10568	189121	178956
149	5968	6046	36287	60019
237	32650	32448	243769	75126
466	51622	51705	632136	122258
301	31829	31817	171894	54026
129	6686	6674	44390	66512
1392	156693	155269	1465122	94360
351	97345	95800	934478	97545
228	23309	24181	252151	104277
1798	166695	166175	1605591	96620

3-11 城镇集体单位在岗职工人数与工资（2015年）

项　　目	Item
总　计	**Total**
按执行会计制度类别分	**Grouped by Accounting Regulation Implemented**
企　业	Enterprises
事业单位	Institutions
行政单位	Agencies and Organizations
民间非营利组织	Civil Nonprofit Organizations
其　他	Others
按国民经济行业分组	**Grouped by Economic Sector**
农、林、牧、渔业	Agriculture, Forestry, Animal Husbandry and Fishery
采矿业	Mining
制造业	Manufacturing
电力、热力、燃气及水生产和供应业	Production and Supply of Electricity, Heat,Gas and Water
建筑业	Construction
批发和零售业	Wholesale and Retail Trade
交通运输、仓储和邮政业	Transport, Storage and Post
住宿和餐饮业	Hotels and Catering Services
信息传输、软件和信息技术服务业	Information Transmission, Software and Information Technology
金融业	Financial Intermediation
房地产业	Real Estate
租赁和商务服务业	Leasing and Business Services
科学研究和技术服务业	Scientific Research and Technical Services
水利、环境和公共设施管理业	Management of Water Conservancy, Environment and Public Facilities
居民服务、修理和其他服务业	Service to Households, Repair and Other Services
教　育	Education
卫生和社会工作	Health and Social Service
文化、体育和娱乐业	Culture, Sports and Entertainment
公共管理、社会保障和社会组织	Public Management, Social Security and Social Organizations

Number and Wages of Fully Employed Staff and Workers in Urban Collective-owned Units (2015)

单位数 (个) Number of Units (unit)	在岗职工年末人数 (人) Number of Fully Employed Staff and Workers in Urban Units at Year-end (person)	在岗职工年平均人数 (人) Average Number of Fully Employed Staff and Workers in Urban Units (person)	在岗职工工资总额 (万元) Total Wages of Fully Employed Staff and Workers in Urban Units (10000 yuan)	在岗职工年平均工资 (元) Average Wages of Fully Employed Staff and Workers in Urban Units (yuan)
1210	**77701**	**77748**	**361441**	**46489**
1034	69359	69541	322281	46344
65	3919	3769	20501	54393
28	838	862	4069	47208
83	3585	3576	14590	40799
3	20	20	72	36100
60	18638	19335	109078	56415
5	485	483	3835	79387
36	6418	6358	23003	36180
203	2683	2668	13558	50817
22	781	859	3096	36043
44	1850	1855	7214	38890
2	10	15	99	66200
283	7833	7768	36094	46464
341	29353	28940	117026	40437
42	1967	2022	11878	58744
23	2836	2702	12401	45896
25	1297	1194	6346	53149
68	2072	2069	8759	42334
35	1313	1316	8239	62607
14	112	111	583	52505
4	33	33	160	48515

3-12 城镇非私营其他单位在岗职工人数与工资（2015年）

项　　目	Item
总　计	**Total**
按登记注册类型分	**Grouped by Registration Status**
股份合作	Cooperative Enterprises
联　营	Joint Ownership Enterprises
有限责任公司	Limited Liability Corporations
股份有限公司	Share Holding Enterprises
内资其他	Other Enterprises
港澳台投资	Enterprises with Funds from Hong Kong, Macao and Taiwan
外商投资	Foreign Funded Enterprises
按国民经济行业分	**Grouped by Economic Sector**
农、林、牧、渔业	Agriculture, Forestry, Animal Husbandry and Fishery
采矿业	Mining
制造业	Manufacturing
电力、热力、燃气及水生产和供应业	Production and Supply of Electricity, Heat,Gas and Water
建筑业	Construction
批发和零售业	Wholesale and Retail Trade
交通运输、仓储和邮政业	Transport, Storage and Post
住宿和餐饮业	Hotels and Catering Services
信息传输、软件和信息技术服务业	Information Transmission, Software and Information Technology
金融业	Financial Intermediation
房地产业	Real Estate
租赁和商务服务业	Leasing and Business Services
科学研究和技术服务业	Scientific Research and Technical Services
水利、环境和公共设施管理业	Management of Water Conservancy, Environment and Public Facilities
居民服务、修理和其他服务业	Service to Households, Repair and Other Services
教　育	Education
卫生和社会工作	Health and Social Service
文化、体育和娱乐业	Culture, Sports and Entertainment
公共管理、社会保障和社会组织	Public Management, Social Security and Social Organizations

注：城镇非私营其他单位指城镇非私营单位中扣除国有单位和集体单位外的其他各种类型单位。

Number and Wages of Fully Employed Staff and Workers in Urban Other Types of Ownership (2015)

单位数 (个) Number of Units (unit)	在岗职工年末人数 (人) Number of Fully Employed Staff and Workers in Urban Units at Year-end (person)	在岗职工年平均人数 (人) Average Number of Fully Employed Staff and Workers in Urban Units (person)	在岗职工工资总额 (万元) Total Wages of Fully Employed Staff and Workers in Urban Units (10000 yuan)	在岗职工年平均工资 (元) Average Wages of Fully Employed Staff and Workers in Urban Units (yuan)
12723	**2248953**	**2273584**	**17822729**	**78390**
722	11646	11728	55308	47159
101	4136	4076	24796	60835
6241	863518	863671	6518229	75471
664	278784	281028	3284604	116878
1563	101779	100938	689654	68324
2008	490835	508682	3275976	64401
1424	498255	503461	3974162	78937
17	519	576	2591	44991
2257	814131	836126	5679410	67925
55	21037	20925	249501	119236
330	159865	158664	1137695	71705
2251	248511	253781	1768004	69667
462	222016	231828	2161649	93244
492	77820	77923	403116	51733
401	94522	92741	1158369	124904
257	59355	58639	1087937	185531
1905	171110	170469	1242381	72880
1035	122052	116340	973176	83649
1394	111990	110924	990780	89321
146	16999	16491	95277	57775
209	15437	15172	69728	45958
1003	73165	72435	484570	66897
261	21851	21549	171819	79734
160	17035	17438	133301	76443
88	1538	1563	13425	85890

Note: Other types of units in urban are refer to units other than state-owned units and collective-owned units.

3-13 城镇非私营单位从业人员女性年末人数（2015年）

行　　业	Sector
合　计	**Total**
农、林、牧、渔业	Agriculture, Forestry, Animal Husbandry and Fishery
采矿业	Mining
制造业	Manufacturing
电力、热力、燃气及水生产和供应业	Production and Supply of Electricity, Heat,Gas and Water
建筑业	Construction
批发和零售业	Wholesale and Retail Trade
交通运输、仓储和邮政业	Transport, Storage and Post
住宿和餐饮业	Hotels and Catering Services
信息传输、软件和信息技术服务业	Information Transmission, Software and Information Technology
金融业	Financial Intermediation
房地产业	Real Estate
租赁和商务服务业	Leasing and Business Services
科学研究和技术服务业	Scientific Research and Technical Services
水利、环境和公共设施管理业	Management of Water Conservancy, Environment and Public Facilities
居民服务、修理和其他服务业	Service to Households, Repair and Other Services
教　育	Education
卫生和社会工作	Health and Social Service
文化、体育和娱乐业	Culture, Sports and Entertainment
公共管理、社会保障和社会组织	Public Management, Social Security and Social Organizations

Number of Female Staff and Workers at Year-end in Urban Units (2015)

年末人数（人）Number of Staff and Workers at Year-end (person)	#国有 State-owned Units	#集体 Urban Collective-owned Units	女性从业人员比重（%）Proportion of Female Staff and Workers (%) 合计 Total	#国有 State-owned Units	#集体 Urban Collective-owned Units
1263474	**307743**	**34803**	**39.44**	**41.86**	**42.51**
357	210	4	27.44	27.6	19.05
346862	3793	16337	40.66	27.39	87.43
7342	1967	137	25.84	29.37	28.02
29766	2678	709	12.04	12.69	10.41
142713	2977	965	53.28	40.94	35.53
79739	15937	155	26.73	24.56	19.72
48192	6899	1001	47.28	46.62	52.91
36363	1722	2	36.17	31.89	20.00
48356	5607		58.02	53.28	
66035	1584	2464	34.80	25.71	28.33
74681	5630	7982	37.48	17.03	25.36
48936	16533	440	28.37	31.04	21.28
23924	13645	1325	42.52	40.19	41.47
9275	2513	414	38.63	36.14	31.25
144842	94609	1853	60.11	58.58	84.77
82637	66944	957	67.19	67.49	69.65
17630	9572	46	40.90	37.58	39.32
55824	54923	12	32.41	32.23	35.29

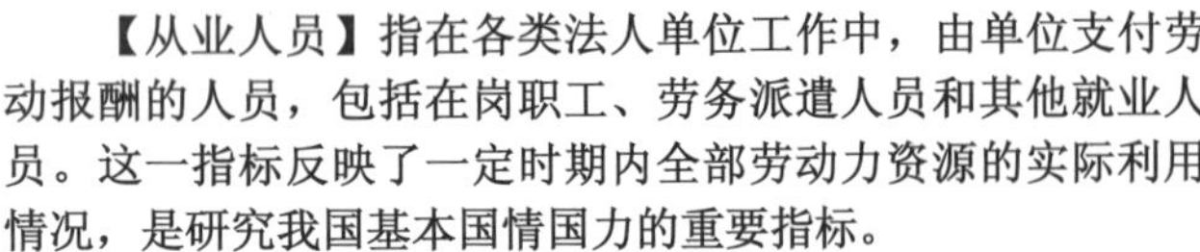

主要指标解释

Explanatory Notes on Main Statistical Indicators

【从业人员】指在各类法人单位工作中，由单位支付劳动报酬的人员，包括在岗职工、劳务派遣人员和其他就业人员。这一指标反映了一定时期内全部劳动力资源的实际利用情况，是研究我国基本国情国力的重要指标。

【在岗职工】指在本单位工作且与本单位签订劳动合同，并由单位支付各项工资和社会保险、住房公积金的人员，以及上述人员中由于学习、病伤、产假等原因暂未工作仍由单位支付工资的人员。

【劳务派遣人员】根据《中华人民共和国劳动合同法》规定，指与劳务派遣单位签订劳动合同；并被劳务派遣单位派遣到实际用工单位工作；且劳务派遣单位与实际用工单位签订《劳务派遣协议》的人员。无论用工单位是否直接支付劳动报酬，劳务派遣人员均由实际用工单位填报，而劳务派遣单位（派出单位）不填报这些人员。

【工资总额】根据《关于工资总额组成的规定》，工资总额是指本单位在报告期内（季度或年度）直接支付给本单位人员的劳动报酬总额。包括计时工资、计件工资、奖金、津贴和补贴、加班加点工资、特殊情况下支付的工资。

工资总额是税前工资，包括单位从个人工资中直接为其代扣或代缴的房费、个人所得税、水费、电费、住房公积金和社会保险基金个人缴纳部分等。

工资总额不论是计入成本的还是不计入成本的，不论是以货币形式支付的还是以实物形式支付的，均应列入工资总额的计算范围。

工资总额由基本工资、绩效工资、工资性津贴和补贴、其他工资四部分组成。工资总额不包括病假、事假等情况的扣款。

【在岗职工平均工资】指企业、事业、机关单位的在岗职工在一定时期内平均每人所得的货币工资额。它表明一定时期在岗职工工资收入的高低程度，是反映在岗职工工资水平的主要指标。

计算公式为：在岗职工平均工资=报告期实际支付的全部在岗职工工资总额/报告期全部在岗职工平均人数。

【Practitioners】refers to employees in various legal person units, paid by the unit labor remuneration, including on-the-job, labor dispatch personnel and other employees. This indicator reflects all the actual utilization of labor resources at a certain period of time, is an important index to study the basic situation of our country national strength.

【Staff and workers 】refers to the staff work in the unit and the unit signed labor contracts, and by the unit to pay the wages and social insurance, housing provident fund staff, and the staff in learning, because of injuries and other reasons not to work on maternity leave, still receive wages from their working units.

【 Dispatch Personnel】 refers to personnel signed labor contracts with the labor dispatch unit,and by the labor dispatch unit sent to the actual labor units, and the labor dispatch unit and the actual labor units signed “labor dispatch agreement” ,according to the "Labor contract law provisions of the people's Republic of China". No matter whether the direct labor units to pay labor remuneration, labor dispatch personnel are filled by the actual labor units.

【Total Wages】according to the “Regulations on the payroll” the composition of total wages, payroll is refers to the unit paid directly to the total remuneration of the staff during the reporting period (quarterly or annual). Including hourly wages, piece-rate wages, bonuses, allowances and subsidies, overtime pay overtime wages, special circumstances wages.

Total wages is pre-tax wages, including the unit from individual pay directly for its withholding or paying rent, personal income tax, water, electricity, housing provident fund and the social insurance fund individual pay part etc.

Wages regardless of whether it is included in the cost was not included in the cost, whether in monetary form of payment or payment in kind, should be included in the scope of calculation of total wages.

Four parts of Total wages including the basic salary, performance salary, wages and allowances and subsidies, and other wages. Total wages not including deduction of sick leave and personal leave.

【Average Wage of Fully Employed Staff and Workers】 refer to the average wage in monetary terms per person during a certain period of time for fully employed staff and workers in enterprises, institutions and government agencies, which reflects the general level of wage income of fully employed staff and workers during a certain period of time and is calculated as follows:

Average Wage of Fully Employed Staff and Workers =Total Wages of Fully Employed Staff and Workers at the Report Period/Average Number of Fully Employed Staff and Workers at the Report Period

第四篇 CHAPTER 4

固定资产投资

INVESTMENT IN FIXED ASSETS

第四篇　固定资产投资

一、本篇资料反映广州市固定资产投资的基本情况。

二、本篇资料由广州市统计局固定资产投资统计处整理提供。

三、固定资产投资统计的资料来源主要为全面统计报表。按照现行的固定资产投资统计报表制度，从2011年起固定资产投资项目统计起报点由计划总投资50万元及以上提高到500万元及以上，固定资产投资不再称全社会固定资产投资。固定资产投资按经济类型分为：国有经济、集体经济、联营经济、股份制经济、私营经济、港澳台投资经济、外商投资经济、其他经济和个体经济。

从2012年起民间投资包含内容有所调整，民间投资是指工商登记注册类型为：集体、股份合作、私营独资、私营合伙、私营有限责任公司、个体户、个人合伙等纯民间主体的固定资产投资及混合经济成分中由集体、私营、个体控股的投资主体单位的全部固定资产投资。

4 Investment in Fixed Assets

I. The data in this chapter show the basic conditions of the total investment in fixed assets of Guangzhou .

II. The data in this chapter are prepared and provided by the Division of Investment and Construction Statistics of Guangzhou Municipal Bureau of Statistics.

Ⅲ. The data sources for the statistics of investment in fixed assets mainly come from the complete statistical report forms. According to the present regulations in the reporting scheme on the statistics of the investment in fixed assets, the statistics report point of the fixed assets investment projects has been increased from a planned total investment of 500,000 yuan and above to 5,000,000 yuan and above since 2011. The investment in fixed assets is no longer called the whole society investment in fixed assets. The investment in fixed assets is classified by the following types of ownership: state-owned economy, collective-owned economy, joint-owned economy, share-holding economy, private economy, economy funded by the enterprises from Hong Kong, Macao and Taiwan, foreign funded economy, individual investment and the economy of other types of ownership.

The content of non-state-owned investment has been adjusted since 2012, and non-state-owned investment refers to the industrial and commercial registration type: collective, cooperative, private, private partnership, private limited liability company, the self-employed, private partnership of pure folk subject of investment in fixed assets and mixed by the collective, private, individual holdings investment main body unit of economic composition the total investment in fixed assets.

4-1 固定资产投资主要经济指标

Main Indicators of Total Investment in Fixed Assets

单位：万元 (10000 yuan)

项　　目	Item	2015	2015年比2014年增长(%) Growth Rate in 2015 over 2014 (%)
固定资产投资额	**Total Investment in Fixed Assets**	**54059522**	**10.6**
按投资类别分	Grouped by Type of Investment		
#房地产开发	Real Estate Development	21375891	17.7
按登记注册类型分	Grouped by Registration Status		
内资企业	Domestic Funded Enterprises	44625136	11.5
国有企业	State-owned Enterprises	11943240	-6.0
集体企业	Collective-owned Enterprises	2665218	-16.4
股份合作企业	Cooperative Enterprises	106691	-51.2
联营企业	Joint Ownership Enterprises	54830	-15.4
国有联营企业	State Joint Ownership Enterprises		
集体联营企业	Collective Joint Ownership Enterprises	21178	-54.4
国有与集体联营企业	Joint State-collective Enterprises		
其他联营企业	Other Joint Ownership Enterprises	33652	100.6
有限责任公司	Limited Liability Corporations	17162595	28.5
国有独资公司	State Sole Funded Corporations	1069767	-11.6
其他有限责任公司	Other Limited Liability Corporations	16092828	32.5
股份有限公司	Share-holding Corporations Ltd.	3127379	0.8
私营企业	Private Enterprises	9502398	29.4
其他企业	Other Enterprises	62785	18.3
港、澳、台商投资企业	Enterprises with Funds from Hong Kong, Macao and Taiwan	5205056	14.8
#与港、澳、台商合资经营企业	Joint-venture Enterprises	1230821	0.9
与港、澳、台商合作经营企业	Cooperative Enterprises	1212029	22.9
港、澳、台商独资经营企业	Enterprises with Sole Funds	2625139	18.0
港、澳、台商投资股份有限公司	Share-holding Corporations Ltd.	133112	2.2倍

注：1．机关、事业、社会团体及其他依法成立的单位固定资产投资登记注册类型参照企业登记注册类型划分。
2．从2011年起，固定资产投资项目统计起报点由计划总投资50万元及以上提高到500万元及以上，增速按可比口径计算。
3．从2012年起，"国家预算内资金"改称为"国家预算资金"，"国家预算资金"和"自筹资金"有所调整。故与上年不可比(下同)。
4．2014年固定资产投资计算速度时根据省反馈数据调整了2013年的基数。(下同)

Note: I. The registration status of agencies, institutions, social organizations and other units established according to law is divided referring to the registration status of enterprises.
II. Since 2011, the cut-off point of investment in fixed assets is changed from a minimum of 50000 yuan to a minimum of 5000000 yuan. The growth rates in this table are calculated at comparable prices.
III. Since 2012，the coverage of state budget and self-raising funds have been changed. So the data in 2012 is not comparable with the pervious year(the same as below).
IV. The rate of investment in fixed assets for 2014 is cacultated in accord to the base of 2013 which has been adjusted according to the feedback data from Statistics Bureau of Guangdong Provice (the same as below).

4-1 续表 continued

单位：万元 (10000 yuan)

项　目	Item	2015	2015年比2014年增长(%) Growth Rate in 2015 over 2014 (%)
外商投资企业	Foreign Funded Enterprises	4214101	-2.4
# 中外合资经营企业	Joint-venture Enterprises	2465001	7.2
中外合作经营企业	Cooperative Enterprises	235627	-23.3
外资企业	Enterprises with Sole Foreign Funds	1110570	-20.8
外商投资股份有限公司	Share-holding Corporations Ltd.	302646	88.6
个体经营	Self-employed Individual	15229	8.2倍
个体户	Individual Operating Household	15229	8.2倍
个体合伙	Individual Partnership		
按构成分	Grouped by Use of Funds		
建筑工程	Construction Project	30635972	10.4
安装工程	Installation Project	4329579	15.9
设备工器具购置	Purchases of Equipment and Instruments	8300480	12.5
其他费用	Others	10793491	7.7
房屋建筑面积(平方米)	**Floor Space of Buildings (sq.m)**		
施工面积	Floor Space under Construction	131298262	-6.2
# 住　宅	Residential Buildings	64612543	0.8
竣工面积	Floor Space Completed	27120072	-26.7
# 住　宅	Residential Buildings	10317933	-18.5
本年实际到位资金合计	**Total Actually Funds Provided This Year**	**73139833**	**10.5**
上年末结余资金	Surplus Fund from Year-end of Preceding Year	12342615	15.7
本年实际到位资金小计	Subtotal Actually Funds Provided This Year	60797218	9.5
国家预算资金	State Budget	3969682	25.1
国内贷款	Domestic Loans	8455066	1.5
债　券	Bonds	93620	-90.5
利用外资	Foreign Investment	175650	-82.2
自筹资金	Self-raising Funds	31109228	7.7
其他资金	Others	16993972	28.7

4-2 主要年份固定资产投资额(按经济类型分)

Total Investment in Fixed Assets in Main Years (by Type of Ownership)

单位：万元 (10000 yuan)

年 份 Year	合 计 Total	国有经济 State-owned Units	集体经济 Collective-owned Units	联营经济 Joint Ownership Economic Units	股份经济 Share Holding Economic Units	私营经济 Private Economic Units	外商及港澳台经济 Economic Units with Funds from Foreign Regions,Hong Kong, Macao and Taiwan Investors	其他经济 Others	个体经济 Individual Investment
1978	72641	68584	1755						2302
1980	99565	89823	2934						6808
1985	436197	346000	44788						45409
1986	524813	434240	42264						48309
1987	584140	468967	64131						51042
1988	902161	703117	105514						93530
1989	933326	780946	84009						68371
1990	905937	761738	73172						71027
1991	1037424	850310	99147						87967
1992	1881379	1520508	230316						130555
1993	3733976	1885582	676520	15912	72334		842469	5870	235289
1994	5257053	2701653	835384	20679	132421		1234395		332521
1995	6182515	3324871	724898	62755	280004	2157	1464489		323341
1996	6389360	3172138	662454	69611	213638	5617	1947862		318040
1997	6565767	3543369	556536	30949	369066	66960	1720070		278817
1998	7588283	3803451	685243	35596	444474	123884	2210943		284692
1999	8782586	4514598	784507	23172	764251	286732	2129471	2959	276896
2000	9236676	4830889	619778	2579	1326102	534456	1514900	45197	362775
2001	9782093	4475639	368690	5930	1330108	1007708	2311811	10684	271523
2002	10092421	3529709	492329	6974	1986469	1304823	2502251	27560	242306
2003	11751668	4469885	452236	21451	2353980	1391787	2814567	24940	222822
2004	13489283	5371055	308617	37673	2298098	2135297	3183159	19930	135454
2005	15191582	5612243	295243	46941	3326313	1872079	3881748	26366	130649
2006	16963824	6070411	309514	17087	3876752	1904587	4646403	63002	76068
2007	18633437	6802190	440692	41760	4168899	2385743	4655795	20552	117806
2008	21055373	7972112	566318	56254	3881865	3260658	5225525	11599	81042
2009	26598516	12724805	698449	80059	4517995	3444249	5018306	9301	105352
2010	32635731	15528450	711201	54940	6832917	3253895	6055481	4042	194805
2011	34122005	12858860	807709	29504	9432487	4461680	6475334	18585	37846
2012	37583868	12330573	1941043	1836	10077974	4749672	8272350	156227	54193
2013	44545508	11979522	3333867	80244	13579487	6547526	8862572	9755	152535
2014	48895026	13918358	3453080	16779	15251803	7345376	8854921	53056	1653
2015	54059522	13013007	2793087	33652	19220207	9502398	9419157	62785	15229

4-3 主要年份固定资产投资额指数（按经济类型分，上年=100）

Indices of Total Investment in Fixed Assets in Main Years (by Type of Ownership, preceding year=100)

年 份 Year	合 计 Total	国有经济 State-owned Units	集体经济 Collective-owned Units	联营经济 Joint Ownership Economic Units	股份经济 Share Holding Economic Units	私营经济 Private Economic Units	外商及港澳台经济 Economic Units with Funds from Foreign Regions,Hong Kong, Macao and Taiwan Investors	其他经济 Others	个体经济 Individual Investment
1978	99.2	95.9	103.1						
1980	134.0	130.4	182.4						179.5
1985	145.8	141.0	231.5						131.4
1986	120.3	125.5	94.4						106.4
1987	111.3	108.0	151.7						105.7
1988	154.4	149.9	164.5						183.2
1989	103.5	111.1	79.6						73.1
1990	97.1	97.5	87.1						103.9
1991	114.5	111.6	135.5						123.9
1992	181.4	178.8	232.3						148.4
1993	198.5	124.0	203.4						180.2
1994	140.8	143.3	140.2	130.0	183.1		146.5		141.3
1995	117.6	123.1	78.1	303.5	211.5		118.6		97.2
1996	103.4	95.4	88.2	110.9	76.3	260.4	133.0		98.4
1997	102.8	111.7	84.0	44.5	172.8	1192.1	88.3		87.7
1998	115.6	107.3	123.1	115.0	120.4	185.0	128.5		102.1
1999	115.7	118.7	114.5	65.1	172.0	231.5	96.3		97.3
2000	105.2	107.0	79.0	11.1	173.5	186.4	71.1	1527.4	131.0
2001	105.9	92.7	59.5	229.9	100.3	188.6	152.6	23.6	74.9
2002	103.2	78.9	133.5	117.6	149.4	129.5	108.2	258.0	89.2
2003	116.4	126.6	91.9	307.6	118.5	106.7	112.5	90.5	92.0
2004	114.8	120.2	68.2	175.6	97.6	153.4	113.1	79.9	60.8
2005	112.6	104.5	95.7	124.6	144.7	87.7	122.0	132.3	96.5
2006	111.7	108.2	104.8	36.4	116.6	101.7	119.7	239.0	58.2
2007	109.8	112.1	142.4	244.4	107.5	125.3	100.2	32.6	154.9
2008	113.0	117.2	128.5	134.7	93.1	136.7	112.2	56.4	68.8
2009	122.3	150.4	123.3	142.3	113.6	105.6	96.0	80.2	130.0
2010	122.7	122.0	101.8	68.6	151.2	94.5	120.7	43.5	184.9
2011	110.0	89.4	161.1	53.7	138.5	139.1	107.6	690.6	84.3
2012	110.2	95.9	240.3	6.2	106.8	106.5	127.8	840.6	143.2
2013	118.5	97.2	171.8	4370.6	134.7	137.9	107.1	6.2	281.5
2014	114.5	123.7	109.9	22.3	115.7	117.5	102.2	579.3	1.2
2015	110.6	93.5	80.9	200.6	126.0	129.4	106.4	118.3	921.3

4-4 主要年份固定资产投资额(按投资类别分)

Total Investment in Fixed Assets in Main Years (by Type of Investment)

单位：万元 (10000 yuan)

年 份 Year	合 计 Total	建设改造投资 Construction and Innovation	房地产开发 Real Estate Development
1978	72641	72641	
1980	99565	99565	
1985	436197	389725	46472
1986	524813	472248	52565
1987	584140	514109	70031
1988	902161	762070	140091
1989	933326	780967	152359
1990	905937	788518	117419
1991	1037424	881075	156349
1992	1881379	1483959	397420
1993	3733976	2481589	1252387
1994	5257053	3362533	1894520
1995	6182515	4091379	2091136
1996	6389360	4097720	2291640
1997	6565767	4191544	2374223
1998	7588283	4894594	2693689
1999	8782586	5823559	2959027
2000	9236676	5680860	3555816
2001	9782093	5911886	3870207
2002	10092421	5828523	4263898
2003	11751668	7556862	4194806
2004	13489283	8718968	4770315
2005	15191582	10110736	5080846
2006	16963824	11395931	5567893
2007	18633437	11595406	7038031
2008	21055373	13421349	7634024
2009	26598516	18425067	8173449
2010	32635731	22799149	9836582
2011	34122005	21068400	13053605
2012	37583868	23879357	13704511
2013	44545508	28821219	15724289
2014	48895026	30733497	18161529
2015	54059522	32683631	21375891

4-5 主要年份固定资产投资额指数(按投资类别分，上年=100)

Indices of Total Investment in Fixed Assets in Main Years (by Type of Investment, preceding year=100)

年份 Year	合计 Total	建设改造投资 Construction and Innovation	房地产开发 Real Estate Development
1978	99.2	99.2	
1980	134.0	134.0	
1985	145.8	152.0	108.3
1986	120.3	121.2	113.1
1987	111.3	108.9	133.2
1988	154.4	148.2	200.0
1989	103.5	102.5	108.8
1990	97.1	101.0	77.1
1991	114.5	111.7	133.2
1992	181.4	168.4	254.2
1993	198.5	167.2	315.1
1994	140.8	135.5	151.3
1995	117.6	121.7	110.4
1996	103.4	100.2	109.6
1997	102.8	102.3	103.6
1998	115.6	116.8	113.5
1999	115.7	119.0	109.9
2000	105.2	97.5	120.2
2001	105.9	104.1	108.8
2002	103.2	98.6	110.2
2003	116.4	129.7	98.4
2004	114.8	115.4	113.7
2005	112.6	116.0	106.5
2006	111.7	112.7	109.6
2007	109.8	101.8	126.4
2008	113.0	115.7	108.5
2009	122.3	137.3	107.1
2010	122.7	123.7	120.4
2011	110.0	99.4	132.7
2012	110.2	113.3	105.0
2013	118.5	120.7	114.7
2014	114.5	113.9	115.5
2015	110.6	106.3	117.7

4-6 各时期固定资产投资额(按投资类别分)

Total Investment in Fixed Assets in Different Periods (by Type of Investment)

单位：万元 (10000 yuan)

时　期	Period	合　计 Total	建设改造投资 Construction and Innovation	房地产开发 Real Estate Development
全　市	**Total**			
"六五"时期	6th Five-year Plan Period	1310742	1221368	89374
"七五"时期	7th Five-year Plan Period	3850377	3317912	532465
"八五"时期	8th Five-year Plan Period	18092347	12300535	5791812
"九五"时期	9th Five-year Plan Period	38562672	24688277	13874395
"十五"时期	10th Five-year Plan Period	60307047	38126975	22180072
"十一五"时期	11th Five-year Plan Period	115886881	77636902	38249979
"十二五"时期	12th Five-year Plan Period	219205929	137186104	82019825
1950-2015	1950-2015	458091863	295353941	162737922
1979-2015	1979-2015	457389848	294651926	162737922
1991-2015	1991-2015	452054876	289938793	162116083
2001-2015	2001-2015	395399857	252949981	142449876

4-7 各时期固定资产投资额平均每年增长速度

Average Growth Rate of Investment in Fixed Assets in Different Periods

单位：% (%)

时期	Period	合计 Total	建设改造投资 Construction and Innovation	房地产开发 Real Estate Development
全市	**Total**			
"六五"时期	6th Five-year Plan Period	34.2	31.6	
"七五"时期	7th Five-year Plan Period	19.6	18.3	29.1
"八五"时期	8th Five-year Plan Period	50.4	40.7	89.2
"九五"时期	9th Five-year Plan Period	7.5	6.3	9.6
"十五"时期	10th Five-year Plan Period	9.0	10.0	7.5
"十一五"时期	11th Five-year Plan Period	14.4	14.7	14.0
"十二五"时期	12th Five-year Plan Period	12.7	10.5	16.8
1951-2015	1951-2015	18.3	17.5	
1979-2015	1979-2015	20.8	19.1	
1991-2015	1991-2015	19.3	17.4	25.3
2001-2015	2001-2015	12.3	12.7	11.5

4-8 主要年份固定资产投资额和房屋建设

Total Investment in Fixed Assets and Building Construction in Main Years

年份、时期 Year and Period	固定资产投资额（万元） Total Investment (10000 yuan)	# 住宅 Residential Buildings	新增固定资产（万元） Newly Increased Fixed Assets (10000 yuan)	房屋施工面积（万平方米） Floor Space under Construction (10000 sq.m)	# 住宅 Residential Buildings	房屋竣工面积（万平方米） Floor Space Completed (10000 sq.m)	# 住宅 Residential Buildings
1978	72641	8987	95685	429.55	173.09	184.97	84.82
1980	99565	24254	77438	610.94	334.12	269.07	163.33
1985	436197	104015	344990	1448.87	820.45	796.96	531.33
1990	905937	232839	779577	1681.89	970.81	879.68	537.36
1995	6182515	1696316	3449779	4958.58	2840.92	1847.86	1212.84
2000	9236676	3250326	6907436	6152.47	3789.88	2404.81	1539.43
2001	9782093	3316894	7075104	6612.84	3916.82	2138.40	1304.28
2002	10092421	3457617	6527323	6376.80	3809.32	2129.56	1392.66
2003	11751668	3522168	7793951	6540.20	3643.26	2243.10	1317.25
2004	13489283	3712961	11128640	7263.32	3817.60	2308.23	1045.58
2005	15191582	3777003	10763964	7165.93	3836.53	2405.30	1091.48
2006	16963824	3783416	9304960	6895.68	3751.36	1677.24	918.05
2007	18633437	5041090	10817946	8113.99	4049.79	2243.77	1001.43
2008	21055373	5398216	12247285	8272.29	3986.32	1849.70	865.15
2009	26598516	5246903	15732420	8690.90	3740.54	2208.57	965.85
2010	32635731	5727122	24136234	10114.91	4279.53	2388.95	950.10
2011	34122005	8116313	24504493	11555.51	5083.07	2804.28	938.38
2012	37583868	8626775	27514867	12381.69	5152.06	2957.66	940.44
2013	44545508	9969708	30678913	13959.31	5753.99	3683.50	897.97
2014	48895026	10391431	40303235	13995.56	6410.68	3699.66	1266.35
2015	54059522	14068084	32570813	13129.83	6461.25	2712.01	1031.79
“六五”时期 6th Five-year Plan Period	1310742	402770	1030043	6004.01	3745.15	3328.09	2352.35
“七五”时期 7th Five-year Plan Period	3850377	989264	3056834	8645.37	4722.40	4454.23	2808.76
“八五”时期 8th Five-year Plan Period	18092347	5632278	11179716	17131.12	9906.30	7045.41	4339.71
“九五”时期 9th Five-year Plan Period	38562672	12083398	28672107	27464.31	16470.99	10112.06	6673.86
“十五”时期 10th Five-year Plan Period	60307047	17786643	43288982	33959.09	19023.53	11224.59	6151.25
“十一五”时期 11th Five-year Plan Period	115886881	25196747	72238845	42087.77	19807.54	10368.23	4700.58
“十二五”时期 12th Five-year Plan Period	219205929	51172311	155572321	65021.90	28861.05	15857.11	5074.93
1950-2015	458091863	113362681	315725895	205803.83	104677.82	64938.90	33110.41
1979-2015	457389848	113305122	315173611	201463.62	103146.85	62851.58	32363.49
1991-2015	452054876	111871377	310951971	185664.19	94069.41	54607.40	26940.33
2001-2015	395399857	94155701	271100148	141068.76	67692.12	37449.93	15926.76

4-9 主要年份三次产业固定资产投资额及构成

Total Investment in Fixed Assets and its Composition in Main Years by the Three Strata of Industries

年份 Year	合计 (万元) Total (10000 yuan)	第一产业 Primary Industry	第二产业 Secondary Industry	第三产业 Tertiary Industry	构成 (%) Composition (%)	第一产业 Primary Industry	第二产业 Secondary Industry	第三产业 Tertiary Industry
全 市 Total								
1978	72641	4317	32100	36224	100.00	5.94	44.19	49.87
1980	99565	4953	39722	54890	100.00	4.97	39.90	55.13
1985	436197	13672	143702	278823	100.00	3.13	32.94	63.93
1990	905937	14268	346872	544797	100.00	1.57	38.29	60.14
1995	6182515	42433	1698901	4441181	100.00	0.69	27.48	71.83
2000	9236676	66584	1411261	7758831	100.00	0.72	15.28	84.00
2001	9782093	17789	1419209	8345095	100.00	0.18	14.51	85.31
2002	10092421	24625	1913745	8154051	100.00	0.24	18.96	80.80
2003	11751668	14657	2265387	9471624	100.00	0.12	19.28	80.60
2004	13489283	30084	2863780	10595419	100.00	0.22	21.23	78.55
2005	15191582	9816	4379347	10802419	100.00	0.06	28.83	71.11
2006	16963824	17999	4632303	12313522	100.00	0.11	27.30	72.59
2007	18633437	11541	4015821	14606075	100.00	0.06	21.55	78.39
2008	21055373	16269	4510845	16528259	100.00	0.08	21.42	78.50
2009	26598516	34894	5454577	21109045	100.00	0.13	20.51	79.36
2010	32635731	34280	6262773	26338678	100.00	0.10	19.19	80.71
2011	34122005	39223	5529978	28552804	100.00	0.11	16.21	83.68
2012	37583868	71881	5998727	31513260	100.00	0.19	15.96	83.85
2013	44545508	107320	7169083	37269105	100.00	0.24	16.09	83.67
2014	48895026	151898	7174196	41568932	100.00	0.31	14.67	85.02
2015	54059522	337727	7795480	45926315	100.00	0.62	14.42	84.96

4-10 主要年份固定资产投资资金来源
Source of Total Investing Funds in Fixed Assets in Main Years

单位：万元 (10000 yuan)

年份 Year	本年实际到位资金合计 Total Actually Funds Provided This Year	上年末结余资金 Surplus Funds from Year-end of Preceding Year	本年实际到位资金小计 Subtotal Actually Funds Provided This Year	国家预算资金 State Budget
1995	7978652	961511	7017141	67608
1996	7944084	1513379	6430705	51257
1997	8185958	1394838	6791120	92550
1998	9955334	1433763	8521571	200069
1999	10983747	1548943	9434804	233267
2000	11679071	1552005	10127066	196772
2001	11649579	1546436	10103143	123638
2002	12856766	1649716	11207050	211676
2003	14649881	1674756	12975125	353310
2004	16786548	1874335	14912213	311727
2005	19247238	2186460	17060778	3411
2006	22251012	2776720	19474292	33390
2007	26264563	3171623	23092940	57376
2008	28401679	4790650	23611029	117411
2009	37433615	5422810	32010805	60397
2010	45784696	6679725	39104971	94606
2011	44686057	6928519	37757538	66080
2012	50680896	7005541	43675355	1623733
2013	62310524	9002625	53307899	2007191
2014	66210278	10665183	55545095	3172741
2015	73139833	12342615	60797218	3969682

注：从2012年起，“国家预算内资金”改称“国家预算资金”，“自筹资金”下的财政资金划归“国家预算资金”统计(下同)。
Note: Since 2012, financial funds belong to state budget instead of self-raising funds(the same as below).

4-10 续表 continued

单位：万元 (10000 yuan)

年份 Year	国内贷款 Domestic Loans	债券 Bonds	利用外资 Foreign Investment	自筹资金 Self-raising Funds	其他资金 Others
1995	1058442	27815	1256012	2413074	2194190
1996	867596	6388	1656655	2003513	1845296
1997	906033	3112	1657279	2429018	1703128
1998	1279909	1029	1185066	3196317	2659181
1999	1998108	23600	909234	3330138	2940457
2000	2174224	62353	883291	3356781	3453645
2001	1912787	22888	706179	4230371	3107280
2002	2696256		910991	3938859	3449268
2003	2653393		957866	5241604	3768952
2004	2922647		1212633	6321305	4143901
2005	4172521		1156940	7016193	4711713
2006	5172610	130000	1508470	7321261	5308561
2007	5591643		1313436	9042335	7088150
2008	5093992		1066041	11324092	6009493
2009	7557122	79875	724921	14972268	8616222
2010	8654938	68000	900581	20398053	8988793
2011	5881319		933747	20621521	10254871
2012	8083156		599341	22563088	10806037
2013	8777717		2261740	26204283	14056968
2014	8326434	980542	986947	28876766	13201665
2015	8455066	93620	175650	31109228	16993972

4-11 主要年份固定资产投资资金来源构成

Composition of Source of Total Investing Funds in Fixed Assets in Main Years

单位：%　　　　(%)

年 份 Year	本年实际到位资金合计 Total Actually Funds Provided This Year	上年末结余资金 Surplus Funds from Year-end of Preceding Year	本年实际到位资金小计 Subtotal Actually Funds Provided This Year	国家预算资金 State Budget	国内贷款 Domestic Loans	债 券 Bonds	利用外资 Foreign Investment	自筹资金 Self-raising Funds	其他资金 Others
1995	100.00	12.05	87.95	0.85	13.27	0.35	15.74	30.24	27.50
1996	100.00	19.05	80.95	0.65	10.92	0.08	20.85	25.22	23.23
1997	100.00	17.04	82.96	1.13	11.07	0.04	20.25	29.67	20.81
1998	100.00	14.40	85.60	2.01	12.86	0.01	11.90	32.11	26.71
1999	100.00	14.10	85.90	2.12	18.19	0.21	8.28	30.32	26.77
2000	100.00	13.29	86.71	1.68	18.62	0.53	7.56	28.74	29.57
2001	100.00	13.27	86.73	1.06	16.42	0.20	6.06	36.31	26.67
2002	100.00	12.83	87.17	1.65	20.97		7.09	30.64	26.83
2003	100.00	11.43	88.57	2.41	18.11		6.54	35.78	25.73
2004	100.00	11.17	88.83	1.86	17.41		7.22	37.66	24.69
2005	100.00	11.36	88.64	0.02	21.68		6.01	36.45	24.48
2006	100.00	12.48	87.52	0.15	23.25	0.58	6.78	32.90	23.86
2007	100.00	12.08	87.92	0.22	21.29		5.00	34.43	26.98
2008	100.00	16.87	83.13	0.41	17.94		3.75	39.87	21.16
2009	100.00	14.49	85.51	0.16	20.19	0.21	1.94	40.00	23.01
2010	100.00	14.59	85.41	0.21	18.90	0.15	1.97	44.55	19.63
2011	100.00	15.50	84.50	0.15	13.16		2.09	46.15	22.95
2012	100.00	13.82	86.18	3.21	15.95		1.18	44.52	21.32
2013	100.00	14.45	85.55	3.22	14.09		3.63	42.05	22.56
2014	100.00	16.11	83.89	4.79	12.58	1.48	1.49	43.61	19.94
2015	100.00	16.88	83.12	5.43	11.56	0.13	0.24	42.53	23.23

4-12 主要年份固定资产投资额(按构成分)

Total Investment in Fixed Assets in Main Years (by Use of Funds)

单位：万元 (10000 yuan)

年 份 Year	合 计 Total	建筑工程 Construction Project	安装工程 Installation Project	设备工器具购置 Purchases of Equipment and Instruments	其他费用 Others
1995	6182515	3066640	313788	1474613	1327474
1996	6389360	3225327	420182	1501358	1242493
1997	6565767	3230953	530177	1475112	1329525
1998	7588283	3805530	433223	1465162	1884368
1999	8782586	4443801	539333	1520186	2279266
2000	9236676	4862795	489173	1284866	2599842
2001	9782093	4943427	800645	1792544	2245477
2002	10092421	5043136	1002446	1735461	2311378
2003	11751668	5926676	669398	1907214	3248380
2004	13489283	7167180	829078	2328974	3164051
2005	15191582	7899596	1187729	2749875	3354382
2006	16963824	8375238	1348824	3657839	3581923
2007	18633437	9571281	1320128	3299746	4442282
2008	21055373	11296603	1511046	3227977	5019747
2009	26598516	15003807	1747019	3798896	6048794
2010	32635731	18964747	2548287	4866404	6256293
2011	34122005	18138348	2749538	6193268	7040851
2012	37583868	21468095	3262986	6003316	6849471
2013	44545508	25879973	3812480	6995873	7857182
2014	48895026	27760295	3735106	7380551	10019074
2015	54059522	30635972	4329579	8300480	10793491

4-13 主要年份固定资产投资额构成

Composition of Total Investment in Fixed Assets in Main Years

单位：%　　(%)

年　份 Year	合　计 Total	建筑工程 Construction Project	安装工程 Installation Project	设备工器具购置 Purchases of Equipment and Instruments	其他费用 Others
1995	100.00	49.60	5.08	23.85	21.47
1996	100.00	50.48	6.58	23.50	19.44
1997	100.00	49.21	8.07	22.47	20.25
1998	100.00	50.15	5.71	19.31	24.83
1999	100.00	50.60	6.14	17.31	25.95
2000	100.00	52.65	5.30	13.91	28.14
2001	100.00	50.54	8.19	18.32	22.95
2002	100.00	49.97	9.93	17.20	22.90
2003	100.00	50.43	5.70	16.23	27.64
2004	100.00	53.13	6.15	17.26	23.46
2005	100.00	52.00	7.82	18.10	22.08
2006	100.00	49.37	7.95	21.56	21.12
2007	100.00	51.37	7.08	17.71	23.84
2008	100.00	53.65	7.18	15.33	23.84
2009	100.00	56.41	6.57	14.28	22.74
2010	100.00	58.11	7.81	14.91	19.17
2011	100.00	53.16	8.06	18.15	20.63
2012	100.00	57.12	8.68	15.97	18.23
2013	100.00	58.10	8.56	15.71	17.63
2014	100.00	56.78	7.64	15.09	20.49
2015	100.00	56.67	8.01	15.35	19.97

4-14 固定资产投资额(2015年，按投资类别分)

单位：万元

项 目	Item
总 计	**Total**
按登记注册类型分	**Grouped by Registration Status**
内资企业	Domestic Funded Enterprises
国有企业	State-owned Enterprises
集体企业	Collective-owned Enterprises
股份合作企业	Cooperative Enterprises
联营企业	Joint Ownership Enterprises
国有联营企业	State Joint Ownership Enterprises
集体联营企业	Collective Joint Ownership Enterprises
国有与集体联营企业	Joint State-collective Enterprises
其他联营企业	Other Joint Ownership Enterprise
有限责任公司	Limited Liability Corporations
国有独资公司	State Sole Funded Corporations
其他有限责任公司	Other Limited Liability Corporations
股份有限公司	Share Holding Corporations Ltd.
私营企业	Private Enterprises
其他企业	Other Enterprises
港、澳、台商投资企业	Enterprises with Funds from Hong Kong
#与港、澳、台商合资经营企业	Joint-venture Enterprises
与港、澳、台商合作经营企业	Cooperative Enterprises
港、澳、台商独资经营企业	Enterprises with Sole Funds
港、澳、台商投资股份有限公司	Share-holding corporations Ltd.
外商投资企业	Foreign Funded Enterprises
#中外合资经营企业	Joint-venture Enterprises
中外合作经营企业	Cooperative Enterprises
外资企业	Enterprises with Sole Foreign Funds
外商投资股份有限公司	Share-holding corporations Ltd.
个体经营	Individual Investment
个体户	Individual Operating Household
个体合伙	Individual Partnership
按隶属关系分	**Grouped by Jurisdiction of Management**
中央属	Central Investment
省 属	Provincial Investment
市 属	Municipal Investment
区 属	District Investment
其 他	Others
按建设性质分	**Grouped by Type of Construction**
#新 建	New Construction
扩 建	Expansion
改建和技术改造	Reconstruction
单纯购置	Purchase
按构成分	**Grouped by Use of Funds**
建筑工程	Construction
安装工程	Installation
设备工器具购置	Purchase of Equipment and Instruments
其他费用	Others

Total Investment in Fixed Assets (2015, by Type of Investment)

(10000 yuan)

合 计 Total	# 房地产开发 Real Estate Development	全市构成 (%) Composition (%)
54059522	**21375891**	**100.00**
44625136	16032321	82.55
11943240	119501	22.09
2665218	216095	4.93
106691	20	0.20
54830		0.10
21178		0.04
33652		0.06
17162595	10864459	31.75
1069767	208213	1.98
16092828	10656246	29.77
3127379	581767	5.79
9502398	4250479	17.58
62785		0.11
5205056	3654447	9.63
1230821	642362	2.28
1212029	1154144	2.24
2625139	1828418	4.86
133112	29523	0.25
4214101	1689123	7.79
2465001	629045	4.56
235627	204012	0.44
1110570	531097	2.05
302646	224712	0.56
15229		0.03
15229		0.03
5364071	1006683	9.92
1880061	140125	3.48
8584022	3204149	15.88
9033358	1828897	16.71
29198010	15196037	54.01
37625688	21375891	69.60
3125071		5.78
8040925		14.87
5018368		9.28
30635972	12126652	56.67
4329579	1916157	8.01
8300480	117706	15.35
10793491	7215376	19.97

4-14　续表 1

单位：万元

项　　目	Item
按行业分	**Grouped by Sector**
农、林、牧、渔业	Agriculture, Forestry, Animal Husbandry and Fishery
工　业	Industry
采矿业	Mining
制造业	Manufacturing
农副食品加工业	Processing of Food from Agricultural Products
食品制造业	Manufacture of Foods
酒、饮料和精制茶制造业	Manufacture of Wine, Beverages and Refined Tea
烟草制品业	Manufacture of Tobacco
纺织业	Manufacture of Textile
纺织服装、服饰业	Manufacture of Textile Wearing Apparel, clothing
皮革、毛皮、羽毛及其制品和制鞋业	Manufacture of Leather, Fur, Feather and Related Products and Footwear
木材加工和木、竹、藤、棕、草制品业	Processing of Timber, Manufacture of Wood, Bamboo, Rattan, Palm, and Straw Products
家具制造业	Manufacture of Furniture
造纸及纸制品业	Manufacture of Paper and Paper Products
印刷和记录媒介复制业	Printing, Reproduction of Recording Media
文教、工美、体育和娱乐用品制造业	Manufacture of Culture and Education, Arts and Crafts, Sports and Entertainment Supplies
石油加工、炼焦和核燃料加工业	Processing of Petroleum, Coking, Processing of Nuclear Fuel
化学原料及化学制品制造业	Manufacture of Raw Chemical Materials and Chemical Products
医药制造业	Manufacture of Medicines
化学纤维制造业	Manufacture of Chemical Fibers
橡胶和塑料制品业	Manufacture of Rubber and Plastics
非金属矿物制品业	Manufacture of Non-metallic Mineral Products
黑色金属冶炼和压延加工业	Smelting and Pressing of Ferrous Metals
有色金属冶炼和压延加工业	Smelting and Pressing of Non-Ferrous Metals
金属制品业	Manufacture of Metal Products
通用设备制造业	Manufacture of General Purpose Machinery
专用设备制造业	Manufacture of Special Purpose Machinery
汽车制造业	Manufacture of Automobile
铁路、船舶、航空航天和其他运输设备制造业	Manufacture of Railway, Ship, Aerospace and Other Transportation Equipment
电气机械和器材制造业	Manufacture of Electrical Machinery and Equipment
计算机、通信和其他电子设备制造业	Manufacture of Computers, Communications and Other Electronic Equipment
仪器仪表制造业	Manufacture of Instrument
其他制造业	Other manufacturing
废弃资源综合利用业	Comprehensive Utilization of Waste Resources
金属制品、机械和设备修理业	Metal Products, Machinery and Equipment Repair

continued

(10000 yuan)

合　计 Total	全市构成(%) Composition(%)
341755	0.63
7547777	13.96
6442076	11.91
125646	0.23
160861	0.30
137985	0.26
18570	0.03
142569	0.26
447430	0.83
104656	0.19
15698	0.03
146387	0.27
73798	0.14
166770	0.31
85391	0.16
26842	0.05
374968	0.69
389596	0.72
227283	0.42
87832	0.16
12419	0.02
18194	0.03
216468	0.40
238661	0.44
201856	0.37
1489649	2.76
233448	0.43
307355	0.57
817268	1.51
110821	0.20
13467	0.02
19670	0.04
30518	0.07

4-14 续表 2

单位:万元

项目	Item
电力、热力、燃气及水生产和供应业	Production and Supply of Electricity, Heat, Gas and Water
电力、热力生产和供应业	Production and Supply of Electric Power and Heat Power
燃气生产和供应业	Production and Supply of Gas
水的生产和供应业	Production and Supply of Water
建筑业	Construction
批发和零售业	Wholesale and Retail Trades
交通运输、仓储和邮政业	Transport, Storage and Post
铁路运输业	Railway Transport
道路运输业	Road Transport
水上运输业	Water Transport
航空运输业	Air Transport
管道运输业	Transport via Pipelines
装卸搬运和运输代理业	Handling and Transportation Agents
仓储业	Storage
邮政业	Post
住宿和餐饮业	Hotels and Catering Services
信息传输、软件和信息技术服务业	Information Transmission, Software and Information Technology
电信、广播电视和卫星传输服务	Telecommunications, Broadcasting, TV transmission and Satellite Services
互联网和相关服务	Networks Related Services
软件和信息技术服务业	Software and Information Technology Services
金融业	Financial Intermediation
房地产业	Real Estate
# 房地产开发经营	Real Estate Development and Management
租赁和商务服务业	Leasing and Business Services
科学研究和技术服务业	Scientific Research and Technical Services
水利、环境和公共设施管理业	Management of Water Conservancy, Environment and Public Facilities
居民服务、修理和其他服务业	Service to Households, Repair and Other Services
教　育	Education
卫生和社会工作	Health and Social Work
文化、体育和娱乐业	Culture, Sports and Entertainment
新闻和出版业	Press and Publishing Industry
广播、电视、电影和影视录音制作业	Radio, Television, Movie and Recording Manufacturing
文化艺术业	Culture and Art
体　育	Sports
娱乐业	Entertainment
公共管理、社会保障和社会组织	Public Management, Social Security and Social Organizations
国际组织	International Organizations

continued

(10000 yuan)

合 计 Total	全市构成(%) Composition(%)
1105701	2.05
816937	1.51
56468	0.11
232296	0.43
278221	0.51
2311091	4.28
6715677	12.42
386860	0.72
3472412	6.42
513026	0.94
1811451	3.35
118574	0.22
398833	0.74
14521	0.03
903144	1.67
2324954	4.30
1701162	3.15
115239	0.21
508553	0.94
135692	0.25
24811268	45.90
21375891	39.54
1345490	2.49
818072	1.51
4151824	7.68
102171	0.19
706567	1.31
715802	1.32
526043	0.97
12331	0.02
35952	0.07
156881	0.29
167757	0.31
153122	0.28
323974	0.61

4-15 各区固定资产投资

(2015年，按法人单位办公所在地分)

项　　目	Item	全市 Total	荔湾区 Liwan	越秀区 Yuexiu
固定资产投资额　(万元)	Total Investment in Fixed Assets　(10000 yuan)	54059522	3348544	3973744
按隶属关系分	**Grouped by Administrative Relationship**			
中央省属	Central Government and Provincial Government	7244132	341436	909136
市属及其他	Municipal Government and others	46815390	3007108	3064608
按登记注册类型分	**Grouped by Registration Status**			
# 国有经济投资	State-owned Investment	13013007	240524	1955539
民间投资	Investment by Non-state-owned Units	23920856	1290855	968359
港澳台商经济投资	Investment from Hong Kong, Macao and Taiwan	5205056	837974	297652
外商经济投资	Foreign Investment	4214101	14439	25063
按构成分	**Grouped by Use of Funds**			
# 建筑安装工程合计	Construction and Installation Project	34965551	1455935	2215706
建筑工程	Construction Project	30635972	1213163	1906775
安装工程	Installation Project	4329579	242772	308931
新增固定资产　(万元)	Newly Increased Fixed Assets　(10000 yuan)	32570813	886564	3037340
房屋施工面积　(平方米)	Floor Space under Construction　(sq.m)	131298262	3652145	12525418
房屋竣工面积　(平方米)	Floor Space Completed　(sq.m)	27120072	313188	1271753

注：国有经济投资包括国有企业、国有联营企业、国有独资公司的投资额。民间投资是指工商登记注册类型为：集体、股份合作、私营独资、私营合伙、私营有限责任公司、个体户、个人合伙等纯民间主体的固定资产投资及混合经济成分中由集体、私营、个体控股的投资主体单位的全部固定资产投资(下同)。

Total Investment in Fixed Assets by Districts

(2015, by the Locations of the Offices of Corporate Units)

海珠区 Haizhu	天河区 Tianhe	白云区 Baiyun	黄埔区 Huangpu	番禺区 Panyu	花都区 Huadu	南沙区 Nansha	从化区 Conghua	增城区 Zengcheng
6644280	6898753	4489664	7903962	5797173	2762096	6205467	2080062	3955777
1542647	1734239	1925372	220199	57946	74678	369586	5916	62977
5101633	5164514	2564292	7683763	5739227	2687418	5835881	2074146	3892800
2845817	1482090	806304	1789525	690089	304136	1969683	177683	751617
2353976	3091382	1819250	3826124	2843569	1671020	2049750	1523360	2483211
387911	754133	212135	596707	477047	324451	749600	333267	234179
114427	71388	148273	1379021	728859	345229	927698	45752	413952
4498860	4733189	2517814	4818143	4827602	1920112	3594683	1477006	2906501
3951267	3756971	2184787	4295888	4528280	1757476	3391155	1212508	2437702
547593	976218	333027	522255	299322	162636	203528	264498	468799
3491785	6105725	1954921	4198561	3713312	1632392	2377841	1888252	3284120
10166987	17344038	6175412	17659965	18003706	11199205	11165610	7152702	16253074
2309389	4042094	1216419	2988273	4407645	2666065	1842353	1955436	4107457

Note: The state-owned investment refers to the investment from state-ownered enterprises, state joint ownership enterprises and sole state-funded corporations. The investment by non-state-owned units refers to the total investment excluding the investment from state-owned enterprises, state joint ownership enterprises, sole state-funded corporations, enterprises with funds from foreign regions,Hong Kong, Macao and Taiwan. The investment by private enterprises refers to private holding investment and individual investment of the investment from collective-owned enterprises, other cooperative enterprises, other limited liability corporations,private enterprises, other domestic funded enterprises and share holding corporations. The same as in the following tables.

4-16 新增固定资产（2015年，按投资类别分）
Total Newly Increased Fixed Assets (2015, by Type of Investment)

单位：万元 (10000 yuan)

项　目	Item	合 计 Total	# 房地产开发 Real Estate Development
总　计	**Total**	**32570813**	**6504203**
按登记注册类型分	**Grouped by Registration Status**		
内资企业	Domestic Funded Enterprises	27050026	3973640
国有企业	State-owned Enterprises	9778501	
集体企业	Collective-owned Enterprises	2205862	96659
股份合作企业	Cooperative Enterprises	133887	
联营企业	Joint Ownership Enterprises	49967	
国有联营企业	State Joint Ownership Enterprises		
集体联营企业	Collective Joint Ownership Enterprises	11568	
国有与集体联营企业	Joint State-collective Enterprises		
其他联营企业	Other Joint Ownership Enterprise	38399	
有限责任公司	Limited Liability Corporations	7238996	2283629
国有独资公司	State Sole Funded Corporations	689463	23080
其他有限责任公司	Other Limited Liability Corporations	6549533	2260549
股份有限公司	Share Holding Corporations Ltd.	1373134	305025
私营企业	Private Enterprises	6206894	1288327
其他企业	Other Enterprises	62785	
港、澳、台商投资企业	Enterprises with Funds from Hong Kong, Macao and Taiwan	2991451	1777604
# 与港、澳、台商合资经营企业	Joint-venture Enterprises	923838	644683
与港、澳、台商合作经营企业	Cooperative Enterprises	122945	67222
港、澳、台商独资经营企业	Enterprises with Sole Funds	1812002	1065699
港、澳、台商投资股份有限公司	Share-holding Corporations Ltd.	128711	
外商投资企业	Foreign Funded Enterprises	2514107	752959
# 中外合资经营企业	Joint-venture Enterprises	1460045	305683
中外合作经营企业	Cooperative Enterprises	10415	
外资企业	Enterprises with Sole Foreign Funds	965230	447276
外商投资股份有限公司	Share-holding Corporations Ltd.	78417	
个体经营	Self-employed Individual	15229	
个体户	Individual Operating Household	15229	
个体合伙	Individual Partnership		
按隶属关系分	**Grouped by Jurisdiction of Management**		
中央属	Central Investment	3287315	465680
省　属	Provincial Investment	1988970	
市　属	Municipal Investment	3909114	798567
区　属	District Investment	6250151	597451
其　他	Others	17135263	4642505
按建设性质分	**Grouped by Type of Construction**		
# 新　建	New Construction	18784030	6504203
扩　建	Expansion	2846124	
改建和技术改造	Reconstruction	7640421	
单纯购置	Purchase	2529870	

4-16 续表 1 continued

单位：万元 (10000 yuan)

项 目	Item	2014	2015
按行业分	**Grouped by Sector**		
农、林、牧、渔业	Agriculture, Forestry, Animal Husbandry and Fishery	117000	411351
工 业	Industry	8051290	8143231
采矿业	Mining		
制造业	Manufacturing	6902237	6581469
农副食品加工业	Processing of Food from Agricultural Products	117247	90898
食品制造业	Manufacture of Foods	174732	176849
酒、饮料和精制茶制造业	Manufacture of Wine ,Beverages and Refined Tea	149886	20832
烟草制品业	Manufacture of Tobacco		610843
纺织业	Manufacture of Textile	77983	123614
纺织服装、服饰业	Manufacture of Textile Wearing Apparel,clothing	156759	447125
皮革、毛皮、羽毛及其制品和制鞋业	Manufacture of Leather, Fur, Feather and Related Products and Footwear	70904	105824
木材加工和木、竹、藤、棕、草制品业	Processing of Timber, Manufacture of Wood, Bamboo, Rattan, Palm and Straw Products	32390	15698
家具制造业	Manufacture of Furniture	41335	137465
造纸及纸制品业	Manufacture of Paper and Paper Products	212166	66961
印刷和记录媒介复制业	Printing, Reproduction of Recording Media	187340	121888
文教、工美、体育和娱乐用品制造业	Manufacture of Culture and Education, Arts and Crafts, Sports and Entertainment Supplies	35125	84550
石油加工、炼焦和核燃料加工业	Processing of Petroleum, Coking, Processing of Nuclear Fuel	216624	82200
化学原料及化学制品制造业	Manufacture of Raw Chemical Materials and Chemical Products	512116	484395
医药制造业	Manufacture of Medicines	347127	311629
化学纤维制造业	Manufacture of Chemical Fibers	1069	
橡胶和塑料制品业	Manufacture of Rubber and Plastics	191720	216107
非金属矿物制品业	Manufacture of Non-metallic Mineral Products	96401	71078
黑色金属冶炼和压延加工业	Smelting and Pressing of Ferrous Metals	29371	8692
有色金属冶炼和压延加工业	Smelting and Pressing of Non-Ferrous Metals	52770	18529
金属制品业	Manufacture of Metal Products	139239	208103
通用设备制造业	Manufacture of General Purpose Machinery	253749	283348
专用设备制造业	Manufacture of Special Purpose Machinery	211467	154037
汽车制造业	Manufacture of Automobile	2329662	1645545
铁路、船舶、航空航天和其他运输设备制造业	Manufacture of Railway, Ship, Aerospace and Other Transportation Equipment	213282	244395
电气机械和器材制造业	Manufacture of Electrical Machinery and Equipment	352780	326434
计算机、通信和其他电子设备制造业	Manufacture of Computers, Communications and Other Electronic Equipment	580757	417657
仪器仪表制造业	Manufacture of Instrument	36489	44759
其他制造业	Other manufacturing	8046	11454
废弃资源综合利用业	Comprehensive Utilization of Waste Resources	4250	26213
金属制品、机械和设备修理业	Metal Products, Machinery and Equipment Repair	69451	24347

4-16 续表 2 continued

单位：万元 (10000 yuan)

项　　目	Item	2014	2015
电力、热力、燃气及水生产和供应业	Production and Supply of Electricity, Heat,Gas and Water	1149053	1561762
电力、热力生产和供应业	Production and Supply of Electric Power and Heat Power	932709	1421079
燃气生产和供应业	Production and Supply of Gas	127863	32971
水的生产和供应业	Production and Supply of Water	88481	107712
建筑业	Construction	176318	185124
批发和零售业	Wholesale and Retail Trades	2318975	1902810
交通运输、仓储和邮政业	Transport, Storage and Post	4650881	1851788
铁路运输业	Railway Transport		
道路运输业	Road Transport	2171861	811923
水上运输业	Water Transport	589536	213745
航空运输业	Air Transport	1451401	154203
管道运输业	Transport via Pipelines		
装卸搬运和运输代理业	Handling and Transportation Agents	65231	110657
仓储业	Storage	358411	546739
邮政业	Post	14441	14521
住宿和餐饮业	Hotels and Catering Services	866354	1006540
信息传输、软件和信息技术服务业	Information Transmission, Software and Information Technology	1772888	2591933
电信、广播电视和卫星传输服务	Telecommunications, Broadcasting ,TV transmission and Satellite Services	1053008	1967370
互联网和相关服务	Networks Related Services	69693	108487
软件和信息技术服务业	Software and Information Technology Services	650187	516076
金融业	Financial Intermediation	103317	112840
房地产业	Real Estate	14377285	8597305
# 房地产开发经营	Real Estate Development and Management	9280541	8597305
租赁和商务服务业	Leasing and Business Services	120011	528092
科学研究和技术服务业	Scientific Research and Technical Services	748649	600858
水利、环境和公共设施管理业	Management of Water Conservancy, Environment and Public Facilities	4390243	4191411
居民服务、修理和其他服务业	Service to Households, Repair and Other Services	164901	101894
教　育	Education	1078941	747924
卫生和社会工作	Health and Social Work	676709	748734
文化、体育和娱乐业	Culture, Sports and Entertainment	369022	433590
新闻和出版业	Press and Publishing Industry	31166	
广播、电视、电影和影视录音制作业	Radio, Television, Movie and Recording Manufacturing	6309	25982
文化艺术业	Culture and Art	146054	138122
体　育	Sports	78129	58632
娱乐业	Entertainment	107364	210854
公共管理、社会保障和社会组织	Public Management, Social Security and Social Organizations	320451	415388
国际组织	International Organizations		

4-17 民间固定资产投资和房屋建设情况（2015年）
Investment in Fixed Assets and Building Construction by Non-state-owned Units (2015)

项　　目	Item	固定资产投资额（万元）Investment in Fixed Assets (10000 yuan)	房屋施工面积（平方米）Floor Space under Construction (sq.m)	房屋竣工面积（平方米）Floor Space Completed (sq.m)
总　　计	**Total**	**23920856**	**71019087**	**15071042**
按登记注册类型分	**Grouped by Registration Status**			
# 集体企业	Collective-owned Enterprises	2665218	6307680	2082524
股份合作企业	Cooperative Enterprises	106691	3600	
联营企业(不含国有及国有控股企业和外商及港澳台商及其控股企业)	Joint Ownership Enterprises	54830	784210	32910
有限责任公司(不含国有及国有控股企业和外商及港澳台商及其控股企业)	Limited Liability Corporations	10227738	33323851	5141072
股份有限公司(不含国有及国有控股企业和外商及港澳台商及其控股企业)	Share-holding Corporations Ltd.	671634	851323	562521
私营企业	Private Enterprises	9502398	27813461	6991234
其他企业	Other Enterprises	62785	1241	1241
个体经营	Individual Investment	15229	13345	13345
按投资类别分	**Grouped by Type of Investment**			
# 房地产开发	Real Estate Development	13041890	53602864	7292111

4-18 住宅投资建设情况（2015年）
Statistics on Investment and Construction of Residential Buildings (2015)

项　　目	Item	固定资产投资额（万元）Investment in Fixed Assets (10000 yuan)	房屋施工面积（平方米）Floor Space under Construction (sq.m)	房屋竣工面积（平方米）Floor Space Completed (sq.m)
总　　计	**Total**	**14068084**	**64612543**	**10317933**
按登记注册类型分	**Grouped by Registration Status**			
内资企业	Domestic Funded Enterprises	10570924	47205796	6865911
国有企业	State-owned Enterprises	661138	6255175	312997
集体企业	Collective-owned Enterprises	290601	1351848	293421
股份合作企业	Cooperative Enterprises			
联营企业	Joint Ownership Enterprises			
有限责任公司	Limited Liability Corporations	6955799	23235775	3407413
股份有限公司	Share-holding Corporations Ltd.	423060	3193853	719877
私营企业	Private Enterprises	2240326	13169145	2132203
其他企业	Other Enterprises			
港、澳、台商投资企业	Enterprises with Funds from Hong Kong, Macao and Taiwan	2424832	10617124	2419446
外商投资企业	Foreign Funded Enterprises	1072328	6789623	1032576
个体经营	Individual Investment			
按投资类别分	**Grouped by Type of Investment**			
# 房地产开发	Real Estate Development	13310260	57599701	9813011

4-19 固定资产投资资金来源（2015年，按投资类别分）

Total Investment in Fixed Assets by Source of Funds (2015, by Type of Investment)

单位：万元 (10000 yuan)

项目	Item	合计 Total	#房地产开发 Real Estate Development
全市	**Total**		
本年实际到位资金合计	Total Actually Funds Provided This Year	73139833	38486660
上年末结余资金	Surplus Fund from Year-end of Preceding Year	12342615	10284992
本年实际到位资金小计	Subtotal Actually Funds Provided This Year	60797218	28201668
国家预算资金	State Budget	3969682	
国内贷款	Domestic Loans	8455066	4597622
债券	Bonds	93620	
利用外资	Foreign Investment	175650	105656
自筹资金	Self-raising Funds	31109228	8438849
其他资金	Others	16993972	15059541
本年各项应付款合计	Total Payment This Year	5593560	3928579
# 工程款	Payment Against Projects	2278971	1900195

4-20 固定资产投资资金来源（2015年，按隶属关系分）

Total Investment in Fixed Assets by Source of Funds (2015, by Jurisdiction of Managment)

单位：万元 (10000 yuan)

项　目	Item	合　计 Total	中央属 Central Investment	省　属 Provincial Investment	市　属 Municipality Investment	区　属 District Investment	其　他 Others
本年实际到位资金合计	Total Actually Funds Provided This Year	73139833	6145639	2168430	11010427	10367961	43447376
上年末结余资金	Surplus Fund from Year-end of Preceding Year	12342615	847243	141480	2291851	671173	8390868
本年实际到位资金小计	Subtotal Actually Funds Provided This Year	60797218	5298396	2026950	8718576	9696788	35056508
国家预算资金	State Budget	3969682	404972	90749	1475054	1967884	31023
国内贷款	Domestic Loans	8455066	2155720	92304	1884560	755860	3566622
债　券	Bonds	93620			93620		
利用外资	Foreign Investment	175650	9245				166405
自筹资金	Self-raising Funds	31109228	1957648	1545356	3397302	5701798	18507124
其他资金	Others	16993972	770811	298541	1868040	1271246	12785334
本年各项应付款合计	Total Payment This Year	5593560	416321	238574	924382	430160	3584123
# 工程款	Payment Against Projects	2278971	140472	102730	341769	202743	1491257

4-21　房地产开发与经营(2015年，按法人单位办公所在地分)

项　目	Item	全　市 Total	荔湾区 Liwan	越秀区 Yuexiu
企业个数　(个)	Number of Enterprises (unit)	1367	38	242
年末从业人数　(人)	Employed Persons at Year-end (person)	47517	1043	5221
本年完成投资　(万元)	Total Investment Completed This Year (10000 yuan)	21375891	2390224	935623
#住　宅	Residential Buildings	13310260	1831126	530409
办公楼	Office Buildings	2175384	13265	122728
商业营业用房	Houses for Business Use	3190923	359272	151151
房屋施工面积　(平方米)	Floor Space of Buildings under Construction (sq.m)	93455700	3571220	5090097
#住　宅	Residential Buildings	57599701	2560595	2932077
办公楼	Office Buildings	9030345	19379	606474
商业营业用房	Houses for Business Use	11171719	348349	582217
#新开工面积	Floor Space of Newly Started Buildings	17412794	1388042	680091
#住　宅	Residential Buildings	10480472	894872	478558
办公楼	Office Buildings	1628492		46935
商业营业用房	Houses for Business Use	2401580	246857	21391
房屋竣工面积　(平方米)	Floor Space of Buildings Completed (sq.m)	15114852	235863	1141817
#住　宅	Residential Buildings	9813011	189697	608915
办公楼	Office Buildings	1243952		197808
商业营业用房	Houses for Business Use	1604381	2021	184996
商品房销售面积　(平方米)	Floor Space of Buildings Actually Sold This Year (sq.m)	16530655	452128	421526
现房销售面积	Floor Space of Existing Buildings with Contracts Signed	4016547	42710	145590
#住　宅	Residential Buildings	3035615	34096	113175
办公楼	Office Buildings	438881		1320
商业营业用房	Houses for Business Use	197085	1087	21196
期房销售面积	Floor Space of Buildings Presold This Year	12514108	409418	275936
#住　宅	Residential Buildings	10412993	393912	254406
办公楼	Office Buildings	1087163		20993
商业营业用房	Houses for Business Use	770886	15235	400
商品房销售合同金额(万元)	Contracted Value of Buildings Actually Sold This Year(10000 yuan)	24155150	1187488	1164342
现房销售合同金额	Contracted Value of Existing Buildings with Contracts Signed	5908324	84127	483407
#住　宅	Residential Buildings	4362793	70187	368120
办公楼	Office Buildings	709926		4064
商业营业用房	Houses for Business Use	388110	2249	74139
期房销售合同金额	Contracted Value of Buildings Presold	18246826	1103361	680935
#住　宅	Residential Buildings	14577257	1042237	616575
办公楼	Office Buildings	1914779		61265
商业营业用房	Houses for Business Use	1445621	60564	2770

Real Estate Development and Management
(2015, by the Locations of the Offices of Corporate Units)

海珠区 Haizhu	天河区 Haizhu	白云区 Baiyun	黄埔区 Huangpu	番禺区 Panyu	花都区 Huadu	南沙区 Nansha	从化区 Conghua	增城区 Zengcheng
149	274	62	68	148	111	78	66	131
5485	10220	2075	2283	6855	3599	3086	2016	5634
1388358	2665540	935250	3306417	2453342	1843601	2444979	1032050	1980507
846737	1272440	477961	2289801	1406201	887528	1270520	849647	1647890
255174	553790	154880	331613	286930	188969	206362	25781	35892
149960	377053	119245	544760	387816	542965	345023	88710	124968
7698547	12046555	3931333	10215570	12741761	9389115	9385683	5292131	14093688
4393046	5301428	1829446	6611134	7283557	6334239	5608915	4400218	10345046
1296672	2516942	799581	864883	1425823	364043	743104	18772	374672
1040492	1563359	422835	1483673	1660322	1451587	923697	215993	1479195
1201377	1116808	475390	2957951	1840341	2114977	2998365	654792	1984660
529135	864086	148093	2020908	586473	1318783	1651055	547867	1440642
485271	12671	132078	347675	185452	71173	317555	10682	19000
132570	31795	88841	178144	795042	482475	324109	15260	85096
1546000	2527704	356626	1088209	1882610	1675616	1145141	513693	3001573
891936	1311349	185429	833292	1229089	1041704	740758	454979	2325863
353148	273898	50259	95021	144350		11832		117636
119229	165842	14293	74247	184921	369213	31990	3784	453845
1984598	1516355	492134	1721581	2377369	1737145	1983816	1665133	2178870
623321	557630	157015	358592	780174	353948	354039	393755	249773
476319	236617	151381	348413	569307	274890	271268	384995	175154
121883	167760		1720	121635	339	22495	1729	
18282	54246	1070	2233	14974	43397	6731	5997	27872
1361277	958725	335119	1362989	1597195	1383197	1629777	1271378	1929097
1136486	731360	245065	1072028	1264864	1024380	1212867	1263408	1814217
163460	168770	79095	119445	194491	222573	92553		25783
57889	37214	5505	145369	86561	127932	214804	5706	74271
4121009	3582206	1040187	2295082	3527707	1741244	2253096	1089000	2153789
1167313	1204807	417226	356499	1024943	332247	349348	268502	219905
972227	517571	406527	341634	730493	252677	273033	259507	170817
156924	341837		2373	178096	401	24501	1730	
27109	161447	2008	4733	27352	45608	14807	6564	22094
2953696	2377399	622961	1938583	2502764	1408997	1903748	820498	1933884
2372309	1789767	422712	1499445	2022706	953476	1255173	815536	1787321
422088	413789	174456	200601	279291	213658	120465		29166
148844	153738	14035	201924	160896	234408	353596	3830	111016

4-22 房地产开发与经营（2015年，按项目所在地分）

项目	Item	全市 Total	荔湾区 Liwan	越秀区 Yuexiu
本年完成投资 （万元）	Total Investment Completed This Year (10000 yuan)	21375891	2604479	695352
#住宅	Residential Buildings	13310260	1899015	324759
办公楼	Office Buildings	2175384	59658	124015
商业营业用房	Houses for Business Use	3190923	368123	135026
房屋施工面积 （平方米）	Floor Space of Buildings under Construction (sq.m)	93455700	5144809	2511610
#住宅	Residential Buildings	57599701	3447211	927127
办公楼	Office Buildings	9030345	223181	703203
商业营业用房	Houses for Business Use	11171719	490994	397744
#新开工面积	Floor Space of Newly Started Buildings	17412794	1461029	214918
#住宅	Residential Buildings	10480472	897990	50835
办公楼	Office Buildings	1628492	10610	104922
商业营业用房	Houses for Business Use	2401580	247261	11254
房屋竣工面积 （平方米）	Floor Space of Buildings Completed (sq.m)	15114852	302167	673400
#住宅	Residential Buildings	9813011	189697	152913
办公楼	Office Buildings	1243952	29020	285027
商业营业用房	Houses for Business Use	1604381	11633	144853
商品房销售面积 （平方米）	Floor Space of Buildings Actually Sold This Year (sq.m)	16530655	721874	250738
现房销售面积	Floor Space of Existing Buildings with Contracts Signed	4016547	211947	109345
#住宅	Residential Buildings	3035615	82705	82390
办公楼	Office Buildings	438881	79198	1320
商业营业用房	Houses for Business Use	197085	12798	20418
期房销售面积	Floor Space of Buildings Presold This Year	12514108	509927	141393
#住宅	Residential Buildings	10412993	392718	63179
办公楼	Office Buildings	1087163	70906	70928
商业营业用房	Houses for Business Use	770886	45895	7286
商品房销售合同金额（万元）	Contracted Value of Buildings Actually Sold This Year(10000 yuan)	24155150	1885690	775704
现房销售合同金额	Contracted Value of Existing Buildings with Contracts Signed	5908324	381986	375944
#住宅	Residential Buildings	4362793	118691	280914
办公楼	Office Buildings	709926	149575	4064
商业营业用房	Houses for Business Use	388110	45451	71542
期房销售合同金额	Contracted Value of Buildings Presold	18246826	1503704	399760
#住宅	Residential Buildings	14577257	1129797	233445
办公楼	Office Buildings	1914779	173853	149998
商业营业用房	Houses for Business Use	1445621	199169	16317

Real Estate Development and Management (2015, by Region of Item)

海珠区 Haizhu	天河区 Tianhe	白云区 Baiyun	黄埔区 Huangpu	番禺区 Panyu	花都区 Huadu	南沙区 Nansha	从化区 Conghua	增城区 Zengcheng
1236751	1715419	1325971	3710067	2563857	1942871	2568567	1032050	1980507
679185	597438	841027	2650035	1476238	952590	1392436	849647	1647890
264069	541732	125018	320737	288013	183907	206562	25781	35892
160649	312517	155977	541675	412214	544803	346261	88710	124968
5883231	8211178	6511975	11025111	14267059	10705270	9809638	5292131	14093688
2852264	2755865	4093506	7383267	8273217	7182316	5939664	4400218	10345046
1084023	2672958	626044	783426	1432772	367316	743978	18772	374672
1024162	1483372	434599	1495550	1697545	1499564	953001	215993	1479195
876041	884341	725192	3459145	1994702	2159609	2998365	654792	1984660
336099	674562	301032	2522010	711118	1347262	1651055	547867	1440642
352971	76597	132178	347675	185629	70673	317555	10682	19000
132570	15472	112851	178144	796447	483116	324109	15260	85096
987019	1168679	1297341	1168807	2843765	1996696	1161712	513693	3001573
533225	381546	1016535	913890	1831063	1260480	752820	454979	2325863
190570	320237	50259	95021	144350		11832		117636
93491	173463	20861	74247	211607	382194	34403	3784	453845
1313309	856366	947984	1939484	2612281	1956013	2088603	1665133	2178870
444140	381936	285956	359584	830774	393436	355901	393755	249773
295567	233641	269014	346291	612889	279839	273130	384995	175154
121883	68821		1720	121635	20080	22495	1729	
18282	36022	2228	3747	14974	48016	6731	5997	27872
869169	474430	662028	1579900	1781507	1562577	1732702	1271378	1929097
773975	281396	575404	1288919	1441364	1202621	1315792	1263408	1814217
39489	176040	74955	119445	194491	222573	92553		25783
50853	4087	5448	145389	88076	129071	214804	5706	74271
2844934	2399686	2014359	2573212	3946587	1954606	2517583	1089000	2153789
753326	1070177	661867	358546	1103389	363519	351163	268502	219905
553897	672574	633273	338932	801957	257383	274848	259507	170817
156924	178215		2373	178096	14448	24501	1730	
27109	107071	7227	6826	27352	52067	14807	6564	22094
2091608	1329509	1352492	2214666	2843198	1591087	2166420	820498	1933884
1823796	842536	1167099	1775424	2350189	1134269	1517845	815536	1787321
118104	470804	158839	200601	279291	213658	120465		29166
134772	10232	13798	202028	165158	235705	353596	3830	111016

4-23 房地产开发投资额和新增固定资产（2015年）

单位：万元

项　　目	Item	企业数（个）Number of Enterprises (unit)
全　市	**Total**	**1367**
按企业登记注册类型分	**Grouped by Registration Status**	
内资企业	Domestic Funded Enterprises	997
国有企业	State-owned Enterprises	29
集体企业	Collective-owned Enterprises	19
股份合作企业	Cooperative Enterprises	1
联营企业	Joint Ownership Enterprises	1
#国有联营企业	State Joint Ownership Enterprises	
集体联营企业	Collective Joint Ownership Enterprises	
国有与集体联营企业	Joint State-collective Enterprises	
有限责任公司	Limited Liability Corporations	553
#国有独资公司	State Sole Funded Corporations	27
股份有限公司	Share-holding Corporations Ltd.	11
私营企业	Private Enterprises	382
其他企业	Other Enterprises	1
港、澳、台商投资企业	Enterprises with Funds from Hong Kong, Macao and Taiwan	294
#与港、澳、台商合资经营企业	Joint-venture Enterprises	55
与港、澳、台商合作经营企业	Cooperative Enterprises	124
港、澳、台商独资经营企业	Enterprises with Sole Funds	113
港、澳、台商投资股份有限公司	Share-holding Corporations Ltd.	2
外商投资企业	Foreign Funded Enterprises	76
#中外合资经营企业	Joint-venture Enterprises	21
中外合作经营企业	Cooperative Enterprises	17
外资企业	Enterprises with Sole Foreign Funds	30
外商投资股份有限公司	Share-holding Corporations Ltd.	6
按资质分	**Grouped by Grade**	
一级资质	Grade One	14
二级资质	Grade Two	116
三级资质	Grade Three	548
四级以下(含四级)	Grade Four and below	689
按隶属关系分	**Grouped by Jurisdiction of Management**	
中央属	Central Investment	16
省　属	Provincial Investment	39
市属及以下	Municipal Investment	1312

Investment and Newly Increased Fixed Assets in Real Estate Development (2015)

(10000 yuan)

投资额合计 Total Investment	住　宅 Residential Buildings	办公楼 Office Buildings	商业营业用房 Houses for Business Use	其他用房 Other Buildings	新增固定资产 Newly Increased Fixed Assets
21375891	**13310260**	**2175384**	**3190923**	**2699324**	**6504203**
16032321	9813860	1647646	2502829	2067986	3973640
119501	97868		2847	18786	
216095	153956	1289	14721	46129	96659
20				20	
10864459	6925760	1048425	1469603	1420671	2283629
208213	157033	16759	8785	25636	23080
581767	423030	16512	89947	52278	305025
4250479	2213246	581420	925711	530102	1288327
3654447	2424147	343787	530200	356313	1777604
642362	270027	174663	123340	74332	644683
1154144	847080	90626	127484	88954	67222
1828418	1297198	78498	269535	183187	1065699
29523	9842		9841	9840	
1689123	1072253	183951	157894	275025	752959
629045	320970	139226	66376	102473	305683
204012	142707	6553	51004	3748	
531097	367410	38172	14611	110904	447276
224712	205986		11328	7398	
1380141	735427	165153	322027	157534	860931
1287159	925161	75533	105572	180893	699248
4634514	3015960	383910	512606	722038	2823086
14074077	8633712	1550788	2250718	1638859	2120938
1006683	832973	48088	49323	76299	465680
140125	94439	129	33410	12147	
20229083	12382848	2127167	3108190	2610878	6038523

4-24 房地产开发房屋面积（2015年）

单位:平方米

项　　目	Item
全　市	**Total**
按企业登记注册类型分	**Grouped by Registration Status**
内资企业	Domestic Funded Enterprises
国有企业	State-owned Enterprises
集体企业	Collective-owned Enterprises
股份合作企业	Cooperative Enterprises
联营企业	Joint Ownership Enterprises
#国有联营企业	State Joint Ownership Enterprises
集体联营企业	Collective Joint Ownership Enterprises
国有与集体联营企业	Joint State-collective Enterprises
有限责任公司	Limited Liability Corporations
#国有独资公司	State Sole Funded Corporations
股份有限公司	Share-holding Corporations Ltd.
私营企业	Private Enterprises
其他企业	Other Enterprises
港、澳、台商投资企业	Enterprises with Funds from Hong Kong, Macao and Taiwan
#与港、澳、台商合资经营企业	Joint-venture Enterprises
与港、澳、台商合作经营企业	Cooperative Enterprises
港、澳、台商独资经营企业	Enterprises with Sole Funds
港、澳、台商投资股份有限公司	Share-holding Corporations Ltd.
外商投资企业	Foreign Funded Enterprises
#中外合资经营企业	Joint-venture Enterprises
中外合作经营企业	Cooperative Enterprises
外资企业	Enterprises with Sole Foreign Funds
外商投资股份有限公司	Share-holding Corporations Ltd.
按资质分	**Grouped by Grade**
一级资质	Grade One
二级资质	Grade Two
三级资质	Grade Three
四级以下(含四级)	Grade Four and below
按隶属关系分	**Grouped by Jurisdiction of Management**
中央属	Central Investment
省　属	Provincial Investment
市属及以下	Municipal Investment

Floor Space of Buildings in Real Estate Development (2015)

(sq.m)

施工面积 Floor Space of Buildings under Construction	# 住宅 Residential Buildings	竣工面积 Floor Space of Buildings Completed	# 住宅 Residential Buildings	商品房销售面积 Floor Space of Buildings Actually Sold	# 住宅 Residential Buildings
93455700	**57599701**	**15114852**	**9813011**	**16530655**	**13448608**
65456328	40212188	9709231	6374853	11415137	9079323
820576	700775			47697	39893
927838	700387	300024	239760	221601	176850
3600					
38226771	22528775	5195638	3310056	6732066	5328266
2049370	1379890	50174	50174	133002	133002
4280506	3193823	1109061	719847	914496	815962
21197037	13088428	3104508	2105190	3499277	2718352
17672714	10599242	3546860	2406934	3225157	2751083
4002837	1934087	1340346	705491	410830	324118
4492693	2891111	223453	186515	978407	828848
8886507	5576760	1983061	1514928	1782921	1545333
290677	197284			52999	52784
10326658	6788271	1858761	1031224	1890361	1618202
4340684	2462211	928033	477825	791396	653624
948695	546231			131786	102639
3899730	2821903	930728	553399	667067	566916
708759	694897			195104	193703
8692798	5590637	2428052	1491718	1807405	1493742
9487952	6263263	1379230	1043334	1436908	1269580
30986383	19787949	6326569	4102918	4979225	4148165
44288567	25957852	4981001	3175041	8307117	6537121
6547407	4734064	1810857	1278349	1405475	1242906
630915	378206			124536	113972
86277378	52487431	13303995	8534662	15000644	12091730

4-25 房地产开发资金来源（2015年）

单位：万元

项　　目	Item
全　市	**Total**
按企业登记注册类型分	**Grouped by Registration Status**
内资企业	Domestic Funded Enterprises
国有企业	State-owned Enterprises
集体企业	Collective-owned Enterprises
股份合作企业	Cooperative Enterprises
联营企业	Joint Ownership Enterprises
#国有联营企业	State Joint Ownership Enterprises
集体联营企业	Collective Joint Ownership Enterprises
国有与集体联营企业	Joint State-collective Enterprises
有限责任公司	Limited Liability Corporations
#国有独资公司	State Sole Funded Corporations
股份有限公司	Share-holding Corporations Ltd.
私营企业	Private Enterprises
其他企业	Other Enterprises
港、澳、台商投资企业	Enterprises with Funds from Hong Kong, Macao and Taiwan
#与港、澳、台商合资经营企业	Joint-venture Enterprises
与港、澳、台商合作经营企业	Cooperative Enterprises
港、澳、台商独资经营企业	Enterprises with Sole Funds
港、澳、台商投资股份有限公司	Share-holding Corporations Ltd.
外商投资企业	Foreign Funded Enterprises
#中外合资经营企业	Joint-venture Enterprises
中外合作经营企业	Cooperative Enterprises
外资企业	Enterprises with Sole Foreign Funds
外商投资股份有限公司	Share-holding Corporations Ltd.
按资质分	**Grouped by Grade**
一级资质	Grade One
二级资质	Grade Two
三级资质	Grade Three
四级以下(含四级)	Grade Four and below
按隶属关系分	**Grouped by Jurisdiction of Management**
中央属	Central Investment
省　属	Provincial Investment
市属及以下	Municipal Investment

注：本表资金来源为本年发生额。

Real Estate Development by Source of Funds (2015)

(10000 yuan)

合 计 Total	国内贷款 Domestic Loans	利用外资 Foreign Investment	自筹资金 Self-raising Funds	其他资金 Others
28201668	**4597622**	**105656**	**8438849**	**15059541**
19209860	3270346	287	6733900	9205327
117057	10547		106510	
203329			175395	27934
12418680	2251956	56	5190435	4976233
328458	21520		154218	152720
634233	252820		78781	302632
5836561	755023	231	1182779	3898528
5062875	636107	105369	1465538	2855861
696300	235292	14987	94605	351416
1229275	240356	61282	252571	675066
3022346	160459	29100	1118362	1714425
114954				114954
3928933	691169		239411	2998353
1607118	394273		123579	1089266
594478	63496		9565	521417
1334564	96400		95321	1142843
392773	137000		10946	244827
1390572	99020			1291552
1875350	491994		420355	963001
8950514	927286	65338	1714107	6243783
15985232	3079322	40318	6304387	6561205
1059150	215693		93529	749928
193748	2954		104137	86657
26948770	4378975	105656	8241183	14222956

Note: The source of funds in this table refers to the amount in current year.

4-26 房地产开发主要财务指标（2015年）

单位：万元

项 目	Item
全 市	**Total**
按企业登记注册类型分	**Grouped by Registration Status**
内资企业	Domestic Funded Enterprises
国有企业	State-owned Enterprises
集体企业	Collective-owned Enterprises
股份合作企业	Cooperative Enterprises
联营企业	Joint Ownership Enterprises
# 国有联营企业	State Joint Ownership Enterprises
集体联营企业	Collective Joint Ownership Enterprises
国有与集体联营企业	Joint State-collective Enterprises
有限责任公司	Limited Liability Corporations
# 国有独资公司	State Sole Funded Corporations
股份有限公司	Share-holding Corporations Ltd.
私营企业	Private Enterprises
其他企业	Other Enterprises
港、澳、台商投资企业	Enterprises with Funds from Hong Kong, Macao and Taiwan
# 与港、澳、台商合资经营企业	Joint-venture Enterprises
与港、澳、台商合作经营企业	Cooperative Enterprises
港、澳、台商独资经营企业	Enterprises with Sole Funds
港、澳、台商投资股份有限公司	Share-holding Corporations Ltd.
外商投资企业	Foreign Funded Enterprises
# 中外合资经营企业	Joint-venture Enterprises
中外合作经营企业	Cooperative Enterprises
外资企业	Enterprises with Sole Foreign Funds
外商投资股份有限公司	Share-holding Corporations Ltd.
按资质分	**Grouped by Grade**
一级资质	Grade One
二级资质	Grade Two
三级资质	Grade Three
四级以下(含四级)	Grade Four and below
按隶属关系分	**Grouped by Jurisdiction of Management**
中央属	Central Investment
省 属	Provincial Investment
市属及以下	Municipal Investment

Main Financial Indicators of Real Estate Development (2015)

(10000 yuan)

资产总计 Total Assets	所有者权益 Owners' Equity	营业收入 Business Revenue	营业成本 Cost of Business	利润总额 Total Profits
177533996	**36513876**	**20308589**	**11983116**	**3625814**
116396524	21395163	13062110	7786471	2547874
1266419	411526	35954	6617	46636
403678	113157	132411	76485	33402
25729	4070	14089	12035	-1538
2439	-1140	163	60	-63
75352316	13090900	7953469	4948321	1504022
4280568	1181377	321737	199453	86410
7494920	1674348	1115800	725398	221221
31851023	6102302	3810224	2017555	744194
45182862	11841023	4899239	2670592	822798
9901205	3138895	1840519	1096600	378929
14626925	3846866	1212533	568278	190474
20400072	4786163	1807598	983820	245018
254660	69099	38589	21894	8377
15954610	3277690	2347240	1526053	255142
5863788	713481	705713	409846	117362
1574750	309667	40634	30927	-17086
6908538	2033837	1293927	848218	181580
993342	157642	234326	189127	14505
35895977	5940340	3811259	2068499	1218867
21751339	4699354	2419667	1321153	409480
52277590	12297890	6689218	3918961	1176827
67609090	13576292	7388445	4674503	820640
5277902	1497786	1889895	1332657	299408
2874323	553135	200531	105846	29411
169381771	34462955	18218163	10544613	3296995

【固定资产投资额】以货币形式表现的在一定时期内建造和购置固定资产的工作量以及与此有关的费用的总称。该指标是反映固定资产投资规模、结构和发展速度的综合性指标，又是观察工程进度和考核投资效果的重要依据。

【房地产开发投资】各种登记注册类型的房地产开发公司、商品房建设公司及其他房地产开发单位统一开发的包括统代建、拆迁还建的住宅、厂房、仓库、饭店、宾馆、度假村、写字楼、办公楼等房屋建筑物和配套的服务设施、土地开发工程，如道路、给水、排水、供电、供热、通讯、平整场地等基础设施工程的投资。包括实际从事房地产开发或经营活动的附营房地产开发单位。不包括单纯的土地交易活动。

【房屋施工面积】指报告期内施工的全部房屋建筑面积。包括本期新开工的面积和上期开工跨入本期继续施工的房屋面积，以及上期已停建在本期复工的房屋面积。本期竣工和本期施工后又停缓建的房屋，其建筑面积仍计入本期房屋施工面积中。

【房屋竣工面积】指在报告期内房屋建筑按照设计要求已全部完工，达到住人和使用条件，经验收鉴定合格（或达到竣工验收标准），可正式移交使用的各栋房屋建筑面积的总和。

【Total Investment in Fixed Assets】 refers to the volume of activities in construction and purchases of fixed assets and related fees, expressed in monetary terms. It is a comprehensive indicator which shows the size, structure and growth of the investment in fixed assets, providing basis for observing the progress of construction projects and evaluating results of investment.

【Investment in Real Estate Development】It includes the investment by the real estate development companies, commercial buildings construction companies and other real estate development units of various types of ownership in the construction of house buildings, such as residential buildings, factory buildings, warehouses, hotels, guesthouses, holiday villages, office buildings, and the complementary service facilities and land development projects, such as roads, water supply, water drainage, power supply, heating, telecommunications, land leveling and other projects of infrastructure. It covers the activities of the non-real estate companies in real estate development or management, but excludes the activities in simple land transactions.

【Floor Space under Construction】refers to total floor space of all buildings under construction during the reference period, including floor space of newly started buildings during the reference period, floor space of construction extended from the previous period to the current period, and floor space of construction suspended during the previous period but resumed in the current period. Floor space of construction completed in the current period and floor space of construction started and then suspended in the current period are still included in floor space under construction.

【Floor Space of Buildings Completed】refer to the floor space of housing construction in accordance with the design requirements have been completed In the reporting period, to live and the conditions of use, have been checked or reach the completion acceptance criteria, of housing construction put to use.

第五篇 CHAPTER 5

能源

ENERGY

简要说明

Brief Introduction

第五篇　能源

一、本篇资料反映广州市能源生产和消费情况，主要包括：能源生产、消费总量、平均每万元地区生产总值能源消费量、能源加工转换效率、规模以上工业企业分行业主要能源消费量、规模以上工业企业单位增加值能耗、全市用电量等。

二、本篇资料由广州市统计局能源统计处整理提供。

三、本篇的电力数据按广州供电局有限公司提供的数据进行整理。

四、能源统计资料取自广州市综合能源平衡表、能源生产销售与库存、工业企业能源购进、消费和库存表及附表、广州供电局有限公司提供的用电分类表等。

五、关于数据口径与计算说明：

1. 5-1表至5-3表及5-7表至5-8表的统计口径均为全社会口径；5-4表至5-6表的统计口径均为年主营业务收入2000万元及以上的法人工业企业。

2. 计算能耗指标涉及的地区生产总值、工业增加值均采用可比口径。

3. 5-4表能源加工转换效率表中的电力折算标准煤系数采用当量值计算，即每千瓦小时折0.1229千克标准煤。

5 Energy

I. The data in this chapter reflect the energy production and consumption of Guangzhou Municipality, mainly including the energy production and consumption, average energy consumption per 10000 GDP, the efficiency of energy conversion, energy consumption of the industrial enterprises above designated size by sector, energy consumption per 10000 added-value of the industrial enterprises above designated size, electric supply of the entire city and so on.

II. The data in this chapter are complied and provided by the Department of Energy Statistics of Guangzhou Municipal Bureau of Statistics

III. The data on electric power in this chapter are collected in accordance with the data provided by Limited company of Guangzhou Power Supply Bureau.

IV. The data on energy in this chapter come from the comprehensive energy balance sheet of the whole municipality, the sheets of outputs, sale and inventory of energy, the sheets of energy purchase, consumption and storage and the attached of the whole state-owned industrial enterprises and the non-state owned corporate industrial enterprises whose core operating revenue(products sale revenue) reach 20 million Yuan and above, and the sheet of electric classification provided by Limited company of Guangzhou Power Supply Bureau, and so on.

V. Data coverage and calculation:

(1)The coverage of table 5-1 to table 5-3 and table 5-7 to table 5-8 is the whole society, the coverage of table 5-4 to table 5-6 is the whole corporate industrial enterprises whose core operating revenue reach Twenty million Yuan and above.

(2)The gross domestic products, the total value and added value of industry related to the energy consumption were calculated on comparable prices.

(3)In the table 5-4 on the efficiency of energy conversion, the coefficient for conversion of electric power into the standard coal equivalent is calculated in the following way: 1 kwh of electric power is converted into 0.1229kg standard coal.

5-1 能源生产量
Energy Production

项目	Item	2014	2015
一次能源	**Primary Energy**		
水电 (亿千瓦·时)	Hydropower (100 million kwh)	4.04	4.33
二次能源	**Secondary Energy**		
焦炭 (万吨)	Coke (10000 tons)		
汽油 (万吨)	Gasoline (10000 tons)	240.50	249.02
柴油 (万吨)	Diesel Oil (10000 tons)	427.88	372.77
燃料油 (万吨)	Fuel oil (10000 tons)	0.08	0.07
液化石油气 (万吨)	Liquefied Petroleum (10000 tons)	71.92	59.07
火电 (亿千瓦·时)	Thermal Power (100 million kwh)	300.34	274.77

5-2 能源消耗基本情况

Energy Consumption

项　　目	Item	2014	2015
能源消耗总量　　（万吨标准煤）	Total Energy Consumption (10000 tons of SCE)	5496.46	5688.89
# 工　业	# Industry	2329.07	2403.98
电力消耗　　（亿千瓦·时）	Electricity Consumption (100 million kwh)	765.85	779.32
# 工　业	# Industry	386.04	393.74
万元地区生产总值能耗下降率(%)	Decrease Rate of Energy Consumption per 10000 yuan GDP (%)	-3.52	-4.52
万元地区生产总值电耗下降率(%)	Decrease Rate of Electricity Consumption per 10000 yuan GDP (%)	-0.77	-6.09
工业增加值能耗下降率　(%)	Decrease Rate of Energy Consumption per Unit of Industrial Value-added (%)	-8.42	-3.43
工业增加值电耗下降率　(%)	Decrease Rate of Electricity Consumption per Unit of Industrial Value-added(%)	-2.11	-4.57

注：1．电力数据根据广州供电局有限公司提供的资料进行整理。

2．根据广东省统计局相关文件要求，2010—2014年广州能源消费总量及各能源品种消费量重新修正。

Note: I. The data of electricity are collected in accordance with the data provided by Guangzhou Electricity Supply Limited Company.

II. The data of total energy consumption and consumption of main energy varieties of Guangzhou from year 2010 to 2014 have been adjusted according to Statistics Bureau of Guangdong Province.

5-3 能源消费总量

Total Consumption of Energy

单位：万吨标准煤　　　　(10000 tons of SCE)

项　目	Item	2014 数量 Consumption Volume	2014 构成(%) Composition (%)	2015 数量 Consumption Volume	2015 构成(%) Composition (%)
合　计	**Total**	**5496.46**	**100.00**	**5688.89**	**100.00**
生产消费	Production Consumption	4645.49	84.52	4794.43	84.28
第一产业	Primary Industry	38.36	0.70	41.23	0.72
第二产业	Secondary Industry	2484.39	45.20	2570.54	45.19
第三产业	Tertiary Industry	2122.74	38.62	2182.66	38.37
生产消费中：	In Production Consumption:				
工　业	Industry	2329.07	42.37	2403.98	42.26
生活消费	Residential Consumption	850.97	15.48	894.46	15.72
城　镇	Urban Areas	625.45	11.38	657.35	11.55
乡　村	Rural Areas	225.52	4.10	237.11	4.17

5-4 规模以上工业企业能源加工转换效率(2015年)

Efficiency of Energy Conversion by Industrial Enterprises above Designated Size (2015)

项　目	Item	火力发电 Thermal Power Generation	供热 Heating	炼焦 Coking	炼油 Petroleum Refining
投入量合计（万吨标准煤）	Total Input (10000 tons of SCE)	871.35	110.45		1840.17
产出量合计（万吨标准煤）	Total Output (10000 tons of SCE)	341.12	89.11		1800.57
加工转换损失量（万吨标准煤）	Losses in Energy Conversion (10000 tons of SCE)	530.23	21.34		39.60
加工转换效率 (%)	Efficiency of Energy Conversion (%)	39.15	80.67		97.85

5-5 规模以上工业企业分行业主要能源消费量（2015年）

行　　业	Sector
工 业	**Industry**
按轻重工业分	Grouped by Light & Heavy Industries
轻工业	Light Industry
重工业	Heavy Industry
按主要工业行业分	Grouped by Sector
#农副食品加工业	Processing of Food from Agricultural Products
食品制造业	Manufacture of Foods
酒、饮料和精制茶制造业	Manufacture of Wine ,Beverages and Refined Tea
烟草制品业	Manufacture of Tobacco
纺织业	Manufacture of Textile
纺织服装、服饰业	Manufacture of Textile Wearing Apparel,Clothing
皮革、毛皮、羽毛及其制品和制鞋业	Manufacture of Leather, Fur, Feather and Related Products and Footwear
木材加工和木、竹、藤、棕、草制品业	Processing of Timber, Manufacture of Wood, Bamboo,Rattan,Plam and Straw Products
家具制造业	Manufacture of Furniture
造纸和纸制品业	Manufacture of Paper and Paper Products
印刷和记录媒介复制业	Printing, Reproduction of Recording Media
文教、工美、体育和娱乐用品制造业	Manufacture of Culture and Education ,Arts and Crafts, Sports and Entertainment Supplies
石油加工、炼焦和核燃料加工业	Processing of Petroleum, Coking, Processing of Nuclear Fuel
化学原料和化学制品制造业	Manufacture of Raw Chemical Materials and Chemical Products
医药制造业	Manufacture of Medicines
化学纤维制造业	Manufacture of Chemical Fibers
橡胶和塑料制品业	Manufacture of Rubber and Plastics
黑色金属冶炼和压延加工业	Smelting and Pressing of Ferrous Metals
有色金属冶炼和压延加工业	Smelting and Pressing of Non-ferrous Metals
金属制品业	Manufacture of Metal Products
电力、热力生产和供应业	Production and Supply of Electricity, Heat,Gas and Water
水的生产和供应业	Production and Supply of Water

注：本表电力消费量包含企业自产自用电量。

Consumption of Main Energy by Industrial Sector above Designated Size (2015)

煤　炭 (吨) Coal (ton)	燃料油 (吨) Fuel Oil (ton)	汽　油 (吨) Gasoline (ton)	柴　油 (吨) Diesel Oil (ton)	热　力 (百万千焦) Heating (million kJ)	电　力 (万千瓦·时) Electricity (10000 kwh)
14972745	**74916**	**110298**	**210095**	**25404763**	**4065865**
1719289	10658	48439	92071	16812026	1011248
13253456	64258	61859	118024	8592737	3054617
238433	509	1866	2776	2062445	50144
22417	959	2447	8475	1367414	56018
81536		545	2015	1447193	38884
		67	6		7004
805317	2198	3610	6069	8104577	125475
48652	962	7374	11825	451088	74103
17321	935	4257	6038	4771	47860
1175		445	1009		8818
47		3093	2805	27	20976
371235		2724	6251	2727804	82575
488	562	1273	2763		28691
14724	918	2442	8674		55279
523239	4129	3164	3304	54976	140084
208801	5449	9087	24616	6433057	223212
11735	95	1234	3115	282736	39274
6543		85	117	24560	4107
129857	19699	5171	9994	192006	171223
72859	2	860	2014	380426	147631
17350	4480	775	4512		41249
11713	4117	4431	16006	65206	89591
11798957	1275	1848	1525	83212	1580148
		623	299		87559

Note: The electricity consumption in the table includes electricity generated and used by enterprise itself.

5-6 规模以上工业企业单位增加值能耗

Energy Consumption by Added Value of Industrial Enterprises above Designated Size

单位：吨标准煤/万元 (ton of SCE/10000 yuan)

行　业	Sector	2014	2015
农副食品加工业	Processing of Food from Agricultural Products	0.4108	0.6636
食品制造业	Manufacture of Foods	0.0849	0.0935
酒、饮料和精制茶制造业	Manufacture of Wine ,Beverages and Refined Tea	0.1668	0.1146
烟草制品业	Manufacture of Tobacco	0.0093	0.0092
纺织业	Manufacture of Textile	1.6662	1.4769
纺织服装、服饰业	Manufacture of Textile Wearing Apparel,Clothing	0.1365	0.1164
皮革、毛皮、羽毛及其制品和制鞋业	Manufacture of Leather, Fur, Feather and Related Products and Footwear	0.1070	0.1138
木材加工和木、竹、藤、棕、草制品业	Processing of Timber, Manufacture of Wood,Bamboo,Rattan,Plam and Straw Products	0.2610	0.2262
家具制造业	Manufacture of Furniture	0.0635	0.0539
造纸和纸制品业	Manufacture of Paper and Paper Products	0.6545	1.0299
印刷和记录媒介复制业	Printing, Reproduction of Recording Media	0.1608	0.3033
文教、工美、体育和娱乐用品制造业	Manufacture of Culture and Education ,Arts and Crafts, Sports and Entertainment Supplies	0.1082	0.0964
石油加工、炼焦和核燃料加工业	Processing of Petroleum, Coking, Processing of Nuclear Fuel	3.0966	3.0131
化学原料和化学制品制造业	Manufacture of Raw Chemical Materials and Chemical Products	0.1662	0.1647
医药制造业	Manufacture of Medicines	0.1339	0.1465
化学纤维制造业	Manufacture of Chemical Fibers	0.5603	0.5256
橡胶和塑料制品业	Manufacture of Rubber and Plastics	0.4404	0.3827
非金属矿物制品业	Manufacture of Non-metallic Mineral Products	1.1869	1.2449
黑色金属冶炼和压延加工业	Smelting and Pressing of Ferrous Metals	1.6562	1.9268
有色金属冶炼和压延加工业	Smelting and Pressing of Non-ferrous Metals	0.2094	0.1665
金属制品业	Manufacture of Metal Products	0.1926	0.2302
通用设备制造业	Manufacture of General Purpose Machinery	0.0601	0.0492
专用设备制造业	Manufacture of Special Purpose Machinery	0.0663	0.0667
汽车制造业	Manufacture of Automobile	0.0378	0.0416
铁路、船舶、航空航天和其他运输设备制造业	Manufacture of Railway, Ship, Aerospace and Other Transportation Equipment	0.1183	0.1049
电气机械和器材制造业	Manufacture of Electrical Machinery and Equipment	0.1223	0.1252
计算机、通信和其他电子设备制造业	Manufacture of Computers, Communications and Other Electronic Equipment	0.0749	0.0681
仪器仪表制造业	Manufacture of Instrument	0.1232	0.1013
其他制造业	Manufacture of Other Manufacturing	0.8480	0.5370
电力、热力生产和供应业	Production and Supply of Electric Power and Heat Power	1.9357	1.4122
燃气生产和供应业	Production and Supply of Gas	0.0078	0.0114
水的生产和供应业	Production and Supply of Water	0.4568	0.3474

注：分行业规模以上工业增加值数据为2010年可比价口径。

Note: The value added of industrial enterprises above designated size by sector are calculated on comparable coverage of year 2010.

5-7 主要年份城市用电量

Total Electricity Supply in Main Years

单位：万千瓦·时 (10000 kwh)

年 份 Year	用电总量 Consumption	各行业用电 Total Electricity Consumption of Industry	#工 业 Industry	生活用电 Power Consumed by Urbanites
1990	651907	551870	402427	100037
1991	850413	729858	557693	120555
1992	988361	844301	641685	144060
1993	1194668	1013769	765423	180899
1994	1340090	1123076	824998	217014
1995	1491687	1239195	900550	252492
1996	1607619	1321780	948271	285839
1997	1700635	1399021	987404	301614
1998	1893271	1546097	1066325	347174
1999	2056799	1684648	1155344	372151
2000	2363174	1945091	1351669	418083
2001	2540201	2072950	1428461	467251
2002	2849015	2373574	1607851	475441
2003	3349712	2804357	1943780	545355
2004	3846375	3228990	2239481	617385
2005	4256677	3537004	2531916	719673
2006	4694234	3898916	2740256	795318
2007	5271258	4372014	3063610	899244
2008	5459185	4472140	3098761	987045
2009	5670810	4559439	3098871	1111371
2010	6258983	5075414	3497243	1183569
2011	6635544	5349058	3614532	1286486
2012	6941253	5519444	3589545	1421809
2013	7106910	5692959	3656433	1413951
2014	7658542	6052408	3860372	1606134
2015	7793233	6179721	3937448	1613512

注：本表数据由广州供电局有限公司提供。
Note: The data of this table are provided by Guangzhou Electricity Supply Ltd..

5-8 全市用电

单位:万千瓦·时

项　　目	Item
用电总量	**Total Consumption of Electricity**
各行业用电	**Total Electricity Consumption of Industry**
按产业分	**Grouped By Industry**
第一产业	Primary Industry
第二产业	Secondary Industry
第三产业	Tertiary Industry
按行业分	**Grouped By Sector**
农、林、牧、渔业	Agriculture, Forestry, Animal Husbandry and Fishery
工　业	Industry
按轻重工业分	By Light and Heavy Industries
轻工业	Light Industry
重工业	Heavy Industry
按主要工业行业分	By Sector
食品、饮料和烟草制造业	Food, Beverage and Tobacco Products
纺织业	Manufacture of Textile
服装鞋帽、皮革羽绒及其制品业	Wearing Apparel, Footwear, Caps, Leather, Furs, Feather and Related Products
木材加工及制品和家具制造业	Processing of Timber, Manufacture of Wood Products and Manufacture of Furniture
造纸和纸制品业	Manufacture of Paper and Paper Products
印刷和记录媒介复制业	Printing, Reproduction of Recording Media
文体用品制造业	Manufacture of Articles for Culture, Education and Sport Activities
石油加工、炼焦及核燃料加工业	Processing of Petroleum, Coking, Processing of Nuclear Fuel
化学原料及化学制品制造业	Manufacture of Raw Chemical Materials and Chemical Products
医药制造业	Manufacture of Medicines
化学纤维制造业	Manufacture of Chemical Fibers
橡胶和塑料制品业	Manufacture of Rubber
非金属矿物制品业	Manufacture of Non-metallic Mineral Products
黑色金属冶炼和压延加工业	Smelting and Pressing of Ferrous Metals
有色金属冶炼和压延加工业	Smelting and Pressing of Non-ferrous Metals
金属制品业	Manufacture of Metal Products
通用及专用设备制造业	Manufacturing of General Purpose and Special Purpose Machinery
交通运输、电气、电子设备制造业	Manufacture of Transport, Electrical and Electronic Equipment
工艺品及其他制造业	Manufacture of Artwork and Other Manufacturing
废弃资源和废旧材料回收加工业	Recycling and Disposal Waste
电力、热力的生产和供应业	Production and Supply of Electric Power and Heat Power
燃气生产和供应业	Production and Supply of Gas
水的生产和供应业	Production and Supply of Water
建筑业	Construction
交通运输、仓储、邮政业	Transport, Storage and Post
信息传输、计算机服务和软件业	Information Transmission, Computer Service and Software
商业、住宿和餐饮业	Business, Hotels and Catering Services
金融、房地产、商务及居民服务业	Financial Intermediation, Real Estate, Business Services and Services to Households
公共事业及管理组织	Public Management and Social Organizations
生活用电	**Electricity Consumption by Urban and Rural Households**
城镇居民	Urban Residents
乡村居民	Rural Residents

注：本表数据由广州供电局有限公司提供。

Total Electricity Consumption

(10000 kwh)

2014	2015
7658542	**7793233**
6052408	**6179721**
57552	59030
3952716	4032111
2042140	2088580
57552	59030
3860372	3937448
1265625	1226361
2594747	2711087
156832	154454
179067	172406
162320	156743
62001	61671
80404	86703
27632	28056
24498	25013
135511	141556
168513	166549
34484	36756
16782	16389
230922	217807
130094	124311
73100	109160
43867	39830
255679	189784
208112	225711
661298	681878
432402	419332
4010	3616
651023	749935
7657	14228
100598	101898
92344	94663
235859	232126
125905	118122
323599	333130
831840	865146
524937	540056
1606134	**1613512**
1031448	1027273
574686	586239

Note: The data of this table are provided by Guangzhou Electricity Supply Ltd..

【能源消费总量】 指一定时期内全国(地区)物质生产部门、非物质生产部门和生活消费的各种能源的总和，是观察能源消费水平、构成和增长速度的总量指标，能源消费总量包括原煤和原油及其制品、天然气、电力等。不包括低热值燃料、生物质能和太阳能等的利用。能源消费总量分为三部分，即终端能源消费量、能源加工转换损失量和损失量。

(1)终端能源消费量：指一定时期内全国(地区)物质生产和生活消费的各种能源在扣除了用于加工转换二次能源消费量和损失量以后的数量。

(2)能源加工转换损失量：指一定时期内全国(地区)投入加工转换的各种能源数量之和与产出各种能源产品之和的差额。它是观察能源在加工转换过程中损失量变化的指标。

(3)能源损失量：指一定时期内能源在输送、分配、储存过程中发生的损失和由客观原因造成的各种损失量。不包括各种气体能源放空、放散量。

【Total Domestic Energy Consumption】 refers to the total consumption of energy of various kinds by material production sectors,non-material production sectors and households in the country (region)in a given period of time.It is a comprehensive indicator to show the scale,composition and development of energy consumption.The total energy consumption includes that of coal,crude oil and their products, natural gas and electricity.However,it excludes the consumption of fuel of low calorific value, bioenergy and solar energy.Total domestic energy consumption can be divided into three parts:

(1)Final Energy Consumption:It refers to the total energy consumption by material production sectors,non-material production sectors and households in the country (region)in a given period of time,but excludes the consumption in conversion of the primary energy into the secondary energy and the loss in the process of energy conversion.

(2)Loss During the Process of Energy Conversion:It refers to the total input of various kinds of energy for conversion,minus the total output of various kinds of energy in the country in a given period of time.It is an indicator to show the loss that occurs during the process of energy conversion.

(3)Loss:It refers to the total of the loss of energy during the course of energy transport,distribution and storage and the loss caused by any objective reason in a given period of time.The loss of various kinds of gas due to gas discharges and stocktaking is excluded.

第六篇 CHAPTER 6

财政、金融

GOVERNMENT FINANCE, BANKING

简要说明

Brief Introduction

第六篇　财政、金融

一、本篇资料反映广州市财政、金融方面的基本情况。

二、本篇资料由广州市统计局国民经济核算统计处负责整理提供。

三、资料来源：

1．财政收支资料根据广州市财政局财政总决算报表等统计报表的有关项目加工整理；

2．金融资料由中国人民银行广州分行营业管理部提供；

3．保险业务、外资保险公司及保险公司代表处资料由中国保险监督管理委员会广东监管局提供；

4．外资金融机构及代表处资料由中国银行业监督管理委员会广东监管局提供。

6 Government Finance, Banking

Ⅰ.The data in this chapter show the basic conditions of finance and banking of Guangzhou Municipality.

Ⅱ. The data in this chapter are prepared and provided by the Division of National Accounts of Guangzhou Municipal Bureau of Statistics.

Ⅲ. Data sources:

(1)The data on government finance are prepared in accordance with the total final accounts table of finance and other statistical report forms provided by Guangzhou Municipal Bureau of Finance.

(2)The data on banking are provided by the business management department of People's Bank of China Guangzhou Branch.

(3)The data on insurance are provided by China Insurance Regulatory Commission Guangdong Bureau.

(4)The data on foreign banking Institutions or offices are provided by China Banking Regulatory Commission Guangdong Regulatory Bureau.

6-1 财政和金融业主要经济指标

Main Indicators of Government Finance and Financial Intermediation

项 目	Item	2014	2015	2015年比2014年增长(%) Growth Rate in 2015 over 2014 (%)
地方财政收入 (万元)	Revenue of Local Government (10000 yuan)	23188414	23913268	3.1
一般公共预算收入	General Budgetary Revenue	12431035	13494742	8.6
# 增值税	Value-added Tax	2536757	2692413	6.1
营业税	Business Tax	1479906	1571410	6.2
企业所得税	Corporate Income Tax	1385753	1493552	7.8
个人所得税	Individual Income Tax	560349	667614	19.1
政府性基金收入	Governmental Funds Revenue	10757379	10418526	-3.1
地方财政支出 (万元)	Expenditure of Local Government (10000 yuan)	25253840	26410179	4.6
一般公共预算支出	General Budgetary Expenditure	14362226	17277176	20.3
# 一般公共服务支出	General Public Expenditure	1366050	1242272	-9.1
教育支出	Operating Expenses for Education	2290438	2870733	25.3
科学技术支出	Operating Expenses for Science and Technology	563212	886688	57.4
医疗卫生与计划生育支出	Operating Expenses for Health and Family Planning	1163547	1348824	15.9
政府性基金支出	Governmental Fund Expenditure	10891614	9133003	-16.1
金融机构本外币各项存款余额 (亿元)	Balance of Savings Deposit in Standard and Foreign Currencies in Financial Institutions (100 million yuan)	35469.29	42843.67	12.7
# 人民币	RMB	34170.66	41574.49	13.3
# 住户存款余额	Deposits of Households	12571.70	13297.42	1.1
金融机构本外币各项贷款余额 (亿元)	Balance of Loan in Standard and Foreign Currencies in Financial Institutions (100 million yuan)	24231.71	27296.16	12.4
# 人民币	RMB	22688.33	26136.95	15.1
国内财产保险公司业务	Domestic Property Insurance Companies			
保险金额 (亿元)	Amount Insured (100 million yuan)	226060	244328	8.1
保费收入 (万元)	Premium Income (10000 yuan)	1981515	2158529	8.9
赔款支出 (万元)	Indemnity Expenditure (10000 yuan)	979700	1094884	11.8
国内人身保险公司业务	Domestic Life Insurance Companies			
保费收入 (万元)	Premium Income (10000 yuan)	4036568	4942197	22.4
期满给付 (万元)	Mature Payment (10000 yuan)	445991	797205	78.7
死伤医疗给付 (万元)	Payment for Death, Injury and Medical Treatment (10000 yuan)	67999	83443	22.7

注：2015年比2014年金融机构各存贷款指标的增速按可比口径计算。

Note: Financial Institutions of the Deposit and Loan Indicators of the Growth Rate Calculated by Comparable Caliber 2015 than 2014.

6-2 主要年份地方财政收支

Local Government Revenue and Expenditure in Main Years

单位:亿元 (100 million yuan)

年 份 year	地方财政收入 Revenue of Local Government	#一般公共预算收入 General Budgetary Revenue	地方财政支出 Expenditure of Local Government	#一般公共预算支出 General Budgetary Expenditure
1978	14.01	13.65	4.40	3.87
1979	13.64	13.12	4.47	4.16
1980	16.29	15.43	4.98	4.35
1985	30.18	28.85	11.82	10.75
1986	32.44	31.15	16.27	15.23
1987	35.24	34.18	16.45	15.13
1988	41.37	39.71	21.52	19.95
1989	47.23	46.51	25.41	24.66
1990	37.82	36.94	25.12	24.31
1991	49.62	48.49	32.16	30.71
1992	52.92	51.35	33.79	32.25
1993	79.27	77.37	55.19	53.82
1994	64.87	62.87	75.77	73.74
1995	99.75	97.08	112.78	111.24
1996	88.11	85.24	125.12	121.91
1997	106.07	97.72	146.92	138.99
1998	137.32	132.19	179.61	175.11
1999	188.14	176.15	231.09	222.37
2000	219.91	200.55	258.60	240.72
2001	271.91	246.19	314.98	292.63
2002	269.10	245.87	350.19	326.67
2003	300.55	274.77	395.52	370.09
2004	338.45	302.87	447.06	408.34
2005	408.85	371.26	476.28	438.41
2006	476.72	427.08	559.42	506.79
2007	838.99	523.79	850.01	623.69
2008	843.14	621.84	997.94	713.35
2009	1107.66	702.65	1059.50	789.92
2010	1399.16	872.65	1487.16	977.32
2011	1535.14	979.48	1793.35	1181.25
2012	1579.68	1102.40	1796.91	1343.65
2013	2088.14	1141.80	2283.51	1386.13
2014	2318.84	1243.10	2525.38	1436.22
2015	2391.33	1349.47	2641.02	1727.72

6-3 地方财政收入

Revenue of Local Government

单位:万元 (10000 yuan)

项　　目	Item	2014	2015
地方财政收入合计	Total Revenue of Local Government	23188414	23913268
一般公共预算收入	General Budgetary Revenue	12431035	13494742
# 增值税	Value-added Tax	2536757	2692413
营业税	Business Tax	1479906	1571410
企业所得税	Corporate Income Tax	1385753	1493552
个人所得税	Individual Income Tax	560349	667614
城市维护建设税	City Maintenance and Construction Tax	1077592	1189237
房产税	House Property Tax	752931	760488
印花税	Stamp Tax	269077	287918
城镇土地使用税	Urban Land Use Tax	172463	174070
车船税	Tax on Vehicles and Boat Operation	125673	130119
契　税	Deed Tax	880240	924901
国有资本经营收入	Operation Income of State-owned Assets		
行政事业性收费收入	Charge of Administrative and Institutional Units	723132	420465
罚没收入	Penalty Receipts	184900	193270
专项收入	Special Revenue	537427	1136622
其他收入	Others	540047	625281
政府性基金收入	Revenue from Government-controlled Funds	10757379	10418526
附:上级补助收入	Subsidies from Higher Levels Taxed Tax Return	3146609	3573367
# 消费税和增值税税收返还收入	Consumption Tax and Value-added	406982	406982
所得税基数返还收入	Tax Base Return	406169	404045

6-4 地方财政支出
Expenditure of Local Government

单位:万元 (10000 yuan)

项　　目	Item	2014	2015
地方财政支出合计	Total Expenditure of Local Government	25253840	26410179
一般公共预算支出	General Budgetary Expenditure	14362226	17277176
#一般公共服务支出	Expenditure for General Public Services	1366050	1242272
国防支出	Expenditure for National Defense	16028	12601
公共安全支出	Expenditure for Public Security	1210339	1445908
教育支出	Expenditure for Education	2290438	2870733
科学技术支出	Expenditure for Science and Technology	563212	886688
文化体育与传媒支出	Expenditure for Culture, Sports and Media	239939	274079
社会保障和就业支出	Expenditure for Social Safety Net and Employment Effort	1495174	2049567
医疗卫生与计划生育支出	Expenditure for Medical and Health and Family Planning	1163547	1348824
城乡社区支出	Expenditure for Urban and Rural Community Affairs	2290328	2509781
农林水支出	Expenditure for Agriculture, Forestry and Water Conservancy	540979	756858
交通运输支出	Expenditure for Transportation	553496	933864
资源勘探信息等支出	Expenditure for Affairs of Exploration, Power and Information	976988	908725
商业服务业等支出	Expenditure for Affairs of Commerce and Services	148800	174111
金融支出	Expenditure for Affairs of Financial Supervision	27122	336492
援助其他地区支出	Expenditure for Post-earthquake Recovery and Reconstruction	67155	85365
住房保障支出	Expenditure for Affairs of Housing Security	683589	779728
其他支出	Other Expenditures	422625	244789
政府性基金支出	Expenditure for Government-controlled Funds	10891614	9133003
附:上解上级支出	Expenditure for Cental and Provincial Governments	465473	490469

6-5 中外资金融机构本外币存贷款年末余额

Balance of Savings Deposits and Loans in Standard and Foreign Currencies of Financial Institutions at Year-end

单位:亿元 (100 million yuan)

项 目	Item	2015
各项存款余额	**Total Deposits**	**42843.67**
一、境内存款	Domestic Deposits	41540.08
(一)住户存款	Deposits of Households	13602.38
(二)非金融企业存款	Deposits of Non-financial Enterprises	13469.27
(三)广义政府存款	General Deposits of Government	7769.80
1. 财政性存款	Fiscal Deposits	1777.71
2. 机关团体存款	Deposits of Government Departments & Organizations	5992.09
(四)非银行业金融机构存款	Deposits of Non-banking Financial Institutions	6698.63
二、境外存款	Overseas Deposits	1303.59
各项贷款余额	**Total Loans**	**27296.16**
一、境内贷款	Domestic Loans	26818.53
(一)住户贷款	Loans to Households	9118.96
(二)非金融企业存款及机关团体贷款	Loans to Non-financial Enterprises and Government Departments & Organizations	17653.99
1. 短期贷款	Short-term loans	4753.86
2. 中长期贷款	Medium & Long-term Loans	11769.26
3. 票据融资	Paper Financing	1023.56
4. 融资租赁	Financial Leasing	69.15
5. 各项垫款	Total Advances	38.16
(三)非银行业金融机构贷款	Loans to Non-banking Financial Institutions	45.58
二、境外贷款	Overseas Loans	477.63

6-6 中外资金融机构外币存贷款年末余额

Balance of Savings Deposits and Loans in Foreign Currencies of Financial Institutions at Year-end

单位:亿美元 (100 million USD)

项　目	Item	2015
各项存款余额	**Total Deposits**	**195.45**
一、境内存款	Domestic Deposits	170.55
(一)住户存款	Deposits of Households	46.96
(二)非金融企业存款	Deposits of Non-financial Enterprises	111.42
(三)广义政府存款	General Deposits of Government	0.90
1. 财政性存款	Fiscal Deposits	
2. 机关团体存款	Deposits of Government Departments & Organizations	0.90
(四)非银行业金融机构存款	Deposits of Non-banking Financial Institutions	11.27
二、境外存款	Overseas Deposits	24.90
各项贷款余额	**Total Loans**	**178.52**
一、境内贷款	Domestic Loans	136.54
(一)住户贷款	Loans to Households	0.38
(二)非金融企业存款及机关团体贷款	Loans to Non-financial Enterprises and Government Departments & Organizations	136.14
1. 短期贷款	Short-term loans	68.03
2. 中长期贷款	Medium & Long-term Loans	67.98
3. 票据融资	Paper Financing	…
4. 融资租赁	Financial Leasing	
5. 各项垫款	Total Advances	0.13
(三)非银行业金融机构贷款	Loans to Non-banking Financial Institutions	0.02
二、境外贷款	Overseas Loans	41.98

6-7 中外资金融机构存贷款年末余额(折人民币，2008-2015年)
Saving Deposits and Loans Balance of Chinese & Foreign Financial Institutions (converted into RMB, at the end of year from 2008 to 2015)

单位:亿元 (100 million yuan)

项 目	Item	2008	2009	2010	2011	2012	2013	2014	2015
存款余额(折人民币)	**Saving Deposits Balance (as RMB)**	**16929.47**	**20944.19**	**23953.96**	**26460.80**	**30186.57**	**33838.20**	**35469.29**	**42843.67**
中资金融机构	Chinese Financial Institutions								
人民币	RMB	16219.23	20081.46	22775.50	25048.61	28270.68	31884.74	33215.35	40732.02
外汇 (亿美元)	Foreign Exchange(USD 100 million)	63.11	63.67	68.09	86.82	166.36	143.82	193.55	175.25
外资金融机构	Foreign-funded Financial Institutions								
人民币	RMB	201.82	320.26	609.00	743.08	736.31	965.83	955.31	844.97
外汇 (亿美元)	Foreign Exchange(USD 100 million)	11.27	15.77	17.90	19.38	21.31	18.17	18.68	20.20
贷款余额(折人民币)	**Loans Balance (as RMB)**	**11079.55**	**13851.83**	**16284.31**	**17732.88**	**19936.52**	**22016.18**	**24231.71**	**27296.16**
中资金融机构	Chinese Financial Institutions								
人民币	RMB	10042.19	12316.01	14597.74	15904.65	17554.90	19652.37	22154.37	25540.40
外汇 (亿美元)	Foreign Exchange(USD 100 million)	88.10	153.88	160.92	187.33	271.91	260.66	214.50	156.47
外资金融机构	Foreign-funded Financial Institutions								
人民币	RMB	262.54	282.15	389.99	428.79	468.12	520.60	533.95	622.85
外汇 (亿美元)	Foreign Exchange(USD 100 million)	26.15	29.72	34.86	34.78	32.52	41.66	37.73	22.75

6-8 中外资金融机构人民币信贷资金平衡表
Credit Funds Balance Sheet of Financial Institutions

单位:亿元 (100 million yuan)

项　　目	Item	2015
资金来源项目	**Sources of Funds**	
合　计	Total	42359.42
一、各项存款	Total Deposits	41574.49
(一)境内存款	Domestic Deposits	40432.62
1. 住户存款	Deposits of Households	13297.42
2. 非金融企业存款	Deposits of Non-financial Enterprises	12745.78
3. 广义政府存款	General Government Deposits	7763.98
4. 非银行业金融机构存款	Deposits of Non-banking Financial Institutions	6625.44
(二)境外存款	Overseas Deposits	1141.87
二、金融债券	Financial Bonds	421.45
三、卖出回购资产	Repo	169.42
四、借款及非银行业金融机构拆入	Borrowings & Placements from Non-depository Financial Institutions	48.71
五、联行往来(净)	Inter-bank Transaction	
六、应付及暂收款	Paybable and Supense Credit	975.92
七、各项准备	All Reserves	713.98
八、所有者权益	Creditors' Equity	1953.42
九、其　他	Others	-3497.97

6-8 续表 continued

单位:亿元 (100 million yuan)

项目	Item	2015
资金运用项目	**Uses of Funds**	
合 计	Total	42359.42
一、各项贷款	Total Loans	26136.95
(一)境内贷款	Domestic Loans	25931.88
1. 住户贷款	Loans to Households	9116.47
2. 非金融企业及机关团体贷款	Loans to Non-financial Enterprises andGovernment Departments & Organizations	16769.94
3. 非银行业金融机构贷款	Loans to Non-banking Financial Institutions	45.47
(二)境外贷款	Overseas Loans	205.07
二、债券投资	Portfolio Investments	5100.35
三、股权及其他投资	Shares and Other Investments	5565.29
四、买入返售资产	Reverse Repo	377.56
五、存放非银行业金融机构款项	Due From Non-depository Financial Institutions	23.39
六、联行往来(净)	Inter-bank Transaction	4524.54
七、金银占款	Purchase of Gold & Silver	
八、外汇买卖	Purchase of Foreign Exchanges	-70.32
九、应收及预付款	Receivables and Prepayments	378.42
十、投资性房地产	Investment Real Estate	21.23
十一、 固定资产	Fixed Asset	302.01

6-9 中资金融机构人民币各项存贷款年末余额

Balance of Savings Deposits and Loans in Standard and Foreign Currencies of Chinese Financial Institutions at Year-end

单位：亿元 (100 million yuan)

项 目	Item	2015
各项存款余额	**Total Deposits**	**40732.02**
一、境内存款	Domestic Deposits	39634.60
（一）住户存款	Deposits of Households	13236.26
（二）非金融企业存款	Deposits of Non-financial Enterprises	12099.30
（三）广义政府存款	General Deposits of Government	7763.80
1. 财政性存款	Fiscal Deposits	1777.72
2. 机关团体存款	Deposits of Government Departments & Organizations	5986.08
（四）非银行业金融机构存款	Deposits of Non-banking Financial Institutions	6535.24
二、境外存款	Overseas Deposits	1097.42
各项贷款余额	**Total Loans**	**25540.40**
一、境内贷款	Domestic Loans	25338.92
（一）住户贷款	Loans to Households	9053.60
（二）非金融企业存款及机关团体贷款	Loans to Non-financial Enterprises andGovernment Departments & Organizations	16239.89
1. 短期贷款	Short-term loans	4082.97
2. 中长期贷款	Medium & Long-term Loans	11146.59
3. 票据融资	Paper Financing	904.44
4. 融资租赁	Financial Leases	69.15
5. 各项垫款	Total Advances	36.74
（三）非银行业金融机构贷款	Loans to Non-banking Financial Institutions	45.43
二、境外贷款	Overseas Loans	201.48

6-10 主要年份保费收入和赔款及给付支出

Premiums Income, Indemnity Expenditure and Payment in Main Years

年 份 Year	保费收入 (万元) Premium (10000 yuan)	赔款及给付支出 (万元) Claim and Payment (10000 yuan)	赔款率 (%) Indemnity and Payment Ratio (%)
1980	197		
1985	5043	1153	22.86
1986	8654	3117	36.02
1987	14855	3784	25.47
1988	17985	4052	22.53
1989	28017	7742	27.63
1990	46963	45207	96.26
1991	58771	19762	33.63
1992	94839	32846	34.63
1993	204267	89930	44.03
1994	244017	96299	39.46
1995	313528	113052	36.06
1996	411021	168637	41.03
1997	579787	200828	34.64
1998	559618	195177	34.88
1999	555424	201673	36.31
2000	574506	133011	23.15
2001	810415	180525	22.28
2002	998741	230440	23.07
2003	1172755	242972	20.72
2004	1329411	278910	20.98
2005	1586302	312074	19.67
2006	1754637	399586	22.77
2007	2275036	542852	23.86
2008	3106047	675962	21.76
2009	3273766	785375	23.98
2010	4204166	880790	20.95
2011	3972972	1083773	27.28
2012	4208014	1258986	29.92
2013	4748884	1482555	31.22
2014	6018083	1710441	28.42
2015	7100726	2259963	31.83

注：1．本表数据2008年起来源于中国保险监督管理委员会广东监管局，2008年前来源于广东省保险行业协会；

2．自2011年起，保险行业数据按照执行“企业会计准则解释第2号”的新口径统计(下同)。

Note: I. Since 2008 the data in this table are provided by Guangdong Bureau of China Insurance Regulatory Commission, while the data before 2008 were provided by the Guangdong Association of Insurance Industry.

II. Since 2011, figures of insurance industry are calculated according to new standards (The same as in the following tables).

6-11　保险公司主要业务指标（2015年）

Major Business Indicators of Insurance Companies (2015)

单位：万元　　(10000 yuan)

指　标	Indicators	保险金额（亿元）Amount Insured (100 million yuan)	保费收入 Premium	赔款及给付支出 Claim and Payment
总　计	**Total**	**294034**	**7100726**	**2259963**
财产保险公司	Property Insurance Companies	244328	2158529	1094884
人身保险公司	Personal Insurance Companies	49706	4942197	1165079

6-12　财产保险公司主要指标

Main Indicators of Property Insurance Companies

单位:万元　　(10000 yuan)

项　目	Item	2014		2015	
		保费收入 Premiums	赔款支出 Claim and Payment	保费收入 Premiums	赔款支出 Claim and Payment
合　计	**Total**	**1981515**	**979700**	**2158529**	**1094884**
企业财产保险	Enterprise Property Insurance	183542	122852	192734	90042
家庭财产保险	Family Property Insurance	9428	594	7316	979
# 投资型家财险	Investment Family Property Insurance	333	49	807	38
机动车辆保险	Motor Vehicle Insurance	1182471	631102	1327407	706397
工程保险	Enginerring Insurance	96770	26446	70455	39450
责任保险	Liability Insurance	110442	39226	132998	42667
信用保险	Export Credit Insurance	130082	68018	140549	93801
保证保险	Guarantee Insurance	72783	11374	73337	27261
# 机动车辆消费贷款保证保险	Vehicle Loan Guarantee Insurance		212	1757	184
个人贷款抵押房屋保证保险	Personal Loan Mortgage Housing Guarantee Insurance	1337	-5	-475	16
船舶保险	Ship Insurance	18498	10836	20421	9799
货物运输保险	Freight Transport Insurance	49357	28395	48837	24914
特殊风险保险	Special Risk Insurance	58637	6032	50751	12167
农业保险	Agricultural Insurance	3354	2486	2902	2327
健康险	Health Insurance	15444	14229	18669	16801
意外伤害保险	Accident Injury Insurance	41115	10681	51142	12334
其他险	Other Insurance	9592	7429	21011	15945

6-13 人身保险公司主要指标

Main Indicators of Personal Insurance Companies

单位：万元 (10000 yuan)

项　　目	Item	2014	2015
保费收入	**Premiums Income**	**4036568**	**4942197**
按险种分	Classify by Insurance Code		
寿　险	Life Insurance	3449598	3764010
个人业务	Individual Insurance	3404755	3717452
新单保费	Initial Premiums	1792852	2067267
续期保费	Renewable Premiums	1611903	1650185
团体业务	Group Isurance	44843	46558
新单保费	Initial Premiums	24303	26898
续期保费	Renewable Premiums	20540	19660
意外伤害险	Personal Accidental Death and Injury Insurance	137308	171443
一年期以内业务	Within One-year Product	7010	8780
一年期业务	One-year Product	92936	107669
一年以上业务	Over One-year Product	37362	54994
健康险	Health Insurance	449662	1006744
一年期以内及一年期业务	Winthin One Year and One-Year Product	136383	168393
个人业务	Individual Insurance	49809	58561
团体业务	Group Isurance	86574	109832
一年期以上业务	Over One-year Period Product	313279	838351
个人业务	Individual Insurance	312740	834178
团体业务	Group Isurance	539	4173
按新型产品分	Classify by New Insurance Products		
寿险保费收入合计	Total Life Insurance Premiums	3449598	3764010
普通寿险	Ordinary Life Insurance	1238027	1763712
新单保费	Initial Premiums	921520	1354571
续期保费	Renewable Premiums	316507	409141
分红寿险	Participating Insurance	2192522	1981097
新单保费	Initial Premiums	893249	737547
续期保费	Renewable Premiums	1299273	1243550
投资连结保险	Unit-linked Insurance	5071	5164
万能寿险	Universal Life Insurance	13978	14037

6-13 续表 continued

单位:万元 (10000 yuan)

项　　目	Item	2014	2015
赔付支出	**Claims Paid**	**730741**	**1165079**
赔款支出	**Compensation Expenses**	**104883**	**122171**
意外伤害险	Personal Accidental And Injury Insurance	15929	18309
一年期以内业务	Within One-year Product	598	906
一年期业务	One-year	15331	17403
一年期以内及一年期健康险	Winthin One Year and One-Year Health Insurance	88954	103862
个人业务	Individual Insurance	23214	23614
团体业务	Group Insurance	65740	80248
死伤医疗给付合计	**Total Casualty Medical Payments**	**67999**	**83443**
寿　险	Life Insurance	33697	39834
个人业务	Individual Insurance	29010	35007
团体业务	Group Insurance	4687	4827
一年期以上健康险	Over One-year Period Health Insurance	34302	43609
个人业务	Individual Insurance	34282	43454
团体业务	Group Insurance	20	155
满期给付合计	**Total Mature Payment**	**445991**	**797205**
寿　险	Life Insurance	445287	796466
个人业务	Individual Insurance	434081	783511
团体业务	Group Insurance	11206	12955
一年期以上健康险	Over One-year Period Health Insurance	704	739
个人业务	Individual Insurance	704	739
团体业务	Group Insurance	…	…
年金给付合计	**Total Pension Payments**	**111867**	**162260**
个人业务	Individual Insurance	96553	140332
团体业务	Group Insurance	15314	21928
退保金	**Cash Surrender Value**	**715657**	**1078423**
寿　险	Life Insurance	709080	1062844
个人业务	Individual Insurance	702239	1049852
团体业务	Group Insurance	6841	12992
一年期以上健康险	Over One-year Period Health Insurance	6577	15579

6-14 主要外资金融机构及代表处一览表

List of Main Foreign Financial Institutions and Representative Offices

机构（代表处）名称及所属国家（地区）	Name of Institutions (Representative Offices)	批准日期 Date of Approval
法国兴业银行（中国）有限公司广州分行（法国）	Societe Generale,(China)Ltd., Guangzhou Branch (France)	1992.08
三井住友银行（中国）有限公司广州分行（日本）	Sumitomo Mitsui Banking Corporation (China), Ltd, Guangzhou Branch (Japan)	1992.09
东亚银行（中国）有限公司广州分行（中国香港）	The Bank of East Asia (China)Ltd., Guangzhou Branch (Hong Kong, China)	1992.10
南洋商业银行（中国）有限公司广州分行（中国香港）	Nanyang Commercial Bank (China), Ltd., Guangzhou Branch (Hong Kong, China)	1992.11
美国银行广州分行（美国）	Bank of Amercia N.A., Guangzhou Branch (USA)	1993.01
法国巴黎银行（中国）有限公司广州分行（法国）	BNP Paribas(China)Ltd., Guangzhou Branch (France)	1993.03
大华银行（中国）有限公司广州分行（新加坡）	United Overseas Bank Ltd., Guangzhou Branch (Singapore)	1993.11
德意志银行（中国）有限公司广州分行（德国）	Deutsche Bank (China)Ltd.AG, Guangzhou Branch (Germany)	1994.11
东方汇理银行（中国）有限公司广州分行（法国）	Credit Agricole Corparate And Investment Bank (China)Ltd. Guangzhou Branch (France)	1994.11
加拿大丰业银行广州分行（加拿大）	The Bank of Nova Scotia, Guangzhou Branch (Canada)	1994.11
蒙特利尔银行（中国）有限公司广州分行（加拿大）	Bank of Montreal (China), Co, Ltd, Guangzhou Branch (Canada)	1995.01
恒生银行（中国）有限公司广州分行（中国香港）	Hang Seng Bank Ltd., Guangzhou Branch (Hong Kong, China)	1995.07
花旗银行（中国）有限公司广州分行（美国）	Citibank, N.A.(China)Ltd., Guangzhou Branch (USA)	1997.12
汇丰银行（中国）有限公司广州分行（中国香港）	The Hong Kong and Shanghai Banking Corporation Ltd., Guangzhou Branch (Hong Kong, China)	1999.08
星展银行（中国）有限公司广州分行（新加坡）	DBS Bank Ltd., Guangzhou Branch (Singapore)	2004.04
韩国产业银行广州分行（韩国）	The Korea Development Bank Ltd., Guangzhou Branch (Republic of Korea)	2005.05
渣打银行（中国）有限公司广州分行（英国）	Standard Chartered Bank Ltd. Guangzhou Branch (UK)	2005.06
永亨银行（中国）有限公司广州分行（中国香港）	Wing Hang Bank Ltd., Guangzhou Branch (Hong Kong, China)	2006.09
国民银行（中国）有限公司广州分行（韩国）	Kookmin Bank Ltd., Guangzhou Branch (Republic of Korea)	2007.06

注：本表资料由中国银监会广东监管局提供。

Note: The data in this table are provided by China Banking Regulatory Commission Guangdong Office.

6-14 续表 continued

机构(代表处)名称及所属国家(地区)	Name of Institutions (Representative Offices)	批准日期 Date of Approval
三菱东京日联银行(中国)有限公司广州分行(日本)	Bank of Tokyo-Mitsubishi UFJ (China), Ltd.,Branch (Japan)	2008.02
华侨银行(中国)有限公司广州分行(新加坡)	OCBC Bank (China) Limited Guangzhou Branch (Singapore)	2008.05
印度巴鲁达银行广州分行(印度)	Bank of Baroda Guangzhou Branch (India)	2008.06
瑞穗实业银行(中国)有限公司广州分行(日本)	Mizuho Corporate Bank (China), Ltd. Guangzhou Branch (Japan)	2008.08
华商银行广州分行(中国香港)	Chinese Mercantile Bank Guangzhou Branch (Hong Kong, China)	2008.11
摩根大通银行(中国)有限公司广州分行(美国)	JPMorgan Chase Bank (China) Company Limited Guangzhou Branch (USA)	2009.03
澳大利亚和新西兰银行(中国)有限公司广州分行(澳大利亚)	Australia and New Zealand Banking (China) Ltd. Guangzhou Branch (Australia)	2009.05
大新银行(中国)有限公司广州分行(香港)	DahSing Bank (China) Limited Guangzhou Branch (Hong Kong, China)	2011.04
意大利裕信银行股份有限公司广州分行(意大利)	UniCredit S.p.A. Guangzhou Branch (Italy)	2011.12
韩亚银行(中国)有限公司广州分行(韩国)	Hana Bank (China) Company Limited ,Guangzhou Branch (Republic of Korea)	2012.07
创兴银行有限公司广州支行(中国香港)	Chong Hing Bank Ltd., Guangzhou Sub-Branch (Hong Kong, China)	2014.10
中国信托商业银行股份有限公司广州分行(台湾)	CTBC Bank Co. Ltd., Guangzhou Branch (Taiwan, China)	2015.07
台湾银行股份有限公司广州分行(台湾)	Bank of Taiwan Co., Ltd. Guangzhou Branch (Taiwan, China)	2015.08
永隆银行有限公司广州分行(中国香港)	Wing Lung Bank Ltd., Guangzhou Branch (Hong Kong, China)	2015.09
华美银行(中国)有限公司广州代表处(美国)	EASTWESTBANK (China) Limited, Guangzhou Representative Office (USA)	1996.01
葡萄牙商业银行股份有限公司广州代表处(葡萄牙)	Banco Commercial Portugues, Guangzhou Representative Office (Portugal)	1997.03
印度海外银行广州代表处(印度)	Indian Overseas Bank Guangzhou Representative Office (Indian)	2005.03
瑞士信贷银行有限公司广州代表处(瑞士)	Credit Suisse Guangzhou Representative Office (Swiss)	2005.04
意大利西雅那银行股份有限公司广州代表处(意大利)	Banca Monte Dei Paschi Di Siena S.P.A Guangzhou Representative Office (Italy)	2005.08

注：本表资料由中国银监会广东监管局提供。

Note: The data in this table are provided by China Banking Regulatory Commission Guangdong Office.

6-15 外资保险公司及代表处一览表

List of Foreign Insurance Companies and Representative Offices

机构(代表处)名称及所属国家(地区)	Name of Institutions (Representative Offices)	批准日期 Date of Approval
美亚财产保险有限公司广东分公司(美国)	AIG Insurance Company China Limited Guangdong Branch (USA)	1995.10
友邦保险有限公司广东分公司(美国)	AIA Company Limited Guangdong Provincial Branch (USA)	1995.10
中意人寿保险有限公司广东分公司(意大利)	Generali China Life Insurance Co., Ltd., Guangdong Branch (Italy)	2002.01
中宏人寿保险公司广州分公司(加拿大)	Manulife-Sinochem Life Insurance Co., LTD, Guangzhou Branch (Canada)	2003.01
安联财产保险(中国)有限公司(德国)	Allianz China General Insurance Company Ltd (Germany)	2003.01
工银安盛人寿保险有限公司广东分公司(法国)	ICBC-AXA ASSURANCE Co., Ltd., Guangdong Branch (France)	2003.04
中德安联人寿保险公司广东分公司(德国)	Allianz China Life Insurance Co., Ltd., Guangdong Branch (Germany)	2004.12
中英人寿保险公司广东分公司(英国)	Aviva-Cofco Life Insurance Co., Ltd., Guangdong Branch (UK)	2005.11
中美联泰大都会人寿保险有限公司广东分公司(美国)	Sino-US United MetLife Insurance Co., Ltd., Guangdong Branch (USA)	2006.02
安盛天平财产保险股份有限公司广东分公司(法国)	Tian Ping Auto Insurance Co., Ltd., Guangdong Branch (France)	2006.08
平安健康保险股份有限公司广东分公司(南非)	Ping An Health Insurance Company Of China,Ltd. Guangdong Branch (South Africa)	2007.09
瑞泰人寿保险有限公司广东分公司(瑞典)	Skandia-BSAM life Insurance Co., Ltd.Guangdong Branch (Sweden)	2008.01
海康人寿保险有限公司广东分公司(荷兰)	AEGON-CNOOC Life Insurance Co., Ltd, Guangdong Branch (Holland)	2008.02
信诚人寿保险有限公司广东省分公司(英国)	CITIC-Prudential Life Insurance Company Limited Guangdong Branch (UK)	2008.06
三井住友海上火灾保险(中国)有限公司广东分公司(日本)	Mitsui Sumitomo Insurance (China) Company, Ltd, Guangdong Branch (Japan)	2008.08
陆家嘴国泰人寿保险有限责任公司广东分公司(中国台湾)	Cathay Lujiazui Life Insurance Co., Ltd, Guangdong Branch (Taiwan, China)	2008.09
日本财产保险(中国)有限公司广东分公司(日本)	Sompo Japan Insurance (China) Company, Ltd, Guangdong Branch(Japan)	2009.02
恒安标准人寿保险有限公司广东分公司(英国)	Heng An Standard Life Insurance Co., Ltd., Guangdong Branch (UK)	2009.05
东京海上日动火灾保险(中国)有限公司广东分公司(日本)	Tokio Marine & Insurance Co.,Ltd Guangdong Branch (Japan)	2010.06
国泰财产保险有限责任公司广东分公司(中国台湾)	Cathay Insurance Co., Ltd., Guangdong Branch (taiwan,China)	2010.10
招商信诺人寿保险有限公司广东分公司(美国)	CIGNA & CMC Life Insurance Co., Ltd., Guangdong Branch (USA)	2010.12
华泰人寿保险股份有限公司广东分公司(美国)	Guangdong Branch of Huatai Life Insurance Co., Ltd. (USA)	2011.05
利宝保险有限公司广东省分公司(美国)	Liberty Insurance Co., Ltd., Guangdong Branch (USA)	2011.11
中意财产保险有限公司广东分公司(意大利)	Generali China Insurance Co., Ltd., Guangdong Branch (Italy)	2012.07
中银三星人寿保险有限公司广东分公司(韩国)	BOC Samsung Life Insurance Company Limited Guangdong Branch (Korea)	2013.06
交银康联人寿保险有限公司广东省分公司(澳大利亚)	CommLife Insurance Company Limited Guangdong Branch (Australia)	2014.05
乐爱金财产保险(中国)有限公司广东分公司(韩国)	LIG INSURANCE (CHINA) CO. LTD GUANGDONG BRANCH (Korea)	2014.05
安联财产保险(中国)有限公司广东分公司(德国)	Allianz China General Insurance Company Ltd Guangdong Branch(Germany)	2015.10
汇丰人寿保险有限公司广东分公司(中国香港)	HSBC Life Insurance Company Limited Guangdong Branch (Hong Kong, China)	2015.10
澳大利亚昆士兰保险集团股份有限公司广州代表处(澳大利亚)	QBE Insurance Group Limited, Guangzhou Representative Office (Australia)	1997.07
汇丰人寿保险(国际)有限公司广州代表处(中国香港)	HSBC Life (International) Limited, Guangzhou Representative Office (Hong Kong, China)	2003.03
日本爱和谊保险公司广州代表处(日本)	Aioi Insurance Co, Ltd, Guangzhou Rep. Office (Japan)	2004.05

注：本表资料由中国保监会广东监管局提供。

Note: The data in this table are provided by China Insurance Regulatory Commission Guangdong Office.

6-16 金融机构人民币法定存款利率

Official Interest Rates of Deposits of Financial Institutions

单位:年利率 % (% p.a.)

调整时间 Adjustment time	活期存款 Demand Deposit	定期存款 Time Deposit					
		三个月 3 Months	半年 6 Months	一年 1 Year	二年 2 Years	三年 3 Years	五年 5 Years
1996. 05. 01	2.97	4.86	7.20	9.18	9.90	10.80	12.06
1996. 08. 23	1.98	3.33	5.40	7.47	7.92	8.28	9.00
1997. 10. 23	1.71	2.88	4.14	5.67	5.94	6.21	6.66
1998. 03. 25	1.71	2.88	4.14	5.22	5.58	6.21	6.66
1998. 07. 01	1.44	2.79	3.96	4.77	4.86	4.95	5.22
1998. 12. 07	1.44	2.79	3.33	3.78	3.96	4.14	4.50
1999. 06. 10	0.99	1.98	2.16	2.25	2.43	2.70	2.88
2002. 02. 21	0.72	1.71	1.89	1.98	2.25	2.52	2.79
2004. 10. 29	0.72	1.71	2.07	2.25	2.70	3.24	3.60
2006. 08. 19	0.72	1.80	2.25	2.52	3.06	3.69	4.14
2007. 03. 18	0.72	1.98	2.43	2.79	3.33	3.96	4.41
2007. 05. 19	0.72	2.07	2.61	3.06	3.69	4.41	4.95
2007. 07. 21	0.81	2.34	2.88	3.33	3.96	4.68	5.22
2007. 08. 22	0.81	2.61	3.15	3.60	4.23	4.95	5.49
2007. 09. 15	0.81	2.88	3.42	3.87	4.50	5.22	5.76
2007. 12. 21	0.72	3.33	3.78	4.14	4.68	5.40	5.85
2008. 10. 09	0.72	3.15	3.51	3.87	4.41	5.13	5.58
2008. 10. 30	0.72	2.88	3.24	3.60	4.14	4.77	5.13
2008. 11. 27	0.36	1.98	2.25	2.52	3.06	3.60	3.87
2008. 12. 23	0.36	1.71	1.98	2.25	2.79	3.33	3.60
2010. 10. 20	0.36	1.91	2.20	2.50	3.25	3.85	4.20
2010. 12. 26	0.36	2.25	2.50	2.75	3.55	4.15	4.55
2011. 02. 09	0.40	2.60	2.80	3.00	3.90	4.50	5.00
2011. 04. 06	0.50	2.85	3.05	3.25	4.15	4.75	5.25
2011. 07. 07	0.50	3.10	3.30	3.50	4.40	5.00	5.50
2012. 06. 08	0.40	2.85	3.05	3.25	4.10	4.65	5.10
2012. 07. 06	0.35	2.60	2.80	3.00	3.75	4.25	4.75
2014. 11. 22	0.35	2.35	2.55	2.75	3.35	4.00	--
2015. 03. 01	0.35	2.10	2.30	2.50	3.10	3.75	--
2015. 05. 11	0.35	1.85	2.05	2.25	2.85	3.50	--
2015. 06. 28	0.35	1.60	1.80	2.00	2.60	3.25	--
2015. 08. 26	0.35	1.35	1.55	1.75	2.35	3.00	--
2015. 10. 24	0.35	1.10	1.30	1.50	2.10	2.75	--

注：自2014年11月22日起，人民银行不再公布金融机构人民币五年期定期存款基准利率。

Note: Since November 22,2015,the central bank will not announce the official interest rate of time deposits for 5 years of financial institutions.

6-17 金融机构人民币法定贷款利率

Official Interest Rates of Loans of Financial Institutions

单位:年利率 % (% p.a.)

调整时间 Adjustment time	6个月以内 (含六个月) within 6 months (include 6 months)	六个月至一年 (含一年) 6 months-1 year (include 1 year)	一至三年 (含三年) 1-3years (include 3 years)	三至五年 (含五年) 3-5years (include 5 years)	五年以上 above 5 years
1996.05.01	9.72	10.98	13.14	14.94	15.12
1996.08.23	9.18	10.08	10.98	11.70	12.42
1997.10.23	7.65	8.64	9.36	9.90	10.53
1998.03.25	7.02	7.92	9.00	9.72	10.35
1998.07.01	6.57	6.93	7.11	7.65	8.01
1998.12.07	6.12	6.39	6.66	7.20	7.56
1999.06.10	5.58	5.85	5.94	6.03	6.21
2002.02.21	5.04	5.31	5.49	5.58	5.76
2004.10.29	5.22	5.58	5.76	5.85	6.12
2006.04.28	5.40	5.85	6.03	6.12	6.39
2006.08.19	5.58	6.12	6.30	6.48	6.84
2007.03.18	5.67	6.39	6.57	6.75	7.11
2007.05.19	5.85	6.57	6.75	6.93	7.20
2007.07.21	6.03	6.84	7.02	7.20	7.38
2007.08.22	6.21	7.02	7.20	7.38	7.56
2007.09.15	6.48	7.29	7.47	7.65	7.83
2007.12.21	6.57	7.47	7.56	7.74	7.83
2008.09.16	6.21	7.20	7.29	7.56	7.74
2008.10.09	6.12	6.93	7.02	7.29	7.47
2008.10.30	6.03	6.66	6.75	7.02	7.20
2008.11.27	5.04	5.58	5.67	5.94	6.12
2008.12.23	4.86	5.31	5.40	5.76	5.94
2010.10.20	5.10	5.56	5.60	5.96	6.14
2010.12.26	5.35	5.81	5.85	6.22	6.40
2011.02.09	5.60	6.06	6.10	6.45	6.60
2011.04.06	5.85	6.31	6.40	6.65	6.80
2011.07.07	6.10	6.56	6.65	6.90	7.05
2012.06.08	5.85	6.31	6.40	6.65	6.80
2012.07.06	5.60	6.00	6.15	6.40	6.55
2014.11.22		5.60		6.00	6.15
2015.03.01		5.35		5.75	5.90
2015.05.11		5.10		5.50	5.65
2015.06.28		4.85		5.25	5.40
2015.08.26		4.60		5.00	5.15
2015.10.24		4.35		4.75	4.90

注：自2014年11月22日起，金融机构人民币贷款基准利率期限档次简并为一年以内(含一年)、一至五年(含五年)和五年以上三个档次。

Note: Since Novemeber 22, 2014, the brackets of official interest rates of loans of financial institutions have changed into three brackets: one year (include one year), one to five years(include five years) and five years above.

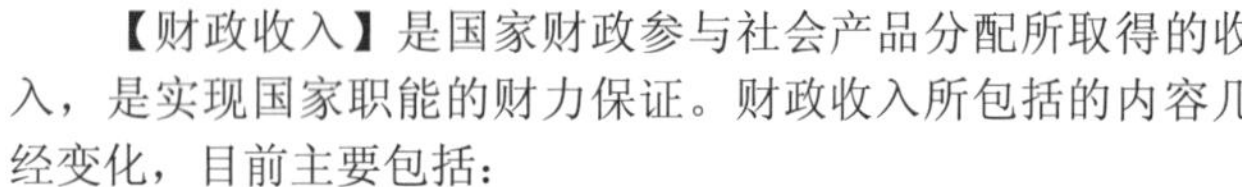

【财政收入】是国家财政参与社会产品分配所取得的收入，是实现国家职能的财力保证。财政收入所包括的内容几经变化，目前主要包括：

(1)各项税收:包括增值税、营业税、消费税、土地增值税、城市维护建设税、资源税、城市土地使用税、印花税、个人所得税、企业所得税、关税、农牧业税和耕地占用税等。

(2)专项收入:包括征收排污费收入、征收城市水资源费收入、教育费附加收入等。

(3)其他收入:包括基本建设贷款归还收入、基本建设收入、捐赠收入等。

(4)国有企业亏损补贴:这项为负收入，冲减财政收入。

【财政支出】国家财政将筹集起来的资金进行分配使用，以满足经济建设和各项事业的需要，主要包括一般公共服务、公共安全支出、教育支出、科学技术支出、文化体育传媒支出、社会保障和就业支出、医疗卫生支出、环境保护支出、城乡社区事务支出、农林水利支出、交通运输支出、工业商业金融等事务费、其他支出等科目。

【保费收入】指保险公司为履行保险合同规定的义务而向投保人收取的对价收入。

【保险赔款及给付】指保险事故发生后，经查证确属保险责任范围以内的保险标的损失，保险人根据保险合同的规定履行赔偿义务，给予被保险人(或投保人指定的受益人)的款项。

【Government Revenue】 refers to the revenue of the government finance by means of participating in the distribution of the social products,which is the financial resources for ensuring the government to function.The contents of government revenue have been changed several times.Now it includes the following main items:

(1)Various tax revenues,including value added tax,business tax, consumption tax,land value added tax,tax on city maintenance and construction,resources tax,tax on use of urban land,stamp tax, personal income tax,enterprise income tax,tariff,tax on agriculture and animal husbandry and tax on occupancy of cultivated land,etc.

(2)Special revenues,including revenue collected from imposing fee on sewage treatment,revenue collected from imposing fee on urban water resources,and extra -charges for education,etc.

(3)Other revenues,including revenue from the repayment of capital construction loan,revenue from capital construction projects, and donations and grants.

(4)Planned subsidies for the losses of the state-owned enterprises. This is an item of negative revenue,used to eat up part of the government revenue.

【Government Expenditure】 refers to the distribution and use of the funds the government finance has raised,so as to meet the needs of economic construction and various causes.It mainly includes expenditure for general public services; public safety; education; science and technology; cultural 、sports and media, social security and employment;medical and health;environmental protection;urban and rural community affairs;farming, forestry, water,conservancy; transport; operating expenses of the departments of industry, commerce and financial; and other expenditures.

【Premium】 is the fee paid by the insurant based on a proportion of the benefit he/she may get from the insurance plus the insurance value.

【Insurance Indemnity】 is the compensation paid by the insurer for an accident happening to the insured property or the insurance value paid for an accident happening to a person who has insured his/her life.

第七篇 CHAPTER 7

价格指数
PRICE INDICES

简要说明

Brief Introduction

第七篇　价格指数

一、本篇资料反映生产、消费等环节的价格变动情况。

二、本篇资料由国家统计局广州调查队提供。

三、居民消费价格指数采用抽样调查方法编制，按照大中小兼顾以及地区分布合理的原则，采用划类选择法抽选价格调查点以及消费量较大，价格变动有代表性的商品和服务项目作为样本，对市场价格进行经常性调查，以样本推断总体。

四、工业生产者出厂价格指数和工业生产者购进价格指数均采用重点调查与典型调查相结合的调查方法，采用主观选择和随机抽样的方法选择调查企业。

五、固定资产投资价格指数采用重点调查与典型调查相结合的方法，数据采集使用企业报表与调查员实地采价相结合的方式。

六、新建住宅销售价格统计的采集渠道为部门统计，数据取自市住房和城乡建设委员会的房地产交易管理平台网签成交情况；二手住宅销售价格调查为非全面调查，采用重点调查与典型调查相结合的方法，数据来源于房地产经纪机构。

7 Price Indices

I. The data on the price indices in this chapter show the changing trend and the changing rates in production and consumption.

II. The data in this chapter are prepared and provided by Guangzhou Survey Team of National Bureau of Statistics.

Ⅲ. The data for the calculation of the consumer price indices of resident are collected with the stratified sampling method. Areas distributed in different economic regions in the districts and counties of Guangzhou are selected as the sample areas and the commodities with more consumption and the representative commodities and service item are selected as the samples. Regular surveys are conducted to collect the data on the market prices. The data on the population are estimated on the basis of the sam1pe.

IV. The data for the calculation of the industrial producer and industrial producers purchasing price indices are collected by key unit's survey and typical unit's survey under subjective choice and random sample.

V. The data for the calculation of price indices of fixed assets investment and price indices of real estate are collected by key unit's survey and typical unit's survey through enterprises reporting forms and investigators collecting prices on the spot.

Ⅵ. The data for sales prices of newly built residential buildings are department statistics, which are collected from the internet signed transaction situation on the Real Estate Transaction Management Platform of the Guangzhou Housing and Urban-Rural Construction Committee.The data for sales prices of second-hand residential buildings are collected from non-all round investigation by key unit's survey and typical unit's survey through real estate brokerage agencies.

7-1 主要年份城市居民消费价格指数
Urban Residents Consumer Price Indices in Main Years

年 份 Year	以上年价格为100 (preceding year=100)	以1978年价格为100 (1978=100)	以1952年价格为100 (1952=100)
1978	100.3		134.1
1979	104.0	104.0	172.7
1980	107.2	112.9	240.5
1985	121.5	168.1	370.8
1986	103.9	177.4	398.1
1987	113.7	212.2	465.6
1988	127.7	274.0	599.8
1989	121.6	339.6	729.3
1990	97.3	322.2	709.6
1991	103.0	329.2	711.9
1992	111.7	374.6	795.2
1993	125.0	472.4	1020.5
1994	120.0	575.4	1224.6
1995	113.5	653.1	1389.9
1996	108.2	706.7	1503.9
1997	102.2	722.2	1537.0
1998	97.7	705.6	1501.6
1999	98.5	695.0	1479.1
2000	102.8	714.5	1520.5
2001	98.9	706.6	1503.8
2002	97.6	689.6	1467.7
2003	100.1	690.3	1469.2
2004	101.7	702.0	1494.2
2005	101.5	712.5	1516.6
2006	102.3	728.9	1551.5
2007	103.4	753.7	1604.2
2008	105.9	798.2	1698.8
2009	97.5	778.2	1656.3
2010	103.2	803.1	1709.3
2011	105.5	847.3	1803.3
2012	103.0	872.7	1857.4
2013	102.6	895.4	1905.7
2014	102.3	916.0	1949.5
2015	101.7	931.6	1982.6

7-2 城市居民消费价格分类指数(上年=100)

Urban Residents Consumer Price Indices by Category (Preceding Year=100)

项　　目	Item	2014	2015
居民消费价格指数	**Consumer Price Index**	**102.3**	**101.7**
消费品价格指数	Consumer Goods Price Index	102.4	100.5
服务项目价格指数	Service Price Index	102.0	104.3
食　品	Food	104.8	102.6
#粮　食	Grain	102.7	102.4
油　脂	Oil or Fat	95.7	96.1
肉禽及其制品	Meat, Poultry and Processed Products	103.4	103.5
蛋	Eggs	110.2	92.1
水产品	Aquatic Products	108.7	101.1
菜	Vegetables	103.1	106.7
#鲜　菜	Fresh Vegetables	102.7	106.7
烟　酒	Cigarettes and Liquors	99.7	102.4
衣　着	Clothing	104.9	102.3
家庭设备用品及维修服务	Household Facilities, Articles and Services	100.2	99.4
#耐用消费品	Durable Consumer Goods	95.9	94.5
医疗保健和个人用品	Health Care and Personal Articles	100.4	100.7
#医疗保健	Health Care	101.3	101.4
交通和通信	Transportation and Communication	99.9	99.2
娱乐教育文化用品及服务	Recreation, Education and Culture Articles	99.4	103.7
居　住	Residence	101.9	101.0

7-3 主要年份城市商品零售价格指数
Urban Retail Price Indices in Main Years

年份 Year	以上年价格为100 (preceding year=100)	以1978年价格为100 (1978=100)	以1952年价格为100 (1952=100)
1978	100.3		
1979	104.5	104.5	184.6
1980	107.6	113.8	252.8
1985	122.5	171.4	400.4
1986	103.3	179.8	426.0
1987	114.3	218.0	507.6
1988	129.6	284.9	656.5
1989	121.6	351.7	798.2
1990	96.3	331.4	768.7
1991	102.0	338.2	784.1
1992	108.9	379.3	853.9
1993	125.1	480.0	1068.2
1994	116.6	559.7	1245.5
1995	109.7	614.0	1366.3
1996	104.3	640.4	1425.1
1997	99.4	636.6	1416.5
1998	96.3	613.0	1364.1
1999	96.8	593.4	1320.4
2000	99.4	589.8	1312.5
2001	97.4	574.5	1278.4
2002	97.4	559.6	1245.2
2003	99.1	554.5	1234.0
2004	102.1	566.1	1259.9
2005	101.6	575.2	1280.1
2006	101.2	582.1	1295.5
2007	102.9	599.0	1333.0
2008	105.7	633.1	1409.0
2009	96.8	612.8	1363.9
2010	103.2	632.4	1407.5
2011	105.1	664.7	1479.3
2012	101.9	677.3	1507.4
2013	100.5	680.7	1514.9
2014	101.5	690.9	1537.6
2015	99.1	684.7	1523.8

7-4 城市商品零售价格指数（上年=100）

Urban Retail Price Indices by Category (Preceding Year=100)

项　目	Item	2014	2015
商品零售价格指数	**Retail Price Index**	**101.5**	**99.1**
食　品	Food	105.1	102.5
饮料、烟酒	Beverages, Tobacco and Liquor	100.6	102.3
服装、鞋帽	Garments, Shoes and Hats	104.9	102.3
纺织品	Textiles	103.1	98.4
家用电器及音像器材	Household Appliances, Music and Video Equipment	94.0	91.3
文化办公用品	Cultural and Office Appliances	97.5	95.9
日用品	Articles for Daily Use	99.6	100.9
体育娱乐用品	Sports and Recreation Articles	101.4	102.4
交通、通信用品	Transportation and Communication Appliances	99.0	97.1
家　具	Furniture	97.6	99.1
化妆品	Cosmetics	100.6	101.2
金银珠宝	Gold, Silver and Jewelry	92.6	92.4
中西药品及医疗保健用品	Traditional Chinese and Western Medicines & Health Care Articles	101.9	101.7
书报杂志及电子出版物	Books, Newspapers, Magazines and Electronic Publications	99.1	102.8
燃　料	Fuels	97.3	85.8
建筑材料及五金电料	Building Materials and Hardware	101.2	98.8

7-5 主要食品平均价格
Average Price of Major Food

单位:元/千克　　(yuan/kg)

商品名称	Item	代表规格品	Standard and Rate	2014	2015
大　米	Rice	东北大米	Northeast Rice	5.61	5.37
优质米	High Quality Rice	油粘米	Glutinous Rice	6.09	6.30
黄　豆	Soybean	一级	First Rate	7.60	8.31
绿　豆	Mung Bean	一级	First Rate	13.88	14.64
花生油	Peanut Oil	纯净	Pure First Rate	23.96	24.27
大白菜	Cabbage	一级绍菜	First Rate nappa cabbage	3.84	4.27
菜　花	Cauliflower	一级椰菜花	First Rate	7.82	8.41
黄　瓜	Cucumber	一级青瓜	First Rate	5.65	6.41
冬　瓜	Wax Gourd	一级青皮冬瓜	First Rate	3.19	3.91
西红柿	Tomato	一级番茄	First Rate	7.30	7.38
萝　卜	Radish	一级白萝卜	First Rate	3.13	3.39
空心菜	Water Spinach	一级通菜	First Rate	6.70	6.75
菜　心	Chinese Flowering Cabbage	一级	First Rate	7.71	8.37
豇　豆	Cowpea	一级白豆角	First Rate asparagus bean	10.18	10.40
生　菜	Lettuce	一级	First Rate	5.86	6.39
节　瓜	Zucchini	一级	First Rate	6.75	7.37
西洋菜	Watercress	一级	First Rate	6.22	6.78
猪　肉	Pork	上肉一级	Fresh High Quality Pork	27.44	28.14
牛　肉	Beef	净肉	Net Beef	77.32	77.46
鸡	Chicken	白条鸡(杂交开刀)	Pulled Chicken	30.56	30.29
鸡　蛋	Eggs	新鲜褐壳	Fresh Brown Eggs	11.44	10.29
带　鱼	Hairtail	冰鲜中等原条	Middling Iced Whole Hairtail	46.24	47.86
鳙　鱼	Variegated Carp	一级	First Rate	18.22	18.22
鲫　鱼	Crucian	一级	First Rate	18.03	18.75
草　鱼	Grass Carp	一级	First Rate	24.87	25.09
苹　果	Apple	红富士一级	First Rate of Red Fuji	13.91	14.23
雪　梨	Pear	一级	First Rate	9.03	9.00
香　蕉	Banana	黄熟一级	Ripe First Rate	6.88	5.37
葡　萄	Grape	加州红提	American Red Grape	29.89	28.37
西　瓜	Watermelon	黑美人一级	Ordinary First Rate	4.31	3.16

7-6 工业生产者出厂价格指数（上年＝100）

Producer Price Index for Manufactured Goods (Preceding Year=100)

项　　目	Item	2014	2015
工业生产者出厂价格指数	**Producer Price Index for Manufactured Goods**	**98.2**	**96.8**
轻工业	Light Industry	99.7	99.8
以农产品为原材料	Using Farm Produce as Raw Materials	99.1	98.8
以非农产品为原材料	Using Nonfarm Produce as Raw Materials	100.2	100.6
重工业	Heavy Industry	97.4	95.3
采掘工业	Mining and Quarrying Industry	99.3	100.2
原料工业	Raw Materials Industry	97.6	91.5
加工工业	Manufacturing Industry	97.3	96.5
生产资料	Means of Production	98.0	94.6
采掘工业	Mining and Quarrying Industry	99.3	100.2
原料工业	Raw Materials Industry	97.6	91.6
加工工业	Processing Industry	98.2	95.8
生活资料	Consumer Goods	98.4	99.6
食品类	Food	98.4	99.6
衣着类	Clothing	99.9	101.2
一般日用品类	Articles for Daily Use	100.2	99.9
耐用消费品类	Durable Consumer Goods	97.2	99.1

7-7 工业生产者购进价格指数(上年=100)

Purchasing Price Index for Industrial Producers (Preceding Year=100)

项　　目	Item	2014	2015
工业生产者购进价格指数	**Purchasing Price Index for Industrial Producers**	**98.0**	**93.7**
燃料、动力类	Fuels and Power	96.3	89.1
黑色金属材料类	Ferrous Metals	96.2	89.7
#钢　材	Steel	95.6	87.6
其　他	Others	98.3	97.0
有色金属材料和电线类	Nonferrous Metals and Wires	95.6	93.2
化工原料类	Raw Chemical Materials	99.3	93.9
木材及纸浆类	Timber and Paper Pulp	98.9	100.3
建筑材料及非金属矿类	Building Materials and Nonmetal Minerals	111.5	94.7
其他工业原料及半成品类	Raw Materials and Semi-finished Products of Other Industries	99.0	98.2
农副产品类	Agricultural Products	102.4	100.2
纺织原料类	Textile Raw Materials	97.2	97.6

7-8 固定资产投资价格指数（上年=100）
Prices Indices of Investment in Fixed Assets (Preceding Year=100)

项　　目	Item	2014	2015
固定资产投资价格指数	**Prices Indices of Investment in Fixed Assets**	**100.6**	**98.2**
建筑安装、装饰工程	Construction and Installation	101.5	97.6
人工费	Manpower	106.7	105.3
材料费	Materials	99.9	95.1
钢　材	Steel	95.6	91.3
木　材	Timber	102.9	101.3
水　泥	Cement	103.3	96.2
地方建筑材料	Local Building Materials	105.1	98.3
化工材料	Chemical Materials	100.8	96.5
电　料	Electical Materials and Appliances	100.4	100.6
其他材料	Other Materials	102.0	100.8
机械使用费	Machinery	102.6	100.1
设备、工器具购置	Purchase of Equipment, Tools and Installation	97.5	99.3
其他费用	Others	100.3	99.6

7-9 住宅销售价格指数（上年=100）
Sales Prices Indices of Residence Buildings (Preceding Year=100)

项　　目	Item	2014	2015
新建住宅销售价格指数	**Newly Built Residential Buildings**	**105.4**	**99.8**
新建商品住宅	Newly Built Commodity Residential Buildings	105.5	99.8
90平方米及以下	90 square meters and below	105.5	100.0
90-144平方米	90 - 144 square meters	105.8	100.0
144平方米以上	144 square meters and above	105.0	99.5
二手住宅销售价格指数	**Second-hand Residential Buildings**	**105.3**	**103.1**
90平方米及以下	90 square meters and below	105.2	103.0
90-144平方米	90 - 144 square meters	104.8	103.4
144平方米以上	144 square meters and above	105.9	103.0

注：本表全年数据根据国家统计局当年每月公布的70个大中城市住宅价格指数推算。

Note: The data of the year, according to the national bureau of statistics released in monthly 70 large and medium-sized cities housing price index is calculated.

【商品零售价格指数】商品零售价格是商品在流通过程中最后一个环节的价格，主要包括：工业、商业、餐饮业和其他零售企业向城乡居民、机关团体出售生活消费品和办公用品的价格。商品零售价格调查任务是系统地调查、搜集和整理市场商品零售价格资料，编制商品零售价格指数，以反映市场商品零售价格的变动趋势和变动程度，为国家宏观调控和国民经济核算提供参考依据。

【城市居民消费价格指数】是度量消费商品及服务项目价格水平随着时间而变动的相对数，它反映城市居民家庭购买的生活消费品及服务价格水平的变动情况，是宏观经济调控、价格总水平监测以及国民经济核算的重要指标，其变动率在一定程度上反映了通货膨胀(或紧缩)的程度。

【工业生产者购进价格指数】是反映工业企业作为生产投入，从物资交易市场和能源、原材料生产企业购买原材料、燃料和动力产品时，所支付的价格水平变动趋势和程度的统计指标，是扣除工业企业物质消耗成本中的价格变动影响的重要依据。

【工业生产者出厂价格指数】是反映一定时期内全部工业产品出厂价格总水平的变动趋势和程度的相对数，包括工业企业售给本企业以外所有单位的各种产品和直接售给居民用于生活消费的产品。该指数可以观察出厂价格变动对工业总产值及增加值的影响。

【固定资产投资价格指数】是反映固定资产投资活动中所涉及的建筑安装工程、设备工器具购置和其他费用这三部分投资价格水平变动趋势和幅度的相对数。

【住宅销售价格指数】住宅销售价格指数分为新建住宅销售价格指数和二手住宅销售价格指数两部分。其中，新建住宅销售价格指数的统计范围是所有进入房地产市场第一次进行产权交易及网上签约的住宅交易价格，分为保障性住房和新建商品住宅两部分。二手住宅销售价格指数的统计范围是进入房屋市场进行交易，第二次及以上进行产权登记的住宅。

【Retail Price Index】 measures the relative trend and degree of changes in retail prices of commodities,reflecting the trend of changes in prices in the last link of circulation,i.e. prices of consumer goods and office appliances sold to households or organizations by enterprises of industry,commerce,catering services and other retail trades. It refects the changing trend and degree of retail prices of commodities.

It provides a reference for macroeconomic adjustment and control as well as national economic accounting.

【Urban Consumer Price Index】 reflects the trend and degree of changes in prices of consumer goods and services purchased by urban residents。It is an important indicator for macroeconomic analysis decision-making,regularization and control, supervision of general price level and national economic accounting.The rates of change are generally considered as an indicator of inflation or deflation.

【Purchasing Price Index for Industrial Producers】reflects changes in the level and degree of prices paid by industrial enterprises when they purchase production input such as raw materials, fuels and power from the market or from other energy or raw materials producing enterprises. These indices provide important basis for measuring the material consumption of industrial enterprises after removing influence of price changes.

【Producer Price Index for Manufactured Goods】Producer Price Index for Manufactured Goods reflects the trend and degree of changes in general ex-factory prices of all industrial products during a given period, including sales of industrial products by an industrial enterprise to all units outside the enterprise, as well as sales of consumer goods to residents. It can be used to analyze the impact of ex-factory prices on gross output value and value-added of the industrial sector.

【Prices Indices of Investment in Fixed Assets】reflects the trend and extent of changes in the price level in the investment activities in fixed asset, which involve three parts: the construction and installation project, purchase of engineering equipment and instrument and other expenses.

【Sales Prices Indices of Residence Buildings】Sales Prices Indices of Residence Buildings consists of Sales Prices Indices of Newly Built Residential Buildings and Sales Prices Indices of Second-hand Residential Buildings. The statistical range of Sales Prices Indices of Newly Built Residential Buildings covers the first-time transaction of real estates in the market and the internet signed price. The newly built residential buildings include the indemnificatory buildings and the newly built commercial buildings. The statistical range of Sales Prices Indices of Second-hand Residential Buildings covers the registration of residential buildings for the second time and above in the real estate market.

第八篇 CHAPTER 8

人民生活

PEOPLE'S LIVELIHOOD

简要说明
Brief Introduction

第八篇　人民生活

一、本篇资料反映广州城乡居民生活状况，包括家庭基本情况、居民收支、消费水平、住房及主要消费品消费量和拥有量等基本情况。

二、本篇资料由广州市统计局和国家统计局广州调查队共同提供。

三、根据国家统计局广东调查总队要求，2014年起，城乡一体化住户调查收支数据绝对值以新口径公布使用。新口径是指不论户口性质和户口登记地、不论以家庭形式居住还是集体形式居住、不论居住在城市、农村还是城乡结合部，只要是常住地为广州的住户均纳入调查范围；旧口径是指以城市区域有固定居所的常住户籍居民家庭为调查范围。

四、由于新旧调查方案在调查范围和对象、城乡划分标准、样本抽选方法、计算和汇总方式、指标名称和口径等方面变化较大，新旧口径指标数据不可以直接对比使用。其中，新口径“消费支出”比旧口径“消费性支出”增加了自有住房虚拟租金折算。

五、8-4表中“净收入”是指在相关获得收入中扣除投入成本、折旧和税费后得到净收入，因此部分指标为负。

8 People's Livelihood

Ⅰ. The data in this chapter show the basic conditions of the people's livelihood in the urban and rural areas of Guangzhou Municipality, including basic conditions of families, income and expenditure of the residents, level of consumption, housing condition, consumption possession of the major Consumer goods, etc.

Ⅱ. The data in this chapter are prepared and provided by Guangzhou Municipal Bureau of Statistics and Guangzhou Survey Team of National Bureau of Statistics.

Ⅲ. According to the requirement of Guangdong Survey Team of National Bureau of Statistics, the value of income and expenditures of urban and rural integrated households are published with new statistical standard. No matter what kind of the household register is or register place is, whether living as a family or collective form in urban, rural or rural-urban continuum, as long as it is for local residents in Guangzhou, is classified into the new statistical standard. The old statistical standard covers the families which have permanent household register and resident in urban areas.

Ⅳ. The investigation field and respondent, the standard of classifying urban and rural, the sample selection rule, the calculating and summarizing method, the name of index and the statistical standard are different between the new survey method and the old one. As a result, the data of old and new statistical standard are incomparable. the "Consumption Expenditures" in new standard includes the virtue rent of private housing.

Ⅴ. In table 8-4, "Net Income" refers to the related revenue deducts the input costs, depreciation and tax fees. As a result, some parts of "Net Income" can be negative.

8-1 城乡居民人均全年可支配收入和消费支出情况

Per Capita Annual Disposable Income and Expenditure for Consumption of Urban and Rural Residents

单位：元 (yuan)

项　　目	Item	城市居民 Urban Residents	
		2014	2015
可支配收入	Disposable Income	42955	46735
消费支出	Total Living Expenditures for Consumption	33385	35753
食品烟酒	Food,Tobacco and Liquor	10984	11743
衣着	Clothing	1818	1995
居住	Residence	7870	8129
生活用品及服务	Articles for Daily Use and Services	2048	2213
交通通信	Transportation and Communication	3883	4356
教育文化娱乐	Education, Cultural and Recreation	4272	4640
医疗保健	Health Care and Medical Services	1485	1546
其他用品和服务	Miscellaneous Articles for Use and Services	1025	1132

8-1 续表　continued

单位：元 (yuan)

项　　目	Item	农村居民 Rural Residents	
		2014	2015
可支配收入	Disposable Income	17663	19323
消费支出	Total Living Expenditures for Consumption	14544	15925
食品烟酒	Food,Tobacco and Liquor	5519	6278
衣着	Clothing	616	663
居住	Residence	3508	3307
生活用品及服务	Articles for Daily Use and Services	756	913
交通通信	Transportation and Communication	1525	2158
教育文化娱乐	Education, Cultural and Recreation	1397	1482
医疗保健	Health Care and Medical Services	819	739
其他用品和服务	Miscellaneous Articles for Use and Services	404	385

注：本表“消费支出”数据为新口径，新口径在原有消费支出中增加了“自由住房折算租金”。

Note: This table "consumer spending" data for the new caliber, the new caliber in the original consumer spending increases the free housing discount rent".

8-2 城乡居民家庭平均每百户年末耐用消费品拥有量

Ownership of Major Durable Consumer Goods per 100 Urban and Rural Households at Year-end

项　　目		Item		城市居民 Urban Households		农村居民 Rural Households	
				2014	2015	2014	2015
家用汽车	(辆)	Automobile	(unit)	32	37	22	30
摩托车	(辆)	Motorcycle	(unit)	27	25	129	127
助力车	(辆)	Moped	(unit)	14	18	37	42
洗衣机	(台)	Washing Machine	(set)	97	98	96	98
电冰箱(柜)	(台)	Refrigerator	(set)	100	101	98	102
微波炉	(台)	Microwave Oven	(set)	65	66	30	34
彩色电视机	(台)	Color TV Set	(set)	126	128	133	137
#接入有线电视	(台)	Cable TV	(set)	115	115	121	126
空调	(台)	Air Conditioner	(set)	220	226	146	163
热水器	(台)	Water Heater	(unit)	104	105	105	107
#太阳能热水器	(台)	Solar Water Heater	(unit)	5	5	6	7
消毒碗柜	(台)	Disinfection Cabinet	(unit)	73	75	64	69
洗碗机	(台)	Dish-washing Machine	(unit)	2	3	1	3
排油烟机	(台)	Vacuum Cleaner	(unit)	87	88	58	58
固定电话	(部)	Telephone	(set)	82	78	75	67
移动电话	(台)	Mobile Telephone	(set)	245	251	291	298
#接入互联网	(台)	Connected to the Internet	(set)	147	153	148	169
计算机	(台)	Computer	(set)	117	121	80	86
#接入互联网	(台)	Connected to the Internet	(set)	106	107	65	73
摄像机	(架)	Video Camera	(set)	13	14	3	4
照相机	(架)	Camera	(set)	72	73	37	29
中高档乐器	(台)	Medium and High Grade Musical Instruments	(set)	8	10	4	4
健身器材	(台)	Health Equipment	(set)	10	17	3	4
组合音响	(台)	Hi-fi Stereo Component System	(set)	33	33	22	21

8-3 城市居民家庭基本情况（2015年）
Basic Conditions of Urban Households (2015)

单位：人 (person)

项目	Item	合计 Total	低收入户 Low Income Households	中等偏下收入户 Lower Middle Income Households
一、调查户数(户)	Number of Households Surveyed (household)	1200	240	240
二、家庭人口数	Number of Family Members	3576	862	734
平均每户人口数	Average Household Size	2.98	3.59	3.06
1. 就业者人数	Number of Employed Persons	2136	485	442
平均每户就业人数	Average Number of Employed Persons per Household	1.78	2.02	1.84
平均每一就业者负担人数	Number of Dependents per Employee	1.67	1.78	1.66
2. 离退休人数	Number of Retired Veterans and Persons	504	82	103

8-3 续表 continued

单位：人 (person)

项目	Item	中等收入户 Middle Income Households	中等偏上收入户 Upper Middle Income Households	高收入户 High Income Households
一、调查户数(户)	Number of Households Surveyed (household)	240	240	240
二、家庭人口数	Number of Family Members	703	674	602
平均每户人口数	Average Household Size	2.93	2.81	2.51
1. 就业者人数	Number of Employed Persons	437	403	367
平均每户就业人数	Average Number of Employed Persons per Household	1.82	1.68	1.53
平均每一就业者负担人数	Number of Dependents per Employee	1.61	1.67	1.64
2. 离退休人数	Number of Retired Veterans and Persons	98	108	113

8-4 城市居民人均全年收支情况（2015年）

单位：元

项　　目	Item
可支配收入	Disposable Income
# 工资性收入	Income from Wages and Salaries
# 工资	Wages and Salaries
实物福利	Material Benefits
其他	Others
经营净收入	Net Business Income
# 第一产业经营净收入	Net Business Income from Primary Industry
第二产业经营净收入	Net Business Income from Secondary Industry
第三产业经营净收入	Net Business Income from Tertiary Industry
财产净收入	Net Income from Property
# 利息净收入	Net Income from Interest
红利收入	Income from Bonus
储蓄性保险净收益	Net Income from Savings Insurance
转让承包土地经营权租金净收入	Net Income from the Rent of Transferring the Right of Management of Contracted Land
出租房屋财产性收入	Income from Rental
出租机械、专利、版权等资产的收入	Income from Renting Machinery, Patent and Copyright
其他财产净收入	Other Net Income from Property
房屋虚拟租金	Virtual Rent
转移净收入	Net Income from Transfers
# 转移性收入	Income from Transfers
总支出	Total Expenditures of Households
# 消费支出	Consumption Expenditures
生产经营费用支出	Expenditures on Production and Management
# 第一产业经营费用支出	Expenditures on Production and Management in Primary Industry
第二产业经营费用支出	Expenditures on Production and Management in Secondary Industry
第三产业经营费用支出	Expenditures on Production and Management in Tertiary Industry
财产性支出	Expenditures on Properties
# 生活贷款利息支出	Expenditures on Interest of Maintenance Loans
其他财产性支出	Other Expenditures on Properties
转移性支出	Expenditures on Transfers
# 个人所得税	Income Tax
社会保障支出	Social Security Expenditures
外来从业人员寄给家人的支出	Expenditures Mailed by the Migrant Employees to Their Families
赡养支出	Alimony Expenditures
其他转移性支出	Other Expenditures on Transfers
部分商业保险支出	Parts of Expenditures on Commercial Insurance
# 意外伤害保险	Accident Insurance
商业医疗保险(含大病保险)	Commercial Medical Insurance (Including Critical Illness Insurance)
其他非储蓄性商业保险	Other Commercial Insurance, Excluding Savings Insurance
其他储蓄性商业保险	Other Commercial Savings Insurance
购置资产及非经常性转移支出	Expenditures on Acquisition of Assets and Non-recurring Expenditures on Transfers
# 购置资产支出	Expenditures on Acquisition of Assets
非经常性转移支出	Non-recurring Expenditures on Transfers
借贷性支出	Expenditures on Loans
# 存入储蓄款	Saving Deposits
借出款	Loaned Money
归还借款	Repayment of Loans
购买有价证券	Purchase of Portfolio
其他投资支出	Other Expenditures for Investment
归还住房贷款	Repayment of Loans for Housing
归还汽车贷款	Repayment of Loans for Automobile
归还教育贷款	Repayment of Loans for Education
归还其他贷款	Repayment of Loans for Other Payments
其他借贷支出	Other Expenditures on Loans

Conditions of Per Capita Cash Income and Expenditure of Urban Households (2015)

(yuan)

总平均 Average	低收入户 Low Income Households	中等偏下收入户 Lower Middle Income Households	中等收入户 Middle Income Households	中等偏上收入户 Upper Middle Income Households	高收入户 High Income Households
46734.60	26370.36	37191.98	45229.22	55780.90	80743.41
31823.42	18607.31	25629.80	29986.93	36926.19	54608.13
29728.46	17825.23	24223.98	28647.39	34700.21	49073.69
71.33	34.87	42.52	73.74	78.24	147.80
2023.63	747.21	1363.30	1265.80	2147.74	5386.64
2549.30	1567.70	1443.00	2540.33	2805.59	5017.71
100.60	267.89	8.20	137.99	39.41	-0.04
175.39	372.47	30.07	199.26	135.81	88.44
2273.31	927.34	1404.73	2203.08	2630.37	4929.31
7799.89	4773.24	6641.03	8502.67	10282.23	11691.90
47.49	24.35	-3.40	21.38	95.00	130.43
1475.33	1268.37	1504.76	1909.27	1565.98	1461.79
78.51	0.98	56.18	42.00	117.21	232.99
30.97	91.33	12.57	38.78		
2336.92	1106.10	2223.36	3180.92	3290.95	2708.06
4.70					28.91
40.77	5.16	-6.02	-20.65	95.67	167.73
3785.20	2276.95	2853.58	3330.97	5117.42	6961.99
4561.99	1422.11	3478.15	4199.29	5766.89	9425.67
7631.48	3228.80	5784.23	7056.57	9358.21	14885.70
42010.44	25877.77	32469.45	40339.16	52866.98	67752.32
35752.50	21748.49	28373.72	34695.64	44804.17	57133.59
354.96	389.70	94.62	430.36	365.23	523.50
32.02	67.77	2.95	61.12	16.48	0.08
54.23	12.39	10.47	222.55	16.65	13.31
268.71	309.54	81.20	146.69	332.10	510.11
231.03	123.06	152.96	260.57	325.31	340.07
205.50	118.97	129.45	213.42	314.20	290.63
25.53	4.09	23.51	47.15	11.11	49.44
3069.49	1806.69	2306.08	2857.28	3591.32	5460.03
383.48	46.69	77.75	181.95	374.67	1479.28
2250.56	1431.84	2031.38	2294.60	2672.85	3159.58
12.16	33.80	15.07		0.22	5.27
337.66	204.98	124.39	316.50	452.36	682.72
85.63	89.38	57.49	64.23	91.22	133.18
217.70	113.78	69.24	268.60	187.76	520.67
26.35	5.34	4.40	52.90	25.75	52.80
87.74	58.97	41.44	104.27	62.65	193.87
26.68	8.77	16.27	27.22	33.92	56.15
76.93	40.70	7.13	84.21	65.44	217.85
1361.72	816.15	987.62	1174.29	1703.58	2429.77
355.87	158.51	3.65	21.09	591.97	1191.25
1005.85	657.64	983.97	1153.20	1111.61	1238.52
1023.04	879.90	485.21	652.42	1889.61	1344.69
222.50	284.87	254.10	44.22	278.98	239.47
23.59	8.14			98.50	18.06
31.24	60.12	27.08		55.01	4.96
252.48	279.91	0.22	29.16	792.83	176.73
28.63	3.76		2.73	143.74	0.39
454.11	226.93	201.21	575.04	490.86	903.76
8.05	12.20	0.95		26.08	
0.90			1.13	3.61	
1.54	3.97	1.65	0.14		1.32

8-5 城市居民人均可支配收入及恩格尔系数

Per Capita Annual Disposable Income and Engel's Coefficient of Urban Households

年份 Year	城市居民人均可支配收入 Per Capita Annual Disposable Income of Urban Residents		恩格尔系数 (%) Engel's Coefficient of Urban Households (%)
	绝对数（元） Value (yuan)	指数（上年=100） Index (preceding year=100)	
1980	606.12		70.4
1985	1099.77	125.2	62.5
1986	1299.64	118.2	61.3
1987	1500.99	115.5	60.7
1988	1857.30	123.7	61.8
1989	2492.63	134.2	60.4
1990	2748.95	110.3	60.6
1991	3124.07	113.6	58.9
1992	3966.76	127.0	56.1
1993	5260.00	132.6	51.5
1994	7571.00	143.9	50.1
1995	9038.16	119.4	50.2
1996	9905.31	109.6	50.4
1997	10444.60	105.4	49.1
1998	11255.70	107.8	44.7
1999	12018.52	106.8	44.0
2000	13966.53	116.2	42.6
2001	14694.00	105.2	40.0
2002	13380.47	104.9	41.0
2003	15002.59	112.1	38.9
2004	16884.16	112.5	38.3
2005	18287.24	108.3	37.3
2006	19850.66	108.5	37.0
2007	22469.22	113.2	32.8
2008	25316.72	112.7	33.7
2009	27609.59	109.1	33.2
2010	30658.49	111.0	33.3
2011	34438.08	112.3	34.0
2012	38053.52	111.4	34.0
2013	42049.14	110.5	33.9
2014（旧口径）(Old Standard)	45791.51	108.9	33.6
2014（新口径）(New Standard)	42954.60	108.9	32.9
2015	46734.60	108.8	32.8

8-6 城市居民人均全年消费支出（2015年）

Per Capita Annual Consumption Expenditures of Urban Households (2015)

单位：元 (yuan)

项目	Item	总平均 Average	低收入户 Low Income Households	中等偏下收入户 Lower Middle Income Households	中等收入户 Middle Income Households	中等偏上收入户 Upper Middle Income Households	高收入户 High Income Households
消费支出	**Total Consumption Expenditures**	**35752.50**	**21748.48**	**28373.72**	**34695.64**	**44804.17**	**57133.59**
食品烟酒	Food,Tobacco and Liquor	11742.64	7863.40	10172.03	12144.27	14925.35	16826.91
食品	Food	7046.10	5536.26	6516.70	7172.73	8230.12	9373.72
烟酒	Tobacco and Liquor	471.79	301.83	458.81	457.13	617.81	650.59
饮料	Beverage	303.85	167.07	258.26	289.36	411.42	494.00
饮食服务	Catering Services	3920.90	1858.24	2938.26	4225.05	5666.00	6308.60
衣着	Clothing	1994.96	1000.27	1354.62	2035.22	2677.76	3380.75
衣类	Clothing Materials	1455.12	731.29	974.35	1462.44	1991.84	2462.65
鞋类	Shoes	539.84	268.98	380.27	572.78	685.92	918.10
居住	Residence	8128.63	5223.43	6606.64	6925.52	9549.36	12846.57
租赁房房租	Rental of Housing	309.94	185.58	460.76	396.91	118.29	374.90
住房维修及管理	Repair and Management	700.67	483.56	508.95	370.93	738.93	1490.56
水电燃料及其他	Water, Electricity, Fuels and Others	1227.02	973.38	1138.83	1244.45	1330.56	1396.15
自有住房折算租金	Private Housing Imputed Rent	5891.00	3580.91	4498.10	4913.23	7361.58	9584.96
生活用品及服务	Articles for Daily Use and Services	2212.64	1210.58	1677.11	1999.32	2789.29	3894.66
家具及室内装饰品	Furnitures and Indoor Decorations	282.66	179.98	224.71	310.45	329.77	414.41
家用器具	Household Appliance	511.51	336.53	430.91	422.89	603.19	859.31
家用纺织品	Household Textile	233.55	108.41	165.83	183.95	291.94	486.56
家庭日用杂品	Household Articles for Daily Use	540.88	350.52	443.27	543.80	661.10	792.95
个人用品	Personal Articles for Daily Use	433.80	194.99	341.24	409.66	627.27	698.29
家庭服务	Household Services	210.24	40.15	71.15	128.57	276.02	643.14
交通通信	Transport and Communications	4355.93	2683.87	3183.97	4685.09	5044.50	7010.74
交通	Transport	2752.88	1539.08	1818.05	3031.96	3244.74	4744.74
通信	Communications	1603.05	1144.79	1365.92	1653.13	1799.76	2266.00
教育文化娱乐	Education, Cultural and Recreation	4640.03	2426.86	3392.03	4444.32	5826.98	8210.97
教育	Education	1358.62	1216.07	1130.94	1356.35	1478.65	1707.34
文化娱乐	Cultural and Recreation	3281.41	1210.79	2261.09	3087.97	4348.33	6503.63
医疗保健	Health Care and Medical Services	1545.74	841.25	1199.39	1352.90	2127.71	2544.16
医疗器具及药品	Medical Apparatus and Medicines	805.55	334.40	683.85	701.49	1140.73	1370.79
医疗服务	Medical Services	740.19	506.85	515.54	651.41	986.98	1173.37
其他用品和服务	Miscellaneous Articles for Use and Services	1131.93	498.82	787.93	1109.00	1863.22	2418.83
其他用品	Miscellaneous Goods	629.63	228.94	449.76	605.10	1079.37	1366.20
其他服务	Miscellaneous Services	502.30	269.88	338.17	503.90	783.85	1052.63

8-7 城市居民家庭年末居住情况（2015年）
Housing Conditions of Urban Households at Year-end (2015)

项 目	Item	调查户（户） Households Surveyed (household)
按居住空间样式分	**Grouped by Design of Residential Buildings**	
单栋楼房	Separate Residential Buildings	214
单栋平房	Separate Residential Terraces	26
四居室及以上单元房	Four-room and Above Apartments	81
三居室单元房	Three-room Apartments	342
二居室单元房	Two-room Apartments	411
一居室单元房	One-room Apartments	124
筒子楼或连片平房	Tube-shaped Apartments or Bungalows	2
其他	Others	
按主要建筑材料分	**Grouped by Main Building Materials**	
钢筋混凝土	Reinforced Concrete	1058
砖混材料	Brick and Reinforced Concrete	126
砖瓦砖木	Brick-tile and Brick-wood	16
竹草土坯	Bamboo Grass and Adobe	
其他	Others	
按房房屋来源分	**Grouped by Source of Buildings**	
租赁公房	Public Apartments for Lease	21
租赁私房	Private Apartments for Lease	128
自建住房	Self-built	308
购买商品房	Purchase Commercial Residential Apartment	485
购买房改住房	Purchase Housing-reformation Apartment	222
购买保障性住房	Purchase Indemnificatory Apartment	
拆迁安置房	Settlement Apartment for House Removal	8
继承或获赠住房	Inherited or Gifted	7
免费借用房	Borrow for Free	19
雇主提供免费住房	Employer-provided for Free	2
其他来源	Others	
按主要炊用能源状况分	**Grouped by Fuel for Cooking**	
柴草	Firewood	6
煤炭	Coal	
罐装液化石油气	Tanked LPG	525
管道液化石油气	Pipeline LPG Gas	24
管道煤气	Pipeline Gas	30
管道天然气	Pipeline Natural Gas	514
电	Electricity	99
燃料用油	Oil for Fuel	
沼气	Methane	
其他	Others	
无炊用行为	Without Cooking Behavior	2

8-8 主要年份农村居民家庭人均收支情况

Per Capita Income and Expenditure of Rural Households in Main Years

单位：元 (yuan)

年 份 Year	总收入 Total Income of Household	可支配收入 Disposable Income 绝对数（元） Value (yuan)	可支配收入 Disposable Income 指数（上年=100） Index (preceding year =100)	总支出 Total Expenditure of Household	#家庭经营支出 Expenditure for Household Operations	消费支出 Consumer Expenditure	恩格尔系数（%） Engel's Coefficient of Rural Households (%)
1978	288.26	249.80		265.07	37.44	221.66	67.13
1979	294.78	250.95	100.46	283.25	42.27	237.08	65.13
1980	357.71	322.66	128.58	315.17	34.52	259.46	54.68
1985	1005.17	732.70	106.53	838.87	228.82	534.53	55.49
1986	1202.57	857.17	116.99	1052.33	285.06	671.37	51.76
1987	1668.84	1074.92	125.40	1422.75	540.48	783.22	52.70
1988	2096.67	1324.48	123.22	1940.54	711.36	1063.46	50.06
1989	2103.81	1524.80	115.12	1838.45	506.87	1175.80	50.06
1990	2141.00	1538.93	100.93	1867.79	509.15	1218.85	49.05
1991	2397.31	1735.57	112.78	1902.60	545.18	1224.92	51.59
1992	2856.37	2152.28	124.01	2050.69	605.78	1224.30	54.94
1993	3639.97	2661.34	123.65	3134.42	855.54	2002.89	48.72
1994	4617.42	3670.24	137.91	3752.30	797.11	2639.60	49.55
1995	5552.10	4482.51	122.13	4578.52	904.34	3307.61	46.33
1996	6482.42	5164.67	115.22	5145.01	1112.34	3530.62	44.96
1997	7269.41	5545.91	107.38	5645.20	1467.20	3602.21	47.37
1998	7120.09	5628.95	101.50	5829.06	1222.32	4143.55	42.62
1999	7181.00	5833.92	103.64	5106.16	1045.10	3634.66	48.54
2000	7080.42	6085.97	104.32	5515.70	671.49	4453.33	38.21
2001	7542.65	6445.72	105.91	5423.27	679.66	4388.39	43.77
2002(旧口径)	7918.81	6856.62	106.37	5506.95	711.37	4434.95	43.27
2002(新口径)	6888.84	5831.34		5272.93	762.60	4182.38	
2003	7032.36	6129.95	105.12	5217.68	734.44	4115.94	43.88
2004	7510.31	6625.16	108.08	5419.08	725.36	4353.18	43.75
2005	8380.25	7080.19	106.87	6741.70	1049.77	5395.58	43.22
2006	8982.66	7788.27	110.00	7008.43	1011.94	5628.86	42.60
2007	9997.12	8612.84	110.59	7934.08	1166.57	6341.51	42.82
2008	11107.23	9828.12	114.11	8409.80	1056.11	6837.67	42.33
2009	12303.11	11066.69	112.60	9338.02	1040.28	7742.20	43.95
2010	14249.13	12675.55	114.54	10891.68	1231.02	8987.06	45.91
2011	16191.16	14817.72	116.90	12145.71	1145.86	10100.86	44.71
2012	18398.47	16788.48	113.30	13368.63	1259.56	10964.52	44.50
2013	20670.14	18887.04	112.50	14477.13	1401.45	11688.20	44.21
2014	21814.24	17662.80	110.30	16783.29	822.46	12867.79	42.89
2015	23454.21	19323.10	109.40	20225.47	952.10	15924.85	39.42

注：1.自2014年起广州实施城乡一体化分市县住户调查制度，农村家庭居民收入数据以新口径公布，“人均可支配收入”指标代替“人均纯收入”指标，不再公布“人均纯收入”数据。本表收入指标2014年以前数据为“人均纯收入”数据，2014年指数按可支配收入同口径计算。

2.2015年起“消费支出”和“恩格尔系数”为新口径数据，本表2014年以前该两项指标数据为旧口径。

Note: I.Guangzhou started an integrated household income and expenditure survey in 2014 and the income of rural households is published with new statistical standard.The "Per Capita Net Income" is no longer used and the "Per Capita Disposable Income" takes the place of it. In this table, the "Per Capita Net Income" is preserved before 2014. The index in 2014 is calculated in the same standard of disposable income.

II.Since 2015, "Consumer expenditure" and "Engel's coefficient" for the new caliber data, this table in 2014 before the two indicators of data for the old caliber.

8-9 农村居民家庭基本情况（2015年）

项　　目		Item	
调查户数	（户）	Number of Households Surveyed	(household)
各组比重	（%）	Proportion	(%)
调查户常住人口	（人）	Number of Permanent Residents in Households Surveyed	(person)
平均每户常住人口	（人）	Average Number of Permanent Residents per Household	(person)
# 整半劳动力	（人）	Average Number of Full/Semi Labor Force per Household	(person)
从业人员数	（人）	Number of Employees	(person)
平均每个从业人员负担人口数	（人）	Average Number of Residents per Employee	(person)
平均每户生产性固定资产原值	（元）	Average Original Value of Fixed Assets per Household	(yuan)
平均每人经营耕地面积	（亩）	Per Capita Cultivated Area	(mu)
平均每户居住面积	（平方米）	Net Living Space per Household	(sq.m)
平均每人居住面积	（平方米）	Per Capita Net Living Space	(sq.m)
平均每人全年消费		Per Capita Annual Consumption	
粮　食	（千克）	Grain	(kg)
谷　物	（千克）	Cereal	(kg)
薯　类	（千克）	Tubers	(kg)
豆　类	（千克）	Beans	(kg)
油脂类	（千克）	Oil and Fats	(kg)

Basic Conditions of Rural Households (2015)

总平均 Average	低收入户 Low Income Households	中等偏下收入户 Lower Middle Income Households	中等收入户 Middle Income Households	中等偏上收入户 Upper Middle Income Households	高收入户 High Income Households
449	89	90	90	90	90
100	20	20	20	20	20
1747	388	403	350	313	293
3.89	4.36	4.48	3.89	3.48	3.26
2.93	2.80	3.20	3.06	2.98	2.61
2.62	2.51	2.80	2.76	2.62	2.41
1.49	1.74	1.60	1.41	1.33	1.35
9407.14	10116.85	5183.30	12084.78	5241.77	10430.00
0.19	0.19	0.13	0.21	0.18	0.26
192.91	171.75	181.02	194.33	204.46	212.75
49.58	39.40	40.43	49.97	58.79	65.35
109.60	101.89	97.19	111.22	119.62	127.79
103.03	96.88	89.49	104.70	114.03	122.03
1.18	0.64	1.12	1.31	1.30	1.28
5.39	4.37	6.58	5.21	4.29	4.48
9.12	7.68	7.87	8.79	11.40	12.78

8-9 续表

项目		Item	
蔬菜及其制品	（千克）	Vegetables and Processed Products	(kg)
#鲜 菜	（千克）	Fresh Vegetables	(kg)
肉 类	（千克）	Meat	(kg)
#猪 肉	（千克）	Pork	(kg)
禽 类	（千克）	Poultry	(kg)
#鸡	（千克）	Chicken	(kg)
水产品	（千克）	Aquatic Products	(kg)
#鱼	（千克）	Fish	(kg)
蛋类及蛋制品	（千克）	Eggs and Egg Products	(kg)
#鲜 蛋	（千克）	Eggs	(kg)
奶及奶制品	（千克）	Milk and Milk Products	(kg)
#鲜 奶	（千克）	Fresh Milk	(kg)
干鲜瓜果类	（千克）	Dried and Fresh Melons and Fruits	(kg)
#鲜瓜果	（千克）	Fresh Melons and Fruits	(kg)
糖果糕点类	（千克）	Confectionery	(kg)
#食 糖	（千克）	Sugar	(kg)
烟酒饮料类	（千克）	Tobacco, Liquor and Beverage	(kg)
烟草类	（千克）	Tobacco	(kg)
酒 类	（千克）	Liquor	(kg)
饮 料	（千克）	Beverage	(kg)

continued

总平均 Average	低收入户 Low Income Households	中等偏下收入户 Lower Middle Income Households	中等收入户 Middle Income Households	中等偏上收入户 Upper Middle Income Households	高收入户 High Income Households
105.78	87.30	94.77	114.87	116.06	138.68
102.49	85.18	91.25	110.55	113.32	134.07
37.50	32.48	35.03	40.08	41.87	46.68
31.93	29.20	29.83	33.85	36.21	37.54
22.10	18.64	20.41	23.45	25.05	32.66
14.13	11.10	13.83	15.44	15.67	20.05
21.89	15.71	20.23	24.35	25.27	35.09
17.67	13.41	15.97	20.27	20.35	24.30
6.42	5.06	6.12	6.34	7.31	8.56
6.09	4.86	5.77	6.03	6.89	7.95
6.63	3.49	8.35	6.72	5.57	13.44
3.26	1.65	4.06	2.99	2.96	5.87
32.00	23.45	31.66	35.92	33.26	47.40
29.47	21.85	29.35	33.03	30.27	44.42
7.02	4.83	6.56	7.90	6.96	9.28
2.56	2.16	1.69	2.95	2.45	2.72
38.58	33.89	28.81	39.39	49.09	42.56
34.39	30.97	24.96	34.76	44.36	34.46
3.79	2.58	3.57	4.20	4.22	7.14
0.40	0.34	0.28	0.43	0.51	0.96

8-10 农村居民家庭人均收支情况（2015年）

单位：元

项　　目	Item
全年总收入	Total Income of Households
全年可支配收入	Annual Disposable Income
工资性收入	Income from Wages and Salaries
# 工资	Wages and Salaries
实物福利	Material Benefits
经营净收入	Net Business Income
# 第一产业经营净收入	Net Business Income from Primary Industry
财产净收入	Net Income from Property
转移净收入	Net Income from Transfers
全年总支出	Total Expenditures of Households
消费支出	Consumption Expenditures
食品烟酒消费支出	Food,Tobacco and Liquor
食品	Food
# 粮 食	Grain
食用油	Oil
蔬菜和食用菌	Vegetable and Edible Fungus
肉禽蛋奶及制品	Meat, Poultry, Eggs, Milk and Processed Products
水产品及制品	Aquatic and Processed Products
干鲜瓜果类	Dried and Fresh Melons and Fruits
糖果糕点类	Confectionery
烟酒饮料类	Tobacco, Liquor and Beverage
饮食服务	Catering Services
衣着消费支出	Clothing
居住消费支出	Residence
生活用品及服务消费支出	Articles for Daily Use and Services
交通通信消费支出	Transportation and Communication
教育文化娱乐消费支出	Education, Cultural and Recreation
医疗保健消费支出	Health Care and Medical Services
其他用品和服务消费支出	Miscellaneous Articles for Use and Services
家庭经营费用支出	Expenditures on Household Operation
财产性支出	Expenditures on Properties
转移性支出	Expenditures on Transfers
部分商业保险支出	Parts of Expenditures on Commercial Insurance
购置资产及非经常性转移支出	Expenditures on Acquisition of Assets and Non-recurring Expenditures on Transfers
购置资产支出	Expenditures on Acquisition of Assets
非经常性转移支出	Non-recurring Expenditures on Transfers
借贷性支出	Expenditures on Loans
全年现金总收入	Total Monetary Income
# 第一产业经营现金收入	Monetary Income from Primary Industry
非收入现金所得	Monetary Income Excluding Wage and Salary
借贷性现金所得	Monetary Income From Loan
全年现金总支出	Total Monetary Expenditures
# 现金消费支出	Monetary Expenditures on Consumption
家庭经营费用现金支出	Monetary Expenditures on Household Operation

Per Capita Annual Income and Expenditure of Rural Households (2015)

(yuan)

总平均 Average	低收入户 Low Income Households	中等偏下收入户 Lower Middle Income Households	中等收入户 Middle Income Households	中等偏上收入户 Upper Middle Income Households	高收入户 High Income Households
23454.21	13081.07	17649.96	22721.22	27608.46	42266.39
19323.10	10266.30	14803.61	18576.10	22949.77	35121.58
13998.44	7829.90	11931.40	13744.14	16506.13	22880.01
13361.62	7615.72	11319.03	13205.78	15862.99	21616.38
32.24	6.07	26.76	17.54	49.56	74.74
2542.62	1580.67	1599.25	2248.80	2616.96	5602.35
1208.73	458.93	392.59	1278.46	1233.88	3280.64
1683.85	377.99	691.75	1421.46	2006.22	4856.72
1098.19	477.74	581.21	1161.70	1820.46	1782.50
20225.47	13116.58	16068.76	19257.84	21797.20	35716.19
15924.85	10730.85	13096.00	15246.76	17830.40	26134.22
6278.29	4419.88	5329.22	6409.53	7373.43	8923.13
4678.68	3463.30	4182.78	4846.98	5212.75	6326.47
561.57	459.55	506.40	582.19	617.65	698.84
202.12	162.96	166.98	200.07	251.53	256.70
575.38	453.48	522.43	606.17	639.13	716.80
2106.95	1632.87	1936.85	2201.60	2302.20	2694.51
567.93	322.03	500.04	588.15	672.46	876.01
350.98	252.23	287.17	350.84	376.26	555.55
131.08	74.72	133.38	127.02	137.62	206.05
580.43	468.57	445.38	609.10	792.18	665.64
1019.18	488.01	701.06	953.45	1368.50	1931.02
663.25	381.04	534.68	657.13	680.49	1238.17
3306.77	2325.01	2574.63	2760.73	3890.39	5794.93
913.21	471.47	852.94	908.62	838.53	1716.52
2157.62	1304.53	1511.92	2287.16	2508.10	3752.27
1481.79	1187.14	1356.35	1369.32	1309.69	2409.57
739.25	494.43	694.37	571.43	831.66	1260.36
384.67	147.35	241.89	282.84	398.11	1039.27
952.10	884.73	432.34	929.04	738.40	2041.50
29.60		7.62	10.93	100.93	43.41
1135.29	626.14	925.59	1343.74	1394.08	1586.48
29.01	7.40	8.36	11.38	58.75	76.01
1945.79	830.67	1398.12	1520.43	1560.06	5247.87
605.52	74.13	182.31	93.07	384.52	2833.19
1340.27	756.54	1215.81	1427.36	1175.54	2414.68
208.83	36.79	200.73	195.56	114.58	586.70
23037.72	12839.17	17312.22	22352.12	27166.08	41465.35
1860.37	1140.00	630.13	1920.67	1620.18	4780.91
1356.21	1026.50	851.54	1165.14	1443.76	2658.62
493.21	166.16	492.64	557.26	291.21	1105.78
17903.90	11535.59	14338.39	17515.46	19161.01	31116.56
13606.82	9152.58	11366.16	13506.23	15201.22	21541.62
948.56	882.01	431.81	927.18	731.39	2034.47

【可支配收入】指住户在调查期内获得的、可用于最终消费支出和储蓄的总和，即调查户可以用来自由支配的收入。按照收入的来源，可支配收入包含四项，分别为：工资性收入、经营净收入、财产净收入和转移净收入。

【工资性收入】指就业人员通过各种途径得到的全部劳动报酬和各种福利，包括受雇于单位或个人、从事各种自由职业、兼职和零星劳动得到的全部劳动报酬和福利。

【经营净收入】指住户或住户成员从事生产经营活动所获得的净收入，是全部经营收入中扣除经营费用、生产性固定资产折旧和生产税之后得到的净收入。计算公式具体为：

经营净收入=经营收入-经营费用-生产性固定资产折旧-生产税

【财产净收入】指住户或住户成员将其所拥有的金融资产、住房等非金融资产和自然资源交由其他机构单位、住户或个人支配而获得的回报并扣除相关的费用之后得到的净收入。财产净收入包括利息净收入、红利收入、储蓄性保险净收益、转让承包土地经营权租金净收入、出租房屋净收入、出租其他资产净收入和自有住房折算租金等。财产净收入不包括转让资产所有权的溢价所得，这应该计入“非收入所得”。计算公式具体为：

财产净收入=财产性收入-财产性支出

【转移净收入】指国家、单位、社会团体对住户的各种经常性转移支付和住户之间的经常性收入转移扣除调查户对国家、单位、住户或个人的经常性或义务性转移支付之后得到的净收入。包括国家、单位、社会团体对住户转移的养老金或退休金、社会救济和补助、政策性生活补贴、救灾款、经常性捐赠和赔偿、政策性生产补贴以及报销医疗费等，住户之间的赡养收入、住户非常住成员寄回带回的收入等，在扣除缴纳的税款、各项社会保障支出、赡养支出、经常性捐赠和赔偿支出以及其他经常转移支出等的净收入。计算公式具体为：

转移净收入=转移性收入-转移性支出

【实物福利】指单位或雇主免费或低价提供给员工的各种实物产品和服务折价。

【消费支出】指住户用于满足家庭日常生活消费需要的全部支出，包括用于消费品的支出和用于服务性消费的支出。根据用途不同，消费支出可划分为食品烟酒、衣着、居住、生活用品及服务、交通通信、教育文化娱乐、医疗保健、其他用品及服务八大类。根据来源不同，消费支出可划分为现金消费支出、实物消费支出（含自产自用、来自单位和个人、来自政府和其他社会组织）。

【部分商业保险支出】包括意外伤害保险、商业医疗保险（含大病保险）、其他非储蓄型商业保险和其他储蓄性商业保险等。

【购置资产支出】包括构建住房支出、购买住房支出以及购置第一、二、三产业生产性固定资产支出。

【非经常性转移支出】包括博彩支出、婚丧嫁娶礼金支出、一次性赔偿支出、一次性馈赠支出和其他非经常性转移支出。

【非收入现金所得】主要包括出售资产所得、非经常性转移所得及其他非收入所得，此指标统计口径有所调整，不包含借贷性所得部分。

【Disposable Income】 refers to the sum of the household income gained during the period of investigation that can be used as final consumption expenditure and deposit. It means the discretionary income of the households. According to the source of income, disposable income contains four parts: income from wages and salaries, net business income, net income from property and net income from transfers.

【Income from Wages and Salaries】 refers to the labor remuneration and benefits obtained by the employments through various means, including all the labor remuneration and benefits in the employ of enterprises or individual, self-employed and part-time jobs.

【Net Business Income】 refers to the net income of residents or resident members obtained in the production and business operation activities. It means the operating income deducts operating costs, productive fixed assets depreciation and production taxes. Calculation:

Net business income = operating income – operating costs – productive fixed assets depreciation – production taxes

【Net Income from Property】 means that the residents or resident members give the financial assets,Non-financial assets(such as housing)and natural resources they owned to other enterprises, residents or individual to manage, then they receive the net income after deducting the related expenses of the return. Net income from property includes net income from interest, income from bonus, net income from savings insurance, net income from the rent of transferring the right of management of contracted land, income from rental, income from renting other assets and virtual rent. Net income from property does not include the premium income of transferring the ownership of assets, and this premium income should be accounted into gain. Calculation:

Net income from property = Income from property – Expenditure of property

【Net Income from Transfers】 refers the transfer income from country, institutions and social organizations to the residents minus the transfer expenditures from investigated residents to country, institutions ,residents or personal. Income from transfers includes pension or retirement pay, social relief and assistance, policy allowance, relief, regular donations, policy production subsidies and medical reimbursement that country, institutions, social organizations transfer to residents. It also includes alimony, the revenue sent back by the non-permanent residents. Net income means that all the income mentioned above should deduct the payment of taxes, the social security expenditure, alimony expenditure, regular donations, compensation expenditure and other regular expenditure on transfers. Calculation:

Net income from transfers = Income from transfers – Expenditure on transfers

【Material Benefits】 refers to the physical products and discounted services that enterprises or employers provide employees for free or at a low price.

【Expenditure for Consumption】 refers to all the expenditures paid by urban households for consumption in daily life, including expenditure for customer goods and services. According to the different purposes, expenditure for consumption can be divided into eight categories: Food, tobacco and liquor, Clothing, Residence, Household facilities, articles and services, Transportation and communication services, Education, cultural and recreation services, Health care and medical services, Miscellaneous commodities and services. According to the different sources, expenditure for consumption divided into monetary expenditure for consumption and material expenditure for consumption (including self-produced and self-used, from institutions and person, from government and other social organizations).

【Parts of Expenditures on Commercial Insurance】 includes accident insurance, commercial medical insurance (including critical illness insurance), other commercial insurance excluding savings insurance and other commercial savings insurance.

【Expenditures on Acquisition of Assets】 includes expenditures on building houses, purchasing houses and purchasing productive fixed assets of primary, secondary and tertiary industry.

【Non-recurring Expenditures on Transfers】includes expenditures on gambling, funeral, wedding gifts, one-time compensation, one-time gift and other non-recurring expenditures on transfers.

【Monetary Income Excluding Wage and Salary】mainly includes income from selling assets, non-recurring transfers, and other income excluding wage and salary. But it does not contain income from loan.

第九篇 CHAPTER 9

城市建设

CITY CONSTRUCTION

简要说明

Brief Introduction

第九篇　城市建设

一、本篇资料反映广州市城市建设和公用事业的规模、速度、效益及综合水平等基本情况。

二、本篇资料由广州市统计局固定资产投资统计处整理提供。

三、本篇资料依据国家住房和城乡建设部制定的《城市（县城）建设统计报表制度》编制。统计数据由广州市住房和城乡建设委员会、广州市统计局、广州市国土资源和规划委员会、广州市城市管理委员会以及广州市林业和园林局等单位提供。

9 City Construction

I. The data in this chapter show the basic conditions of scale, speed, mileage and comprehensive level of the city construction and utilities in Guangzhou.

II. The data in this chapter are prepared and provided by the Division of Investment and Construction Statistics of Guangzhou Municipal Bureau of Statistics.

III. The data in this chapter are collected and tabulated in accordance with the Statistical Survey Scheme of Cities' or Counties' Construction stipulated by Ministry of Housing and Urban-Rural Development of the People's Republic of China, all of which are provided by Guangzhou Housing and Urban-Rural Construction Committee, Guangzhou Municipal Bureau of Statistics, Guangzhou Land Resource and Urban Planning Committee, Guangzhou City Management Committee, Administration of Forestry and Gardening of Guangzhou Municipality.

9-1 城市市政设施

Public Facilities in Urban Districts

项　　目	Item	2014	2015
道路长度 (公里)	Length of Roads (1000 m)	7175.82	7462.26
道路面积 (万平方米)	Area of Roads (10000 sq.m)	10414.21	11230.41
# 人行道	Pavement	1961.31	2161.32
人均城市道路面积 (平方米)	Per Capita Area of Roads (sq.m)	9.43	9.01
桥梁 (座)	Bridges (unit)	1372	1400
# 立交桥	Crossroads	189	189
道路照明灯盏数 (千盏)	Number of Street Lights (1000 units)	217.75	282.63
排水管道长度 (公里)	Length of Sewer Pipelines (1000 m)	10078	10204
建成区排水管道密度(公里/平方公里)	Density of Sewer Pipelines (1000 m/sq.km)	9.74	8.25
污水排放量 (万立方米)	Sewage Discharge Quantity (10000 cubic metres)	139399.58	149182.14
污水处理厂 (座)	Sewage Treatment Plant (unit)	48	48
污水处理厂处理能力 (万立方米/日)	Sewage Treatment Capacity(10000 cubic metres/day)	471.18	499.18
污水处理厂处理量 (万立方米)	Quantity of Sewage Treatment (10000 cubic metres)	146629.93	153173.80
污水处理率 (%)	Sewage Treatment Rate (%)	92.09	93.22
# 污水处理厂集中处理率 (%)	Concentrated Sewage Treatment Rate (%)	92.09	93.22

注:1.本表数据为全市(11区)口径;

2.本表数据由广州市住房和城乡建设委员会汇总相关单位数据后提供，具体数据由相关单位负责解释。

Note: I. The coverage in this table includes 11 districts.

II.The data in this table are collected by Guangzhou Housing and Urban-Rural Construction Committee from the related sectors. The responsibility to interpret the data shall be remained with the related sectors.

9-2 城市(市区)供水
Tap Water Supply in Urban Districts

项　目	Item	2014	2015
综合生产能力(万立方米/日)	Overall Production Capacity (10000 cu.m/day)	655.00	749.80
供水管道长度 (公里)	Length of Water Supply Pipelines (1000 m)	17653.61	21915.59
供水总量 (万立方米)	Total Volume of Water Supply (10000 cu.m)	200442.01	221710.02
# 售水量	Sales Volume of Tap Water	167314.60	188328.54
生产运营用水	For Production Use	32257.69	35999.16
公共服务用水	For Public Services	37859.13	41230.14
居民家庭用水	For Household Use	94570.84	105515.63
其他用水	Others	2626.94	5637.59
用水户数 (户)	Number of Households with Access to Tap Water (unit)	2386512	2717352
# 家庭用户	Number of Families with Access to Tap Water	2182038	2455558
用水人口 (万人)	Number of Residents with Access to Tap Water (10000 persons)	1381.38	1648.51
人均日生活用水量 (升)	Per Capita Daily Consumption of Tap Water for Residential Use(liter)	269.44	253.23
用水普及率 (%)	Coverage Rate of Urban Population with Access to Tap Water (%)	100.00	100.00

注：1.本表数据2014年为市区(10区)口径，2015年为全市(11区)口径；
2.本表资料不包企业自建设施供水；
3.本表数据由广州市住房和城乡建设委员会汇总相关单位数据后提供，具体数据由相关单位负责解释。

Note: I. The coverage in this table includes 11 districts in 2015 while it refers to 10 districts in 2014.
II. The data in this table exclude the water supply by self-built facilities of corporations.
III.The data in this table are collected by Guangzhou Housing and Urban-Rural Construction Committee from the related sectors. The responsibility to interpret the data shall be remained with the related sectors.

9-3 城市燃气供应
Gas Supply in Urban Districts

项　　目	Item	2014	2015
液化石油气	**Liquefied Petroleum Gas**		
储气能力 (吨)	Storage Capacity (ton)	43018.11	40992.49
供气管道长度 (公里)	Length of Gas Supply Pipelines (1000 m)	154.27	12.44
供气总量 (吨)	Total Supply of Gas (ton)	1028739.21	970633.99
销售气量	Sales Volume of Gas	1028702.29	970581.46
# 居民家庭	Households	330937.29	468498.98
用气户数 (户)	Number of Households (unit)	3508002	3703881
# 家庭用户	Families	2817469	3007761
用气人口 (万人)	Number of Residents with Access to Gas (10000 persons)	599.70	635.54
天然气	**Natural Gas**		
储气能力 (万立方米)	Storage Capacity (10000 cu.m)	608.66	664.42
供气管道长度 (公里)	Length of Gas Supply Pipelines (1000 m)	7943.76	8598.62
供气总量 (万立方米)	Total Supply of Gas (10000 cu.m)	164583.74	174628.92
# 销售气量	Sales Volume of Gas	166279.32	168742.21
# 居民家庭	Households	27593.83	28785.15
用气户数 (户)	Number of Households (unit)	1805971	2035193
# 家庭用户	Families	1794614	2022062
用气人口 (万人)	Number of Residents with Access to Gas (10000 persons)	502.19	608.17
燃气普及率 (%)	Coverage Rate of Urban Population with Access to Gas (%)	99.70	99.75

注：1.本表数据2014年为市区(10区)口径，2015年为全市(11区)口径；
2.本表数据由广州市城市管理委员会提供。

Note: I. The coverage in this table includes 11 districts in 2015 while it refers to 10 districts in 2014.
II. The data in this table are provided by City Administrative Committee of Guangzhou Municipal.

9-4 城市市政公用设施建设固定资产投资额
Investment in Fixed Assets in Public Facilities in Urban Districts

单位:万元 (10000 yuan)

项　　目	Item	2014	2015
本年完成投资	Investment Completed in Current Year	2970968	2759638
供　水	Water Supply	4387	17764
燃　气	Gas Supply	14229	22322
轨道交通	Rail Traffic	2022083	1694899
道路桥梁	Roads and Bridges	551098	523202
排　水	Drainage	97288	107668
# 污水处理及其再生利用	Sewerage Disposal and Reutilization	78669	106839
园林绿化	Parks and Green Areas	40888	39564
其　他	Others	240995	354219

注：1.本表数据2014年为市区(10区)口径，2015年为全市(11区)口径；
2.本表数据由广州市住房和城乡建设委员会汇总相关单位数据后提供，具体数据由相关单位负责解释。

Note: I. The coverage in this table includes 11 districts in 2015 while it refers to 10 districts in 2014.
II. The data in this table are collected by Guangzhou Housing and Urban-Rural Construction Committee from the related sectors. The responsibility to interpret the data shall be remained with the related sectors.

9-5 主要年份城市房屋建筑面积

Floor Space of Buildings in Urban Districts in Main Years

单位：万平方米 (10000 sq.m)

年 份 Year	年末实有房屋建筑面积 Floor Space of Buildings (year-end)	年末实有住宅建筑面积 Floor Space of Residential Buildings (year-end)	年末实有住宅居住面积 Living Space of Residential Buildings (year-end)	平均每人房屋建筑面积（平方米） Per Capita Floor Space of Buildings (sq.m)
1978	2889.89	1314.03	788.42	3.82
1980	3247.82	1512.88	907.73	3.97
1985	5511.97	2834.43	1700.66	6.62
1990	7567.44	3974.23	2327.55	7.99
1995	9666.45	5276.22	3043.65	9.61
2000	13740.03	7952.05	4515.36	13.13
2001	14829.01	8713.55	4934.19	13.87
2002	21720.35	12995.46	7289.24	15.67
2003	23269.49	14059.48	7874.45	17.23
2004	25372.08	15390.71	8606.63	18.19
2005	27283.78	16300.86	9107.22	18.87
2006	28585.19	17099.69	9546.56	19.45
2007	30217.80	18029.52	10057.98	20.00
2008	31654.28	18798.47	10480.90	20.54
2009	33287.44	19612.62	10928.67	21.01
2010	34962.70	20306.38	11310.25	21.40
2011	36966.70	21007.01	11695.60	21.89
2012	39212.15	21768.75	12114.56	22.46
2013	41942.52	22322.17	12418.94	22.73
2014	44796.03	23213.63	12909.24	23.32
2015	48185.22	24922.60	13849.18	24.00

注：本表资料2002年以前为市区(8区)口径；2002至2014年为市区(10区)口径；2015年为全市(11区)口径。

Note: The coverage in this table includes the 11 districts since 2015 while it refers to the original 10 districts from 2002 to 2014.Before 2002, it was 8 districts.

9-6 城市维护建设资金(财政性资金)收支情况

Statistics on Revenue and Expenditure in City Maintenance

单位：万元 (10000 yuan)

项目	Item	2014	2015
维护建设资金收入	Revenue of Maintenance and Construction	3851583	3276471
维护建设资金支出	Expenditure of Maintenance and Construction	3371540	3219043
# 维护支出	For Maintenance	1888625	3045675

注：1.本表数据2014年为市区(10区)口径，2015年为全市(11区)口径；
2.本表数据由广州市住房和城乡建设委员会汇总相关单位数据后提供，具体数据由相关单位负责解释。

Note: I. The coverage in this table includes 11 districts in 2015 while it refers to 10 districts in 2014.
II. The data in this table are collected by Guangzhou Housing and Urban-Rural Construction Committee from the related sectors. The responsibility to interpret the data shall be remained with the related sectors.

9-7 城市园林绿化

Parks, Gardens and Green Areas in Urban Districts

项目	Item	2014	2015
绿化覆盖面积 (公顷)	Coverage Area of Afforestation (hectare)	143349	152942
# 建成区	Developed Areas	42948	51464
建成区绿化覆盖率 (%)	Green Coverage Rate in Developed Areas (%)	41.50	41.53
绿地面积 (公顷)	Area of Green Areas (hectare)	132448	141041
# 建成区	Developed Areas	36929	44611
建成区绿地率 (%)	Rate of Green Areas in Developed Areas (%)	35.68	36.00
公园绿地面积 (公顷)	Area of Gardens (hectare)	22292	27200
人均公园绿地面积 (平方米)	Per Capita Garden (sq.m)	16.14	16.50
公园个数 (个)	Number of Parks (unit)	245	246
公园面积 (公顷)	Area of Parks (hectare)	5180	5193
建成区面积 (平方公里)	Developed Areas (sq.km)	1035.01	1237.25

注：1.本表数据2014年为市区(10区)口径，2015年为全市(11区)口径；
2.本表数据由广州市林业和园林局提供。

Note: I. The coverage in this table includes 11 districts in 2015 while it refers to 10 districts in 2014.
II. The data in this table are provided by Administration of Forestry and Gardening of Guangzhou Municipality.

9-8 城市市容环境卫生

City Appearance and Environmental Sanitation

项　　目	Item	2014	2015
道路清扫保洁面积　（万平方米）	Area of Roads under Cleaning Program (10000 sq.m)	11614	19469
# 机械化	By Mechanization	5475	6105
生活垃圾清运量　（万吨）	Volume of Living Garbage Disposal (10000 tons)	430.21	455.84
生活垃圾处理量　（万吨）	Garbage Treatment (10000 tons)	430.21	455.84
生活垃圾无害化处理厂（场）数（座）	Number of Garbage Harmless Disposal Factories (unit)	5	6
生活垃圾无害化处理量　（万吨）	Volume of Garbage Harmless Disposal (10000 tons)	393.64	434.15
生活垃圾无害化处理率　（%）	Rate of Garbage Harmless Disposal (%)	91.50	95.24
粪便处理量　（万吨）	Volume of Excrement and Urine Disposal (10000 tons)	24.63	24.55
公共厕所　（座）	Number of Public Lavatories (unit)	1186	1251
市容环卫专用车辆设备总数　（辆）	Number of Special Vehicles for Environmental Sanitation(unit)	2368	4335

注：1.本表数据2014年为市区(10区)口径，2015年为全市(11区)口径；

2.本表数据由广州市城市管理委员会提供。

Note: I. The coverage in this table includes 11 districts in 2015 while it refers to 10 districts in 2014.

II. The data in this table are provided by Administration of Forestry and Gardening of Guangzhou Municipality.

【道路长度】指道路长度和与道路相通的桥梁、隧道的长度，按车行道中心线计算。

【供水总量】指报告期供水企业（单位）供出的全部水量，包括有效供水量和漏损水量。有效供水量指水厂将水供出厂外后，各类用户实际使用到的水量，包括售水量和免费供水量。漏损水量指在供水过程中由于管道及附属设施破损而造成的漏水量、失窃水量以及水表失灵少计算的水量。

【售水量】指报告期供水企业(单位)收费供应的水量，只包括本地售水量，不包括销往本区域外的售水量。

【生产运营用水】指在城市范围内生产、运营的农、林、牧、渔业、工业、建筑业、交通运输业等单位在生产、运营过程中的用水。

【公共服务用水】指为城市社会公共生活服务的用水。包括行政事业单位、部队营区和公共设施服务、社会服务业、批发零售贸易业、旅馆饮食业以及社会服务业等单位的用水。

【居民家庭用水】指城市范围内所有居民家庭的日常生活用水。包括城市居民、农民家庭、公共供水站用水。

【绿地面积】指报告期末用作园林和绿化的各种绿地面积。包括公园绿地、生产绿地、防护绿地、附属绿地和其他绿地的面积。

【公园绿地面积】指城市中向公众开放的、以游憩为主要功能，有一定的游憩设施和服务设施，同时兼有健全生态、美化景观、防灾减灾等综合作用的绿化用地。它是城市建设用地、城市绿地系统和城市市政公用设施的重要组成部分。

【Length of Roads】refers to the length of roads and of the bridges and tunnels connected to the roads, calculated by the center line of the roads.

【Annual Volume of Water Supply】refers to the total volume of water supplied by water-works(units) during the reference period, including both the effective water supply and loss during the water supply.

【Volume of Sold Water】refers to the total volume of paid water supplied by water-works(units) during the reference period, only including the volume of paid water sold to local region, not including the volume of paid water sold to other regions.

【Volume of Water for Production】refers to water consumption for urban production of enterprises of farming, forestry, animal husbandry and fishery, industry, construction, transport, and so on.

【Water Consumption of Public Service】refers to water consumption for urban public services, including the consumption of government agencies and public institutions. Military barracks, public facilities, wholesale and retail outlets, restaurants, hotels, and other units providing public services.

【Household Water Consumption】refers to consumption of water for daily life of all households within the boundary of cities, including water consumption of urban residents and farmers, and public water supply stations.

【Area of Urban Greenbelt】refers to the total area occupied for green projects at the end of the reference period, including park green land, production green land, protection green land, green land attached to institutions, and other greenbelt.

【Park Green Areas】refers to green areas open to the public for amusement and rest with the facilities of amusement, rest and services, Its function includes perfecting ecology, beautifying landscape, and preventing and reducing disaster. It is an important component of urban construction sites, urban green area system and public facilities in urban districts.

第十篇 CHAPTER 10

农 业
AGRICULTURE

简要说明

Brief Introduction

第十篇　农 业

一、本篇资料反映广州市农业生产和农村社会经济的基本情况。

二、本篇资料由广州市统计局农村统计处整理提供。

三、本篇资料中农村经济收益分配表由广州市农业局提供。

四、本篇资料主要来源于广州市农村统计报表制度。农村统计报表制度的统计范围包括各区的各种经济类型的全部农林牧渔业生产单位。

10 Agriculture

I. The data in this chapter show the basic conditions of agricultural production and rural economy in Guangzhou.

II. The data in this chapter are prepared and provided by the Division of Rural Statistics of Guangzhou Municipal Bureau of Statistics.

III. The data on rural economic income distribution are provided by Guangzhou Agriculture Bureau.

IV. The data in this chapter mainly come from the statistical reporting summary tables on rural area of Guangzhou Municipality. The statistical coverage of the statistical reporting summary scheme includes all the productive units of farming, forestry, animal husbandry and fishery and those related nonagricultural affiliated units with various ownership in every district in Guangzhou Municipality.

10-1 农业主要指标

Major Indicators of Agriculture

项　目	Item	2014	2015
乡镇户数 （户）	Number of Rural Households (household)	1510590	1574187
乡镇人口 （人）	Rural Population (person)	5244323	5362176
乡镇从业人员 （人）	Number of Rural Employed Persons (person)	3272547	3375559
农、林、牧、渔业从业人员（人）	Number of Rural Employed Persons in Agriculture, Forestry, Animal Husbandry and Fishery (person)	660284	655938
常用耕地面积 （公顷）	Area of Cultivated Land (hectare)	96398	95411
有效灌溉面积 （公顷）	Irrigated Area (hectare)	79596	78867
农业机械总动力 （万瓦）	Total Power of Agricultural Machinery (10000 w)	199587	201328
化肥施用量(折纯) （吨）	Consumption of Chemical Fertilizers (100 percent effective content equivalent) (ton)	112913	114196
农药使用量 （吨）	Consumption of Pesticides (ton)	3222	3270
农村用电量 （万千瓦·时）	Electricity Consumed in Rural Area (10000 kwh)	1897632	1884236
农、林、牧、渔业总产值 （万元）	Gross Output Value of Agriculture, Forestry, Animal Husbandry and Fishery (10000 yuan)	3983015	4134562
农、林、牧、渔业增加值 （万元）	Value-added of Agriculture, Forestry, Animal Husbandry and Fishery (10000 yuan)	2360057	2459204
农、林、牧、渔业商品产值率(%)	Rate of Commodity Output Value of Agriculture, Forestry, Animal Husbandry and Fishery (%)	91.79	91.89
主要农产品产量	Output of Major Agricultural Products		
粮　食 （吨）	Grain (ton)	443143	440898
花　生 （吨）	Peanuts (ton)	19016	18824
糖　蔗 （吨）	Sugarcane (ton)	6467	5370
蔬　菜 （吨）	Vegetables (ton)	3572476	3690969
园林水果 （吨）	Fruits (ton)	456626	485817
肉　类 （吨）	Meat (ton)	254739	228552
水产品 （吨）	Aquatic Products (ton)	478464	483925
农业产业化生产单位 （个）	Number of Township Enterprises (unit)	1288	1677
都市农业从业人员 （万人）	Employed Persons in Urban Agriculture (10000 person)	209	211
都市农业总收入 （万元）	Total Income of Urban Agriculture (10000 yuan)	17945606	18363184
农村经济总收入 （万元）	Gross Income of Rural Economy (10000 yuan)	21915749	23307499
农村居民人均可支配收入 （元）	Per Capita Disposable Income of Rural Residents (yuan)	17663	19323

注：自2014年起广州实施城乡一体化分市县住户调查制度，农村家庭居民收入数据以新口径公布，"人均可支配收入"指标代替"人均纯收入"指标，不再公布"人均纯收入"数据。

Note: Guangzhou started an integrated household income and expenditure survey in 2014 and the income of rural households is published with new statistical standard. The "Per Capita Net Income" is no longer used and the "Per Capita Disposable Income" takes the place of it.

10-2 主要年份年末耕地面积

Year-end Area of Cultivated Land in Main Years

单位：公顷 (hectare)

年 份 Year	常用耕地面积 Area of Cultivated Land	水(旱)田 Paddy Fields	旱 地 Dry Fields	平均每个农业人口拥有耕地 Cultivated Area Per Rural Person	平均每个农业从业人员拥有耕地 Cultivated Area Per Rural Employee
1978	249479	221451	28028	0.09	0.21
1980	248260	220258	28002	0.11	0.23
1985	234171	207431	26740	0.09	0.24
1990	221138	196266	24872	0.09	0.24
1995	177892	158849	19043	0.07	0.20
1996	172179	153332	18847	0.07	0.19
1997	169700	151631	18069	0.07	0.19
1998	168491	150843	17648	0.07	0.19
1999	164816	147455	17361	0.07	0.19
2000	159115	142220	16895	0.05	0.17
2001	154941	137628	17313	0.05	0.17
2002	146311	128888	17423	0.05	0.16
2003	134934	115565	19369	0.06	0.15
2004	131954	116943	15011	0.06	0.16
2005	130094	111700	18394	0.06	0.15
2006	106579	88971	17608	0.05	0.13
2007	104500	84747	19753	0.05	0.13
2008	102155	85064	17091	0.04	0.13
2009	100784	84992	15792	0.03	0.13
2010	100647	87516	13131	0.03	0.13
2011	99552	85267	14285	0.03	0.15
2012	99086	85522	13564	0.03	0.15
2013	98148	84495	13653	0.03	0.14
2014	96398	82719	13679	0.03	0.15
2015	95411	81742	13669	0.03	0.15

注：2002年及以前年份的常用耕地面积数按国家新口径进行了换算。

Note: The area of cultivated land year 2002 and before has been calculated according to the new statistical coverage.

10-3 耕地面积及变动情况（2015年）

Statistics on Area of Cultivated Land and Its Changes (2015)

单位:公顷 (hectare)

项　　目	Item	全　市 Total	荔湾区 Liwan	海珠区 Haizhu	天河区 Tianhe	白云区 Baiyun	黄埔区 Huangpu
年初耕地总资源	Total Resources of Cultivated Land at Year-beginning	97527	521	159	237	9546	2450
年末耕地总资源	Total Resources of Cultivated Land at Year-end	96998	521	159	228	9437	2388
# 常用耕地面积	Area of Cultivated Land	95411	516	159	228	9367	2242
# 水　田	Paddy Fields	81742	68		165	8029	1671
当年增加耕地面积	Area of Increased Cultivated Land in Current Year	540			94	5	61
# 园地改为耕地	Area of Cultivated Land Adapted from Garden Land	212			94	5	
当年减少耕地面积	Area of Decreased Cultivated Land in Current Year	1069			103	114	123
# 国家基建占用	Occupied by Capital Construction	236				2	123
其他基建占用	Occupied by Other Construction	483			76	111	
粮食占用耕地面积	Area of Cultivated Land Occupied by Grain	42140				2884	1479
蔬菜占用耕地面积	Area of Cultivated Land Occupied by Vegetables	23614	43	139	212	4724	900

10-3 续表 continued

单位：公顷 (hectare)

项　　目	Item	番禺区 Panyu	花都区 Huadu	南沙区 Nansha	从化区 Conghua	增城区 Zengcheng
年初耕地总资源	Total Resources of Cultivated Land at Year-beginning	7391	11402	18605	20646	26570
年末耕地总资源	Total Resources of Cultivated Land at Year-end	7431	11337	18363	20646	26488
# 常用耕地面积	Area of Cultivated Land	7233	11268	17844	20194	26360
# 水　田	Paddy Fields	5416	9983	17833	16928	21649
当年增加耕地面积	Area of Increased Cultivated Land in Current Year	63	47	267	3	
# 园地改为耕地	Area of Cultivated Land Adapted from Garden Land	6		107		
当年减少耕地面积	Area of Decreased Cultivated Land in Current Year	23	112	509	3	82
# 国家基建占用	Occupied by Capital Construction	9	54	45	3	
其他基建占用	Occupied by Other Construction	8	56	150		82
粮食占用耕地面积	Area of Cultivated Land Occupied by Grain	1284	6704	2850	11495	15444
蔬菜占用耕地面积	Area of Cultivated Land Occupied by Vegetables	1561	2515	3196	2501	7823

10-4 农村基层基本情况（2015年）

项　　目	Item	全　市 Total
农村基层组织（个）	Rural Grassroots Units (unit)	
镇政府	Number of Town Governments	35
村(居)民委员会	Number of Villagers' Committees	1238
农村人口状况	Statistics on Rural Population	
乡镇户数（户）	Number of Rural Households (household)	1574187
乡镇人口（人）	Rural Population (person)	5362176
农村社会基础设施（个）	Number of Rural Infrastructure (unit)	
自来水受益村	Number of Villages Benefiting from Tap Water	1238
通有线电视村	Number of Villages Available for Cable Television	1237
通宽带村	Number of Villages Available for Broadband Internet	1237
农村劳动力资源总数（人）	Total Number of Rural Labor Force (person)	3741785
#本地劳动力	Local Labor Force	1953453
#劳动年龄内的人口数	Number of Population within Labor Age	3642083
农村从业人员合计（人）	Total Number of Rural Employed Persons (person)	3375559
#劳动年龄内	Within Labor Age	3248845
农、林、牧、渔业从业人员	Number of Rural Employed Persons in Agriculture, Forestry, Animal Husbandry and Fishery	629254
农业	Agriculture	520598
林业	Forestry	7415
畜牧业	Animal Husbandry	32408
渔业	Fishery	44945
农、林、牧、渔服务业	Service Industry for Agriculture	23888
工　业	Industry	1592866
建筑业	Construction	224830
批发和零售业	Wholesale and Retail Trade	133084
交通运输、仓储和邮电业	Transport, Storage and Post	72894
住宿和餐饮业	Hotels and Catering Services	260588
信息传输、软件和信息技术服务业	Information Transmission, Software and Information Technology Services	203371
其他行业	Others	258672

Basic Statistics on Rural Grassroots Units (2015)

白云区 Baiyun	黄埔区 Huangpu	番禺区 Panyu	花都区 Huadu	南沙区 Nansha	从化区 Conghua	增城区 Zengcheng
4	1	6	6	6	5	7
137	31	194	201	140	234	301
199435	25539	498427	195899	258431	136060	260396
821314	104027	1455872	827086	687346	512371	954160
137	31	194	201	140	234	301
137	31	194	201	140	233	301
137	31	194	201	140	233	301
548566	66967	1062254	575601	512124	327566	648707
276884	54831	326060	294516	229348	297814	474000
531788	64496	1046100	567586	500587	304331	627195
493331	64065	933987	551944	470620	282099	579513
472950	60426	913459	541107	455886	253153	551864
76216	23504	54636	105651	84860	123845	160542
68652	18207	38900	91906	73570	103751	125612
266	1424	182	975	191	2124	2253
1833	1189	2476	3401	965	10385	12159
3711	1436	11301	7315	8030	3262	9890
1754	1248	1777	2054	2104	4323	10628
220732	17328	472070	327091	245098	77439	233108
33968	5860	67637	28143	31640	20457	37125
20967	2247	42849	19900	19030	8526	19565
13932	1090	33687	4429	7660	5243	6853
38328	3062	112025	30910	30212	13628	32423
32875	4334	79896	19425	22784	18720	25337
56313	6640	71187	16395	29336	14241	64560

10-5 农林牧渔业生产经营户及从业人员情况(2015年)

项　　目	Item
从事农、林、牧、渔业生产经营户(户)	Number of Households Engaging in Agriculture, Forestry, Animal Husbandry and Fishery(household)
农、林、牧、渔业从业人员数　(人)	Number of Rural Employed Persons in Agriculture, Forestry, Animal Husbandry and Fishery (person)
农业	Agriculture
林业	Forestry
畜牧业	Animal Husbandry
渔业	Fishery
农、林、牧、渔服务业	Service Industry for Agriculture

10-5 续表

项　　目	Item
从事农、林、牧、渔业生产经营户(户)	Number of Households Engaging in Agriculture, Forestry, Animal Husbandry and Fishery (household)
农、林、牧、渔业从业人员数　(人)	Number of Rural Employed Persons in Agriculture, Forestry, Animal Husbandry and Fishery (person)
农业	Agriculture
林业	Forestry
畜牧业	Animal Husbandry
渔业	Fishery
农、林、牧、渔服务业	Service Industry for Agriculture

Number of Households and Laborers Engaging in Agriculture, Forestry, Animal Husbandry and Fishery (2015)

全 市 Total	荔湾区 Liwan	海珠区 Haizhu	天河区 Tianhe	白云区 Baiyun	黄埔区 Huangpu
391572	2948	1954	1014	38709	16650
655938	7424	2853	2538	80305	29845
542519	7103	2848	2351	72445	23374
7579			13	266	1510
33457			10	1833	1363
47900	296	3	30	3834	2196
24483	25	2	134	1927	1402

continued

番禺区 Panyu	花都区 Huadu	南沙区 Nansha	从化区 Conghua	增城区 Zengcheng
22215	54737	47146	103480	102719
54636	105651	87988	124156	160542
38900	91906	73957	104023	125612
182	975	246	2134	2253
2476	3401	1823	10392	12159
11301	7315	9761	3274	9890
1777	2054	2201	4333	10628

10-6 主要年份农林牧渔业总产值

Gross Output Value of Agriculture, Forestry, Animal Husbandry and Fishery in Main Years

单位：万元 (10000 yuan)

年 份 Year	合 计 Total	农业 Agriculture	林业 Forestry	畜牧业 Animal Husbandry	渔业 Fishery
1978	79940	62212	1367	11018	3551
1980	89465	69534	2316	11730	3650
1985	180163	117429	2312	43583	9530
1986	207553	133272	2921	48420	12630
1987	259437	171381	3534	58134	15286
1988	374875	235199	4210	100127	22571
1989	410575	258918	5325	105375	25131
1990	439322	280156	5011	110313	28142
1991	489080	311918	4809	124979	32183
1992	590289	359850	8004	165373	42635
1993	773560	415462	9442	220827	108282
1994	1034215	562429	8198	315842	125140
1995	1268076	673678	10672	369589	185396
1996	1429078	701636	11152	429758	247883
1997	1508110	748281	12706	449656	254502
1998	1540244	770438	12643	439267	265520
1999	1600738	818349	12683	433928	280155
2000	1630468	823477	13224	430589	296503
2001	1670518	878086	13344	406407	304442
2002	1750598	942935	11577	404566	321379
2003	1806678	978410	12823	388590	332774
2004	2014423	1055554	36602	401247	358246
2005	2208105	1126688	38424	477025	376560
2006	2178394	1140576	18192	421336	406265
2007	2544675	1349965	18284	519306	432804
2008	2913008	1445324	19898	639605	526876
2009	2956200	1500816	21683	612002	536132
2010	3221258	1662415	26613	641581	583252
2011	3506065	1783512	34286	721893	627707
2012	3667902	1872361	32169	766839	637314
2013	3899763	2027062	39615	758607	677539
2014	3983015	2141475	40369	648663	732958
2015	4134562	2260493	42178	618008	751349

10-7 主要年份农林牧渔业总产值指数

Indices of Gross Output Value of Agriculture, Forestry, Animal Husbandry and Fishery in Main Years

上年=100 (preceding year=100)

年 份 Year	合 计 Total	农业 Agriculture	林业 Forestry	畜牧业 Animal Husbandry	渔业 Fishery
1978	103.2	101.5	124.9	113.4	102.4
1980	108.2	107.1	230.1	98.1	127.9
1985	108.1	103.8	110.8	125.1	112.9
1986	105.2	101.9	113.1	110.4	113.0
1987	104.4	104.8	120.6	103.0	103.2
1988	105.7	101.0	86.2	120.1	114.6
1989	101.4	100.5	138.3	98.7	101.2
1990	106.3	106.1	62.3	109.3	109.5
1991	111.1	111.8	98.5	113.0	106.3
1992	114.0	109.4	182.1	123.3	121.7
1993	99.1	81.2	75.2	119.3	160.8
1994	117.4	118.6	83.9	114.8	122.3
1995	109.3	106.0	106.1	104.5	126.9
1996	106.6	97.1	107.2	106.9	128.0
1997	106.6	107.4	97.5	105.3	106.3
1998	104.6	100.1	97.2	103.7	112.1
1999	109.5	118.0	110.5	99.9	106.3
2000	102.0	98.9	108.4	101.8	104.8
2001	101.6	103.6	92.9	95.2	107.1
2002	109.1	123.5	96.1	97.4	101.7
2003	100.7	94.5	75.4	98.5	108.5
2004	105.1	112.6	120.5	97.5	101.9
2005	104.1	102.3	103.7	108.4	101.2
2006	98.1	100.7	47.1	87.9	107.3
2007	103.1	102.2	90.2	103.1	101.3
2008	103.4	97.3	104.0	110.0	109.1
2009	103.9	103.0	109.0	104.9	105.2
2010	103.1	103.3	96.6	102.1	102.9
2011	102.6	103.6	122.0	98.3	102.5
2012	102.8	103.5	93.1	100.3	104.4
2013	102.9	102.4	120.7	98.2	106.5
2014	100.1	104.7	98.0	84.0	102.4
2015	102.2	103.8	104.2	91.8	103.1

注：农林牧渔业总产值指数按可比价计算。

Note: The indices of gross output value of farming, forestry, animal husbandry and fishery are calculated by constant price.

10-8 农林牧渔业总产值、增加值和商品产值（2015年）

单位：万元

项目	Item	全市 Total
农、林、牧、渔业总产值(当年价格)	**Gross Output Value of Agriculture, Forestry, Animal Husbandry and Fishery (at current prices)**	**4134562**
农业	Agriculture	2260493
林业	Forestry	42178
畜牧业	Animal Husbandry	618009
渔业	Fishery	751349
农、林、牧、渔服务业	Service Industry for Agriculture	462533
农、林、牧、渔业总产值构成 (%)	**Composition of Gross Output Value of Agriculture, Forestry, Animal Husbandry and Fishery (%)**	**100.00**
农业	Agriculture	54.67
林业	Forestry	1.02
畜牧业	Animal Husbandry	14.95
渔业	Fishery	18.17
农、林、牧、渔服务业	Service Industry for Agriculture	11.19
农、林、牧、渔业增加值	**Value-added of Agriculture, Forestry, Animal Husbandry and Fishery**	**2459204**
农业	Agriculture	1562679
林业	Forestry	29044
畜牧业	Animal Husbandry	252024
渔业	Fishery	424662
农、林、牧、渔服务业	Service Industry for Agriculture	190795
农、林、牧、渔业增加值构成 (%)	**Composition of Value-added of Agriculture, Forestry, Animal Husbandry and Fishery (%)**	**100.00**
农业	Agriculture	63.54
林业	Forestry	1.18
畜牧业	Animal Husbandry	10.25
渔业	Fishery	17.27
农、林、牧、渔服务业	Service Industry for Agriculture	7.76
农、林、牧、渔业商品产值	**Commodity Output Value of Agriculture, Forestry, Animal Husbandry and Fishery**	**3799299**
农业	Agriculture	2006561
林业	Forestry	39603
畜牧业	Animal Husbandry	580102
渔业	Fishery	710500
农、林、牧、渔服务业	Service Industry for Agriculture	462533
农、林、牧、渔业商品率 (%)	**Rate of Commodity Output Value of Agriculture, Forestry, Animal Husbandry and Fishery (%)**	**91.89**
农业	Agriculture	88.77
林业	Forestry	93.89
畜牧业	Animal Husbandry	93.87
渔业	Fishery	94.56
农、林、牧、渔服务业	Service Industry for Agriculture	100.00

Gross Output Value, Value-added and Commodity Output Value of Agriculture, Forestry, Animal Husbandry and Fishery (2015)

(10000 yuan)

荔湾区 Liwan	海珠区 Haizhu	天河区 Tianhe	白云区 Baiyun	黄埔区 Huangpu	番禺区 Panyu	花都区 Huadu	南沙区 Nansha	从化区 Conghua	增城区 Zengcheng
75893	**40876**	**58899**	**617294**	**142678**	**455062**	**559687**	**840211**	**427108**	**916854**
64892	11730	11365	377443	61369	199647	282897	434220	266687	550243
		149	1605	3728	140	3133	10	12606	20807
		2544	110842	47521	56950	149194	69638	79363	101957
6756	26774	9273	37398	6576	176457	76168	325929	20931	65087
4245	2372	35568	90006	23484	21868	48295	10414	47521	178760
100.00	**100.00**	**100.00**	**100.00**	**100.00**	**100.00**	**100.00**	**100.00**	**100.00**	**100.00**
85.51	28.70	19.30	61.14	43.01	43.87	50.54	51.68	62.44	60.01
		0.25	0.26	2.61	0.03	0.56	…	2.95	2.27
		4.32	17.96	33.31	12.51	26.66	8.29	18.58	11.12
8.90	65.50	15.74	6.06	4.61	38.78	13.61	38.79	4.90	7.10
5.59	5.80	60.39	14.58	16.46	4.81	8.63	1.24	11.13	19.50
50429	**24220**	**28910**	**365498**	**77774**	**270090**	**321538**	**517092**	**256838**	**546815**
44860	8109	7856	260927	42424	138016	195567	300176	184361	380383
		103	1105	2567	96	2158	7	8680	14328
		1038	45202	19379	23224	60841	28398	32364	41578
3818	15133	5241	21137	3717	99733	43050	184215	11831	36787
1751	978	14672	37127	9687	9021	19922	4296	19602	73739
100.00	**100.00**	**100.00**	**100.00**	**100.00**	**100.00**	**100.00**	**100.00**	**100.00**	**100.00**
88.96	33.48	27.17	71.39	54.55	51.10	60.82	58.05	71.78	69.56
		0.36	0.30	3.30	0.03	0.67	…	3.38	2.62
		3.59	12.37	24.92	8.60	18.92	5.49	12.60	7.60
7.57	62.48	18.13	5.78	4.78	36.93	13.39	35.63	4.61	6.73
3.47	4.04	50.75	10.16	12.45	3.34	6.20	0.83	7.63	13.49
75539	**39678**	**58684**	**587606**	**137174**	**417364**	**523479**	**775458**	**376104**	**808213**
64538	10879	11151	350392	57114	183957	258218	396036	220895	453381
		149	1605	3700	139	2984	10	12518	18498
		2543	109701	46416	46936	141962	61673	74875	95996
6756	26427	9273	35902	6460	164464	72020	307325	20295	61578
4245	2372	35568	90006	23484	21868	48295	10414	47521	178760
99.53	**97.07**	**99.63**	**95.19**	**96.14**	**91.72**	**93.53**	**92.29**	**88.06**	**88.15**
99.45	92.75	98.12	92.83	93.07	92.14	91.28	91.21	82.83	82.40
		100.00	100.00	99.24	99.60	95.23	96.71	99.31	88.90
		99.94	98.97	97.68	82.42	95.15	88.56	94.34	94.15
100.00	98.70	100.00	96.00	98.23	93.20	94.55	94.29	96.96	94.61
100.00	100.00	100.00	100.00	100.00	100.00	100.00	100.00	100.00	100.00

10-9 按历史时期分农林牧渔业总产值

Gross Output Value of Agriculture, Forestry, Animal Husbandry and Fishery by History Period

时 期	Period	合 计 Total	农业 Agriculture	林业 Forestry	畜牧业 Animal Husbandry	渔业 Fishery
按现行价格计算(万元)	**Current Price (10000 yuan)**					
"六五"时期	6th Five-year Plan Period	658543	455112	8949	135454	34854
"七五"时期	7th Five-year Plan Period	1691762	1078926	21001	422369	103760
"八五"时期	8th Five-year Plan Period	4155220	2323337	41125	1196610	493636
"九五"时期	9th Five-year Plan Period	7708638	3862181	62408	2183198	1344563
"十五"时期	10th Five-year Plan Period	9450322	4981673	112770	2077835	1693401
"十一五"时期	11th Five-year Plan Period	13813535	7099096	104670	2833830	2485329
"十二五"时期	12th Five-year Plan Period	19191307	10084903	188617	3514011	3426867
1979-2015	1979-2015	56840545	30018945	542857	12386843	9588915
1991-2015	1991-2015	54319022	28351190	509590	11805484	9443796
2001-2015	2001-2015	42455164	22165672	406057	8425676	7605597
平均增长速度(%)	**Average Speed of Growth (%)**					
"六五"时期	6th Five-year Plan Period	6.2	3.3	-5.8	17.9	15.5
"七五"时期	7th Five-year Plan Period	4.6	2.8	0.3	8.1	8.2
"八五"时期	8th Five-year Plan Period	10.0	4.6	3.7	14.8	26.4
"九五"时期	9th Five-year Plan Period	5.9	4.0	4.0	3.5	11.2
"十五"时期	10th Five-year Plan Period	5.8	7.8	-3.2	1.2	4.8
"十一五"时期	11th Five-year Plan Period	2.3	1.3	-14.2	1.3	5.1
"十二五"时期	12th Five-year Plan Period	2.1	3.6	6.9	-5.7	3.8
1979-2015	1979-2015	5.1	3.8		5.1	9.8
1991-2015	1991-2015	5.0	4.1	-0.9	2.4	9.8
2001-2015	2001-2015	3.1	3.9	-3.9	-1.7	4.3

10-10 渔业生产情况（2015年）

Statistics on Fishery Production (2015)

项　　目	Item	全　市 Total	荔湾区 Liwan	海珠区 Haizhu	天河区 Tianhe	白云区 Baiyun	黄埔区 Huangpu
水产品养殖总面积（公顷）	**Total Cultured Area of Aquatic Products (hectare)**	**27945**	**36**	**5**	**35**	**2710**	**772**
# 淡水养殖	Freshwater Artificially Cultured	24562	36	5	35	2710	772
# 鱼　塘	Fish Pond	22228		5	35	2584	716
水产品总产量(吨)	**Total Aquatic Products (ton)**	**483925**	**1625**	**5463**	**7247**	**39588**	**7842**
按作业分	Grouped by Production						
海洋捕捞	Marine Fishing	29829	700	5195	6897		198
海水养殖	Mariculture	58536					
淡水捕捞	Freshwater Fishing	44521		155		143	142
淡水养殖	Freshwater Aquaculture	351039	925	113	350	39445	7502
按种类分	Grouped by Species						
鱼　类	Fish	419891		4264	4570	39076	7802
甲壳类	Shrimps, Prawns and Crabs	23826		433			28
贝　类	Shell-fish	30851					10
其他水产类	Other Aquatic Products	9357	1625	766	2677	512	2

10-10 续表 continued

项　　目	Item	番禺区 Panyu	花都区 Huadu	南沙区 Nansha	从化区 Conghua	增城区 Zengcheng
水产品养殖总面积（公顷）	**Total Cultured Area of Aquatic Products (hectare)**	**4470**	**5470**	**8020**	**1900**	**4527**
# 淡水养殖	Freshwater Artificially Cultured	2687	5470	6420	1900	4527
# 鱼　塘	Fish Pond	2552	5176	6343	948	3869
水产品总产量(吨)	**Total Aquatic Products (ton)**	**152847**	**67321**	**136375**	**11592**	**54025**
按作业分	Grouped by Production					
海洋捕捞	Marine Fishing	14983		1339		517
海水养殖	Mariculture	36131		22405		
淡水捕捞	Freshwater Fishing	37253	120	3821		2887
淡水养殖	Freshwater Aquaculture	64480	67201	108810	11592	50621
按种类分	Grouped by Species					
鱼　类	Fish	117318	66974	118983	9631	51273
甲壳类	Shrimps, Prawns and Crabs	5887	27	16955		496
贝　类	Shell-fish	29567		383		891
其他水产类	Other Aquatic Products	75	320	54	1961	1365

10-11 畜牧业生产情况（2015年）

项　　目		Item		全　市 Total
年末牛存栏量	（头）	Number of Farm Cattle on Hand at Year-end	(head)	41963
役用牛		Draft Cattle		6164
肉用牛		Beef Cattle		17360
奶　牛		Cow		18439
牛奶产量	（吨）	Output of Milk	(ton)	48756
牛出栏量	（头）	Number of Slaughtered Cattle	(head)	9730
牛肉产量	（吨）	Output of Beef	(ton)	1287
生猪饲养量	（头）	Total Number of Hogs Raised	(head)	1613475
年末生猪存栏量	（头）	Number of Hogs on Hand at Year-end	(head)	501516
# 能繁殖的母猪		Female Hogs		51747
生猪出栏量	（头）	Number of Slaughtered Fattened Hogs	(head)	1111959
猪肉产量	（吨）	Output of Pork	(ton)	83297
年末羊存栏量	（头）	Number of Sheep and Goats on Hand at Year-end	(head)	7643
羊出栏量	（头）	Number of Slaughtered Sheep and Goats	(head)	7728
羊肉产量	（吨）	Output of Mutton	(ton)	137
年末兔存栏量	（只）	Number of Rabbits on Hand at Year-end	(unit)	17363
兔出栏量	（只）	Number of Slaughtered Rabbits	(unit)	68091
兔肉产量	（吨）	Output of Rabbit Meat	(ton)	68
年末家禽存栏量	（万只）	Number of Poultry on Hand at Year-end	(10000 units)	2685
# 三　鸟		Chickens, Ducks and Gooses		2466
# 鸡		Chickens		1553
家禽出栏量	（万只）	Number of Slaughtered Poultry	(10000 units)	11004
# 三　鸟		Chickens, Ducks and Gooses		8782
# 鸡		Chickens		5592
禽肉产量	（吨）	Output of Poultry Meat	(ton)	143042
禽蛋产量	（吨）	Output of Poultry Eggs	(ton)	25512
肉类总产量	（吨）	Output of Meat	(ton)	228552
蜂蜜产量	（吨）	Output of Honey	(ton)	1407

Statistics on Animal Husbandry Production (2015)

天河区 Tianhe	白云区 Baiyun	黄埔区 Huangpu	番禺区 Panyu	花都区 Huadu	南沙区 Nansha	从化区 Conghua	增城区 Zengcheng
999	1388	1142	1896	3567	2299	4291	26381
	80	302	260	355	156	408	4603
		40		26	32	262	17000
999	1308	800	1636	3186	2111	3621	4778
3020	3710	2265	2804	9547	6359	10279	10772
5	277	55	499	245	204	1283	7162
1	37	7	66	32	27	170	947
	150165	276709	37374	439674	259039	394037	56477
	60118	87165	2896	134411	65616	133999	17311
	8321	9322	158	13527	6525	13684	210
	90047	189544	34478	305263	193423	260038	39166
	6745	14199	2583	22867	14489	19480	2934
	615	416		689	100	1491	4332
	425	1436		336	25	1425	4081
	8	26		6		25	72
	80		90	4370		11000	1823
	50		420	10659		46978	9984
			1	24		18	25
	591	156	271	719	129	259	560
	541	133	262	703	128	241	458
	442	130	90	267	45	208	371
	2968	495	875	2530	837	740	2559
	2576	303	855	2392	832	638	1186
	2129	296	216	1288	210	498	955
	36737	4262	18009	38420	15055	9097	21462
	1519	1828	5050	2808	705	3028	10574
1	43537	18494	20660	61630	29589	29013	25628
	120	6	21	12		605	643

10-12 农村电力、化肥用量和农田水利建设情况（2015年）

项　目	Item	全　市 Total
农村电气化	Rural Electrification	
农村用电量　（万千瓦·时）	Electricity Consumed in Rural Areas　(10000 kilowatt/hour)	1884236
农村小水电站个数　（个）	Number of Small Hydropower Stations in Rural Areas　(unit)	188
农村小水电站装机容量　（千瓦）	Installed Capacity of Small Hydropower Stations in Rural Areas　(kilowatt)	140684
农村小水电站发电量(万千瓦·时)	Generated Energy of Small Hydropower Stations in Rural Areas (10000 kilowatts/hour)	34740
农村化学化	Rural Chemicalizing	
化肥施用量　（实物量、吨）	Consumption of Chemical Fertilizers (gross weight)　(ton)	311751
化肥施用量　（折纯量、吨）	Consumption of Chemical Fertilizers (effective weight)　(ton)	114196
农用薄膜使用量　（吨）	Consumption of Plastic Film in Agriculture　(ton)	2708
农药施用量　（吨）	Consumption of Agricultural Pesticide　(ton)	3270
农用柴油使用量　（吨）	Consumption of Diesel Oil in Agriculture　(ton)	63767
农田水利建设	Construction of Water Conservancy Works	
有效灌溉面积　（公顷）	Irrigated Area　(hectare)	78867
有效灌溉面积占耕地比重　（%）	As Percentage of Total Cultivated Land　(%)	82.66
旱涝保收面积　（公顷）	Drought and Flooded Area under Control and Ensuring Stable Yields　(hectare)	68490
旱涝保收面积占耕地比重　（%）	As Percentage of Total Cultivated Land　(%)	71.78
机电排灌面积　（公顷）	Area with Motorized Drainage and Irrigation Facilities　(hectare)	49877
机电排灌面积占耕地比重　（%）	As Percentage of Total Cultivated Land　(%)	52.28

Statistics on Electricity, Chemical Fertilizer Consumption and Construction of Water Conservancy Works in Rural Areas (2015)

荔湾区 Fangcun	海珠区 Haizhu	天河区 Tianhe	白云区 Baiyun	黄埔区 Huangpu	番禺区 Panyu	花都区 Huadu	南沙区 Nansha	从化区 Conghua	增城区 Zengcheng
26030	48721	22370	261719	131024	414992	227321	282562	18309	451188
			1	3		17		151	16
			2000	1110		6510		104314	26750
				70		884		27986	5800
420	1149	552	42988	12606	13548	43518	112236	32631	52103
160	399	201	16677	4475	4933	16262	40476	11311	19302
230	5	3	100	53	278	550	562	277	650
4	11	2	431	413	340	280	565	664	560
287	810	10	18701	2511	1964	13375	9036	11174	5899
250	155	228	7425	2239	6652	10016	16247	18278	17377
48.45	97.48	100	79.27	99.87	91.97	88.89	91.05	90.51	65.92
250	155	201	7400	2172	5926	9935	16231	12154	14066
48.45	97.48	88.16	79	96.88	81.93	88.17	90.96	60.19	53.36
188	155	198	5842	1945	5926	6978	13790	3133	11722
36.43	97.48	86.84	62.37	86.75	81.93	61.93	77.28	15.51	44.47

10-13 农业机械总动力和拥有量（2015年）

项目	Item	全市 Total
农业机械总动力 （千瓦）	Total Power of Agricultural Machinery (kilowatt)	2013281
柴油发动机动力	Power of Diesel Engines	1264483
汽油发动机动力	Power of Gasoline Engines	292330
电动机动力	Power of Electric Motors	443620
主要农业机械拥有量	Possession of Major Agricultural Machinery	
大中型拖拉机 （台）	Number of Large and Medium Tractors (unit)	325
小型拖拉机 （台）	Number of Mini-Tractors (unit)	3895
大中型拖拉机配套农具 （台）	Number of Large and Medium Tractor Accessory Farm Machinery (unit)	865
小型拖拉机配套农具 （台）	Number of Mini-Tractor Towing Farm Machinery (unit)	5333
农用排灌柴油机 （台）	Diesel Engines for Agricultural Use (unit)	29188
农用排灌电动机 （台）	Electric Motors for Agricultural Use (unit)	16343
农用水泵 （台）	Water Pumps for Agricultural Use (unit)	45414
节水灌溉机械 （套）	Irrigation Machinery of Saving Water (set)	23299
联合收割机 （台）	Combine Harvesters (unit)	186
机动脱粒机 （台）	Motorized Threshers (unit)	14261
渔用机动船 （艘）	Motorized Fishing Boats (unit)	2485
农用运输车 （辆）	Number of Trucks for Agricultural Use (unit)	7718

Total Power and Possession of Major Agricultural Machinery (2015)

荔湾区 Liwan	海珠区 Haizhu	天河区 Tianhe	白云区 Baiyun	黄埔区 Huangpu	番禺区 Panyu	花都区 Huadu	南沙区 Nansha	从化区 Conghua	增城区 Zengcheng
2279	10627	8396	397003	20707	210088	263889	494000	223792	382500
1099	9475	8000	258960	16658	105044	165113	298000	179034	223100
	1152		108988	1119	16807	30175	70000	11189	52900
1180		396	29055	2930	88237	59753	122000	33569	106500
			10	14	32	13	50	45	161
			70	10	430	574	450	981	1380
			10	19	36	18	500	84	198
			69	10	430	623	700	1278	2223
			659	480	3295	3176	17800	2253	1525
		5	912	163	4943	2062	5700	301	2257
	43	5	3223	572	8238	11392	14600	3531	3810
			436		3130	476	18800	442	15
			1	5	3	14	40	78	45
			200		42	737		5022	8260
16	223	8	80	64	1028	54	924	4	84
			5	31	1368	801	1950	1546	2017

10-14 主要农作物及水果种植面积和产量（2015年）

项目		Item		全市 Total	荔湾区 Fangcun	海珠区 Haizhu
农作物总播种面积	**（公顷）**	**Total Sown Area of Farm Crops**	**(hectare)**	**270065**	**2349**	**947**
粮食作物		Grain Crops		89633		
#稻谷		Rice		59778		
大豆		Soybeans		1649		
经济作物		Economic Crops		33106	2048	6
#甘蔗		Sugarcane		6912		
花生		Peanuts		7041		
木薯		Cassava		71		
花卉		Flowers		17415	2048	6
其他作物		Other Farm Crops		147326	301	941
#蔬菜		Vegetables		145580	301	941
果用瓜		Melon-fruits		368		
园林水果年末面积	**（公顷）**	**Planting Area of Fruits at Year-end**	**(hectare)**	**62540**		**984**
#柑桔橙		Citrus		3504		
香(大)蕉		Bananas and Plantains		5051		22
荔枝		Lychees		30589		32
龙眼		Longans		7783		331
主要农作物产量	**（吨）**	**Yield of Major Farm Crops**	**(ton)**			
粮食作物		Grain Crops		440898		
#稻谷		Rice		310138		
大豆		Soybeans		5843		
经济作物		Economic Crops				
#甘蔗		Sugarcane		845730		
花生		Peanuts		18824		
木薯		Cassava		1344		
花卉	（万元）	Flowers	(10000 yuan)	413063	63008	14
其他作物		Other Farm Crops				
#蔬菜		Vegetables		3690969	4452	17971
果用瓜		Melon-fruits		8232		
园林水果总产量	**（吨）**	**Gross Output of Fruits**	**(ton)**	**485817**		**9987**
#柑桔橙		Citrus		54516		
香(大)蕉		Bananas and Plantains		177132		1074
荔枝		Lychees		67225		380
龙眼		Longans		41139		1437

Sown Area and Output of Major Farm Crops and Fruits (2015)

天河区 Tianhe	白云区 Baiyun	黄埔区 Huangpu	番禺区 Panyu	花都区 Huadu	南沙区 Nansha	从化区 Conghua	增城区 Zengcheng
1516	**44875**	**9404**	**17404**	**32567**	**35222**	**44576**	**81205**
	6400	3029	2674	14668	6545	23383	32934
	3720	1875	376	5927	1306	20925	25649
	31		57	317	730	279	235
33	1350	1269	6179	3689	8738	5209	4585
	59	29	29	108	6131	80	476
	374	93	19	1219	64	3292	1980
					…	63	8
33	917	1129	6131	1778	2543	1576	1254
1483	37125	5106	8551	14210	19939	15984	43686
1483	37088	5069	8532	13186	19929	15917	43134
	37	30	19	191	10	6	75
81	**1689**	**3213**	**605**	**3581**	**5038**	**25674**	**21675**
	48	48		57	131	2058	1162
1	40	265	181	149	2856	107	1430
30	741	1877	14	1717	1038	13598	11542
26	495	635	131	1277	207	2071	2610
	31862	13555	14036	73014	34100	118350	155981
	19252	8862	1905	33901	6976	108352	130890
	122		190	974	3265	732	560
	5670	2457	2759	10619	782719	5041	36465
	942	284	83	3223	279	8814	5199
					6	1149	189
713	24357	14471	110742	101307	33035	38949	26467
28536	834931	89629	190106	333808	595781	367902	1227853
	677	605	228	4966	182	57	1517
177	**7195**	**11553**	**15923**	**21090**	**155183**	**107168**	**157541**
	300	545		384	2769	19757	30761
3	1405	4001	5830	2489	119152	1025	42153
60	2187	2633	102	7210	3237	35937	15479
47	1440	1267	2554	6817	2258	14484	10835

10-15 主要农产品产量与建国以来最高年份比较（2015年）
Output of Major Farm Products in Comparison with that of Peak Year since 1949 (2015)

项目	Item	2015	建国以来最高年份（不含当年） Peak Year since 1949 (excluding current year)		2015年为建国以来最高年(%) 2015 as Percentage of Peak Year (%)
			年份 Year	产量 Output	
农产品总产量（吨）	**Total Yield of Farm Products (ton)**				
粮食	Grain	440898	1984	1259928	34.99
#稻谷	Rice	310138	1984	1242982	24.95
花生	Peanuts	18824	1982	56397	33.38
糖蔗	Sugarcane	5370	1985	2395941	0.22
蔬菜	Vegetables	3690969	2004	3666886	100.66
水果(含果用瓜)	Fruits	494049	2004	553819	89.21
单位播种面积产量（千克/公顷）	**Yield per Unit Sowed Area (kilogram/hectare)**				
粮食	Grain	4919	2000	5758	85.43
#稻谷	Rice	5188	2000	5952	87.16
花生	Peanuts	2674	2005	2698	99.11
糖蔗	Sugarcane	99200	1991	121120	81.9
蔬菜	Vegetables	25354	2014	24731	102.52
水果	Fruits	7853	1992	8420	93.27
禽畜产品产量（吨）	**Total Output of Poultry and Animal Husbandry Products (ton)**				
肉类总产量	Output of Meat	228552	2000	327702	69.74
#猪肉	Pork	83297	2010	174778	47.66
牛羊肉	Beef and Mutton	1424	2003	1973	72.17
家禽肉	Poultry Meat	143042	2002	184134	77.68
牛奶	Milk	48756	2010	61530	79.24
鲜蛋	Eggs	25512	1994	37321	68.36
水产品总产量（吨）	**Total Output of Aquatic Products(ton)**				
海水产品	Seawater Aquatic Products	88365	2014	87255	101.27
淡水产品	Freshwater Aquatic Products	395560	2014	391209	101.11

10-16 农牧渔业生产水平

Production Level of Agriculture, Animal Husbandry and Fishery

单位：千克 (kg)

项　　目	Item	2014	2015
平均每个农业户生产	Average Production per Household		
粮　食	Grain	1241	1126
#稻　谷	Rice	882	792
花　生	Peanuts	53	48
甘　蔗	Sugarcane	2244	2160
蔬　菜	Vegetables	10001	9426
水　果	Fruits	1302	1262
花　卉(元)	Flowers (yuan)	10885	10549
生　猪(头)	Hogs (head)	4	3
家　禽(只)	Poultry (head)	298	281
#鸡	Chickens	151	143
禽　蛋	Eggs of Poultry	69	65
水产品	Aquatic Products	1339	1236
#鱼　类	Fish	1169	1072
平均每个农业从业人员生产	Average Production per Employed Person Engaging in Farming		
粮　食	Grain	814	813
#稻　谷	Rice	578	572
花　生	Peanuts	35	35
甘　蔗	Sugarcane	1472	1559
蔬　菜	Vegetables	6558	6803
水　果	Fruits	854	911
花　卉(元)	Flowers (yuan)	7138	7614
平均每个畜牧业从业人员生产	Average Production per Employed Person Engaging in Animal Husbandry		
肉类总产量	Output of Meat	7318	6831
#猪　肉	Pork	3257	2490
牛羊肉	Beef and Mutton	44	43
禽　肉	Meat of Poultry	3993	4275
禽　蛋	Eggs of Poultry	707	763
平均每个渔业从业人员生产	Average Production per Employed Person Engaging in Fishery		
水产品	Aquatic Products	9795	10103
#鱼　类	Fish	8550	8766

10-17　农村经济效益主要指标

Main Indicators of Rural Economic Results

项　目	Item	2014	2015
农、林、牧、渔业劳动生产率　（元/人）	Labor Productivity of Agriculture, Forestry, Animal Husbandry and Fishery (yuan/person)	35743	37491
农业	Agriculture	27178	28804
林业	Forestry	36809	38322
畜牧业	Animal Husbandry	75995	75328
渔业	Fishery	84811	88656
农村经济净收入分配率　(%)	Distribution Rate of Rural Economic Net Income (%)	100.00	100.00
国家	State	8.28	9.00
集体	Collective	10.20	10.68
个人	Individual	73.13	71.22
其他	Others	8.39	9.10
森林覆盖率　(%)	Rate of Land Covered by Forestry (%)	42.00	42.03
耕地水利化程度　(%)	Rate of Cultivated Land under Irrigation (%)	81.61	81.32
农、林、牧、渔业劳动机械化程度　(%)	Rate of Labor Mechanization of Farming, Forestry, Animal Husbandry and Fishery (%)	9.65	9.64
每百元农村总收入提供国家税收　（元）	Taxes Created by per 100 yuan Rural Income (yuan)	2.22	2.26
每百元费用提供农村净收入　（元）	Net Rural Income Created by per 100 yuan Expenditure (yuan)	30.37	27.90

10-18 农村经济收益分配
Distribution of Rural Economic Returns

单位：万元 (10000 yuan)

项　目	Item	2014	2015
农村经济总收入	Total Income of Rural Economy	21915749	23307498
农、林、牧、渔业	Agriculture, Forestry, Animal Husbandry and Fishery	2591155	2708453
农业	Agriculture	1604412	1647610
#种植业	Grain Farming	1466693	1501514
林业	Forestry	59770	62287
畜牧业	Animal Husbandry	421950	464182
渔业	Fishery	505023	534374
工业	Industry	10743363	11359055
建筑业	Construction	1744396	1850213
交通运输业	Transport	965299	1042054
商业饮食业	Trade and Catering Services	1714750	1836418
服务业	Social Services	1433407	1507302
其他	Others	2723379	3004003
总费用	Total Expenditure	16810917	17932479
#生产费用	Expenditure for Production	11427694	12118390
净收入	Net Income	5104832	5375019
可分配净收入总额	Total Disposable Net Income	5907099	6287686
#国家税金	Taxes Paid to State	486291	506779
上交国家有关部门	Taxes Paid to Related Departments	2832	5422
乡村集体所得	Taxes Owned by Rural Collective	602498	642013
农民经营所得	Taxes Owned by Farmers' Operation	4319636	4715324
农民所得总额	Total Income of Farmers	4880603	5303073

10-19 建制镇社会经济发展基本情况（2015年）

乡镇名称	Name of Towns	乡镇行政区域面积（公顷）Area of Administrative Division (hectare)	年末常用耕地面积（公顷）Area of Cultivated Land at Year-end (hectare)	常住人口（人）Permanent Population (Person)	乡镇从业人员数（人）Employed Persons in Township Enterprises (person)	农作物总播种面积（公顷）Total Sown Area of Farm Crops (hectare)	公共财政收入（万元）Public Government Revenue (10000 yuan)
白云区	**Baiyun**						
人和镇	Renhe Town	7100	1985	173503	112837	9953	17715
太和镇	Taihe Town	15537	1695	260957	143424	7523	14307
钟落潭镇	Zhongluotan Town	16900	2719	208053	126260	12397	16807
江高镇	Jianggao Town	9600	2465	178801	110810	11295	19263
番禺区	**Panyu**						
南村镇	Nancun Town	4700	517	236902	129483	621	44668
新造镇	Xinzao Town	1400	312	28652	19355	908	12558
化龙镇	Hualong Town	5373	1288	76173	50863	2644	20198
石楼镇	Shilou Town	12600	1580	133292	85045	2381	60271
沙湾镇	Shawan Town	3745	395	121167	76230	937	33030
石基镇	Shiji Town	4703	1561	114511	76543	4969	36390
花都区	**Huadu**						
梯面镇	Timian Town	9600	273	9068	7102	711	3778
花山镇	Huashan Town	11600	2239	114898	67125	8322	12069
花东镇	Huadong Town	20844	2156	149425	98197	6015	122648
炭步镇	Tanbu Town	11350	2111	72698	43805	5764	13517
赤坭镇	Chini Town	16040	1907	55127	31187	6570	8632
狮岭镇	Shiling Town	13631	990	276520	201282	1969	25527
南沙区	**Nansha**						
万顷沙镇	Wanqingsha Town	14285	2028	47383	30459	4957	16119
横沥镇	Hengli Town	5400	1933	35588	17009	3831	17480
黄阁镇	Huangge Town	7600	278	48729	27595	333	30434
东涌镇	Dongyong Town	9166	4310	180388	136922	8167	71599
大岗镇	Dagang Town	9007	3273	135699	85965	7427	71788
榄核镇	Lanhe Town	7448	3429	95134	66199	6108	62108
黄埔区	**Huangpu**						
九龙镇	Jiulong Town	17942	1841	104027	64065	4756	37009
从化区	**Conghua**						
温泉镇	Wenquan Town	21224	2500	54203	31992	5317	14000
良口镇	Liangkou Town	43915	1144	43139	25493	3582	7406
吕田镇	Liangtian Town	39300	2186	30246	16109	4417	7029
太平镇	Taiping Town	21033	2770	106268	58849	6248	8699
鳌头镇	Aotou Town	35179	7217	152788	88090	13184	10397
增城区	**Zengcheng**						
新塘镇	Xintang Town	8533	1018	310122	196013	3443	71112
石滩镇	Shitan Town	16303	5550	148155	77360	19914	43310
中新镇	Zhongxin Town	23237	3575	97834	58849	9412	17691
正果镇	Zhengguo Town	23941	2285	57753	34945	5603	5891
派潭镇	Paitan Town	28900	3489	85688	52401	10715	7472
小楼镇	Xiaolou Town	13600	2439	51283	27694	7159	2488
仙村镇	Xiancun Town	5665	1610	56647	38981	4399	12942

Basic Statistics on Rural Social and Economic Development (2015)

工业总产值 (万元) Gross Industrial Output Value (10000 yuan)	社会消费品零售总额 (万元) Total Retail Sales of Consumer Goods (10000 yuan)	幼儿园托儿所个数 (个) Number of Kindergartens (unit)	医疗卫生机构床位数 (床) Hospital Beds (bed)	新型农村合作医疗参保人数 (人) Perons Participating in Insurance of the New Rural Cooperative Medical Care (person)	新型农村社会养老保险参保人数 (人) Persons Participating in New Rural Social Pension Insurance (person)	城镇建成区面积 (公顷) Area of Developed Areas in Urban Units (hectare)	城镇建成区总人口 (人) Total Population of Developed Areas in Urban Units (person)
695072	318082	26	329	68114	37309	640	7109
1365283	388723	34	367	49772	22503	880	2882
1319677	304342	27	329	96364	31807	650	7328
4007512	263479	25	587	52841	34142	1600	23560
2008546	2157640	30	230	40239	15023	1857	81908
661096	63965	5	81	8928	3519	117	6120
3481148	2600	8	70	25509	8890	225	3004
1733030	279821	28	640	41286	25995	950	61157
1073923	204935	22	120	24701	5762	1814	80862
988691	3268935	17	294	32863	23731	1569	20538
72076	11832	1	12	6983	4020	160	1485
966944	192132	11	91	64263	37621	700	11421
1063254	219461	17	262	90300	46794	2942	9851
747043	128181	5	88	44850	23878	690	40456
138512	125736	2	105	46425	24599	540	7787
1292800	711660	39	374	45323	30216	2500	86941
2465115	249951	10	117	25615	14940	300	2277
1111258	31889	12	120	20560	11669	460	1341
12242727	146236	11	100	30179	12493	600	2967
2736481	316012	23	260	53411	28417	544	77255
1641246	153010	28	488	45430	24141	1430	91803
1132565	105166	16	150	35363	30522	890	21454
612120	4793599	6	418	76942	29864	816	14970
271250	61128	3	79	40260	27618	715	4218
17529	62500	2	46	33867	16289	198	4461
74345	45025	1	96	27456	17759	96	3042
603997	186825	21	220	69941	49782	400	13391
1163059	139932	20	225	117288	79824	1068	4034
4731000	1240393	45	933	73899	42491	4442	87623
1901400	210221	16	127	84096	46366	598	14656
1498300	188702	13	211	55458	30000	560	10118
58800	37253	2	50	41282	21431	160	5670
19900	79452	4	108	69953	40254	150	7210
58600	39103	2	93	37256	21168	100	3512
851800	51163	3	50	32044	16870	4600	50600

10-20 全市村委会社会经济基本情况(2015年)

项　　目	Item	全市 Total
一、基本情况	Basic Information	
村委会数 (个)	Number of Village Committees (unit)	1144
通公共交通村数 (个)	Number of Villages Available for Public Transport (unit)	1028
通宽带互联网村数 (个)	Number of Villages Available for Broadband Internet (unit)	1143
通有线电视村数 (个)	Number of Villages Available for Cable Television (unit)	1143
饮用水经过集中净化处理村数 (个)	Number of Villages with Purified Drinking Water (unit)	1142
完成改厕村数 (个)	Number of Villages with Improved Toilets (unit)	1138
垃圾集中处理村数 (个)	Number of Villages with Centralized Garbage Disposal (unit)	1144
污水集中处理村数 (个)	Number of Villages with Centralized Sewage Treatment (unit)	869
有生活污水管道村数 (个)	Number of Villages with Sanitary Sewer (unit)	915
二、人口与就业	Population and Employment	
常住人口 (人)	Permanent Population (person)	4787562
户籍人口 (人)	Registered Population (person)	2744838
户籍从业人员 (人)	Employees of Registered Population (person)	1706136
村内从业人员 (人)	Employees in the villages (person)	2801823
其中：农业 (人)	Agriculture (person)	617507

Social Economy Information of Village Committees in the Whole City (2015)

白云区 Baiyun	黄埔区 Huangpu	番禺区 Panyu	花都区 Huadu	南沙区 Nansha	从化区 Conghua	增城区 Zengcheng
118	28	177	188	128	221	284
118	28	177	116	127	184	278
118	28	177	188	128	220	284
118	28	177	188	128	220	284
118	28	177	188	128	219	284
118	28	177	188	125	221	281
118	28	177	188	128	221	284
38	3	144	113	127	162	282
118	3	140	115	121	142	276
748070	89057	1301316	753692	581786	460217	853424
418366	80136	405723	460738	291374	449934	638567
289602	49395	245835	304813	184374	262738	369379
446988	40277	790402	477227	401000	197147	448782
76201	23504	53189	103446	83959	121170	156038

10-20 续表

项　　目		Item		全市 Total
三、农业		Agriculture		
耕地	（公顷）	Cultivated Land	(hectare)	90525
承包耕地流转面积	（公顷）	Transfer Area of Contracted Land	(hectare)	33901
设施农业占地面积	（公顷）	Floor Space of Facility Agriculture	(hectare)	4535
粮食作物播种面积	（公顷）	Sown Area of Food Crop	(hectare)	84449
蔬菜种植面积	（公顷）	Cultivated Area of Vegetables	(hectare)	118781
参加农民合作社的户数	（户）	Households Participate in Farmer Cooperatives	(household)	51437
种植大户数	（户）	Number of Major Planting Households	(household)	1402
畜禽养殖大户数	（户）	Number of Major Livestock and Poultry Breeding Households	(household)	1736
四、村务情况		Village Administrative Affairs		
全年村集体收入	（万元）	Annual Income of Village Collectives	(10000 yuan)	473707
经营收入	（万元）	Operating Income	(10000 yuan)	164079
其中：农业经营	（万元）	Agricultural Business	(10000 yuan)	7289
土地出租收入	（万元）	Income from Renting Lands	(10000 yuan)	130507
房屋出租收入	（万元）	Income from Renting Houses	(10000 yuan)	111850
其他收入	（万元）	Other Income	(10000 yuan)	67271
非村集体经济收入	（万元）	Income from Non-collectives of Villages	(10000 yuan)	101318
年末村集体资产总额	（万元）	Total Assets of Village Collectives at Year-end	(10000 yuan)	3249248
村干部人数	（人）	Number of Village Cadres	(person)	8042
年内召开村民代表大会次数	（次）	Times of Convened Village Congress during the Year	(times)	7272

continued

白云区 Baiyun	黄埔区 Huangpu	番禺区 Panyu	花都区 Huadu	南沙区 Nansha	从化区 Conghua	增城区 Zengcheng
8889	1774	7663	11263	14831	19939	26166
3198	490	4812	3184	8722	5489	8006
44	128	2498	233	328	215	1089
4803	2067	2374	14549	4608	23670	32378
25575	2096	7319	12206	13388	15624	42573
3027	492	9188	25995	2413	6004	4318
42	9	149	182	163	531	326
87	21	142	101	43	790	552
28782	2814	300003	41443	49258	5654	45753
9094		122230	11072	16039	876	4768
318		5465	779	605	91	31
5676	109	81514	9438	17775	532	15463
4276	69	71409	13408	8021	1526	13141
9736	2636	24850	7525	7423	2720	12381
10030	8444	15221	1448	14690	4615	46870
252052	168980	1157738	533548	627587	116860	392483
827	267	1219	1303	778	1542	2106
747	206	1242	1252	746	1393	1686

10-21 都市农业主要指标

Main Economic Indicators of Urban Agriculture

指 标		Item		2014	2015
都市农业总收入	(万元)	Total Income of Urban Agriculture	(10000 yuan)	17945606	18363184
# 农林牧渔业收入	(万元)	Income of Agriculture, Forestry, Animal Husbandry and Fishery	(10000 yuan)	3655996	3795149
加工本地农产品总收入	(万元)	Total Income of Processing of Local Agriculture Products	(10000 yuan)	9019934	9106815
运输本地农产品总收入	(万元)	Total Income of Transpot of Local Agriculture Products	(10000 yuan)	985681	1022151
批发零售本地农产品总收入	(万元)	Total Income of Wholesale and Retail Trade of Local Agriculture Products	(10000 yuan)	4204395	4364422
观光休闲旅游农业企业总收入	(万元)	Total Income of Agricultural sightseeing Tourism Enterprises	(10000 yuan)	79600	74647
都市农业增加值	(万元)	Value-added of Urban Agriculture	(10000 yuan)	7372942	7583194
# 农林牧渔业增加值	(万元)	Value-added of Agriculture, Forestry, Animal Husbandry and Fishery	(10000 yuan)	2360057	2459200
加工本地农产品增加值	(万元)	Value-added of Processing of Local Agriculture Products	(10000 yuan)	2020465	2018981
运输本地农产品增加值	(万元)	Value-added of Transpot of Local Agriculture Products	(10000 yuan)	546659	566885
批发零售本地农产品增加值	(万元)	Value-added of Wholesale and Retail Trade of Local Agriculture Products	(10000 yuan)	2438549	2531365
观光休闲旅游农业增加值	(万元)	Value-added of Agricultural Sightseeing Tourism	(10000 yuan)	7212	6763
都市农业实现利润	(万元)	Total Profit of Urban Agriculture	(10000 yuan)	691979	846844
都市农业实现税金	(万元)	Total Pre-tax Profit of Urban Agriculture	(10000 yuan)	280145	324257
种子、种苗销售额	(万元)	Sales value of Seeds and Seedlings	(10000 yuan)	84392	72660
观光休闲旅游总收入	(万元)	Total Income of Agricultural Sightseeing Tourism	(10000 yuan)	79592	74646
接待观光休闲游客人次	(万人次)	Total Number of Agricultural Sightseeing Tourist	(10000 Person-times)	1195	1478
都市农业从业人员	(万人)	Employed Persons in Urban Agriculture	(10000 Person)	209	211
都市农业劳动生产率	(元/人)	Urban Agriculture Labor Productivity	(yuan/person)	35291	35894
农业产业化规模比重	(%)	Proportion of Industrialization of Agriculture	(%)	15.5	22.3
农业产业化企业(组织)幅射能力	(%)	Radiation Ability of Industrialization of Agriculture Enterprises (Organizations)	(%)	39.1	34.7
带动本地农户数	(户)	Numbers of Local Farmers Drived by Industrialization of Agriculture Enterprises	(unit)	139714	135804
绿色农产品个数	(个)	Numbers of Green Agricultural Products	(unit)	196	162
绿色农产品产值	(万元)	Output Value of Green Agricultural Products	(10000 yuan)	43539	38001
高新科技农产品个数	(个)	Numbers of High-tech Agricultural Products	(unit)	48	51
高新科技农产品产值	(万元)	Output Value of High-tech Agricultural Products	(10000 yuan)	160644	173389
农业产业化生产单位	(个)	Industrialization of Agriculture Enterprises	(unit)	1288	1677
# 农业龙头企业	(个)	Agriculture Leading Enterprises	(unit)	93	99
# 国家级	(个)	National	(unit)	7	8
省 级	(个)	Provincial	(unit)	13	24
市 级	(个)	Municipal	(unit)	63	63
农业生产基地(示范区)	(个)	Agricultural Production Bases (Demonstration Area)	(unit)	46	35
规模以上农业生产单位	(个)	Agricultural Enterprises above the Designcoted Size	(unit)	1102	1114
农产品交易市场	(个)	Trade Markets of Agricultural Products	(unit)	83	42

注：1. 从2011年起“高新科技农产品个数”改用不重复计算的实际生产新产品个数。

2. 从2011年起“高新科技农产品产值”改为按生产新产品口径计算。

Note:I.From 2011, " Number of high-tech agricultural products " is replaced by not repeat the calculation of actual production of new products.

II.From 2011,"Output value of high-tech agricultural products" according to the coverage of new products.

【农林牧渔业总产值】是以货币表现的农林牧渔业的全部产品总量和对农林牧渔业生产活动进行的各种支持性服务活动的价值。它反映一定时期内农林牧渔业生产总规模和总成果，是观察农林牧渔业生产水平和发展速度，研究农林牧渔业内部比例关系、农林牧渔业与工业、农林牧渔业与国家建设、人民生活比例关系的重要指标，同时也是计算农林牧渔业劳动生产率和农林牧渔业增加值的基础资料。

农林牧渔业总产值的计算,一般采用“产品法”,即凡有产品产量的，都按单位产品价格乘产量的办法求得每种产品产量的产值，然后相加求得各业的产值，最后各业相加求出农林牧渔业总产值。

【常用耕地面积】是指可以用来种植各种农作物,经常进行耕锄的田地，包括熟地、当年新开荒地、连续撂荒未满三年的耕地和当年的休闲地(轮歇地)，还包括以种植农作物为主，并附带种植桑、茶、果树和其他林木的土地，以及沿海、沿湖地区已围垦利用的“海涂”、“湖田”等面积。但不包括专业性的桑园、茶园、果园、果木苗圃、林地、芦苇地、天然或人工草地面积。

【农作物播种面积】是指一定生产季节结束时实际播种或移植有农作物的面积。播种面积的统计年度,凡是能在本日历年度内(自1月1日至12月31日)收获的农作物(包括上年秋冬播和本年春播、夏播在本年收获的全部作物)播种面积，都包括在内。

【农业机械总动力】是指主要用于农、林、牧、渔业的各种动力机械的动力总和。包括耕作机械、农用排灌机械、收获机械、植保机械、林业机械、畜牧机械、渔业机械、农产品加工机械、农用运输机械、其他农业机械。

【都市农业】是指在城市化地区，利用田园景观、自然生态及环境资源，通过农林牧渔业生产、农业经营活动、农村文化及农家生活，为人们休闲旅游、体验农业、了解农村提供场所，集农业的生产、生活、生态等功能于一体的产业。

【绿色农业】是指以获得国家认证的绿色农产品生产基地为场所，实施绿色农业工程，开发无污染、安全、优质的绿色农产品、有机农产品的综合高效产业。

【都市农业总收入】是指都市农业统计地理区域内各生产经营单位当年农业生产、加工本地农产品的价值量以及运输、批发零售本地农产品和观光休闲旅游农业的总收入。它是由农业生产产值、加工本地农产品产值、运输本地农产品总收入、批发零售本地农产品总收入和观光休闲旅游农业企业总收入组成。

【农业产业化】农业产业化是以国内外市场为导向，以经济效益为中心，通过自身的组织形式和运行机制，把分散的农户与某组织联成一体，众多的农户在该组织的带动下按同一标准进行统一生产，使一种或一类产品的生产在一个较大的区域内连成一片，形成较大规模，实现了农业由家庭分工向区域分工和社会分工的转变，形成了农户生产的专业化、农业布局的区域化、农产品生产的标准化和农业经营的规模化，将农业的产前、产中、产后诸环节有机地联为一体的经济运行方式。

【农业龙头企业】是指由区级或县级以上政府部门认定的，以农副产品生产、加工或流通企业为龙头，用合同契约关系或产权联结等多种形式，带动当地农户从事专业生产的经营组织。

【Gross Output Value of Agriculture】refers to the total volume of products of farming,forestry,animal husbandry,and fishery and the value of various services supporting the production of farming,forestry,animal husbandry and fishery in monetary terms, which reflects the total scale and total results of farming, forestry, animal husbandry, and fishery production during a given period of time.It is an important indicator to observe the production level and development speed of farming,forestry, animal husbandry,and fishery,to study the internal structure of farming, forestry,animal husbandry,and fishery,and to review the relationship among farming, forestry, animal husbandry,and fishery and industry, national construction and people's life.It is also the basic data to calculate the labor productivity and value-added of farming,forestry, animal husbandry,and fishery.

Generally,the gross output value of farming,forestry,animal husbandry, and fishery is calculated with the production approach, i.e.the gross output value of each single product is obtained by multiplying the output of each product by its price.Then the output value of each sector is obtained.Finally,the sum of output value of all sectors is equal to the gross output value of farming, forestry, animal husbandry,and fishery.

【Area of Regularly Cultivated Land】 refers to farmland among the total land resources which is exclusively used for farming and is under regular cultivation with harvest in normal years. Included are currently cultivated land ,land that has been abandoned or put in idle for less than 3 years and could be re-used for cultivation at any time,and new-claimed land that has been put into cultivation for more than 3 years,Excluded are the land under temporary cultivation,land (large or small plots)that is claimed along river bends,lake sides or banks of reservoirs,as well as land that has been designated under the reen for Grainprograms of the state and provincial governments but is still temporarily under cultivation.

【Sown Area of Crops】 refers to area of land sown or transplanted crops at the end of a production season.

The statistical year of sown area refers to area of land sown during the year (from Jan.1 to Dec.31)with a harvest of crops (including all those sown in the autumn and winter of the preceding year).

【Total Power of Agricultural Machinery】refers to total mechanical power of machinery used in agriculture, forestry, animal,husbandry and fishery,including machinery for ploughing,irrigation and darinage,harvesting,farm products process,transport,plant protection,animal husbandry,forestry and fishery and other agricultural machineries.

【Urban Agriculture】 refers to industry that integrates agricultural production, life and ecology in urbanized area. This industry utilizes countryside landscape, natural ecology and environmental resources to provide places for leisure traveling, agricultural experience and understanding through production of agriculture, forestry, animal husbandry and fishery, agricultural operating activities, rural culture and life experience.

【Green Agriculture】 refers to comprehensive efficient industry that implements green agriculture engineering and develops non-polluting, safe and high quality green agricultural products in the green agricultural production base that obtained national certification.

【Total Income of Urban Agriculture】 refers to the total income of production and business enterprises in the statistical geographic area of urban agriculture. The income includes agricultural production of the year, magnitude of value of processing local agriculture products, transporting, wholesaling and retailing local agriculture products and the income of agricultural sightseeing and tourism.

【Industrialization of Agriculture】refers to an economical operation method that oriented by domestic and international market, and takes economic benefits as centre. This method unites the scattered farmer households to the organizations through its organizational forms and operating mechanism. The organizations lead numerous farmer households to product unified productions under the unified standard. The production of the same species can extend within a large region and have a large scale. This method achieves the agriculture transition from family division to regional division and social division. It forms a specialization of agricultural production, regionalization of agricultural distribution, standardization of agricultural products and scaled agricultural operation. This economical operation method dynamically links the agricultural pre-production, in-production and post-production to integration.

【Agriculture Leading Enterprises】refers to the enterprises that recognized by governments above district-level or country-level. The enterprises producing, processing and circulating agricultural and sideline products are the leading enterprises, and they can encourage local farmer households to work on professional production through contract, agreement or property right connection.

工 业
INDUSTRY

简要说明

Brief Introduction

第十一篇　工 业

一、本篇资料反映广州市工业基本情况。

二、本篇资料中工业行业分类按2011年《国民经济行业分类》（GB/T4754-2011）标准划分；企业规模按国家统计局《统计上大中小微企业划分办法》（国统字[2011]75号）标准执行。

三、本篇资料由广州市统计局工业交通处整理提供。

11 Industry

I. The data in this chapter reflect the statistics on industrial enterprises of Guangzhou.

II. The industrial sectors in this chapter are grouped in accordance with the National Economic Sector Grouping Standard of 2011 (GB/T4754-2011) , the industrial scale is grouped In accordance with the Grouping Way of Large, Medium, Small size and Micro-enterprise Standards (State Statistics [2011] No. 75).

III. The data in this chapter are prepared and provided by the Division of Industry and Transportation Statistics of Guangzhou Municipal Bureau of Statistics.

11-1 工业企业单位数
Number of Industrial Enterprises

单位：个 (unit)

项　　目	Item	2014	2015
总　　计	**Total**	**65512**	**65493**
规模以上工业企业	**Industrial Enterprises above Designated Size**	**4774**	**4650**
按登记注册类型分	Grouped by Registration Status		
内资企业	Domestic Funded Enterprises	3111	3081
国有企业	State-owned Enterprises	32	27
集体企业	Collective-owned Enterprises	30	26
股份合作企业	Cooperative Enterprises	23	15
联营企业	Joint Ownership Enterprises	3	3
国有联营企业	State Joint Ownership Enterprises		
集体联营企业	Collective Joint Ownership Enterprises		
国有与集体联营企业	Joint State-collective Enterprises	2	1
其他联营	Other Joint Ownership Enterprise	1	2
有限责任公司	Limited Liability Corporations	514	550
国有独资有限责任公司	State Sole Funded Corporations	44	45
其他有限责任公司	Other Limited Liability Corporations	470	505
股份有限公司	Share-holding Corporations Ltd.	78	98
私营企业	Private Enterprises	2425	2357
私营独资企业	Private-funded Enterprises	156	129
私营合伙企业	Private Partnership Enterprises	39	30
私营有限责任公司	Private Limited Liability Corporations	2159	2124
私营股份有限公司	Private Share Holding Corporations	71	74
其他企业	Other Enterprises	6	5

注：规模以上工业指年主营业务收入2000万元以上的工业企业，规模以下工业指年主营业务收入2000万元以下工业企业及个体户工业单位；以下各表同。

Note: The industrial enterprises above designated size refer to the industrial enterprises with an annual sales income of 20 million yuan and above. The industrial enterprises below designated size refer to the industrial enterprises with an annual income less than 20 million yuan. The same in the following tables.

11-1 续表 continued

单位:个 (unit)

项目	Item	2014	2015
港、澳、台商投资企业	Enterprises with Funds from Hong Kong, Macao and Taiwan	931	867
与港、澳、台商合资经营企业	Joint-venture Enterprises	179	157
与港、澳、台商合作经营企业	Cooperative Enterprises	58	49
港、澳、台商独资经营企业	Enterprises with Sole Funds	682	651
港、澳、台商投资股份有限公司	Share-holding Corporations Ltd.	12	10
外商投资企业	Foreign Funded Enterprises	732	702
中外合资经营企业	Joint-venture Enterprises	201	192
中外合作经营企业	Cooperative Enterprises	23	20
外资企业	Enterprises with Sole Foreign Funds	495	474
外商投资股份有限公司	Share-holding Corporations Ltd.	9	9
其他外商投资	Other Foreign Funded Enterprises	4	7
按隶属关系分	Grouped by Administrative Relationship		
中央企业	Central Government	42	43
省属企业	Provincial Government	38	37
市属企业	Municipal Government	4694	4570
按轻重工业分	Grouped by Light & Heavy Industries		
轻工业	Light Industry	2713	2582
重工业	Heavy Industry	2061	2068
按生产规模分	Grouped by Size of Enterprises		
大型企业	Large Enterprises	186	187
中型企业	Medium Enterprises	783	722
小型企业	Small Enterprises	3611	3519
微型企业	Mini Enterprises	194	222
规模以下工业	**Industrial Enterprises below Designated Size**	**60738**	**60843**

11-2 主要年份工业总产值及工业总产值指数

Gross Output Value and Indices of Industry in Main Years

年 份 Year	工业总产值（万元） Gross Output Value of Industry (10000 yuan)	轻工业 Light Industry	重工业 Heavy Industry	工业总产值指数（%） Indices of Gross Output Value of Industry (%)	轻工业 Light Industry	重工业 Heavy Industry
1978	753873	476737	277136	104.4	102.9	106.8
1980	881242	574239	307003	111.7	118.0	103.0
1985	1779333	1163704	615629	122.1	122.9	120.9
1986	1921490	1206778	714712	104.3	106.1	101.3
1987	2421760	1551033	870727	120.7	122.7	117.2
1988	3413107	2251117	1161990	125.6	128.4	120.4
1989	4071472	2598755	1472717	106.2	103.4	111.7
1990	4424437	2830366	1594071	110.1	113.6	103.7
1991	5794842	3588318	2206524	123.6	122.7	125.4
1992	7905237	4753211	3152026	132.2	129.9	136.7
1993	11422184	6595134	4827050	132.5	129.8	137.5
1994	14921455	8784293	6137162	122.4	126.0	116.2
1995（原规定） 1995 (original stipulation)	19353440	11263263	8090177	120.2	115.6	128.9
1995（新规定） 1995 (new stipulation)	17224948	10263515	6961433	120.2	115.6	128.9
1996	20685796	12641264	8044532	119.1	126.1	106.8
1997	23753915	14395602	9358313	117.9	116.8	120.2
1998	25127025	15661603	9465422	114.0	112.8	116.3
1999	27793652	16797164	10996488	114.3	111.3	120.1
2000	31000188	17622183	13378005	113.6	107.9	123.9
2001	33931904	18855507	15076397	114.9	110.6	121.9
2002	37889079	20185702	17703377	115.0	109.6	122.8
2003	47059104	23752778	23306326	126.5	119.5	135.5
2004	57666925	25977971	31688954	120.0	108.9	130.1
2005	67679563	28714137	38965426	115.4	110.1	118.8
2006	81123964	31875454	49248510	116.9	111.0	120.2
2007	98757886	37208718	61549168	120.1	114.8	124.3
2008	114684010	43536797	71147213	112.0	114.2	111.0
2009	123554645	46730599	76824046	111.7	109.8	112.8
2010	144389877	51073851	93316026	118.5	115.2	120.4
2011	166241771	61592119	104649652	111.6	116.8	108.8
2012	170901752	57926380	112975372	111.2	114.5	109.7
2013	182242642	66739903	115502739	113.0	112.6	113.1
2014	193898823	71047066	122851757	107.5	105.4	108.7
2015	198925099	72812543	126112556	106.0	102.7	107.8

11-3 按历史时期分工业总产值

Gross Output Value of Industry by History Periods

时 期 Period	工业总产值（万元） Gross Output Value of Industry (10000 yuan)	轻工业 Light Industry	重工业 Heavy Industry	工业总产值年平均增长（%） Annual Average Growth Speed of Gross Output Value of Industry (%)	轻工业 Light Industry	重工业 Heavy Industry
全 市 **Total**						
“六五”时期 6th Five-year Plan Period	6447893	4209237	2238656	12.8	13.1	12.4
“七五”时期 7th Five-year Plan Period	16252266	10438049	5814217	13.1	14.5	10.6
“八五”时期 8th Five-year Plan Period	59397158	34984219	24412939	26.1	24.7	28.7
“九五”时期 9th Five-year Plan Period	128360576	77117816	51242760	15.7	14.8	17.3
“十五”时期 10th Five-year Plan Period	244226575	117486095	126740480	18.3	12.0	26.1
“十一五”时期 11th Five-year Plan Period	562510382	210425419	352084963	15.8	13.2	17.9
“十二五”时期 12th Five-year Plan Period	912210087	330118011	582092076	9.8	10.2	9.5
1979-2015	1931105943	785854204	1145251739	15.5	14.4	16.8
1991-2015	1906704778	770131560	1136573218	17.0	14.9	19.7
2001-2015	1718947044	658029525	1060917519	14.6	11.8	17.6

11-4 工业企业单位数及工业总产值(2015年)

Number of Enterprises and Gross Output Value of Industry (2015)

项　　目	Item	单位数（个）Number of Units (unit)	工业总产值（万元）Gross Output Value of Industry (10000 yuan)	工业总产值指数（%）Indices of Gross Output Value of Industry (%)
总　计	**Total**	**65493**	**198925099**	**106.0**
规模以上工业企业	**Industrial Enterprises above Designated Size**	**4650**	**186842162**	**106.1**
按登记注册类型分	Grouped by Registration Status			
内资企业	Domestic Funded Enterprises	3081	75370333	108.6
国有企业	State-owned Enterprises	27	805261	78.4
集体企业	Collective-owned Enterprises	26	588044	112.0
股份合作企业	Cooperative Enterprises	15	174150	66.0
联营企业	Joint Ownership Enterprises	3	7751	127.6
国有联营企业	State Joint Ownership Enterprises			
集体联营企业	Collective Joint Ownership Enterprises			
国有与集体联营企业	Joint State-collective Enterprises	1	3850	112.2
其他联营企业	Other Joint Ownership Enterprise	2	3901	147.6
有限责任公司	Limited Liability Corporations	550	34680968	115.3
国有独资有限责任公司	Sole State Funded Corporations	45	19110670	113.5
其他有限责任公司	Other Limited Liability Corporations	505	15570298	117.6
股份有限公司	Share-holding Corporations Ltd.	98	11018384	92.7
私营企业	Private Enterprises	2357	28050083	109.8
私营独资企业	Private-funded Enterprises	129	862878	95.7
私营合伙企业	Private Partnership Enterprises	30	190172	84.4
私营有限责任公司	Private Limited Liability Corporations	2124	22395624	108.6
私营股份有限公司	Private Share Holding Corporations	74	4601409	120.8
其他企业	Other Enterprises	5	45692	58.3
港、澳、台商投资企业	Enterprises with Funds from Hong Kong, Macao and Taiwan	867	30931622	99.1
与港、澳、台商合资经营企业	Joint-venture Enterprises	157	8140366	106.4
与港、澳、台商合作经营企业	Cooperative Enterprises	49	2503174	107.0
港、澳、台商独资经营企业	Enterprises with Sole Funds	651	20091538	95.6
港、澳、台商投资股份有限公司	Share-holding Corporations Ltd.	10	196544	96.8
外商投资企业	Foreign Funded Enterprises	702	80540207	106.7
中外合资经营企业	Joint-venture Enterprises	192	44285738	108.7
中外合作经营企业	Cooperative Enterprises	20	1496545	119.2
外资企业	Enterprises with Sole Foreign Funds	474	30112724	105.8
外商投资股份有限公司	Share-holding Corporations Ltd.	9	4480754	91.3
其他外商投资	Other Foreign Funded Enterprises	7	164446	152.2
按隶属关系分	Grouped by Administrative Relationship			
中央企业	Central Government	43	19766804	102.8
省属企业	Provincial Government	37	5702115	102.2
市属企业	Municipal Government	4570	161373243	106.7
按轻重工业分	Grouped by Light & Heavy Industries			
轻工业	Light Industry	2582	64482687	102.6
重工业	Heavy Industry	2068	122359475	108.0

11-4 续表 continued

项 目	Item	单位数（个）Number of Units (unit)	工业总产值（万元）Gross Output Value of Industry (10000 yuan)	工业总产值指数（%）Indices of Gross Output Value of Industry (%)
按生产规模分	Grouped by Size of Enterprises			
大型企业	Large Enterprises	187	111053981	109.8
中型企业	Medium Enterprises	722	34184359	97.7
小型企业	Small Enterprises	3519	39913845	103.2
微型企业	Mini Enterprises	222	1689977	134.4
按工业行业分	Grouped by Sector			
煤炭开采和洗选业	Mining and Washing of Coal			
石油和天然气开采业	Extraction of Petroleum and Natural Gas			
黑色金属矿采选业	Mining and Processing of Ferrous Metal Ores			
有色金属矿采选业	Mining and Processing of Non-Ferrous Metal Ores			
非金属矿采选业	Mining and Processing of Nonmetal Ores	2	22355	123.1
开采辅助活动	Mining Auxiliary Activities			
其他采矿业	Mining of Other Ores			
农副食品加工业	Processing of Food from Agricultural Products	92	4656675	103.3
食品制造业	Manufacture of Foods	124	4743460	99.7
酒、饮料和精制茶制造业	Manufacture of Wine ,Beverages and Refined Tea	27	3009265	98.7
烟草制品业	Manufacture of Tobacco	1	2176295	98.5
纺织业	Manufacture of Textile	200	2669073	104.4
纺织服装、服饰业	Manufacture of Textile Wearing Apparel,Clothing	497	4227893	95.9
皮革、毛皮、羽毛及其制品和制鞋业	Manufacture of Leather, Fur, Feather and Related Products and Footwear	310	2893079	100.1
木材加工和木、竹、藤、棕、草制品业	Processing of Timber, Manufacture of Wood, Bamboo, Rattan,Palm and Straw Products	40	320927	109.8
家具制造业	Manufacture of Furniture	96	1773287	109.6
造纸和纸制品业	Manufacture of Paper and Paper Products	89	1321107	95.2
印刷业和记录媒介复制业	Printing, Reproduction of Recording Media	93	993773	73.3
文教、工美、体育和娱乐用品制造业	Manufacture of Culture and Education ,Arts and Crafts, Sports and Entertainment Supplies	156	3208009	144.7
石油加工、炼焦和核燃料加工业	Processing of Petroleum, Coking, Processing of Nuclear Fuel	11	5040737	88.9
化学原料和化学制品制造业	Manufacture of Raw Chemical Materials and Chemical Products	398	20698054	107.9
医药制造业	Manufacture of Medicines	74	2447256	92.8
化学纤维制造业	Manufacture of Chemical Fibers	7	66146	126.3
橡胶和塑料制品业	Manufacture of Rubber	308	3884998	104.3
非金属矿物制品业	Manufacture of Non-metallic Mineral Products	176	1786140	109.5
黑色金属冶炼和压延加工业	Smelting and Pressing of Ferrous Metals	42	3611539	95.7
有色金属冶炼和压延加工业	Smelting and Pressing of Non-Ferrous Metals	53	4159460	100.0
金属制品业	Manufacture of Metal Products	234	3762985	96.8
通用设备制造业	Manufacture of General Purpose Machinery	233	6536580	105.4
专用设备制造业	Manufacture of Special Purpose Machinery	151	2004047	103.6
汽车制造业	Manufacture of Automobile	275	39307862	107.1
铁路、船舶、航空航天和其他运输设备制造业	Manufacture of Railway, Ship, Aerospace and Other Transportation Equipment	94	6746011	109.1
电气机械及器材制造业	Manufacture of Electrical Machinery and Equipment	320	10808905	108.5
计算机、通信和其他电子设备制造业	Manufacture of Computers, Communications and Other Electronic Equipment	382	24258404	113.1
仪器仪表制造业	Manufacture of Instrument	55	669146	92.3
其他制造业	Other Manufacturing	17	185405	109.4
废弃资源综合利用业	Comprehensive Utilization of Waste Resources	10	283911	243.6
金属制品、机械和设备修理业	Metal Products, Machinery and Equipment Repair	15	563671	200.9
电力、热力的生产和供应业	Production and Supply of Electric Power and Heat Power	24	13954714	106.7
燃气生产和供应业	Production and Supply of Gas	15	3172217	123.4
水的生产和供应业	Production and Supply of Water	29	878776	172.4

11-5　规模以上工业销售产值

Sales Value of Industrial Enterprises above Designated Size

单位：万元　　(10000 yuan)

项　　目	Item	2014	2015
总　计	**Total**	**176986490**	**181026853**
按登记注册类型分	**Grouped by Registration Status**		
国有企业	State-owned Industry	1054385	805903
集体企业	Collective-owned Industry	539452	588252
其他企业	Other	175392653	179632698
按隶属关系分	**Grouped by Administrative Relationship**		
中央企业、省属企业	Central and Provincial Governments	26109446	25833104
市属企业	Municipal Government	150877044	155193749
按轻重工业分	**Grouped by Light & Heavy Industries**		
轻工业	Light Industry	61132830	62302562
重工业	Heavy Industry	115853660	118724291
按生产规模分	**Grouped by Size of Enterprises**		
大中型企业	Large and Medium Industrial Enterprises	136569385	140378711
小型企业	Small Enterprises	39254946	38976938
微型企业	Mini Enterprises	1162159	1671204

11-6　主要年份规模以上工业企业出口交货值及比重

Delivery Value of Exports and Proportion of Industrial Enterprises above Designated Size in Main Years

单位：万元　　(10000 yuan)

年　份 Year	工业销售产值 Sale Output Value of Industry	出口交货值 Delivery Value of Exports	出口交货值比重(%) Proportion of Exports Delivery Value (%)
2001	27171297	6502235	23.93
2002	31156870	7881230	25.30
2003	39241536	9599697	24.46
2004	50207200	12824023	25.54
2005	59120813	14945688	25.28
2006	71756225	17218091	24.00
2007	87657013	19543878	22.30
2008	103134403	22092456	21.42
2009	111566225	22173771	19.87
2010	136078573	27646009	20.32
2011	153296007	31114440	20.30
2012	158508246	28472183	17.96
2013	169212664	30641635	18.11
2014	176986490	31591443	17.85
2015	181026853	30656076	16.93

11-7 规模以上工业企业出口交货值（2015年）

Delivery Value of Exports of Industrial Enterprises above Designated Size (2015)

单位:万元 (10000 yuan)

项　　目	Item	出口产品交货值 Delivery Value of Exports
总　计	**Total**	**30656076**
按登记注册类型分	Grouped by Registration Status	
国有企业	State-owned Industry	14323
集体企业	Collective-owned Industry	396074
其他企业	Others	30245679
按隶属关系分	Grouped by Administrative Relationship	
中央企业、省属企业	Central and Provincial Governments	1906601
市属企业	Municipal Government	28749475
按轻重工业分	Grouped by Light & Heavy Industries	
轻工业	Light Industry	12470112
重工业	Heavy Industry	18185964
按生产规模分	Grouped by Size of Enterprises	
大中型企业	Large and Medium Enterprises	26492878
小型企业	Small Enterprises	3990182
微型企业	Mini Enterprises	173016
按工业行业分	Grouped by Sector	
煤炭开采和洗选业	Mining and Washing of Coal	
石油和天然气开采业	Extraction of Petroleum and Natural Gas	
黑色金属矿采选业	Mining and Processing of Ferrous Metal Ores	
有色金属矿采选业	Mining and Processing of Non-Ferrous Metal Ores	
非金属矿采选业	Mining and Processing of Nonmetal Ores	
开采辅助活动	Mining Auxiliary Activities	
其他采矿业	Mining of Other Ores	
农副食品加工业	Processing of Food from Agricultural Products	25612
食品制造业	Manufacture of Foods	129014
酒、饮料和精制茶制造业	Manufacture of wine,Beverages and Refined Tea	2476
烟草制品业	Manufacture of Tobacco	8837
纺织业	Manufacture of Textile	1093590
纺织服装、服饰业	Manufacture of Textile Wearing Apparel,Clothing	487240
皮革、毛皮、羽毛及其制品和制鞋业	Manufacture of Leather,Fur,Feather and Related Products and Footwear	1195406

11-7 续表 continued

单位：万元 (10000 yuan)

项　　目	Item	出口产品交货值 Delivery Value of Exports
木材加工和木、竹、藤、棕、草制品业	Processing of Timber,Manufacture of Wood, Bamboo, Rattan, Plam and Straw Products	86939
家具制造业	Manufacture of Furniture	191432
造纸和纸制品业	Manufacture of Paper and Paper Products	63244
印刷业和记录媒介复制业	Printing, Reproduction of Recording Media	287457
文教、工美、体育和娱乐用品制造业	Manufacture of Culture and Education ,Arts and Crafts, Sports and Entertainment Supplies	1977162
石油加工、炼焦和核燃料加工业	Processing of Petroleum, Coking, Processing of Nuclear Fuel	12388
化学原料和化学制品制造业	Manufacture of Raw Chemical Materials and Chemical Products	1572594
医药制造业	Manufacture of Medicines	98404
化学纤维制造业	Manufacture of Chemical Fibers	10674
橡胶和塑料制品业	Manufacture of Rubber	852167
非金属矿物制品业	Manufacture of Non-metallic Mineral Products	229659
黑色金属冶炼和压延加工业	Smelting and Pressing of Ferrous Metals	652517
有色金属冶炼和压延加工业	Smelting and Pressing of Non-Ferrous Metals	58102
金属制品业	Manufacture of Metal Products	923358
通用设备制造业	Manufacture of General Purpose Machinery	831876
专用设备制造业	Manufacture of Special Purpose Machinery	467636
汽车制造业	Manufacture of Automobile	1580905
铁路、船舶、航空航天和其他运输设备制造业	Manufacture of Railway, Ship, Aerospace and Other Transportation Equipment	2564320
电气机械及器材制造业	Manufacture of Electrical Machinery and Equipment	2524305
计算机、通信和其他电子设备制造业	Manufacture of Computers, Communications and Other Electronic Equipment	12392210
仪器仪表制造业	Manufacture of Instrument	173533
其他制造业	Other Manufacturing	36252
废弃资源综合利用业	Comprehensive Utilization of Waste Resources	
金属制品、机械和设备修理业	Metal Products, Machinery and Equipment Repair	126767
电力、热力的生产和供应业	Production and Supply of Electric Power and Heat Power	
燃气生产和供应业	Production and Supply of Gas	
水的生产和供应业	Production and Supply of Water	

11-8 工业三大支柱产业主要指标(2015年)

Major Indicators of Three Pillar Industrial Industries (2015)

行　　业	Sector	单位数 (个) Number of Units (unit)	从业人员 (万人) Employed Persons (10000 persons)	工业总产值 (亿元) Gross Output Value of Industry (100 million yuan)
合　计	**Total**	**1108**	**43.92**	**9014.89**
汽车制造业	Automobile Manufacturing	275	14.12	3930.79
# 汽车零部件制造业	Auto Parts Manufacturing	255	9.00	1065.07
电子产品制造业	Electronic Appliance Manufacturing	432	21.47	2532.49
石油化工制造业	Petrochemical Manufacturing	401	8.33	2551.61
三大支柱产业占全市比重(%)	Three Pillar Industries Proportion of All Industrial Enterprises (%)	23.83	30.95	48.25

注：本表统计范围为规模以上工业企业。

Note:The data in this table cover the industrial enterprises above designated size.

11-8 续表 continued

行　　业	Sector	主营业务收入 (亿元) Revenue from Principal Business (100 million yuan)	利润总额 (亿元) Total Profits (100 million yuan)	税金总额 (亿元) Total Pre-tax Profits (100 million yuan)
合　计	**Total**	**8143.26**	**615.80**	**507.15**
汽车制造业	Automobile Manufacturing	3786.41	330.23	243.41
# 汽车零部件制造业	Auto Parts Manufacturing	1027.57	88.99	32.31
电子产品制造业	Electronic Appliance Manufacturing	2089.14	112.41	32.66
石油化工制造业	Petrochemical Manufacturing	2267.71	173.16	231.08
三大支柱产业占全市比重(%)	Three Pillar Industries Proportion of All Industrial Enterprises (%)	47.61	56.05	54.81

11-9 主要工业产品产量
Output of Major Industrial Products

产品名称		Name of Products		2014	2015
食用植物油	(吨)	Edible Vegetable Oil	(ton)	2306014	1728225
乳制品	(吨)	Dairy Products	(ton)	237169	278344
罐　头	(吨)	Canned Food	(ton)	73976	76499
饮料酒(混合量)	(千升)	Alcoholic Beverages (mixed)	(1000 litre)	950009	853142
#啤　酒		Beer		950009	853103
饲　料	(吨)	Fodder	(ton)	4264847	5038473
卷　烟	(万支)	Cigarettes	(10000 piece)	6660000	6655000
纱	(吨)	Yarn	(ton)	46648	39417
布	(万米)	Cloth	(10000 meters)	67469	62746
#棉　布		Pure Cotton Cloth		35234	29688
化学纤维布		Pure Chemical Fiber Cloth		10487	9993
印染布	(吨)	Dyeing cloth	(ton)	56270	54830
服　装	(万件)	Garments	(10000 units)	60487	58409
皮革鞋靴	(万双)	Leather Shoes	(10000 pairs)	8256	7750
人造板	(立方米)	Artificial Boards	(cu.m)	509767	372796
家　具	(万件)	Furniture	(10000 units)	1079	1127
机制纸及纸板	(吨)	Machine-made Paper and Paperboards	(ton)	1065978	1067590
#新闻纸		Newsprint		464265	439192
发电量	(亿千瓦·时)	Electricity	(100 million kwh)	444	419
原油加工量	(吨)	Crude Oil Processing	(ton)	12611956	12100039
汽　油	(吨)	Gasoline	(ton)	2405002	2490175
煤　油	(吨)	Kerosene	(ton)	1674905	1776484
柴　油	(吨)	Diesel Oil	(ton)	4278790	3727655
燃料油	(吨)	Fuel Oil	(ton)	842682	285339
纸制品	(吨)	Paper Products	(ton)	1070822	1046394
化学试剂	(吨)	Chemical Reagent	(ton)	145819	130370
涂　料	(吨)	Coating	(ton)	531244	478819
初级形态的塑料	(吨)	Plastics	(ton)	2331722	2342055
合成纤维聚合物	(吨)	Synthetic Fiber Polymer	(ton)	243007	194179
合成洗涤剂	(吨)	Synthetic Detergents	(ton)	3686741	3913809

11-9 续表 continued

产品名称		Name of Products		2014	2015
化学药品原药	(吨)	Chemical Medicines	(ton)	19084	19702
中成药	(吨)	Traditional Chinese Medicine	(ton)	75655	72350
化学纤维	(吨)	Chemical Fiber	(ton)	20457	24255
橡胶轮胎外胎	(条)	Tires	(unit)	14284073	16510328
手提包(袋)、背包	(万个)	Handbag, Backpack	(10000unit)	852	513
塑料制品	(吨)	Plastic Products	(ton)	989532	1088268
水　泥	(万吨)	Cement	(10000 tons)	792	781
生　铁	(吨)	Pig Iron	(ton)	25092	39168
粗　钢	(吨)	Steel	(ton)	1176124	1014444
钢　材	(吨)	Steel Products	(ton)	6863428	6583688
内燃机生产量	(万千瓦)	Internal Combustion Engines	(10000 kw)	17568	18442
金属切削机床	(台)	Metal-cutting Machine Tools	(set)	5656	4721
自动柜员机(ATM机)	(台)	Automated Teller Machines	(set)	12039	11792
医疗仪器设备及器械	(台)	Medical Equipment and Instruments	(set)	1131	1044
自行车	(辆)	Bicycles	(unit)	1803737	1613938
钟	(只)	Clocks	(unit)	13454292	5091660
汽　车	(辆)	Motor Vehicles	(unit)	1973911	2209897
其中：乘用车		Sedans		1968676	2206096
其中：运动型多用途乘用车(SUV)	(辆)	Sports Utility Vehicle	(unit)	382270	668066
家用燃气灶具	(台)	Gas Appliances	(unit)	2516945	2765214
交流电动机	(千瓦)	AC Motors	(kw)	941246	607960
变压器	(千伏安)	Transformers	(1000 volt-amperes)	32307101	32609724
原电池及原电池组(折R20标准只)	(万只)	Batteries	(10000 units)	34258	22635
家用电冰箱	(台)	Household Refrigerators	(set)	3657075	3497353
家用电风扇	(台)	Electric Fans	(set)	583901	518720
房间空气调节器	(台)	Air Conditioners	(set)	8327838	11542343
电饭锅	(个)	Electric Rice Cooker	(unit)	1118103	1214106
电光源	(万只)	Bulbs	(10000 units)	13487	12913
电话单机	(部)	Telephone Sets	(unit)	1384186	1392212
移动通信手持机	(台)	Mobile Telecommunication Handset	(unit)	569	5771792
微型电子计算机	(台)	Micro-computers	(unit)	109372	124284
其中：平板电脑	(台)	Tablet Personal Computer	(unit)	78712	106358
彩色电视机	(台)	Color TV Sets	(set)	5034077	6940684
其中：智能电视	(台)	Smart TV	(set)	3712733	5681004
光电子器件	(万只)	Optoelectronic Device	(10000unit)	129541	284469
数字激光音、视盘机	(台)	Digital Video Player	(set)	115860	146884
显示器	(台)	Displayer	(set)	3708565	3316105
其中：平板显示器	(台)	Flat-panel Displayer	(set)	3708565	3316105
电　梯	(台)	Elevators & Escalators	(unit)	73543	79170
摩托车整车	(辆)	Motorcycles	(unit)	4395097	3637688
家用吸排油烟机	(台)	Extractor Hoods	(set)	655720	644945

11-10 规模以上工业企业全员劳动生产率
Overall Labor Productivity of Industrial Enterprises above the Designated Size

单位：元/人 (yuan/person)

年 份 Year	合 计 Total	国有企业 State-owned Enterprises	集体企业 Collective-owned Enterprises	“三资”企业 Foreign Funded Enterprises	其他企业 Other Enterprises
1997	51764	58637	24861	59509	45207
1998	53499	64347	27238	56952	46688
1999	60087	81519	30910	58846	47523
2000	60342	108088	32429	61748	48220
2001	69917	89566	40058	72400	67034
2002	76324	103186	40514	76773	79963
2003	89991	126215	36475	97733	83382
2004	96845	168409	30129	107890	70332
2005	115051	231185	31305	125912	86735
2006	132200	300403	31106	145278	97882
2007	156811	392930	32447	170755	116857
2008	175472	242679	25413	193910	153715
2009	181874	170356	31688	213960	142523
2010	214972	224214	44324	254371	165119
2011	259100	263492	55373	291514	218851
2012	272724	750301	47742	285933	227791
2013	289951	230952	93367	317224	262868
2014	322896	259265	94184	325220	330959
2015	343152	226904	129102	349101	344765

注：本表数据按工业增加值计算，以下劳动生产率表同。

Note:The data in this table are calculated on basis of the value-added of industry. The same as in the following tables.

11-11 规模以上工业企业全员劳动生产率(2015年，按行业分)

单位：元/人

行 业	Sector
合 计	**Total**
煤炭开采和洗选业	Mining and Washing of Coal
石油和天然气开采业	Extraction of Petroleum and Natural Gas
黑色金属矿采选业	Mining and Processing of Ferrous Metal Ores
有色金属矿采选业	Mining and Processing of Non-Ferrous Metal Ores
非金属矿采选业	Mining and Processing of Nonmetal Ores
开采辅助活动	Mining Auxiliary Activities
其他采矿业	Mining of Other Ores
农副食品加工业	Processing of Food from Agricultural Products
食品制造业	Manufacture of Foods
酒、饮料和精制茶制造业	Manufacture of Wine ,Beverages and Refined Tea
烟草制品业	Manufacture of Tobacco
纺织业	Manufacture of Textile
纺织服装、服饰业	Manufacture of Textile Wearing Apparel,Clothing
皮革、毛皮、羽毛及其制品和制鞋业	Manufacture of Leather, Fur, Feather and Related Products and Footwear
木材加工和木、竹、藤、棕、草制品业	Processing of Timber, Manufacture of Wood, Bamboo,Rattan,Palm and Straw Products
家具制造业	Manufacture of Furniture
造纸和纸制品业	Manufacture of Paper and Paper Products
印刷业和记录媒介复制业	Printing, Reproduction of Recording Media
文教、工美、体育和娱乐用品制造业	Manufacture of Culture and Education ,Arts and Crafts, Sports and Entertainment Supplies
石油加工、炼焦和核燃料加工业	Processing of Petroleum, Coking, Processing of Nuclear Fuel
化学原料和化学制品制造业	Manufacture of Raw Chemical Materials and Chemical Products
医药制造业	Manufacture of Medicines
化学纤维制造业	Manufacture of Chemical Fibers
橡胶和塑料制品业	Manufacture of Rubber
非金属矿物制品业	Manufacture of Non-metallic Mineral Products
黑色金属冶炼和压延加工业	Smelting and Pressing of Ferrous Metals
有色金属冶炼和压延加工业	Smelting and Pressing of Non-Ferrous Metals
金属制品业	Manufacture of Metal Products
通用设备制造业	Manufacture of General Purpose Machinery
专用设备制造业	Manufacture of Special Purpose Machinery
汽车制造业	Manufacture of Automobile
铁路、船舶、航空航天和其他运输设备制造业	Manufacture of Railway, Ship, Aerospace and Other Transportation Equipment
电气机械及器材制造业	Manufacture of Electrical Machinery and Equipment
计算机、通信和其他电子设备制造业	Manufacture of Computers, Communications and Other Electronic Equipment
仪器仪表制造业	Manufacture of Instrument
其他制造业	Other Manufacturing
废弃资源综合利用业	Comprehensive Utilization of Waste Resources
金属制品、机械和设备修理业	Metal Products, Machinery and Equipment Repair
电力、热力的生产和供应业	Production and Supply of Electric Power and Heat Power
燃气生产和供应业	Production and Supply of Gas
水的生产和供应业	Production and Supply of Water

Overall Labor Productivity of Industrial Enterprises above the Designated Size(2015, by Sector)

(yuan/person)

全 市 Total	国有企业 State-owned Enterprises	集体企业 Collective-owned Enterprises	"三资"企业 Foreign Funded Enterprises	其他企业 Other Enterprises
343152	**226904**	**129102**	**349101**	**344765**
337425				337425
244120	429109		250077	238803
337250	121139		382966	213960
378026	449934		373795	381939
5587076				5587076
128250			135403	119068
125252	133380		108237	134676
89606		63661	85742	94462
123026			143109	114351
169078			143741	182771
140743		145228	141390	140042
125778	180961	152250	117876	138391
149896		363172	161917	116432
3076131			1267000	3144449
688224	272409	158237	885091	376794
220795	75936		260411	212380
188980			223153	146141
157748	337558		167957	147107
171752		125016	192995	160214
168837	25758		149096	271836
426082	36800		512462	383148
143928	190195		135497	152053
264373		199477	335818	192782
202770			250637	167818
706830	89042		803450	245978
271875	135349	65459	238774	276685
188223		130805	170457	206298
212230	129136	118058	237995	163472
135868			135404	136469
132823			77889	141606
458996			314748	471666
153883	155506		167462	102804
2762914	247913		1775572	2873078
2162352			4462012	615399
548285	342652	288769	507400	895456

11-12 规模以上工业企业主要经济指标

单位：万元

项　　目	Item	2000	2005
企业单位数　（个）	Number of Enterprises (unit)	4531	5240
# 亏损企业	Number of Loss-making Enterprises	954	1092
营业收入	Busmess Revenue		
主营业务收入	Revenue from Principal Business	25342544	59946778
# 主营业务成本	Cost of Principal Business	20560789	48703725
主营业务税金及附加	Taxes and Other Charges on Principal Business	462801	799087
盈利企业的盈利总额	Total Profits of Profitable Enterprises	1577983	4491749
亏损企业的亏损总额	Total Losses of Loss-making Enterprises	393740	443444
盈亏相抵后的利润总额	Total Profits of All Enterprises	1184243	4048305
应交所得税	Income Tax Payable	160118	574968
应交增值税	Value-added Tax Payable	919339	2035382
流动资产年末合计	Total Working Capitals at the Year-end	15082653	26379483
# 存　货	Inventory	4301980	7197758
# 产成品存货	Inventory of Finished Goods	1528452	2327257
固定资产原价年末数	Original Value of Fixed Assets at the Year-end	17672981	26651389
年末资产合计	Total Assets at the Year-end	30861594	48338355
年末负债合计	Total Liabilities at the Year-end	18249287	26158379
年末所有者权益合计	Total Owners' Equity at the Year-end	12612306	22179976
# 实收资本	Capital Hold	8458358	13634945
# 国家资本	State Capital	1375635	1183871
外商资本	Foreign Capital	3578053	7427607
本年应付职工薪酬	Wages Payable	1623490	3679734
全部从业人员年平均人数　（人）	Annual Average Number of Staff and Workers (person)	1173960	1410335
工业总产值　（当年价格）	Gross Industrial Output Value (at current prices)	25685694	60320463
工业增加值　（当年价格）	Value-added of Industry (at current prices)	7083953	16226063

Main Indicators of Industrial Enterprises above the Designated Size

(10000 yuan)

2006	2007	2008	2009	2010	2011	2012	2013	2014	2015
5188	4988	7442	7023	6969	4437	4373	4812	4774	4650
1032	886	1725	1407	1060	689	744	652	676	757
					155253526	160103135	168367739	174162507	174280858
72493321	88630531	104244867	112140930	136246497	152702405	157283477	165067607	170773477	171050610
59529969	72210640	84647623	90316538	110733636	126083338	129613672	135511005	140533545	141198777
1256139	1873470	2549525	3249519	3427818	3215979	3287339	3651929	3655250	3865985
6008538	8044372	8003202	8584412	10910868	10629334	9666882	11721003	11707720	11919417
620087	513225	1072933	793247	598124	1044071	1410834	667252	827867	933685
5388451	7531147	6930269	7791165	10312744	9585263	8256048	11053751	10879853	10985732
676932	861833	983288	1138346	1440506	1616771	1473553	1902197	2005738	2190998
2643027	3199893	4520708	3843777	4696284	4545000	4354268	5125516	4882891	5386846
31365356	37716223	43871519	50733991	60871184	65179319	64593607	74129378	74764969	80408497
8145761	9334080	11054940	11529881	14111012	15232168	14522684	16005082	17037284	17158817
2478717	2960730	3751238	3761104	4694208	5213396	5427243	5540642	5958356	5632484
33587396	37780990	45244307	47978199	52094111	53921739	55980684	62689307	68562811	76523257
69036123	80412681	91648730	99655278	112655080	118306012	121573804	135540623	140934954	155333696
33474848	40571015	49694345	55020064	63320448	66428322	64458098	73585807	76229825	82261928
35561275	39841666	41954385	44631180	49334632	51877690	57115706	61954816	64705129	73071768
20776240	22730283	26272164	27564197	28796044	29125022	30434735	32278772	33859432	36002643
6936604	7035569	7510952	4533428	4529442	3763637	1692610	4011019	4419667	11612683
7759689	8286574	5586787	5940516	5915409	6476297	6874272	7019315	7711786	6920908
4184674	5216279	8089617	8159771	8634171	7650769	8148319	9441451	10920005	11495875
1490877	1540930	1719873	1615692	1662226	1547037	1499914	1534434	1462674	1418883
72820564	89104386	105149110	113767645	138312477	157127151	160664335	171987181	181935543	186842162
19709445	24163424	27875000	29385200	35733200	40083754	40906208	44491105	47229177	48689258

11-13 规模以上工业企业主要经济指标（2015年）

单位：万元

项 目	Item
企业单位数 （个）	Number of Enterprises (unit)
#亏损企业	Number of Loss-making Enterprises
主营业务收入	Revenue from Principal Business
#主营业务成本	Cost of Principal Business
主营业务税金及附加	Taxes and Other Charges on Principal Business
盈利企业的盈利总额	Total Profits of Profitable Enterprises
亏损企业的亏损总额	Total Losses of Loss-making Enterprises
盈亏相抵后的利润总额	Total Profits of All Enterprises
应交所得税	Income Tax Payable
应交增值税	Value-added Tax Payable
流动资产年末合计	Total Working Capitals at the Year-end
#应收账款	Accounts Receivable
#存 货	Inventory
#产成品存货	Inventory of Finished Goods
固定资产原价年末数	Original Value of Fixed Assets at the Year-end
累计折旧	Accumulated Depreciation
固定资产净值	Net Value of Fixed Assets
年末资产合计	Total Assets at the Year-end
年末负债合计	Total Liabilities at the Year-end
年末所有者权益合计	Total Owners' Equity at the Year-end
#实收资本	Capital Hold
#国家资本	State Capital
外商资本	Foreign Capital
本年应付职工薪酬	Wages Payable
全部从业人员年平均人数 （人）	Annual Average Number of Staff and Workers (person)
工业总产值 （当年价格）	Gross Industrial Output Value (at current prices)
工业增加值 （当年价格）	Value-added of Industry (at current prices)

Main Indicators of Industrial Enterprises above the Designated Size (2015)

全 市 Total	# 国有及国有控股企业 State-owned and State-holding Enterprises
4650	252
757	52
171050610	46346086
141198777	37854717
3865985	2715239
11919417	3545651
933685	393831
10985732	3151820
2190998	636744
5386846	1818621
80408497	22131456
20533099	3121828
17158817	5607885
5632484	1115013
76523257	39289485
35008368	17393227
41514889	21896258
155333696	65969049
82261928	33052934
73071768	32916115
36002643	15989264
11612683	11015791
6920908	674560
11495875	2804193
1418883	198706
186842162	47825221
48689258	16361506

11-14 规模以上工业企业主要经济指标(2015年，按行业分)

单位:万元

行业	Sector
合　计	**Total**
煤炭开采和洗选业	Mining and Washing of Coal
石油和天然气开采业	Extraction of Petroleum and Natural Gas
黑色金属矿采选业	Mining and Processing of Ferrous Metal Ores
有色金属矿采选业	Mining and Processing of Nonferrous Metal Ores
非金属矿采选业	Mining and Processing of Nonmetal Ores
开采辅助活动	Mining Auxiliary Activities
其他矿采选业	Mining of Other Ores
农副食品加工业	Processing of Food from Agricultural Products
食品制造业	Manufacturing of Foods
酒、饮料和精制茶制造业	Manufacture of Wine ,Beverages and Refined Tea
烟草制品业	Manufacturing of Tobacco
纺织业	Textile Industry
纺织服装、服饰业	Manufacture of Textile Wearing Apparel,Clothing
皮革、毛皮、羽毛及其制品和制鞋业	Manufacture of Leather, Fur, Feather and Related Products and Footwear
木材加工及木、竹、藤、棕、草制品业	Processing of Timber, Manufacture of Wood, Bamboo,Rattan,Palm and Straw Products
家具制造业	Manufacturing of Furniture
造纸及纸制品业	Manufacturing of Paper and Paper Products
印刷和记录媒介复制业	Printing and Record Media Duplication Industry
文教、工美、体育和娱乐用品制造业	Manufacture of Culture and Education ,Arts and Crafts, Sports and Entertainment Supplies
石油加工、炼焦和核燃料加工业	Processing of Petroleum, Coking, Processing of Nuclear
化学原料及化学制品制造业	Manufacturing of Raw Chemical Material and Chemical Products
医药制造业	Manufacturing of Medical and Pharmaceutical Products
化学纤维制造业	Manufacturing of Chemical Fiber
橡胶和塑料制品业	Manufacture of Rubber and Plastic
非金属矿物制品业	Manufacturing of Non-metallic Mineral Products
黑色金属冶炼和压延加工业	Smelting and Pressing of Ferrous Metals
有色金属冶炼和压延加工业	Smelting and Pressing of Non-ferrous Metals
金属制品业	Manufacturing of Metal Products
通用设备制造业	Manufacturing of General Purpose Equipment
专用设备制造业	Manufacturing of Special Purpose Equipment
汽车制造业	Manufacture of Automobile
铁路、船舶、航空航天和其他运输设备制造业	Manufacture of Railway, Ship, Aerospace and Other Transportation Equipment
电气机械及器材制造业	Manufacturing of Electric Machinery and Equipment
计算机、通信和其他电子设备制造业	Manufacture of Computers, Communications and Other Electronic Equipment
仪器仪表制造业	Manufacture of Instrument
其他制造业	Other Manufacturing
废弃资源综合利用业	Comprehensive Utilization of Waste Resources
金属制品、机械和设备修理业	Metal Products, Machinery and Equipment Repair
电力、热力的生产和供应业	Production and Supply of Electric Power and Heat Power
燃气生产和供应业	Production and Supply of Gas
水的生产和供应业	Production and Supply of Water

Main Indicators of Industrial Enterprises above the Designated Size (2015, by Sector)

(10000 yuan)

单位数（个）Number of Enterprises (unit)	# 亏损企业 Loss-making Enterprises	工业总产值 Gross Output Value of Industry	工业增加值 Value-added of Industry	工业销售产值 Sales Value of Industry	主营业务收入 Revenue from Principal Business	# 主营业务成本 Cost of Principal Business	# 主营业务税金及附加 Taxes and Charges on Core Business
4650	**757**	**186842162**	**48689258**	**181026853**	**171050610**	**141198777**	**3865985**
2		22355	6107	22355	18378	16605	351
92	13	4656675	306688	4475316	4193500	3873081	3304
124	18	4743460	1566932	4455476	4677308	2858248	40296
27	7	3009265	986571	2855100	2643972	1643555	22249
1		2176295	1645394	2751400	2020055	588278	1057785
200	29	2669073	496098	2626478	2464290	2248813	8985
497	50	4227893	1413974	4193355	4014093	3558364	20491
310	53	2893079	858452	2868589	2816415	2515523	12166
40	6	320927	77076	305211	308024	276315	2825
96	23	1773287	567644	1765729	1711622	1332425	9848
89	9	1321107	195619	1329305	1225806	1080717	5744
93	19	993773	287113	972588	883795	753248	3526
156	31	3208009	1015009	3117294	3299530	2989272	8163
11	4	5040737	1986565	4972530	4959504	3408185	1138678
398	41	20698054	5357754	19888572	17918526	12982749	129017
74	11	2447256	794089	2265862	2452013	1535235	18172
7	1	66146	17802	63922	63769	53336	511
308	57	3884998	904640	3792234	3713716	3157776	15918
176	28	1786140	370316	1734955	1706144	1465127	9984
42	11	3611539	155719	3393654	3051447	2964903	6313
53	10	4159460	385775	3963055	3304349	3187091	4618
234	38	3762985	799518	3620083	3397488	2985606	16621
233	42	6536580	1711550	6299731	6039285	4650375	42102
151	27	2004047	538314	1896195	1979054	1568630	10382
275	41	39307862	9976627	39141163	37864081	31294255	1068079
94	29	6746011	1458499	6653769	6033602	5640266	11162
320	63	10808905	1920983	10642824	9110031	7715857	65436
382	73	24258404	4284821	21503891	19924669	17834159	46114
55	9	669146	231832	630812	637608	474966	3550
17	4	185406	39022	174198	175819	157379	657
10	2	283910	76744	191900	172665	136986	668
15	1	563671	247983	563841	562228	454469	4054
24		13954714	6513018	13941614	13900629	12421730	64655
15	2	3172217	1001169	3080994	2937956	2796152	4253
29	5	878776	493841	872858	869239	579101	9308

11-14 续表 1

单位:万元

行　　业	Sector
合　计	**Total**
煤炭开采和洗选业	Mining and Washing of Coal
石油和天然气开采业	Extraction of Petroleum and Natural Gas
黑色金属矿采选业	Mining and Processing of Ferrous Metal Ores
有色金属矿采选业	Mining and Processing of Nonferrous Metal Ores
非金属矿采选业	Mining and Processing of Nonmetal Ores
开采辅助活动	Mining Auxiliary Activities
其他矿采选业	Mining of Other Ores
农副食品加工业	Processing of Food from Agricultural Products
食品制造业	Manufacturing of Foods
酒、饮料和精制茶制造业	Manufacture of Wine ,Beverages and Refined Tea
烟草制品业	Manufacturing of Tobacco
纺织业	Textile Industry
纺织服装、服饰业	Manufacture of Textile Wearing Apparel,Clothing
皮革、毛皮、羽毛及其制品和制鞋业	Manufacture of Leather, Fur, Feather and Related Products and Footwear
木材加工及木、竹、藤、棕、草制品业	Processing of Timber, Manufacture of Wood, Bamboo,Rattan,Palm and Straw Products
家具制造业	Manufacturing of Furniture
造纸和纸制品业	Manufacture of Paper and Paper Products
印刷和记录媒介复制业	Printing and Record Media Duplication Industry
文教、工美、体育和娱乐用品制造业	Manufacture of Culture and Education ,Arts and Crafts, Sports and Entertainment Supplies
石油加工、炼焦和核燃料加工业	Processing of Petroleum, Coking, Processing of Nuclear
化学原料及化学制品制造业	Manufacturing of Raw Chemical Material and Chemical Products
医药制造业	Manufacturing of Medical and Pharmaceutical Products
化学纤维制造业	Manufacturing of Chemical Fiber
橡胶和塑料制品业	Manufacture of Rubber and Plastic
非金属矿物制品业	Manufacturing of Non-metallic Mineral Products
黑色金属冶炼和压延加工业	Smelting and Pressing of Ferrous Metals
有色金属冶炼和压延加工业	Smelting and Pressing of Non-ferrous Metals
金属制品业	Manufacturing of Metal Products
通用设备制造业	Manufacturing of General Purpose Equipment
专用设备制造业	Manufacturing of Special Purpose Equipment
汽车制造业	Manufacture of Automobile
铁路、船舶、航空航天和其他运输设备制造业	Manufacture of Railway, Ship, Aerospace and Other Transportation Equipment
电气机械及器材制造业	Manufacturing of Electric Machinery and Equipment
计算机、通信和其他电子设备制造业	Manufacture of Computers, Communications and Other Electronic Equipment
仪器仪表制造业	Manufacture of Instrument
其他制造业	Other Manufacturing
废弃资源综合利用业	Comprehensive Utilization of Waste Resources
金属制品、机械和设备修理业	Metal Products, Machinery and Equipment Repair
电力、热力的生产和供应业	Production and Supply of Electric Power and Heat Power
燃气生产和供应业	Production and Supply of Gas
水的生产和供应业	Production and Supply of Water

continued

(10000 yuan)

利润总额 Total Profits	利税总额 Total Pre-tax Profits	应交所得税 Income Tax Payable	应交增值税 Value-added Tax Payable	流动资产年末合计 Total Working Capitals at the Year-end	# 应收账款 Accounts Receivable	# 存　货 Inventory	# 产成品存货 Inventory of Finished Goods
10985732	**20238563**	**2190998**	**5386846**	**80408497**	**20533099**	**17158817**	**5632484**
286	712		75	3549	1036	154	63
83377	107946	18549	21265	1855683	241207	332416	107175
487785	844683	135308	316602	2302980	346185	365109	160136
209225	389924	44624	158450	1098398	209865	121859	57443
206545	1499869	50396	235539	1870618	87477	1588945	74189
75304	112146	14847	27857	983572	327668	296460	86439
118169	233215	22797	94555	1371019	290571	400137	201821
18072	82538	9832	52300	1309301	352779	317939	116271
10095	24180	2035	11260	294968	47431	58114	21488
129365	200338	18306	61125	794915	157336	153582	54191
109863	141676	11656	26069	1365785	265749	132012	53541
29041	54140	8749	21573	391757	148070	98929	29816
99556	206058	18008	98339	936475	242775	340664	151833
238654	1678308	62340	300976	855091	63647	369255	39156
1530776	2411752	340395	751959	7313049	1984737	1377468	610796
263206	409169	46099	127791	1967347	430249	372015	166495
585	1949	632	853	31084	11142	7522	3744
138640	244858	32315	90300	1961541	690156	456290	207048
52334	107884	10281	45566	1119814	485610	178916	59898
-102567	-97253	2862	-999	1355071	286019	441970	162172
6782	27318	2414	15918	1081674	279133	310593	93900
80546	166555	32848	69388	2078215	553463	499919	145342
688066	929857	122143	199689	4882352	1391225	1123822	573414
126769	188536	20809	51385	1634650	594450	498722	197183
3302258	5736302	632124	1365965	13377197	3870670	1901731	668091
91233	143227	28524	40832	5874955	717124	1625117	98360
479610	776669	84711	231623	4310181	1608192	1127500	419799
980777	1256349	188868	229458	11207518	3732498	2148615	900029
43247	70444	5180	23647	650147	199899	166094	62134
4964	8204	1049	2583	77835	11851	24835	16781
13270	18924	2658	4986	153804	22728	30775	27955
30380	60174	3689	25740	567389	217660	111340	13467
1298420	1991194	196655	628119	3748645	429787	128770	13462
59339	81683	11828	18091	670441	96936	38615	30031
81760	129035	7467	37967	911477	137774	12613	8821

11-14 续表 2

单位：万元

行 业	Sector
合 计	**Total**
煤炭开采和洗选业	Mining and Washing of Coal
石油和天然气开采业	Extraction of Petroleum and Natural Gas
黑色金属矿采选业	Mining and Processing of Ferrous Metal Ores
有色金属矿采选业	Mining and Processing of Nonferrous Metal Ores
非金属矿采选业	Mining and Processing of Nonmetal Ores
开采辅助活动	Mining Auxiliary Activities
其他矿采选业	Mining of Other Ores
农副食品加工业	Processing of Food from Agricultural Products
食品制造业	Manufacturing of Foods
酒、饮料和精制茶制造业	Manufacture of Wine ,Beverages and Refined Tea
烟草制品业	Manufacturing of Tobacco
纺织业	Textile Industry
纺织服装、服饰业	Manufacture of Textile Wearing Apparel,Clothing
皮革、毛皮、羽毛及其制品和制鞋业	Manufacture of Leather, Fur, Feather and Related Products and Footwear
木材加工及木、竹、藤、棕、草制品业	Processing of Timber, Manufacture of Wood, Bamboo,Rattan,Palm and Straw Products
家具制造业	Manufacturing of Furniture
造纸及纸制品业	Manufacturing of Paper and Paper Products
印刷和记录媒介复制业	Manufacture of Leather, Fur, Feather and Related Products and Footwear
文教、工美、体育和娱乐用品制造业	Manufacture of Culture and Education ,Arts and Crafts, Sports and Entertainment Supplies
石油加工、炼焦和核燃料加工业	Processing of Petroleum, Coking, Processing of Nuclear
化学原料及化学制品制造业	Manufacturing of Raw Chemical Material and Chemical Products
医药制造业	Manufacturing of Medical and Pharmaceutical Products
化学纤维制造业	Manufacturing of Chemical Fiber
橡胶和塑料制品业	Manufacture of Rubber and Plastic
非金属矿物制品业	Manufacturing of Non-metallic Mineral Products
黑色金属冶炼和压延加工业	Smelting and Pressing of Ferrous Metals
有色金属冶炼和压延加工业	Smelting and Pressing of Non-ferrous Metals
金属制品业	Manufacturing of Metal Products
通用设备制造业	Manufacturing of General Purpose Equipment
专用设备制造业	Manufacturing of Special Purpose Equipment
汽车制造业	Manufacture of Automobile
铁路、船舶、航空航天和其他运输设备制造业	Manufacture of Railway, Ship, Aerospace and Other Transportation Equipment
电气机械及器材制造业	Manufacturing of Electric Machinery and Equipment
计算机、通信和其他电子设备制造业	Manufacture of Computers, Communications and Other Electronic Equipment
仪器仪表制造业	Manufacture of Instrument
其他制造业	Other Manufacturing
废弃资源综合利用业	Comprehensive Utilization of Waste Resources
金属制品、机械和设备修理业	Metal Products, Machinery and Equipment Repair
电力、热力的生产和供应业	Production and Supply of Electric Power and Heat Power
燃气生产和供应业	Production and Supply of Gas
水的生产和供应业	Production and Supply of Water

continued

(10000 yuan)

固定资产原价 年末数 Original Value of Fixed Assets at the Year-end	累计折旧 Accumulated Depreciation	固定资产净值 Net Value of Fixed Value	年末资产合计 Total Assets at the Year-end	年末负债合计 Total Liabilities at the Year-end	年末所有者权益合　计 Total Owners' Equity at the Year-end	全部从业人员年平均人数（人） Average Number of Employed Persons (person)
76523257	**35008368**	**41514889**	**155333696**	**82261928**	**73071768**	**1418883**
96	42	54	4805	1515	3290	181
631442	289941	341501	3037967	1508629	1529338	12563
1593047	733387	859660	3658298	1687496	1970802	46462
1096922	512919	584003	1933291	1104439	828852	26098
617713	353294	264419	2484724	644878	1839846	2945
878525	503347	375178	1508696	755478	753218	38682
527699	247226	280473	1826712	1091735	734977	112890
376354	211983	164371	1627923	1040663	587260	95803
69648	36536	33112	401550	136388	265162	6265
343874	111934	231940	1357987	616765	741222	33573
599084	201528	397556	2111693	1494309	617384	13899
501672	284291	217381	698699	369647	329052	22827
785987	425170	360817	1532236	591585	940651	67714
2138722	1435272	703450	1735681	1097503	638178	6458
4743508	2199953	2543555	11564753	5666673	5898080	77849
1098096	453004	645092	3716802	1227514	2489288	35965
46364	28123	18241	70115	17758	52357	942
1974925	1029427	945498	3362323	1690953	1671370	57347
879005	470107	408898	1810966	945022	865944	21561
2079083	735082	1344001	3149204	2444240	704964	9223
706060	142808	563252	1754885	1383549	371336	9054
1016982	495063	521919	2883091	1636250	1246841	55550
1975472	986900	988572	6555696	3381666	3174030	64740
707143	297494	409649	2389041	1229219	1159822	26548
10857038	5532006	5325032	20721238	12867032	7854206	141146
2048008	730469	1317539	8619962	6440452	2179510	53646
2449195	1070419	1378776	6481771	3386671	3095100	102059
6054885	2776697	3278188	17199101	9366764	7832337	201895
256190	125949	130241	866256	303939	562317	17063
33997	15074	18923	100834	55230	45604	2938
50970	25231	25739	238716	134558	104158	1672
538909	204436	334473	980019	584177	395842	16115
22198281	10690543	11507738	30428231	11683066	18745165	23573
1304205	243939	1060266	2240262	1381259	859003	4630
5344156	1408774	3935382	6280168	4294906	1985262	9007

11-15 规模以上工业企业主要经济指标(2015年，按企业规模分)

单位：万元

项 目	Item
企业单位数 (个)	Number of Enterprises (unit)
#亏损企业	Number of Loss-making Enterprises
主营业务收入	Revenue from Principal Business
#主营业务成本	Cost of Principal Business
主营业务税金及附加	Taxes and Other Charges on Principal Business
盈利企业的盈利总额	Total Profits of Profitable Enterprises
亏损企业的亏损总额	Total Losses of Loss-making Enterprises
盈亏相抵后的利润总额	Total Profits of All Enterprises
应交所得税	Income Tax Payable
应交增值税	Value-added Tax Payable
流动资产年末合计	Total Working Capitals at the Year-end
#应收账款	Accounts Receivable
#存 货	Inventory
#产成品存货	Inventory of Finished Goods
固定资产原价年末数	Original Value of Fixed Assets at the Year-end
累计折旧	Accumulated Depreciation
固定资产净值	Net Value of Fixed Assets
年末资产合计	Total Assets at the Year-end
年末负债合计	Total Liabilities at the Year-end
年末所有者权益合计	Total Owners' Equity at the Year-end
#实收资本	Capital Hold
#国家资本	State Capital
外商资本	Foreign Capital
本年应付职工薪酬	Wages Payable
全部从业人员年平均人数 (人)	Annual Average Number of Staff and Workers (person)
工业总产值 (当年价格)	Gross Industrial Output Value (at current prices)
工业增加值 (当年价格)	Value-added of Industry (at current prices)

Main Indicators of Industrial Enterprises above the Designated Size (2015, by Size of Enterprises)

(10000 yuan)

全 市 Total				# 国有及国有控股工业企业 State-owned and State-holding Enterprises			
大 型 Large Enterprises	中 型 Medium Enterprises	小 型 Small Enterprises	微 型 Mini Enterprises	大 型 Large Enterprises	中 型 Medium Enterprises	小 型 Small Enterprises	微 型 Mini Enterprises
187	722	3519	222	40	69	129	14
16	120	541	80	5	15	26	6
101243824	30499956	37706737	1600093	37059111	4630512	4458776	197687
81560694	25443239	32886812	1308032	29788649	3896667	4034615	134786
3521909	139349	197228	7499	2671560	27678	14977	1024
7936191	1910834	1907547	164845	2897665	306707	294943	46336
328495	260383	294140	50667	304470	60673	24241	4447
7607696	1650451	1613407	114178	2593195	246034	270702	41889
1486355	334987	338945	30711	540851	35251	50381	10261
3822122	759137	773242	32345	1602454	134857	78552	2758
42379686	17847393	18921900	1259518	16322782	3823972	1734391	250311
9604600	4936620	5569166	422713	1893541	799854	372695	55738
8772157	3849104	4269236	268320	4402238	779758	392026	33863
2429188	1535667	1590389	77240	641406	260385	198461	14761
49979441	14010008	11518517	1015291	31019801	4658491	2826016	785177
22922355	6373318	5075034	637661	13819602	1987310	1058646	527669
27057086	7636690	6443483	377630	17200199	2671181	1767370	257508
93620465	29650420	29981837	2080974	52840097	7778706	4680540	669706
49035093	15932372	16210422	1084041	25487105	4805638	2492980	267211
44585372	13718048	13771415	996933	27352992	2973068	2187560	402495
19298623	8013055	8188810	502155	12036740	2421388	1320608	210528
9442027	1135528	879873	155255	8994888	1093005	773729	154169
2750165	2139468	1921054	110221	323480	327400	23680	
6145596	2912887	2368571	68821	2157803	462352	173297	10741
556592	427424	416390	18477	138052	42455	16800	1399
111053981	34184359	39913845	1689977	38915321	4676080	4041774	192046
32656544	7635967	7975745	421002	14721078	1027207	561749	51472

11-16 规模以上工业企业主要经济指标(2015年，按轻重工业分)

单位：万元

项目	Item
企业单位数 (个)	Number of Enterprises (unit)
#亏损企业	Number of Loss-making Enterprises
主营业务收入	Revenue from Principal Business
#主营业务成本	Cost of Principal Business
主营业务税金及附加	Taxes and Other Charges on Principal Business
盈利企业的盈利总额	Total Profits of Profitable Enterprises
亏损企业的亏损总额	Total Losses of Loss-making Enterprises
盈亏相抵后的利润总额	Total Profits of All Enterprises
应交所得税	Income Tax Payable
应交增值税	Value-added Tax Payable
流动资产年末合计	Total Working Capitals at the Year-end
#应收账款	Accounts Receivable
#存　货	Inventory
#产成品存货	Inventory of Finished Goods
固定资产原价年末数	Original Value of Fixed Assets at the Year-end
累计折旧	Accumulated Depreciation
固定资产净值	Net Value of Fixed Assets
年末资产合计	Total Assets at the Year-end
年末负债合计	Total Liabilities at the Year-end
年末所有者权益合计	Total Owners' Equity at the Year-end
#实收资本	Capital Hold
#国家资本	State Capital
外商资本	Foreign Capital
本年应付职工薪酬	Wages Payable
全部从业人员年平均人数 (人)	Annual Average Number of Staff and Workers (person)
工业总产值 (当年价格)	Gross Industrial Output Value (at current prices)
工业增加值 (当年价格)	Value-added of Industry (at current prices)

Main Indicators of Industrial Enterprises above the Designated Size (2015, by Light and Heavy Industry)

(10000 yuan)

全市 Total		#市属 Managed by Municipal Government	
轻工业 Light Industry	重工业 Heavy Industry	轻工业 Light Industry	重工业 Heavy Industry
2582	2068	2561	2009
402	355	399	338
58579914	112470696	56046235	90170434
45192749	96006028	44275634	76710382
1373994	2491991	312566	1305008
3888492	8030925	3588597	6479372
293302	640383	292608	410556
3595190	7390542	3295989	6068816
787580	1403418	729520	1179557
2182846	3204000	1918853	2303096
27554719	52853778	25247321	42942695
6112643	14420456	5949344	13273174
6944548	10214269	5293874	8045997
2411200	3221284	2302884	3118721
17583587	58939670	16673253	35207796
8249741	26758627	7756312	15389063
9333846	32181043	8916941	19818733
44012344	111321352	40641703	72829223
22304351	59957577	21449001	41927534
21707993	51363775	19192702	30901689
10361708	25640935	9365794	15977233
765702	10846981	763327	1867058
2469021	4451887	2459677	4400510
5061245	6434630	4921070	5019320
761914	656969	752157	581386
64482687	122359475	61712242	99661001
17695653	30993605	15877609	21841279

11-17 规模以上国有工业企业主要经济指标(2015年)

单位：万元

项　　目		Item	
企业单位数	(个)	Number of Enterprises	(unit)
# 亏损企业		Number of Loss-making Enterprises	
主营业务收入		Revenue from Principal Business	
# 主营业务成本		Cost of Principal Business	
主营业务税金及附加		Taxes and Other Charges on Principal Business	
盈利企业的盈利总额		Total Profits of Profitable Enterprises	
亏损企业的亏损总额		Total Losses of Loss-making Enterprises	
盈亏相抵后的利润总额		Total Profits of All Enterprises	
应交所得税		Income Tax Payable	
应交增值税		Value-added Tax Payable	
流动资产年末合计		Total Working Capitals at the Year-end	
# 应收账款		Accounts Receivable	
# 存　货		Inventory	
# 产成品存货		Inventory of Finished Goods	
固定资产原价年末数		Original Value of Fixed Assets at the Year-end	
累计折旧		Accumulated Depreciation	
固定资产净值		Net Value of Fixed Assets	
年末资产合计		Total Assets at the Year-end	
年末负债合计		Total Liabilities at the Year-end	
年末所有者权益合计		Total Owners' Equity at the Year-end	
# 实收资本		Capital Hold	
# 国家资本		State Capital	
外商资本		Foreign Capital	
本年应付职工薪酬		Wages Payable	
全部从业人员年平均人数	(人)	Annual Average Number of Staff and Workers	(person)
工业总产值	(当年价格)	Gross Industrial Output Value	(at current prices)
工业增加值	(当年价格)	Value-added of Industry	(at current prices)

Main Indicators of State-owned Industrial Enterprises above the Designated Size (2015)

(10000 yuan)

全　市 Total	# 轻工业 Light Industry	# 市　属 Managed by Municipal Government	# 轻工业 Light Industry
27	15	17	11
5	3	4	3
985150	735503	776925	717403
818425	614838	640932	600749
7375	5973	6270	5859
44732	26986	33405	24486
2827	1643	1900	1643
41905	25343	31505	22843
4264	2384	3041	1979
25546	14775	16877	13752
680267	312985	353978	299558
124708	62071	66961	56948
137673	47337	64411	46553
44947	25173	36551	24987
2091071	1879733	1869501	1825735
852578	741644	734631	701143
1238493	1138089	1134870	1124592
2238040	1756253	1799743	1729309
1258299	1003304	1024071	993695
979741	752949	775672	735614
163472	72666	84955	70972
141338	52095	62892	50472
155928	83204	96669	79373
12192	6791	7417	6331
805261	551227	583286	523905
276642	192810	201652	185632

11-18 规模以上集体工业企业主要经济指标(2015年)

单位：万元

项 目	Item
企业单位数 (个)	Number of Enterprises (unit)
# 亏损企业	Number of Loss-making Enterprises
主营业务收入	Revenue from Principal Business
# 主营业务成本	Cost of Principal Business
主营业务税金及附加	Taxes and Other Charges on Principal Business
盈利企业的盈利总额	Total Profits of Profitable Enterprises
亏损企业的亏损总额	Total Losses of Loss-making Enterprises
盈亏相抵后的利润总额	Total Profits of All Enterprises
应交所得税	Income Tax Payable
应交增值税	Value-added Tax Payable
流动资产年末合计	Total Working Capitals at the Year-end
# 应收账款	Accounts Receivable
# 存 货	Inventory
# 产成品存货	Inventory of Finished Goods
固定资产原价年末数	Original Value of Fixed Assets at the Year-end
累计折旧	Accumulated Depreciation
固定资产净值	Net Value of Fixed Assets
年末资产合计	Total Assets at the Year-end
年末负债合计	Total Liabilities at the Year-end
年末所有者权益合计	Total Owners' Equity at the Year-end
# 实收资本	Capital Hold
本年应付职工薪酬	Wage Payable
全部从业人员年平均人数 (人)	Annual Average Number of Staff and Workers (person)
工业总产值 (当年价格)	Gross Industrial Output Value (at current prices)
工业增加值 (当年价格)	Value-added of Industry (at current prices)

Main Indicators of Collective-owned Industrial Enterprises above the Designated Size (2015)

(10000 yuan)

全　市 Total	# 轻工业 Light Industry	# 市　属 Managed by Municipal Government	# 轻工业 Light Industry
26	12	25	11
3	2	3	2
506846	277418	504890	275462
448791	244628	447459	243297
799	296	779	276
15643	5313	15324	4994
2685	502	2685	502
12958	4811	12639	4492
3418	869	3326	777
7153	603	6960	409
93485	33547	91022	31084
13753	5233	13766	5246
9500	2803	9265	2567
4203	757	4127	681
146639	79829	145882	79072
109712	53003	109184	52475
36927	26826	36698	26597
171163	72324	168472	69633
92459	38662	92230	38434
78704	33662	76242	31199
10097	2259	9797	1959
130025	64408	129679	64062
19305	10046	19257	9998
588044	278991	585144	276091
249232	117814	248502	117083

11-19 规模以上“三资”工业企业主要经济指标(2015年)

单位:万元

项　　目	Item
企业单位数　　(个)	Number of Enterprises　　(unit)
# 亏损企业	Number of Loss-making Enterprises
主营业务收入	Revenue from Principal Business
# 主营业务成本	Cost of Principal Business
主营业务税金及附加	Taxes and Other Charges on Principal Business
盈利企业的盈利总额	Total Profits of Profitable Enterprises
亏损企业的亏损总额	Total Losses of Loss-making Enterprises
盈亏相抵后的利润总额	Total Profits of All Enterprises
应交所得税	Income Tax Payable
应交增值税	Value-added Tax Payable
流动资产年末合计	Total Working Capitals at the Year-end
# 应收账款	Accounts Receivable
# 存　货	Inventory
# 产成品存货	Inventory of Finished Goods
固定资产原价年末数	Original Value of Fixed Assets at the Year-end
累计折旧	Accumulated Depreciation
固定资产净值	Net Value of Fixed Assets
年末资产合计	Total Assets at the Year-end
年末负债合计	Total Liabilities at the Year-end
年末所有者权益合计	Total Owners' Equity at the Year-end
# 实收资本	Capital Hold
# 国家资本	State Capital
外商资本	Foreign Capital
本年应付职工薪酬	Wages Payable
全部从业人员年平均人数　　(人)	Annual Average Number of Staff and Workers　　(person)
工业总产值　　(当年价格)	Gross Industrial Output Value　　(at current prices)
工业增加值　　(当年价格)	Value-added of Industry　　(at current prices)

Main Indicators of Foreign Funded Industrial Enterprises above the Designated Size (2015)

(10000 yuan)

全 市 Total	# 轻工业 Light Industry	# 市 属 Managed by Municipal Government	# 轻工业 Light Industry
1569	792	1558	788
349	184	347	183
99117391	31863267	98384470	31728969
80985129	23778004	80401400	23705180
1314837	206941	1310224	205771
7532539	2550252	7457253	2500075
451526	153042	443656	152727
7081013	2397210	7013597	2347348
1531543	578006	1525474	575442
3145261	1368887	3127072	1359972
44035163	14292065	43446817	14169720
12833641	3442823	12633214	3428807
7945164	2849373	7848535	2832514
3181216	1216413	3168562	1208541
34582073	10770570	33981286	10694231
17217033	5389309	17003388	5350302
17365040	5381261	16977898	5343929
68043748	22324186	66914986	22088993
38082246	11324127	37406970	11267399
29961502	11000059	29508016	10821594
16904580	6400503	16549315	6321772
1259541	382233	1105022	382233
6892940	2445850	6832220	2436506
6285794	2837196	6133022	2816154
763747	400514	750986	398531
111471829	36267768	110661896	36104857
26662475	9778046	26429403	9715006

11-20 规模以上其他工业企业主要经济指标(2015年)

单位:万元

项　　目		Item	
企业单位数	(个)	Number of Enterprises	(unit)
# 亏损企业		Number of Loss-making Enterprises	
主营业务收入		Revenue from Principal Business	
# 主营业务成本		Cost of Principal Business	
主营业务税金及附加		Taxes and Other Charges on Principal Business	
盈利企业的盈利总额		Total Profits of Profitable Enterprises	
亏损企业的亏损总额		Total Losses of Loss-making Enterprises	
盈亏相抵后的利润总额		Total Profits of All Enterprises	
应交所得税		Income Tax Payable	
应交增值税		Value-added Tax Payable	
流动资产年末合计		Total Working Capitals at the Year-end	
# 应收账款		Accounts Receivable	
# 存　货		Inventory	
# 产成品存货		Inventory of Finished Goods	
固定资产原价年末数		Original Value of Fixed Assets at the Year-end	
累计折旧		Accumulated Depreciation	
固定资产净值		Net Value of Fixed Assets	
年末资产合计		Total Assets at the Year-end	
年末负债合计		Total Liabilities at the Year-end	
年末所有者权益合计		Total Owners' Equity at the Year-end	
# 实收资本		Capital Hold	
# 国家资本		State Capital	
外商资本		Foreign Capital	
本年应付职工薪酬		Wage Payable	
全部从业人员年平均人数	(人)	Annual Average Number of Staff and Workers	(person)
工业总产值	(当年价格)	Gross Industrial Output Value	(at current prices)
工业增加值	(当年价格)	Value Added of Industry	(at current prices)

Main Indicators of Other Industrial Enterprises above the Designated Size (2015)

(10000 yuan)

全　市 Total	# 轻工业 Light Industry	# 市　属 Managed by Municipal Government	# 轻工业 Light Industry
3028	1763	2970	1751
400	213	383	211
70441223	25703726	46550384	23324401
58946432	20555279	39496225	19726408
2542974	1160784	300301	100660
4326503	1305941	2561987	1059042
476647	138115	254923	137736
3849856	1167826	2307064	921306
651773	206321	377236	151322
2208886	798581	1071040	544720
35599582	12916122	24298199	10746959
7560997	2602516	6508577	2458343
9066480	4045035	5417660	2412240
2402118	1168857	2212365	1068675
39703474	4853455	15884380	4074215
16829045	2065785	5298172	1652392
22874429	2787670	10586208	2421823
84880745	19859581	44587725	16753768
42828924	9938258	24853264	9149473
42051821	9921323	19734461	7604295
18924494	3886280	8698960	2971091
10211784	331354	1462451	330602
27968	23171	27967	23171
4924128	2076437	3581020	1961481
623639	344563	555883	337297
73977028	27384701	49542917	24807389
21500909	7606983	10839331	5859888

11-21 规模以上工业企业主要经济效益指标（2015年）

项　　　目		Item	
工业经济效益综合指数	(%)	Industrial Economic Benefit Synthetic	(%)
总资产贡献率	(%)	Ratio of Total Assets to Industrial Output Value	(%)
资本保值增值率	(%)	Ratio of Capital Maintenance and Appreciation	(%)
资产负债率	(%)	Assets-Liability Ratio	(%)
流动资产周转率	（次）	Number of Times of Annual of Turnover Working Capitals	(times)
工业成本费用利润率	(%)	Ratio of Profits to Industrial Cost	(%)
工业全员劳动生产率	（元/人）	Overall Labor Productivity	(yuan/person)
工业产品销售率	(%)	Proportion of Products Sold	(%)
工业资金利税率	(%)	Ratio of Pre-tax Profits to Total Capital	(%)
工业增加值率	(%)	Ratio of Value-added to Gross Industrial Output Value	(%)
企业亏损面	(%)	Ratio of Loss-making Enterprises to Total Industrial Enterprises	(%)
工业产成品存货可供销售天数	（天）	Days for Sale of Inventory of Finished Products	(day)
每百元资金提供的总产值	（元）	Output Value Created by per 100 yuan	(yuan)
每百元资金提供的利税	（元）	Pre-tax Profits Created by per 100 Yuan	(yuan)
每百元固定资产原价提供利税	（元）	Pre-tax Profits Created by per 100 yuan Original Value of Fixed Assets	(yuan)
每百元固定资产原价提供总产值	（元）	Output Value Created by per 100 yuan Original Value of Fixed Assets	(yuan)
每百元固定资产净值提供利税	（元）	Pre-tax Profits Created by per 100 yuan Net Value of Fixed Assets	(yuan)
每百元固定资产净值提供总产值	（元）	Output Value Created by per 100 yuan Net Value of Fixed Assets	(yuan)
每百元总产值实现利税	（元）	Pre-tax Profits Created by per 100 yuan Output Value	(yuan)
每百元总产值占用全部资产	（元）	Total Assets Used by per 100 yuan Output Value	(yuan)
平均每个职工拥有全部资产	（元）	Average Assets Owned by per Staff and Worker	(yuan)
平均每个职工提供利税	（元）	Average Pre-tax Profits Created by per Staff and Worker	(yuan)

Main Indicators on Economic Benefit of Industrial Enterprises above the Designated Size (2015)

全 市 Total	# 市 属 Managed by Municipal Government	# 国有及国有控股工业企业 State-owned and State-holding Enterprises	# 市 属 Managed by Municipal Government
322.45	286.12	613.44	403.40
14.53	14.85	13.44	13.98
112.72	112.42	111.29	126.58
52.96	55.85	50.10	59.08
2.13	2.14	2.09	2.04
6.93	6.84	7.52	8.54
343152	282847	823403	466814
96.89	96.17	99.30	96.87
16.60	15.69	17.46	14.17
26.06	23.37	34.21	24.19
16.28	16.13	29.37	17.68
11.85	13.35	8.66	15.04
153.25	166.49	108.63	112.39
16.60	15.69	17.46	14.17
26.45	29.31	19.56	18.93
244.16	311.04	121.73	150.17
48.75	52.91	35.10	30.09
450.06	561.58	218.42	238.64
10.83	9.42	16.07	12.61
83.14	70.32	137.94	112.52
1094760	850898	3319932	2171083
142637	114015	386787	243269

11-22 规模以上工业企业主要经济效益指标（2015年，按经济类型分）

项　　目		Item	
工业经济效益综合指数	(%)	Industrial Economic Benefit Synthetic	(%)
总资产贡献率	(%)	Ratio of Total Assets to Industrial Output Value	(%)
资本保值增值率	(%)	Ratio of Capital Maintenance and Appreciation	(%)
资产负债率	(%)	Assets-Liability Ratio	(%)
流动资产周转率	（次）	Number of Times of Annual of Turnover Working Capitals	(times)
工业成本费用利润率	(%)	Ratio of Profits to Industrial Cost	(%)
工业全员劳动生产率	（元/人）	Overall Labor Productivity	(yuan/person)
工业产品销售率	(%)	Proportion of Products Sold	(%)
工业资金利税率	(%)	Ratio of Pre-tax Profits to Total Capital	(%)
工业增加值率	(%)	Ratio of Value-added to Gross Industrial Output Value	(%)
企业亏损面	(%)	Ratio of Loss-making Enterprises to Total Industrial Enterprises	(%)
工业产成品存货可供销售天数	（天）	Days for Sale of Inventory of Finished Products	(day)
每百元资金提供的总产值	（元）	Output Value Created by per 100 yuan	(yuan)
每百元资金提供的利税	（元）	Pre-tax Profits Created by per 100 Yuan	(yuan)
每百元固定资产原价提供利税	（元）	Pre-tax Profits Created by per 100 yuan Original Value of Fixed Assets	(yuan)
每百元固定资产原价提供总产值	（元）	Output Value Created by per 100 yuan Original Value of Fixed Assets	(yuan)
每百元固定资产净值提供利税	（元）	Pre-tax Profits Created by per 100 yuan Net Value of Fixed Assets	(yuan)
每百元固定资产净值提供总产值	（元）	Output Value Created by per 100 yuan Net Value of Fixed Assets	(yuan)
每百元总产值实现利税	（元）	Pre-tax Profits Created by per 100 yuan Output Value	(yuan)
每百元总产值占用全部资产	（元）	Total Assets Used by per 100 yuan Output Value	(yuan)
平均每个职工拥有全部资产	（元）	Average Assets Owned by per Staff and Worker	(yuan)
平均每个职工提供利税	（元）	Average Pre-tax Profits Created by per Staff and Worker	(yuan)

Main Indicators on Economic Benefit of Industrial Enterprises above the Designated Size (2015, by Type of Ownership)

全 市 Total	国有企业 State-owned Enterprises	集体企业 Collective-owned Enterprises	“三资”企业 Foreign Funded Enterprises	其他企业 Other Enterprises	# 国有及国有控股工业企业 State-owned and State-holding Enterprises
322.45	217.84	199.18	335.23	314.37	613.44
14.53	5.26	11.94	17.81	12.02	13.44
112.72	104.33	75.55	104.47	119.74	111.29
52.96	56.22	54.02	55.97	50.46	50.10
2.13	1.45	5.42	2.25	1.98	2.09
6.93	4.43	2.52	7.76	5.85	7.52
343152	226904	129102	349101	344765	823403
96.89	100.08	100.04	95.61	98.75	99.30
16.60	3.90	16.03	18.80	14.71	17.46
26.06	34.35	42.38	23.92	29.06	34.21
16.28	18.52	11.54	22.24	13.21	29.37
11.85	16.42	2.99	11.55	12.28	8.66
153.25	41.97	450.92	181.55	126.51	108.63
16.60	3.90	16.03	18.80	14.71	17.46
26.45	3.58	14.26	33.37	21.66	19.56
244.16	38.51	401.02	322.34	186.32	121.73
48.75	6.04	56.63	66.46	37.60	35.10
450.06	65.02	1592.49	641.93	323.40	218.42
10.83	9.29	3.56	10.35	11.63	16.07
83.14	277.93	29.11	61.04	114.74	137.94
1094760	1835663	88663	890920	1361056	3319932
142637	61373	10831	151112	137928	386787

11-23 规模以上工业企业主要经济效益指标（2015年，按企业规模分）

项　　目		Item	
工业经济效益综合指数	(%)	Industrial Economic Benefit Synthetic	(%)
总资产贡献率	(%)	Ratio of Total Assets to Industrial Output Value	(%)
资本保值增值率	(%)	Ratio of Capital Maintenance and Appreciation	(%)
资产负债率	(%)	Assets-Liability Ratio	(%)
流动资产周转率	(次)	Number of Times of Annual of Turnover Working Capitals	(times)
工业成本费用利润率	(%)	Ratio of Profits to Industrial Cost	(%)
工业全员劳动生产率	(元/人)	Overall Labor Productivity	(yuan/person)
工业产品销售率	(%)	Proportion of Products Sold	(%)
工业资金利税率	(%)	Ratio of Pre-tax Profits to Total Capital	(%)
工业增加值率	(%)	Ratio of Value-added to Gross Industrial Output Value	(%)
企业亏损面	(%)	Ratio of Loss-making Enterprises to Total Industrial Enterprises	(%)
工业产成品存货可供销售天数	(天)	Days for Sale of Inventory of Finished Products	(day)
每百元资金提供的总产值	(元)	Output Value Created by per 100 yuan	(yuan)
每百元资金提供的利税	(元)	Pre-tax Profits Created by per 100 Yuan	(yuan)
每百元固定资产原价提供利税	(元)	Pre-tax Profits Created by per 100 yuan Original Value of Fixed Assets	(yuan)
每百元固定资产原价提供总产值	(元)	Output Value Created by per 100 yuan Original Value of Fixed Assets	(yuan)
每百元固定资产净值提供利税	(元)	Pre-tax Profits Created by per 100 yuan Net Value of Fixed Assets	(yuan)
每百元固定资产净值提供总产值	(元)	Output Value Created by per 100 yuan Net Value of Fixed Assets	(yuan)
每百元总产值实现利税	(元)	Pre-tax Profits Created by per 100 yuan Output Value	(yuan)
每百元总产值占用全部资产	(元)	Total Assets Used by per 100 yuan Output Value	(yuan)
平均每个职工拥有全部资产	(元)	Average Assets Owned by per Staff and Worker	(yuan)
平均每个职工提供利税	(元)	Average Pre-tax Profits Created by per Staff and Worker	(yuan)

Main Indicators on Economic Benefit of Industrial Enterprises above the Designated Size (2015, by Size of Enterprises)

全 市 Total				# 国有及国有控股工业企业 State-owned and State-holding Enterprises			
大 型 Large Enterprises	中 型 Medium Enterprises	小 型 Small Enterprises	微 型 Mini Enterprises	大 型 Large Enterprises	中 型 Medium Enterprises	小 型 Small Enterprises	微 型 Mini Enterprises
484.33	204.89	210.37	228.51	768.10	230.99	308.34	386.31
17.88	9.89	9.63	6.88	15.27	6.95	9.08	7.03
115.35	110.62	109.40	80.77	117.49	110.46	104.48	114.02
52.38	53.73	54.07	52.09	48.23	61.78	53.26	39.90
2.39	1.71	1.99	1.27	2.27	1.21	2.57	0.79
8.28	5.69	4.46	7.65	7.87	5.42	6.34	26.91
586723	178651	191545	227852	1066343	241952	334374	367919
96.77	96.27	97.65	98.89	99.85	94.31	99.67	100.74
21.53	10.00	10.19	9.41	20.49	6.29	10.40	8.99
29.41	22.34	19.98	24.91	37.83	21.97	13.90	26.80
8.56	16.62	15.37	36.04	12.50	21.74	20.16	42.86
8.64	18.13	15.18	17.38	6.23	20.24	16.02	26.88
159.94	134.14	157.36	103.23	116.09	71.99	115.42	37.82
21.53	10.00	10.19	9.41	20.49	6.29	10.40	8.99
29.92	18.19	22.43	15.17	22.14	8.77	12.89	5.82
222.20	244.00	346.52	166.45	125.45	100.38	143.02	24.46
55.26	33.38	40.10	40.79	39.93	15.30	20.61	17.74
410.44	447.63	619.45	447.52	226.25	175.06	228.69	74.58
13.46	7.46	6.47	9.11	17.65	8.74	9.01	23.78
84.30	86.74	75.12	123.14	135.78	166.35	115.80	348.72
1682030	693700	720042	1126251	3827550	1832224	2786036	4787031
268630	59635	62054	83359	497436	96236	216804	326448

11-24 规模以上工业企业主要经济效益指标（2015年，按轻重工业分）

项　　目		Item	
工业经济效益综合指数	(%)	Industrial Economic Benefit Synthetic	(%)
总资产贡献率	(%)	Ratio of Total Assets to Industrial Output Value	(%)
资本保值增值率	(%)	Ratio of Capital Maintenance and Appreciation	(%)
资产负债率	(%)	Assets-Liability Ratio	(%)
流动资产周转率	(次)	Number of Times of Annual of Turnover Working Capitals	(times)
工业成本费用利润率	(%)	Ratio of Profits to Industrial Cost	(%)
工业全员劳动生产率	(元/人)	Overall Labor Productivity	(yuan/person)
工业产品销售率	(%)	Proportion of Products Sold	(%)
工业资金利税率	(%)	Ratio of Pre-tax Profits to Total Capital	(%)
工业增加值率	(%)	Ratio of Value-added to Gross Industrial Output Value	(%)
企业亏损面	(%)	Ratio of Loss-making Enterprises to Total Industrial Enterprises	(%)
工业产成品存货可供销售天数	(天)	Days for Sale of Inventory of Finished Products	(day)
每百元资金提供的总产值	(元)	Output Value Created by per 100 yuan	(yuan)
每百元资金提供的利税	(元)	Pre-tax Profits Created by per 100 Yuan	(yuan)
每百元固定资产原价提供利税	(元)	Pre-tax Profits Created by per 100 yuan Original Value of Fixed Assets	(yuan)
每百元固定资产原价提供总产值	(元)	Output Value Created by per 100 yuan Original Value of Fixed Assets	(yuan)
每百元固定资产净值提供利税	(元)	Pre-tax Profits Created by per 100 yuan Net Value of Fixed Assets	(yuan)
每百元固定资产净值提供总产值	(元)	Output Value Created by per 100 yuan Net Value of Fixed Assets	(yuan)
每百元总产值实现利税	(元)	Pre-tax Profits Created by per 100 yuan Output Value	(yuan)
每百元总产值占用全部资产	(元)	Total Assets Used by per 100 yuan Output Value	(yuan)
平均每个职工拥有全部资产	(元)	Average Assets Owned by per Staff and Worker	(yuan)
平均每个职工提供利税	(元)	Average Pre-tax Profits Created by per Staff and Worker	(yuan)

Main Indicators on Economic Benefit of Industrial Enterprises above the Designated Size (2015, by Light and Heavy Industry)

全市 Total		#市属 Managed by Municipal Government	
轻工业 Light Industry	重工业 Heavy Industry	轻工业 Light Industry	重工业 Heavy Industry
259.62	398.81	240.89	343.61
17.54	13.33	14.80	14.88
112.17	112.94	112.26	112.51
50.68	53.86	52.78	57.57
2.13	2.13	2.22	2.10
6.63	7.09	6.22	7.24
232253	471767	211094	375676
96.62	97.03	95.58	96.53
19.39	15.39	16.18	15.42
27.44	25.33	25.73	21.92
15.57	17.17	15.58	16.82
14.82	10.31	14.79	12.45
174.80	143.89	180.63	158.79
19.39	15.39	16.18	15.42
40.67	22.20	33.15	27.49
366.72	207.60	370.13	283.07
76.62	40.67	61.99	48.83
690.85	380.22	692.08	502.86
11.09	10.70	8.96	9.71
68.25	90.98	65.86	73.08
577655	1694469	540335	1252683
93869	199196	73487	166446

11-25 规模以上工业企业分组主要指标（2015年）

Major Indicators of Industrial Enterprises above the Designated Size by Group (2015)

单位：万元 (10000 yuan)

项　目	Item	企业单位数（个）Number of Enterprises (unit)	盈亏相抵后利润总额 Total Profits of All Enterprises	固定资产原价年末数 Original Value of Fixed Assets at the Year-end	工业增加值 Value-added of Industry	工业总产值 Gross Industrial Output Value	从业人员年平均人数（人）Annual Average Employed Persons (person)
总　计	**Total**	**4650**	**10985732**	**76523257**	**48689258**	**186842162**	**1418883**
按总产值分组	Grouped by Gross Output Value						
1亿元及以上	100 million yuan and above	1645	10772503	72197196	44876042	172400351	1069638
5000万元-9999万元	50-99.99 million yuan	1265	200379	2377558	2345533	8876243	186803
4999万元以下	49.99 million yuan and below	1740	12850	1948503	1467683	5565568	162442
按固定资产原价分组	Grouped by Original Value of Fixed Assets						
1亿元及以上	100 million yuan and above	681	9528508	70019995	37830411	142556642	722685
5000万元-9999万元	50-99.99 million yuan	395	495925	2774890	2044030	9677663	133888
4999万元以下	49.99 million yuan and below	3574	961299	3728372	8814817	34607857	562310
按利税总额分组	Grouped by Pre-tax Profits						
1亿元及以上	100 million yuan and above	231	9790215	52071229	32968619	109118705	421811
5000万元-9999万元	50-99.99 million yuan	164	795384	5495683	2991018	13750056	113148
4999万元以下	49.99 million yuan and below	4255	400133	18956345	12729621	63973401	883924
按从业人员人数分组	Grouped by Staff and Workers						
2000人及以上	2000 Persons and above	110	5868398	39088429	26344618	84636086	460103
500人-1999人	500-1999 Persons	432	2793215	18604235	11138144	45151780	390280
499人及以下	499 Persons and below	4108	2324119	18830593	11206496	57054296	568500

11-26 规模以上国有工业企业分组主要指标（2015年）

Major Indicators of State-owned Industrial Enterprises above the Designated Size by Group (2015)

单位：万元 (10000 yuan)

项　目	Item	企　业 单位数 （个） Number of Enterprises (unit)	盈亏相抵 后利润总额 Total Profits of All Enterprises	固定资产 原价年末数 Original Value of Fixed Assets at the Year-end	工业增加值 Value-added of Industry	工业总产值 Gross Industrial Output Value	从业人员 年平均人数 （人） Annual Average Employed Persons (person)
总　计	**Total**	**27**	**41905**	**2091071**	**276642**	**805261**	**12192**
按总产值分组	Grouped by Gross Output Value						
1亿元及以上	100 million yuan and above	14	35756	2044047	259755	743740	10971
5000万元-9999万元	50-99.99 million yuan	5	3326	19972	7776	32455	472
4999万元以下	49.99 million yuan and below	8	2823	27052	9111	29066	749
按固定资产原价分组	Grouped by Original Value of Fixed Assets						
1亿元及以上	100 million yuan and above	10	28166	2040763	250222	666014	10302
5000万元-9999万元	50-99.99 million yuan	3	2127	18278	3957	25905	414
4999万元以下	49.99 million yuan and below	14	11612	32030	22463	113342	1476
按利税总额分组	Grouped by Pre-tax Profits						
1亿元及以上	100 million yuan and above	1	15302	1743997	153528	305516	4366
5000万元-9999万元	50-99.99 million yuan	2	4247	122008	54349	145407	3495
4999万元以下	49.99 million yuan and below	24	22356	225066	68765	354338	4331
按从业人员人数分组	Grouped by Staff and Workers						
2000人及以上	2000 Persons and above	2	14376	1817041	184609	386638	6722
500人-1999人	500-1999 Persons	3	5484	93394	36656	105656	2236
499人及以下	499 Persons and below	22	22045	180636	55377	312967	3234

11-27 规模以上大中型工业企业主要经济指标（2015年）

单位：万元

项 目	Item
企业单位数 （个）	Number of Enterprises (unit)
# 亏损企业	Number of Loss-making Enterprises
主营业务收入	Revenue from Principal Business
# 主营业务成本	Cost of Principal Business
主营业务税金及附加	Taxes and Other Charges on Principal Business
盈利企业的盈利总额	Total Profits of Profitable Enterprises
亏损企业的亏损总额	Total Losses of Loss-making Enterprises
盈亏相抵后的利润总额	Total Profits of All Enterprises
应交所得税	Income Tax Payable
应交增值税	Value-added Tax Payable
流动资产年末合计	Total Working Capitals at the Year-end
# 应收账款	Accounts Receivable
# 存 货	Inventory
# 产成品存货	Inventory of Finished Goods
固定资产原价年末数	Original Value of Fixed Assets at the Year-end
累计折旧	Accumulated Depreciation
固定资产净值	Net Value of Fixed Assets
年末资产合计	Total Assets at the Year-end
年末负债合计	Total Liabilities at the Year-end
年末所有者权益合计	Total Owners' Equity at the Year-end
# 实收资本	Capital Hold
# 国家资本	State Capital
外商资本	Foreign Capital
本年应付职工薪酬	Wages Payable
全部从业人员年平均人数 （人）	Annual Average Number of Staff and Workers (person)
工业总产值 （当年价格）	Gross Industrial Output Value (at current prices)
工业增加值 （当年价格）	Value-added of Industry (at current prices)

Major Indicators of Large and Medium-sized Industrial Enterprises above the Designated Size (2015)

(10000 yuan)

全 市 Total	# 轻工业 Light Industry	# 市 属 Managed by Municipal Government	# 轻工业 Light Industry
909	489	762	394
136	79	110	63
131743780	41104825	120996708	34283853
107003933	30004742	97617180	24024747
3661258	1296437	3598089	1257058
9847025	3067763	9317016	2745701
588878	145767	519676	122961
9258147	2921996	8797340	2622740
1821342	646144	1713566	582476
4581259	1824357	4213344	1515219
60227079	19573076	55935667	17613223
14541220	3985186	13351280	3601065
12621261	4961697	11595561	4513854
3964855	1657007	3472922	1403801
63989449	13175250	60739621	11600248
29295673	6136192	28143321	5543833
34693776	7039058	32596300	6056415
123270885	31758224	115903829	28317688
64967465	15995826	60656660	14096662
58303420	15762398	55247169	14221026
27311678	6959247	25431044	6093377
10577555	552715	10432270	512715
4889633	1762062	4304098	1369384
9058483	3801147	8081329	3174370
984016	508389	855016	421532
145238340	46733818	133829632	39560293
40292511	13555749	37575908	11635738

11-28 规模以上大中型工业企业主要经济指标（2015年，按经济类型分）

单位:万元

项　　　目	Item
企业单位数　（个）	Number of Enterprises　(unit)
# 亏损企业	Number of Loss-making Enterprises
主营业务收入	Revenue from Principal Business
# 主营业务成本	Cost of Principal Business
主营业务税金及附加	Taxes and Other Charges on Principal Business
盈利企业的盈利总额	Total Profits of Profitable Enterprises
亏损企业的亏损总额	Total Losses of Loss-making Enterprises
盈亏相抵后的利润总额	Total Profits of All Enterprises
应交所得税	Income Tax Payable
应交增值税	Value-added Tax Payable
流动资产年末合计	Total Working Capitals at the Year-end
# 应收账款	Accounts Receivable
# 存　货	Inventory
# 产成品存货	Inventory of Finished Goods
固定资产原价年末数	Original Value of Fixed Assets at the Year-end
累计折旧	Accumulated Depreciation
固定资产净值	Net Value of Fixed Assets
年末资产合计	Total Assets at the Year-end
年末负债合计	Total Liabilities at the Year-end
年末所有者权益合计	Total Owners' Equity at the Year-end
# 实收资本	Capital Hold
# 国家资本	State Capital
外商资本	Foreign Capital
本年应付职工薪酬	Wages Payable
全部从业人员年平均人数　（人）	Annual Average Number of Staff and Workers　(person)
工业总产值　（当年价格）	Gross Industrial Output Value　(at current prices)
工业增加值　（当年价格）	Value-added of Industry　(at current prices)

Major Indicators of Large and Medium-sized Industrial Enterprises above the Designated Size (2015, by Type of Ownership)

(10000 yuan)

合 计 Total	国有企业 State-owned Enterprises	集体企业 Collective-owned Enterprises	“三资”企业 Foreign Funded Enterprises	其他企业 Other Enterprises
909	8	8	515	378
136	2	2	79	53
131743780	628330	413262	82877967	47824221
107003933	498438	369644	67079886	39055965
3661258	6577	127	1231201	2423353
9847025	28209	2310	6436310	3380196
588878	2189	2518	237683	346488
9258147	26020	-208	6198627	3033708
1821342	976	597	1313625	506144
4581259	19989	1036	2794655	1765579
60227079	502486	41599	34931730	24751264
14541220	97215	2667	10064957	4376381
12621261	68036	4186	6065288	6483751
3964855	16346	2745	2513598	1432166
63989449	1965076	82640	28466489	33475244
29295673	772556	62063	14378795	14082259
34693776	1192520	20577	14087694	19392985
123270885	1986415	88226	54066815	67129429
64967465	1114107	41762	31191045	32620551
58303420	872308	46464	22875770	34508878
27311678	118226	5648	12053067	15134737
10577555	114315		990051	9473189
4889633			4867031	22602
9058483	133502	111063	5350518	3463400
984016	10052	17081	620259	336624
145238340	541836	413599	93148622	51134283
40292511	239566	193323	23318470	16541152

【工业】 指从事自然资源的开采，对采掘品和农产品进行加工和再加工的物质生产部门。具体包括：

(1)对自然资源的开采，如采矿、晒盐、森林采伐等(但不包括禽兽捕猎和水产捕捞)；

(2)对农副产品的加工、再加工，如粮油加工、食品加工、轧花、缫丝、纺织、制革等；

(3)对采掘品的加工、再加工，如炼铁、炼钢、化工生产、石油加工、机器制造、木材加工等，以及电力、自来水、煤气的生产和供应等；

(4)对工业品的修理、翻新，如机器设备的修理、交通运输工具(包括小卧车)的修理等。

1984年以前农村的村及村以下办工业归属农业，1984年以后划归工业。

【轻工业】 指主要提供生活消费品和制作手工工具的工业。按其所使用的原料不同，可分为两大类：

(1)以农产品为原料的轻工业，是指直接或间接以农产品为基本原料的轻工业。主要包括食品制造、饮料制造、烟草加工、纺织、缝纫、皮革和毛皮制作、造纸以及印刷等工业；

(2)以非农产品为原料的轻工业，是指以工业品为原料的轻工业。主要包括文教体育用品、化学药品制造、合成纤维制造、日用化学制品、日用玻璃制品、日用金属制品、手工工具制造、医疗器械制造、文化和办公用机械制造等工业。

【重工业】 是指为国民经济各部门提供物质技术基础的主要生产资料的工业。按其生产性质和产品用途，可分为下列三类：

(1)采掘(伐)工业，是指对自然资源的开采，包括石油开采、煤炭开采、金属矿开采、非金属矿开采和木材采伐等工业；

(2)原材料工业，指向国民经济各部门提供基本材料、动力和燃料的工业。包括金属冶炼及加工、炼焦及焦炭化学、化工原料、水泥、人造板以及电力、石油和煤炭加工等工业；

(3)加工工业，是指对工业原材料进行再加工制造的工业。包括装备国民经济各部门的机械设备制造工业、金属结构、水泥制品等工业，以及为农业提供的生产资料如化肥、农药等工业。

根据上述划分原则，修理业中以重工业产品为修理作业对象的划为重工业，反之划为轻工业。

【工业总产值】 是以货币表现的工业企业在一定时期内生产的已出售或可供出售工业产品总量，它反映一定时间内工业生产的总规模和总水平。它包括：在本企业内不再进行加工，经检验、包装入库(规定不需包装的产品除外)的成品价值，对外加工费收入，自制半成品、在产品期末期初差额价值。工业总产值采用"工厂法"计算，即以工业企业作为一个整体，按企业工业生产活动的最终成果来计算，企业内部不允许重复计算，不能把企业内部各个车间(分厂)生产的成果相加。但在企业之间、行业之间、地区之间存在着重复计算。

轻重工业总产值的划分也是按"工厂法"计算的，即一个工业企业在正常情况下生产的主要产品的性质属于轻工业，则该企业的全部总产值作为轻工业总产值；一个工业企业生产的主要产品的性质属于重工业，则该企业的全部总产值作为重工业总产值。

【工业增加值】 是指工业行业在报告期内以货币表现的工业生产活动的最终成果，是企业全部生产活自动的总成果扣除了在生产过程中消耗或转移的物质产品和劳务价值后的余额，是企业生产过程中新增加的价值。

【资产合计】 指企业拥有或控制的能以货币计量的经济资源。包括各种财产、债权和其他权利。资产按其流动性划分为流动资产、长期投资、固定资产、无形及递延资产和其他资产。

(1)流动资产 指企业可以在一年内或者超过一年的一个生产周期内变现或者耗用的资产合计，包括现金及各种存款、短期投资、应收及预付款项、存货等。

(2)固定资产 指企业固定资产净值、固定资产清理、在建工程、待处理固定资产损失所占用的资金合计。

(3)无形资产 指企业长期使用而没有实物形态的资产。包括专利权、非专利技术、商标权、著作权、土地使用权、商誉等。

【负债合计】 指企业承担的能以货币计量，将以资产或劳务偿付的债务。负债一般按偿还期长短分为流动负债和长期负债、递延税项等。

(1)流动负债 指企业在一年内或者超过一年的一个营业周期内需要偿还的债务合计，其中包括短期借款、应付及预收款项、应付工资、应交税金和应交利润等。

(2)非流动负债合计 指流动负债之外的负债。包括长期借款、应付债券等。根据会计"资产负债表"中"非流动负债合计"项目的期末余额数填报。

【所有者权益】 指企业投资人对企业净资产的所有权。企业净资产等于企业全部资产减去全部负债后的余额，其中包括投资者对企业的最初投入，以及资本公积金、盈余公积金和未分配利润，对股份制企业即为股东权益。

【固定资产原价】 指企业在建造、购置、安装、政建、扩建、技术改造某项固定资产时所支出的全部货币总额。它一般包括买价、包装费、运杂费和安装费等。

【主营业务收入】 指企业在销售商品、提供劳务等日常活动中所产生的收入总额。

【主营业务成本】 指企业在销售商品、提供劳务等主要经营业务的实际成本。

【主营业务税金及附加】 指企业在销售商品、提供劳务等主要经营业务应负担的城市维护建设税、消费税、资源税

和教育费附加等。

【利润总额】 指企业生产经营过程中各种收入扣除各种耗费后的盈余，反映企业在报告期内实现的盈亏总额。

【应交增值税】 指企业在报告期内应交纳的增值税额。

【总资产贡献率】 该指标反映企业全部资产的获利能力，是企业经营业绩和管理水平的集中体现，是评价和考核企业盈利能力的核心指标。计算公式为：

总资产贡献率(%) = (利润总额+税金总额+利息支出) / 平均资产总额 × 100%

其中：税金总额为产品销售税金及附加与应交增值税之和；平均资产总额为期初、期末资产总计的算术平均值。

【资产负债率】 该指标既反映企业经营风险的大小，也反映企业利用债权人提供的资金从事经营活动的能力。计算公式为：

资产负债率(%) = 负债总额 / 资产总额 × 100%

资产及负债均为报告期期末数。

【流动资产周转率】 指一定时期内流动资产完成的周转次数，反映投入工业企业流动资金的周转速度。计算公式为：

流动资产周转率(%)=销售收入/流动资产平均余额×100%

【成本费用利润率】 反映工业投入的生产成本及费用的经济效益，同时也反映企业降低成本所取得的经济效益。计算公式为：

成本费用利润率(%) = 利润总额 / 成本费用总额 × 100%

其中：成本费用总额为产品销售成本、销售费用、管理费用、财务费用之和。

【全员劳动生产率】 该指标反映企业的生产效率和劳动投入的经济效益。计算公式为：

全员劳动生产率(%) = 工业增加值 / 平均用工人数×100%

由于工业增加值是按现行价格计算的，而用工人数不含价格因素，因此应将增加值价格因素予以消除。具体方法可采用总产值价格变动系数消除价格影响。

【产品销售率】 该指标反映工业产品已实现销售的程度，是分析工业产销衔接情况、研究工业产品满足社会需求的指标。计算公式为：

产品销售率(%) = 报告期现价工业销售产值 / 报告期工业总产值×100%

【Industry】 refers to the material production sector which is engaged in extraction of natural resources and processing and reprocessing of minerals and agricultural products, including

(1)Extraction of natural resources,such as mining,salt production,logging(but not including hunting and fishing);

(2)Processing and reprocessing of farm and sideline products, such as rice husking,flour milling,wine making,oil pressing, cotton ginning,silk reeling,spinning and weaving,and leather making;

(3)Manufacture of industrial products,such as steel making, iron smelting, chemicals manufacturing,petroleum processing, machine building,timber processing; water and gas production and electricity generation and supply;

(4)Repairing of industrial products such as the repairing of machinery and means of transport (including cars).

Prior to 1984,the rural industry run by villages and cooperative organizations under village was classified into agriculture. Since 1984, it has been grouped into industry.

【Light Industry】 refers to industry which produces consumer goods and hand tools.It consists of two categories depending on the materiais used:

(1)Industries using farm products as raw materials.These are branches of light industry which directly or indirectly use farm products as basic raw materials,including the manufacture of food and beverages,tobacco processing,textile,clothing,fur and leather manufacturing ,paper making, printing,etc.

(2)Industries using nonfarm products as raw materials.These are branches of light industry which use manufactured goods as raw materials, including the manufacture of cultural,educational articles and sports goods,chemicals,synthetic fiber,chemical products for daily use,glass products for daily use,metal products machinery,etc.

【Heavy Industry】 refers to the industry which produces capital goods,and provides various sectors of the national economy with necesary material and technical basis.It consists of the following three branches according to the purpose of production or the use of products:

(1)Mining,quarrying and logging industry refers to the industry that extracts natural resources,including extraction of petroleum, coal,metal and nonmetalores and logging.

(2)Raw materials industry refers to the industry that provides various sectors of the national economy with raw materials,fuels and power.It inc1udes smelting and processing of metals,coking and coke chemistry, chemical materials and building materials such as cement,plywood,and power,petroleum refining and coal dressing.

(3)Manufacturing industry refers to the industry that processes raw materials.It includes machine building industry which equips sectors of the national economy,industry of metal structure and cement products, industries producing means of agricultural production,such as chemical fertilizers and pesticides.

According to the above principle of classification,the repairing trades which are engaged primarily in repairing products of heavy industry are classified into heavy industry while these engaged in repairing products of light industry are classified into light industry.

【Gross Industrial Output Value】 is the total volume of industrial products sold or available for sale in value terms which reflects the total achievements and overall scale of industrial production during a given period.It includes the value of the finished products, which are not to be further processed in the enterprises and have been inspected,packed and put in storage,the value of industrial services rendered to other units,and the changes in the valued the semi-finished products and products in process between the beginning and closing of the period.The gross industrial output value is calculated with the factory method.No double calculations are to be made within the same enterprise.However, double counting does occur mong different enterprises.

Output value of light and heavy industries is also classified with the factory method.Under normal conditions,if the major products of an industrial enterprise belong to light industry products, the gross output valued of that enterprise is classified wholly into light industry; the same principle applies to heavy industry.

【Value-added of Industry】 refers to the final results of industrial production of the industrial trade in money terms during the reference period.

【Total Assets】 refer to all assets which are owned or controlled by enterprises,including circulating assets,long-term investment,fixed assets,intangible assets and deferred assets,other long-term assets,and deferred taxes,etc.The summation of above items is equal to total assets shown in the balance sheets of the enterprises.

(1)Circulating assets(working capital)refer to assets which can be cashed in or spent or consumed in an operating cycle of one year or over one year, including cash, all kinds of deposits,short-term investment, receivables,advance payment and stock,etc.

(2)Fixed assets refer to the net value of fixed assets,clearance of fixed assets,project under construction,fixed assets losses in suspense.These are corporations' funds holdings.

(3)Intangible assets refer to the assets without material form used by enterprises over a long time,such as patents,nonpatent technologies, trade marks,copyright ,land use right and business reputation,etc.

【Total Liabilities】refer to the debts that enterprises are responsible for repayment,including liquid liabilities,long-term liabilities and deferred taxes,etc.Total liabilities correspond to the summation item of liabilities shown in the balance sheets of the enterprise.

(1)Liquid liabilities (also called quick liabilities or immediate liabilities)refer to enterprises total debt payable within an opera-ting cycle of one year or over one year,including short term loans, payables and advance payments,wages payable,taxes payable and profit payable,etc.

(2) Non-current liabilities refer to the liabilities other than current liabilities. Including long-term loans and bonds payable. Furnished according to the number of accounting "balance sheet" and " non-current liabilities Total ending balance of the project.

【Creditors' Equity】refers to investors' ownership of net assets of the enterprise.It is equal to the total assets of the enterprise minus its total liabilities,including the primary input from investors,capital accumulation fund,surplus accumulation fund and undistributed profit.It is the stock holders' equity in stock companies.

【Original Value of Fixed Assets】 refers to the original value of all fixed assets owned by industrial enterprise,calculated at the cost paid at the time of purchase, installation, reconstruction, expansion, and technical innovation and transformation of the said assets,which includes expenses on purchase, package, transportation, and installation,etc.

【Net Value of Fixed Assets】is obtained by deducting depreciation over years from the original value of fixed assets.

【Core Operating Revenue】refers to the revenue from the sales of products by industrial enterprises and the revenue from services provided,etc.

【Core Operating Cost】refers to the actual cost of pro-ducts of industrial enterprises and industrial services provided,etc.

【Core Operating Tax and Extra Charges】 refer to the tax on city maintenance and construction,consumption tax,resources tax and extra charges for education,which should be borne by the enterprises in selling products and providing industrial services.

【Total Profits】refers to all kinds of income surplus of enterprises after the deduction of the various cost in the process of production, to reflect the realized total profit and loss of the enterprise in the reporting period.

【Value Added Tax Payable】refers to the amount of the value added tax which should be paid by the enterprises in the reporting period.

【Rate of Return on Total Assets】reflects the state of return on total assets of an enterprise.It epitomizes the business achievements and administrative level of an enterprise.It is also used as a key index in assessing the economic efficiency of an enterprise. Its calculating formula is:

Rate of Return on Total Assets (%) = (Total Profit + Total Taxes + Interest Exchange) / Average Total Assets × 100%

Total taxes are the sum of sales tax and additional Plus added-value tax to be paid; Average total assets are the arithmetic average value of the total assets at the beginning and end of the reporting period.

【Asset-Debt Ratio】reflects the risks an enterprise take while in operation.It also indicates the enterprise's capability in utilizing the fund provided by creditors.Its calculating formula is:

Asset-Debt ratio (%)=total liabilities/total assets ×100%.Both liabilities and assets are the figures at the end of the reporting period

【Turnover of Current Assets】refers to the turnover time of current assets in a certain period of time,reflecting the turnover speed of current assets in an industrial enterprise.Its calculating formula is:

Turnover of Current Assets (%) = Sales Revenue / Average Ba - lance of Liquid Liabilities × 100%

【Cost-Profit Ratio】reflects the economic returns on industrial prodution cost and expenses.It also shows the economic benefits an enterprise gains by reducing production cost. Its calculating formula is:

Cost-Profit ratio (%) = total profits / total cost and expenses × 100%.

Total cost and expenses refer to the sum of cost of goods sold,distribution cost,administrative expenses and finance cost

【Labor productivity of Total Workers】reflects the produ-

ction efficiency of an enterprise and the economic returns of its labor investment.Its calculating formular is:

Labor Productivity of Total Workers (%) = Industrial Added - Value/Average Number of Workers and Staff ×100%

Since industrial added-value is calculated at the current price while the average number of workers and staff doesn't invol-ve price factor, coefficient of price changes should be adopted in calculating industrial added-value.

【Product Sales Ratio】 reflects how many industrial products have been sold.It is the index to analyze the situation of market and industrial production and relations between demand and supply.

$$\text{Product Sales Ratio}(\%) = \frac{\text{Sales Value of Industry}}{\text{Total Output Value of Industry}} \times 100\%$$

第十二篇 CHAPTER 12

建筑业

CONSTRUCTION

简要说明

Brief Introduction

第十二篇　建筑业

一、本篇资料反映广州市建筑业概况和发展情况。主要包括资质以上建筑业企业生产经营和资质以上劳务分包建筑企业经营资料。

二、本篇资料由广州市统计局固定资产投资统计处整理提供。

三、本篇资料是依据国家统计局和广东省统计局制定的“建筑业统计报表制度”规定收集的年报资料，其统计范围包括：广州市境内各种登记注册类型（个体户除外）的具有建筑业资质的所有独立核算建筑业企业（包括没有工作量的建筑业企业）及所属产业活动单位。

12 Construction

I.The data in this chapter show the general situation and the development of the construction industry of Guangzhou Municipality. They cover mainly the situation of production and management of the grade enterprises of construction.

II.The data in this chapter are prepared and provided by the Division of Investment and Construction Statistics of Guangzhou Municipal Bureau of Statistics.

III.The data in this chapter are collected in accordance with the Reporting Scheme of Construction Statistics stipulated by the National Bureau of Statistics and Guangdong Provincia1 Bureau of Statistics. The coverage of construction statistics includes the various registration types (except the self-employed) with the construction industry qualified independent accounting construction enterprises (including the workload of construction enterprises) and their respective industrial units of Guangzhou Municipality.

12-1 资质以上建筑业企业主要经济指标

Major Indicators of Grade Construction Enterprises

项　　目	Item	2014	2015
建筑企业个数 (个)	Number of Construction Enterprises (unit)	829	818
年末从业人员 (人)	Number of Employed Persons at Year-end (person)	376394	402127
固定资产原价 (亿元)	Original Value of Fixed Assets (100 million yuan)	407	423
固定资产净值 (亿元)	Net Value of Fixed Assets (100 million yuan)	306	306
自有机械设备年末总台数 (万台)	Number of Machinery and Equipment Owned (10000 sets)		
自有机械设备年末净值 (亿元)	Net Value of Machinery and Equipment Owned(100 million yuan)		
自有机械设备年末总功率(万千瓦)	Total Power of Machinery and Equipment Owned (10000 kw)		
建筑业总产值 (万元)	Gross Output Value of Construction (10000 yuan)	23339417	24898087
# 建筑工程	Output Value of Construction	19849761	20851201
安装工程	Output Value of Installation	2778124	3196216
房屋建筑施工面积 (万平方米)	Floor Space of Buildings under Construction (10000 sq.m)	16398.88	15159.70
# 新开工	Floor Space Started in Current Year	4487.47	3473.80
房屋建筑竣工面积 (万平方米)	Floor Space of Buildings Completed (10000 sq.m)	2674.22	2861.93
# 住　宅	Residential Buildings	1885.78	1988.93
主营业务收入 (万元)	Income on Projects Settlement Account (10000 yuan)	31142583	33068856
主营业务成本 (万元)	Cost on Projects Settlement Account (10000 yuan)	28304456	30217369
利润总额 (万元)	Total Profits (10000 yuan)	901156	958676

12-2 主要年份建筑业主要指标

Major Indicators of Construction Sector in Main Years

年 份 Year	建筑业总产值 (万元) Gross Output Value (10000 yuan)	房屋建筑施工面积 (万平方米) Floor Space of Buildings under Construction (10000 sq.m)	房屋建筑竣工面积 (万平方米) Floor Space of Buildings Completed (10000 sq.m)
1978	30673	247.42	138.52
1980	46450	351.89	159.95
1985	153489	674.77	285.22
1986	176960	773.88	300.17
1987	184390	772.38	330.14
1988	287655	1076.05	408.85
1989	368755	1094.90	489.88
1990	355333	876.08	439.08
1991	425798	909.09	377.71
1992	668171	1257.61	487.95
1993	1031846	1680.21	605.50
1994	1516519	2268.99	734.75
1995	1816133	2708.58	890.81
1996	1893478	2983.56	1043.26
1997	1965269	2764.64	941.10
1998	2287004	3086.95	1054.71
1999	2470523	3136.47	1187.02
2000	2561326	3161.25	1150.36
2001	3403870	3490.22	1205.79
2002	3733922	3522.67	1334.43
2003	4785787	4291.55	1398.91
2004	5459314	4727.78	1596.21
2005	6331382	5311.14	1598.79
2006	6870406	5502.47	1520.25
2007	7507109	5951.92	1623.36
2008	8754491	6156.62	1719.79
2009	10134050	6190.86	1500.35
2010	12805288	7135.48	1509.20
2011	15613171	8439.12	1596.98
2012	17417072	9119.66	2859.31
2013	21828895	15055.70	2556.74
2014	23339417	16398.88	2674.22
2015	24898087	15159.70	2861.93

注： 2004年及以后年份统计数据口径为资质以上建筑业企业。
Note: Since 2004 the statistical coverage of all data in this table has included all grade construction enterprises.

12-3 资质以上建筑业企业签订合同情况(2015年)

Statistics on Construction Contracts of Grade Construction Enterprises (2015)

单位：万元 (10000 yuan)

项　　目	Item	签订合同额 Value of Signed Contracts	上年结转合同额 Value of Contracts Balanced from Preceding Year	本年新签合同额 Value of Contracts Newly Signed in Current Year
总　　计	**Total**	**80330284**	**42272025**	**38058259**
按地区分	**Grouped by District**			
荔湾区	Liwan	2100053	1062762	1037291
越秀区	Yuexiu	16204622	8986648	7217974
海珠区	Haizhu	14047759	6542868	7504891
天河区	Tianhe	31758907	17315615	14443292
白云区	Baiyun	847132	301007	546125
黄埔区	Huangpu	7318313	3577674	3740639
番禺区	Panyu	1651723	993242	658481
花都区	Huadu	1199837	660336	539501
南沙区	Nansha	677831	334394	343437
从化区	Conghua	466257	167436	298821
增城区	Zengcheng	4057850	2330043	1727807
按隶属关系分	**Grouped by Administrative Relationship**			
中央属企业	Central Government	39712915	20606488	19106427
省属企业	Provincial Government	16399166	9104911	7294255
市属企业	Municipal Government	12189610	6379311	5810299
区属企业	District Government	975901	467087	508814
其他企业	Others	11052692	5714228	5338464
按登记注册类型分	**Grouped by Registration Status**			
内资企业	Domestic Funded Enterprises	80108287	42176792	37931495
国有企业	State-owned Enterprises	8501257	3994596	4506661
集体企业	Collective-owned Enterprises	294083	178894	115189
股份合作企业	Share-holding Cooperative Enterprises	219046	168392	50654
联营企业	Joint Ownership Enterprises	49603	24793	24810
#国有联营企业	State Joint Ownership Enterprises	49603	24793	24810
集体联营企业	Collective Joint Ownership Enterprises			
国有与集体联营企业	Joint State-collective Enterprises			
有限责任公司	Limited Liability Corporations	55043702	29161256	25882446
#国有独资公司	State Sole Funded Corporations	33889141	17254732	16634409
股份有限公司	Share-holding Corporations Ltd.	8631929	5115714	3516215
私营企业	Private Enterprises	7368667	3533147	3835520
其他企业	Other Enterprises			
港、澳、台商投资企业	Enterprises with Funds from Hong Kong, Macao and Taiwan	189152	78971	110181
#与港、澳、台商合资经营企业	Joint-venture Enterprises	115134	42746	72388
与港、澳、台商合作经营企业	Cooperative Enterprises	37623	13262	24361
港、澳、台商独资经营企业	Enterprises with Sole Funds	2226	89	2137
港、澳、台商投资股份有限公司	Share-holding Corporations Ltd.	34169	22874	11295
外商投资企业	Foreign Funded Enterprises	32845	16262	16583
#中外合资经营企业	Joint-venture Enterprises	24588	13352	11236
中外合作经营企业	Cooperative Enterprises			
外资企业	Enterprises with Sole Foreign Funds	8257	2909	5348
外商投资股份有限公司	Share-holding Corporations Ltd.			

12-4 资质以上建筑业企业生产情况(2015年)

项 目	Item	企业数(个) Number of Construction Enterprises (unit)
总 计	**Total**	**818**
按地区分	**Grouped by District**	
荔湾区	Liwan	35
越秀区	Yuexiu	189
海珠区	Haizhu	108
天河区	Tianhe	193
白云区	Baiyun	67
黄埔区	Huangpu	49
番禺区	Panyu	92
花都区	Huadu	29
南沙区	Nansha	11
从化区	Conghua	23
增城区	Zengcheng	22
按隶属关系分	**Grouped by Administrative Relationship**	
中央属企业	Central Government	30
省属企业	Provincial Government	80
市属企业	Municipal Government	99
区属企业	District Government	61
其他企业	Others	548
按登记注册类型分	**Grouped by Registration Status**	
内资企业	Domestic Funded Enterprises	803
国有企业	State-owned Enterprises	54
集体企业	Collective-owned Enterprises	31
股份合作企业	Share-holding Cooperative Enterprises	3
联营企业	Joint Ownership Enterprises	1
#国有联营企业	State Joint Ownership Enterprises	1
集体联营企业	Collective Joint Ownership Enterprises	
国有与集体联营企业	Joint State-collective Enterprises	
有限责任公司	Limited Liability Corporations	258
#国有独资公司	State Sole Funded Corporations	34
股份有限公司	Share-holding Corporations Ltd.	15
私营企业	Private Enterprises	441
其他企业	Other Enterprises	
港、澳、台商投资企业	Enterprises with Funds from Hong Kong, Macao and Taiwan	12
与港、澳、台商合资经营企业	Joint-venture Enterprises	8
与港、澳、台商合作经营企业	Cooperative Enterprises	2
港、澳、台商独资经营企业	Enterprises with Sole Funds	1
港、澳、台商投资股份有限公司	Share-holding Corporations Ltd.	1
外商投资企业	Foreign Funded Enterprises	3
中外合资经营企业	Joint-venture Enterprises	2
中外合作经营企业	Cooperative Enterprises	
外资企业	Enterprises with Sole Foreign Funds	1
外商投资股份有限公司	Share-holding Corporations Ltd.	

Statistics on Production of Grade Construction Enterprises (2015)

建筑业总产值（万元）Gross Output Value of Construction (10000 yuan)				竣工产值（万元）Output Value of Completed Projects (10000 yuan)	竣工率（%）Ratio of Floor Space of Buildings Completed (%)
	建筑工程 Output Value of Construction	安装工程 Output Value of Installation	其 他 Others		
24898087	**20851201**	**3196216**	**850670**	**12547876**	**50.40**
861590	429715	409916	21959	460469	53.44
4809704	3808101	873438	128165	3535979	73.52
4445644	4169708	220261	55675	3399646	76.47
9166242	8054451	662789	449002	3422899	37.34
452781	276037	116699	60045	255573	56.45
2513422	1972153	452201	89068	587541	23.38
632067	540612	83299	8156	196703	31.12
545633	512459	27204	5970	213371	39.11
399022	349862	48752	408	100512	25.19
338388	204859	132471	1058	102970	30.43
733594	533244	169186	31164	272213	37.11
10337440	9310831	960453	66156	5198177	50.28
5570546	4700809	608373	261364	2200226	39.50
2862907	2098880	600283	163744	2169390	75.78
544694	474246	54707	15741	246642	45.28
5582500	4266435	972400	343665	2733441	48.96
24800674	20803530	3146695	850449	12490393	50.36
2518217	1901288	541081	75848	1324088	52.58
124886	115106	4005	5775	84720	67.84
71351	55123	11942	4286	28495	39.94
27759	27240	519			
27759	27240	519			
15750457	13738584	1549121	462752	7071438	44.90
6504409	5946637	547639	10133	2971847	45.69
2515042	2145431	275805	93806	1843833	73.31
3792962	2820758	764222	207982	2137819	56.36
82525	39147	43378		54565	66.12
38495	36034	2461		23293	60.51
20771	1039	19732		20772	100.00
2074	2074			2137	103.04
21185		21185		8363	39.48
14888	8524	6143	221	2918	19.60
13599	8524	5075		2918	21.46
1289		1068	221		

12-4 续表

项　　目	Item	房屋建筑施工面积（平方米）Floor Space of Buildings under Construction (sq.m)
总　　计	**Total**	**151597046**
按地区分	**Grouped by District**	
荔湾区	Liwan	2008637
越秀区	Yuexiu	31832275
海珠区	Haizhu	44943210
天河区	Tianhe	61106866
白云区	Baiyun	1864886
黄埔区	Huangpu	2253848
番禺区	Panyu	649014
花都区	Huadu	3083366
南沙区	Nansha	108196
从化区	Conghua	1045164
增城区	Zengcheng	2701584
按隶属关系分	**Grouped by Administrative Relationship**	
中央属企业	Central Government	86062128
省属企业	Provincial Government	8836143
市属企业	Municipal Government	33389835
区属企业	District Government	3463055
其他企业	Others	19845885
按登记注册类型分	**Grouped by Registration Status**	
内资企业	Domestic Funded Enterprises	151573916
国有企业	State-owned Enterprises	9253403
集体企业	Collective-owned Enterprises	2411737
股份合作企业	Share-holding Cooperative Enterprises	374700
联营企业	Joint Ownership Enterprises	
#国有联营企业	State Joint Ownership Enterprises	
集体联营企业	Collective Joint Ownership Enterprises	
国有与集体联营企业	Joint State-collective Enterprises	
有限责任公司	Limited Liability Corporations	78802869
#国有独资公司	State Sole Funded Corporations	59258711
股份有限公司	Share-holding Corporations Ltd.	44342136
私营企业	Private Enterprises	16389071
其他企业	Other Enterprises	
港、澳、台商投资企业	Enterprises with Funds from Hong Kong, Macao and Taiwan	23130
与港、澳、台商合资经营企业	Joint-venture Enterprises	7500
与港、澳、台商合作经营企业	Cooperative Enterprises	
港、澳、台商独资经营企业	Enterprises with Sole Funds	15630
港、澳、台商投资股份有限公司	Share-holding Corporations Ltd.	
外商投资企业	Foreign Funded Enterprises	
中外合资经营企业	Joint-venture Enterprises	
中外合作经营企业	Cooperative Enterprises	
外资企业	Enterprises with Sole Foreign Funds	
外商投资股份有限公司	Share-holding Corporations Ltd.	

continued

# 本年新开工 Floor Space Started in Current Year	# 实行投标承包 Floor Space through Bidding	房屋建筑竣工面积（平方米） Floor Space of Buildings Completed (sq.m)	# 住 宅 Residential Buildings	年平均人数（人） Average Annual Employed Persons (person)
34738018	**92238369**	**28619335**	**19889262**	**401496**
484305	1388866	809154	489231	13069
8292874	24624590	6146424	2696919	90930
9122008	5896069	11208439	10347674	32188
13885029	53001238	7573939	4989520	141634
171346	1478116	342722	182727	11888
197378	1719377	353374	264413	54134
347540	265598	295663	35304	10204
774052	1178476	884572	432696	13643
41030	47180	96310		6700
525243	665258	398720	230705	12835
897213	1973601	510018	220073	14271
16960034	47425159	11652727	11509855	120047
2377122	6826861	2233423	1447849	52360
7748355	28571926	6982358	3124087	59086
1258676	1164593	851750	343422	22302
6393831	8249830	6899077	3464049	147701
34723338	92238369	28603705	19889262	399603
2493261	4852140	1373784	361665	30601
785364	838711	594100	214607	6887
53280	53280			1458
				295
				295
16196156	73200377	10274853	6249382	220640
10556452	58287875	4583433	3178191	114669
9370506	7038709	10996118	10262817	14430
5824771	6255152	5364850	2800791	125292
14680		15630		1772
				998
				417
14680		15630		147
				210
				121
				100
				21

12-5 资质以上建筑业企业承包工程完成情况(2015年)

单位：万元

项　　目	Item
总　计	**Total**
按地区分	**Grouped by District**
荔湾区	Liwan
越秀区	Yuexiu
海珠区	Haizhu
天河区	Tianhe
白云区	Baiyun
黄埔区	Huangpu
番禺区	Panyu
花都区	Huadu
南沙区	Nansha
从化区	Conghua
增城区	Zengcheng
按隶属关系分	**Grouped by Administrative Relationship**
中央属企业	Central Government
省属企业	Provincial Government
市属企业	Municipal Government
区属企业	District Government
其他企业	Others
按登记注册类型分	**Grouped by Registration Status**
内资企业	Domestic Funded Enterprises
国有企业	State-owned Enterprises
集体企业	Collective-owned Enterprises
股份合作企业	Share-holding Cooperative Enterprises
联营企业	Joint Ownership Enterprises
#国有联营企业	State Joint Ownership Enterprises
集体联营企业	Collective Joint Ownership Enterprises
国有与集体联营企业	Joint State-collective Enterprises
有限责任公司	Limited Liability Corporations
#国有独资公司	State Sole Funded Corporations
股份有限公司	Share-holding Corporations Ltd.
私营企业	Private Enterprises
其他企业	Other Enterprises
港、澳、台商投资企业	Enterprises with Funds from Hong Kong, Macao and Taiwan
与港、澳、台商合资经营企业	Joint-venture Enterprises
与港、澳、台商合作经营企业	Cooperative Enterprises
港、澳、台商独资经营企业	Enterprises with Sole Funds
港、澳、台商投资股份有限公司	Share-holding Corporations Ltd.
外商投资企业	Foreign Funded Enterprises
中外合资经营企业	Joint-venture Enterprises
中外合作经营企业	Cooperative Enterprises
外资企业	Enterprises with Sole Foreign Funds
外商投资股份有限公司	Share-holding Corporations Ltd.

Statistics on Contracted Projects of Grade Construction Enterprises (2015)

(10000 yuan)

直接从建设单位承揽工程完成的产值 Output Value of Completed Projects Directly Contracted with Construction Units	自行完成施工产值 Output Value of Projects Completed by Oneself	分包出去工程产值 Output Value of Projects Subcontracted	从建设单位以外承揽工程完成的产值 Output Value of Completed Projects Contracted with Other Units
30245446	**23276323**	**6969123**	**1621764**
933586	510602	422984	350988
6947299	4630875	2316424	178829
6438421	3865143	2573278	580501
9662918	8991433	671485	174809
546552	425434	121118	27347
2338406	2208317	130089	305105
656948	629362	27586	2705
545672	545633	39	
399200	398950	250	72
341540	338389	3151	
1434904	732185	702719	1408
11973152	9423769	2549383	913671
6809541	5374876	1434665	195670
5188485	2700057	2488428	162850
548668	497699	50969	46995
5725600	5279922	445678	302578
30121369	23180203	6941166	1620471
3298574	2338339	960235	179878
123538	123538		1348
71320	35639	35681	35712
27759	27759		
27759	27759		
19477574	14516926	4960648	1233531
9655257	5973457	3681800	530952
3181655	2515042	666613	
3940949	3622960	317989	170002
109189	81232	27957	1293
65095	37201	27894	1294
20772	20772		
2137	2074	63	
21185	21185		
14888	14888		
13599	13599		
1289	1289		

12-6 资质以上建筑业企业财务指标(2015年)

单位：万元

项　　目	Item	资产总计 Total Assets
总　计	**Total**	**38552490**
按地区分	**Grouped by District**	
荔湾区	Liwan	947810
越秀区	Yuexiu	9965459
海珠区	Haizhu	7609010
天河区	Tianhe	11795390
白云区	Baiyun	761341
黄埔区	Huangpu	3229553
番禺区	Panyu	894538
花都区	Huadu	923418
南沙区	Nansha	364395
从化区	Conghua	347571
增城区	Zengcheng	1714005
按隶属关系分	**Grouped by Administrative Relationship**	
中央属企业	Central Government	15035679
省属企业	Provincial Government	8035097
市属企业	Municipal Government	5842532
区属企业	District Government	771855
其他企业	Others	8867327
按登记注册类型分	**Grouped by Registration Status**	
内资企业	Domestic Funded Enterprises	38271418
国有企业	State-owned Enterprises	2158333
集体企业	Collective-owned Enterprises	144210
股份合作企业	Share-holding Cooperative Enterprises	44922
联营企业	Joint Ownership Enterprises	12750
#国有联营企业	State Joint Ownership Enterprises	12750
集体联营企业	Collective Joint Ownership Enterprises	
国有与集体联营企业	Joint State-collective Enterprises	
有限责任公司	Limited Liability Corporations	26825036
#国有独资公司	State Sole Funded Corporations	10874136
股份有限公司	Share-holding Corporations Ltd.	4272537
私营企业	Private Enterprises	4813630
其他企业	Other Enterprises	
港、澳、台商投资企业	Enterprises with Funds from Hong Kong, Macao and Taiwan	215223
与港、澳、台商合资经营企业	Joint-venture Enterprises	111045
与港、澳、台商合作经营企业	Cooperative Enterprises	11363
港、澳、台商独资经营企业	Enterprises with Sole Funds	979
港、澳、台商投资股份有限公司	Share-holding Corporations Ltd.	91836
外商投资企业	Foreign Funded Enterprises	65849
中外合资经营企业	Joint-venture Enterprises	61272
中外合作经营企业	Cooperative Enterprises	
外资企业	Enterprises with Sole Foreign Funds	4577
外商投资股份有限公司	Share-holding Corporations Ltd.	

Financial Indicators of Grade Construction Enterprises (2015)

(10000 yuan)

负债合计 Total Liabilities	所有者权益 Owners' Equity	# 实收资本 Paid-in Capitals	# 国家资本 State Capital
29151506	**9400984**	**5496116**	**1555005**
728601	219209	148919	53112
8364575	1600884	1040528	202055
5399772	2209238	1382632	526749
8552669	3242721	1786535	417829
442106	319235	195903	8009
2374137	855416	456236	282351
621734	272804	147893	4387
775174	148244	81069	17092
314793	49602	36949	22000
249653	97918	64012	
1328292	385713	155440	21421
11857427	3178252	1918543	847067
5767954	2267143	1045960	496934
4633604	1208928	732936	176073
604869	166986	115280	12615
6287652	2579675	1683397	22316
28929133	9342285	5456036	1554274
1688795	469538	311246	220154
100592	43618	37311	
23873	21049	14477	255
9593	3157	1000	1000
9593	3157	1000	1000
20843925	5981111	3441098	1295191
8388393	2485743	1466625	979276
3311494	961043	370968	37674
2950861	1862769	1279936	
179863	35360	25312	731
85539	25506	20365	731
9335	2028	1712	
-64	1043	1035	
85053	6783	2200	
42510	23339	14768	
40287	20985	13500	
2223	2354	1268	

12-6 续表 1

单位:万元

项　　目	Item	营业收入 Income of Business
总　计	**Total**	**33349314**
按地区分	**Grouped by District**	
荔湾区	Liwan	1095427
越秀区	Yuexiu	8250013
海珠区	Haizhu	7273116
天河区	Tianhe	10239014
白云区	Baiyun	576933
黄埔区	Huangpu	2902125
番禺区	Panyu	553346
花都区	Huadu	516170
南沙区	Nansha	327455
从化区	Conghua	376335
增城区	Zengcheng	1239380
按隶属关系分	**Grouped by Administrative Relationship**	
中央属企业	Central Government	13348692
省属企业	Provincial Government	7175061
市属企业	Municipal Government	5659046
区属企业	District Government	941368
其他企业	Others	6225147
按登记注册类型分	**Grouped by Registration Status**	
内资企业	Domestic Funded Enterprises	33162677
国有企业	State-owned Enterprises	2655498
集体企业	Collective-owned Enterprises	143919
股份合作企业	Share-holding Cooperative Enterprises	71342
联营企业	Joint Ownership Enterprises	39301
#国有联营企业	State Joint Ownership Enterprises	39301
集体联营企业	Collective Joint Ownership Enterprises	
国有与集体联营企业	Joint State-collective Enterprises	
有限责任公司	Limited Liability Corporations	21992165
#国有独资公司	State Sole Funded Corporations	9194776
股份有限公司	Share-holding Corporations Ltd.	3937263
私营企业	Private Enterprises	4323189
其他企业	Other Enterprises	
港、澳、台商投资企业	Enterprises with Funds from Hong Kong, Macao and Taiwan	126160
与港、澳、台商合资经营企业	Joint-venture Enterprises	80670
与港、澳、台商合作经营企业	Cooperative Enterprises	20772
港、澳、台商独资经营企业	Enterprises with Sole Funds	2136
港、澳、台商投资股份有限公司	Share-holding Corporations Ltd.	22582
外商投资企业	Foreign Funded Enterprises	60477
中外合资经营企业	Joint-venture Enterprises	54641
中外合作经营企业	Cooperative Enterprises	
外资企业	Enterprises with Sole Foreign Funds	5836
外商投资股份有限公司	Share-holding Corporations Ltd.	

continued

(10000 yuan)

#主营业务收入 Revenue from Principal Business	主营业务成本 Cost of Principal Business	其他业务利润 Other Operational Profit
33068856	**30217369**	**63765**
1085154	998600	1848
8204822	7643800	23648
7224514	6748396	6873
10154571	9152511	13495
560909	483147	6898
2846841	2557116	2026
549951	458341	1753
508575	462151	6004
327311	293390	64
375696	325683	416
1230512	1094234	740
13286418	12309219	1471
7080434	6373545	17316
5608474	5283792	29113
923575	846428	4597
6169955	5404385	11268
32882572	30052745	63702
2585756	2420600	17684
141515	131195	917
70950	65237	323
39301	37270	
39301	37270	
21831459	19991390	34872
9154957	8535801	10723
3932113	3655379	2449
4281478	3751674	7457
125833	108703	40
80385	70342	36
20772	19140	
2134	1954	2
22542	17268	3
60451	55921	23
54641	51941	
5810	3980	23

12-6 续表 2

单位：万元

项　　目	Item	管理费用 Management Cost
总　计	**Total**	**1133790**
按地区分	**Grouped by District**	
荔湾区	Liwan	45199
越秀区	Yuexiu	282591
海珠区	Haizhu	174745
天河区	Tianhe	325273
白云区	Baiyun	39337
黄埔区	Huangpu	146413
番禺区	Panyu	33856
花都区	Huadu	20271
南沙区	Nansha	15422
从化区	Conghua	19804
增城区	Zengcheng	30879
按隶属关系分	**Grouped by Administrative Relationship**	
中央属企业	Central Government	335610
省属企业	Provincial Government	280557
市属企业	Municipal Government	180012
区属企业	District Government	31319
其他企业	Others	306292
按登记注册类型分	**Grouped by Registration Status**	
内资企业	Domestic Funded Enterprises	1119538
国有企业	State-owned Enterprises	87987
集体企业	Collective-owned Enterprises	4629
股份合作企业	Share-holding Cooperative Enterprises	4453
联营企业	Joint Ownership Enterprises	899
#国有联营企业	State Joint Ownership Enterprises	899
集体联营企业	Collective Joint Ownership Enterprises	
国有与集体联营企业	Joint State-collective Enterprises	
有限责任公司	Limited Liability Corporations	740964
#国有独资公司	State Sole Funded Corporations	213210
股份有限公司	Share-holding Corporations Ltd.	70603
私营企业	Private Enterprises	210003
其他企业	Other Enterprises	
港、澳、台商投资企业	Enterprises with Funds from Hong Kong, Macao and Taiwan	11572
与港、澳、台商合资经营企业	Joint-venture Enterprises	8211
与港、澳、台商合作经营企业	Cooperative Enterprises	1252
港、澳、台商独资经营企业	Enterprises with Sole Funds	98
港、澳、台商投资股份有限公司	Share-holding Corporations Ltd.	2011
外商投资企业	Foreign Funded Enterprises	2680
中外合资经营企业	Joint-venture Enterprises	1746
中外合作经营企业	Cooperative Enterprises	
外资企业	Enterprises with Sole Foreign Funds	934
外商投资股份有限公司	Share-holding Corporations Ltd.	

continued

(10000 yuan)

财务费用 Financial Cost	营业利润 Business Profits	利润总额 Total Profits	产值利润率(%) Rate of Profits to Output (%)
267722	**941948**	**958676**	**3.85**
4296	17197	16814	1.95
19201	135797	141746	2.95
57800	253680	255096	5.74
110200	358433	360216	3.93
1979	26979	27296	6.03
22071	49712	53759	2.14
12034	38439	37873	5.99
3963	12011	15157	2.78
1495	4481	4789	1.20
1444	16151	16098	4.76
33239	29068	29832	4.07
112239	416556	429649	4.16
63167	230776	231705	4.16
10109	85111	87276	3.05
-5095	27979	27779	5.10
87302	181526	182267	3.26
266996	939415	955747	3.85
8460	30618	32831	1.30
18	2224	2096	1.68
16	334	334	0.47
-34	289	287	1.03
-34	289	287	1.03
171177	663861	676372	4.29
82783	268926	274658	4.22
34823	115302	117568	4.67
52568	126787	126259	3.33
669	1862	1837	2.23
-137	398	397	1.03
13	90	87	0.42
-1	9	9	0.43
794	1365	1344	6.34
57	671	1092	7.33
-23	544	964	7.09
79	128	128	9.93

12-7 资质以上建筑业企业盈亏情况(2015年)

单位:个、万元

项　　目	Item
总　计	**Total**
按地区分	**Grouped by District**
荔湾区	Liwan
越秀区	Yuexiu
海珠区	Haizhu
天河区	Tianhe
白云区	Baiyun
黄埔区	Huangpu
番禺区	Panyu
花都区	Huadu
南沙区	Nansha
从化区	Conghua
增城区	Zengcheng
按隶属关系分	**Grouped by Administrative Relationship**
中央属企业	Central Government
省属企业	Provincial Government
市属企业	Municipal Government
区属企业	District Government
其他企业	Others
按登记注册类型分	**Grouped by Registration Status**
内资企业	Domestic Funded Enterprises
国有企业	Stateowned Enterprises
集体企业	Collectiveowned Enterprises
股份合作企业	Shareholding Cooperative Enterprises
联营企业	Joint Ownership Enterprises
#国有联营企业	State Joint Ownership Enterprises
集体联营企业	Collective Joint Ownership Enterprises
国有与集体联营企业	Joint Statecollective Enterprises
有限责任公司	Limited Liability Corporations
#国有独资公司	State Sole Funded Corporations
股份有限公司	Shareholding Corporations Ltd.
私营企业	Private Enterprises
其他企业	Other Enterprises
港、澳、台商投资企业	Enterprises with Funds from Hong Kong, Macao and Taiwan
与港、澳、台商合资经营企业	Jointventure Enterprises
与港、澳、台商合作经营企业	Cooperative Enterprises
港、澳、台商独资经营企业	Enterprises with Sole Funds
港、澳、台商投资股份有限公司	Shareholding Corporations Ltd.
外商投资企业	Foreign Funded Enterprises
中外合资经营企业	Jointventure Enterprises
中外合作经营企业	Cooperative Enterprises
外资企业	Enterprises with Sole Foreign Funds
外商投资股份有限公司	Shareholding Corporations Ltd.

Statistics on Profits and Losses of Grade Construction Enterprises (2015)

(unit, 10000 yuan)

企业数 Number of Construction Enterprises	盈余 Profits		亏损 Losses	
	企业数 Number of Enterprises	金额 Value	企业数 Number of Enterprises	金额 Value
818	**653**	**1014858**	**165**	**56182**
35	27	17338	8	524
189	159	147804	30	6058
108	88	261639	20	6543
193	154	394104	39	33888
67	58	28286	9	990
49	42	55327	7	1568
92	57	41202	35	3329
29	22	15592	7	435
11	9	4794	2	5
23	21	16251	2	153
22	16	32521	6	2689
30	28	430877	2	1228
81	67	233779	14	2074
98	85	92490	13	5214
61	48	28602	13	823
548	425	229110	123	46843
803	640	1010745	163	54998
48	40	33160	8	329
30	22	2737	8	642
3	2	335	1	1
1	1	287		
1	1	287		
264	224	700120	40	23747
36	34	275309	2	651
15	12	118537	3	969
442	339	155569	103	29310
12	10	3021	2	1184
8	6	1581	2	1184
2	2	87		
1	1	9		
1	1	1344		
3	3	1092		
2	2	964		
1	1	128		

12-8 资质以上劳务分包建筑企业生产经营情况(2015年)

单位：万元

项　　目	Item	企业数(个) Number of Construction Enterprises (unit)
总　计	**Total**	**58**
按地区分	**Grouped by District**	
荔湾区	Liwan	7
越秀区	Yuexiu	6
海珠区	Haizhu	6
天河区	Tianhe	13
白云区	Baiyun	9
黄埔区	Huangpu	3
番禺区	Panyu	12
花都区	Huadu	
南沙区	Nansha	
从化区	Conghua	1
增城区	Zengcheng	1
按隶属关系分	**Grouped by Administrative Relationship**	
中央属企业	Central Government	
省属企业	Provincial Government	
市属企业	Municipal Government	3
区属企业	District Government	1
其他企业	Others	54
按登记注册类型分	**Grouped by Registration Status**	
内资企业	Domestic Funded Enterprises	58
国有企业	State-owned Enterprises	
集体企业	Collective-owned Enterprises	
股份合作企业	Share-holding Cooperative Enterprises	
联营企业	Joint Ownership Enterprises	
# 国有联营企业	State Joint Ownership Enterprises	
集体联营企业	Collective Joint Ownership Enterprises	
国有与集体联营企业	Joint State-collective Enterprises	
有限责任公司	Limited Liability Corporations	14
# 国有独资公司	State Sole Funded Corporations	
股份有限公司	Share-holding Corporations Ltd.	1
私营企业	Private Enterprises	43
其他企业	Other Enterprises	
港、澳、台商投资企业	Enterprises with Funds from Hong Kong, Macao and Taiwan	
与港、澳、台商合资经营企业	Joint-venture Enterprises	
与港、澳、台商合作经营企业	Cooperative Enterprises	
港、澳、台商独资经营企业	Enterprises with Sole Funds	
港、澳、台商投资股份有限公司	Share-holding Corporations Ltd.	
外商投资企业	Foreign Funded Enterprises	
中外合资经营企业	Joint-venture Enterprises	
中外合作经营企业	Cooperative Enterprises	
外资企业	Enterprises with Sole Foreign Funds	
外商投资股份有限公司	Share-holding Corporations Ltd.	

Statistics on Grade Construction Enterprises of Work Subcontractors (2015)

(10000 yuan)

营业收入合计 Business Revenue	# 主营业务收入 Core Business Revenue	利润总额 Total Profits	从业人员平均人数(人) Average of Employed Persons	应付职工薪酬 Benefits Payable of the Employee
508681	**506604**	**2695**	**59521**	**259778**
9690	9475	-17	2129	10281
123080	123078	146	1214	5024
166146	165393	478	31911	125884
55502	54424	522	10040	44119
96592	96592	1298	11544	61607
26359	26359	229	1185	5275
23432	23404	-37	1390	7022
4326	4325	12	78	407
3554	3554	64	30	159
40623	40623	417	3003	17476
130	130	5	36	170
467928	465851	2273	56482	242132
508681	506604	2695	59521	259778
197746	197716	967	21455	93868
146	146	-55	12	42
310789	308742	1783	38054	165868

【建筑业总产值】指以货币表现的建筑业企业在一定时期内生产的建筑业产品和服务的总和。建筑业总产值包括三部分内容:

(1)建筑工程产值:指列入建筑工程预算内的各种工程价值。

(2)设备安装工程产值:指设备安装工程价值。

(3)其他产值:建筑业总产值中除建筑工程、安装工程以外的产值。包括房屋构筑物修理产值、非标准设备制造产值、总包企业向分包企业收取的管理费以及不能明确划分的施工活动所完成的产值。

a.房屋构筑物修理产值:指房屋和构筑物的修理所完成的产值,但不包括被修理房屋、构筑物的本身价值和生产设备的本身的价值。

b.非标准设备制造产值:指加工制造没有定型的非标准生产设备的加工费和原材料价值以及附属加工厂为本企业承建工程制作的非标准设备的价值。

【房屋建筑面积】指房屋全部平面面积的总和。它从房屋的外墙线算起,包括可供使用的有效面积和墙柱等结构占用面积。多层房屋按各层(包括地下室)面积总和计算。旧房加层或改造,只计算增加的建筑面积;旧房拆除重建,计算其全部面积;临时房屋不计算建筑面积。

【主营业务收入】指企业确认的销售商品、提供劳务等主营业务的收入。根据会计"主营业务收入"科目的期末贷方余额填报。执行2006年《企业会计准则》的企业,如未设置该科目,以"营业收入"代替填报。

【营业收入】指企业经营主要业务和其他业务所确认的收入总额。营业收入合计包括"主营业务收入"和"其他业务收入"。根据会计"利润表"中"营业收入"项目的本期金额数填报,即:

营业收入 =主营业务收入 +其他业务收入

【Gross Output Value of Construction】 refers to total Volume of construction products and services, expressed in monetary terms, completed by construction and installation enterprises during a given period of time. It includes:

(1)Output value of construction projects, that is the value of projects covered by the project budgets;

(2)Output value of installation projects, that is the value of the installation of equipment;

(3)Other output values, that is the values excluding output value of construction projects and output value of installation projects, including output value of repair of buildings and structures, output value of manufactured non-standard equipment, management expenses received by head enterprises from subcontract enterprises and output value of construction activities completed but unclassified.

a.Output value of repair of buildings and structures, that is the value created through the repairs of buildings or structures, but does not include the value of buildings or structures being repaired and the value of the repair of production equipment.

b.Output value of manufactured non-standard equipment, that is the value of non-standard production equipment (including raw materials and manufacturing cost)made for the construction project, and equipment manufactured by subsidiary workshops.

【Floor Space of Buildings under Construction】 refers to the sum of all of the surface area of the housing. Counting from the housing exterior lines, including the availability of effective area and wall and column structure occupied the area. The multi-storey housing according to the layers (including basement) area of the aggregate calculation. The additional layer or transformation of existing homes, only the increase in construction area; old house demolition and reconstruction, to calculate the total area; temporary housing does not calculate the building area.

【Main business income】 refers to the enterprise recognizes sales of goods and services, and other main business income. Furnished according to the final credit balances of accounting, the main business income subject. The implementation of the 2006 Enterprise Accounting Standards of the enterprise, if without a set of the subjects, operating income instead.

【Operating income】 refers to the total income of the business recognized by business and other business. Total operating revenue, including the main business income and other operating income. Fill in the number of business income in project accounting income statement for the current amount, and the calculating formula is:

Operating income = the main business income + other operating income

第十三篇 CHAPTER 13

运输和邮电

TRANSPORT，POSTAL AND TELECOMMUNICATION SERVICES

简要说明

Brief Introduction

第十三篇　运输和邮电

一、本篇资料反映广州市运输、邮电通信业发展的基本状况。交通运输业资料主要包括：五种运输方式的线路里程、运输设备拥有量、各种运输方式完成的货物运输量和旅客运输量、港口设备拥有量、港口货物吞吐量等。

邮电通信业资料主要包括：邮电业务量、邮电通信工具、邮电通信网、邮电通信水平等。

二、本篇资料由广州市统计局服务业统计处整理提供。

三、资料分别来源于民航、铁路、公路、水运、港口、公安、邮电等部门。管道运输资料由有关管道运输企业提供。

13 Transport,Postal and Telecommunication Services

I.The data in this chapter cover mainly the basis conditions of the development of transport, posts and telecommunications in Guangzhou. The data on transport cover mainly the length of the routes of five means of transportation, the owner-ship of the transport equipment, the freight traffic and passenger traffic accomplished by various means of transportation, the ownership of the port equipment and the cargo handled at ports, etc. The data on posts and telecommunications cover mainly the postal and telecommunication services, means of post and telecommunications, network of post and telecommunications, main financial of indicators of postal and telecommunication enterprises and the level of the development of the postal and telecommunication services, etc.

II.The data in this chapter are prepared and provided by the Division of Service Industries Statistics of Guangzhou Municipal Bureau of Statistics.

III.The data in this chapter come respectively from Guangzhou municipal departments of railways, transportation, post and telecommunications, etc. The data on the pipeline transport are provided by related pipeline enterprises.

13-1 运输邮电主要指标

Basic Statistics of Transport and Post

项 目	Item	2014	2015
民用车辆拥有量 (辆)	Civilian Vehicle (unit)	2504390	2438611
# 汽车	Automobile	2227715	2237782
货运量 (万吨)	Freight Traffic (10000 tons)	96553	100124
# 铁 路	Railways	5324	4811
公 路	Highways	66040	71284
水 路	Waterways	24167	23007
民 航	Civil Aviation	114	116
货物周转量 (万吨公里)	Freight Ton-kilometers (10000 ton-km)	86335522	90504153
# 铁 路	Railways	1903217	1775247
公 路	Highways	7803549	8434446
水 路	Waterways	76162228	79776595
民 航	Civil Aviation	461494	513028
客运量 (万人次)	Passenger Traffic (10000 person-times)	98062	106082
铁 路	Railways	12107	13647
公 路	Highways	78690	85109
水 路	Waterways	280	281
民 航	Civil Aviation	6985	7045
旅客周转量 (万人公里)	Passenger-kilometers (10000 passenger-km)	24996168	26681268
铁 路	Railways	4583648	4508677
公 路	Highways	7928047	8604785
水 路	Waterways	22515	19239
民 航	Civil Aviation	12461958	13548567
港口货物吞吐量 (万吨)	Volume of Freight Handled in Coastal Ports (10000 tons)	50097	52096
进 口	Import	29552	30833
出 口	Export	20545	21263
白云国际机场货邮行吞吐量(万吨)	Volume of Freight and Post Handled in Baiyun International Airport (10000 tons)	190	200
白云国际机场旅客吞吐量(万人次)	Volume of Passengers Handled in Baiyun International Airport (10000 person-times)	5479	5521
邮电业务收入 (万元)	Revenue of Postal and Telecommunication Services (10000 yuan)	5052592	5400082
电话交换机总容量 (万门)	Total Capacity of Telephone Exchanges (10000 gates)	627	636
报纸发行量 (万份)	Newspapers Issued (10000 copies)	164203	145380
杂志发行量 (万份)	Magazines Issued (10000 copies)	5214	5110
本地电话年末用户 (万户)	Number of Telephone Sets at Year-end (10000 subscribes)	502.93	467.64
移动电话年末户数 (万户)	Number of Mobile Telephone Subscribers at Year-end(10000 subscribes)	3224	3219
国际互联网用户数 (万户)	Number of Internet Subscribers (10000 subscribes)	742.21	539.26
城市电话普及率(含移动电话) (部/百人)	Popularity Rate of Urban Telephones(Including Mobile Telephones) (set/100 persons)	442.40	431.59
# 移动电话	Mobile Telephones	382.70	376.85

13-2 公路、航道线路基本情况

Basic Statisics on Highways and Waterways

项　目	Item	2014	2015
公路里程　（公里）	**Length of Highways (kilometer)**	**9219**	**9320**
# 晴雨通车里程	Length of Highways in Any Weathers	9219	9320
等级公路	Expressway and Class I to IV Highways	8121	8222
高　速	Expressway	852	954
一　级	First Class	1057	1058
二　级	Second Class	910	912
三　级	Third Class	1437	1434
四　级	Fourth Class	3865	3864
等外公路	Highways below Class IV	1098	1098
有路面里程	Paved Highways	7964	8065
沥青混凝土	High Class	1564	1745
水泥混凝土	Second High Class	6400	6320
简易铺路面	Medium Class	77	77
未铺装路面	Low Class	1178	1178
桥　梁	**Bridges**		
座　（座）	Number (unit)	3185	3222
长　度　（米）	Length (meter)	537500	560795
永久式桥梁	**Permanent Bridges**		
座　（座）	Number (unit)	3185	3222
长　度　（米）	Length (meter)	537500	560795
渡　口　（个）	**Ferries (unit)**	**2**	**2**
内河航道里程　（公里）	**Length of Navigable Inland Waterways (kilometer)**	**855**	**855**
# 等级航道里程（公里）	Standand Waterways (kilometer)	361	361

13-3 民用车辆拥有量（2015年）
Possession of Civil Vehicles (2015)

单位：辆 (unit)

项 目	Item	全 市 Total	# 私人 Private
合 计	**Total**	**2438611**	**1984511**
汽 车	Civil Automobile	2237782	1806507
载客汽车	Passenger Vehicles	1947615	1680562
大 型	Large	35852	1497
中 型	Medium	21186	9921
小 型	Small	1878699	1659948
微 型	Minicar	11878	9196
载货汽车	Trucks	279687	122205
重 型	Heavy	45019	3080
中 型	Medium	23146	4363
轻 型	Light	205776	109661
微 型	Mini	5746	5101
其他汽车	Others	10480	3740
电 车	Trolleybuses and Trams	246	
无 轨	Trolleybuses	246	
有 轨	Trams		
摩托车	Motorcycle	181946	177541
普 通	Ordinary	181929	177524
轻 便	Light	17	17
挂 车	Trailers	18601	462
其他类型车	Other Kinds of Vehicles	36	1

注：本表资料由广州市公安局交警支队提供。
Note: The data in this table is provided by the transportation policy branch of Guangzhou policy bureau.

13-4 民用运输船舶拥有量

Possession of Civil Transport Vessels

项 目	Item	2014	2015
合 计 （艘）	**Total (unit)**	**1448**	**1483**
机动船 （艘）	Motor Vessels (unit)	1442	1479
载客量 （客位）	Passenger Capacity (seat)	23995	23635
净载重量 （吨位）	Dead Weight Tonnage (ton)	15792405	16064725
总功率 （千瓦）	Total Power (kw)	3029836	3018585
1. 客 船 （艘）	1.Passenger Vessels (unit)	91	87
载客量 （客位）	Passenger Capacity (seat)	23995	23635
2. 货 船 （艘）	2.Cargo Vessels (unit)	1340	1384
净载重量 （吨位）	Dead Weight Tonnage (ton)	15767539	16052542
3. 拖 船 （艘）	3.Towboats (unit)	11	8
功 率 （千瓦）	Power (kw)	19099	19689
驳 船 （艘）	Barges (unit)	6	4
净载重量 （吨位）	Dead Weight Tonnage (ton)	5000	5000

注：本表资料由广州港务局等单位提供。

Note: This table is provided by Guangzhou port authority.

13-5 主要年份客货运输(吞吐量)和邮电业务收入

Total Passenger and Freight Traffic and Revenue of Postal and Telecommunication Services in Main Years

年 份 Year	客运量 (万人次) Passenger Traffic (10000 persontimes)	旅客周转量 (万人公里) Passenger-kilometers (10000 passengerkm)	货运量 (万吨) Freight Traffic (10000 tons)	货物周转量 (万吨公里) Freight Tonkilometers (10000 ton-km)	港口旅客吞吐量 (万人次) Volume of Passenger Handled in Coastal Ports (10000 persontimes)
1978					433
1980					489
1985	11653	1017045	18233	15653824	514
1986	10985	1090054	15439	16584196	788
1987	9152	1158152	18947	17143674	742
1988	10290	1340611	21390	18968882	765
1989	9051	1269994	18397	20193670	610
1990	9461	1340608	17842	21417482	531
1991	9996	1574625	19535	26703071	485
1992	12459	1897547	22562	28156518	484
1993	15988	2198885	24818	29564344	447
1994	17307	2202816	26461	35696673	406
1995	16107	2227019	26992	39618131	343
1996	15638	2066438	23315	30739572	233
1997	17725	2417966	23768	30573646	134
1998	19587	2563072	24443	26210641	91
1999	22007	2799796	24238	20924658	153
2000	26097	4533805	27972	22660161	134
2001	27461	4986901	28248	23370862	135
2002	30084	5570611	28496	22346711	135
2003	30546	5408605	29309	25104134	112
2004	36941	8557982	35700	27833246	119
2005	40524	9750755	38153	27240509	99
2006	43777	10915614	42759	27954630	98
2007	51180	12906006	45852	24706845	111
2008	55385	13752318	49586	24620645	90
2009	57053	14538626	52525	21762287	78
2010	62595	16936472	57369	24508491	79
2011	67756	18790926	64929	28611908	80
2012	76070	20746062	76100	49383911	75
2013	89269	22776307	89099	68224384	77
2014	98062	24996168	96553	86335522	71
2015	106082	26681268	100124	90504153	61

13-5 续表 continued

年 份 Year	港口货物吞吐量（万吨）Volume of Freight Handled (10000 tons)	# 集装箱 Container	机场旅客吞吐量（万人次）Volume of Passenger Handled in Airport (10000 persontimes)	机场货邮行吞吐量（万吨）Volume of Freight Mail and Luggage Handled in Airport (10000 tons)	邮电业务收入（万元）Revenue of Postal and Telecommunication Services (10000 yuan)
1978	1950		66		2357
1980	2107		131	3	3631
1985	3700		290	6	9927
1986	3954		389	7	12744
1987	4561		505	10	19822
1988	5115	115	542	11	28482
1989	5106	103	485	11	38605
1990	5099	107	605	12	55960
1991	5657	161	745	15	79642
1992	6477	168	902	17	121473
1993	7610	177	927	19	180606
1994	8121	231	1070	23	270330
1995	8340	440	1257	28	380323
1996	8510	485	1264	32	528343
1997	8390	599	1251	35	687781
1998	8716	789	1241	41	841107
1999	11336	1355	1190	45	981527
2000	12455	1699	1279	49	1384846
2001	13539	2633	1384	53	1515282
2002	16772	3255	1601	59	1751392
2003	19200	4161	1501	54	1851326
2004	23887	4734	2033	63	2108788
2005	27283	6672	2340	75	2220589
2006	32816	9493	2622	82	2307436
2007	37053	13298	3096	90	2478199
2008	36954	15172	3344	93	2663183
2009	37549	15383	3705	122	2680007
2010	42526	18070	4098	145	2900942
2011	44770	20682	4504	153	3123440
2012	45125	21338	4831	163	3373039
2013	47267	23053	5246	173	4585063
2014	50097	24297	5479	190	5052592
2015	52096	26026	5521	200	5400082

注：本表根据铁路、民航统计口径变化，对2000年～2004年的相关数据作了调整。
Note: The data in this table from 2000 to 2004 was adjusted in accordance with the new statistical coverage of railway and civil aviation.

13-6 水路货运量及货物分类（2015年）

Freight Traffic and Type of Freight by Waterway (2015)

单位：万吨 (10000 tons)

项　目	Item	合　计 Total	远　洋 Ocean	沿　海 Coastal Water	内　河 Inland Rivers
货运量	Freight Traffic	23006.67	9409.84	7237.03	6359.80
货物周转量(万吨公里)	Freight Ton-kilometers (10000 ton-km)	79776595	66424554	12619531	732510
货物分类	Type of Freight				
煤类及制品	Coal and Related Products	6697.57	1121.40	4722.81	853.36
石油、天然气及制品	Petroleum, Natural Gas and Related Products	468.01	166.21	100.20	201.60
#原　油	Crude Oil				
金属矿石	Metal Ores	4388.10	2805.63	1378.95	203.52
钢　铁	Steel and Iron	1128.71	975.58	123.88	29.25
矿物性建筑材料	Mineral Building Materials	2700.91	272.16	47.72	2381.03
水　泥	Cement	243.13	69.68	40.35	133.10
木　材	Timber	132.81	122.29	5.79	4.73
非金属	Nonmetal Ores	1276.85	340.44	180.98	755.43
#磷　矿	Phosphorite				
化学肥料及农药	Chemical Fertilizers and Pesticides	180.49	167.43	11.75	1.31
盐	Salt	23.16	23.06		0.10
粮　食	Grain	1310.71	727.11	299.17	284.43
机械、设备、电器	Machinery, Equipment and Electric Appliance	598.36	420.42	12.73	165.21
化工原料及制品	Chemical Raw Materials and Related Products	59.82	45.39	1.19	13.24
有色金属	Nonferrous Metals	24.86	24.14		0.72
轻工、医药产品	Light Industry, Medical and Pharmaceutical Products	136.97	74.55	2.64	59.78
#日用工业品	Industrial Products for Daily Use	31.81	9.01	0.70	22.10
农林牧渔业产品	Agricultural, Forestry, Animal Husbandry and Fishery Products	20.68	13.94	6.00	0.74
其他货类	Others	3615.53	2040.41	302.87	1272.25

13-7 民航运输主要指标
Main Indicators on Civil Aviation

项　目	Item	2014	2015
客运量 (万人次)	Passenger Traffic (10000 person-times)	6985	7045
国际航线	International Routes	800	956
国内航线	Domestic Routes	6185	6089
# 地区航线	Regional Routes	125	120
旅客周转量 (万人公里)	Passenger-kilometers (10000 person-km)	12461958	13548567
国际航线	International Routes	3253959	4136654
国内航线	Domestic Routes	9207999	9411913
# 地区航线	Regional Routes	210615	203840
货邮运量 (吨)	Freight Traffic (ton)	1138301	1163981
国际航线	International Routes	394000	450396
国内航线	Domestic Routes	744301	713585
# 地区航线	Regional Routes	10991	12932
货邮周转量 (万吨公里)	Freight Ton-kilometers (10000 ton-km)	461494	513028
国际航线	International Routes	338452	393594
国内航线	Domestic Routes	123042	119434
# 地区航线	Regional Routes	1327	1553
总周转量 (万吨公里)	Total Air Traffic Ton-kilometers (10000 ton-km)	1562448	1708137
国际航线	International Routes	625668	757735
国内航线	Domestic Routes	936780	950402
# 地区航线	Regional Routes	19816	19452
飞行班次 (班次)	Flying Times of General Aviation (time)	604100	587596
国际航线	International Routes	63478	74257
国内航线	Domestic Routes	540622	513339
# 地区航线	Regional Routes	9568	8644
飞行时间 (小时)	Flying Time of General Aviation (hr)	1476331	1522325
运输飞行	Transportation Flying	1463498	1513128
专业飞行	Flying for Special Purpose	12833	9197
飞机生产率 (吨公里/小时)	Flying Productivity (ton-km /hr)	10676	11296
客座率 (%)	Ratio of Seat Occupied (%)	80.6	81.8
载运率 (%)	Ratio of Transport Capacity Occupied (%)	70.2	70.2

注：飞机生产率、客座率、载运率仅为中国南方航空股份有限公司数据。
Note: Flying productivity, ratio of seat occupied and ratio of transport capacity occupied only contain the data of China Southern Airlines.

13-8 民航航线及飞机年末数

Number of Civil Aviation Routes and Civil Aircraft at Year-end

指标名称	Item	2014	2015
民用航空航线条数 （条）	Number of Civil Aviation Routes (line)	640	666
国际航线	International Routes	134	164
国内航线	Domestic Routes	506	502
# 地区航线	Regional Routes	20	19
民用航空航线里程（公里）	Length of Civil Aviation Routes (km)	1566984	1659449
国际航线	International Routes	560313	674407
国内航线	Domestic Routes	1006671	985042
# 地区航线	Regional Routes	37873	33396
民航飞机期末架数 （架）	Number of Civil Aircraft (unit)	438	467
运输飞机	Aero Transport	415	443
大型飞机	Air Bus	395	423
小型飞机	Puddle-jumper	20	20
通用飞机	General Aircraft	23	24
其他用途飞机	Others		
国外通航国家和地区（个）	Foreign Countries and Regions Linked with Civil Aviation Routes(unit)	37	41
通航城市 （个）	Cities Linked with Civil Aviation Routes (unit)	204	228
# 国外通航城市	Foreign Cities Linked with Civil Aviation Routes	68	73

13-9 白云国际机场吞吐量

Volume Handled in Baiyun International Airport

项　目	Item	2014	2015
飞机起降架次　(万次)	Number of Aircrafts Taking off and Landing (10000 times)	41.22	40.97
进　港	Landing	20.61	20.48
出　港	Taking off	20.61	20.49
旅客吞吐量　(万人次)	Volume of Passengers Handled (10000 person-times)	5479	5521
进　港	Landing	2698	2730
出　港	Taking off	2781	2791
货邮行吞吐量　(万吨)	Volume of Freight Handled (10000 ton)	189.63	200.24
进　港	Landing	80.98	88.44
出　港	Taking off	108.65	111.80
出港客座率　(%)	Ratio of Seat Occupied Taking off	82.30	80.20
出港载运率　(%)	Ratio of Transport Capacity Occupied Taking off	74.10	72.10
航线条数　(条)	Number of Civil Aviation Routes (line)	232	235
国际航线	International Routes	75	82
国内航线	Domestic Routes	157	153
# 地区航线	Regional Routes	4	4
国外通航国家和地区　(个)	Foreign Countries and Regions Linked with Civil Aviation Routes (unit)	38	38
通航城市	Cities Linked with Civil Aviation Routes	182	192
# 国外通航城市	Foreign Cities Linked with Civil Aviation Routes	70	69

13-10 输油(气)管道基本情况(2015年)

Basic Statistics on Pipelines (2015)

项　目	Item	合 计 Total	# 输成品油管道 Refined Oil Pipelines	# 输其他气体管道 Others Gas Pipelines
条　数　(条)	Number Of Pipelines (unit)	30	25	4
输油(气)里程　(公里)	Length Of Pipelines (km)	121.89	101.29	17.20
延展长度　(公里)	Extension Length of Pipelines (km)	121.89	101.29	17.20
输油(气)能力	Capacity of Pipeline Traffic	5030.76	4731.76	279.00
(万吨/年、千万立方米/年)	(10000 ton/year, 10 million cu.m/year)			
输油(气)量　(万吨)	Pipeline Traffic (10000 tons)	905.95	855.21	45.15
输油(气)周转量　(万吨公里)	Ton-kilometers (10000 ton-km)	4837	4613	205

13-11 港口码头泊位数

Number of Berths in Ports

项　目	Item	2014		2015	
		全 市 Total	# 广州港 Guangzhou Port	全 市 Total	# 广州港 Guangzhou Port
总　计	**Total**				
码头长度　(米)	Length of Quay Line (m)	69040	57278	70240	58346
泊　位　(个)	Number of Berths (unit)	863	673	870	678
# 万吨级	10000 Ton Class	71	71	74	74
泊位年通过能力	Berths Capacity				
# 货　物　(万吨)	Cargo (10000 tons)	34321	31497	35722	32697
集装箱　(万TEU)	Containers (10000 TEU)	1171	1130	1291	1250
旅　客　(万人)	Passengers (10000 persons)	3131	3121	3217	3207
汽　车　(万辆)	Automobile (10000 units)	1034	1034	1034	1034
生产用	**For Productive Use**				
码头长度　(米)	Length of Quay Line (m)	57586	46958	58506	47746
泊　位　(个)	Number of Berths (unit)	686	510	692	514
# 万吨级	10000 Ton Class	69	69	71	71

13-12 港口吞吐量及货物分类（2015年）

Volume Handled in Ports and Type of Freight (2015)

单位：万吨 (10000 tons)

项　　目	Item	合　计 Total	进　口 Import	出　口 Export	# 广州港 Guangzhou Port	进　口 Import	出　口 Export
旅客吞吐量(万人次)	Volume of Passengers Handled(10000 person-times)	61.32	29.53	31.79	61.32	29.53	31.79
国内航线	Domestic Routes	0.31		0.31	0.31		0.31
国际航线	International Routes	61.01	29.53	31.48	61.01	29.53	31.48
货物吞吐量	Volume of Freight Handled	52095.67	30832.32	21263.35	50053.01	29160.21	20892.80
外　贸	Foreign Trade	11992.96	7795.81	4197.15	11868.51	7723.03	4145.48
内　贸	Inland Trade	40102.71	23036.51	17066.20	38184.50	21437.18	16747.32
沿　海	Coastal Waters	38184.50	21437.18	16747.32	38184.50	21437.18	16747.32
内　河	Inland Rivers	1918.21	1599.33	318.88			
货物分类	Type of Freight						
煤类及制品	Coal and Related Products	7956.06	4988.55	2967.51	7584.26	4616.75	2967.51
石油、天然气及制品	Petroleum, Natural Gas and Related Products	2129.80	1282.92	846.88	2019.55	1203.62	815.93
# 原　油	Crude Oil	8.68	4.34	4.34	8.68	4.34	4.34
# 成品油	Refined Oil	1676.92	1001.92	675.00	1589.98	945.40	644.58
金属矿石	Metal Ores	820.76	791.97	28.79	820.73	791.94	28.79
# 铁矿石	Iron Ores	727.79	703.10	24.69	727.79	703.10	24.69
钢　铁	Steel and Iron	2808.34	2224.79	583.55	2790.92	2207.37	583.55
矿物性建筑材料	Mineral Building Materials	2902.41	2383.01	519.40	2302.89	1853.92	448.97
水　泥	Cement	162.68	33.87	128.81	17.31	11.94	5.37
木　材	Timber	389.41	257.99	131.42	389.41	257.99	131.42
非金属	Nonmetal Ores	286.51	168.40	118.11	189.60	71.49	118.11
化学肥料及农药	Chemical Fertilizers and Pesticides	15.71	10.75	4.96	12.21	7.25	4.96
盐	Salt	4.69	4.65	0.04	4.69	4.65	0.04
粮　食	Grain	2425.49	1679.09	746.40	2224.31	1478.14	746.17
机械、设备、电器	Machinery, Equipment and Electric Appliance	3925.58	2132.36	1793.22	3918.09	2125.01	1793.08
化工原料及制品	Chemical Raw Materials and Related Products	895.18	756.18	139.00	677.22	549.71	127.51
有色金属	Nonferrous Metals	80.82	65.43	15.39	80.82	65.43	15.39
轻工、医药产品	Light Industry, Medical and Pharmacestical Products	580.72	297.98	282.74	550.75	279.16	271.59
农林牧渔业产品	Agricultural, Forestry, Animal Husbandry and Fishery Products	275.64	241.71	33.93	267.80	238.72	29.08
其他货类	Others	26435.87	13512.67	12923.20	26202.45	13397.12	12805.33

13-13 港口标准集装箱吞吐量(2015年)

Cargo Handled in International Standard Containers (2015)

项目	Item	合计 Total	进口 Import	出口 Export	# 广州港 Guangzhou Port	进口 Import	出口 Export
箱数合计 (万箱)	Total Containers (10000 units)	1762.49	865.96	896.53	1739.66	857.84	881.82
重量合计 (万吨)	Total Weight (10000 tons)	26026.01	13702.10	12323.91	25835.62	13594.26	12241.36
国内小计	National Total						
箱数 (万箱)	Number of Containers(10000 units)	1057.60	510.67	546.93	1044.06	507.58	536.48
重量 (万吨)	Weight (10000 tons)	18389.23	9914.14	8475.09	18296.85	9877.55	8419.30
国际小计	International Total						
箱数 (万箱)	Number of Containers(10000 units)	704.89	355.29	349.60	695.60	350.26	345.34
# 中国香港	Hong Kong, China	300.34	140.37	159.97	291.05	135.34	155.71
马来西亚	Malaysia	31.22	14.46	16.76	31.22	14.46	16.76
新加坡	Singapore	24.23	15.50	8.73	24.23	15.50	8.73
韩国	Korea, Rep.	9.86	6.72	3.14	9.86	6.72	3.14
阿拉伯联合酋长国	The United Arab Emirates	11.67	11.66	0.01	11.67	11.66	0.01
印度	India	4.95	0.43	4.52	4.95	0.43	4.52
重量 (万吨)	Weight (10000 tons)	7636.78	3787.96	3848.82	7538.77	3716.71	3822.06
# 中国香港	Hong Kong, China	3938.50	2083.28	1855.22	3840.49	2012.03	1828.46
马来西亚	Malaysia	381.59	144.47	237.12	381.59	144.47	237.12
新加坡	Singapore	296.97	176.30	120.67	296.97	176.30	120.67
韩国	Korea, Rep.	122.68	94.57	28.11	122.68	94.57	28.11
阿拉伯联合酋长国	The United Arab Emirates	76.78	76.66	0.12	76.78	76.66	0.12
印度	India	66.12	3.71	62.41	66.12	3.71	62.41

13-14 邮政电信网

Network of Postal and Telecommunication Services

项　目	Item	2014	2015
邮政网（个）	Post Network (unit)	244	243
自办邮政网点	Post Office Owned by Itself	178	176
代办网点	Commission Office	66	67
邮政储蓄所（个）	Postal Savings Office (unit)	131	131
信箱、信筒（个）	Mail Box (unit)	1347	963
电信网（个）	Telecommunication Office (unit)	19831	16385
自办电信网点	Telecommunication Office Owned by Itself	412	439
代办网点	Commission Office	19419	15946
邮政网络（公里）	Postal Service Network (km)		
邮路总长度	Total Length of Mail Routes	32672	37575
农村投递线路总长度	Length of Rural Delivery Routes	15715	21784

13-15 邮政业务主要指标
Main Indicators on Post

项　目	Item	2014	2015
国内分类业务总量	Category of Domestic Services		
函　件　（万件）	Number of Letters (10000 pcs)	21054	18449
包　件　（万件）	Packages (10000 pcs)	107	63
汇　票　（万张）	Postal Orders (10000 pcs)	575	355
订销报纸累计数　（万份）	Number of Newspapers Circulation(10000 copies)	16244	17246
订销杂志累计数　（万份）	Number of Magazines Circulation (10000 copies)	1857	1853
快　递　（万件）	Pieces of Express Mail Services (10000 pcs)	135729	190926
邮政储蓄年末收储余额(万元)	Postal Savings Deposits at Year-end (10000 yuan)	2679323	2656566
国际及港澳分类业务	Category of International and Hong Kong & Macao Service		
函　件　（万件）	Number of Letters (10000 pcs)	2766	5578
包　件　（万件）	Packages (10000 pcs)	5	6
快　递　（万件）	Pieces of Express Mail Services (10000 pcs)	3302	4282

13-16 电信业务主要指标
Main Indicators on Telecommunication Services

项　　目	Item	2014	2015
通信业务量	Business Volume of Telecommunications		
移动电话年末用户　（万户）	Number of Mobile Telephone Subscribers at Year-end(10000 subscribers)	3223.92	3218.58
# 3G移动电话用户	3G Mobile Telephone Subscribers	1027.50	820.17
4G移动电话用户	4G Mobile Telephone Subscribers	294.22	1207.21
短信通信量　（亿条）	Volume Of Message Services	194.02	206.86
# 移动短信通信量	Short Message Services	89.53	80.40
本地电话年末用户　（万户）	Number of Local Telephone Subscribers at Year-end (10000 subscribers)	502.93	467.64
城市电话用户	Number of Urban Telephone Subscribers	479.15	467.64
乡村电话用户	Number of Rural Telephone Subscribers	23.78	
公用电话　（万户）	Number of Public Telephones (10000 subscribers)	50.68	43.88
国际互联网用户　（万户）	Number of Internet Subscribers (10000 subscribers)	536.05	539.26
宽带用户	Broadband Users	439.04	424.54
窄带用户	Narrowband Users	28.90	28.84
上网卡用户	Card Users	68.11	85.88
电信主要通信能力	Main Communication Capacity of Telecommunications		
长途电话交换机容量（万路端）	Capacity of Long-distance Telephone Exchanges (10000 circuits)	66.69	66.69
电话交换机总容量　（万门）	Capacity of Telephone Exchanges (10000 gates)	627.48	636.09
局用电话交换机容量	Capacity of Office Exchanges	273.49	239.57
城市电话用户	Urban Telephone Subscribers	262.24	239.57
乡村电话用户	Rural Telephone Subscribers	11.25	
接入网交换机容量	Capacity of Exchanges Linked-out	353.99	396.51
城市电话用户	Urban Telephone Subscribers	311.03	396.51
乡村电话用户	Rural Telephone Subscribers	42.96	
移动电话交换机容量（万户）	Capacity of Mobile Telephone Exchanges (10000 subscribers)	4996	4932
移动电话基站数　（个）	Number of Mobile phone Base Station (unit)	53732	66993
互联网宽带接入端口　（个）	Broad Band Subscribers Post Of Internet (unit)	3573682	5645368

注：因统计口径调整，2014年“国际互联网用户”、“宽带用户”数据作相应调整。
Note: The data of Internet Subscribers and Broadband Users in 2014 has been adjusted because of statistical scale adjustment.

13-17 邮电业务收入

Revenue of Postal and Telecommunication Services

单位：万元 (10000 yuan)

项　　目	Item	2014	2015
总　　计	**Total**	**5052592**	**5400082**
# 港澳及国际	Hong Kong, Macao and International	287069	323429
邮政收入	Revenue of Posts	1812758	2222763
# 港澳及国际	Hong Kong, Macao and International	256915	297042
函　　件	Letters	70695	83162
快　　递	Express Mail Services	1597243	1959861
汇　　票	Postal Orders	4376	3535
包　　件	Package	7041	5177
报　　刊	Newspapers and Magazines	8146	8567
集邮业务	Stamps For Collection	10465	7361
其　　他	Others	114792	155100
电信收入	Revenue of Telecommunications	3239834	3177319
# 港澳及国际长途电信收入	Hong Kong, Macao and International	30154	26387
长途电信收入	Long Distance Telecommunications	69711	60541
国内长途电话	Domestic Long Distance Telephone Calls	56973	49124
国际及港澳电话	International and Hong Kong and Macao Calls	10647	8180
其　　他	Others	2091	3237
市内电话收入	Local Calls	115932	117402
移动电话收入	Mobile Telephone	2191032	2159666
其他收入	Other Revenue	863159	839710

13-18　城市(市区)公共交通（2015年）
Public Traffic in City (Urban Districts) (2015)

项　目	Item	合计 Total	汽、电车 Buses and Trolleys	#汽车 Buses
年末营运车、船数（辆、艘）	Number of Vehicles and Vessels (unit)	37887	13930	13656
营运车船客位数　（个）	Seat for Vehicles and Vessels for Business Transportation at Year-end (seat)	1905887	1338416	1309920
营运线路条数　（条）	Lines Used by Public Traffic for Business Transportation (line)	1182	1158	1143
营运线路长度　（公里）	Length of Public Traffic (km)	19744	19422	19231
客运量　（万人次）	Number of Passenger Traffic (10000 person-times)	563237	254953	251130
客运收入　（万元）	Revenue of Passenger Transport (10000 yuan)	1537864	459109	452374
车船完好率　（%）	Ratio of Vehicles and Vessels in Good Condition (%)	98.47	99.02	99.02
每辆汽、电车负担人数（人）	Number of Passengers per Bus and Trolley (person)		613	

13-18 续表 continued

项 目	Item	轮 渡 Ferries	出租汽车 Cabs	# 小汽车 Taxies	轨道交通 Track Traffic
年末营运车、船数（辆、艘）	Number of Vehicles and Vessels (unit)	51	22022	22022	1884
营运车船客位数 （个）	Seat for Vehicles and Vessels for Business Transportation at Year-end (seat)	12310	88088	88088	467073
营运线路条数 （条）	Lines Used by Public Traffic for Business Transportation (line)	14			10
营运线路长度 （公里）	Length of Public Traffic (km)	56			266
客运量 （万人次）	Number of Passenger Traffic (10000 person-times)	2056	65535	65535	240693
客运收入 （万元）	Revenue of Passenger Transport (10000 yuan)	6643	691974	691974	380138
车船完好率 （%）	Ratio of Vehicles and Vessels in Good Condition (%)	95.27	99.17	99.17	86.32
每辆汽、电车负担人数（人）	Number of Passengers per Bus and Trolley (person)				

注：1．本表数据由广州市交通委员会提供(营运车船客位数按实际可乘坐人数计算)。

2．每辆汽、电车负担人数按市区人口计。

Note: I. The data in this table are provided by communications commission of Guangzhou municipality (seats of vehicles and vessels for business transportation are caculated by factual seats).

II. The number of Passengers per bus and trolley is calculated by population in urban districts.

13-19 规模以上运输邮电企业财务指标（2015年）

单位：万元

项目	Item	合计 Total	按经济类型分 Grouped by Economic Type		
			1. 国有经济 State-owned Economy	2. 民营经济 Private Economy	3. 其他经济 Others
企业单位数（个）	Number of Enterprises (unit)	446	111	204	131
# 亏损企业	Loss-making Enterprises	91	23	43	25
固定资产原价合计	Total Original Value of Fixed Assets	60403503	53806570	389303	6207630
本年折旧	Depreciation at Current Year	2838306	2416000	37729	384577
资产合计	Total Assets	111731596	100099652	759432	10872512
负债合计	Total Liabilities	42746378	37213558	454104	5078716
营业收入	Business Revenue	22358174	18338583	975929	3043662
营业成本	Cost of Business	18452432	15649011	753935	2049486
营业税金及附加	Taxes and Extra Charges on Business	143645	99868	4802	38975
销售费用	Cost of Sales	1448676	1227956	64499	156221
管理费用	Cost of Management	1495316	1153569	121640	220108
财务费用	Cost of Finance	1225814	1077094	8186	140534
营业利润	Operation Profits	1676990	1069794	36299	570897
利润总额(亏损为-)	Total Profits("-" indicates losses)	2501851	1745585	36945	719320
应付职工薪酬	Benefits Payable of the Employee	4765486	4015987	176722	572777
从业人员平均人数（人）	Average Employed Persons (person)	338163	236856	34556	66751

Finance Indicators of Transport, Postal and Telecommunication Services Enterprises above the Designated Size (2015)

(10000 yuan)

按行业类型分 Grouped by Sector Type					
1. 公路运输 Highway Transport	2. 水上运输 Waterway Transport	#港 口 Port	3. 民 航 Civil Aviation	4. 邮 电 Postal and Telecom-munication Services	5. 其 它 Others
323	60	16	5	54	4
66	13	3	1	9	2
18285340	8873874	2413697	17960416	10288441	4995432
508483	384648	129104	690771	1152399	102006
45389331	15071984	4097266	15395571	22925461	12949249
20563184	8076435	1774220	11167228	-2552447	5491978
4452694	3102119	728557	8654502	5292872	855987
3783179	2617898	493852	7025180	4249554	776622
68865	15089	5522	19426	35679	4586
54131	37384	12635	516903	839557	702
427901	285303	88176	244687	523712	13714
486546	153545	61651	628989	-179159	135894
61270	205691	156838	259387	1226297	-75654
726403	126984	154301	484915	1242083	-78535
1227630	535373	128758	1707142	1046925	248416
137064	32560	9378	82023	66771	19745

【货(客)运量】指运输业实际运送的货物(旅客)数量。货运按吨计算,客运按人计算。货物不论运输距离长短,货物类型,均按实际重量统计；旅客不论行程远近或票价多少,均按一人一次作为客运量统计。半价票、小孩票也按一人统计。货(客)运量反映运输业为国民经济和人民生活服务的数量，也是制定和检查运输生产计划，研究运输发展规模和速度的重要指标。

【货物(旅客)周转量】指运输业运送的货物(旅客)与其相应运输距离的乘积之和，通常以吨公里和人公里为计算单位。计算货物周转量通常按发出站与到达站之间的最短距离，也就是计费距离计算。它是反映运输业生产总成果的重要指标，也是编制和检查运输生产计划,计算运输效率,劳动生产率以及核算运输单位成本的主要基础资料。

【移动电话用户】指在邮电部门登记，通过移动电话交换机进入移动电话网、占有移动电话号码的电话用户。计量单位为“户”。用户数字以实际办理登记手续进入邮电部门移动电话网的户数进行计算，一部或一台移动电话统计为一户。

【Freight (Passenger)Traffic】refers to the volume of freight (passenger)transported with various means.Freight transport is calculated in tons and passenger traffic is calculated in the number of persons. Despite the type of freight and traveling distance, the freight transport is calculated in the actual weight of the goods; and despite the traveling distance and ticket price,the passenger traffic is calculated by the principle that one person can be counted only once in one travel.The passenger who travels with a half price ticket or a child ticket is also calculated as one person.The freight (passenger)traffic provides a quantitative measure to show how the transport industry serves the national economy and people,and is also an important indicator for planning how the transport industry serves the national economy and people,and is also an important indicator for planning the transport industry and for studying the development scale and speed of the transport industry.

【Freight Ton-kilometers(Passenger-kilometers)】refer to the sum of the products of the volume of transported cargo (passengers)multiplying by the transport distance,usually using ton-kilometer and passenger -kilometer as units for measurement. Normally, the shortest distance between the departure station and the destination station (i.e.the payable distance)is the basis to calculate the freight ton kilometers.This is an important indicator to show the total results of the transport industry,to prepare and examine the transport plan and to measure the efficiency,the labor productivity and the unit cost of transport.

【Mobile Telephone Subscribers】refer to the persons who own mobile telephone number connected with the mobile telephone communication network and registered by postal and telecommunication organization.The number of subscribers is calculated only when the subscriber who has gone through all the register formalities and entered into the mobile telephone network.One mobile telephone is treated as a subscriber.

第十四篇 CHAPTER 14

国内贸易
DOMESTIC TRADE

第十四篇　国内贸易

一、本篇资料反映广州市国内市场发展的基本情况。

二、本篇资料由广州市统计局贸易外经统计处整理提供。

三、本篇资料主要根据国家统计局制定的批发和零售业、住宿和餐饮业统计报表制度，通过采取全面调查、抽样调查等方法，对基层数据汇总取得。

四、各表的调查范围：

社会消费品零售总额表的调查范围是各种经济类型的批发和零售业、住宿和餐饮业法人单位、产业活动单位及个体户。

批发和零售业商品购、销、存总额表的调查范围是各种经济类型的批发和零售业法人单位及个体户。

商品购、销、存类值表的调查范围是各种经济类型的限额以上批发和零售业的法人单位及个体户。

财务状况表的调查范围是各种经济类型的限额以上批发和零售业、住宿和餐饮法人单位。

五、关于历史数据调整问题

根据2008年第二次经济普查结果，我们对2006年-2007年社会消费品零售总额进行了调整，2008年使用的是经济普查数据。

14 Domestic Trade

I.The data in this chapter show the development of Guangzhou's domestic markets.

II.The data in this chapter are prepared and provided by the Division of Trade and External Economic Relations Statistics of Guangzhou Municipal Bureau of Statistics.

III.The data are obtained mainly in accordance with the Statistical Reporting Scheme on Wholesale and Retail Trade and Catering Services stipulated by the National Bureau of Statistics. The Methods used in data collection for enterprises (units) are complete enumeration and sample surveys, under which data are reported from lower to higher level statistical offices.

IV. The statistical coverage comes as follows:

The total retail sales of social consumer goods covered the retail value of the corporation units, economic active units and individual operators of all economic types of wholesale and retail trade, accommodation and catering industry.

The investigated objects of total purchases and sales and inventory of wholesale and retail trade come from corporation units and individual operators.

The investigated objects of commodity purchases, sales and inventory covered the corporation units and individual operators of wholesale and retail trade enterprises above the designated size.

The investigated objects of financial situation covered the corporation units of wholesale and retail trade, catering and accommodation above the designated size.

V. Based on results from the Second National Economic Census in 2008, adjustments were made for total retail sales consumer goods from year 2006 to 2007.The data of year 2008 are from the census in 2008.

14-1 主要年份社会消费品零售总额

Total Retail Sales of Consumer Goods in Main Years

单位：万元 (10000 yuan)

年 份 Year	总 计 Total	按行业分 By Sector			
		批发和零售业 Wholesale and Retail Trades	住宿和餐饮业 Hotels and Catering Services	其他行业 Others	# 制造业 Manufacturing
1978	176300	148378	16242	11680	7327
1980	287127	224457	23307	39363	24261
1985	749841	499571	115750	134520	64827
1986	802044	536172	107943	157929	69972
1987	952332	622077	134437	195818	67362
1988	1303688	833448	175891	294349	86936
1989	1442483	910670	234931	296882	90114
1990	1477826	945047	239607	293172	74574
1991	1701215	1062833	286924	351458	83978
1992	2095177	1330726	340871	423580	106090
1993	3030090	1878281	550956	600853	163413
1994	4481850	2781693	803059	897098	274554
1995	5499678	3437585	962855	1099238	331749
1996	6864426	4549455	1193692	1121279	370657
1997	8025887	5329267	1387026	1309594	509907
1998	9045719	6010638	1583833	1451248	561812
1999	10006848	6661555	1820957	1524336	605225
2000	11211340	7839516	2081458	1290366	589711
2001	12482848	8803979	2399208	1279661	571027
2002	13706815	9733195	2659750	1313870	476489
2003	14942742	11833760	2818533	290449	
2004	16777731	14030973	2636742	110016	
2005	19058398	16171817	2835312	51269	
2006	21991379	18921556	3069823		
2007	26242399	22841850	3400549		
2008	31873862	27953721	3920141		
2009	36157655	31565720	4591935		
2010	44763780	38835933	5927847		
2011	52430246	45444614	6985632		
2012	59772666	51685711	8086955		
2013	68828473	59858717	8969756		
2014	71444503	62306372	9138131		
2015	79879595	69845716	10033879		

注：根据国家统计局的要求，对2014年的数据进行了调整。

Note: The data of year 2014 has been adjusted according to National Bureau of Statistics of China.

14-2 主要年份社会消费品零售总额指数

Indices of Total Retail Sales of Consumer Goods in Main Years

上年=100 (preceding year=100)

年 份 Year	总 计 Total	按行业分 By Sector			
		批发和零售业 Wholesale and Retail Trades	住宿和餐饮业 Hotels and Catering Services	其他行业 Others	#制造业 Manufacturing
1978	106.6	105.7	118.2	104.3	95.4
1980	136.1	130.5	121.6	198.2	181.9
1985	138.1	124.7	224.2	147.9	133.1
1986	107.0	107.3	93.3	117.4	107.9
1987	118.7	116.0	124.5	124.0	96.3
1988	136.9	134.0	130.8	150.3	129.1
1989	110.7	109.3	133.6	100.9	103.7
1990	102.5	103.8	102.0	98.8	82.8
1991	115.1	112.5	119.8	119.9	112.6
1992	123.2	125.2	118.8	120.5	126.3
1993	144.6	141.2	161.6	141.9	154.0
1994	147.9	148.1	145.8	149.3	168.0
1995	122.7	123.6	119.9	122.5	120.8
1996	118.3	124.0	117.5	91.3	111.7
1997	116.9	117.1	116.2	116.8	137.6
1998	112.7	112.8	114.2	110.8	110.2
1999	110.6	110.8	115.0	105.0	107.7
2000	112.0	117.7	114.3	84.7	97.4
2001	111.3	112.3	115.3	99.2	96.8
2002	109.8	110.6	110.9	102.7	83.4
2003	109.0	121.6	106.0	22.1	
2004	112.1	115.2	106.6	38.4	
2005	113.6	115.3	107.5	46.6	
2006	115.4	117.0	108.3		
2007	119.3	120.7	110.8		
2008	121.5	122.4	115.3		
2009	113.4	113.6	112.4		
2010	124.2	123.4	129.5		
2011	117.1	117.0	117.8		
2012	115.2	114.9	117.1		
2013	115.2	115.8	110.9		
2014	112.5	113.2	107.8		
2015	111.0	111.2	109.8		

注：当年指数按可比口径计算。

Note: The indices are calculated at the comparable coverage.

14-3 各时期社会消费品零售总额

Total Retail Sales of Consumer Goods in Different Periods

单位：万元 (10000 yuan)

时期	Period	总计 Total	按行业分 By Sector			
			批发和零售业 Wholesale and Retail Trades	住宿和餐饮业 Hotels and Catering Services	其他行业 Others	# 制造业 Manufacturing
全 市	**Total**					
"六五"时期	6th Five-year Plan Period	2459903	1775024	260620	424259	222331
"七五"时期	7th Five-year Plan Period	5978373	3847414	892809	1238150	388958
"八五"时期	8th Five-year Plan Period	16808010	10491118	2944665	3372227	959784
"九五"时期	9th Five-year Plan Period	45154220	30390431	8066966	6696823	2637312
"十五"时期	10th Five-year Plan Period	76968534	60573724	13349545	3045265	1047516
"十一五"时期	11th Five-year Plan Period	161029075	140118780	20910295		
"十二五"时期	12th Five-year Plan Period	332355483	289141130	43214353		
1979-2015	1979-2015	641251715	536734045	89681727	14835943	5293603

14-4 社会消费品零售总额
Total Retail Sales of Consumer Goods

单位:万元 (10000 yuan)

项　目	Item	2014	2015
社会消费品零售总额	**Total**	**71444503**	**79879595**
按行业分	**By Sector**		
批发和零售业	Wholesale and Retail Trades	62306372	69845716
限额以上企业	Enterprises above Designated Size	38782437	42812696
限额以下企业(单位)和个体户	Enterprises (Units) below Designated Size and Individuals	23523935	27033020
住宿和餐饮业	Hotels and Catering Services	9138131	10033879
限额以上企业	Enterprises above Designated Size	3693235	4019892
限额以下企业(单位)和个体户	Enterprises (Units) below Designated Size and Individuals	5444896	6013987
按企业规模分	**By Size of Enterprises**		
限额以上企业	Enterprises above Designated Size	42475672	46832588
限额以下企业(单位)和个体户	Enterprises (Units) below Designated Size and Individuals	28968831	33047007

14-5 批发和零售业商品销售总额
Total Purchases, Sales and Inventory of Wholesale and Retail Trade

单位：万元 (10000 yuan)

项　目	Item	2014	2015
商品销售总额	Total Sales	462061825	509023780
批　发　业	Wholesale Trade	397223342	436746555
零　售　业	Retail Trade	64838483	72277225

14-6 限额以上批发和零售业法人企业商品分类销售总额(2015年)

Total Sales Value of Enterprises above the Designated Size in Wholesale and Retail Trade by Category of Commodities (2015)

单位:万元 (10000 yuan)

项目	Item	销售总额 Total Sales Value	批发额 Wholesale Value	零售额 Retail Value
合计	**Total**	**261935245**	**224733953**	**37201292**
粮油、食品类	Grain and Oil	12936154	10561950	2374204
#肉禽蛋类	Meat, Poultry and Eggs	1478223	1143104	335119
饮料类	Beverages	6543990	6146086	397904
烟酒类	Tobacco and Liquor	2535872	2118776	417096
服装鞋帽、针、纺织品类	Garments, Footwear, Headgear, Knitwear and Textiles	31603209	27445363	4157846
服装类	Clothing	21869423	18461829	3407594
鞋帽类	Footwear and Headgear	2975356	2411114	564242
针、纺织品类	Knitwear and Textiles	6758430	6572419	186011
化妆品类	Cosmetics	2613399	1596976	1016423
金银珠宝类	Gold, Silver and Jewelry	2636389	1987153	649236
日用品类	Daily-Use Articles	10341105	8793876	1547229
#儿童玩具类	Toys for children	399403	256352	143051
五金、电料类	Hardware and Electrical Materials	2659736	2248809	410927
体育、娱乐用品类	Sports and Recreation Articles	1041510	665675	375835
书报杂志类	Newspapers and Magazines	1048890	876280	172610
电子出版物及音像制品类	E-journal and Video Products	88902	69833	19069
家用电器和音像器材类	Household Appliances and Video Appliances	7617034	5149218	2467816
中西药品类	Traditional Chinese and Western Medicines	15056840	11800840	3256000
#西药	Western Medicines	10941285	8420887	2520398
中草药及中成药	Traditional Chinese Medicines	3422382	2933252	489130
文化办公用品类	Cultural and Office Goods	8490825	6888515	1602310
家具类	Furniture	2035380	1723937	311443
通讯器材类	Communication Appliances	8193660	5733038	2460622
煤炭及制品类	Coal and Related Products	5312584	5298904	13680
木材及制品类	Wood and Wooden Products	464799	464799	
石油及制品类	Petroleum and Related Products	30529083	26673823	3855260
化工材料及制品类	Chemical Materials and Related Products	20214129	20214129	
#化肥类	Chemical Fertilizers	738313	738313	
金属材料类	Metal Materials	32477160	32477160	
建筑及装潢材料类	Building and Decoration Materials	3533968	3386145	147823
机电产品及设备类	Mechanical and Electrical Products	6506198	6217710	288488
#农机类	Agricultural Machinery	16148	16148	
汽车类	Motor Vehicles	33627629	23234140	10393489
种子饲料类	Seeds and Feedstuff	1477647	1477647	
棉麻类	Cotton and Hemp	556968	556968	
其他类	Others	11792185	10926203	865982

14-7 限额以上批发业法人企业商品购、销、存总额(2015年)

单位：万元

项　　目	Item
合　计	**Wholesale Trade**
# 国有及国有控股	State-owned and State-controlled Enterprises
按登记注册类型分	**By Status of Registration**
内资企业	Domestic-funded Enterprises
国有企业	State-owned Enterprises
集体企业	Collective-owned Enterprises
股份合作企业	Cooperative Enterprises
联营企业	Joint Ownership Enterprises
国有联营企业	State Joint Ownership Enterprises
集体联营企业	Collective Joint Ownership Enterprises
国有与集体联营企业	Joint State-collective Enterprises
其他联营企业	Other Joint Ownership Enterprise
有限责任公司	Limited Liability Corporations
国有独资企业	State Sole Funded Corporations
其他有限责任公司	Other Limited Liability Corporations
股份有限公司	Share-holding Corporations Ltd.
私营企业	Private Enterprises
私营独资企业	Private-funded Enterprises
私营合伙企业	Private Partnership Enterprises
私营有限责任公司	Private Limited Liability Corporations
私营股份有限公司	Private Share-holding Corporations Ltd.
其他企业	Other Enterprises
港、澳、台商投资企业	Enterprises with Funds from Hong Kong, Macao and Taiwan
与港、澳、台商合资经营企业	Joint-venture Enterprises
与港、澳、台商合作经营企业	Cooperative Enterprises
港、澳、台商独资经营企业	Enterprises with Sole Funds
港、澳、台商投资股份有限公司	Share-holding Corporations Ltd.
其他港、澳、台投资企业	Other Enterprises with Funds from Hong Kong, Macao and Taiwan
外商投资企业	Foreign Funded Enterprises
中外合资经营企业	Joint-venture Enterprises
中外合作经营企业	Cooperative Enterprises
外资企业	Enterprises with Sole Foreign Funds
外商投资股份有限公司	Share-holding Corporations Ltd.
其他外商投资企业	Other Foreign Funded Enterprises
按国民经济行业分组	**By Economic Sector**
农、林、牧产品批发	Wholesale of Farming, Forestry, Animal Husbandry Products
食品、饮料及烟草制品批发	Wholesale of Food, Beverages and Tobacco Products
# 米、面制品及食用油批发	Wholesale of Rice, Flour and Edible Oil
烟草制品批发	Wholesale of Tobacco
纺织、服装及家庭用品批发	Wholesale of Textile, Clothing and Household Goods
# 服装批发	Wholesale of Garments
家用电器批发	Wholesale of Household Electrical Appliances
文化、体育用品及器材批发	Wholesale of Cultural, Sports Appliances and Equipment
医药及医疗器材批发	Wholesale of Medicine and Medical Appliances
矿产品、建材及化工产品批发	Wholesale of Mineral Products, Building Materials and Chemical Products
# 煤炭及制品批发	Wholesale of Coal and Related Products
石油及制品批发	Wholesale of Petroleum and Related Products
金属及金属矿批发	Wholesale of Metal Minerals
建材批发	Wholesale of Building Materials
化肥批发	Wholesale of Chemical Fertilizers
机械设备、五金产品及电子产品批发	Wholesale of Mechanical Equipment, Metal Products and Electronic Products
# 汽车批发	Wholesale of Automobile
汽车零配件批发	Wholesale of Automobile Accessories
摩托车及零配件批发	Wholesale of Motorcycles and Accessories
计算机、软件及辅助设备批发	Wholesale of Computers, Software and Assistant Equipments
贸易经纪与代理	Trade Broker and Agency
其他批发业	Wholesale of Other Trades

Total Purchases, Sales and Inventory of Enterprises above the Designated Size in Wholesale Trade (2015)

(10000 yuan)

购进总额 Total Purchase Value	#进口 Imports Value	销售总额 Total Sales Value	批发额 Wholesale Value	零售额 Retail Value	年末库存 Stock at Year-end
214674642	**13247414**	**223780206**	**217149530**	**6630676**	**11156748**
99560310	4398670	96816838	94979910	1836928	4568481
188968182	11346391	194441190	189428815	5012375	8439646
5040248	377738	5032943	4999904	33039	503263
453933		464990	433436	31554	11252
215590	5305	239213	238304	909	5976
15749		15430	15430		368
15749		15430	15430		368
111241247	8425932	118406924	115987968	2418956	4016146
29085605	305900	30212197	30171188	41009	858733
82155642	8120032	88194727	85816780	2377947	3157413
20218029	463906	13087337	12932006	155331	810767
51731163	2073510	57138546	54765960	2372586	3090142
1408903	4139	1632848	1632848		29843
25248		24254	24217	37	4256
47969911	1973272	52926430	50632002	2294428	2887050
2327101	96099	2555014	2476893	78121	168993
52223		55807	55807		1732
10857108	549910	13061223	12445575	615648	1647118
1734672	118442	2052103	2025735	26368	118678
38700		53927	53927		4106
9036724	421378	10878440	10294679	583761	1516659
47012	10090	76753	71234	5519	7675
14849352	1351113	16277793	15275140	1002653	1069984
5215525	558810	5541772	4570983	970789	406092
68953	61627	87718	87718		1245
7589182	728688	8610111	8584800	25311	621346
1965521		2025342	2025342		40213
10171	1988	12850	6297	6553	1088
2714577	701320	3033999	2996323	37676	243845
9434015	708521	11173412	10863792	309620	805209
2123301	375884	2178014	2164027	13987	322836
975659	15743	1536702	1530375	6327	41578
27656597	875741	32054384	30502468	1551916	2051728
9715651	153147	11495370	10784393	710977	813860
3462035	33377	3621930	3521142	100788	375286
6933472	447148	8005793	7680325	325468	1136262
13799129	838470	14998680	12487385	2511295	1359117
117191869	7270250	114307171	113556147	751024	3885937
5438808	481521	5664448	5662772	1676	318666
55093665	4897682	48927422	48541524	385898	1336438
25765051	381657	26807206	26793524	13682	1058556
9305944	197955	9692028	9545265	146763	318299
948386	118462	1014912	1012524	2388	110898
31491724	1624262	34124789	33008323	1116466	1228620
14964623	44042	16279491	15580186	699305	95936
4926801	1093856	5112937	5034991	77946	194723
88901	3	91880	88824	3056	5121
2758346	8860	2876556	2820475	56081	226803
2978200	542626	3329796	3329772	24	286624
2475059	239076	2752182	2724995	27187	159406

14-8 限额以上零售业法人企业商品购、销、存总额(2015年)

单位：万元

项　　目	Item
合　计	**Retail Trade**
# 国有及国有控股	State-owned and State-controlled Enterprises
按登记注册类型分	**By Status of Registration**
内资企业	Domestic-funded Enterprises
国有企业	State-owned Enterprises
集体企业	Collective-owned Enterprises
股份合作企业	Cooperative Enterprises
联营企业	Joint Ownership Enterprises
国有联营企业	State Joint Ownership Enterprises
集体联营企业	Collective Joint Ownership Enterprises
国有与集体联营企业	Joint State-collective Enterprises
其他联营企业	Other Joint Ownership Enterprise
有限责任公司	Limited Liability Corporations
国有独资企业	State Sole Funded Corporations
其他有限责任公司	Other Limited Liability Corporations
股份有限公司	Share-holding Corporations Ltd.
私营企业	Private Enterprises
私营独资企业	Private-funded Enterprises
私营合伙企业	Private Partnership Enterprises
私营有限责任公司	Private Limited Liability Corporations
私营股份有限公司	Private Share-holding Corporations Ltd.
其他企业	Other Enterprises
港、澳、台商投资企业	Enterprises with Funds from Hong Kong, Macao and Taiwan
与港、澳、台商合资经营企业	Joint-venture Enterprises
与港、澳、台商合作经营企业	Cooperative Enterprises
港、澳、台商独资经营企业	Enterprises with Sole Funds
港、澳、台商投资股份有限公司	Share-holding Corporations Ltd.
其他港、澳、台投资企业	Other Enterprises with Funds from Hong Kong, Macao and Taiwan
外商投资企业	Foreign Funded Enterprises
中外合资经营企业	Joint-venture Enterprises
中外合作经营企业	Cooperative Enterprises
外资企业	Enterprises with Sole Foreign Funds
外商投资股份有限公司	Share-holding Corporations Ltd.
其他外商投资企业	Other Foreign Funded Enterprises
按国民经济行业分组	**By Economic Sector**
综合零售	Comprehensive Retail Trade
# 百货零售	Retail of General Merchandise
超级市场零售	Retail of Supermarket
食品、饮料及烟草制品专门零售	Retail of Food, Beverage and Tobacco
纺织、服装及日用品专门零售	Retail of Textile, Garments and Daily Articles Consumer
# 服装零售	Retail of Garments
文化、体育用品及器材专门零售	Retail of Cultural, Sports Appliances and Equipment
# 体育用品及器材零售	Retail of Sports Goods
图书、报刊零售	Retail of Books and Newspapers
医药及医疗器材专门零售	Retail of Medicine and Medical Appliances
# 药品零售	Retail of Medicines
汽车、摩托车、燃料及零配件专门零售	Retail of Motor Vehicles, Motorcycles, Fuels and Parts
# 汽车零售	Retail of Motor Vehicles
机动车燃料零售	Retail of Motor Vehicle Fuels
家用电器及电子产品专门零售	Retail of Household Electrical Appliances and Electronic Products
# 家用视听设备零售	Retail of Household Audio and Video Equipment
日用家电设备零售	Retail of Household Electrical Appliances
计算机、软件及辅助设备零售	Retail of Computers, Software and Assistant Equipments
通信设备零售	Retail of Communication Equipments
五金、家具及室内装饰材料专门零售	Retail of Hardware, Furniture and Decoration Materials
货摊、无店铺及其他零售业	Retail of Booth and Others

Total Purchases, Sales and Inventory of Enterprises above the Designated Size in Retail Trade (2015)

(10000 yuan)

购进总额 Total Purchase Value	#进口 Imports Value	销售总额 Total Sales	批发额 Wholesale Trade	零售额 Retail Trade	年末库存 Stock at Year-end
34682630	**1323460**	**38155039**	**7584423**	**30570616**	**3205013**
8626252	183472	9532725	2218103	7314622	513015
28771515	1060740	31358956	6955368	24403588	2672236
153915		172109	30397	141712	34940
228088		241231	4955	236276	14228
79176		58428	22920	35508	3839
61746		70762	5093	65669	1369
24917		31336	3756	27580	494
9218		10990	788	10202	89
14594		15128	549	14579	615
13017		13308		13308	171
13566667	370405	14714052	1505400	13208652	1111771
265953	47043	309492	23159	286333	26551
13300714	323362	14404560	1482241	12922319	1085220
4556672	2062	5084577	1841923	3242654	392544
10023619	688273	10916028	3506509	7409519	1112642
40889		45678	7884	37794	4255
27093		29654	8924	20730	587
9889350	688173	10767097	3483293	7283804	1101690
66287	100	73599	6408	67191	6110
101632		101769	38171	63598	903
2375633	178373	3016668	530658	2486010	265123
1421876	113308	1729146	202451	1526695	128041
33681		39966		39966	1967
910969	65065	1233983	328207	905776	130256
9107		13573		13573	4859
3535482	84347	3779415	98397	3681018	267654
1561658	34942	1640339	5627	1634712	53754
616085		641769	5756	636013	37514
1323411	49405	1492597	86878	1405719	176382
4328		4710	136	4574	4
5996334	4365	6982627	891070	6091557	364024
2923716	786	3577021	719821	2857200	109874
2878826	3280	3129630	170545	2959085	237948
578261	9216	649492	153496	495996	60285
1464755	22405	2043940	847517	1196423	386324
728022	2294	1165810	371094	794716	239313
892848	581	1099865	603527	496338	122980
61130		77312	1252	76060	3683
203688		240557	40659	199898	44704
1802763	16517	1688728	616907	1071821	185161
1547484	163	1374207	505942	868265	153838
15025397	1230864	16172078	2729222	13442856	1405141
11318462	1219296	12276373	2429415	9846958	1332714
3446306	171	3614807	199633	3415174	40212
3020001	26015	3308792	1135966	2172826	273774
590572	18459	660262	7088	653174	14300
970199	2634	1037269	323914	713355	192733
227279	1008	280845	138362	142483	17161
1116078		1193716	608383	585333	33492
430511	3165	531231	152151	379080	50571
5471760	10332	5678286	454567	5223719	356753

14-9　限额以上连锁店（公司）基本情况（2015年）

Statistics on Chain Stores (Companies) above the Designated Size (2015)

单位：个　　(unit)

项　目	Item	连锁总店 General Chain Stores	连锁门店 Branch Chain Stores	直营店 Direct Stores	加盟店 League Stores
总　计	**Total**	**150**	**12133**	**10613**	**1520**
批发业	Wholesale Trade	19	4127	3753	374
零售业	Retail Trade	98	5958	4817	1141
# 国有及国有控股	State-owned and State-controlled Enterprises	5	273	272	1
外商及港澳台投资	Enterprises with Funds from Foreign Countries, Hong Kong, Macao and Taiwan	25	3396	2442	954
百货商店	Department Stores	8	689	689	
超级市场	Supermarkets	15	483	466	17
专业店	Specialized Stores	55	2196	2009	187
专卖店	Franchised Stores	15	1387	553	834
其　他	Others	5	1203	1100	103
住宿业	Accommodation Services	7	151	151	
餐饮业	Catering Services	26	1897	1892	5
# 外商及港澳台投资	Enterprises with Funds from Foreign Countries, Hong Kong, Macao and Taiwan	9	1328	1328	
正　餐	Dinner	14	172	170	2
快　餐	Snack	9	1437	1437	
其　他	Others	3	288	285	3

14-9 续表 continued

单位：万元 (10000 yuan)

项 目	Item	营业面积（平方米）Business Area (sq.m)	从业人数（人）Employed Persons (person)	销售总额（营业总收入）Total Sales (Business Revenue)	#零售额 Retail Sales
总 计	**Total**	**15906216**	**163966**	**31743140**	**26459252**
批发业	Wholesale Trade	10155764	36486	15574163	13481542
零售业	Retail Trade	5210478	84820	14553902	11518325
#国有及国有控股	State-owned and State-controlled Enterprises	878681	9868	3362188	1762058
外商及港澳台投资	Enterprises with Funds from Foreign Countries, Hong Kong, Macao and Taiwan	2439317	44234	4547249	4273997
百货商店	Department Stores	1290384	13415	2561317	2349158
超级市场	Supermarkets	1483854	20947	2237389	2225692
专业店	Specialized Stores	2184284	32849	8988863	6330345
专卖店	Franchised Stores	170210	10542	454863	364670
其 他	Others	81746	7067	311470	248460
住宿业	Accommodation Services	2316	1026	155376	606
餐饮业	Catering Services	537658	41634	1459699	1458779
#外商及港澳台投资	Enterprises with Funds from Foreign Countries, Hong Kong, Macao and Taiwan	359161	29711	1035882	1035677
正 餐	Dinner	145438	5735	173492	172572
快 餐	Snack	354546	32604	1146276	1146276
其 他	Others	37674	3295	139931	139931

14-10 限额以上批发和零售业法人企业财务状况(2015年)

单位：万元

项　　目	Item
总　计	**Total**
按登记注册类型分	**Grouped by Registration Status**
内资企业	Domestic-funded Enterprises
国有企业	State-owned Enterprises
集体企业	Collective-owned Enterprises
股份合作企业	Share-holding Cooperative Enterprises
联营企业	Joint-opeartion Enterprises
国有联营企业	State-owned Joint-opeartion Enterprises
集体联营企业	Collective Joint-opeartion Enterprises
国有与集体联营企业	Joint State-collective Enterprises
其他联营企业	Other Joint Ownership Enterprises
有限责任公司	Limited Liability Corporations
国有独资公司	State Sole Investment Corporations
其他有限责任公司	Other Limited Liability Corporations
股份有限公司	Share-holding Corporations Ltd.
私营企业	Private Enterprises
私营独资企业	Private Sole Investment Enterprises
私营合伙企业	Private Partnership Enterprises
私营有限责任公司	Private Limited Liability Corporations
私营股份有限公司	Private Share-holding Corporations Ltd.
其他企业	Other Enterprises
港、澳、台商投资企业	Enterprises with Funds from Hong Kong, Macao and Taiwan
与港、澳、台商合资经营企业	Joint-venture Enterprises
与港、澳、台商合作经营企业	Cooperative Enterprises
港、澳、台商独资经营企业	Enterprises with Sole Funds
港、澳、台商投资股份有限公司	Share-holding Corporations Ltd.
其他港、澳、台投资企业	Other Enterprises with Funds from Hong Kong, Macao and Taiwan
外商投资企业	Foreign Funded Enterprises
中外合资经营企业	Joint-venture Enterprises
中外合作经营企业	Cooperative Enterprises
外资企业	Enterprises with Sole Foreign Funds
外商投资股份有限公司	Share-holding Corporations Ltd.
其他外商投资企业	Other Foreign Funded Enterprises

Financial Situation of Enterprises above the Designated Size in Wholesale and Retail Trade (2015)

(10000 yuan)

资产总计 Total Assets	# 固定资产原价 Original Value of Fixed Assets	负债合计 Total Liabilities	所有者权益 Owners' Equity	营业收入 Revenue from Principal Business
91130329	**8166715**	**68409191**	**22721138**	**228633791**
76264582	6808442	58440842	17823740	196914282
2683563	206390	2059230	624333	4794626
127804	25406	66970	60834	614219
72666	10495	56159	16507	270100
19961	4894	10343	9618	74661
5303	2071	1965	3338	26521
1637	925	723	914	9759
6945	1192	4305	2640	25893
6076	706	3350	2726	12488
40408968	2614960	33590087	6818881	114279437
6118045	1275466	4952628	1165417	26323738
34290923	1339494	28637459	5653464	87955699
9880459	2392420	4948308	4932151	15996196
22987358	1553004	17643494	5343864	60745559
75666	3934	58172	17494	1439434
15928	4453	12799	3129	49979
22117225	1506295	17072088	5045137	56968110
778539	38322	500435	278104	2288036
83803	873	66251	17552	139484
7249005	596075	5078616	2170389	14159739
1835416	170613	1402219	433197	3381254
24937	5071	27211	-2274	76080
5339268	415148	3625653	1713615	10622333
49384	5243	23533	25851	80072
7616742	762198	4889733	2727009	17559770
2540305	357797	1766205	774100	6373171
294149	42922	261708	32441	663156
4292709	201259	2662645	1630064	8774734
486041	159799	196390	289651	1737214
3538	421	2785	753	11495

14-10 续表 1

单位：万元

项　　目	Item
总　计	**Total**
按登记注册类型分	**Grouped by Registration Status**
内资企业	Domestic-funded Enterprises
国有企业	State-owned Enterprises
集体企业	Collective-owned Enterprises
股份合作企业	Share-holding Cooperative Enterprises
联营企业	Joint-opeartion Enterprises
国有联营企业	State-owned Joint-opeartion Enterprises
集体联营企业	Collective Joint-opeartion Enterprises
国有与集体联营企业	Joint State-collective Enterprises
其他联营企业	Other Joint Ownership Enterprises
有限责任公司	Limited Liability Corporations
国有独资公司	State Sole Investment Corporations
其他有限责任公司	Other Limited Liability Corporations
股份有限公司	Share-holding Corporations Ltd.
私营企业	Private Enterprises
私营独资企业	Private Sole Investment Enterprises
私营合伙企业	Private Partnership Enterprises
私营有限责任公司	Private Limited Liability Corporations
私营股份有限公司	Private Share-holding Corporations Ltd.
其他企业	Other Enterprises
港、澳、台商投资企业	Enterprises with Funds from Hong Kong, Macao and Taiwan
与港、澳、台商合资经营企业	Joint-venture Enterprises
与港、澳、台商合作经营企业	Cooperative Enterprises
港、澳、台商独资经营企业	Enterprises with Sole Funds
港、澳、台商投资股份有限公司	Share-holding Corporations Ltd.
其他港、澳、台投资企业	Other Enterprises with Funds from Hong Kong, Macao and Taiwan
外商投资企业	Foreign Funded Enterprises
中外合资经营企业	Joint-venture Enterprises
中外合作经营企业	Cooperative Enterprises
外资企业	Enterprises with Sole Foreign Funds
外商投资股份有限公司	Share-holding Corporations Ltd.
其他外商投资企业	Other Foreign Funded Enterprises

continued

(10000 yuan)

主营业务收入 Revenue from Prmcipal Busmess	主营业务成本 Cose of Primcipal Busmess	主营业务税金及附加 Taxes and Other Charges on Prmcipal Busmess	其他业务利润 Profit from Other Business	销售费用 Operating Expenses
227376715	**210410936**	**590300**	**585570**	**7812667**
195994029	182954638	507126	370862	5562726
4753866	4611131	6799	31847	73218
610771	568556	1632	2913	16658
267278	236038	380	1067	9144
74658	63394	245	82	3086
26518	21469	117	3	1549
9759	8352	26	79	453
25893	23280	59		709
12488	10293	43		375
113945186	108494306	250246	125900	2787172
26296593	25751906	14177	10369	195830
87648593	82742400	236069	115531	2591342
15801597	14529083	53565	76668	540350
60401189	54332815	193983	132385	2122309
1439106	1227021	43680	399	35692
40463	37783	88		1791
56641932	50891295	146570	130611	2040324
2279688	2176716	3645	1375	44502
139484	119315	276		10789
13978687	11797367	48525	114711	1322977
3295797	2802251	11155	84778	321863
74597	52520	311	1498	15560
10528248	8887467	36696	28425	969659
80045	55129	363	10	15895
17403999	15658931	34649	99997	926964
6359894	5792516	10916	44133	317715
630266	567805	2830	32851	60156
8705387	7664438	19997	23013	481415
1696957	1624379	877		66796
11495	9793	29		882

14-10 续表 2

单位：万元

项　　目	Item
总　计	**Total**
按登记注册类型分	**Grouped by Registration Status**
内资企业	Domestic-funded Enterprises
国有企业	State-owned Enterprises
集体企业	Collective-owned Enterprises
股份合作企业	Share-holding Cooperative Enterprises
联营企业	Joint-opeartion Enterprises
国有联营企业	State-owned Joint-opeartion Enterprises
集体联营企业	Collective Joint-opeartion Enterprises
国有与集体联营企业	Joint State-collective Enterprises
其他联营企业	Other Joint Ownership Enterprises
有限责任公司	Limited Liability Corporations
国有独资公司	State Sole Investment Corporations
其他有限责任公司	Other Limited Liability Corporations
股份有限公司	Share-holding Corporations Ltd.
私营企业	Private Enterprises
私营独资企业	Private Sole Investment Enterprises
私营合伙企业	Private Partnership Enterprises
私营有限责任公司	Private Limited Liability Corporations
私营股份有限公司	Private Share-holding Corporations Ltd.
其他企业	Other Enterprises
港、澳、台商投资企业	Enterprises with Funds from Hong Kong, Macao and Taiwan
与港、澳、台商合资经营企业	Joint-venture Enterprises
与港、澳、台商合作经营企业	Cooperative Enterprises
港、澳、台商独资经营企业	Enterprises with Sole Funds
港、澳、台商投资股份有限公司	Share-holding Corporations Ltd.
其他港、澳、台投资企业	Other Enterprises with Funds from Hong Kong, Macao and Taiwan
外商投资企业	Foreign Funded Enterprises
中外合资经营企业	Joint-venture Enterprises
中外合作经营企业	Cooperative Enterprises
外资企业	Enterprises with Sole Foreign Funds
外商投资股份有限公司	Share-holding Corporations Ltd.
其他外商投资企业	Other Foreign Funded Enterprises

continued

(10000 yuan)

管理费用 Management Cost	营业利润 Business Profit	利润总额 Total Profits	本年应付职工薪酬 Total Wages Payable	本年应交增值税 Total Value-added Payable Tax
4235057	**4125172**	**4298760**	**3420022**	**3034195**
3351044	3240154	3406244	2407149	2413517
65710	-34290	-15186	69305	43291
10593	16389	17298	12244	15132
4882	17883	18295	4807	2249
739	7208	7267	1704	1768
608	2752	2766	847	802
49	919	962	284	218
56	1792	1794	379	392
26	1745	1745	194	356
858217	1575138	1700241	998024	1115376
96013	257636	298758	108199	98873
762204	1317502	1401483	889825	1016503
303776	214820	227312	380522	188645
2098573	1442462	1450454	939688	1045042
23266	98414	89034	5903	144745
948	-36	-15	598	970
2039756	1319620	1337018	900721	886011
34603	24464	24417	32466	13316
8554	544	563	855	2014
535392	367277	354975	620052	321124
128090	132197	168566	130513	95497
3217	-2099	-2163	5859	1162
397883	235011	186645	473634	219783
6202	2168	1927	10046	4682
348621	517741	537541	392821	299554
71230	190533	200596	143588	124070
24479	6573	6597	19692	6918
245540	327127	342120	223609	161365
6277	-6137	-11451	5228	7160
1095	-355	-321	704	41

14-10 续表 3

单位：万元

项　　目	Item
按行业分	**Grouped by Sector**
农、林、牧产品批发	Wholesale of Farming, Forestry, Animal Husbandry Products
食品、饮料及烟草制品批发	Wholesale of Food, Beverages and Tobacco Products
#米、面制品及食用油批发	Wholesale of Rice, Flour and Edible Oil
烟草制品批发	Wholesale of Tobacco
纺织、服装及家庭用品批发	Wholesale of Textile, Garments and Daily Articles Consumer
#服装批发	Wholesale of Garments
家用电器批发	Wholesale of Household Electrical Appliances
文化、体育用品及器材批发	Wholesale of Cultural, Sports Appliances and Equipment
医药及医疗器材批发	Wholesale of Medicine and Medical Appliances
矿产品、建材及化工产品批发	Wholesale of Mineral Products, Building Materials and Chemical Products
#煤炭及制品批发	Wholesale of Coal and Related Products
石油及制品批发	Wholesale of Petroleum and Related Products
金属及金属矿批发	Wholesale of Metal Minerals
建材批发	Wholesale of Building Materials
化肥批发	Wholesale of Chemical Fertilizers
机械设备、五金产品及电子产品批发	Wholesale of Mechanical Equipment, Metal Products and Electronic Products
#汽车批发	Wholesale of Automobile
汽车零配件批发	Wholesale of Automobile Accessories
摩托车及零配件批发	Wholesale of Motorcycles and Accessories
计算机、软件及辅助设备批发	Wholesale of Computers, Software and Assistant Appliances
贸易经纪与代理	Trade Broker and Agency
其他批发业	Other Wholesales Trades
综合零售	Integrated Retail
#百货零售	Retail of General Merchandise
超级市场零售	Retail of Supermarket
食品、饮料及烟草制品专门零售	Retail of Food, Beverage and Tobacco
纺织、服装及日用品专门零售	Retail of Textile, Garments and Daily Articles Consumer
#服装零售	Retail of Garments
文化、体育用品及器材专门零售	Retail of Cultural, Sports Appliances and Equipment
#体育用品及器材零售	Retail of Sporting Goods and Equipment
图书、报刊零售	Retail of Books and Newspapers
医药及医疗器材专门零售	Retail of Medicine and Medical Appliances
#药品零售	Retail of Medicine
汽车、摩托车、燃料及零配件专门零售	Retail of Motor Vehicles, Motorcycles, Fuels and Parts
#汽车零售	Retail of Motor Vehicles
机动车燃料零售	Retail of Fuels for Motor Vehicles
家用电器及电子产品专门零售	Retail of Household Electrical Appliances and Electronic Products
#家用视听设备零售	Retail of Household Audio and Video Equipment
日用家电设备零售	Retail of Household Electrical Appliances
计算机、软件及辅助设备零售	Retail of Computers, Software and Assistant Equipment
通信设备零售	Retail of Communication Equipment
五金、家具及室内装饰材料专门零售	Retail of Hardware, Furniture and Decoration Materials
货摊、无店铺及其他零售业	Retail of Booth and Others

continued

(10000 yuan)

资产总计 Total Assets	# 固定资产原价 Original Value of Fixed Assets	负债合计 Total Liabilities	所有者权益 Owners' Equity	营业收入 Revenue from Principal Business
1006190	40626	731829	274361	2811850
5880353	643852	3642139	2238214	9990135
1227869	153726	1000061	227808	2064632
741348	70488	397347	344001	1332638
11035756	743056	8130241	2905515	28196826
4827862	285353	3708793	1119069	10170299
1113991	74619	958647	155344	3153131
3578067	267905	2143484	1434583	7120356
6183974	189307	5014592	1169382	13156753
31451517	3950086	23734085	7717432	98888401
1912487	56777	1511722	400765	4860269
15481734	3335010	11422543	4059191	42974403
6950178	194258	5652601	1297577	21790189
2679872	102962	2358592	321280	8535439
431301	23289	341935	89366	986888
13755737	450058	11219010	2536727	29735491
4439894	34718	3997403	442491	14012051
1512234	48202	1007786	504448	4362883
38378	1367	32409	5969	83350
2741788	56307	2511690	230098	2552940
1791246	83259	1560565	230681	2899512
1527081	68779	1296018	231063	2491009
2743061	657505	1954042	789019	6262212
1494934	267257	768298	726636	3189184
1153035	358305	1079143	73892	2811655
284246	32963	226125	58121	586779
1201825	85865	746798	455027	1821914
881284	55588	516950	364334	1025521
396679	80120	283456	113223	974340
34622	12729	12013	22609	70471
178789	46509	135414	43375	232421
625569	40697	443981	181588	1366444
454621	34479	335418	119203	1088774
7965352	696112	5949153	2016199	14215997
3994135	457226	3145086	849049	10786876
3879230	230184	2734594	1144636	3173016
1251206	68986	952426	298780	2889279
291217	7112	195844	95373	580069
574196	40755	481971	92225	774087
123198	6208	82826	40372	252626
180573	9245	146726	33847	1159826
228460	22005	160668	67792	479649
224010	45534	220579	3431	4746844

14-10　续表 4

单位：万元

项　　目	Item
按行业分	**Grouped by Sector**
农、林、牧产品批发	Wholesale of Farming, Forestry, Animal Husbandry Products
食品、饮料及烟草制品批发	Wholesale of Food, Beverages and Tobacco Products
#米、面制品及食用油批发	Wholesale of Rice, Flour and Edible Oil
烟草制品批发	Wholesale of Tobacco
纺织、服装及家庭用品批发	Wholesale of Textile, Garments and Daily Articles Consumer
#服装批发	Wholesale of Garments
家用电器批发	Wholesale of Household Electrical Appliances
文化、体育用品及器材批发	Wholesale of Cultural, Sports Appliances and Equipment
医药及医疗器材批发	Wholesale of Medicine and Medical Appliances
矿产品、建材及化工产品批发	Wholesale of Mineral Products, Building Materials and Chemical Products
#煤炭及制品批发	Wholesale of Coal and Related Products
石油及制品批发	Wholesale of Petroleum and Related Products
金属及金属矿批发	Wholesale of Metal Minerals
建材批发	Wholesale of Building Materials
化肥批发	Wholesale of Chemical Fertilizers
机械设备、五金产品及电子产品批发	Wholesale of Mechanical Equipment, Metal Products and Electronic Products
#汽车批发	Wholesale of Automobile
汽车零配件批发	Wholesale of Automobile Accessories
摩托车及零配件批发	Wholesale of Motorcycles and Accessories
计算机、软件及辅助设备批发	Wholesale of Computers, Software and Assistant Appliances
贸易经纪与代理	Trade Broker and Agency
其他批发业	Other Wholesales Trades
综合零售	Integrated Retail
#百货零售	Retail of General Merchandise
超级市场零售	Retail of Supermarket
食品、饮料及烟草制品专门零售	Retail of Food, Beverage and Tobacco
纺织、服装及日用品专门零售	Retail of Textile, Garments and Daily Articles Consumer
#服装零售	Retail of Garments
文化、体育用品及器材专门零售	Retail of Cultural, Sports Appliances and Equipment
#体育用品及器材零售	Retail of Sporting Goods and Equipment
图书、报刊零售	Retail of Books and Newspapers
医药及医疗器材专门零售	Retail of Medicine and Medical Appliances
#药品零售	Retail of Medicine
汽车、摩托车、燃料及零配件专门零售	Retail of Motor Vehicles, Motorcycles, Fuels and Parts
#汽车零售	Retail of Motor Vehicles
机动车燃料零售	Retail of Fuels for Motor Vehicles
家用电器及电子产品专门零售	Retail of Household Electrical Appliances and Electronic Products
#家用视听设备零售	Retail of Household Audio and Video Equipment
日用家电设备零售	Retail of Household Electrical Appliances
计算机、软件及辅助设备零售	Retail of Computers, Software and Assistant Equipment
通信设备零售	Retail of Communication Equipment
五金、家具及室内装饰材料专门零售	Retail of Hardware, Furniture and Decoration Materials
货摊、无店铺及其他零售业	Retail of Booth and Others

continued

(10000 yuan)

主营业务收入 Revenue from Prmcipal Busmess	主营业务成本 Cose of Primcipal Busmess	主营业务税金及附加 Taxes and Other Charges on Prmcipal Busmess	其他业务利润 Profit from Other Business	销售费用 Operating Expenses
2803683	2703967	954	4612	32017
9931806	8310056	182197	27994	610603
2054976	1987186	2007	9387	65706
1331422	962974	139611	1033	19061
28075485	23865089	133423	45952	1546545
10133066	8145398	33855	19991	425707
3133929	2926312	4967	1165	130188
7073749	6191132	24890	41116	463846
13111647	12147070	19783	22786	398577
98565049	95792446	63825	61985	922362
4857481	4738610	6835	1316	50364
42816552	41711792	21538	23040	300762
21691545	21327727	8616	17083	120048
8515579	8252240	7247	8191	56440
984719	942973	791	2014	19321
29663921	27014966	49159	34551	1228112
14000228	12411179	24917	2335	820447
4343245	4067501	5537	10307	108148
83271	76613	81	76	4097
2547640	2424247	2174	3714	53239
2895995	2895884	1551	2080	16740
2479072	2334109	4098	5266	65616
6064890	5073062	43188	219648	854586
3103037	2606658	27208	68756	359112
2714796	2272259	14213	139348	441414
584069	470706	3831	2575	70718
1809206	1213688	11130	9947	379762
1016189	643750	6524	6371	246882
955765	862868	2913	7012	50043
68216	53746	316	573	11470
221809	180277	184	4214	20399
1353049	1139023	6661	11673	136077
1076001	912960	5591	6364	117102
14041616	13165881	24833	70056	542655
10620235	10006929	18170	67373	392466
3166646	2927632	5753	1869	139133
2744205	2436319	7500	13453	180867
570094	512067	1920		47337
755162	657855	3072	2308	78085
251746	206175	804	624	26300
1044767	957102	1179	9046	23000
477960	372828	3251	970	40754
4745548	4421842	7113	894	272787

14-10 续表 5

单位：万元

项　　目	Item
按行业分	**Grouped by Sector**
农、林、牧产品批发	Wholesale of Farming, Forestry, Animal Husbandry Products
食品、饮料及烟草制品批发	Wholesale of Food, Beverages and Tobacco Products
# 米、面制品及食用油批发	Wholesale of Rice, Flour and Edible Oil
烟草制品批发	Wholesale of Tobacco
纺织、服装及家庭用品批发	Wholesale of Textile, Garments and Daily Articles Consumer
# 服装批发	Wholesale of Garments
家用电器批发	Wholesale of Household Electrical Appliances
文化、体育用品及器材批发	Wholesale of Cultural, Sports Appliances and Equipment
医药及医疗器材批发	Wholesale of Medicine and Medical Appliances
矿产品、建材及化工产品批发	Wholesale of Mineral Products, Building Materials and Chemical Products
# 煤炭及制品批发	Wholesale of Coal and Related Products
石油及制品批发	Wholesale of Petroleum and Related Products
金属及金属矿批发	Wholesale of Metal Minerals
建材批发	Wholesale of Building Materials
化肥批发	Wholesale of Chemical Fertilizers
机械设备、五金产品及电子产品批发	Wholesale of Mechanical Equipment, Metal Products and Electronic Products
# 汽车批发	Wholesale of Automobile
汽车零配件批发	Wholesale of Automobile Accessories
摩托车及零配件批发	Wholesale of Motorcycles and Accessories
计算机、软件及辅助设备批发	Wholesale of Computers, Software and Assistant Appliances
贸易经纪与代理	Trade Broker and Agency
其他批发业	Other Wholesales Trades
综合零售	Integrated Retail
# 百货零售	Retail of General Merchandise
超级市场零售	Retail of Supermarket
食品、饮料及烟草制品专门零售	Retail of Food, Beverage and Tobacco
纺织、服装及日用品专门零售	Retail of Textile, Garments and Daily Articles Consumer
# 服装零售	Retail of Garments
文化、体育用品及器材专门零售	Retail of Cultural, Sports Appliances and Equipment
# 体育用品及器材零售	Retail of Sporting Goods and Equipment
图书、报刊零售	Retail of Books and Newspapers
医药及医疗器材专门零售	Retail of Medicine and Medical Appliances
# 药品零售	Retail of Medicine
汽车、摩托车、燃料及零配件专门零售	Retail of Motor Vehicles, Motorcycles, Fuels and Parts
# 汽车零售	Retail of Motor Vehicles
机动车燃料零售	Retail of Fuels for Motor Vehicles
家用电器及电子产品专门零售	Retail of Household Electrical Appliances and Electronic Products
# 家用视听设备零售	Retail of Household Audio and Video Equipment
日用家电设备零售	Retail of Household Electrical Appliances
计算机、软件及辅助设备零售	Retail of Computers, Software and Assistant Equipment
通信设备零售	Retail of Communication Equipment
五金、家具及室内装饰材料专门零售	Retail of Hardware, Furniture and Decoration Materials
货摊、无店铺及其他零售业	Retail of Booth and Others

continued

(10000 yuan)

管理费用 Management Cost	营业利润 Business Profit	利润总额 Total Profits	本年应付职工薪酬 Total Wages Payable	本年应交增值税 Total Value-added Payable Tax
26566	31504	41349	17715	4472
326041	517997	560243	290419	252250
26091	-48011	-17258	26449	10817
39157	184239	184374	40499	61311
1471565	1087951	1093015	654459	703190
936478	608728	605117	167753	227963
41251	27442	17928	52279	39695
221456	217545	227956	232047	140442
264960	243716	240562	199699	155849
614486	587586	602678	501058	577229
33875	28733	39127	22024	44337
204164	183106	165105	225165	163092
109481	66645	80730	72602	134905
58736	122328	127756	37432	91775
11460	-4168	282	10593	6176
343481	1051196	1066791	313117	468117
38237	726014	731157	28819	310987
55801	130386	131596	50052	28344
1732	590	187	1949	737
38672	22997	25554	34996	18536
25966	-70481	-65052	18996	17106
42146	28049	29495	36399	21486
215257	159566	206132	332939	122633
95612	116607	119914	133138	72823
97216	51342	89980	173289	45872
38887	854	-2019	34257	13283
151127	53688	51837	139547	103837
88094	30749	25956	88637	73911
46060	9886	16458	37181	6031
3291	1345	-418	3002	1298
25373	6183	11144	18808	349
58302	14443	21745	77222	34407
43930	3742	10313	68244	27115
232747	112902	122475	340987	285101
188666	46596	59518	265970	150900
33856	64521	61467	65852	131050
78055	58724	61818	85331	51545
8185	4451	6648	13830	9906
27229	6668	7243	27881	13354
16183	2758	3514	25018	5518
16042	42122	41842	13964	19689
35050	20456	20560	23305	18113
42905	-410	2717	85344	59104

14-11 限额以上住宿和餐饮业法人企业基本情况(2015年)

项　　目	Item
总　计	**Total**
住宿业	**Accommodation Trade**
# 国有及国有控股	State-owned and State-controlled Enterprises
按登记注册类型分组	**Grouped by Registration Status**
内资企业	Domestic Funded Enterprises
国有企业	State-owned Enterprises
集体企业	Collective-owned Enterprises
股份合作企业	Share-holding Cooperative Enterprises
联营企业	Joint Ownership Enterprises
国有联营企业	State Joint Ownership Enterprises
集体联营企业	Collective Joint Ownership Enterprises
国有与集体联营企业	Joint State-collective Enterprises
其他联营企业	Other Joint Ownership Enterprise
有限责任公司	Limited Liability Corporations
国有独资公司	State Sole Investment Corporations
其他有限责任公司	Other Limited Liability Corporations
股份有限公司	Share-holding Corporations Ltd.
私营企业	Private Enterprises
私营独资企业	Private Sole Investment Enterprises
私营合伙企业	Private Partnership Enterprises
私营有限责任公司	Private Limited Liability Corporations
私营股份有限公司	Private Share-holding Corporations Ltd.
其他企业	Other Enterprises
港、澳、台商投资企业	Enterprises with Funds from Hong Kong, Macao and Taiwan
与港、澳、台商合资经营企业	Joint-venture Enterprises
与港、澳、台商合作经营企业	Cooperative Enterprises
港、澳、台商独资经营企业	Enterprises with Sole Funds
港、澳、台商投资股份有限公司	Share-holding Corporations Ltd.
其他港、澳、台投资企业	Other Enterprises with Funds from Hong Kong, Macao and Taiwan
外商投资企业	Foreign Funded Enterprises
中外合资经营企业	Joint-venture Enterprises
中外合作经营企业	Cooperative Enterprises
外资企业	Enterprises with Sole Foreign Funds
外商投资股份有限公司	Share-holding Corporations Ltd.
其他外商投资企业	Other Foreign Funded Enterprises
按住宿行业中类分组	**Grouped by Accomodation Middle Sector**
旅游饭店	Travel Hotel
一般旅馆	Common Hotel
其它住宿服务业	Others

Basic Statistics on Enterprises in Hotels and Catering Services above Designated Size (2015)

法人企业 (个) Number of Corporation Units (unit)	营业额 (万元) Business Revenue (10000 yuan)	# 客房收入 Lodging Revenue	# 餐费收入 Dinner Revenue	# 商品销售收入 Sale Revenue of Commodities
1550	**4286545**	**901287**	**3063407**	**85703**
562	**1461730**	**855601**	**399673**	**10157**
140	529631	252889	159924	3946
514	1066824	598019	302234	8224
75	262947	121185	89054	2358
16	10135	7313	205	149
3	2936	2097	673	36
113	374961	204876	104659	1977
11	68224	35859	15484	130
102	306737	169017	89175	1847
6	39105	14508	15918	
295	364465	242703	86179	3610
35	19423	15793	3024	36
9	3775	3385	27	27
247	339642	222546	82522	3547
4	1625	979	606	
6	12275	5337	5546	94
28	241116	183775	36765	691
8	34057	18516	11880	35
9	44608	19515	11268	372
10	161039	144512	13491	242
1	1412	1232	126	42
20	153790	73807	60674	1242
6	74748	36213	29718	101
2	4520	1820	1464	
11	60022	28698	26183	999
1	14500	7076	3309	142
305	1211669	671268	363418	8051
231	228241	172503	31820	2090
26	21820	11830	4435	16

14-11　续表

项　　目	Item
餐饮业	**Catering Trade**
# 国有及国有控股	State-owned and State-controlled Enterprises
按登记注册类型分组	**Grouped by Registration Status**
内资企业	Domestic Funded Enterprises
国有企业	State-owned Enterprises
集体企业	Collective-owned Enterprises
股份合作企业	Share-holding Cooperative Enterprises
联营企业	Joint Ownership Enterprises
国有联营企业	State Joint Ownership Enterprises
集体联营企业	Collective Joint Ownership Enterprises
国有与集体联营企业	Joint State-collective Enterprises
其他联营企业	Other Joint Ownership Enterprise
有限责任公司	Limited Liability Corporations
国有独资公司	State Sole Investment Corporations
其他有限责任公司	Other Limited Liability Corporations
股份有限公司	Share-holding Corporations Ltd.
私营企业	Private Enterprises
私营独资企业	Private Sole Investment Enterprises
私营合伙企业	Private Partnership Enterprises
私营有限责任公司	Private Limited Liability Corporations
私营股份有限公司	Private Share-holding Corporations Ltd.
其他企业	Other Enterprises
港、澳、台商投资企业	Enterprises with Funds from Hong Kong, Macao and Taiwan
与港、澳、台商合资经营企业	Joint-venture Enterprises
与港、澳、台商合作经营企业	Cooperative Enterprises
港、澳、台商独资经营企业	Enterprises with Sole Funds
港、澳、台商投资股份有限公司	Share-holding Corporations Ltd.
其他港、澳、台投资企业	Other Enterprises with Funds from Hong Kong, Macao and Taiwan
外商投资企业	Foreign Funded Enterprises
中外合资经营企业	Joint-venture Enterprises
中外合作经营企业	Cooperative Enterprises
外资企业	Enterprises with Sole Foreign Funds
外商投资股份有限公司	Share-holding Corporations Ltd.
其他外商投资企业	Other Foreign Funded Enterprises
按餐饮行业中类分组	**Grouped by Catering Middle Sector**
正餐服务	Dinner
快餐服务	Snack
饮料及冷饮服务	Baverage and cold drinks
其他餐饮服务	Others

continued

法人企业（个）Number of Corporation Units (unit)	营业额（万元）Business Revenue (10000 yuan)	# 客房收入 Lodging Revenue	# 餐费收入 Dinner Revenue	# 商品销售收入 Sale Revenue of Commodities
988	**2824815**	**45686**	**2663733**	**75546**
38	183949	22036	122167	23870
902	1581127	43406	1434517	70403
12	47421	11567	30745	332
10	21835	1079	17807	91
29	30373		30226	26
104	480294	11546	421820	38111
1	9365		5936	3429
103	470929	11546	415884	34682
6	66170	439	44138	19600
719	915245	18462	870433	12243
165	131441	205	130634	595
41	43754	569	43069	69
495	707640	17688	664622	11512
18	32410		32108	67
22	19789	313	19348	
60	351543	499	344568	5080
8	17538		17470	68
4	35253		32662	2155
46	287086	499	283259	2372
2	11666		11177	485
26	892145	1781	884648	63
8	321545	1781	316314	46
3	4998		2958	
14	565268		565042	17
1	334		334	
881	1381445	45541	1250777	48169
52	1186494	50	1181698	3884
26	179423		179273	150
29	77453	95	51985	23343

14-12 限额以上住宿和餐饮业企业财务状况(2015年)

单位:万元

项　　目	Item
总　计	**Total**
住宿业	**Accommodation Trade**
# 国有及国有控股	State-owned and State-controlled Enterprises
按登记注册类型分组	**Grouped by Registration Status**
内资企业	Domestic Funded Enterprises
国有企业	State-owned Enterprises
集体企业	Collective-owned Enterprises
股份合作企业	Share-holding Cooperative Enterprises
联营企业	Joint Ownership Enterprises
国有联营企业	State Joint Ownership Enterprises
集体联营企业	Collective Joint Ownership Enterprises
国有与集体联营企业	Joint State-collective Enterprises
其他联营企业	Other Joint Ownership Enterprise
有限责任公司	Limited Liability Corporations
国有独资公司	State Sole Investment Corporations
其他有限责任公司	Other Limited Liability Corporations
股份有限公司	Share-holding Corporations Ltd.
私营企业	Private Enterprises
私营独资企业	Private Sole Investment Enterprises
私营合伙企业	Private Partnership Enterprises
私营有限责任公司	Private Limited Liability Corporations
私营股份有限公司	Private Share-holding Corporations Ltd.
其他企业	Other Enterprises
港、澳、台商投资企业	Enterprises with Funds from Hong Kong, Macao and Taiwan
与港、澳、台商合资经营企业	Joint-venture Enterprises
与港、澳、台商合作经营企业	Cooperative Enterprises
港、澳、台商独资经营企业	Enterprises with Sole Funds
港、澳、台商投资股份有限公司	Share-holding Corporations Ltd.
其他港、澳、台投资企业	Other Enterprises with Funds from Hong Kong, Macao and Taiwan
外商投资企业	Foreign Funded Enterprises
中外合资经营企业	Joint-venture Enterprises
中外合作经营企业	Cooperative Enterprises
外资企业	Enterprises with Sole Foreign Funds
外商投资股份有限公司	Share-holding Corporations Ltd.
其他外商投资企业	Other Foreign Funded Enterprises
按住宿行业中类分组	**Grouped by Accomodation Middle Sector**
旅游饭店	Travel Hotel
一般旅馆	Common Hotel
其它住宿服务业	Others

Financial Situation of Enterprises in Hotels and Catering Services above the Designated Size (2015)

(10000 yuan)

资产总计 Total Assets	# 固定资产原价 Original Value of Fixed Assets	负债合计 Total Liabilities	所有者权益 Owners' Equity	营业收入 Revenue from Principal Business	# 主营业务收入 Revenue from Primcipal Busmess
5817401	**3078753**	**4301388**	**1516013**	**4292410**	**4264301**
3780506	**2384963**	**2836448**	**944058**	**1466228**	**1451730**
1545519	1232885	836314	709205	531595	525225
2284156	1490305	1598289	685867	1069824	1057301
603142	481828	422846	180296	265426	261956
20804	23328	12934	7870	10131	9385
1112	1961	103	1009	2936	2936
1048078	631639	578806	469272	376101	371345
287264	230482	66457	220807	67717	66153
760814	401157	512349	248465	308384	305192
118365	95395	33997	84368	39196	39196
472356	233949	541529	-69173	363759	361101
4662	2100	2929	1733	19901	19901
2576	1276	1105	1471	3805	3805
464209	230554	536790	-72581	338428	335770
909	19	705	204	1625	1625
20299	22205	8074	12225	12275	11382
711239	383397	611364	99875	243434	241761
87192	45631	45519	41673	36320	34996
278045	220240	309883	-31838	44613	44519
345316	116906	251635	93681	161029	160828
686	620	4327	-3641	1472	1418
785111	511261	626795	158316	152970	152668
293723	76632	160379	133344	73928	73928
5907	5238	2435	3472	4520	4520
232834	176147	109351	123483	60022	59720
252647	253244	354630	-101983	14500	14500
3437562	2138438	2579239	858323	1215447	1204697
317366	235133	236492	80874	229221	225584
25578	11392	20717	4861	21560	21449

14-12 续表 1

单位：万元

项　　目	Item
总　　计	**Total**
住宿业	**Accommodation Trade**
# 国有及国有控股	State-owned and State-controlled Enterprises
按登记注册类型分组	**Grouped by Registration Status**
内资企业	Domestic Funded Enterprises
国有企业	State-owned Enterprises
集体企业	Collective-owned Enterprises
股份合作企业	Share-holding Cooperative Enterprises
联营企业	Joint Ownership Enterprises
国有联营企业	State Joint Ownership Enterprises
集体联营企业	Collective Joint Ownership Enterprises
国有与集体联营企业	Joint State-collective Enterprises
其他联营企业	Other Joint Ownership Enterprise
有限责任公司	Limited Liability Corporations
国有独资公司	State Sole Investment Corporations
其他有限责任公司	Other Limited Liability Corporations
股份有限公司	Share-holding Corporations Ltd.
私营企业	Private Enterprises
私营独资企业	Private Sole Investment Enterprises
私营合伙企业	Private Partnership Enterprises
私营有限责任公司	Private Limited Liability Corporations
私营股份有限公司	Private Share-holding Corporations Ltd.
其他企业	Other Enterprises
港、澳、台商投资企业	Enterprises with Funds from Hong Kong, Macao and Taiwan
与港、澳、台商合资经营企业	Joint-venture Enterprises
与港、澳、台商合作经营企业	Cooperative Enterprises
港、澳、台商独资经营企业	Enterprises with Sole Funds
港、澳、台商投资股份有限公司	Share-holding Corporations Ltd.
其他港、澳、台投资企业	Other Enterprises with Funds from Hong Kong, Macao and Taiwan
外商投资企业	Foreign Funded Enterprises
中外合资经营企业	Joint-venture Enterprises
中外合作经营企业	Cooperative Enterprises
外资企业	Enterprises with Sole Foreign Funds
外商投资股份有限公司	Share-holding Corporations Ltd.
其他外商投资企业	Other Foreign Funded Enterprises
按住宿行业中类分组	**Grouped by Accomodation Middle Sector**
旅游饭店	Travel Hotel
一般旅馆	Common Hotel
其它住宿服务业	Others

continued

(10000 yuan)

主营业务成本 Cost of Principal Business	主营业务税金及附加 Taxes and Other Charges on Principal Business	其他业务利润 Profit from Other Business	销售费用 Operating Expenses
1708674	**221863**	**37668**	**1459608**
455083	**75239**	**20644**	**437543**
125964	28799	9247	184855
335287	56063	12360	343534
51785	14158	6286	106713
4214	494	707	2278
503	63		233
102022	21463	3988	115221
15435	3758	1363	20053
86587	17705	2625	95168
14450	2247	66	6927
158080	17232	1313	107774
11859	897	199	2653
2211	168		379
143173	16093	1114	104522
837	74		220
4233	406		4388
87379	11055	7318	36967
8981	1936	1829	10969
11240	2511	4329	11129
67158	6608	1160	14782
			87
32417	8121	966	57042
9719	4286	828	28677
1312	266		1628
21115	3307	138	17833
271	262		8904
349841	62405	17662	373155
94281	11543	2982	59933
10961	1291		4455

14-12 续表 2

单位:万元

项 目	Item
总 计	**Total**
住宿业	**Accommodation Trade**
# 国有及国有控股	State-owned and State-controlled Enterprises
按登记注册类型分组	**Grouped by Registration Status**
内资企业	Domestic Funded Enterprises
国有企业	State-owned Enterprises
集体企业	Collective-owned Enterprises
股份合作企业	Share-holding Cooperative Enterprises
联营企业	Joint Ownership Enterprises
国有联营企业	State Joint Ownership Enterprises
集体联营企业	Collective Joint Ownership Enterprises
国有与集体联营企业	Joint State-collective Enterprises
其他联营企业	Other Joint Ownership Enterprise
有限责任公司	Limited Liability Corporations
国有独资公司	State Sole Investment Corporations
其他有限责任公司	Other Limited Liability Corporations
股份有限公司	Share-holding Corporations Ltd.
私营企业	Private Enterprises
私营独资企业	Private Sole Investment Enterprises
私营合伙企业	Private Partnership Enterprises
私营有限责任公司	Private Limited Liability Corporations
私营股份有限公司	Private Share-holding Corporations Ltd.
其他企业	Other Enterprises
港、澳、台商投资企业	Enterprises with Funds from Hong Kong, Macao and Taiwan
与港、澳、台商合资经营企业	Joint-venture Enterprises
与港、澳、台商合作经营企业	Cooperative Enterprises
港、澳、台商独资经营企业	Enterprises with Sole Funds
港、澳、台商投资股份有限公司	Share-holding Corporations Ltd.
其他港、澳、台投资企业	Other Enterprises with Funds from Hong Kong, Macao and Taiwan
外商投资企业	Foreign Funded Enterprises
中外合资经营企业	Joint-venture Enterprises
中外合作经营企业	Cooperative Enterprises
外资企业	Enterprises with Sole Foreign Funds
外商投资股份有限公司	Share-holding Corporations Ltd.
其他外商投资企业	Other Foreign Funded Enterprises
按住宿行业中类分组	**Grouped by Accomodation Middle Sector**
旅游饭店	Travel Hotel
一般旅馆	Common Hotel
其它住宿服务业	Others

continued

(10000 yuan)

管理费用 Management Cost	营业利润 Business Profit	利润总额 Total Profits	本年应付职工薪酬 Total Wages Payable
681656	**139900**	**138349**	**939983**
396077	**51036**	**59261**	**397876**
162711	22277	25466	170765
281965	17420	25129	298048
85445	1727	7102	90296
2093	840	622	2971
660	1485	-20	457
106509	13775	11484	107638
23214	7541	7700	23251
83295	6234	3784	84387
10319	9365	9257	9746
74486	-9824	-3403	82965
3408	1029	966	3785
856	157	126	898
69731	-11005	-4506	77881
491	-5	11	401
2453	52	87	3975
75498	19941	26344	59510
12868	-412	5190	8989
21378	-6497	-5997	15212
40474	27593	27892	35007
778	-743	-741	302
38614	13675	7788	40318
19622	9096	1803	18058
1163	151	150	1281
10801	6433	6653	13710
7028	-2005	-818	7269
336533	48490	56323	333410
52769	4567	3017	57451
6775	-2021	-79	7015

14-12 续表 3

单位：万元

项　　目	Item
餐饮业	**Catering Trade**
# 国有及国有控股	State-owned and State-controlled Enterprises
按登记注册类型分组	**Grouped by Registration Status**
内资企业	Domestic Funded Enterprises
国有企业	State-owned Enterprises
集体企业	Collective-owned Enterprises
股份合作企业	Share-holding Cooperative Enterprises
联营企业	Joint Ownership Enterprises
国有联营企业	State Joint Ownership Enterprises
集体联营企业	Collective Joint Ownership Enterprises
国有与集体联营企业	Joint State-collective Enterprises
其他联营企业	Other Joint Ownership Enterprise
有限责任公司	Limited Liability Corporations
国有独资公司	State Sole Investment Corporations
其他有限责任公司	Other Limited Liability Corporations
股份有限公司	Share-holding Corporations Ltd.
私营企业	Private Enterprises
私营独资企业	Private Sole Investment Enterprises
私营合伙企业	Private Partnership Enterprises
私营有限责任公司	Private Limited Liability Corporations
私营股份有限公司	Private Share-holding Corporations Ltd.
其他企业	Other Enterprises
港、澳、台商投资企业	Enterprises with Funds from Hong Kong, Macao and Taiwan
与港、澳、台商合资经营企业	Joint-venture Enterprises
与港、澳、台商合作经营企业	Cooperative Enterprises
港、澳、台商独资经营企业	Enterprises with Sole Funds
港、澳、台商投资股份有限公司	Share-holding Corporations Ltd.
其他港、澳、台投资企业	Other Enterprises with Funds from Hong Kong, Macao and Taiwan
外商投资企业	Foreign Funded Enterprises
中外合资经营企业	Joint-venture Enterprises
中外合作经营企业	Cooperative Enterprises
外资企业	Enterprises with Sole Foreign Funds
外商投资股份有限公司	Share-holding Corporations Ltd.
其他外商投资企业	Other Foreign Funded Enterprises
按行业分	**Grouped by Catering Middle Sector**
正餐服务	Dinner
快餐服务	Snack
饮料及冷饮服务	Beverage and Cold Drinks
其他餐饮服务	Others

continued

(10000 yuan)

资产总计 Total Assets	# 固定资产原价 Original Valuc of Fixed Assets	负债合计 Total Liabilities	所有者权益 Owners' Equity	营业收入 Revenue from Principal Business	# 主营业务收入 Revenue from Primcipal Busmess
2036895	**693790**	**1464940**	**571955**	**2826182**	**2812571**
278376	197269	211512	66864	178155	175989
1440066	386651	1138900	301166	1582728	1569408
61891	66304	34081	27810	47421	47421
23322	6061	12833	10489	21848	21847
13611	5182	13156	455	30270	30270
791924	171429	686984	104940	483283	476359
1022	440	194	828	8588	8588
790902	170989	686790	104112	474695	467771
84006	9296	18553	65453	61158	59139
459059	125008	368838	90221	919047	914671
37632	17037	31133	6499	131338	131338
11135	4677	8529	2606	43690	43390
359688	100803	267757	91931	711288	707910
50604	2491	61419	-10815	32731	32033
6253	3371	4455	1798	19701	19701
229487	84844	126760	102727	351095	350921
5640	5182	-1405	7045	17537	17503
20770	20032	27894	-7124	35085	35000
191555	52385	95249	96306	286807	286752
11522	7245	5022	6500	11666	11666
367342	222295	199280	168062	892359	892242
154224	131564	67990	86234	321726	321609
10869	687	5724	5145	5031	5031
202157	90044	125558	76599	565268	565268
92		8	84	334	334
1122334	427701	812665	309669	1383655	1373188
779960	236381	589801	190159	1185651	1184365
90499	24500	35064	55435	179423	179423
44102	5208	27410	16692	77453	75595

14-12　续表 4

单位：万元

项　　目	Item
餐饮业	**Catering Trade**
# 国有及国有控股	State-owned and State-controlled Enterprises
按登记注册类型分组	**Grouped by Registration Status**
内资企业	Domestic Funded Enterprises
国有企业	State-owned Enterprises
集体企业	Collective-owned Enterprises
股份合作企业	Share-holding Cooperative Enterprises
联营企业	Joint Ownership Enterprises
国有联营企业	State Joint Ownership Enterprises
集体联营企业	Collective Joint Ownership Enterprises
国有与集体联营企业	Joint State-collective Enterprises
其他联营企业	Other Joint Ownership Enterprise
有限责任公司	Limited Liability Corporations
国有独资公司	State Sole Investment Corporations
其他有限责任公司	Other Limited Liability Corporations
股份有限公司	Share-holding Corporations Ltd.
私营企业	Private Enterprises
私营独资企业	Private Sole Investment Enterprises
私营合伙企业	Private Partnership Enterprises
私营有限责任公司	Private Limited Liability Corporations
私营股份有限公司	Private Share-holding Corporations Ltd.
其他企业	Other Enterprises
港、澳、台商投资企业	Enterprises with Funds from Hong Kong, Macao and Taiwan
与港、澳、台商合资经营企业	Joint-venture Enterprises
与港、澳、台商合作经营企业	Cooperative Enterprises
港、澳、台商独资经营企业	Enterprises with Sole Funds
港、澳、台商投资股份有限公司	Share-holding Corporations Ltd.
其他港、澳、台投资企业	Other Enterprises with Funds from Hong Kong, Macao and Taiwan
外商投资企业	Foreign Funded Enterprises
中外合资经营企业	Joint-venture Enterprises
中外合作经营企业	Cooperative Enterprises
外资企业	Enterprises with Sole Foreign Funds
外商投资股份有限公司	Share-holding Corporations Ltd.
其他外商投资企业	Other Foreign Funded Enterprises
按行业分	**Grouped by Catering Middle Sector**
正餐服务	Dinner
快餐服务	Snack
饮料及冷饮服务	Beverage and Cold Drinks
其他餐饮服务	Others

continued

(10000 yuan)

主营业务成本 Cost of Principal Business	主营业务税金及附加 Taxes and Other Charges on Principal Business	其他业务利润 Profit from Other Business	销售费用 Operating Expenses
1253591	**146624**	**17024**	**1022065**
83850	8782	1987	49197
748087	82103	8253	497285
26023	2531		10281
13253	1160	6	4030
13537	1627	133	10571
180699	24730	2413	189819
4370	340		2610
176329	24390	2413	187209
28506	2623	1959	17401
476242	48243	3525	258772
68315	8127	1222	30368
24702	2213	154	10999
365442	36664	1949	212484
17783	1239	200	4921
9827	1189	217	6411
119614	18779	8634	159903
6480	961		7843
15523	1910	8496	16240
91754	15274	134	131613
5857	634	4	4207
385890	45742	137	364877
115779	15631	107	170170
2780	282	11	67
267115	29810	19	194640
216	19		
661200	72358	15474	443397
487587	60806	1386	492938
60600	9947		72342
44204	3513	164	13388

14-12 续表 5

单位：万元

项 目	Item
餐饮业	**Catering Trade**
# 国有及国有控股	State-owned and State-controlled Enterprises
按登记注册类型分组	**Grouped by Registration Status**
内资企业	Domestic Funded Enterprises
国有企业	State-owned Enterprises
集体企业	Collective-owned Enterprises
股份合作企业	Share-holding Cooperative Enterprises
联营企业	Joint Ownership Enterprises
国有联营企业	State Joint Ownership Enterprises
集体联营企业	Collective Joint Ownership Enterprises
国有与集体联营企业	Joint State-collective Enterprises
其他联营企业	Other Joint Ownership Enterprise
有限责任公司	Limited Liability Corporations
国有独资公司	State Sole Investment Corporations
其他有限责任公司	Other Limited Liability Corporations
股份有限公司	Share-holding Corporations Ltd.
私营企业	Private Enterprises
私营独资企业	Private Sole Investment Enterprises
私营合伙企业	Private Partnership Enterprises
私营有限责任公司	Private Limited Liability Corporations
私营股份有限公司	Private Share-holding Corporations Ltd.
其他企业	Other Enterprises
港、澳、台商投资企业	Enterprises with Funds from Hong Kong, Macao and Taiwan
与港、澳、台商合资经营企业	Joint-venture Enterprises
与港、澳、台商合作经营企业	Cooperative Enterprises
港、澳、台商独资经营企业	Enterprises with Sole Funds
港、澳、台商投资股份有限公司	Share-holding Corporations Ltd.
其他港、澳、台投资企业	Other Enterprises with Funds from Hong Kong, Macao and Taiwan
外商投资企业	Foreign Funded Enterprises
中外合资经营企业	Joint-venture Enterprises
中外合作经营企业	Cooperative Enterprises
外资企业	Enterprises with Sole Foreign Funds
外商投资股份有限公司	Share-holding Corporations Ltd.
其他外商投资企业	Other Foreign Funded Enterprises
按行业分	**Grouped by Catering Middle Sector**
正餐服务	Dinner
快餐服务	Snack
饮料及冷饮服务	Beverage and Cold Drinks
其他餐饮服务	Others

continued

(10000 yuan)

管理费用 Management Cost	营业利润 Business Profit	利润总额 Total Profits	本年应付职工薪酬 Total Wages Payable
285579	**88864**	**79088**	**542107**
27176	25668	25783	46310
188959	50163	41430	300359
7659	506	415	14636
1721	1616	1548	5506
3420	371	414	6397
43861	19259	15497	77770
538	685	681	1424
43323	18574	14816	76346
8304	25039	25452	13379
121459	3745	-2462	177451
20899	2151	3437	26687
4708	555	492	7906
90015	1613	-5772	137634
5837	-574	-619	5224
2535	-373	566	5220
27591	23887	26006	62167
1967	441	389	3743
3441	-2084	-280	7693
20961	25854	26208	47662
1222	-324	-311	3069
69029	14814	11652	179581
12573	6617	3212	54350
1668	237	235	251
54738	7911	8157	124931
50	49	48	49
182010	28664	27729	291149
83059	30476	22535	212801
9889	26430	25777	25299
10621	3294	3047	12858

14-13 亿元以上商品交易市场成交情况(2015年)

Statistics on Commodity Exchange Markets with Total Sale over 100 Million Yuan (2015)

项　　目	Item	出租摊位数 (个) Number of Booths (unit)	总成交额 (万元) Total Transaction Values (10000 yuan)
合　计	**Total**	**86194**	**22186359**
粮油、食品类	Grain and Oil	9985	4459506
饮料类	Beverages	508	98033
烟酒类	Tobacco and Liquor	191	62291
服装鞋帽、针、纺织品类	Garments, Shoes, Hats, Knitwear and Textiles	44000	8713881
化妆品类	Cosmetics	2024	111594
金银珠宝类	Gold, Silver and Jewelry	739	52659
日用品类	Articles for Daily Use	12380	1603719
五金电料类	Hardware and Electrical Appliances	3812	1009118
体育、娱乐用品类	Sports and Recreation Articles	121	15130
书报杂志类	Books, Newspapers and Magazines	102	25089
电子出版物及音像制品类	E-journal and Video Products	13	76
家用电器和音像器材类	Household Appliances and Video Appliances	980	129763
中西药品类	Traditional Chinese and Western Medicines	422	13031
文化办公用品类	Cultural and Office Goods	1645	314788
家具类	Furniture	362	18367
通讯器材类	Communication Equipments	407	48690
煤炭及制品类	Coal and Coal Products		
木材及制品类	Wood and Wooden Products	183	25845
石油及制品类	Petroleum and Related Products		
化工材料及制品类	Chemical Materials and Related Products	20	5154
金属材料类	Metal Materials	548	2787400
建筑及装潢材料类	Building and Decoration Materials	2342	225448
机电产品及设备类	Mechanical and Electrical Products	363	40409
汽车类	Automobiles	2747	1916035
种子饲料类	Seed and Feedstuff	12	327
棉麻类	Cotton and Hemp		
其他类	Others	2288	510006

【社会消费品零售总额】 指批发和零售业、餐饮业、新闻出版业、邮政业和其他服务业等，售予城乡居民用于生活消费的商品和社会集团用于公共消费的商品之总量。社会消费品零售总额包括：

一、批发和零售业企业（单位）：

1.售予城乡居民的各种生活消费品；

2.售予入境旅游的外国人、华侨、港澳台同胞的各类商品；

3.售予行政事业单位、社会团体、军队和武警等机构的商品，以及以零售方式售予各类企业的商品。具体包括：用于非生产和社会交往的办公用品，如通讯设备、计算器具和设备、电讯网络设备、文印设备、音像视听器材和设备、纸张、本册、文具及装订文印材料、家具、日用电器、针纺织品、清洁卫生用品、文体用品、奖品、纪念品、礼品等；供内部人员乘坐的交通工具和燃料；用于办公设施修缮的各类配件、材料、工具等；用于取暖和防暑降温的设备、燃料、材料及食品等；专用于教学的用品和设备；非营利医疗机构的中、西药品、中药材和医疗设备器材；非专用的劳动保护用品；不对外营业的内部食堂用的餐具、炊具、设备、清洁卫生工具和食品、燃料等；军队、武警用于其人员生活的衣着品和个人用品；其他各类非生产性设备和用品。

二、餐饮业出售的主食、菜肴、烟酒饮料和其他商品。

三、新闻出版业、邮政业售予城乡居民、企事业单位、军队和武警等机构的书报杂志、音像制品、邮品等。

四、其他服务业出售的食品、烟酒饮料、服装鞋帽、日常生活用品、医药保健用品、艺术品、工艺美术品、玩具、殡葬用品以及其他消费品。

【商品购进总额】 指从本企业（单位）以外的单位和个人购进（包括从境外直接进口） 作为转卖或加工后转卖的商品总额。它反映批发零售贸易业从国内、国外市场上购进商品的总量。商品购进总额包括：（1）从工农业生产者购进的商品；（2）从出版社、报社的出版发行部门购进的图书、杂志和报纸；（3）从各种登记注册类型的批发零售贸易企业（单位）购进的商品；（4）从其他单位购进的商品，如从机关、团体、企业等单位购进的剩余物资，从餐饮业、服务业购进的商品，从海关、市场管理部门购进的缉私和没收的商品，从居民手中收购的废旧商品等；（5）从国（境）外直接进口的商品。不包括企业（单位）为自身经营用和未通过买卖行为而收入的商品以及销售退回、商品升溢等。

【商品销售总额】 指对本企业以外的单位和个人出售（包括对国（境）外直接出口）的商品。这个指标反映批发零售贸易业在广州市场以及广州以外市场上销售商品的总量。商品销售总额包括：（1）售给城乡居民和社会集团消费用的商品；（2）售给工业、农业、建筑业、运输邮电业、批发零售贸易业、餐饮业、服务业等作为生产、经营使用的商品；（3）售给批发零售贸易业作为转卖或加工后转卖的商品；（4）对国（境）外直接出口的商品。不包括：出售本企业自用的废旧包装用品，未通过买卖行为付出的商品，经本单位介绍，由买卖双方直接结算，本单位只收取手续费的业务，购货退出的商品以及商品损耗和损失等。

【住宿餐饮业营业额】 指住宿和餐饮业法人企业、产业活动单位在经营活动中因提供服务或销售商品等取得的收入，包括客房收入、餐费收入、商品销售收入和其他收入。客房收入指住宿和餐饮业法人企业、产业活动单位在经营活动中因提供住宿服务取得的客房收入。餐费收入指住宿和餐饮业法人企业、产业活动单位因为顾客提供就餐服务取得的收入，包括经烹饪、调制加工后出售的各种食品，如主食、炒菜、凉拌菜等的收入。商品销售收入指住宿和餐饮业法人企业、产业活动单位伴随服务而出售商品所取得的收入。其他收入指营业收入中除客房收入、餐费收入、商品销售收入以外的其他收入，包括娱乐、健身和商务服务等。

【Total Retail Sales of Consumer Goods】 refer to the sum of retail sales of commodities sold by wholesale, retail, catering, publishing, post and telecommunications and other service industries to urban and rural households for private consumption and to social institutions for public consumption. Retail sales of consumer goods include:

Sales by wholesale and retail units:

of consumer goods sold to urban and rural households.

of commodities sold to foreigners, overseas Chinese and Chinese compatriots from Hong Kong, Macau and Taiwan visiting in China.

of commodities sold to government agencies, institutions, social organizations, military and armed police units, and commodities sold to enterprises in the form of retail sales. More specifically, they include: office facilities and articles for non-production purposes such as communications equipment, computing equipment and instruments, TV and network equipment, printing and copying equipment, audio-visual equipment and instruments, paper, notebooks, stationeries, furniture, electric appliances, knitwear, sanitation and cleaning articles, cultural and sport articles, articles for prizes, souvenirs, etc.; transport vehicles and fuels for employees; materials, spare parts and tools for the maintenance of office facilities; equipment, fuels, materials and food for winter heating or summer cooling purposes; articles and equipment for teaching purpose; Chinese and western medicines and medical equipment and facilities purchased by non profit-making medical institutes; non-specialized work safety articles; cooking utensils, tableware, equipment, cleaning articles, food and fuels purchased by internal cafeterias; clothes and personal articles purchased by military or armed police units for their officials and soldiers; and other equipment and articles for non-production purposes.

Sales of stable food, cooked dishes, beverages, tobaccos and other articles by catering units.

Sales of books, newspapers, magazines, audio-visual products and post products by publishing, post and telecommunications departments to urban and rural households and to enterprises, institutions, military and armed police units.

Sales of food, beverages, tobaccos, clothing, hats, footwear, articles for daily use, medicines, medical and health articles, work of art, handicrafts, toys, funeral articles and other articles by other service industries.

【Total Purchases of Commodities】 refer to the total value of purchases of commodities by the enterprises (establishments) from other establishments or individuals (including direct im-port from abroad) for the purpose of reselling, either with or without further processing of the commodities purchased. This indicator is used to show the total value of purchases of commodities by whole-sale and retail establishments from domestic and overseas markets. The total purchases include: (1) agricultural and industrial products purchased from producers; (2) books, magazines and newspapers purchased from distribution departments of the publishers; (3) com-modities purchased from wholesale and retail establishments of dif-ferent status of registration; (4) commodities purchased from other units, such as surplus materials purchased from government agenc-ies, enterprises or institutions, commodities purchased from catering and service establishments, confiscated goods purchased from cust-oms authorities or market management agencies, second-hand goods and wastes purchased from residents; and (5) commodities directly imported from abroad. Excluded are commodities purchased by en-terprises (establishments) for use in their own business operation, co-mmodities obtained without buying or selling procedures, rejected commodities, etc.

【Total Sales of Commodities】 refer to the selling of commodities to other establishments and individuals (including direct export). Reflecting the total value of sales of commodities at Guangzhou markets and out-of-Guangzhou markets, this indicator includes: (1) commodities sold to urban and rural households and institutions for their consumption; (2) commodities sold to establishments in industry, agriculture, construction, transportation, post and telecommunications, wholesale and retail trade, catering and service trade and public utility for their production and operation; (3) commodities sold to wholesale and retail establishments for reselling, with or without further processing; and (4) commodities for direct export to other countries. Excluded are selling of waste packaging materials used by enterprises themselves, commodities transferred without buying or selling procedures, commission income from brokerage in transactions whose settlement is directly handled by buyers and sellers, rejected commodities in the purchase, loss in commodities, etc.

【Business Revenue of Hotels and Catering Services】 refer to revenue received from providing services or selling commodities by corporate enterprises and establishments engaged in hotel and catering services, including income from hotel rooms, from catering services, from selling of commodities and from other services. Income from hotel rooms refers to income of corporate enterprises and establishments by providing lodging services. Income from catering services refers to income of corporate enterprises and establishments by providing catering services, including selling of cooked or prepared foods such as stable food, cooked dishes or cold dishes. Income from selling of commodities refers to income of corporate enterprises and establishments by selling commodities that accompany the services they provide. Income from other activities refers to income received other than income from hotel rooms, catering services or selling of commodities, such as income from providing recreation, fitness or business services.

第十五篇 CHAPTER 15

对外经济贸易和旅游

FOREIGN ECONOMY AND TOURISM

简要说明

Brief Introduction

第十五篇　对外经济贸易和旅游

一、本篇资料反映广州市对外贸易、利用外资、对外承包工程和劳务合作、境外投资、外商投资企业工商注册登记以及旅游业概况及发展情况。

二、本篇资料由广州市统计局贸易外经统计处整理提供。

三、资料来源及统计范围：

1. 广州进出口贸易的规模、结构情况资料主要来源于广州海关，统计范围为广州地区进出口经营单位（广州地区口岸进出口资料除外）。

2. 广州利用外资规模及结构、对外承包工程及劳务合作状况、境外投资情况、软件出口和技术进口情况的资料来源于广州市商务委员会。

3. 广州外商投资企业注册登记情况的资料由广州市工商行政管理局提供，但不包括在广东省工商行政管理局注册登记的在穗外商投资企业。

4. 广州旅游业发展情况的资料由广州市旅游局提供。

5. 广州与国外城市交流情况，广州与国外结成友好城市情况及各国驻广州领事馆情况的资料由广州市政府外事办公室提供。

6. 外商投资企业包括国外及港澳台投资企业。

15 Foreign Economy and Tourism

I.The data in this chapter show the Summary data of Guangzhou's foreign trade, utilization of foreign capital, contracted projects and labor cooperation with the foreign countries or territories, external investment, basic indicators of three kinds of registered foreign-funded enterprises and international tourism.

II.The data in this chapter are prepared and provided by the Division of Trade and External Economic Relations Statistics of Guangzhou Municipal Bureau of Statistics.

III. Data sources and statistical coverage:

(1) The data on the size and composition of Guangzhou's imports and exports come from Guangzhou Customs Office; the statistical coverage covers the imports and exports operating units in Guangzhou, excluding the data of imports and exports through ports in Guangzhou.

(2) The data on the scale and composition of the utilization of foreign capitals and the contracted projects and labor cooperation with the foreign countries or territories, external investment, software exports and technical imports of Guangzhou come from Guangzhou Municipal Commission of Commerce.

(3) The basic indicators of the registered foreign-funded enterprises come from the Administration of Industry and Commerce of Guangzhou Municipality but exclude those registered by the Administration of Industry and Commerce of Guangdong Province.

(4) The data on the development of international tourism are provided by the Tourism Administration of Guangzhou Municipality.

(5) The data on exchange between Guangzhou and foreign friendly cities, consulate generals in Guangzhou are provided by Foreign Affair Office of Guangzhou Municipal People's Government.

(6) The foreign-funded enterprises cover the enterprises whose fund come from Hong Kong, Macao, Taiwan and foreign countries.

15-1 主要年份商品进出口总值和商品进出口总值指数

Total Value and Indices of Import and Export Commodities in Main Years

年 份 Year	进出口总值（亿美元） Total Value of Imports and Exports (USD 100 million)	进口总值 Imports	出口总值 Exports	进出口差额（亿美元） Balance (USD 100 million)	进出口总值指数（上年=100） Indices of Total Imports and Exports (preceding year=100)	进口总值 Imports	出口总值 Exports
1988	32.25	17.66	14.59	-3.07	148.5	154.0	142.4
1989	35.32	17.62	17.70	0.08	109.5	99.8	121.3
1990	41.79	18.24	23.55	5.31	118.3	103.5	133.0
1991	53.82	24.40	29.42	5.02	128.8	133.8	125.0
1992	70.75	33.88	36.87	2.99	131.5	138.8	125.3
1993	134.33	69.84	64.49	-5.35	189.9	206.2	174.9
1994	161.36	74.67	86.69	12.02	120.1	106.9	134.4
1995	166.99	71.32	95.67	24.35	103.5	95.5	110.4
1996	166.89	75.53	91.36	15.83	99.9	105.9	95.5
1997	187.46	81.51	105.95	24.44	112.3	107.9	116.0
1998	178.77	75.39	103.38	27.99	95.4	92.5	97.6
1999	191.85	93.18	98.67	5.49	107.3	123.6	95.4
2000	233.51	115.60	117.91	2.31	121.7	124.1	119.5
2001	230.37	114.13	116.24	2.11	98.7	98.7	98.6
2002	279.27	141.49	137.78	-3.71	121.2	124.0	118.5
2003	349.41	180.52	168.89	-11.63	125.1	127.6	122.6
2004	447.88	233.14	214.74	-18.40	128.2	129.2	127.2
2005	534.75	268.07	266.68	-1.39	119.4	115.0	124.2
2006	637.62	313.85	323.77	9.92	119.2	117.1	121.4
2007	734.94	355.91	379.03	23.12	115.3	113.4	117.1
2008	818.73	389.47	429.26	39.79	111.4	109.4	113.3
2009	766.85	392.82	374.03	-18.79	93.7	100.9	87.1
2010	1037.68	553.89	483.79	-70.10	135.3	141.0	129.3
2011	1161.68	596.94	564.74	-32.20	112.0	107.8	116.7
2012	1171.67	582.52	589.15	6.63	100.9	97.6	104.3
2013	1188.96	560.89	628.07	67.18	101.5	96.3	106.6
2014	1305.90	578.77	727.13	148.36	109.8	103.2	115.8
2015	1338.68	527.01	811.67	284.66	102.5	91.1	111.6

15-2 商品进出口总值(人民币计价)

单位：万元

项　　目	Item
总　计	**Total**
按贸易方式分	**By Trade Form**
一般贸易	Ordinary Trade
国家间国际组织无偿援助和捐赠的物资	Donation and Gratis Aid of International Organizations
华侨港澳同胞外籍华人捐赠的物资	Donation of Overseas Chinese
补偿贸易	Compensation Trade
来料加工装配贸易	Trade of Processing and Assembling Supplied Materials
进料加工贸易	Trade of Processing Imported Materials
寄售代销贸易	Sale by Consignment
边境小额贸易	Small Trade on Border
来料加工装配进口的设备	Equipment for Processing and Assembling by Import
对外承包工程货物	Goods for Contracted Foreign Projects
租赁贸易	Leasing Trade
外商投资企业作为投资进口的设备物品	Imported Equipment Used as Investment by Foreign Funded Enterprises
出料加工贸易	Trade of Processing Exported Materials
保税监管场所进出境货物	Inbound and Outbound Goods in Bonded Warehouses
海关特殊监管区域物流货物	Storage of Transit Goods in Bonded Warehouses
易货贸易	Barter Trade
海关特殊监管区域进口设备	Facility of Export Manufacturing District
其他贸易	Others
按登记注册类型分	**Grouped by Registration Status**
国有企业	State-owned Enterprises
集体企业	Collective-owned Enterprises
外商及港澳台投资企业	Enterprises with Funds from Foreign Countries, Hong Kong, Macao and Taiwan
合资企业	Joint-venture Enterprises
合作企业	Cooperative Enterprises
外资企业	Enterprises with Sole Foreign Funds
私营企业	Private Enterprises
其他企业	Others
个体工商户	Individual Operating Households

Total Value of Import and Export Commodities through Customs

(10000 yuan)

2014			2015		
合 计			合 计		
Total (by RMB)	进 口 Imports	出 口 Exports	Total (by RMB)	进 口 Imports	出 口 Exports
80228041	**35551535**	**44676506**	**83062805**	**32717136**	**50345669**
36335887	17525697	18810190	36291271	16816135	19475136
2600		2600	4012	1955	2057
			36	14	22
9197810	4072629	5125181	8824275	3538320	5285955
20742879	8405831	12337048	20090178	8033697	12056481
27		27			
22684	22684		21429	21429	
36997		36997	116740		116740
1064399	1060541	3858	1243135	1242105	1030
529599	529599		103843	103843	
1785	962	823	5234	2894	2340
3747687	2398694	1348993	2155456	1342814	812642
3129621	1512763	1616858	3437598	1593299	1844299
3398	3398		364	364	
5412668	18737	5393931	10769234	20267	10748967
14335003	6413684	7921319	14948798	6497710	8451088
560209	260482	299727	649822	427018	222804
41650138	20506109	21144029	40029095	18754004	21275091
12555793	6787107	5768686	12548721	5795969	6752752
1021682	299162	722520	821753	222389	599364
28072663	13419840	14652823	26658621	12735646	13922975
22611333	7372281	15239052	27263942	6969321	20294621
1057258	998897	58361	158875	68905	89970
14099	82	14017	12273	178	12095

15-2 续表

单位:万元

项　　目	Item
按国别(地区)分	**By Country (Territory)**
亚洲小计	Asia
# 中国香港	Hong Kong, China
中国澳门	Macao, China
印度尼西亚	Indonesia
日　本	Japan
马来西亚	Malaysia
新加坡	Singapore
韩　国	Republic of Korea
泰　国	Thailand
中国台湾	Taiwan, China
阿拉伯联合酋长国	United Arab Emirates
印　度	India
非洲小计	Africa
# 南　非	South Africa
欧洲小计	Europe
# 英　国	United Kingdom
德　国	Germany
法　国	France
意大利	Italy
荷　兰	Netherlands
西班牙	Spain
比利时	Belgium
瑞　士	Switzerland
俄罗斯	Russia
拉丁美洲小计	Latin America
# 墨西哥	Mexico
巴拿马	Panama
北美洲小计	North America
# 加拿大	Canada
美　国	United States
大洋洲小计	Oceania
# 澳大利亚	Australia
其　他	Others

continued

(10000 yuan)

2014			2015		
合 计 Total (by RMB)	进 口 Imports	出 口 Exports	合 计 Total (by RMB)	进 口 Imports	出 口 Exports
44271194	21451419	22819775	45333444	19669236	25664208
9209143	344627	8864516	9390321	370849	9019472
256375	20092	236283	375042	18709	356333
1919995	968771	951224	1679294	822274	857020
8142798	6197389	1945409	7505124	5509601	1995523
2260345	849596	1410749	2748803	841877	1906926
1985462	906786	1078676	1677197	670952	1006245
5528889	4475387	1053502	4984244	3914329	1069915
1370273	775754	594519	1571946	744687	827259
2935751	1877069	1058682	2597067	1696503	900564
1373393	445243	928150	1635096	519349	1115747
1753001	908973	844028	2087310	912306	1175004
5858464	2314434	3544030	7169298	1961474	5207824
2181820	1885985	295835	2003750	1682826	320924
12565447	5534423	7031024	12106751	5050842	7055909
1271408	307458	963950	1520708	307458	1213250
2825329	1669737	1155592	2633490	1515986	1117504
1642533	960958	681575	1491353	864221	627132
946142	543084	403058	887656	472382	415274
1236212	461473	774739	1196538	433520	763018
510075	195987	314088	557863	172414	385449
793982	277653	516329	718975	244246	474729
350699	278160	72539	268124	228308	39816
874987	138389	736598	653139	49744	603395
3819951	1112705	2707246	4563239	1060558	3502681
997707	91547	906160	1051598	88760	962838
283825	9122	274703	248983	6323	242660
11696981	3950686	7746295	12253333	4258625	7994708
654811	224563	430248	650230	241410	408820
11042115	3726123	7315992	11516510	4017214	7499296
2008172	1180036	828136	1633759	713420	920339
1554503	857316	697187	1218215	484176	734039
7831	7831		2981	2981	

15-3 商品进出口总值(美元计价)

单位：万美元

项　　目	Item
总　　计	**Total**
按贸易方式分	**By Trade Form**
一般贸易	Ordinary Trade
国家间国际组织无偿援助和捐赠的物资	Donation and Gratis Aid of International Organizations
华侨港澳同胞外籍华人捐赠的物资	Donation of Overseas Chinese
补偿贸易	Compensation Trade
来料加工装配贸易	Trade of Processing and Assembling Supplied Materials
进料加工贸易	Trade of Processing Imported Materials
寄售代销贸易	Sale by Consignment
边境小额贸易	Small Trade on Border
来料加工装配进口的设备	Equipment for Processing and Assembling by Import
对外承包工程货物	Goods for Contracted Foreign Projects
租赁贸易	Leasing Trade
外商投资企业作为投资进口的设备物品	Imported Equipment Used as Investment by Foreign Funded Enterprises
出料加工贸易	Trade of Processing Exported Materials
保税监管场所进出境货物	Inbound and Outbound Goods in Bonded Warehouses
海关特殊监管区域物流货物	Storage of Transit Goods in Bonded Warehouses
易货贸易	Barter Trade
海关特殊监管区域进口设备	Facility of Export Manufacturing District
其他贸易	Others
按登记注册类型分	**Grouped by Registration Status**
国有企业	State-owned Enterprises
集体企业	Collective-owned Enterprises
外商及港澳台投资企业	Enterprises with Funds from Foreign Countries, Hong Kong, Macao and Taiwan
合资企业	Joint-venture Enterprises
合作企业	Cooperative Enterprises
外资企业	Enterprises with Sole Foreign Funds
私营企业	Private Enterprises
其他企业	Others
个体工商户	Individual Operating Households

Total Value of Import and Export Commodities through Customs

(USD10000)

2014			2015		
合 计 Total (by USD)	进 口 Imports	出 口 Exports	合 计 Total (by USD)	进 口 Imports	出 口 Exports
13058980	**5787649**	**7271331**	**13386768**	**5270041**	**8116727**
5913873	2851854	3062019	5845489	2707113	3138376
423		423	643	308	335
			6	2	4
1497490	663105	834385	1422946	570350	852596
3377423	1368692	2008731	3236428	1294049	1942379
4		4			
3696	3696		3438	3438	
6051		6051	18654		18654
173326	172699	627	201879	201712	167
86417	86417		16676	16676	
291	157	134	841	465	376
610621	390975	219646	347360	216429	130931
509411	246454	262957	553520	256175	297345
548	548		59	59	
879406	3051	876355	1738829	3265	1735564
2333362	1043821	1289541	2410342	1048313	1362029
91214	42397	48817	104343	68429	35914
6780477	3338411	3442066	6448893	3020126	3428767
2044131	1105319	938812	2022313	932966	1089347
166242	48687	117555	132371	35863	96508
4570104	2184405	2385699	4294209	2051297	2242912
3679452	1200333	2479119	4395711	1122045	3273666
172180	162674	9506	25501	11100	14401
2295	13	2282	1978	28	1950

15-3 续表

单位:万美元

项　　目	Item
按国别(地区)分	**By Country (Territory)**
亚洲小计	Asia
#中国香港	Hong Kong, China
中国澳门	Macao, China
印度尼西亚	Indonesia
日　本	Japan
马来西亚	Malaysia
新加坡	Singapore
韩　国	Republic of Korea
泰　国	Thailand
中国台湾	Taiwan, China
阿拉伯联合酋长国	United Arab Emirates
印　度	India
非洲小计	Africa
#南　非	South Africa
欧洲小计	Europe
#英　国	United Kingdom
德　国	Germany
法　国	France
意大利	Italy
荷　兰	Netherlands
西班牙	Spain
比利时	Belgium
瑞　士	Switzerland
俄罗斯	Russia
拉丁美洲小计	Latin America
#墨西哥	Mexico
巴拿马	Panama
北美洲小计	North America
#加拿大	Canada
美　国	United States
大洋洲小计	Oceania
#澳大利亚	Australia
其　他	Others

continued

(USD10000)

2014			2015		
合 计 Total (by RMB)	进 口 Imports	出 口 Exports	合 计 Total (by RMB)	进 口 Imports	出 口 Exports
7206284	3492255	3714029	7303678	3166905	4136773
1499496	56110	1443386	1512094	59772	1452322
41723	3273	38450	60310	3019	57291
312633	157858	154775	270450	132141	138309
1324248	1008076	316172	1207737	886511	321226
367849	138411	229438	443315	135484	307831
322857	147381	175476	270886	108551	162335
900581	729015	171566	802835	630392	172443
223128	126325	96803	253246	119901	133345
478141	305751	172390	418654	273395	145259
223579	72536	151043	263868	83715	180153
285328	148006	137322	336479	146831	189648
953351	376863	576488	1156273	316356	839917
355228	307086	48142	323012	271313	51699
2044592	900385	1144207	1949717	812908	1136809
206925	50058	156867	245006	49391	195615
459421	271382	188039	423872	243928	179944
267352	156488	110864	240188	139119	101069
153898	88305	65593	142978	76049	66929
201243	75172	126071	192755	69769	122986
83000	31895	51105	89870	27726	62144
129233	45205	84028	116056	39404	76652
57053	45250	11803	43053	36657	6396
142487	22555	119932	105138	8026	97112
621945	181156	440789	737612	171111	566501
162465	14907	147558	169343	14290	155053
46182	1484	44698	40220	1010	39210
1904599	643547	1261052	1975601	687307	1288294
106626	36567	70059	104732	38781	65951
1797964	606980	1190984	1856878	648526	1208352
326934	192168	134766	263409	114976	148433
253039	139571	113468	196425	78030	118395
1275	1275		478	478	

15-4 商品进出口总值(2015年，按地区分)

地区	District	按美元计价 (By USD) 商品进出口总值(万美元) Total Value of Imports and Exports (USD 10000)	进口总值 Imports	出口总值 Exports
全市	**Total**	**13386768**	**5270041**	**8116727**
#荔湾区	Liwan	282537	97485	185052
越秀区	Yuexiu	1348047	411411	936636
海珠区	Haizhu	407252	117910	289342
天河区	Tianhe	851361	400408	450953
白云区	Baiyun	892481	427792	464689
黄埔区	Huangpu	3791340	1895272	1896068
番禺区	Panyu	1833711	699292	1134419
花都区	Huadu	845726	306897	538829
南沙区	Nansha	2463613	800664	1662949
从化区	Conghua	250862	52775	198087
增城区	Zengcheng	419838	60135	359703

Total Value of Import and Export Commodities through Customs (2015, by Region)

按人民币计价 (By RMB)		
商品进出口总值 (万元) Total Value of Imports and Exports (10000 yuan)	进口总值 Imports	出口总值 Exports
83062805	**32717136**	**50345669**
1749186	604371	1144815
8368234	2553767	5814467
2530135	733957	1796178
5276026	2486333	2789693
5520454	2642005	2878449
23569735	11768342	11801393
11378230	4342238	7035992
5252171	1908604	3343567
15260105	4977331	10282774
1553557	327151	1226406
2604972	373037	2231935

15-5 主要进口商品数量和金额

商品名称		Name of Commodities	
谷物及谷物粉	(吨)	Cereals and Cereal Flour	(ton)
大　豆	(吨)	Soybean	(ton)
食用植物油	(吨)	Edible Vegetable Oil	(ton)
鲜干水果及坚果	(吨)	Fresh or Dried Fruits and Nuts	(ton)
天然橡胶	(吨)	Natural Rubber	(ton)
合成橡胶	(吨)	Synthetic Rubber	(ton)
原　木	(立方米)	Logs	(cu.m)
原　油	(吨)	Crude Oil	(ton)
成品油	(吨)	Petroleum Products Refined	(ton)
医药品	(吨)	Pharmaceutical Products	(ton)
肥　料	(吨)	Fertilizers	(ton)
牛皮革及马皮革	(吨)	Bovine or Equine Leather	(ton)
纸及纸板	(吨)	Paper and Paperboards	(ton)
棉纱线	(吨)	Cotton Yarn	(ton)
合成纤维纱线	(吨)	Yarn of Synthetic Fibers	(ton)
棉机织物		Cotton Cloth	
涂覆或浸渍塑料的织物	(吨)	Plastic Impregnated or Coated Textile Fabrics	(ton)
针织或钩编织物	(万米)	Knitted or Crocheted Fabrics	(10000 meters)
钻　石	(千克)	Diamonds	(kg)
钢　材	(吨)	Rolled Steel	(ton)
未锻造的铜及铜材	(吨)	Unwrought Copper and Copper Products	(ton)
未锻造的铝及铝材	(吨)	Unwrought Aluminum and Aluminum Products	(ton)
机械提升搬运装卸设备及零件		Mechanical Handling Equipment and Parts	
印刷、装订机械及零件		Printing or Book-binding Machinery and Parts	
纺织机械及零件		Textile Machinery and Parts	
金属加工机床	(台)	Machine Tools	(set)
橡胶或塑料加工机械及零件		Rubber or Plastic Processing Machinery and Parts	
电视、收音机及无线电讯设备的零附件	(吨)	Parts of Television, Radio, Telecommunications Apparatus	(ton)
通断及保护电路装置及零件		Electrical Apparatus and Parts for Switching or Protecting Electrical Circuits	
电线和电缆	(吨)	Electric Wires and Cables	(ton)
初级形状的塑料	(吨)	Primary Plastics	(ton)
飞　机	(架)	Aircraft	(unit)
自动数据处理设备及其部件	(万台)	Automatic Data Processing Machines and Components	(10000 sets)
自动数据处理设备的零件	(吨)	Parts of Automatic Data Processing Machines	(ton)
汽车及汽车底盘	(辆)	Motor Vehicles and Chassis	(unit)
汽车零件		Parts of Motor Vehicles	
变压、整流、电感器及零件		Transformers, Rectifiers and Inductance Suppliers and Parts	
电容器及其零件	(吨)	Capacitors and Parts	(ton)
二极管及类似半导体器件	(百万个)	Diode and Semi-conductors	(million units)
计量检测分析自控仪器及器具		Measuring or Checking Instruments and Apparatus	
铁矿砂及其精矿	(吨)	Iron Ore	(ton)
医疗仪器及器械		Medical Instruments and Appliances	
塑料制品	(吨)	Plastic Articles	(ton)

Main Import Commodities in Volume and Value

2014			2015		
数 量 Volume	金 额 (万美元) Value (USD 10000)	金 额 (万元) Value (10000 yuan)	数 量 Volume	金 额 (万美元) Value (USD 10000)	金 额 (万元) Value (10000 yuan)
2272999	72093	442810	3669045	109109	677035
1743988	99617	611797	1789190	77106	477973
211912	17689	108556	799024	50988	319147
81634	17299	106208	103637	25135	154856
35435	6433	39490	46585	6603	40978
55536	16184	99376	66216	15256	94957
848649	39458	242503	575298	22842	141197
			…	…	…
490286	49217	303822	301555	25503	158026
4904	110301	677614	6503	120509	747778
767	84	516	405	96	592
29227	29386	180514	37066	31046	192369
119912	16390	100699	116983	15191	94242
220233	72792	446910	292657	78155	484279
29765	23709	145550	34118	26934	167014
	8282	50921		6414	39884
4377	4066	24969	3677	4139	25682
5722	14753	90797	4624	10764	66775
1095	324650	1994312	851	262360	1628871
1504590	138779	852406	1404891	108106	670913
193678	148949	914018	182736	116556	722826
66914	16987	104240	50898	11865	73846
	13433	82811		20298	126330
	85604	525859		81822	507218
	3348	20595		5636	34956
3513	23674	145807	3579	23212	144478
	8917	54947		9069	56250
1332	36627	224946	2181	44338	276538
	67357	413873		62318	387214
8806	15635	96082	8352	15002	93185
1880642	398826	2449358	2009611	352467	2187178
66	267754	1643076	36	266885	1646910
377	39033	239479	343	26698	165611
814	6202	38091	1185	5319	33052
1395	7946	48891	2690	8226	51195
	236317	1452509		231386	1439332
	30815	189300		28924	179689
2714	27428	168126	2289	16066	99762
7500	88930	546112	7154	74892	465324
	141699	870571		128048	796616
5997769	53372	327563	4490355	24982	155179
	36111	221854		29351	182640
19368	20715	127334	18718	20038	124479

15-6 主要出口商品数量和金额

商品名称		Name of Commodities	
活 猪	(万头)	Live Hogs	(10000 heads)
活家禽	(万只)	Live Poultry	(10000 heads)
水海产品	(吨)	Aquatic and Seawater Products	(ton)
谷物及谷物粉	(吨)	Cereals and Cereals Flour	(ton)
蔬 菜	(吨)	Vegetables	(ton)
鲜干水果及坚果	(吨)	Fresh or Dried Fruits and Nuts	(ton)
食用植物油	(吨)	Edible Vegetable Oil	(ton)
茶 叶	(吨)	Tea	(ton)
药 材	(吨)	Medical Materials	(ton)
纸 烟	(万条)	Cigarettes	(10000 units)
成品油	(吨)	Refined Petroleum Products	(ton)
医药品	(吨)	Medical and Pharmaceutical Products	(ton)
烟花炮竹	(吨)	Fireworks and Firecrackers	(ton)
纺织纱线、织物及制品		Textile Yarn, Fabrics and Related Products	
水泥及水泥熟料	(吨)	Cement and Cement Clinker	(ton)
珍珠、钻石、宝石及半宝石		Pearls, Diamonds, Jewelry and Semi-jewelry	
钢 材	(吨)	Rolled Steel	(ton)
电 扇	(万台)	Electric Fans	(10000 sets)
电子计算器	(万台)	Electric Calculators	(10000 sets)
原电池	(百万个)	Primary Cells and Batteries	(million units)
蓄电池	(万个)	Electric Accumulators	(10000 units)
集装箱	(个)	Containers	(unit)
服装及衣着附件		Garments and Clothing Accessories	
照相机	(万架)	Cameras	(10000 sets)
手 表	(万只)	Wrist Watches	(10000 units)
船 舶	(艘)	Ships	(unit)
家具及其零件		Furniture and Parts	
灯具、照明装置及类似品		Lamps and Lighting Fittings	
鞋	(万双)	Footwear	(10000 pairs)
塑料制品	(吨)	Plastic Articles	(ton)
玩 具		Toys	
贵金属或包贵金属的首饰	(千克)	Jewelry of Precious Metals or Rolled Precious Metals	(kilogramme)
新的充气橡胶轮胎	(万条)	New Pneumatic Rubber Tires	(10000 units)
不锈钢厨具、餐具等家用器具	(吨)	Household Stainless Steel Cookware and Tableware	(ton)
自动数据处理设备及其部件	(万台)	Automatic Data Processing Machines and Components	(10000 sets)
自动数据处理设备的零件	(吨)	Parts of Automatic Data Processing Machines	(ton)
扬声器	(万个)	Loudspeakers	(10000 units)
录、放像机	(万台)	Video Tape Recorders	(10000 sets)
印刷电路	(百万块)	Printed Circuits	(million units)
电线和电缆		Electronic Wires and Cables	
自行车	(万辆)	Bicycles	(10000 units)
箱包及类似容器	(吨)	Package Bags and Similar Containers	(ton)
摩托车	(辆)	Motorcycles	(unit)

Main Export Commodities in Volume and Value

2014			2015		
数　量 Volume	金　额（万美元） Value (USD 10000)	金　额（万元） Value (10000 yuan)	数　量 Volume	金　额（万美元） Value (USD 10000)	金　额（万元） Value (10000 yuan)
23	6291	38637	24	6722	41751
105	393	2412	88	318	1979
9483	5615	34471	8386	4463	27722
1311	58	355			
41790	3049	18729	30665	2786	17318
1535	397	2439	938	148	909
345	133	816	424	141	875
3567	2427	14891	2854	1740	10798
1188	1052	6467	1032	787	4878
115	552	3393	81	150	923
1138539	102613	630361	1177862	63213	392209
27696	11514	70691	27157	12052	74746
11617	3132	19242	15195	4469	27752
	288036	1769424		314213	1949213
253583	1686	10358	269246	1788	11096
	111006	681889		68576	424234
1378934	190359	1168977	1551152	149858	929554
1866	13701	84137	1927	15488	96050
366	643	3953	255	517	3230
7513	37512	230283	7145	34469	213602
6059	24735	151972	7613	28016	173908
58764	18344	112657	67451	17496	108031
	883807	5432527		1103074	6834217
405	1943	11935	432	13559	84454
2417	12665	77836	6292	18578	115394
5962	152759	938074	7905	259922	1604584
	271094	1666455		292825	1816081
	140114	861393		209840	1300415
24601	165055	1014279	33629	200389	1240437
241346	119865	736793	300439	142912	886572
	42002	258120		51367	319708
165755	425125	2611576	159189	404662	2515262
1359	28431	174630	1264	24740	153431
21987	11051	67909	25079	13698	85028
3494	189888	1165939	3829	159635	989104
15949	29513	181275	18577	36919	228998
8340	64030	393388	8417	76485	475418
461	12507	76846	462	12779	79217
1267	125258	769218	1236	127995	794367
	43166	265197		50173	311806
222	20103	123381	207	18848	117010
199840	209854	1289755	270035	291952	1811110
1697599	90845	558015	1649947	82285	510874

15-7 主要进口商品数量(2015年，按洲别分)

商品名称		Name of Commodities		合计 Total
谷物及谷物粉	(吨)	Cereals and Cereal Flour	(ton)	3669045
大　豆	(吨)	Soybean	(ton)	1789190
食用植物油	(吨)	Edible Vegetable Oil	(ton)	799024
鲜干水果及坚果	(吨)	Fresh or Dried Fruits and Nuts	(ton)	103637
天然橡胶	(吨)	Natural Rubber	(ton)	46585
合成橡胶	(吨)	Synthetic Rubber	(ton)	66216
原　木	(立方米)	Logs	(cu.m)	575298
原　油	(吨)	Crude Oil	(ton)	…
成品油	(吨)	Petroleum Products Refined	(ton)	301555
医药品	(吨)	Pharmaceutical Products	(ton)	6503
肥　料	(吨)	Fertilizers	(ton)	405
牛皮革及马皮革	(吨)	Bovine or Equine Leather	(ton)	37066
纸及纸板	(吨)	Paper and Paperboards	(ton)	116983
棉纱线	(吨)	Cotton Yarn	(ton)	292657
合成纤维纱线	(吨)	Yarn of Synthetic Fibers	(ton)	34118
涂覆或浸渍塑料的织物	(吨)	Plastic Impregnated or Coated Textile Fabrics	(ton)	3677
针织或钩编织物	(万米)	Knitted or Crocheted Fabrics	(10000 meters)	4624
钻　石	(千克)	Diamonds	(kg)	851
钢　材	(吨)	Rolled Steel	(ton)	1404891
未锻造的铜及铜材	(吨)	Unwrought Copper and Copper Products	(ton)	182736
未锻造的铝及铝材	(吨)	Unwrought Aluminum and Aluminum Products	(ton)	50898
金属加工机床	(台)	Machine Tools	(set)	3579
电视、收音机及无线电讯设备的零附件	(吨)	Parts of Television, Radio, Telecommunications Apparatus	(ton)	2181
电线和电缆	(吨)	Electric Wires and Cables	(ton)	8352
初级形状的塑料	(吨)	Primary Plastics	(ton)	2009611
飞　机	(架)	Aircraft	(unit)	36
自动数据处理设备及其部件	(万台)	Automatic Data Processing Machines and Components	(10000 sets)	343
自动数据处理设备的零件	(吨)	Parts of Automatic Data Processing Machines	(ton)	1185
汽车及汽车底盘	(辆)	Motor Vehicles and Chassis	(unit)	2690
电容器及其零件	(吨)	Capacitors and Parts	(ton)	2289
二极管及类似半导体器件	(百万个)	Diode and Semi-conductors	(million units)	7154
铁矿砂及其精矿	(吨)	Iron Ore	(ton)	4490355
塑料制品	(吨)	Plastic Articles	(ton)	18718

Main Import Commodities in Volume (2015, by Continent)

#亚 洲 Asia	# 港澳台 Hong Kong, Macao and Taiwan	# 日 本 Japan	# 韩 国 Republic of Korea	# 马来西亚 Malaysia	# 新加坡 Singapore	#非 洲 Africa	#大洋州 Oceania	# 澳大利亚 Australia
609887	22	…					567464	567464
792257	511	…	…	376656	1	…	31	31
22896	1	50	8	5851		26560	11781	10686
46585				19559				
53846	8828	11429	14236	4728	4709	5		
29806	580			27080		221341	89463	7547
						…		
280037	77234	50756	72222	3543	70133		2	2
2355	1298	441	392	…	10	…	48	46
222	1	…	1					
7506	3396	45	2109		2	5756	1153	713
47771	13374	10566	5187	21	46		692	368
292653	15078	1	6368	19	…	…		
34042	4137	2695	2650		294		…	…
3366	1213	564	547		…		3	3
4466	2031	563	317	3			…	…
311	…					463	…	…
1381070	116933	1067033	167036	1165	140	1290	4	…
86709	8148	39370	4611	3031	272	10686	5290	5290
45831	382	488	2263	…	1	3	2143	2143
1940	745	800	357		1		1	
2071	11	56	1756	2	…	…	…	…
7437	453	510	312	845	3	…	…	…
1703742	248692	185837	332605	33928	86636	37	1125	1125
340	20	1	…	…	…	…	…	…
1179	45	2	3	130	8		…	
2468		2464	3					
2109	64	345	28	212	12	…	…	…
7074	871	411	552	575	1	13	…	…
1172536						1376129	1593392	1593392
14200	1604	2459	6263	407	24	4	15	15

15-7 续表

商品名称		Item		#欧 洲 Europe
谷物及谷物粉	(吨)	Cereals and Cereal Flour	(ton)	690903
大　豆	(吨)	Soybean	(ton)	1011
食用植物油	(吨)	Edible Vegetable Oil	(ton)	5542
鲜干水果及坚果	(吨)	Fresh or Dried Fruits and Nuts	(ton)	716
天然橡胶	(吨)	Natural Rubber	(ton)	
合成橡胶	(吨)	Synthetic Rubber	(ton)	6009
原　木	(立方米)	Logs	(cu.m)	155279
原　油	(吨)	Crude Oil	(ton)	
成品油	(吨)	Petroleum Products Refined	(ton)	6357
医药品	(吨)	Pharmaceutical Products	(ton)	3317
肥　料	(吨)	Fertilizers	(ton)	…
牛皮革及马皮革	(吨)	Bovine or Equine Leather	(ton)	3505
纸及纸板	(吨)	Paper and Paperboards	(ton)	47130
棉纱线	(吨)	Cotton Yarn	(ton)	2
合成纤维纱线	(吨)	Yarn of Synthetic Fibers	(ton)	76
涂覆或浸渍塑料的织物	(吨)	Plastic Impregnated or Coated Textile Fabrics	(ton)	193
针织或钩编织物	(万米)	Knitted or Crocheted Fabrics	(10000 meters)	133
钻　石	(千克)	Diamonds	(kg)	72
钢　材	(吨)	Rolled Steel	(ton)	19268
未锻造的铜及铜材	(吨)	Unwrought Copper and Copper Products	(ton)	6616
未锻造的铝及铝材	(吨)	Unwrought Aluminum and Aluminum Products	(ton)	2091
金属加工机床	(台)	Machine Tools	(set)	1504
电视、收音机及无线电讯设备的零附件	(吨)	Parts of Television, Radio, Telecommunications Apparatus	(ton)	20
电线和电缆	(吨)	Electric Wires and Cables	(ton)	668
初级形状的塑料	(吨)	Primary Plastics	(ton)	119895
飞　机	(架)	Aircraft	(unit)	9
自动数据处理设备及其部件	(万台)	Automatic Data Processing Machines and Components	(10000 sets)	2
自动数据处理设备的零件	(吨)	Parts of Automatic Data Processing Machines	(ton)	3
汽车及汽车底盘	(辆)	Motor Vehicles and Chassis	(unit)	111
电容器及其零件	(吨)	Capacitors and Parts	(ton)	110
二极管及类似半导体器件	(百万个)	Diode and Semi-conductors	(million units)	36
铁矿砂及其精矿	(吨)	Iron Ore	(ton)	
塑料制品	(吨)	Plastic Articles	(ton)	1914

continued

#德国 Germany	#英国 United Kingdom	#比利时 Belgium	#荷兰 Netherlands	#北美洲 North America	#美国 United States	#拉丁美洲 Latin America
		12		1720461	1589625	80330
				809098	809098	979081
31	40	2	13	76	…	1118
13	…			14518	14113	27166
2136	148	22	597	5976	5625	380
93698		7706	66	23367	22464	56042
1557	112	1202	213	15049	15030	110
781	79	777	…	780	365	3
…				183	69	
106	459	17	149	6031	6031	13115
3252	536	41	770	21371	20810	19
…	…			2	2	
14	…		…	…	…	…
25	6	11	5	115	115	
16	…	…		24	24	1
		62		…	…	
4146	2070	155	3438	2431	2376	827
851	3	3106	…	1571	1557	71864
495	245	223	7	822	774	8
1236	6			131	129	3
1	2	…	…	8	8	82
309	52	…	1	138	136	109
17460	1171	14461	33147	166349	155650	18463
2	2			27	27	
1	…	…	…	1	1	…
1	…		…	3	3	…
73	30			111	111	
11	1	…	…	35	35	35
19	9		…	16	16	15
						348298
648	299	88	20	2537	2474	48

15-8 主要进口商品金额(2015年，按洲别分，按美元计价)

单位:万美元

商品名称	Name of Commodities	合计 Total
谷物及谷物粉	Cereals and Cereal Flour	109109
大　豆	Soybean	77106
食用植物油	Edible Vegetable Oil	50988
鲜干水果及坚果	Fresh or Dried Fruits and Nuts	25135
天然橡胶	Natural Rubber	6603
合成橡胶	Synthetic Rubber	15256
原　木	Logs	22842
原　油	Crude Oil	…
成品油	Petroleum Products Refined	25503
医药品	Pharmaceutical Products	120509
肥　料	Fertilizers	96
牛皮革及马皮革	Bovine or Equine Leather	31046
纸及纸板	Paper and Paperboards	15191
棉纱线	Cotton Yarn	78155
合成纤维纱线	Yarn of Synthetic Fibers	26934
棉机织物	Cotton Cloth	6414
涂覆或浸渍塑料的织物	Plastic Impregnated or Coated Textile Fabrics	4139
针织或钩编织物	Knitted or Crocheted Fabrics	10764
钻　石	Diamonds	262360
钢　材	Rolled Steel	108106
未锻造的铜及铜材	Unwrought Copper and Copper Products	116556
未锻造的铝及铝材	Unwrought Aluminum and Aluminum Products	11865
机械提升搬运装卸设备及零件	Mechanical Handling Equipment and Parts	20298
印刷、装订机械及零件	Printing or Book-binding Machinery and Parts	81822
纺织机械及零件	Textile Machinery and Parts	5636
金属加工机床	Machine Tools	23212
橡胶或塑料加工机械及零件	Rubber or Plastic Processing Machinery and Parts	9069
电视、收音机及无线电讯设备的零附件	Parts of Television, Radio, Telecommunications Apparatus	44338
通断及保护电路装置及零件	Electrical Apparatus and Parts for Switching or Protecting Electrical Circuits	62318
电线和电缆	Electric Wires and Cables	15002
初级形状的塑料	Primary Plastics	352467
飞　机	Aircraft	266885
自动数据处理设备及其部件	Automatic Data Processing Machines and Components	26698
自动数据处理设备的零件	Parts of Automatic Data Processing Machines	5319
汽车及汽车底盘	Motor Vehicles and Chassis	8226
汽车零件	Parts of Motor Vehicles	231386
变压、整流、电感器及零件	Transformers, Rectifiers and Inductance Suppliers and Parts	28924
电容器及其零件	Capacitors and Parts	16066
二极管及类似半导体器件	Diode and Semi-conductors	74892
计量检测分析自控仪器及器具	Measuring or Checking Instruments and Apparatus	128048
铁矿砂及其精矿	Iron Ore	24982
医疗仪器及器械	Medical Instruments and Appliances	29351
塑料制品	Plastic Articles	20038

Main Import Commodities in Value (2015, by Continent，USD)

(USD 10000)

#亚 洲 Asia	# 港澳台 Hong Kong, Macao and Taiwan	# 日 本 Japan	# 韩 国 Republic of Korea	# 马来西亚 Malaysia	# 新加坡 Singapore	#非 洲 Africa	#大洋州 Oceania	# 澳大利亚 Australia
25936	5	…					16453	16453
48854	111	1	…	23694	1	…	14	14
4958	1	8	38	1384		4350	3593	2799
6603				2838				
11738	1905	3591	2684	606	1450	3		
1734	33			1151		13223	1596	95
						…		
20463	5481	3453	5390	388	5011		2	2
22376	12167	7570	1523	1	91	51	724	718
6	…	…	…					
9768	1094	125	5535		9	1105	585	323
6605	1968	1828	621	4	6		61	38
78154	3949	1	2144	4	…	…		
26869	1801	2915	1930		560		…	…
5797	314	784	186	3			…	…
3510	788	1146	665		1		4	4
10015	2495	3264	641	2			…	…
93927	7					151261	135	135
102270	9402	75501	14572	240	44	257	1	1
59397	7674	25394	3578	2725	763	6164	2826	2826
9638	212	469	1506	…	2	1	490	490
11471	459	9443	994	190	337		8	8
75900	995	18219	237	2255	213	1	3	3
801	269	175	122			…		
19402	5530	11564	1925		…		5	
4781	363	3981	182				2	2
42112	416	5492	4914	16	11	…	1	1
45583	1601	21869	4532	1553	207	22	141	31
12513	652	1546	678	845	8	1	7	7
267951	43405	40712	58675	5384	15124	8	410	410
22215	601	813	74	61	1311	…	4	2
5146	157	33	89	261	78		1	
6592		6580	10					
192880	2106	176350	1610	272	42	8	10	10
22270	2098	5773	943	627	33	9	307	3
14590	403	5027	255	1196	184	…	…	…
72387	15447	22943	7932	6216	8	211	2	2
61618	2241	40250	2627	3798	5749	224	149	131
5801						8532	8716	8716
5043	274	2185	921	762	122	…	1082	144
14812	1110	6155	4474	189	53	2	16	16

15-8 续表

单位：万美元

商品名称	Item	#欧洲 Europe
谷物及谷物粉	Cereals and Cereal Flour	16898
大　豆	Soybean	46
食用植物油	Edible Vegetable Oil	1951
鲜干水果及坚果	Fresh or Dried Fruits and Nuts	122
天然橡胶	Natural Rubber	
合成橡胶	Synthetic Rubber	1329
原　木	Logs	2797
原　油	Crude Oil	
成品油	Petroleum Products Refined	1682
医药品	Pharmaceutical Products	88429
肥　料	Fertilizers	…
牛皮革及马皮革	Bovine or Equine Leather	4106
纸及纸板	Paper and Paperboards	5632
棉纱线	Cotton Yarn	1
合成纤维纱线	Yarn of Synthetic Fibers	63
棉机织物	Cotton Cloth	602
涂覆或浸渍塑料的织物	Plastic Impregnated or Coated Textile Fabrics	334
针织或钩编织物	Knitted or Crocheted Fabrics	585
钻　石	Diamonds	16448
钢　材	Rolled Steel	4463
未锻造的铜及铜材	Unwrought Copper and Copper Products	4257
未锻造的铝及铝材	Unwrought Aluminum and Aluminum Products	1147
机械提升搬运装卸设备及零件	Mechanical Handling Equipment and Parts	8305
印刷、装订机械及零件	Printing or Book-binding Machinery and Parts	4837
纺织机械及零件	Textile Machinery and Parts	4796
金属加工机床	Machine Tools	3466
橡胶或塑料加工机械及零件	Rubber or Plastic Processing Machinery and Parts	3415
电视、收音机及无线电讯设备的零附件	Parts of Television, Radio, Telecommunications Apparatus	931
通断及保护电路装置及零件	Electrical Apparatus and Parts for Switching or Protecting Electrical Circuits	9605
电线和电缆	Electric Wires and Cables	1632
初级形状的塑料	Primary Plastics	35584
飞　机	Aircraft	73400
自动数据处理设备及其部件	Automatic Data Processing Machines and Components	1734
自动数据处理设备的零件	Parts of Automatic Data Processing Machines	122
汽车及汽车底盘	Motor Vehicles and Chassis	985
汽车零件	Parts of Motor Vehicles	24183
变压、整流、电感器及零件	Transformers, Rectifiers and Inductance Suppliers and Parts	4555
电容器及其零件	Capacitors and Parts	688
二极管及类似半导体器件	Diode and Semi-conductors	1574
计量检测分析自控仪器及器具	Measuring or Checking Instruments and Apparatus	38928
铁矿砂及其精矿	Iron Ore	
医疗仪器及器械	Medical Instruments and Appliances	13169
塑料制品	Plastic Articles	2588

continued

(USD 10000)

# 德 国 Germany	# 英 国 United Kingdom	# 比利时 Belgium	# 荷 兰 Netherlands	#北美洲 North America	# 美 国 United States	#拉丁美洲 Latin America
		1		47855	43272	1967
				35514	35514	41546
5	10	1	3	13	1	156
10	...			3677	3334	8435
430	71	7	161	2106	1913	80
1736		134	1	482	465	3010
521	77	199	67	3341	3329	15
33704	657	6407	4	7099	4501	1830
...				90	19	
54	461	2	36	2809	2809	12673
677	170	70	115	2889	2841	4
...	...			...	...	
12	...		...	2	2	...
46	6	2	1	11	11	4
100	11	16	5	291	291	
109	2	...		162	162	2
		14199		128	37	
1205	274	26	257	994	968	114
937	8	1752	1	2954	2933	40958
390	121	135	12	584	499	5
1738	1190	10	1330	514	512	
3368	118	...	7	1032	975	49
2821	34	1300		39	39	
1227	158			272	270	67
2459	64		10	871	785	...
40	88	19	1	810	741	484
2836	738	16	136	5707	5479	1260
822	163	...	7	733	713	116
5581	633	3430	9443	46232	44525	2282
11000	5676			193485	193485	
914	53	6	4	2727	2594	18
76	18		3	50	47	...
700	240			649	649	
12961	2268	43	301	12569	12476	1736
2135	90	...	238	1283	1272	500
55	36	...	1	347	347	441
421	72		1	254	247	464
15382	5263	201	916	26254	25966	875
						1933
6642	759	7	2129	9915	9740	142
876	442	169	39	2539	2420	81

15-9 主要进口商品金额(2015年，按洲别分，按人民币计价)

单位:万元

商品名称	Name of Commodities	合计 Total
谷物及谷物粉	Cereals and Cereal Flour	677035
大　豆	Soybean	477973
食用植物油	Edible Vegetable Oil	319147
鲜干水果及坚果	Fresh or Dried Fruits and Nuts	154856
天然橡胶	Natural Rubber	40978
合成橡胶	Synthetic Rubber	94957
原　木	Logs	141197
原　油	Crude Oil	…
成品油	Petroleum Products Refined	158026
医药品	Pharmaceutical Products	747778
肥　料	Fertilizers	592
牛皮革及马皮革	Bovine or Equine Leather	192369
纸及纸板	Paper and Paperboards	94242
棉纱线	Cotton Yarn	484279
合成纤维纱线	Yarn of Synthetic Fibers	167014
棉机织物	Cotton Cloth	39884
涂覆或浸渍塑料的织物	Plastic Impregnated or Coated Textile Fabrics	25682
针织或钩编织物	Knitted or Crocheted Fabrics	66775
钻　石	Diamonds	1628871
钢　材	Rolled Steel	670913
未锻造的铜及铜材	Unwrought Copper and Copper Products	722826
未锻造的铝及铝材	Unwrought Aluminum and Aluminum Products	73846
机械提升搬运装卸设备及零件	Mechanical Handling Equipment and Parts	126330
印刷、装订机械及零件	Printing or Book-binding Machinery and Parts	507218
纺织机械及零件	Textile Machinery and Parts	34956
金属加工机床	Machine Tools	144478
橡胶或塑料加工机械及零件	Rubber or Plastic Processing Machinery and Parts	56250
电视、收音机及无线电讯设备的零附件	Parts of Television, Radio, Telecommunications Apparatus	276538
通断及保护电路装置及零件	Electrical Apparatus and Parts for Switching or Protecting Electrical Circuits	387214
电线和电缆	Electric Wires and Cables	93185
初级形状的塑料	Primary Plastics	2187178
飞　机	Aircraft	1646910
自动数据处理设备及其部件	Automatic Data Processing Machines and Components	165611
自动数据处理设备的零件	Parts of Automatic Data Processing Machines	33052
汽车及汽车底盘	Motor Vehicles and Chassis	51195
汽车零件	Parts of Motor Vehicles	1439332
变压、整流、电感器及零件	Transformers, Rectifiers and Inductance Suppliers and Parts	179689
电容器及其零件	Capacitors and Parts	99762
二极管及类似半导体器件	Diode and Semi-conductors	465324
计量检测分析自控仪器及器具	Measuring or Checking Instruments and Apparatus	796616
铁矿砂及其精矿	Iron Ore	155179
医疗仪器及器械	Medical Instruments and Appliances	182640
塑料制品	Plastic Articles	124479

Main Import Commodities in Value (2015, by Continent，RMB)

(10000 yuan)

#亚 洲 Asia	# 港澳台 Hong Kong, Macao and Taiwan	# 日 本 Japan	# 韩 国 Republic of Korea	# 马来西亚 Malaysia	# 新加坡 Singapore	#非 洲 Africa	#大洋州 Oceania	# 澳大利亚 Australia
161544	29	…					101000	101000
305756	690	8	1	146944	5	3	89	89
30633	8	53	243	8534		26818	22087	17213
40978				17618				
73142	11889	22295	16646	3810	9002	19		
10721	203			7139		81642	9960	595
						…		
126782	33921	21342	33420	2386	31135		15	15
138827	75692	46676	9568	4	560	314	4509	4468
37	1	…	1					
60543	6763	774	34346		58	6852	3643	2006
40983	12201	11355	3853	25	38		377	237
484266	24435	7	13314	23	…	2		
166618	11159	18114	12001		3483		…	…
36025	1942	4867	1156	22			2	1
21773	4892	7100	4130		3		25	25
62150	15462	20285	3974	14			3	2
583800	43					938633	832	832
634742	58198	468834	90353	1487	276	1588	7	6
368495	47686	157530	22178	16857	4727	38055	17800	17800
60057	1309	2906	9345	…	14	4	3008	3008
71373	2857	58824	6146	1175	2070		53	53
470344	6183	113052	1460	13975	1314	4	17	16
4965	1670	1079	777			…		
120701	34299	72205	11806		3		32	
29787	2256	24819	1125				12	12
262647	2604	34224	30728	97	69	2	7	7
283209	9920	135876	28149	9633	1284	135	876	193
77709	4044	9610	4222	5237	49	9	46	45
1662902	269036	252886	364238	33411	93860	49	2544	2544
137879	3760	5042	460	375	8277	1	23	15
31980	979	206	549	1626	482		3	
40929		40852	62					
1199335	13092	1096357	10052	1693	262	49	62	62
138348	12992	35922	5855	3896	204	54	1949	18
90607	2506	31241	1579	7431	1144	3	…	…
449720	95752	142645	49333	38669	49	1307	12	12
383255	14004	250146	16329	23686	35811	1389	923	813
35951						53060	54208	54208
31333	1695	13537	5721	4736	761	1	6709	895
91975	6889	38231	27758	1172	334	12	100	97

15-9 续表

单位：万元

商品名称	Item	#欧 洲 Europe
谷物及谷物粉	Cereals and Cereal Flour	104930
大 豆	Soybean	290
食用植物油	Edible Vegetable Oil	12261
鲜干水果及坚果	Fresh or Dried Fruits and Nuts	745
天然橡胶	Natural Rubber	
合成橡胶	Synthetic Rubber	8255
原 木	Logs	17231
原 油	Crude Oil	
成品油	Petroleum Products Refined	10414
医药品	Pharmaceutical Products	548756
肥 料	Fertilizers	3
牛皮革及马皮革	Bovine or Equine Leather	25438
纸及纸板	Paper and Paperboards	34918
棉纱线	Cotton Yarn	8
合成纤维纱线	Yarn of Synthetic Fibers	385
棉机织物	Cotton Cloth	3765
涂覆或浸渍塑料的织物	Plastic Impregnated or Coated Textile Fabrics	2081
针织或钩编织物	Knitted or Crocheted Fabrics	3618
钻 石	Diamonds	101953
钢 材	Rolled Steel	27652
未锻造的铜及铜材	Unwrought Copper and Copper Products	26453
未锻造的铝及铝材	Unwrought Aluminum and Aluminum Products	7119
机械提升搬运装卸设备及零件	Mechanical Handling Equipment and Parts	51707
印刷、装订机械及零件	Printing or Book-binding Machinery and Parts	30132
纺织机械及零件	Textile Machinery and Parts	29744
金属加工机床	Machine Tools	21654
橡胶或塑料加工机械及零件	Rubber or Plastic Processing Machinery and Parts	21077
电视、收音机及无线电讯设备的零附件	Parts of Television, Radio, Telecommunications Apparatus	5804
通断及保护电路装置及零件	Electrical Apparatus and Parts for Switching or Protecting Electrical Circuits	59698
电线和电缆	Electric Wires and Cables	10144
初级形状的塑料	Primary Plastics	220517
飞 机	Aircraft	455066
自动数据处理设备及其部件	Automatic Data Processing Machines and Components	10741
自动数据处理设备的零件	Parts of Automatic Data Processing Machines	755
汽车及汽车底盘	Motor Vehicles and Chassis	6221
汽车零件	Parts of Motor Vehicles	150949
变压、整流、电感器及零件	Transformers, Rectifiers and Inductance Suppliers and Parts	28244
电容器及其零件	Capacitors and Parts	4262
二极管及类似半导体器件	Diode and Semi-conductors	9833
计量检测分析自控仪器及器具	Measuring or Checking Instruments and Apparatus	242307
铁矿砂及其精矿	Iron Ore	
医疗仪器及器械	Medical Instruments and Appliances	82044
塑料制品	Plastic Articles	16132

continued

(10000 yuan)

# 德 国 Germany	# 英 国 United Kingdom	# 比利时 Belgium	# 荷 兰 Netherlands	#北美洲 North America	# 美 国 United States	#拉丁美洲 Latin America
		9		297517	268938	12044
				220222	220222	257461
29	63	8	18	81	4	957
63	…			22719	20614	51854
2673	438	45	1005	13051	11856	490
10704		822	8	3016	2915	18627
3227	476	1226	422	20723	20648	92
209609	4042	39504	25	44063	27779	11309
…				552	117	
336	2828	12	222	17459	17459	78434
4225	1057	437	716	17940	17645	24
…	…			3	3	
74	1		1	10	10	1
286	40	11	5	68	67	24
620	70	99	32	1803	1803	
683	11	1		994	994	10
		88087		786	229	
7478	1692	162	1588	6165	6005	717
5811	51	10884	3	18252	18126	253771
2421	745	847	73	3625	3095	33
10781	7310	62	8178	3197	3187	
21016	742	1	46	6416	6056	305
17498	209	8080		247	247	
7588	1014			1683	1670	408
15207	390		66	5374	4847	…
244	544	117	5	5068	4637	3010
17595	4583	103	849	35478	34060	7818
5125	1013	1	42	4558	4434	719
34557	3938	21255	58393	286892	276262	14274
67324	36209			1191844	1191844	
5672	332	37	27	16857	16021	110
471	113		21	311	293	3
4448	1492			4045	4045	
80661	14255	267	1927	78120	77541	10817
13276	557	2	1489	7985	7916	3109
342	226	…	7	2157	2157	2733
2615	445		8	1576	1531	2876
95686	32749	1256	5691	163313	161523	5429
						11960
41173	4743	46	13398	61667	60581	886
5450	2756	1047	239	15760	15021	500

15-10 主要出口商品数量（2015年，按洲别分）

商品名称		Name of Commodities		合计 Total
活猪	(万头)	Live Hogs	(10000 heads)	24
活家禽	(万只)	Live Poultry	(10000 heads)	88
水海产品	(吨)	Aquatic and Seawater Products	(ton)	8386
谷物及谷物粉	(吨)	Cereals and Cereal Flour	(ton)	
蔬菜	(吨)	Vegetables	(ton)	30665
鲜干水果及坚果	(吨)	Fresh or Dried Fruits and Nuts	(ton)	938
食用植物油	(吨)	Edible Vegetable Oil	(ton)	424
茶叶	(吨)	Tea	(ton)	2854
药材	(吨)	Medical Materials	(ton)	1032
纸烟	(万条)	Cigarettes	(10000 units)	81
成品油	(吨)	Refined Petroleum Products	(ton)	1177862
医药品	(吨)	Pharmaceutical Products	(ton)	27157
烟花炮竹	(吨)	Fireworks and Firecrackers	(ton)	15195
水泥及水泥熟料	(吨)	Cement and Cement Clinker	(ton)	269246
钢材	(吨)	Rolled Steel	(ton)	1551152
电扇	(万台)	Electric Fans	(10000 sets)	1927
电子计算器	(万台)	Electric Calculators	(10000 sets)	255
原电池	(百万个)	Primary Cells and Batteries	(million units)	7145
蓄电池	(万个)	Electric Accumulators	(10000 units)	7613
集装箱	(个)	Containers	(unit)	67451
照相机	(万架)	Cameras	(10000 sets)	432
手表	(万只)	Wrist Watches	(10000 units)	6292
船舶	(艘)	Ships	(unit)	7905
鞋	(万双)	Footwear	(10000 pairs)	33629
塑料制品	(吨)	Plastic Articles	(ton)	300439
新的充气橡胶轮胎	(万条)	New Pneumatic Rubber Tires	(10000 units)	1264
不锈钢厨具、餐具等家用器具	(吨)	Household Stainless Steel Cookware and Tableware	(ton)	25079
自动数据处理设备及其部件	(万台)	Automatic Data Processing Machines and Components	(10000 sets)	3829
自动数据处理设备的零件	(吨)	Parts of Automatic Data Processing Machines	(ton)	18577
扬声器	(万个)	Loudspeakers	(10000 units)	8417
录、放像机	(万台)	Video Tape Recorders	(10000 sets)	462
印刷电路	(百万块)	Printed Circuits	(million units)	1236
自行车	(万辆)	Bicycles	(10000 units)	207
摩托车	(辆)	Motorcycles	(unit)	1649947

Main Export Commodities in Volume (2015, by Continent)

亚 洲 Asia	# 港澳台 Hong Kong, Macao and Taiwan	# 日 本 Japan	# 韩 国 Republic of Korea	# 马来西亚 Malaysia	# 新加坡 Singapore	非 洲 Africa	大洋州 Oceania	# 澳大利亚 Australia
24	24							
88	88							
2814	322			827	457		64	55
16909	9834	1478		1532	1577	…	345	345
758	15	149		299	129			
112	51		…			23	133	129
2663	524	1638		347	110	18	30	28
825	141	247		98	195	10		
1	…		…	…	…	…	…	
1071651	1058767		836	1383	6049	14176	48565	38803
21470	10807	148	6	468	824	2174	65	57
5693		1454		41		11	12	8
267067	267002			41		57	122	
1281127	386321	4521	89933	36198	3421	127910	7912	7684
1261	69	853	11	49	25	132	72	68
165	4	44	…	37	2	48	2	…
1302	44	5	…	61	…	5539	3	3
5915	2901	215	867	99	168	491	72	57
49554	46353	700			2500	7		
177	174	2	…	…	…	…	2	2
5356	1761	1448	45	249	31	608	13	10
293	113	2	1	53	7	14	476	466
13875	1733	699	77	3535	699	9375	395	348
131071	46840	8786	2337	14931	4189	52392	14797	13348
219	27	12	…	11	…	445	28	26
7610	365	647	290	1532	351	2225	309	260
2747	1930	52	13	104	89	166	22	21
10668	6505	2622	33	411	230	256	124	121
3801	2144	306	58	165	108	476	32	26
245	59	7	4	31	6	121	3	2
1203	1171	1	5	5	6	1	…	…
85	6	2	…	12	2	31	4	2
469050	85872	6135	5548	24577	3570	898960	1604	1318

15-10 续表

商品名称		Item		欧 洲 Europe
活 猪	(万头)	Live Hogs	(10000 heads)	
活家禽	(万只)	Live Poultry	(10000 heads)	
水海产品	(吨)	Aquatic and Seawater Products	(ton)	
谷物及谷物粉	(吨)	Cereals and Cereal Flour	(ton)	
蔬 菜	(吨)	Vegetables	(ton)	1012
鲜干水果及坚果	(吨)	Fresh or Dried Fruits and Nuts	(ton)	34
食用植物油	(吨)	Edible Vegetable Oil	(ton)	100
茶 叶	(吨)	Tea	(ton)	45
药 材	(吨)	Medical Materials	(ton)	66
纸 烟	(万条)	Cigarettes	(10000 units)	79
成品油	(吨)	Refined Petroleum Products	(ton)	9800
医药品	(吨)	Pharmaceutical Products	(ton)	1980
烟花炮竹	(吨)	Fireworks and Firecrackers	(ton)	5340
水泥及水泥熟料	(吨)	Cement and Cement Clinker	(ton)	
钢 材	(吨)	Rolled Steel	(ton)	23809
电 扇	(万台)	Electric Fans	(10000 sets)	117
电子计算器	(万台)	Electric Calculators	(10000 sets)	28
原电池	(百万个)	Primary Cells and Batteries	(million units)	177
蓄电池	(万个)	Electric Accumulators	(10000 units)	662
集装箱	(个)	Containers	(unit)	3546
照相机	(万架)	Cameras	(10000 sets)	67
手 表	(万只)	Wrist Watches	(10000 units)	67
船 舶	(艘)	Ships	(unit)	6569
鞋	(万双)	Footwear	(10000 pairs)	4064
塑料制品	(吨)	Plastic Articles	(ton)	47180
新的充气橡胶轮胎	(万条)	New Pneumatic Rubber Tires	(10000 units)	247
不锈钢厨具、餐具等家用器具	(吨)	Household Stainless Steel Cookware and Tableware	(ton)	8746
自动数据处理设备及其部件	(万台)	Automatic Data Processing Machines and Components	(10000 sets)	452
自动数据处理设备的零件	(吨)	Parts of Automatic Data Processing Machines	(ton)	3733
扬声器	(万个)	Loudspeakers	(10000 units)	1858
录、放像机	(万台)	Video Tape Recorders	(10000 sets)	22
印刷电路	(百万块)	Printed Circuits	(million units)	17
自行车	(万辆)	Bicycles	(10000 units)	63
摩托车	(辆)	Motorcycles	(unit)	40463

continued

				北美洲 North America		拉丁美洲 Latin America
# 德 国 Germany	# 英 国 United Kingdom	# 比利时 Belgium	# 荷 兰 Netherlands		# 美 国 United States	
				4899	4710	609
24	74		649	9439	5909	2960
			9	146	19	
1			37			56
7		12	22	51	51	47
66				131	59	
						1
52	701	4	236	1382	…	32288
274	63	6	1039	670	627	798
3179	325	20	317	3933	3933	206
				2000	2000	
856	1363	1070	831	18336	5529	92058
5	16	1	6	216	204	129
…	3	…	…	6	5	6
11	111	2	6	39	38	85
298	109	23	43	358	346	115
	3546			14344	14332	
…	…	…	58	181	180	5
3	14	9	5	143	142	105
229	24		1	524	520	29
497	650	303	343	4474	4225	1446
5227	8631	1764	3471	43576	38560	11423
22	70	84	5	116	103	209
1230	892	422	1429	4444	4250	1745
97	15	85	107	305	290	137
1484	112	25	53	1904	1873	1892
995	23	218	438	2044	2026	206
1	3	4	2	39	21	32
2	1	…	…	14	9	1
2	2	…	…	19	17	5
595	10859	8423	1050	18801	18499	221069

15-11 主要出口商品金额（2015年，按洲别分，按美元计价）

单位：万美元

商品名称	Name of Commodities	合计 Total
活 猪	Live Hogs	6722
活家禽	Live Poultry	318
水海产品	Aquatic and Seawater Products	4463
谷物及谷物粉	Cereals and Cereal Flour	
蔬 菜	Vegetables	2786
鲜干水果及坚果	Fresh or Dried Fruits and Nuts	148
食用植物油	Edible Vegetable Oil	141
茶 叶	Tea	1740
药 材	Medical Materials	787
纸 烟	Cigarettes	150
成品油	Refined Petroleum Products	63213
医药品	Pharmaceutical Products	12052
烟花炮竹	Fireworks and Firecrackers	4469
纺织纱线、织物及制品	Textile Yarn, Fabrics and Related Products	314213
水泥及水泥熟料	Cement and Cement Clinker	1788
珍珠、钻石、宝石及半宝石	Pearls, Diamonds, Jewelry and Semi-jewelry	68576
钢 材	Rolled Steel	149858
电 扇	Electric Fans	15488
电子计算器	Electric Calculators	517
原电池	Primary Cells and Batteries	34469
蓄电池	Electric Accumulators	28016
集装箱	Containers	17496
服装及衣着附件	Garments and Clothing Accessories	1103074
照相机	Cameras	13559
手 表	Wrist Watches	18578
船 舶	Ships	259922
家具及其零件	Furniture and Parts	292825
灯具、照明装置及类似品	Lamps and Lighting Fittings	209840
鞋	Footwear	200389
塑料制品	Plastic Articles	142912
玩 具	Toys	51367
贵金属或包贵金属的首饰	Jewelry of Precious Metals or Rolled Precious Metals	404662
新的充气橡胶轮胎	New Pneumatic Rubber Tires	24740
不锈钢厨具、餐具等家用器具	Household Stainless Steel Cookware and Tableware	13698
自动数据处理设备及其部件	Automatic Data Processing Machines and Components	159635
自动数据处理设备的零件	Parts of Automatic Data Processing Machines	36919
扬声器	Loudspeakers	76485
录、放像机	Video Tape Recorders	12779
印刷电路	Printed Circuits	127995
电线和电缆	Electronic Wires and Cables	50173
自行车	Bicycles	18848
箱包及类似容器	Package Bags and Similar Containers	291952
摩托车	Motorcycles	82285

Main Export Commodities in Value (2015, by Continent，USD)

(USD 10000)

亚 洲 Asia	# 港澳台 Hong Kong, Macao and Taiwan	# 日 本 Japan	# 韩 国 Republic of Korea	# 马来西亚 Malaysia	# 新加坡 Singapore	非 洲 Africa	大洋州 Oceania	# 澳大利亚 Australia
6722	6722							
318	318							
1659	234			593	270		38	33
1651	1099	75		126	108	…	30	30
119	2	26		55	15			
36	14		…			7	65	63
1536	586	572		321	44	15	22	19
598	237	141		51	139	2		
9	5		…	…	2	1	1	
57796	56827		33	364	358	594	2732	2315
7514	3334	119	283	246	567	1661	87	75
2316		578		9		4	3	3
235562	86830	4222	770	17611	3424	26878	2331	1864
1771	1752			19		1	1	
46161	38121	11					…	…
118316	56153	815	11595	4722	922	12635	854	774
7362	638	1994	139	825	336	2675	884	815
334	5	27	…	74	6	111	6	…
5615	983	47	19	207	17	27671	27	11
16914	9957	1046	974	504	479	4321	1070	861
12283	11374	145			758	1		
370369	75703	14516	2643	51567	15896	207081	29061	24656
11887	11830	29	1	3	2	8	63	63
16211	5278	5868	49	538	95	960	37	30
115521	73426	…	592	12000	22036	66	9623	171
125893	15277	16316	2500	16489	12365	55895	7641	6359
104542	17534	2069	4121	14368	3916	20739	4409	3793
71709	11932	4853	792	16816	4216	30219	3838	3373
67436	18624	5051	1304	8253	2767	18652	6702	5963
18277	4221	1458	1693	3099	1438	1655	1204	1023
78140	47324	1066	2	1	6711	12	3996	3994
8179	542	283	2	496	44	2949	861	790
4713	194	337	156	1184	280	1391	181	143
56169	24807	988	1901	1408	7255	4019	4165	3855
22043	13414	4363	56	839	1696	349	344	317
30619	9968	1620	754	2743	2059	7444	627	496
6534	591	128	154	955	168	3477	79	49
116787	110336	223	507	1448	1755	118	7	3
35702	10054	1016	451	4596	1015	5129	464	366
6780	514	343	33	589	228	1858	850	584
104110	15974	10895	2713	18998	5376	23959	3507	3150
22798	928	898	689	1184	106	42222	100	80

15-11 续表

单位：万美元

商品名称	Item	欧洲 Europe
活猪	Live Hogs	
活家禽	Live Poultry	
水海产品	Aquatic and Seawater Products	
谷物及谷物粉	Cereals and Cereal Flour	
蔬菜	Vegetables	102
鲜干水果及坚果	Fresh or Dried Fruits and Nuts	7
食用植物油	Edible Vegetable Oil	24
茶叶	Tea	47
药材	Medical Materials	40
纸烟	Cigarettes	133
成品油	Refined Petroleum Products	476
医药品	Pharmaceutical Products	1596
烟花炮竹	Fireworks and Firecrackers	1223
纺织纱线、织物及制品	Textile Yarn, Fabrics and Related Products	18429
水泥及水泥熟料	Cement and Cement Clinker	
珍珠、钻石、宝石及半宝石	Pearls, Diamonds, Jewelry and Semi-jewelry	22388
钢材	Rolled Steel	4973
电扇	Electric Fans	1106
电子计算器	Electric Calculators	50
原电池	Primary Cells and Batteries	719
蓄电池	Electric Accumulators	2681
集装箱	Containers	1079
服装及衣着附件	Garments and Clothing Accessories	231043
照相机	Cameras	628
手表	Wrist Watches	292
船舶	Ships	12572
家具及其零件	Furniture and Parts	47250
灯具、照明装置及类似品	Lamps and Lighting Fittings	44235
鞋	Footwear	35789
塑料制品	Plastic Articles	25012
玩具	Toys	9316
贵金属或包贵金属的首饰	Jewelry of Precious Metals or Rolled Precious Metals	24636
新的充气橡胶轮胎	New Pneumatic Rubber Tires	5398
不锈钢厨具、餐具等家用器具	Household Stainless Steel Cookware and Tableware	4149
自动数据处理设备及其部件	Automatic Data Processing Machines and Components	48407
自动数据处理设备的零件	Parts of Automatic Data Processing Machines	6527
扬声器	Loudspeakers	17077
录、放像机	Video Tape Recorders	978
印刷电路	Printed Circuits	4242
电线和电缆	Electronic Wires and Cables	3367
自行车	Bicycles	4755
箱包及类似容器	Package Bags and Similar Containers	79090
摩托车	Motorcycles	2796

continued

(USD 10000)

# 德 国 Germany	# 英 国 United Kingdom	# 比利时 Belgium	# 荷 兰 Netherlands	北美洲 North America	# 美 国 United States	拉丁美洲 Latin America
				2544	2403	222
9	7		56	671	439	332
			5	22	3	
1			6			9
4		23	16	48	48	72
40				147	105	
						6
5	31	3	25	45	…	1570
228	66	6	703	644	583	550
609	88	7	91	855	855	68
2113	3136	475	2597	12850	11767	18163
				15	15	
		22372		27	27	
234	336	279	236	3036	1507	10044
51	173	10	83	2306	2181	1155
…	4	…	…	4	4	12
107	333	7	48	141	137	296
582	529	262	460	2356	2250	674
	1079			4133	4131	
33209	80287	8913	21969	200777	191094	64743
6	3	1	178	897	894	76
12	74	27	21	838	827	240
9	1		33	13971	31	108169
8244	6848	3503	5826	45048	39371	11098
10877	4624	1816	4889	28775	27340	7140
2362	6152	1679	2738	51752	48335	7082
3363	5784	982	2411	19805	18298	5305
1594	1778	857	352	17955	17256	2960
629	5294	7	8	297790	294488	88
542	1651	1892	163	4175	3808	3178
509	609	238	641	2595	2466	669
17893	750	11067	10441	41006	40569	5869
1265	686	41	142	5375	5154	2281
5124	665	1538	6491	17418	16884	3300
34	103	190	108	559	328	1152
555	216	3	26	5854	4747	987
337	423	22	140	3955	3587	1556
57	258	4	2	4088	3729	517
8709	14250	4428	5758	63207	58247	18079
17	442	554	61	739	726	13630

15-12 主要出口商品金额（2015年，按洲别分，按人民币计价）

单位：万元

商品名称	Name of Commodities	合 计 Total
活　猪	Live Hogs	41751
活家禽	Live Poultry	1979
水海产品	Aquatic and Seawater Products	27722
谷物及谷物粉	Cereals and Cereal Flour	
蔬　菜	Vegetables	17318
鲜干水果及坚果	Fresh or Dried Fruits and Nuts	909
食用植物油	Edible Vegetable Oil	875
茶　叶	Tea	10798
药　材	Medical Materials	4878
纸　烟	Cigarettes	923
成品油	Refined Petroleum Products	392209
医药品	Pharmaceutical Products	74746
烟花炮竹	Fireworks and Firecrackers	27752
纺织纱线、织物及制品	Textile Yarn, Fabrics and Related Products	1949213
水泥及水泥熟料	Cement and Cement Clinker	11096
珍珠、钻石、宝石及半宝石	Pearls, Diamonds, Jewelry and Semi-jewelry	424234
钢　材	Rolled Steel	929554
电　扇	Electric Fans	96050
电子计算器	Electric Calculators	3230
原电池	Primary Cells and Batteries	213602
蓄电池	Electric Accumulators	173908
集装箱	Containers	108031
服装及衣着附件	Garments and Clothing Accessories	6834217
照相机	Cameras	84454
手　表	Wrist Watches	115394
船　舶	Ships	1604584
家具及其零件	Furniture and Parts	1816081
灯具、照明装置及类似品	Lamps and Lighting Fittings	1300415
鞋	Footwear	1240437
塑料制品	Plastic Articles	886572
玩　具	Toys	319708
贵金属或包贵金属的首饰	Jewelry of Precious Metals or Rolled Precious Metals	2515262
新的充气橡胶轮胎	New Pneumatic Rubber Tires	153431
不锈钢厨具、餐具等家用器具	Household Stainless Steel Cookware and Tableware	85028
自动数据处理设备及其部件	Automatic Data Processing Machines and Components	989104
自动数据处理设备的零件	Parts of Automatic Data Processing Machines	228998
扬声器	Loudspeakers	475418
录、放像机	Video Tape Recorders	79217
印刷电路	Printed Circuits	794367
电线和电缆	Electronic Wires and Cables	311806
自行车	Bicycles	117010
箱包及类似容器	Package Bags and Similar Containers	1811110
摩托车	Motorcycles	510874

Main Export Commodities in Value (2015, by Continent，RMB)

(10000 yuan)

亚 洲 Asia	# 港澳台 Hong Kong, Macao and Taiwan	# 日 本 Japan	# 韩 国 Republic of Korea	# 马来西亚 Malaysia	# 新加坡 Singapore	非 洲 Africa	大洋州 Oceania	# 澳大利亚 Australia
41751	41751							
1979	1979							
10258	1445			3663	1679		234	204
10261	6836	468		776	663	…	184	184
731	13	160		337	95			
219	86		…			44	404	395
9532	3641	3538		1991	276	96	134	120
3713	1461	873		320	867	9		
62	31		2	3	11	6	4	
358757	352746		205	2265	2212	3681	16744	14152
46576	20612	736	1794	1524	3525	10309	541	470
14365		3573		53		23	21	16
1461478	538627	26199	4786	109174	21301	166825	14465	11560
10995	10874			118		5	5	
285903	236131	66					…	…
734225	348177	5051	72161	29163	5698	78086	5272	4777
45624	3949	12342	854	5105	2093	16618	5519	5088
2087	31	165	…	462	35	689	40	1
34873	6134	289	118	1277	105	171360	168	65
105084	61921	6503	6028	3129	2964	26715	6629	5330
76064	70449	922			4653	4		
2293131	470393	89945	16423	319489	98738	1283216	179772	152546
74086	73727	177	7	20	15	49	385	383
100670	32710	36466	305	3336	587	6019	226	183
715927	456100	2	3619	75168	135117	408	59736	1070
780610	94690	101367	15519	102079	76918	346578	47425	39475
646876	108768	12867	25501	88719	24244	128873	27339	23521
443527	74076	30105	4899	103727	26102	186702	23806	20916
418328	115582	31399	8109	51044	17230	115574	41622	37034
114008	26578	9107	10581	19244	8963	10283	7486	6361
484902	293912	6627	11	7	41679	77	24885	24870
50698	3368	1750	10	3086	273	18292	5346	4907
29266	1202	2093	972	7364	1744	8653	1125	884
347922	153432	6121	11737	8736	44954	24817	25812	23880
136688	83178	27006	345	5205	10540	2150	2130	1962
190408	62024	10080	4650	17015	12781	46218	3899	3088
40536	3661	791	950	5920	1045	21532	488	308
724756	684788	1392	3145	8969	10902	733	41	17
221764	62613	6320	2816	28515	6306	31907	2891	2285
42068	3186	2157	204	3674	1420	11519	5331	3666
645263	99283	67704	16870	117480	33428	148555	21788	19572
141568	5802	5576	4256	7343	668	262311	625	501

15-12 续表

单位：万元

商品名称	Item	欧洲 Europe
活　猪	Live Hogs	
活家禽	Live Poultry	
水海产品	Aquatic and Seawater Products	
谷物及谷物粉	Cereals and Cereal Flour	
蔬　菜	Vegetables	631
鲜干水果及坚果	Fresh or Dried Fruits and Nuts	41
食用植物油	Edible Vegetable Oil	152
茶　叶	Tea	290
药　材	Medical Materials	246
纸　烟	Cigarettes	816
成品油	Refined Petroleum Products	2954
医药品	Pharmaceutical Products	9908
烟花炮竹	Fireworks and Firecrackers	7609
纺织纱线、织物及制品	Textile Yarn, Fabrics and Related Products	114331
水泥及水泥熟料	Cement and Cement Clinker	
珍珠、钻石、宝石及半宝石	Pearls, Diamonds, Jewelry and Semi-jewelry	138164
钢　材	Rolled Steel	30830
电　扇	Electric Fans	6844
电子计算器	Electric Calculators	314
原电池	Primary Cells and Batteries	4474
蓄电池	Electric Accumulators	16674
集装箱	Containers	6626
服装及衣着附件	Garments and Clothing Accessories	1432057
照相机	Cameras	3937
手　表	Wrist Watches	1808
船　舶	Ships	79140
家具及其零件	Furniture and Parts	293115
灯具、照明装置及类似品	Lamps and Lighting Fittings	274518
鞋	Footwear	221654
塑料制品	Plastic Articles	155228
玩　具	Toys	57763
贵金属或包贵金属的首饰	Jewelry of Precious Metals or Rolled Precious Metals	153728
新的充气橡胶轮胎	New Pneumatic Rubber Tires	33379
不锈钢厨具、餐具等家用器具	Household Stainless Steel Cookware and Tableware	25774
自动数据处理设备及其部件	Automatic Data Processing Machines and Components	300198
自动数据处理设备的零件	Parts of Automatic Data Processing Machines	40559
扬声器	Loudspeakers	106261
录、放像机	Video Tape Recorders	6079
印刷电路	Printed Circuits	26311
电线和电缆	Electronic Wires and Cables	20970
自行车	Bicycles	29461
箱包及类似容器	Package Bags and Similar Containers	491399
摩托车	Motorcycles	17342

continued

(10000 yuan)

				北美洲 North America		拉丁美洲 Latin America
# 德 国 Germany	# 英 国 United Kingdom	# 比利时 Belgium	# 荷 兰 Netherlands		# 美 国 United States	
				15847	14980	1383
58	41		346	4182	2734	2060
			31	137	20	
3			39			56
27		140	100	300	297	446
246				910	647	
						35
32	194	16	158	279	...	9794
1410	409	35	4368	3998	3618	3414
3785	543	46	578	5310	5310	424
13131	19446	2929	16133	79556	72855	112558
				91	91	
		138059		167	167	
1447	2084	1728	1467	18708	9266	62433
312	1067	64	515	14247	13477	7198
1	25	...	...	27	22	73
668	2067	43	300	886	857	1841
3626	3299	1637	2867	14630	13970	4176
	6626			25337	25323	
205965	497898	55181	135687	1244994	1184974	401047
34	16	4	1093	5533	5513	464
74	454	165	127	5195	5128	1476
57	7		201	86468	194	662905
51167	42459	21784	36155	279487	244198	68866
67592	28718	11274	30324	178559	169670	44250
14588	38113	10389	17001	320864	299734	43884
20913	35866	6090	14939	122953	113605	32867
9857	11058	5309	2184	111842	107493	18326
3923	33082	42	47	1851131	1830625	539
3353	10206	11706	1005	25907	23624	19809
3153	3813	1473	3981	16070	15273	4140
111021	4640	68648	64606	253802	251123	36553
7875	4257	257	893	33312	31938	14159
31861	4111	9547	40464	108176	104887	20456
206	647	1180	671	3442	2028	7140
3448	1337	17	160	36365	29484	6161
2095	2621	134	870	24610	22319	9664
352	1631	27	14	25418	23185	3213
54148	88492	27515	35790	392056	361279	112049
105	2749	3431	387	4624	4545	84404

15-13 进出口商品分类金额(按人民币计价)

单位:万元

项　目	Item
合　计	**Total**
第一类 活动物、动物产品	Live Animals & Animal Products
活动物	Live Animals
肉及食用杂碎	Meat and Edible Haslets
水产品	Aquatic Products
乳品、蛋品、天然蜂蜜、其他食用动物产品	Dairy Products, Eggs, Natural Honey and Other Edible Animal Products
其他动物产品	Other Animal Products
第二类 植物产品	Vegetables Products
树苗及花草	Saplings, Flowers and Herbs
蔬　菜	Edible Vegetables
水果及坚果	Fruits and Nuts
咖啡、茶叶及调味香料	Coffee, Tea and Spices
谷　物	Cereals
制粉工业产品	Flour,Starch and Related Prouducts
植物油籽、果实、种子、药材及饲料	Oil Seeds and Kernels and Oleaginous Fruits, Seeds, Plants for Medicinal Use and Forge
虫胶、树胶、树脂	Shellacs, Gums and Resins
编结植物材料、其他植物产品	Vegetable Plaiting Materials and Other Vegetable Products
第三类 动、植物油脂及蜡	Animal Fat ,Vegetable Oils and Waxes
动、植物油脂及蜡	Animal and Vegetable Oils, Fats and Waxes
第四类 食品、烟草及制品	Food, Tobacco and Related Products
动物产品制品	Animal Products
糖及糖食	Sugar and Sugar Confectionery
可可及可可制品	Cocoa and Cocoa Products
粮食及乳制品、糕饼点心	Grain, Milk and Pastry Products
蔬菜、水果等植物制品	Vegetable and Fruit Products
杂项食品	Miscellaneous Edible Preparation
饮料、酒及醋	Beverages, Liquor and Vinegar
食品的残渣、动物饲料	Residues and Waste from Food and Animal Fodder
烟草及烟草制品	Tobacco and Tobacco Products
第五类 矿产品	Mineral
盐、硫磺、建筑材料	Salt, Sulfur and Building Materials
矿砂、矿渣及矿灰	Ore, Slag and Mortar
矿物燃料、矿物油及产品	Mineral Fuels, Mineral Oils and Related Products
第六类 化工产品	Chemicals
无机化学品	Inorganic Chemicals
有机化学品	Organic Chemicals
药　品	Medicinal and Pharmaceuticaland Products
肥　料	Fertilizers
鞣料、染料浸膏、染料、颜料、油漆、油墨	Tanning and Dyeing Extracts, Coloring and Dyeing Materials, Paint and Printing Ink

Value of Imports and Exports by Category of Commodities

(10000 yuan)

2014		2015	
进 口 Imports	出 口 Exports	进 口 Imports	出 口 Exports
35551535	**44676506**	**32717136**	**50345669**
631857	101426	526475	96220
5198	51361	4017	50913
235817	12358	218970	14135
147973	31738	152808	24488
226049	4195	131519	2900
16820	1774	19161	3784
1285855	100349	1445574	87661
1647	1323	3033	1089
8343	17894	10924	16346
107258	2612	157988	914
4233	18275	5322	20496
442626	355	676788	
23717	34244	21270	25880
672559	9766	546761	8325
14964	8238	14554	5378
10508	7642	8934	9233
214784	20730	403434	14709
214784	20730	403434	14709
931333	269665	1186898	236113
1216	2847	1764	3301
26308	48581	32178	48227
8518	2335	10450	2959
408501	55773	488699	51524
19866	13032	24774	13477
132566	46938	156772	53835
117930	23668	190991	20171
208190	55601	207553	30622
8238	20890	73717	11997
2412351	957769	1653808	1053112
31840	21644	29198	22877
459334	1137	276379	511
1921177	934988	1348231	1029724
2759511	1024264	2591158	965318
107993	78106	105623	77108
887441	222855	742587	160999
664631	49541	727825	51661
516	6843	592	2371
185278	64749	184759	64466

15-13 续表 1

单位:万元

项 目	Item
化妆品及其原料、芳香料制品	Cosmetics and Related Products, Perfumed Materials
洗涤用品	Detergents
蛋白类物质、改性淀粉、胶、酶	Protein Materials, Modified Starches, Glues and Enzymes
炸药、烟火制品、易燃材料制品	Explosives, Pyrotechnic Products and Combustible Products
照相及电影用品	Photographic and Cinematographic Goods
杂项化学产品	Miscellaneous Chemical Products
第七类 塑料、橡胶及其制品	Plastics, Rubber and Related Products
塑料及其制品	Plastics and Related Products
橡胶及其制品	Rubber and Related Products
第八类 皮革、毛皮及其制品、旅行用品、手提包	Leather, Furs Skins and Related Products, Travel Articles and Handbags
生皮及皮革	Raw Hides and Leather
皮革制品、旅行用品及手提包	Leather Products, Travel Articles and Handbags
毛皮、人造毛皮及制品	Furs Shins, Artificial Furs Manufactures Thereof
第九类 木及木制品、草柳编结品	Wood and Wooden Products, Straw and Wicker Plaited Products
木及木制品、木炭	Wood and Wooden Products, Charcoal
软木及软木制品	Cork and Related Products
草柳编结品	Straw and Wicker Plaited Products
第十类 木浆、纸、纸板及制品	Wood Paper Pulp, Paper, Paperboard and Related Products
木浆及其他纤维素浆、废碎纸板	Paper Pulp and Cellulose, Waste Paperboard
纸及纸板、纸浆、纸制品	Paper and Paperboard, Articles of Paper Pulp and Paper Products
书籍、印刷品、设计图纸	Books, Printed Matter and Design Drawings
第十一类 纺织原料及纺织制品	Textile Materials and Products
蚕 丝	Natural Silk
羊毛、动物毛、毛纱线及制品	Wool, Animal Hair and Woolen Woven Fabrics
棉花及制品	Cotton and Related Products
其他纺织纤维、纸纱线及机织物	Other Textile Fiber, Yarn and Related Woven Fabrics
化学纤维长丝	Chemical Fiber, Continuous Filament
化学纤维短丝	Chemical Fiber, Staple Fiber
絮胎、毡尼及无纺物、特种纱线、线绳索缆	Wadding, Felt and Adhesive-Bond Fabrics, Special Yarn, Thread, Rope and Cable
地毯及纺织铺地制品	Carpets and Related Products
特种机织物、纺织装饰品、刺绣品	Special Woven Fabrics, Textile Trimmings and Embroidery
浸渍、涂布、包覆或层压的纺织物	Soaked, Coated or Overlapping Textiles
针织物及钩编织物	Knitwear and Crocheted Fabrics
针织或钩编的服装及衣着附件	Knitted or Crocheted Garments and Clothing Accessories
非针织或非钩编的服装及衣着附件	Garments and Clothing Accessories Not Knitted or Crocheted
其他纺织制成品、成套物品	Other Textile Products
第十二类 鞋帽伞杖、加工羽毛、人造花、人发制品	Footwear, Headgear, Umbrellas, Canes, Processed Feather, Artificial Flowers and Wigs
鞋类及零件	Footwear and Accessories
帽类及零件	Headgear and Accessories

continued

(10000 yuan)

2014		2015	
进　口 Imports	出　口 Exports	进　口 Imports	出　口 Exports
133235	250569	166843	258614
173174	110436	167868	94211
117400	78261	111334	82007
1267	19245		27753
36473	12264	30635	14554
452103	131395	353092	131574
3431398	2008507	3021078	2157501
3099373	1691634	2713609	1866670
332025	316873	307469	290831
391252	1410996	365224	1912424
307635	8607	260993	7749
27169	1372501	25093	1882087
56448	29888	79138	22588
356971	157542	260549	158475
356035	141411	259654	144391
86	81	94	233
850	16050	801	13851
389468	479206	322217	524884
250588	132	191812	1605
122858	359575	113840	408888
16022	119499	16565	114391
1092472	7075889	1050371	8651698
2428	27258	2309	22426
8539	6697	10975	3371
512253	251013	530797	287929
27599	14602	19509	13823
145754	62400	138325	87888
117276	39549	134523	44688
57291	80850	40676	79942
2296	36438	1742	61895
25515	128409	21388	205186
37453	159741	37948	145412
90797	787425	66775	774263
17534	2105929	14322	1870833
40153	3176450	22914	4810290
7584	199128	8168	243752
29373	1202273	27460	1478922
28372	1072599	26380	1334767
492	52940	747	63170

15-13 续表 2

单位:万元

项　　目	Item
伞、杖、鞭及零件	Umbrellas, Canes, Whips and Accessories
加工羽毛、羽绒及制品、人造花、人发制品	Processed Feathers and Related Products, Artificial Flowers and Wigs
第十三类 石材制品、陶瓷产品、玻璃及其制品	Stone Products,Leramics,Glass and Glossware
石材制品	Stone and Related Products
陶瓷产品	Ceramics
玻璃及其制品	Glass and Glassware
第十四类 珠宝首饰、硬币	Jewellery and Coins
珠宝首饰	Jewellery
第十五类 贱金属及其制品	Base Metals and Related Products
钢　铁	Iron and Steel
钢铁制品	Iron and Steel Products
铜及其制品	Copper and Related Products
镍及其制品	Nickel and Related Products
铝及其制品	Aluminum and Related Products
铅及其制品	Lead and Related Products
锌及其制品	Zinc and Related Products
锡及其制品	Tin and Related Products
其他贱金属、金属陶瓷及其制品	Other Base Metals, Metal Ceramics and Related Products
贱金属工具、器具、利口器、餐具及零件	Base Metal Tools, Implements, Cutlery, Tableware and Related Parts
贱金属杂项制品	Miscellaneous Products of Base Metals
第十六类 机械、电气设备、电视机及音响设备	Machinery, Electric Equipment, Television Sets and Sound Appliances
核反应堆、锅炉、机械设备及零件	Nuclear Reactors, Boilers, Mechanical Equipment and Accessories
机电、电气设备、电视机及音响设备	Machinery and Electric Equipment, Television Sets and Sound Appliances
第十七类 车辆、航空器、船舶及有关运输设备	Locomotives, Vehicles, Aircraft, Ships and Related Transportation Equipment
铁道及电车机车、车辆及零件	Railway Locomotives, Tramcars and Accessories
车辆及零附件(铁道车辆除外)	Vehicles and Related Parts and Accessories (excluding railway locomotives)
航空器、航天器及零件	Aircraft, Spacecraft and Related Parts
船舶及浮动结构体	Ships and Related Products
第十八类 仪器、医疗器械、钟表及乐器	Instruments, Medical Instruments and Equipment, Clocks and Musical Instruments
光学、照相电影、计量检验、医疗仪器设备	Optical, Photographic, Film, Measuring and Checking, Medical Instruments and Equipments
钟表及零件	Clocks and Related Parts
乐器及零附件	Musical Instruments and Related Parts and Accessories
第十九类 武器、弹药及其零件、附件	Arms and Ammunition, Parts and Auessories thereof
第二十类 杂项制品	Miscellaneous Products
家具、床上用品、照明装置、活动房	Furniture, Bed Articles, Lighting Apparatus and Luminous Signs
玩具、游戏、运动用品及零附件	Toys, Games and Sports Goods and Related Parts and Accessories
杂项制品	Miscellaneous Manufactured Articles
第二十一类 艺术品、收藏品及古物	Works of Art, Collector's Pieces and Antiques
第二十二类 特殊交易品及未分类商品	Special Commodities and Unclassified Commodities

continued

(10000 yuan)

2014		2015	
进　口 Imports	出　口 Exports	进　口 Imports	出　口 Exports
75	26040	94	28974
434	50694	239	52011
201394	858569	216819	874981
33477	120639	35179	144822
11103	399167	10699	334622
156814	338763	170941	395537
2270276	3443455	1888433	3146578
2270276	3443455	1888433	3146578
3119385	2969130	2472916	3447724
979470	962944	767281	707227
543196	812934	391690	1248831
1115631	67912	887718	39023
61609	8372	100098	763
181235	412097	119729	436029
164	62	518	228
61676	80865	16503	15604
5112	8787	24905	4150
12181	15405	14834	9120
108515	281216	101009	306767
50596	318536	48631	679982
7633289	12507378	7306482	14255753
3539857	4758411	3250462	5367641
4093432	7748967	4056020	8888112
3117176	3464095	2871471	3714388
9633	122537	2912	125628
1385879	2001877	1134790	1926241
1717731	400666	1727373	55619
3933	939015	6396	1606900
4165576	3108692	4009076	3304697
4025407	2859612	3911560	3017299
129648	164826	87752	208420
10521	84254	9764	78978
313	29	81	28
189530	3516028	202464	4264115
67755	2647558	62715	3268479
57693	615813	41132	694308
64082	252657	98617	301328
1797	514	337	104
926174		894811	264

15-14 进出口商品分类金额(按美元计价)

单位:万美元

项　　目	Item
合　计	**Total**
第一类 活动物、动物产品	Live Animals & Animal Products
活动物	Live Animals
肉及食用杂碎	Meat and Edible Haslets
水产品	Aquatic Products
乳品、蛋品、天然蜂蜜、其他食用动物产品	Dairy Products, Eggs, Natural Honey and Other Edible Animal Products
其他动物产品	Other Animal Products
第二类 植物产品	Vegetables Products
树苗及花草	Saplings, Flowers and Herbs
蔬　菜	Edible Vegetables
水果及坚果	Fruits and Nuts
咖啡、茶叶及调味香料	Coffee, Tea and Spices
谷　物	Cereals
制粉工业产品	Flour,Starch and Related Prouducts
植物油籽、果实、种子、药材及饲料	Oil Seeds and Kernels and Oleaginous Fruits, Seeds, Plants for Medicinal Use and Forge
虫胶、树胶、树脂	Shellacs, Gums and Resins
编结植物材料、其他植物产品	Vegetable Plaiting Materials and Other Vegetable Products
第三类 动、植物油脂及蜡	Animal Fat ,Vegetable Oils and Waxes
动、植物油脂及蜡	Animal and Vegetable Oils, Fats and Waxes
第四类 食品、烟草及制品	Food, Tobacco and Related Products
动物产品制品	Animal Products
糖及糖食	Sugar and Sugar Confectionery
可可及可可制品	Cocoa and Cocoa Products
粮食及乳制品、糕饼点心	Grain, Milk and Pastry Products
蔬菜、水果等植物制品	Vegetable and Fruit Products
杂项食品	Miscellaneous Edible Preparation
饮料、酒及醋	Beverages, Liquor and Vinegar
食品的残渣、动物饲料	Residues and Waste from Food and Animal Fodder
烟草及烟草制品	Tobacco and Tobacco Products
第五类 矿产品	Mineral
盐、硫磺、建筑材料	Salt, Sulfur and Building Materials
矿砂、矿渣及矿灰	Ore, Slag and Mortar
矿物燃料、矿物油及产品	Mineral Fuels, Mineral Oils and Related Products
第六类 化工产品	Chemicals
无机化学品	Inorganic Chemicals
有机化学品	Organic Chemicals
药　品	Medicinal and Pharmaceuticaland Products
肥　料	Fertilizers
鞣料、染料浸膏、染料、颜料、油漆、油墨	Tanning and Dyeing Extracts, Coloring and Dyeing Materials, Paint and Printing Ink

Value of Imports and Exports by Category of Commodities

(USD 10000)

2014		2015	
进 口 Imports	出 口 Exports	进 口 Imports	出 口 Exports
5787649	**7271331**	**5270041**	**8116727**
102908	16513	84699	15502
844	8362	651	8198
38378	2011	35229	2280
24092	5169	24562	3943
36855	683	21169	469
2739	288	3088	612
209353	16343	233206	14139
267	215	495	176
1358	2914	1776	2630
17470	425	25637	148
689	2978	858	3309
72063	58	109069	
3860	5578	3421	4172
109502	1590	88155	1342
2433	1340	2349	869
1711	1245	1446	1493
34985	3376	64629	2372
34985	3376	64629	2372
151541	43903	191045	38044
198	464	283	531
4280	7910	5201	7774
1386	380	1672	475
66501	9082	78599	8300
3234	2122	3981	2174
21570	7643	25292	8691
19125	3853	30795	3253
33906	9050	33305	4911
1341	3399	11917	1935
392861	155863	266046	169572
5175	3522	4688	3689
74831	185	44485	81
312855	152156	216873	165802
449149	166760	417536	155358
17576	12720	17041	12429
144514	36279	119690	25821
108189	8067	117283	8320
84	1113	96	384
30146	10541	29770	10392

15-14　续表 1

单位:万美元

项　　　　目	Item
化妆品及其原料、芳香料制品	Cosmetics and Related Products, Perfumed Materials
洗涤用品	Detergents
蛋白类物质、改性淀粉、胶、酶	Protein Materials, Modified Starches, Glues and Enzymes
炸药、烟火制品、易燃材料制品	Explosives, Pyrotechnic Products and Combustible Products
照相及电影用品	Photographic and Cinematographic Goods
杂项化学产品	Miscellaneous Chemical Products
第七类 塑料、橡胶及其制品	Plastics, Rubber and Related Products
塑料及其制品	Plastics and Related Products
橡胶及其制品	Rubber and Related Products
第八类 皮革、毛皮及其制品、旅行用品、手提包	Leather, Furs Skins and Related Products, Travel Articles and Handbags
生皮及皮革	Raw Hides and Leather
皮革制品、旅行用品及手提包	Leather Products, Travel Articles and Handbags
毛皮、人造毛皮及制品	Furs Shins, Artificial Furs Manufactures Thereof
第九类 木及木制品、草柳编结品	Wood and Wooden Products, Straw and Wicker Plaited Products
木及木制品、木炭	Wood and Wooden Products, Charcoal
软木及软木制品	Cork and Related Products
草柳编结品	Straw and Wicker Plaited Products
第十类 木浆、纸、纸板及制品	Wood Paper Pulp, Paper, Paperboard and Related Products
木浆及其他纤维素浆、废碎纸板	Paper Pulp and Cellulose, Waste Paperboard
纸及纸板、纸浆、纸制品	Paper and Paperboard, Articles of Paper Pulp and Paper Products
书籍、印刷品、设计图纸	Books, Printed Matter and Design Drawings
第十一类 纺织原料及纺织制品	Textile Materials and Products
蚕　丝	Natural Silk
羊毛、动物毛、毛纱线及制品	Wool, Animal Hair and Woolen Woven Fabrics
棉花及制品	Cotton and Related Products
其他纺织纤维、纸纱线及机织物	Other Textile Fiber, Yarn and Related Woven Fabrics
化学纤维长丝	Chemical Fiber, Continuous Filament
化学纤维短丝	Chemical Fiber, Staple Fiber
絮胎、毡尼及无纺物、特种纱线、线绳索缆	Wadding, Felt and Adhesive-Bond Fabrics, Special Yarn, Thread, Rope and Cable
地毯及纺织铺地制品	Carpets and Related Products
特种机织物、纺织装饰品、刺绣品	Special Woven Fabrics, Textile Trimmings and Embroidery
浸渍、涂布、包覆或层压的纺织物	Soaked, Coated or Overlapping Textiles
针织物及钩编织物	Knitwear and Crocheted Fabrics
针织或钩编的服装及衣着附件	Knitted or Crocheted Garments and Clothing Accessories
非针织或非钩编的服装及衣着附件	Garments and Clothing Accessories Not Knitted or Crocheted
其他纺织制成品、成套物品	Other Textile Products
第十二类 鞋帽伞杖、加工羽毛、人造花、人发制品	Footwear, Headgear, Umbrellas, Canes, Processed Feather, Artificial Flowers and Wigs
鞋类及零件	Footwear and Accessories
帽类及零件	Headgear and Accessories

continued

(USD 10000)

2014		2015	
进　口 Imports	出　口 Exports	进　口 Imports	出　口 Exports
21674	40799	26836	41633
28167	17979	27050	15188
19095	12740	17916	13201
206	3132		4469
5935	1997	4940	2342
73563	21393	56914	21179
558659	326876	486726	347822
504608	275302	437230	300928
54051	51574	49496	46894
63648	229575	58993	308309
50087	1401	42126	1253
4419	223314	4041	303388
9142	4860	12826	3668
58086	25649	42024	25554
57934	23021	41880	23281
14	13	15	38
138	2615	129	2235
63415	77997	51919	84527
40811	21	30911	252
19996	58528	18341	65847
2608	19448	2667	18428
177795	1151333	169362	1396075
395	4439	371	3626
1387	1090	1778	541
83421	40864	85637	46300
4492	2375	3143	2237
23730	10156	22285	14172
19085	6440	21680	7202
9301	13164	6551	12879
373	5927	281	9982
4149	20894	3443	33135
6096	26007	6112	23445
14753	128202	10764	124837
2854	342601	2312	301676
6527	516775	3691	776737
1232	32399	1314	39306
4776	195650	4412	238854
4613	174548	4238	215614
80	8614	120	10166

15-14 续表 2

单位:万美元

项　　目	Item
伞、杖、鞭及零件	Umbrellas, Canes, Whips and Accessories
加工羽毛、羽绒及制品、人造花、人发制品	Processed Feathers and Related Products, Artificial Flowers and Wigs
第十三类 石材制品、陶瓷产品、玻璃及其制品	Stone Products,Leramics,Glass and Glossware
石材制品	Stone and Related Products
陶瓷产品	Ceramics
玻璃及其制品	Glass and Glassware
第十四类 珠宝首饰、硬币	Jewellery and Coins
珠宝首饰	Jewellery
第十五类 贱金属及其制品	Base Metals and Related Products
钢　铁	Iron and Steel
钢铁制品	Iron and Steel Products
铜及其制品	Copper and Related Products
镍及其制品	Nickel and Related Products
铝及其制品	Aluminum and Related Products
铅及其制品	Lead and Related Products
锌及其制品	Zinc and Related Products
锡及其制品	Tin and Related Products
其他贱金属、金属陶瓷及其制品	Other Base Metals, Metal Ceramics and Related Products
贱金属工具、器具、利口器、餐具及零件	Base Metal Tools, Implements, Cutlery, Tableware and Related Parts
贱金属杂项制品	Miscellaneous Products of Base Metals
第十六类 机械、电气设备、电视机及音响设备	Machinery, Electric Equipment, Television Sets and Sound Appliances
核反应堆、锅炉、机械设备及零件	Nuclear Reactors, Boilers, Mechanical Equipment and Accessories
机电、电气设备、电视机及音响设备	Machinery and Electric Equipment, Television Sets and Sound Appliances
第十七类 车辆、航空器、船舶及有关运输设备	Locomotives, Vehicles, Aircraft, Ships and Related Transportation Equipment
铁道及电车机车、车辆及零件	Railway Locomotives, Tramcars and Accessories
车辆及零附件(铁道车辆除外)	Vehicles and Related Parts and Accessories (excluding railway locomotives)
航空器、航天器及零件	Aircraft, Spacecraft and Related Parts
船舶及浮动结构体	Ships and Related Products
第十八类 仪器、医疗器械、钟表及乐器	Instruments, Medical Instruments and Equipment, Clocks and Musical Instruments
光学、照相电影、计量检验、医疗仪器设备	Optical, Photographic, Film, Measuring and Checking, Medical Instruments and Equipments
钟表及零件	Clocks and Related Parts
乐器及零附件	Musical Instruments and Related Parts and Accessories
第十九类 武器、弹药及其零件、附件	Arms and Ammunition, Parts and Auessories thereof
第二十类 杂项制品	Miscellaneous Products
家具、床上用品、照明装置、活动房	Furniture, Bed Articles, Lighting Apparatus and Luminous Signs
玩具、游戏、运动用品及零附件	Toys, Games and Sports Goods and Related Parts and Accessories
杂项制品	Miscellaneous Manufactured Articles
第二十一类 艺术品、收藏品及古物	Works of Art, Collector's Pieces and Antiques
第二十二类 特殊交易品及未分类商品	Special Commodities and Unclassified Commodities

continued

(USD 10000)

2014		2015	
进　口 Imports	出　口 Exports	进　口 Imports	出　口 Exports
12	4241	15	4675
71	8247	39	8399
32713	139637	34903	141144
5441	19609	5666	23404
1804	64903	1721	53967
25468	55125	27516	63773
369585	560539	304186	506621
369585	560539	304186	506621
507981	483290	398760	556258
159499	156820	123638	113965
88400	132343	63403	201711
181774	11048	143215	6289
10023	1365	16005	123
29519	67056	19262	70339
27	10	83	37
10065	13148	2649	2538
832	1419	3990	655
1983	2508	2382	1464
17632	45767	16320	49468
8227	51806	7813	109669
1242403	2035849	1175605	2296445
575942	774359	523353	865415
666461	1261490	652252	1431030
507608	563904	463744	599987
1564	19952	470	20322
225492	325756	182464	310519
279914	65284	279797	8854
638	152912	1013	260292
678224	506173	645449	532496
655422	465636	629768	486205
21093	26825	14112	33566
1709	13712	1569	12725
51	5	13	4
30784	572013	32560	687585
10996	430690	10075	527185
9371	100203	6636	111826
10417	41120	15849	48574
291	83	54	17
150833		144170	42

15-15 广州地区口岸进出口商品总值

Commodity Value of Imports and Exports through Ports in Guangzhou Area

项目	Item	2014		2015	
		万美元 (USD 10000)	万元 (10000 yuan)	万美元 (USD 10000)	万元 (10000 yuan)
进出口商品货物总值	**Total**	**22386454**	**137513976**	**21732084**	**134866100**
进口商品货物总值	Imports	8981155	55171003	8107637	50338401
出口商品货物总值	Exports	13405299	82342973	13624447	84527699

15-16 软件出口和技术进口情况

Software Export and Technology Import

项目	Item	2015	
		项目 (个) Number (unit)	金额 (万美元) Amount (USD 10000)
软件出口	Software Export		178489
嵌入式软件	Embedded Software		122000
软件产品	Software Products	4	88
软件服务	Software Services	543	56401
技术进口	Technology Import	390	165099
其中：制造业	Manufacturing	336	161556
房地产业	Real Estate	12	520
计算机应用业	Computer Applied Software Industry	1	59
技术咨询服务业	Technology Consulting Service	8	870

注：1. 嵌入式软件出口是指通过海关出口方式向境外用户提供的嵌入在信息系统或设备中的软件。
2. 技术进口是指办理了合同登记手续的，通过贸易、投资或经济技术合作等方式转移技术到境内的行为。

Notes: I. Embedded software export refers to providing overseas users with software inlaid information system or equipment in the form of customs export.

II. Technology import refers to the action of transferring technology into China in forms of trade, investment or economic technological cooperation after the contracts registrations formalities have been gone through.

15-17 历年利用外资情况

Statistics on Utilization of Foreign Capital in Main Years

年 份 Year	项目(企业)个数(个) Number of Contracts (unit)	# 外商直接投资 Foreign Direct Investment	合同外资金额(万美元) Amount of Contracted Foreign Capital (USD 10000)	# 外商直接投资 Foreign Direct Investment	实际使用外资金额(万美元) Amount of Foreign Capital Actually Used (USD 10000)	# 外商直接投资 Foreign Direct Investment
1978	2		53			
1980	1379	21	24905	24794	3013	1287
1985	4394	290	70175	51575	15782	10389
1986	2062	104	33668	29569	17966	9316
1987	2271	126	28510	20374	8574	5562
1988	2120	289	52650	39338	27119	14521
1989	2121	292	57778	40101	43892	27481
1990	2711	389	55426	47183	27263	18613
1991	2678	571	87517	70635	40519	25938
1992	2925	1193	471080	449654	74595	57135
1993	2620	1275	704764	683634	147028	128464
1994	2907	1906	709683	685763	204816	181403
1995	2564	1774	685657	673101	225298	214444
1996	1793	865	510301	447393	260002	233153
1997	3066	661	219922	169824	289379	248003
1998	986	643	245058	193178	304467	271608
1999	1053	537	172808	141377	317600	298687
2000	1445	647	163454	152759	311541	298923
2001	1087	678	200604	196229	332746	300119
2002	1177	776	316579	302322	265299	228386
2003	1204	870	402176	351117	306409	258076
2004	1506	1046	334767	320494	247696	240062
2005	1599	1061	366155	340205	284128	264882
2006	1465	1025	463987	439124	305477	292339
2007	1460	959	715269	703506	341138	328579
2008	1378	991	604536	591864	377413	362277
2009	1022	844	388633	378401	387476	377339
2010	1170	980	505928	497384	408121	397862
2011	1273	1134	683809	674734	437626	427009
2012	1204	1095	693071	680188	474312	457485
2013	1258	1092	734009	711428	507853	480385
2014	1324	1155	827560	803975	543905	510707
2015		1429		836335		541634

注：1.合同外资金额、实际使用外资金额按当年口径统计。

2.由于制度变化，2015年开始不再统计外商其他投资，仅统计外商直接投资。

Note: I。The amount of contracted foreign capital and foreign capital actually used are calculated at current coverage.

II. Recording to the statistical system,the only statistical indicator is "Foreign Direct Investment" instead of "Other foreign invest" since 2015

15-18 历年利用外资项目(企业)个数、合同外资金额、实际使用外资金额指数(上年=100)

Indices of Contracts Number, Contracted Foreign Capital and Foreign Capital Actually Used in Main Years (Preceding Year=100)

年 份 Year	项目(企业)个数 Number of Contracts	# 外商直接投资 Foreign Direct Investment	合同外资金额 Amount of Contracted Foreign Capital	# 外商直接投资 Foreign Direct Investment	实际使用外资金额 Amount of Foreign Capital Actually Used	# 外商直接投资 Foreign Direct Investment
1980	250.3	300.0	1080.5	1258.6	306.2	780.0
1985	97.2	163.8	344.8	272.3	101.3	79.7
1986	46.9	35.9	48.0	57.3	113.8	89.7
1987	110.1	121.2	84.7	68.9	47.7	59.7
1988	93.4	229.4	184.7	193.1	316.3	261.1
1989	100.1	101.0	109.7	101.9	161.9	189.3
1990	127.8	133.2	95.9	117.7	62.1	67.7
1991	98.8	146.8	157.9	149.7	148.6	139.4
1992	109.2	208.9	538.3	636.6	184.1	220.3
1993	89.6	106.9	149.6	152.0	197.1	224.8
1994	111.0	149.5	100.7	100.3	139.3	141.2
1995	88.2	93.1	96.6	98.2	110.0	118.2
1996	69.9	48.8	74.4	66.5	115.4	108.7
1997	171.0	76.4	43.1	38.0	111.3	106.4
1998	32.2	97.3	111.4	113.8	105.2	109.5
1999	106.8	83.5	70.5	73.2	104.3	110.0
2000	137.2	120.5	94.6	108.1	98.1	100.1
2001	75.2	104.8	122.7	128.5	106.8	100.4
2002	108.3	114.5	174.1	170.4	110.6	110.2
2003	102.3	112.1	127.0	116.1	115.5	113.0
2004	125.1	120.2	127.7	125.6	164.8	164.4
2005	106.2	101.4	109.4	106.2	114.7	110.3
2006	91.6	96.6	126.7	129.1	107.5	110.4
2007	99.7	93.6	154.2	160.2	111.7	112.4
2008	94.4	103.3	84.5	84.1	110.6	110.3
2009	74.2	85.2	64.3	63.9	102.7	104.2
2010	114.5	116.1	130.2	131.4	105.3	105.4
2011	108.8	115.7	135.2	135.7	107.2	107.3
2012	94.6	96.6	101.4	100.8	108.4	107.1
2013	104.5	99.7	105.9	104.6	107.1	105.0
2014	105.2	105.8	112.7	113.0	107.1	106.3
2015		123.7		104.0		106.1

注：2002年和2004年合同外资金额、实际使用外资金额统计口径调整，当年指数按可比口径计算。

Note: The coverage of amount of contracted foreign capital and foreign capital actually used were adjusted in 2002 and 2004, the indices of which being calculated on the same coverage.

15-19 利用外资情况

Utilization of Foreign Capital

单位：万美元 (USD 10000)

项　　目	Item	2014	2015	1978-2015
项目(企业)个数(个)	**Number of Contracts (unit)**	**1324**		
对外借款	Foreign Loans			
外商直接投资	Foreign Direct Investment	1155	1429	26969
合资企业	Joint-venture Enterprises	148	177	5543
合作企业	Cooperative Enterprises	2	3	5706
外资企业	Enterprises with Sole Foreign Funds	1005	1248	15706
外商投资股份制企业	Share-holding Corporations		1	14
外商其他投资	Other Foreign Investment	169		
国际租赁	International Lease			
补偿贸易	Compensation Trade			
加工装配	Processing and Assembling	169		
合同外资金额	**Contracted Foreign Capital**	**827560**		
对外借款	Foreign Loans			
外商直接投资	Foreign Direct Investment	803975	836335	11787091
合资企业	Joint-venture Enterprises	231321	203362	2336464
合作企业	Cooperative Enterprises	11339	35310	3188313
外资企业	Enterprises with Sole Foreign Funds	554535	596924	6167347
外商投资股份制企业	Share-holding Corporations	6780	739	94967
外商其他投资	Other Foreign Investment	23585		
国际租赁	International Lease			
补偿贸易	Compensation Trade			
加工装配	Processing and Assembling	23585		
实际使用外资金额	**Amount of Foreign Capital Actually Used**	**543905**		
对外借款	Foreign Loans			
外商直接投资	Foreign Direct Investment	510707	541634	7536616
合资企业	Joint-venture Enterprises	177098	114093	1828675
合作企业	Cooperative Enterprises	8456	21616	1783739
外资企业	Enterprises with Sole Foreign Funds	324593	398383	3826017
外商投资股份制企业	Share-holding Corporations	560	7542	98185
外商其他投资	Other Foreign Investment	33198		
对外发行股票	Share on Sale			
国际租赁	International Lease			
补偿贸易	Compensation Trade			
加工装配	Processing and Assembling	33198		

15-20　外商直接投资情况(按地区分)

Statistics on Utilization of Foreign Direct Investment Capital (by Region)

单位：万美元　　(USD 10000)

项　目	Item	2014			2015		
		项目(企业)个数(个) Number of Contracts (unit)	合同外资金　额 Contracted Foreign Capital	实际使用外资金额 Amount of Foreign Capital Actually Used	项目(企业)个数(个) Number of Contracts (unit)	合同外资金　额 Contracted Foreign Capital	实际使用外资金额 Amount of Foreign Capital Actually Used
全　市	**Total**	**1155**	**803975**	**510707**	**1429**	**836335**	**541634**
#荔湾区	Liwan	89	30762	21343	106	32648	26896
越秀区	Yuexiu	319	52130	38645	300	54963	42521
海珠区	Haizhu	72	23251	17386	85	75925	22743
天河区	Tianhe	270	137360	65996	373	159643	86114
白云区	Baiyun	83	31598	17886	88	13566	14255
黄埔区	Huangpu	74	240862	164538	73	101949	114682
番禺区	Panyu	118	30162	28476	132	31671	34392
花都区	Huadu	20	29539	39690	20	9896	27069
南沙区	Nansha	59	167528	100380	221	278920	102300
从化区	Conghua	23	32601	3667	11	23473	10010
增城区	Zengcheng	28	28182	12700	20	30663	20685

15-21 外商直接投资项目分类(2015年)

Amount of Foreign Direct Investment Capital Actually Used by Category (2015)

单位：万美元 (USD 10000)

项目	Item	项目(企业)个数(个) Number of Contracts (unit)	合同外资金额 Contracted Foreign Capital	实际使用外资金额 Amount of Foreign Capital Actually Used
总计	**Total**	**1429**	**836335**	**541634**
# 投资额1000万美元以上项目	Projects with Investment above 10 million USD	210	721728	
按国民经济行业分	**By Sector**			
农、林、牧、渔业	Agriculture, Forestry, Animal Husbandry and Fishing	6	21381	232
采矿业	Mining	2	236	
制造业	Manufacturing	110	71430	115893
电力、热力、燃气及水生产和供应业	Production and Supply of Electricity, Heat,Gas and Water	2	13001	4358
建筑业	Construction	8	176	19
交通运输、仓储和邮政业	Transport, Storage and Post	21	16054	2031
信息传输、计算机服务和软件业	Information Transmission, Software and Information Technology Services	53	52146	24986
批发和零售业	Wholesale and Retail Trade	794	89381	31722
住宿和餐饮业	Hotels and Catering Services	41	5068	3916
金融业	Financial Intermediation	42	196220	52238
房地产业	Real Estate	46	225808	272888
租赁和商务服务业	Leasing and Business Services	197	97701	10230
科学研究和技术服务业	Scientific Research and Technical Services	74	40586	19477
水利、环境和公共设施管理业	Management of Water Conservancy,Environment and Public Facilities	2	-298	
居民服务、修理和其他服务业	Service to Households, Repair and Other Services	11	3221	181
教育	Education	6	215	56
卫生和社会工作	Health and Social Service	3	2676	3310
文化、体育和娱乐业	Culture, Sports and Entertainment	11	1333	97
公共管理、社会保障和社会组织	Public Management, Social Security and Social Organization			
国际组织	International Organizations			

15-21 续表 continued

单位：万美元 (USD 10000)

项　目	Item	项目(企业)个数(个) Number of Contracts (unit)	合同外资金　额 Contracted Foreign Capital	实际使用外资金额 Amount of Foreign Capital Actually Used
按国别(地区)分	**By Country (Territory)**			
中国香港	Hong Kong, China	942	669814	427679
中国澳门	Macao, China	10	3368	2723
中国台湾	Taiwan, China	64	2289	359
日　本	Japan	10	-1312	12867
泰　国	Thailand	6	15785	44
新加坡	Singapore	27	10354	11610
马来西亚	Malaysia	17	769	13
韩　国	Republic of Korea	48	-10350	27169
英　国	United Kingdom	10	17284	174
德　国	Germany	11	5053	671
加拿大	Canada	14	2928	35
美　国	United States	29	8179	645
澳大利亚	Australia	15	1955	160
法　国	France	4	6399	4626
荷　兰	Netherlands	2	8381	988
英属维尔京群岛	Virgin Islands	8	20681	15303
意大利	Italy	6	1403	907
瑞　士	Switzerland	1	23	
萨摩亚	Samoa	7	3904	521
毛里求斯	Mauritius	3	1010	600
开曼群岛	Cayman Islands	3	14625	
百慕大	Bermuda			
塞浦路斯	Cyprus		-3315	15
阿拉伯联合酋长国	United Arab Emirates	10	161	10
巴巴多斯	Barbados			
其　他	Others	182	56947	34515

15-22 境外企业情况(2015年)

Statistics on Overseas Enterprises Funded by Domestic Capital (2015)

单位：万美元 (USD 10000)

项 目	Item	当年新增 Newly Increased in Current Year	
		企业数(个) Number of Enterprises (unit)	中方投资额 Volume of Investment from China
总 计	**Total**	**309**	**404813**
按投资企业类型分	**By Status of Investment**		
国有企业	State-owned enterprises	10	12232
私营企业	Private-owned enterprises	275	331832
外资企业	Foreign-owned enterprises	24	60749
按贸易性、非贸易性分	**By Character of Trade**		
贸易性企业	Trade Enterprises	169	119699
非贸易性企业	Non-trade Enterprises	140	285114
按投资国家(地区)分	**By Investment Destination**		
中国香港	Hong Kong, China	174	206136
中国澳门	Cambodia	5	1767
台湾省	Taiwan	1	22
日本	Japan	4	179
阿拉伯联合酋长国	United Arab Emirates	4	10302
沙特阿拉伯	Saudi Arabia	1	2100
韩国	Republic of Korea	3	226
柬埔寨	Cambodia	5	4705
马尔代夫	Maldives	1	3000
孟加拉国	Bangladesh	2	351
泰国	Thailand	3	8104
土耳其	Turkey	1	50
新加坡	Singapore	4	649
印度	India	1	1309
越南	Vietnam	1	2000
瑞典	Sweden	1	30
德国	Germany	3	1827
法国	France	2	279
意大利	Italy	4	220
英国	Britain	5	1247
俄罗斯	Russia	1	48
加拿大	Canada	4	1326
美国	United States of America	37	20424
英属维尔京群岛	The British Virgin Islands	10	5334
哥伦比亚	Columbia	1	5500
刚果民主共和国	The Republic of Congo	1	2000
毛里塔尼亚	Mauritania	1	1500
格鲁吉亚	Georgia	1	1440
加蓬	The Gabonese Republic	1	1200
圣马力诺	San Marino	1	36
玻利维亚	Bolivia	1	
巴西	Brazil	1	25
澳大利亚	Australia	8	7399
新西兰	New Zealand	4	16289
埃及	Egypt	2	3400
加纳	The Republic of Ghana	3	7100
马达加斯加	Madagascar	1	5000
塞舌尔	Republic of Seychelles	1	100
斐济	Fiji	3	48539
开曼群岛	Cayman Islands	2	33650

15-23 对外经济合作业务情况(2015年)

Statistics on Economic Cooperation with Foreign Countries or Territories (2015)

项　目	Item	合同额 (万美元) Contracted Value (USD 10000)	完成营业额 (万美元) Turnover (USD 10000)
合　计	**Total**	**90214**	**85491**
对外承包工程	Contracted Projects	51443	51858
中国澳门	Macao, China	728	19718
中国香港	Hong Kong, China	479	1890
科威特	Kuwait	5752	3711
阿拉伯联合酋长国	United Arab Emirates	644	940
伊朗	Iran	1466	1466
阿曼	The Sultanate of Oman		383
巴基斯坦	Indonesia		364
印度尼西亚	Indonesia	1958	1934
越南	Vietnam	590	1043
缅甸	Burma	1556	1556
马来西亚	Malaysia	300	307
印度	India		705
阿尔及利亚	Algeria	2472	4069
苏丹	Sudan	2329	940
巴哈马	Burma	130	320
墨西哥	Mexico		1822
新加坡	Singapore	5345	1096
尼日利亚	Nigeria	32	203
德国	German	794	794
意大利	Italy	1134	964
阿根廷	Argentina	232	232
秘鲁	Peru	20074	2100
伊拉克	Iraq	821	821
菲律宾	Philippines	3372	3245
美国	America	232	232
非洲其他国家(地区)	Other African countries(areas)	1003	1003
对外劳务合作	Labor Cooperation	38771	33633
中国澳门	Macao, China	25173	24165
中国香港	Hong Kong, China	6253	6272
新加坡	Singapore	1	
日本	Japan	1377	58
老挝	Lao	98	78
马来西亚	Malaysia	5260	2942
韩国	Korea	360	
乍得	Chad	65	
丹麦	Danmark	32	20
巴布亚新几内亚	Papua New Guinea	12	8
马达加斯加	Madagascar	140	90

15-24 主要年份对外经济合作业务情况

Contracted Projects and Labor Cooperation with Foreign Countries or Territories in Main Years

年 份 Year	新签合同数 (个) Number of Contracts Newly Signed (unit)	合同额 (万美元) Contracted Value (USD 10000)	完成营业额 (万美元) Turnover (USD 10000)	派出人数 (人次) Persons Sent Abroad (person-times)	年末在外人数 (人) Persons Abroad in Year-end (person)
1985	201	189	189	113	113
1990	1005	1887	1072	994	1201
1995	806	6632	5810	1473	2893
2000	4989	10588	7288	684	1833
2001	6317	8186	7487	1088	2247
2002	6577	7837	9115	2390	3378
2003	9089	10737	10919	3237	4080
2004	9728	13047	13247	3530	4456
2005	11815	16490	16237	3556	5001
2006	13611	19691	18093	3784	5011
2007	13615	23174	21365	4503	5962
2008	19872	30362	32037	4844	7912
2009	20457	40527	38827	5187	8142
2010	47416	81878	47187	6685	8970
2011		43928	24765	8795	11790
2012		44553	28856	9867	13770
2013		51373	36696	11282	16617
2014		62866	57141	15292	24368
2015		90214	85491	16117	24375

注：2011年开始取消新签合同数统计。

Note: Since 2011, the indicator number of contracts newly signed has been canceled.

15-25 旅游业总收入、外汇收入情况(2015年)

Total Income from Tourism and Foreign Exchange Earnings (2015)

项 目	Item	旅游业总收入 (万元) Total Income (10000 yuan)	国内旅游收入 Domestic Travel Income	旅游外汇收入 Foreign Exchange Income	旅游外汇收入 (万美元) Foreign Exchange Income (USD 10000)
合 计	**Total**	**28721789**	**25205185**	**3516604**	**569601**
商品销售	Commodity Sales	6491124	5976149	514975	83413
餐 饮	Catering Services	4061261	3780778	280483	45431
长途交通	Long Distance Transport	5175666	3783298	1392368	225529
住 宿	Accommodation	6399214	5724098	675116	109352
邮电通讯	Post and Telecommunications	71804	30246	41558	6731
市内交通	Local Transport	522736	494022	28714	4651
游 览	Tours	2248916	2122277	126639	20512
娱 乐	Recreation	1792240	1603050	189190	30644
其 他	Others	1958828	1691267	267561	43338

15-26 城市接待过夜旅游者情况

Tourists Staying Overnight in Guangzhou

项　　目	Item	2014	2015
人次数合计　　（万人次）	**Total Number of Tourists　　(10000 person-times)**	**5330.05**	**5657.95**
入境旅游者	Overseas Tourists	783.30	803.58
外国人	Foreigners	300.26	307.98
亚　洲	Asia	146.98	148.36
#日　本	Japan	24.68	20.64
韩　国	Republic of Korea	11.99	14.20
蒙　古	Mongolia	0.18	0.13
印度尼西亚	Indonesia	10.16	16.18
马来西亚	Malaysia	15.08	12.81
菲律宾	Philippines	3.33	2.80
新加坡	Singapore	8.52	7.67
泰　国	Thailand	7.59	5.73
印　度	India	7.60	8.25
越　南	Vietnam	3.91	4.03
沙特阿拉伯	Saudi Arabia	3.83	4.57
欧　洲	Europe	52.28	54.84
#英　国	United Kingdom	6.84	5.72
法　国	France	6.54	5.93
德　国	Germany	3.94	5.04
意大利	Italy	3.23	3.45
瑞　士	Switzerland	0.86	0.74
瑞　典	Sweden	0.86	0.94
荷　兰	Netherlands	2.00	2.35
俄罗斯	Russia	7.59	3.50
西班牙	Spain	1.96	1.85
美　洲	America	33.03	37.78
#美　国	United States	17.00	20.78
加拿大	Canada	3.81	4.34
大洋洲	Oceania	6.99	7.61
#澳大利亚	Australia	5.36	5.77
新西兰	New Zealand	1.05	1.05
非　洲	Africa	60.98	59.39
香港同胞	Compatriots from Hong Kong	377.65	389.57
澳门同胞	Compatriots from Macao	48.70	48.32
台湾同胞	Compatriots from Taiwan	56.69	57.71
境内旅游者	Domestic Tourists	4546.75	4854.37
人天数合计　　（万人天）	**Total Number of Tourists and Days (10000 person-days)**	**12260.48**	**12969.54**
入境旅游者	Overseas Tourists	1821.29	1869.41
外国人	Foreigners	771.97	797.60
香港同胞	Compatriots from Hong Kong	801.33	822.83
澳门同胞	Compatriots from Macao	102.91	101.73
台湾同胞	Compatriots from Taiwan	145.08	147.25
境内旅游者	Domestic Tourists	10439.19	11100.13

15-27 主要宾馆(酒店)基本情况
Statistics on Main Hotels

项　目	Item	2014	2015
企业情况	Statistics of Enterprises		
宾馆酒店数 （家）	Number of Hotels (unit)	335	353
#星　级	Star-rated	216	204
五星级	Five-star	23	21
四星级	Four-star	41	39
三星级	Three-star	127	121
二星级	Two-star	25	23
一星级	One-star		
客房总数 （间）	Number of Guest Rooms (unit)	80930	77893
床位总数 （张）	Number of Beds (unit)	122939	136128
接待情况	Reception Capacity		
过夜旅游者 （万人次）	Tourists Staying Overnight (10000 person-times)	1663.38	1787.95
海外旅游者	Overseas Tourists	222.92	221.36
国内旅游者	Domestic Tourists	1440.46	156.58
过夜旅游者 （万人天）	Tourists Staying Overnight (10000 person-days)	2506.63	2650.57
经营情况	Statistics of Operation		
营业收入 （万元）	Operating Income (10000 yuan)	1440205	1550445
营业成本 （万元）	Operating Cost (10000 yuan)	434316	453582
营业费用 （万元）	Operating Expense (10000 yuan)	458643	463591
营业税金及附加 （万元）	Operating Taxes and Extra Charges (10000 yuan)	79670	84725
经营利润 （万元）	Operational Profit (10000 yuan)	467576	548547
管理费用 （万元）	Management Expense (10000 yuan)	353841	374441
财务费用 （万元）	Financial Expense (10000 yuan)	48233	53714
营业利润 （万元）	Operating Profit (10000 yuan)	65502	120392
投资收益 （万元）	Investment Revenue (10000 yuan)	5192	10851
营业外收支净额 （万元）	Net Non-operating Income and Expenditure (10000 yuan)	1360	5189
利润总额 （万元）	Total Profits (10000 yuan)	72054	136432
年末从业人员 （人）	Employed Person at Year-end (person)	60583	58854
开房率 （%）	Room Occupancy (%)	65.19	65.69

15-28 旅行社基本情况

Statistics on Travel Agencies

单位：万元 (10000 yuan)

项　　目	Item	2014	2015
企业情况	Statistics of Enterprises		
企业数 (个)	Number of Enterprises (unit)	356	402
年末从业人员 (人)	Employed Persons at Year-end (person)	12901	13997
组团(外联)旅游情况	Organized (Overseas) Tourism Contracted		
组团(外联)人数 (万人次)	Organized (Overseas) Persons Contracted (10000 person-times)	1027.07	1013.15
入境旅游者	Overseas Tourists	19.95	19.78
国内旅游者	Domestic Tourists	1007.12	993.67
# 出境游	Local Residents Going Overseas	247.30	246.48
经营情况	Statistics of Operation		
营业收入	Operating Income	2511675	2697783
营业成本	Operating Cost	2323112	2462786
营业费用	Operating Expense	107443	130910
营业税金及附加	Operating Taxes and Extra Charges	11968	13677
经营利润	Operational Profit	69152	76110
管理费用	Management Expense	62669	68710
财务费用	Financial Expense	-2098	1636
营业利润	Operating Profit	8581	5764
营业外收支净额	Net Income of Non-business	4147	211
利润总额	Total Profits	14403	8083

注：组团(外联)人数包括旅行社外联入境旅游者人数和组团境内旅游者人数，包括过夜人数和不过夜人数，不包括接待人数。

Note: The organized (overseas) persons contracted includes both international and domestic tourists contracted by travel agencies and the data includes tourists staying overnight or not, except reception persons.

15-29 主要年份人民币对主要外币年平均汇价

Average Exchange Rates of RMB Against Main Convertible in Main Years

单位:人民币，元 (RMB/yuan)

年 份 year	100美元 100 US Dollars	100日元 100 Japanese Yen	100港元 100 Hong Kong Dollars	100欧元 100 Euros
1987	372.21	2.5799	47.74	
1988	372.21	2.9082	47.70	
1989	376.59	2.7360	48.28	
1990	478.38	3.3233	61.39	
1991	532.27	3.9602	68.45	
1992	551.49	4.3608	71.24	
1993	576.19	5.2020	74.41	
1994	861.87	8.4370	111.53	
1995	835.07	8.9225	107.96	
1996	830.57	7.6238	107.40	
1997	828.97	6.8623	107.09	
1998	827.90	6.3487	106.88	
1999	827.83	7.2913	106.66	
2000	827.84	7.6950	106.17	
2001	827.71	6.8098	106.07	
2002	827.70	6.6651	106.08	801.45
2003	827.70	7.1347	106.24	937.77
2004	827.70	7.6552	106.23	1029.00
2005	819.17	7.4484	105.00	1019.53
2006	797.18	6.8570	102.62	1001.90
2007	760.40	6.4632	97.46	1041.75
2008	694.51	6.7427	89.19	1022.27
2009	683.25	7.3244	88.15	955.25
2010	678.89	7.7122	87.39	906.86
2011	649.43	8.1309	83.39	902.34
2012	631.71	7.9343	81.43	814.64
2013	621.35	6.4682	80.11	824.47
2014	615.16	5.7456	79.34	803.45
2015	623.71	5.1643	80.46	690.12

15-30 外商投资企业及分支机构工商登记情况（2015）

Statistics on Foreign Funded Enterprises Registered by Departments of Industry and Commerce(2015)

单位:万美元 (USD 10000)

项　目	Item	年末户数（个）Number of Enterprises at Year-end (unit)	投资总额 Total Investment	注册资本 Registered Capital	#外方 Capital from Foreign Partners
总　计	**Total**	**21059**	**15061408**	**7820544**	**5852316**
按国民经济行业分	**By Sector**				
农、林、牧、渔业	Agriculture, Forestry, Animal Husbandry and Fishing	108	61383	31045	30228
采矿业	Mining	9	29	29	29
制造业	Manufacturing	4595	5681193	2902060	2224579
电力、热力、燃气及水生产和供应业	Production and Supply of Electricity,Heat,Gas and Water	58	284941	97112	50632
建筑业	Construction	152	202040	52725	34646
批发和零售业	Wholesale and Retail Trade	6980	2071679	489497	427010
交通运输、仓储和邮政业	Transport, Storage and Post	624	407892	205720	134947
住宿和餐饮业	Hotels and Catering Services	1383	125318	75857	69619
信息传输、软件和信息技术服务业	Information Transmission, Software and Information Technology	819	295220	205538	190003
金融业	Financial Intermediation	188	67734	67734	21407
房地产业	Real Estate	1596	3586753	2062012	1652788
租赁和商务服务业	Leasing and Business Services	3226	1645816	1256480	701767
科学研究和技术服务业	Scientific Research and Technical Services	940	463537	280958	229561
水利、环境和公共设施管理业	Management of Water Conservancy,Environment and Public Facilities	18	56214	28953	24759
居民服务、修理和其他服务业	Service to Households, Repair and Other Services	224	17903	9647	9104
教育	Education	26	32	26	26
卫生和社会工作	Health and Social Service	13	11301	6118	5006
文化、体育和娱乐业	Culture, Sports and Entertainment	99	82423	49033	46205
其他	Others	1			

注：本表不包括在省工商局注册登记的在穗企业数。

Note: The data in this table exclude the enterprises located in Grangzhou and registered by Guangdong provincial bureau of industry and commerce.

15-31 广州市与国外结成友好城市一览(2015年末)

List of Foreign Friendly Cities with Guangzhou (Year-end of 2015)

国 别	Country	城 市	City	缔结日期 (年、月、日)	Date of Signing
日 本	Japan	福 冈	Fukuoka	1979.05.02	May 2,1979
美 国	United States	洛杉矶	Los Angeles	1981.12.08	December 8,1981
菲律宾	Philippines	马尼拉	Manila	1982.12.08	December 8,1982
加拿大	Canada	温哥华	Vancouver	1985.03.27	March 27,1985
澳大利亚	Australia	悉 尼	Sydney	1986.05.12	May 12,1986
意大利	Italy	巴 里	Bari	1986.11.12	November 12,1986
法 国	France	里 昂	Lyon	1988.01.19	January 19,1988
德 国	Germany	法兰克福	Frankfurt	1988.04.11	April 11,1988
新西兰	New Zealand	奥克兰	Auckland	1989.02.17	February 17,1989
韩 国	Republic of Korea	光 州	Gwangju	1996.10.25	October 25,1996
瑞 典	Sweden	林雪平	Linkoping	1997.11.24	November 24,1997
南 非	South Africa	德 班	Durban	2000.07.17	July 17,2000
英 国	United Kingdom	布里斯托尔	Bristol	2001.05.23	May 23,2001
俄罗斯	Russia	叶卡捷琳堡	Ekaterinburg	2002.07.10	July 10,2002
秘 鲁	Peru	阿雷基帕	Arequipa	2004.10.27	October 27,2004
印度尼西亚	Indonesia	泗 水	Surabaya	2005.12.21	December 21,2005
立陶宛	Litawen	维尔纽斯	Vilnius	2006.10.12	October 12,2006
英 国	United Kingdom	伯明翰	Birmingham	2006.12.04	December 4,2006
斯里兰卡	Sri lanka	汉班托塔	Hambantota	2007.02.27	February 27,2007
巴 西	Brazil	累西腓	Recife	2007.10.22	October 22,2007
芬 兰	Finland	坦佩雷	Tampere	2008.12.02	December 2,2008
泰 国	Thailand	曼 谷	Bangkok	2009.11.13	November 13,2009
阿根廷	Agentine Republic	布宜诺斯艾利斯	Buenos Aires	2012.04.16	April 16,2012
阿联酋	United Arab Emirates	迪 拜	Dubai	2012.04.18	April 18,2012
科威特	State of Kuwait	科威特城	Kuwait City	2012.04.25	April 25,2012
俄罗斯	Russian Federation	喀 山	Kazan	2012.07.06	July 6,2012
土耳其	Republic of Turkey	伊斯坦布尔	Istanbul	2012.07.18	July 18,2012
津巴布韦	Repulic of Zimbabwe	哈拉雷	Harare	2012.09.03	September 3,2012
哥斯达黎加	Republic of Costa Rica	圣何塞	San Jose	2012.09.11	September 11,2012
日 本	Japan	登 别	Noboribetsu	2012.11.15	November 15,2012
西班牙	Kingdom of Spain	巴伦西亚	Valencia	2012.12.29	December 29,2012
摩洛哥	Kingdom of Morocco	拉巴特	Rabat	2013.10.03	October 3,2013
波 兰	The Republic Of Poland	罗 兹	Lodz	2014.08.20	August 20,2014
印 度	India	艾哈迈达巴德	Ahmedabad	2014.09.17	September 17,2014
尼泊尔	Federal Democratic Republic of Nepal	博克拉	Pokhara	2014.11.29	November 29,2014
厄瓜多尔	The Republic of Ecuador	基 多	Quito	2014.11.29	November 29,2014

15-32 各国驻广州总领事馆一览(2015年末)
List of Consulate General in Guangzhou (Year-end of 2015)

馆务	Consulates	设立时间 Date of Setting up	领区范围	Consular Region
美国	United States	1979.08.31	广东、广西、福建、海南	Guangdong Guangxi Fujian Hainan
日本	Japan	1980.03.01	广东、广西、福建、海南	Guangdong Guangxi Fujian Hainan
泰国	Thailand	1989.02.12	广东、广西、福建、海南	Guangdong Guangxi Fujian Hainan
波兰	Poland	1989.07.22	广东、广西、海南	Guangdong Guangxi Hainan
澳大利亚	Australia	1992.12.09	广东、广西、福建、海南、湖南	Guangdong Guangxi Fujian Hainan Hunan
越南	Viet Nam	1993.01.18	广东	Guangdong (Interim)
马来西亚	Malaysia	1993.10.24	广东、福建、海南、江西、湖南	Guangdong Fujian Hainan Jiangxi Hunan
德国	Germany	1995.11.07	广东、广西、福建、海南	Guangdong Guangxi Fujian Hainan
英国	United Kingdom	1997.01.14	广东、广西、福建、海南	Guangdong Guangxi Fujian Hainan
法国	France	1997.04.24	广东、广西、福建、海南	Guangdong Guangxi Fujian Hainan
菲律宾	Philippines	1997.05.23	广东、广西、海南、湖南	Guangdong Guangxi Hainan Hunan
荷兰	Netherlands	1997.09.15	广东、广西、福建、海南	Guangdong Guangxi Fujian Hainan
加拿大	Canada	1997.11.20	广东、广西、福建、海南	Guangdong Guangxi Fujian Hainan
柬埔寨	Cambodia	1998.07.01	广东、广西、福建、海南	Guangdong Guangxi Fujian Hainan
丹麦	Denmark	1998.09.23	广东、广西、福建、海南	Guangdong Guangxi Fujian Hainan
意大利	Italy	1998.11.04	广东、广西、福建、海南	Guangdong Guangxi Fujian Hainan
韩国	Republic of Korea	2001.08.28	广东、广西、福建、海南	Guangdong Guangxi Fujian Hainan
印度尼西亚	Indonesia	2002.12.12	广东、广西、福建、海南	Guangdong Guangxi Fujian Hainan

注：瑞典总领事馆2009年已撤馆，墨西哥领事馆已于2008年升级为总领事馆。

Note: The Consulate General of Sweden in Guangzhou was withdrawn in 2009. And the Mexican Consulate has upgraded to the Consulate General of Mexico since 2008.

15-32 续表 conitnued

馆 务	Consulates	设立时间 Date of Setting up	领区范围	Consular Region
瑞 士	Switzerland	2005.09.20	广东、广西、福建、海南	Guangdong Guangxi Fujian Hainan
比利时	belgium	2005.12.10	广东、广西、福建、海南、云南	Guangdong Guangxi Fujian Hainan Yunnan
新加坡	Singapore	2006.04.13	广东、广西、湖南、海南、贵州、云南	Guangdong Guangxi Hunan Hainan Guizhou Yunnan
古 巴	Cuba	2006.11.08	广东、广西、海南	Guangdong Guangxi Hainan
俄罗斯	Russia	2007.04.05	广东、福建、海南、云南、江西、广西	Guangdong Fujian Hainan Yunnan Jiangxi Guangxi
新西兰	New Zealand	2007.04.26	广东、广西、海南、福建、湖南	Guangdong Guangxi Hainan Fujian Hunan
希 腊	Greece	2007.05.15	广东、福建、海南、广西	Guangdong Fujian Hainan Guangxi
印 度	India	2007.10.18	广东、福建、海南	Guangdong Fujian Hainan
奥地利	Austria	2007.11.25	广东、广西、海南、湖南、云南、贵州	Guangdong Guangxi Hainan Hunan Yunnan Guizhou
挪 威	Norway	2008.02.18	广东、广西、福建、海南	Guangdong Guangxi Fujian Hainan
科威特	Kuwait	2008.02.21	广东、广西、福建、海南	Guangdong Guangxi Fujian Hainan
墨西哥	Mexico	2008.04.25	广东、广西、海南	Guangdong Guangxi Hainan
巴基斯坦	Pakistan	2008.06.27	广东、广西、福建、海南、湖南	Guangdong Guangxi Fujian Hainan Hunan
以色列	Israel	2009.03.22	广东、福建、海南、广西	Guangdong Fujian Hainan Guangxi
西班牙	Spain	2009.06.14	广东、福建、湖南、广西、海南、贵州、云南	Guangdong Fujian Hunan Guangxi Hainan Guizhou Yunnan
埃塞俄比亚	Ethiopia	2009.06.14	广东、湖南、福建、江西、海南、广西	Guangdong Hunan Fujian Jiangxi Hainan Guangxi
阿根廷	Argentina	2009.07.21	广东、福建、海南、广西	Guangdong Fujian Hainan Guangxi
厄瓜多尔	Ecuador	2009.09.08	广东	Guangdong
巴 西	Brazil	2010.04.15	广东、海南、广西、福建	Guangdong Hainan Guangxi Fujian
智 利	Chile	2010.10.27	广东、海南、广西、福建	Guangdong Hainan Guangxi Fujian
马 里	Mali	2011.07.18	广东、海南、广西、福建	Guangdong Hainan Guangxi Fujian
乌干达	Uganda	2011.08.15	广东、海南、广西、福建	Guangdong Hainan Guangxi Fujian
伊 朗	Iran	2011.12.23	广东、广西、福建、湖南	Guangdong Guangxi Fujian Hunan
土耳其	Turkey	2012.01.12	广东、海南、广西、福建	Guangdong Hainan Guangxi Fujian
斯里兰卡	Sri Lanka	2012.3.27	广东、海南、广西、福建、江西	Guangdong Hainan Guangxi Fujian Jiangxi
乌克兰	Ukraine	2012.05.30	广东、海南、广西、湖南、贵州	Guangdong Hainan Guangxi Hunan Guizhou
老 挝	Lao	2013.09.23	广东、海南、江西、福建	Guangdong Hainan Jiangxi Fujian
秘 鲁	Peru	2013.10.02	广东、广西、贵州、云南、湖南、海南	Guangdong Guangxi Guizhou Yunnan Hunan Hainan
吉尔吉斯斯坦	Kyrgyzstan	2014.04.08	广东、福建、江西、湖南、海南、广西	Guangdong Fujian Jiangxi Hunan Hainan Guangxi
尼日利亚	Nigeria	2014.07.09	广东、广西、海南	Guangdong Guangxi Hainan
科特迪瓦	Cote d Ivoire	2014.07.12	广东、广西、海南、福建、江西	Guangdong Guangxi Hainan Fujian Jiangxi
刚 果	Coga	2014.08.15	广东、海南、福建、广西	Guangdong Hainan Fujian Guangxi
哥伦比亚	Colombia	2014.12.12	广东、广西、贵州、云南、海南	Guangdong Hainan Fujian Guangxi
安哥拉		2015.11.06	广东、福建、海南、广西	Guangdong Fujian Hainan Guangxi
卡塔尔		2015.11.10	广东、广西、福建、海南	Guangdong Guangxi Fujian Hainan

【进出口总值】指实际进出我国关境的货物总金额。包括我国境内法人和其他组织以一般贸易、易货贸易、加工贸易、补偿贸易、寄售代销贸易等方式进出口货物,保税区和保税仓库进出境货物,租赁期一年及以上的租赁进出口货物,边境小额贸易货物,国际援助物资或捐赠品,溢卸货物,无进出口经营权的单位经批准临时进出口的货品等。进出口总额用以观察一个国家在对外贸易方面的总规模。我国规定出口货物按离岸价格统计,进口货物按到岸价格统计。

【利用外资】 指我国各级政府、部门、企业和其他经济组织通过对外借款、吸收外商直接投资以及用其他方式筹措的境外现汇、设备、技术等。

【对外借款】 指通过对外正式签订借款协议，从境外筹措的资金，包括外国政府贷款、国际金融组织贷款、外国银行商业贷款、出口信贷以及对外发行债券等。1996年及以前还包括对外发行股票。该指标是我国利用外资的重要部分。

【外商直接投资】 是指国外及港澳台地区的法人和自然人,按我国有关政策、法规,用现金、实物、无形资产等,在中国大陆地区对非上市公司的全部投资,以及对单个境外投资者所占股权比例不低于10%的上市公司的投资,包括设立或与大陆境内企业及经济组织共同设立外资企业、中外合资企业、中外合作企业、外商投资股份有限公司,以及合作开发资源项目,设立境外公司分支机构等的投资。

【Total Imports and Exports at Customs】 refer to the real value of commodities imported into and exported from the boundary of China. They include the actual imports and exports through foreign trade, imported and exported goods under the processing and assembling trades and materials, supplies and gifts as aid given gratis between governments and by the United Nations and other international organizations, and contributions donated by overseas Chinese, compatriots in Hong Kong and Macao and Chinese with foreign citizenship, leasing commodities owned by tenant at the expiration of leasing period, the imported and exported commodities processed with imported materials, commodities trading in border areas (excluding mutual exchange goods), the imported and exported commodities and articles for public use of the Sino-foreign joint ventures, cooperative enterprises and ventures exclusively with foreign own investment. Also included are import or export of samples and advertising goods for whose CIF or FOB value are beyond the permitted ceiling (excluding goods of no trading or use value and free commodities for export), imported goods sold in China from bonded warehouses and other imported or exported goods. The indicator of the total imports and exports at customs can be used to observe the total size of external trade in a country. In accordance with the stipulation of the Chinese government, imports are calculated at CIF, while exports are calculated at FOB.

【Utilization of Foreign Capitals】 refers to remittance, equipment and technology financed from abroad, by loans, foreign direct investment and other forms undertaken by the Chinese governments at all levels, by various departments, enterprises and other economic units.

【Foreign Borrowings】 refer to funds borrowed from abroad through formal signing of borrowing agreements with foreign institutions, including loans of foreign governments, loans of international financial institutions, commercial loans of foreign banks, export credit, and funds raised by Chinese bonds (and shares before 1996) issued abroad. It is an important part of China's utilization of foreign capitals.

【Foreign Direct Investment】 refers to the investments inside China by foreign enterprises and economic organizations or individuals (including overseas Chinese, compatriots from Hong Kong, Macao and Taiwan, and Chinese enterprises registered abroad), following the relevant policies and laws of China, for the establishment of ventures exclusively with foreign own investment, Sino-foreign joint ventures and cooperative enterprises or for co-operative exploration of resources with enterprises or economic organizations in China. It includes the re investment of the foreign entrepreneurs with the profits gained from the investment and the funds that enterprises borrow from abroad in the total investment of projects which are approved by the relevant department of the government.

第十六篇 CHAPTER 16

科技

SCIENCE AND TECHNOLOGY

简要说明

Brief Introduction

第十六篇　科　技

一、本篇资料反映广州市科学技术活动的基本情况。

二、资料来源：

广州市统计局人口和社会科技统计处根据国家统计局规模以上工业企业研发活动情况年报表数据整理提供规模以上工业企业基本情况，其余资料根据广州市科技创新委员会、广州市知识产权局、广州市科协等部门提供的统计数据加工整理。16-9、16-10、16-11、16-12表分别由广州市统计局综合处、农村处、工业交通处、服务业处提供。

16 Science and Technology

I.The data in this chapter show the basic conditions of Guangzhou's activities of science and technology.

II. Data resources: The Division of Population, Social, Science and Technology Statistics of Guangzhou Municipal Bureau of Statistics prepared the data on the basic conditions of industrial enterprises above designated size in accordance with the reporting scheme on research and development activities statistics of industrial enterprises above designated size of National Bureau of Statistics. The other data are processed and prepared in accordance with the annual statistical reports provided by Guangzhou Science Technology and Innovation Commission, Guangzhou Municipal Bureau of Knowledge and Patent, Guangzhou Municipal Association for Science and Technology, etc. Table 16-9, 16-10 16-11, 16-12 are prepared and provided by the Division of Comprehensive Statistics, Division of Rural Statistics, Division of Industry and Transportation Statistics, Division of Service Industries Statistics of Guangzhou Municipal Bureau of Statistics respectively.

16-1 广州市科技监测主要指标

Main Indicators of Scientific and Technological Monitoring in Guangzhou

项目	Item	2014	2015
科研机构人均固定资产原价 (千元/人)	Per Capita Original Value of Fixed Assets of Scientific Research Institutions (1000 yuan/person)	483.16	489.00
科学研究和技术服务业新增固定资产占全社会新增固定资产比重 (%)	Proportion of Newly-increasing Fixed Assets in Science Research and Technology Services to Newly-increasing Fixed Assets of the Whole Society (%)	2.41	2.31
每万人口专利申请量 (件/万人)	Number of Patent Applications per 1 Million Persons (piece/10000 persons)	55.33	74.70
每万人口专利授权量 (件/万人)	Number of Patent Applications Granted per 1 Million Persons (piece/10000 persons)	33.60	46.96
每万人口发明专利授权量 (件/万人)	Number of Invention & Patent Applications Granted per Million Persons (piece/10000 persons)	5.48	7.81
专业技术人才数 (万人)	Number of professional and technical personnel(10000 persons)	140.9	149.4
其中：高级职称	Senior title of professional	13.90	14.90
中级职称	Middle title of professional	53.00	59.80
初级职称	Junior title of professional	74.00	74.70
技术市场合同成交金额年增长率 (%)	Annual Growth Rates of Contracted Transaction Value in Technical Market (%)	10.78	7.75
高新技术产品增加值占地区生产总值比重 (%)	Proportion of Added Value of High-tech Products to GDP (%)	12.64	12.53
工业高新技术产品产值占工业总产值的比重(%)	Proportion of High-tech Products of Industry to Gross Industrial Output Value (%)	44.18	43.70
工业高新技术出口产品销售收入占工业出口产品交货值比重 (%)	Proportion of Export Value of High-tech Products to Total Export Value of Commodities (%)	38.82	39.40

16-2 各类科学研究与开发机构基本情况

Basic Statistics of Scientific Research and Development Institutions

项目	Item	2014		2015	
		全市 Total	#市属 City-owned	全市 Total	#市属 City-owned
机构数（个）	Number of Institutions (unit)	148	56	143	47
#自然科学	Natural Science	138	53	133	44
从业人员（人）	Employed Persons (person)	27152	6739	27409	6412
#自然科学	Natural Science	26521	6503	26734	6130
在从业人员中的科研人员（人）	Scientific Researchers of Employed Persons (person)	19763	4551	19908	4536
#自然科学	Natural Science	19203	4333	19292	4264

16-3 获得省级以上科技成果奖励情况

Statistics on Provincial Prizes and Above for Scientific and Technological Research Achievements

单位：项 (item)

指　标	Indicators	2014	2015
国家级科技奖励成果	**National Prizes for Scientific and Technological Research Achievements**	**23**	**17**
国家发明奖	Number of National Invention Prizes Awarded	5	4
国家自然科学奖	Number of National Natural Sciences Prizes Awarded	2	2
国家科技进步奖	Number of National Scientific and Technological Progress Prizes Awarded	16	11
省级科技奖励成果	**Provincial Prizes for Scientific and Technological Research Achievements**	**160**	**164**
省科技进步奖	Number of Provincial Scientific and Technological Progress Prizes Awarded	160	164

16-4 科协基本情况(2015年)

项　　目		Item	
机构数	(个)	Number of Associations for Science & Technology	(unit)
机关人数	(人)	Number of Agency Personnel	(person)
在册学会、协会、研究会	(个)	Number of Registered Societies, Associations and Research Societies	(unit)
企业科协	(个)	Associations in Enterprises	(unit)
街道科普协会	(个)	Associations in Communities	(unit)
乡镇科普协会	(个)	Associations in County-level cities	(unit)
农村专业技术协会	(个)	Specialized Rural Technological Societies	(unit)
举行国内外学术交流活动	(次)	Number of Domestic and International Academic Meetings	(times)
参加人数	(人)	Number of Participants	(person-times)
举办科普宣讲活动	(次)	Number of Lectures on Popular Science	(times)
# 举办专题展览	(次)	Number of Special Subject Exhibitions	(times)
开展科技咨询	(次)	Number of Scientific and Technological Consulting	(times)
科普宣讲活动受众人数	(人次)	Number of Participants in Lectures on Popular Science	(person-time)
举办实用技术培训	(次)	Number of Practical and Technical Training Courses	(times)
实用技术培训人数	(人)	Number of Participants to Practical and Technical Training Courses	(person)
推广新技术、新品种	(项)	Popularizing New Technologies and New Species	(items)
科普宣讲活动覆盖村	(个)	Number of Villages covered by Lectures on Popular Science	(unit)
科普宣讲活动覆盖社区	(个)	Number of Communities covered by Lectures on Popular Science	(unit)
举办青少年科普宣讲活动	(次)	Number of Lectures on Popular Science for Teenagers	(times)
青少年宣讲活动受众人数	(人次)	Number of Participants to Lectures on Popular Science for Teenagers	(person-time)
举办青少年科技竞赛	(项)	Number of Teenagers Science and Technology Competitions	(times)
青少年科技竞赛参加人数	(人)	Number of Persons Engaged in Teenagers Science and Technology Competitions	(person)
青少年科技竞赛获奖人数	(人)	Number of Winners in Teenagers Science and Technology Competitions	(person)
科技馆(科普活动中心)	(个)	Number of Science Centers	(unit)
科普教育基地(示范基地)	(个)	Number of Popular Science Exhibitions Bases	(unit)
科普活动站(室)	(个)	Number of Popular Science labs	(unit)
科普画廊建筑面积(宣传栏、科普橱窗)	(平方米)	Construction Area of Popular Science Galleries	(Square meter)
科普画廊展示面积	(平方米)	Demonstration Area of Popular Science Galleries	(Square meter)
制作科普挂图种数	(种)	Types of Popular Science Charts	(type)
科普挂图总印数	(张)	Total Amount of Printed Popular Science Charts	(piece)
接待国外专家学者	(人)	Foreign Experts and Scholars	(person)
接待港澳台地区专家学者	(人)	Experts and Scholars from Hong Kong, Macao and Taiwan	(person)
开展“讲、比”活动企业数	(个)	Number of Enterprises Holding Speech and Competition Activities	(unit)
# 国有企业	(个)	Number of State-owned Enterprises	(unit)
参与“讲、比”活动的科技人员数	(人)	Number of Persons Engaged in Science and Technology Participating in the Speech and Competition Activities	(person)
“讲、比”活动中被采纳合理化建议	(条)	Number of Rationalization Proposals Adopted in the Speech and Competition Activities	(unit)

Basic Statistics on Associations for Science and Technology(2015)

合 计 Total	# 市科协 City-level Associations	区科协 District-level Associations
12	1	11
104	40	64
200	89	111
112	90	22
166		166
32		32
49		49
8	7	1
11555	11525	30
1830	833	997
349	4	345
654	40	614
2795150	2220840	574310
665	14	651
52632	1270	51362
65		65
920		920
1457	134	1323
99	11	88
61195	1740	59455
57	9	48
50269	7655	42614
5999	3507	2492
2	1	1
228	1	227
791		791
7965		7965
43372		43372
26	4	22
3300	300	3000
105	105	
26		26
748	10	738
21	8	13
5056	2826	2230
3747	730	3017

16-5 专利申请量和专利授权量

Patent Applications and Patent Certified

单位：件 (item)

指标	Indicators	专利申请量 Patent Applications		专利授权量 Patent Certified	
		2014	2015	2014	2015
总计	**Total**	**46330**	**63366**	**28137**	**39834**
按种类分	**By Sort**				
发明	Creations and Inventions	14589	20087	4590	6626
实用新型	Utility Models	15791	24778	13512	17259
外观设计	Appearance Designs	15950	18501	10035	15949
按对象分	**By Applicant**				
非职务发明创造	Non-position Creations and Inventions	17600	22296	9346	14196
职务发明创造	Position Creations and Inventions	28730	41070	18791	25638
大专院校	Universities and Colleges	5570	7787	2927	3975
科研单位	Research Institutions	2298	2563	1000	1195
工矿企业	Industrial Enterprises	20119	29416	14539	19927
机关团体	Government Agencies and Organizations	743	1304	325	541

16-6 规模以上工业企业研发机构、人员情况

Statistics on Research and Development Institutions and Personnel of Industrial Enterprises above Designated Size

项　　目	Item	2014	2015
规模以上工业企业数（个）	Number of Industrial Enterprises above Designated Size (unit)	4774	4643
# 有R&D活动的企业数（个）	Number of Enterprises Having R&D Activities (unit)	823	1338
# 有研发机构的企业数（个）	Number of Industrial Enterprises Having Research and Development Institutions above Designated Size (unit)	393	707
R&D人员（人）	R&D Personnel (person)	80196	79930
R&D人员折合全时当量（人年）	Full-time Equivalent of R&D Personnel (man-year)	60754.4	60946
企业办研发机构数（个）	Number of Research and Development Institutions in Enterprises (unit)	540	878
研发机构人员（人）	Personnel in Research and Development Institutions (person)	41273	55345
# 硕士毕业及以上的人员	Personnel with Educational Background of Master and Above	4543	6377

16-7 规模以上工业企业R&D经费内部支出情况

Total Expenditures for Scientific and Technological Activity of Industrial Enterprises above Designated Size

单位：万元 (10000 yuan)

项　　目	Item	2014	2015
R&D经费内部支出合计	Expenditure for R&D	1896243	2097953
按支出用途分组	**Grouped by use of Expenditure**		
经常性支出	Recurrent Expenditure	1672090	1899927
资产性支出	Capital Expenditure	224153	198026
按资金来源分组	**Grouped by Source of Funds**		
政府资金	Government Appropriation Funds	46026	51267
企业资金	Self-raised Funds of Enterprises	1836089	2022108
境外资金	Overseas Funds	5485	17783
其他资金	Others	8643	6795

16-8 规模以上工业企业科技成果

Scientific and Technological Results of Industrial Enterprises above Designated Size

项　　目	Item	2014	2015
专利申请数　（件）	Number of Patent Applications (piece)	9715	10194
发明专利申请数	Number of Invention Patents	3678	4234
新产品项目数　（个）	Applied Research (unit)	6797	7908
R&D项目数　（个）	R&D Projects (unit)	7354	8377

16-9 高新技术产品情况(2015年)

Statistics on High-tech Products (2015)

单位：万元　　(10000 yuan)

项　目	Item	企业数（个） Number of Enterprises (unit)	总产值 Gross Output Value	增加值 Added Value	产品销售收入 Sales Revenue	出口销售收入 Sales Revenue of Export
合　计	**Total**	**1462**	**83780200**	**23971244**	**77615086**	**12130050**
农　业	Agriculture	48	173389	72806	178352	17222
工　业	Industry	953	80525200	22674726	74387696	12073382
服务业	Service	461	3081611	1223712	3049038	39446

注：工业数据为规模以上工业企业口径。

Note: The data of industry are calculated according to industrial enterprises above designated size.

16-10 农业企业高新技术产品情况(2015年)

单位：万元

项目	Item	企业数(个) Number of Enterprises (unit)
总　计	**Total**	**48**
按地区分	By District	
荔湾区	Liwan	3
越秀区	Yuexiu	
海珠区	Haizhu	
天河区	Tianhe	2
白云区	Baiyun	5
黄埔区	Huangpu	
番禺区	Panyu	10
花都区	Huadu	6
南沙区	Nansha	2
从化区	Conghua	9
增城区	Zengcheng	11
按技术领域分	By Technological Circle	
电子与信息技术	Electronic and Information Technology	
机电一体化技术	Integration Technology for Machinery with Electronics	
生物技术	Biotechnology	48
新材料技术	New Material Technology	
新能源高效节能	New Energy and High-efficiency Energy-saving	
环保技术	Environmental Protection Technology	
其他技术	Others	

注：1. 从2010年起，根据广州市科技信息局新修订《广州市农业高新技术产品目录》进行统计。
2. “产品数”指标因各区(县级)市之间存在重复计算，其合计数大于全市数。

Statistics on High-tech Products of Agricultural Enterprises (2015)

(10000 yuan)

产品数 (个) Number of Products (unit)	总产值 Total Output Value	增加值 Added Value	产品销售收入 Sales Revenue	出口销售收入 Sales Revenue of Exports
82	**173389**	**72806**	**178352**	**17222**
8	2876	1984	2876	
2	14297	2463	14351	
5	33360	11191	31750	1005
21	41130	22967	38586	209
8	30285	7954	29248	15698
7	1434	605	1434	
12	23666	7391	25707	310
46	26341	18251	34400	
82	173389	72806	178352	17222

Note: I. Since 2010, the data in this table are calculated according to the "Catalog of Agriculture High-tech Product in Guangzhou".

II. Summation of all districts by number of products is greater than total because different districts would have the same products.

16-11 规模以上工业企业高新技术产品情况（2015年）

单位：万元

项　目	Item	企业数（个）Number of Enterprises (unit)	产品数（个）Number of Products (unit)
总　计	**Total**	**953**	**2381**
按地区分	By District		
荔湾区	Liwan	34	132
越秀区	Yuexiu	7	9
海珠区	Haizhu	23	102
天河区	Tianhe	28	141
白云区	Baiyun	121	418
黄埔区	Huangpu	139	356
番禺区	Panyu	166	428
花都区	Huadu	119	280
南沙区	Nansha	76	153
从化区	Conghua	54	143
增城区	Zengcheng	186	219
按技术领域分	By Technological Circle		
电子与信息技术	Electronic and Information Technology		514
机电一体化技术	Integration Technology for Machinery with Electronics		510
生物技术	Biotechnology		436
新材料技术	New Material Technology		558
新能源高效节能	New Energy and High-efficiency Energy-saving		269
环保技术	Environmental Protection Technology		94
其他技术	Others		

Statistics on High-tech Products of Industrial Enterprisesa Above Designated Size (2015)

(10000 yuan)

总产值 Total Output Value	增加值 Added Value	产品销售收入 Sales Revenue	出口销售收入 Sales Revenue of Exports	实现利税总额 Total Profits and Taxes	享受减免税总额 Total Taxes Exemption and Reduction
80525200	**22674726**	**74387696**	**12073382**	**9560156**	**205939**
587243	173348	536414	39003	38027	2540
46126	14660	43454	2695	3658	45
939693	274570	910782	12109	114804	3965
1073491	348960	937253	87540	188440	6816
2935655	943769	2792770	255006	326842	29449
34360746	11464788	31035264	6913572	4408955	85815
8426082	1876002	8131234	1114443	954963	37617
10099180	2911323	9911915	458348	1781073	13830
14394575	2715094	12645669	2055736	1064167	10853
1516686	327933	1426138	233855	129377	4746
6145723	1624279	6016803	901075	549850	10263
17568917	5676241	14967522	5883711	1331673	70242
34000944	8665700	33743902	2192941	4662593	46584
7934799	2951398	7395095	67109	1911621	29606
15309106	4043728	12907003	2870674	1021592	44223
3461699	842677	3335397	702851	431691	5621
2249735	494982	2038777	356096	200986	9663

16-12 服务业企业高新技术产品情况(2015年)

单位:万元

项　　目	Item	企业数(个) Number of Enterprises (unit)	产品数(个) Number of Products (unit)
总　　计	**Total**	**461**	**1617**
按地区分	By District		
荔湾区	Liwan	9	37
越秀区	Yuexiu	91	248
海珠区	Haizhu	58	141
天河区	Tianhe	233	870
白云区	Baiyun	12	63
黄埔区	Huangpu	24	84
番禺区	Panyu	30	161
花都区	Huadu		
南沙区	Nansha	4	13
从化区	Conghua		
增城区	Zengcheng		
按技术领域分	By Technological Circle		
电子与信息技术	Electronic and Information Technology	461	1617
机电一体化技术	Integration Technology for Machinery with Electronics		
生物技术	Biotechnology		
新材料技术	New Material Technology		
新能源高效节能	New Energy and High-efficiency Energy-saving		
环保技术	Environmental Protection Technology		
其他技术	Others		

Statistics on High-tech Products of Enterprises in Service Trades (2015)

(10000 yuan)

总产值 Total Output Value	增加值 Added Value	产品销售收入 Sales Revenue	出口销售收入 Sales Revenue of Exports	实现利税总额 Total Profits and Taxes	享受减免税总额 Total Taxes Exemption and Reduction
3081611	**1223712**	**3049038**	**39446**	**777847**	**61009**
10504	9714	10508	95	2460	58
347850	63003	347850	14130	35091	7068
55328	20859	54797	1707	12718	1638
2259760	1006527	2222905	21512	590265	45713
52181	19188	24824		41261	185
292161	65207	293753	1807	70326	4096
57410	38126	88040	195	25660	2109
6417	1088	6361		66	142
3081611	1223712	3049038	39446	777847	61009

【研究与试验发展（R&D）经费内部支出】指调查单位在报告年度用于内部开展R&D活动（基础研究、应用研究和试验发展）的实际支出。包括用于R&D项目（课题）活动的直接支出，以及间接用于R&D活动的管理费、服务费、与R&D有关的基本建设支出以及外协加工费等。不包括生产性活动支出、归还贷款支出以及与外单位合作或委托外单位进行R&D活动而转拨给对方的经费支出。

【Total Expenditure on Research and Development】 refers to internally to carry out R&D activities (basic research, applied research and experimental development) the actual expenditure refers to the year. Including for the direct expenditure of R&D project (the subject), and indirectly for the R&D activities of management fees, service charges, and R&D related infrastructure spending, and outside processing fees. Do not include productive activities expenses, the return of loan expenditures as well as cooperation with other units or entrust other units to carry out R&D activities and switch to pull each other expenditures.

第十七篇 CHAPTER 17

教育、文化、体育、卫生、社会福利、环保和其他

EDUCATION, CULTURE, SPORTS, PUBLIC HEALTH, SOCIAL WELFARE, ENVIRONMENTAL PROTECTION AND OTHERS

简要说明

Brief Introduction

第十七篇 教育、文化、体育、卫生、社会福利、环保和其他

一、本篇资料反映广州市教育、文化、体育、卫生、社会福利、环保及其他事业的发展情况。

二、本篇资料由广州市统计局人口和社会科技统计处整理提供。

三、教育部分包括高等、中等、基础教育、幼儿教育、各级成人教育。资料由省教育厅、市教育局、省人力资源和社会保障厅等相关部门提供。

四、文化部分主要包括文化机构、人员及业务活动开展情况等。文化统计资料根据省文化厅、市文广新局、省新闻出版广电局、珠江电影制片厂、省档案局、市档案局等有关部门提供的统计年报加工整理。

五、体育部分主要包括体育行政部门主办的运动会和比赛活动、全民健身活动情况及运动竞技成绩等，资料由市体育局提供。

六、卫生部分主要包括卫生事业机构、床位及人员数、医院业务情况、妇幼保健情况等，资料由市卫生和计划生育委员会提供。

七、社会福利部分主要包括社会福利事业的机构数、收养救济人数、婚姻登记状况等，资料由市民政局提供。各种社会保险情况等资料由市人力资源和社会保障局提供。

八、环保部分主要包括"三废"的排放、治理、综合利用、环境管理情况等，资料由市环保局提供。

九、其他部分主要包括司法工作开展情况和刑事、交通、火灾事故发生情况等，资料由市司法局、市公安局提供。

十、关于数据口径与计算的说明：

17-27表甲、乙类传染病从1997年起增加肺结核和新生儿破伤风两种病；2003年起婴儿出生缺陷发生率统计指标口径有变，从抽样调查改为全面调查。

17 Education, Culture, Sports, Public Health, Social Welfare,Environmental Protection and Others

I. The data in this chapter show the development conditions of Guangzhou's education, culture, sports, public health, social welfare, environmental protection and others.

II.The data in this chapter are prepared and provided by the Division of Population, Social, Science and Technology Statistic of Guangzhou Municipal Bureau of Statistics.

III.The data on education cover the situations on higher education, secondary education, primary education, kindergartens and adult education at all levels. The data are provided by Guangdong Provincial Bureau of Education, Guangzhou Municipal Bureau of Education, Guangdong Provincial Bureau of Human Resources and Social Security, etc.

IV. The data on culture mainly cover the situations on institutes, employed persons and business activities of culture. The data on culture are processed and prepared in accordance with the annual statistical reports provided by Guangdong Provincial Department of Culture, Guangzhou Municipal Culture, Radio and Press and Publication Bureau, Administration of Press, Radio, Film and Television of Guangdong Province, Pearl River Movie Factory, Guangdong Provincial Bureau of Archives and Guangzhou Municipal Bureau of Archives.

V. The data on sports mainly include the sports games and matches organized by sports administrative departments, mass sports and athletics sports. The data are provided by Guangzhou Municipal Bureau of Sports.

VI. The data on public health mainly include the number of institutions, hospital beds and personnel, hospital business, women and babies hygiene. The data are provided by Health and Family Planning Commission of Guangzhou Municipality.

VII. The data on social welfare mainly include the number of institutions, the number receiving social welfare relief funds and marriage registrations, etc. The data are provided by Guangzhou Municipal Bureau of Civil Affairs. The data on social insurance are Provided by Guangzhou Municipal Bureau of Labor and Social Security.

VIII. The data on environmental protection mainly include the discharge and treatment and comprehensive utilization of waste water, waste gas and solid wastes, and the administration of environment, etc. The data are provided by Guangzhou Municipal Bureau of Environmental Protection.

IX. The data on others mainly include the judicial conditions, basic statistics on traffic accidents and fires, etc. The data are provided by Guangzhou Municipal Bureau of Justice and Guangzhou Municipal Bureau of Public Security.

X. Introduction about coverage and computing:

Table 17-27 A&B Infectious Diseases has included phthisic and new born children lockjaw since 1997.The coverage has changed from results of spot check to results of general investigation on incidence rate of birth defect since 2003.

17-1 主要年份教育事业基本情况

Basic Statistics on Education in Main Years

项 目	Item	2014	2015
学校数 （所）	**Number of Schools (unit)**	**1693**	**1697**
普通高等学校	Regular Institutions of Higher Education	80	81
中等职业学校	Vocational Secondary Schools	86	86
技工学校	Technical Schools	68	58
普通中学	Regular Secondary Schools	500	510
高 中	Senior Secondary Schools	120	120
初 中	Junior Secondary Schools	380	390
小 学	Primary Schools	938	941
特殊教育学校	Special Schools	21	21
专任教师 （人）	**Number of Full-time Teachers (person)**	**160049**	**164078**
普通高等学校	Regular Institutions of Higher Education	57196	59088
中等职业学校	Vocational Secondary Schools	7970	8077
技工学校	Technical Schools	5215	5160
普通中学	Regular Secondary Schools	41501	41615
高 中	Senior Secondary Schools	13793	14081
初 中	Junior Secondary Schools	27708	27534
小 学	Primary Schools	47379	49336
特殊教育学校	Special Schools	788	802

17-1 续表 continued

项　目	Item	2014	2015
招生数　(人)	**New Student Enrollment (person)**	**812692**	**818215**
普通高等学校	Regular Institutions of Higher Education	301492	307415
中等职业学校	Vocational Secondary Schools	88370	80049
技工学校	Technical Schools	74664	80922
普通中学	Regular Secondary Schools	173595	171091
高　中	Senior Secondary Schools	60116	60267
初　中	Junior Secondary Schools	113479	110824
小　学	Primary Schools	173884	178035
特殊教育学校	Special Schools	687	703
在校学生　(人)	**Total Student Enrollment (person)**	**2941554**	**2974053**
普通高等学校	Regular Institutions of Higher Education	1019291	1043221
中等职业学校	Vocational Secondary Schools	244585	237130
技工学校	Technical Schools	240350	236323
普通中学	Regular Secondary Schools	532870	515228
高　中	Senior Secondary Schools	178106	178564
初　中	Junior Secondary Schools	354764	336664
小　学	Primary Schools	900072	937870
特殊教育学校	Special Schools	4386	4281
毕业生数　(人)	**Graduates (person)**	**685842**	**699855**
普通高等学校	Regular Institutions of Higher Education	253958	271419
中等职业学校	Vocational Secondary Schools	74726	71326
技工学校	Technical Schools	53120	54490
普通中学	Regular Secondary Schools	178240	176666
高　中	Senior Secondary Schools	57739	58087
初　中	Junior Secondary Schools	120501	118579
小　学	Primary Schools	124999	125188
特殊教育学校	Special Schools	799	766

17-2 主要年份每万人口在校学生数、每个教师负担学生数

Students Enrollment per 10000 Persons and Students Taught by Every Teacher in Main Years

单位：人 (person)

年 份 Year	平均每万人口在校学生数 Students Enrollment Per 10000 Persons			平均每个教师负担学生数 Students Taught by Every Teacher		
	普通高校 College and University Students	普通中学生 High School Students	小学生 Primary School Students	普通高校 College and University Students	普通中学 Regular Secondary Schools	小 学 Primary School Students
1978	44.94	795.85	1178.65	3.10	18.25	24.05
1980	54.28	598.04	1175.91	3.65	15.83	21.80
1985	94.77	456.79	993.46	4.83	15.15	20.43
1986	99.43	471.25	967.81	4.87	16.10	21.05
1987	103.35	487.88	938.26	5.18	16.40	21.04
1988	112.42	481.43	919.33	5.52	16.21	21.05
1989	116.10	463.41	941.98	5.74	15.44	21.93
1990	110.16	446.65	963.03	5.52	15.25	22.79
1991	106.92	446.28	985.58	5.58	15.56	23.24
1992	109.37	461.81	1009.11	6.04	15.99	24.16
1993	126.51	469.79	1034.06	6.87	15.94	24.52
1994	139.74	475.66	1058.77	7.75	16.20	24.62
1995	147.56	494.03	1073.74	8.13	16.42	23.90
1996	151.23	516.39	1074.82	8.23	16.53	22.77
1997	153.60	538.65	1085.07	8.72	16.79	22.24
1998	160.76	562.95	1087.87	9.33	16.99	22.14
1999	196.03	581.75	1083.13	10.83	17.25	22.81
2000	264.14	606.92	1080.31	13.95	17.59	22.16
2001	343.44	642.86	1106.66	16.48	17.60	22.04
2002	414.97	668.15	1133.21	14.40	17.38	22.04
2003	516.75	705.69	1168.69	14.48	17.21	21.76
2004	623.14	719.53	1185.82	15.45	17.28	21.88
2005	738.58	733.24	1203.62	15.89	17.09	22.02
2006	814.28	746.16	1174.64	16.22	16.89	21.85
2007	888.35	745.78	1149.31	16.33	16.38	21.24
2008	938.77	742.25	1100.35	16.90	16.07	20.45
2009	1001.75	723.94	1043.13	17.30	15.50	19.61
2010	1046.88	709.90	1023.16	17.32	14.97	18.88
2011	1100.10	689.46	1006.37	17.31	14.48	18.74
2012	1142.17	669.67	1000.36	17.49	13.74	18.43
2013	1181.11	657.14	1032.38	17.74	13.41	19.06
2014	1209.96	632.55	1068.44	17.82	12.84	19.00
2015	1221.30	603.18	1097.96	17.66	12.38	19.01

17-3 主要年份各级各类学校在校学生数

单位：人

年　份 Year	普通高等学校 Regular Institutions of Higher Education	中等职业学校 Vocational Secondary Schools	技工学校 Technical Schools
1978	21699		
1980	27239	18852	8273
1985	51647	48959	5615
1986	55223	61913	8670
1987	58402	69693	12479
1988	64859	78025	17225
1989	67969	84662	18514
1990	65465	95048	20319
1991	64389	103860	21692
1992	66958	113218	23842
1993	78901	141307	25242
1994	89019	154144	29742
1995	95429	182090	36078
1996	99214	212396	43446
1997	102372	210956	50566
1998	108378	210566	58396
1999	134283	227084	59779
2000	185078	219640	59570
2001	244736	209340	64008
2002	299037	200090	76660
2003	374742	200337	87878
2004	459676	184682	104317
2005	554327	191499	122108
2006	619442	216555	153175
2007	687115	237411	173413
2008	736152	244070	196197
2009	796006	251077	242085
2010	843934	248060	252812
2011	896123	248614	269188
2012	939208	239446	289967
2013	983051	240579	279329
2014	1019291	244585	240350
2015	1043221	237130	236323

Students Enrollment by Various Schools in Main Years

(person)

普通中学 Regular Secondary Schools	小 学 Primary Schools	特殊教育学校 Special Schools
384313	569165	326
300134	590146	289
248940	541420	372
261733	537528	481
275690	530189	546
277743	530368	651
271291	551458	724
265423	572286	854
268760	593537	949
282720	617779	1032
292991	644907	1680
303004	674464	3760
319493	694401	5411
338776	705134	6096
359000	723183	5977
379505	733375	5827
398499	741950	6106
425261	756961	5224
458099	788604	5877
481481	816617	5495
511756	847524	4947
530776	874749	5302
550320	903353	5010
567619	893575	5045
576845	888965	5340
582051	862859	5246
575252	828889	5131
572280	824807	5153
561618	819771	4527
550669	822594	4719
546941	859263	4389
532870	900072	4386
515228	937870	4281

17-4 主要年份研究生基本情况

Basic Statistics on Postgraduates in Main Years

单位：人 (person)

年 份 Year	培养单位（所）Training Units (unit)	# 普通高校 Regular Institutions of Higher Education	毕业生数 Graduates	# 普通高校 Regular Institutions of Higher Education	# 博 士 Doctors
1985	15	12	654	650	7
1990	25	13	1491	1438	101
1991	24	13	1272	1234	109
1992	19	13	947	917	76
1993	18	13	1025	1003	76
1994	18	13	1079	1064	142
1995	21	13	1259	1215	154
1996	21	13	1440	1396	188
1997	21	13	1770	1715	253
1998	21	13	1843	1759	420
1999	21	13	2168	2059	371
2000	21	13	2131	2028	417
2001	22	14	2753	2671	540
2002	20	12	3133	3022	574
2003	20	12	4439	4299	772
2004	24	16	6541	6303	1160
2005	24	16	9006	8699	1331
2006	24	16	11790	11360	1579
2007	26	18	12624	12170	1751
2008	26	18	14773	14286	2086
2009	26	18	15395	14969	2462
2010	26	18	16244	15828	2265
2011	26	18	18584	18155	2374
2012	27	19	20816	20372	2583
2013	27	19	21833	21382	2700
2014	22	19	22717	22636	2788
2015	22	19	23218	23132	2881

注：2014年起，中国科学院在我市研究所招收的研究生不再纳入全市教育事业统计，因此2014年及以后的研究生数据不含中国科学院在广州的数据。下表同。

Note: Since 2014,Guangzhou education statistics does not include the recruit students of Chinese Academic of Sciences in Guangzhou. So since 2014 the statistic of graduates does not contain the graduates of Chinese Academy of Sciences in Guangzhou. The same as the following table.

17-4 续表 continued

单位:人 (person)

年份 Year	招生数 New Students Enrollment	#普通高校 Regular Institutions of Higher Education	#博士 Doctors	在校学生数 Students Enrollment	#普通高校 Regular Institutions of Higher Education	#博士 Doctors
1985	1526	1518	74	2878	2859	92
1990	1113	1090	76	3355	3264	293
1991	1171	1157	167	3216	3149	338
1992	1258	1228	162	3492	3426	417
1993	1521	1490	201	3940	3865	533
1994	1866	1831	298	4656	4562	681
1995	1875	1782	407	5283	5080	935
1996	2367	2249	457	6162	5888	1192
1997	2387	2288	457	6696	6388	1391
1998	2997	2921	582	7821	7521	1539
1999	3673	3559	788	9253	8952	1933
2000	5435	5274	1048	12492	12135	2549
2001	7080	6837	1352	17150	16631	3421
2002	8245	7910	1596	20408	19674	4256
2003	10864	10403	2104	26294	25253	5499
2004	13642	13143	2656	34599	33302	7474
2005	15642	15140	2780	40594	39124	8980
2006	17093	16586	2672	45238	43725	9149
2007	18084	17578	2819	49838	48298	9846
2008	19298	18776	2893	53826	52313	10753
2009	22181	21684	3132	60129	58635	11530
2010	23390	22844	3059	65911	64321	11528
2011	24216	23690	3119	69825	68223	12125
2012	25042	24504	3195	73118	71484	12526
2013	26002	25457	3294	76193	74535	13389
2014	26524	26440	3463	77211	76943	13818
2015	27137	27037	3434	79547	79268	14085

17-5 普通高等院校各类专业本科学生数(2015年)

Students Enrollment in Regular Institutions of Higher Education by Field of Study (2015)

单位:人 (person)

项　目	Item	毕业生数 Number of Graduates	招生数 New Students Enrollment	在校学生数 Number Of Students Enrollment
合　计	**Total**	**134567**	**155009**	**607166**
哲　学	Philosophy	114	128	471
经济学	Economics	13710	16299	60084
法　学	Law	6187	6343	23727
教育学	Education	3054	3135	11733
文　学	Literature	15458	17822	68454
历史学	History	419	532	1928
理　学	Science	8272	8685	34290
工　学	Engineering	32883	36951	150364
农　学	Agriculture	1572	2033	7677
医　学	Medicine	9158	8955	43823
管理学	Management	35652	42975	160774
艺术学	Art	8088	11151	43841

注：1.2011年起普通高等院校各类专业本科学生数统计口径有调整。
　　2.2014年新增“艺术学”学科分类。

Note: I. Since 2011,students enrollment in regular institutions of higher education have been adjusted.
　II. Fields of study increase the category of art in 2014.

17-6 普通高等院校专科分学科学生数(2015年)

Students Enrollment in Regular Institutions of Higher Education for Junior College by Field of Study (2015)

单位:人 (person)

项 目	Item	毕业生数 Number of Graduates	招生数 New Students Enrollment	在校学生数 Number Of Students Enrollment
合 计	**Total**	136852	152406	436055
农林牧渔大类	Agriculture, Forestry, Animal Husbandry and Fishery Category	1024	1796	4296
交通运输大类	Transport Category	7810	7830	23733
生化与药品大类	Biochemistry and Medicine Category	2485	3395	9353
资源开发与测绘大类	Resource Development and Mapping Category	678	877	2245
材料与能源大类	Materials and Energy Category	559	1033	2776
土建大类	Civil Engineering Category	15063	13884	44558
水利大类	Water Conservancy Category	439	403	1276
制造大类	Manufacture Category	13083	15449	44596
电子信息大类	Electronic Information Category	14988	21682	54530
环保、气象与安全大类	Environmental Protection, Meteorology and Safety Category	379	323	869
轻纺食品大类	Textile, Food Category	2448	2443	6778
财经大类	Finance Category	42992	43108	125978
医药卫生大类	Medical and Health Care Category	3159	4090	11045
旅游大类	Tourism Category	3420	4053	11811
公共事业大类	Public Utilitie Category	3016	3584	10269
文化教育大类	Cultural Education Category	15011	14991	42263
艺术设计传媒大类	Art Design Media Category	7644	11446	33905
公安大类	Public Security Category			
法律大类	Law Category	2654	2019	5774

17-7 普通高等院校本专科基本情况(2015年)

单位：人

院 校 名 称	Name of Universities, Institutes and Colleges	毕业生数 Number of Graduates
合 计	**Total**	**271419**
中山大学	Sun Yat-sen University	7486
华南理工大学	South China University of Technology	5793
暨南大学	Jinan University	4174
华南农业大学	South China Agricultural University	9227
南方医科大学	Southern Medical University	3466
广州中医药大学	Guangzhou University of Traditional Chinese Medicine	3290
华南师范大学	South China Normal University	6966
广东工业大学	Guangdong University of Technology	10581
广东外语外贸大学	Guangdong University of Foreign Studies	4966
广东财经大学	Guangdong Business Institute	5680
仲恺农业工程学院	Zhongkai Agritechnical College	4020
广东药学院	Guangdong Medicine Institute	5048
星海音乐学院	Xinghai Conservatory of Music	874
广州美术学院	Guangzhou Academy of Fine Arts	1225
广州体育学院	Guangzhou Institute of Physical Education	1837
广东技术师范学院	Guangdong Polytechnic Normal University	3668
广东金融学院	Guangdong Finance College	5053
广东警官学院	Guangdong Police College	2051
广州大学	Guangzhou University	8187
广州医科大学	Guangzhou Medical Institute	2683
广东白云学院	Guangdong Baiyun Vocational Technical College	2842
广东培正学院	Guangdong Peizheng College	2853
广东第二师范学院	Guangdong University of Education	2916
广州民航职业技术学院	Guangzhou Civil Aviation College	3692
广州航海学院	Guangzhou Maritime College	247
广东轻工职业技术学院	Guangdong Light Industry Technical College	6745
广东省外语艺术职业学院	Guangdong College of Foreign Languages and Art	3119
广东机电职业技术学院	Guangdong Machinery and Electricity College	4873
广东工贸职业技术学院	Guangdong Vocational College of Industry & Commerce	5157
广东交通职业技术学院	Guangdong Communication Polytechnic College	4831
广东水利电力职业技术学院	Guangdong Technical College of Water Resources and Electric Engineering	4393
广东生态工程职业学院	Guangdong Eco-engineering Polytechnic	
广东司法警官职业学院	Judicial Police Officers' Professional Institute of Guangdong	1582
广东女子职业技术学院	Guangdong Women's Professional College	1975
广东农工商职业技术学院	Guangdong AIB Polytechnic College	6260
广东邮电职业技术学院	Guangdong Posts & Telecom Vocational Technology College	690
广东建设职业技术学院	Guangdong Construction Vocational Technology Institute	2201
广东行政职业学院	Guangdong Vocational of Administration	1706

Basic Statistics on Regular Institutions of Higher Education (2015)

(person)

招生数 Number of New Entrants	在校学生数 Number of Enrolled Students	校本部教职工人数 Number of Teachers and Staff	# 专任教师 Full-time Teachers	# 正高级 Professors	# 副高级 Associate Professors	# 中　级 Lecturers
307415	**1043221**	**83846**	**59088**	**8354**	**15797**	**23970**
7766	32660	5697	3501	1283	1165	787
6115	24895	4214	2706	738	961	981
5535	22231	3167	1960	541	731	581
9202	37820	2867	2158	373	760	814
3020	13992	2391	1782	445	598	647
3021	13866	1666	1357	388	474	388
6108	25682	3390	1934	513	585	749
9514	41106	3027	2477	368	733	1217
4959	20054	1990	1305	263	357	492
7033	23953	1442	1163	211	382	493
5450	19065	1233	988	131	292	427
2964	18517	1686	1456	223	453	690
1018	3870	451	302	34	80	126
1375	5391	771	454	61	135	178
1803	6433	618	420	72	110	172
3775	20308	1899	1055	131	333	464
5592	21085	1312	944	109	270	495
1522	5627	682	269	41	114	92
9946	37089	2838	1794	299	624	520
2968	10465	2259	1625	361	563	392
4525	17258	1075	863	65	196	386
3219	14619	907	652	34	60	356
3058	10652	693	454	52	130	135
4182	11735	657	526	17	105	312
1969	12090	776	587	45	161	291
7622	21697	1206	895	65	263	484
2732	7270	561	373	17	114	184
5284	15032	922	739	12	189	406
5221	14831	868	647	14	155	326
4768	13240	804	625	39	144	368
4954	12959	741	539	27	175	263
1403	2312	300	176	18	31	86
1668	4565	320	189	8	63	91
2313	6285	400	233	11	77	114
6367	18892	1001	869	20	182	569
1599	3931	388	140		38	62
2714	7056	397	286	6	62	146
927	4108	410	275	26	82	95

17-7 续表

单位：人

院 校 名 称	Name of Universities, Institutes and Colleges	毕业生数 Number of Graduates
广东体育职业技术学院	Guangdong Sports Vocational Technical Institute	763
广东食品药品职业学院	Guangdong Food and Drug Vocational School	3882
广东文艺职业学院	Guangdong Vocational Literature and Art College	1138
广州工程技术职业学院	Guangzhou Institute of Technology	2225
广州番禺职业技术学院	Guangzhou Panyu Polytechnic College	3790
广州体育职业技术学院	Guangzhou Sports Training and Technical College	714
广东理工职业学院	Guangdong Polytechnic Institute of Technology	3603
广州城市职业学院	Guangzhou City Polytechnic College	3029
广东工程职业技术学院	Guangdong Polytechnic College of Engineering	3861
广州铁路职业技术学院	Guangzhou Railway Vocational Technical College	2565
广东科贸职业学院	Guangdong Vocational College of Science and Trade	2964
广州科技贸易职业学院	Guangzhou Polytechnic of Science and Trade	2075
广东青年职业学院	Guangdong Youth Polytechnic College	2491
广东舞蹈戏剧职业学院	Guangdong Dance and Drama College	44
民办南华工商学院	Nanhua Industrial and Commercial College	3354
私立华联学院	Private Hualian University	2939
广东岭南职业技术学院	Guangdong Lingnan Polytechnic College	5362
广州康大职业技术学院	Kanda Vocational Technical College	2466
广州工商学院	Guangdong College of Technology and Business	2936
广州涉外经济职业技术学院	Guangzhou International Economics College	3012
广州南洋理工职业学院	Guangzhou Nanyang Institute of Technology	3365
广州科技职业技术学院	Guangzhou Vocational College of Science and Technology	4168
广州现代信息工程职业技术学院	Guangzhou Modern Information Engineering College	2378
广州华南商贸职业学院	South China Business Trade College	1938
广州华立科技职业学院	Guangzhou HuaLi Vocational College of Science and Technology	3150
广州珠江职业技术学院	Guangzhou Pearl-river Vocational College of Technology	1492
广州松田职业学院	Guangzhou Songtian Polytechnic College	1757
广州城建职业学院	Guangzhou City Construction College	5126
广州华商职业学院	Guangzhou Huashang Vocational College	2998
广州华夏职业学院	Guangzhou Huaxia Technical College	2237
广州东华职业学院	Guangdong Donghua Polytechnic College	884
广东工业大学华立学院	Huali College, Guangdong University	4365
广州大学松田学院	Songtian College, Guangzhou University	2223
广州商学院	Guangzhou College of Commerce	2473
中山大学新华学院	Xinhua College of SYSU	3468
广州大学华软软件学院	South Institute of Software Engineering	2883
中山大学南方学院	Nanfang College of SYSU	4769
广东外语外贸大学南国商学院	South China Business College, Guangdong University of Foreign Studies	2042
广东财经大学华商学院	Huashang College, Guangdong University of Business Studies	4149
华南农业大学珠江学院	Zhujiang College of South China Agriculture University	2931
广东技术师范学院天河学院	Tianhe College of Guangdong Polytechnic Normal University	3124
华南理工大学广州学院	Guangzhou College of SCUT	3929
公安边防部队高等专科学校	Public Security Frontier Forces Higher Specialty School	

continued

(person)

招生数 Number of New Entrants	在校学生数 Number of Enrolled Students	校本部教职工人数 Number of Teachers and Staff	# 专任教师 Full-time Teachers	# 正高级 Professors	# 副高级 Associate Professors	# 中 级 Lecturers
1085	2562	276	142	11	31	68
5107	14877	842	628	38	101	285
1663	4394	340	223	5	34	75
2928	8045	488	394	4	82	224
4014	11168	891	535	23	101	290
735	1851	435	171	7	42	83
4024	10273	660	455	22	77	295
3408	9425	608	446	19	115	248
3535	11581	633	545	22	112	320
2490	7830	584	363	11	96	163
3033	8019	522	380	11	85	180
2415	7235	466	334	6	75	183
2210	5630	313	245	7	41	102
781	1334	396	226	2	45	63
3918	11203	573	475	16	86	205
2411	8057	549	390	15	73	143
5313	15745	985	807	26	138	341
1344	5493	369	235	4	46	145
7052	15266	1016	685	72	151	221
3658	10608	623	480	38	92	184
3491	10543	749	470	7	91	162
4914	13512	970	629	23	162	202
1928	5925	621	421	10	50	109
1876	5553	351	229	19	27	85
4560	12302	743	597	25	120	250
2974	6290	453	330	32	46	67
1290	4196	287	233	15	31	109
6308	17530	998	798	43	134	343
3138	10054	513	410	28	54	84
4362	11461	640	454	18	57	117
3153	7071	443	326	2	64	86
2872	15201	1030	751	51	221	259
2664	9920	518	410	19	31	243
5060	13897	861	698	77	136	357
5951	18790	918	772	103	161	250
3853	12525	775	549	40	104	267
4577	17860	652	552	35	43	224
2382	9042	772	480	90	106	172
6006	22201	1050	891	90	137	381
3415	11439	722	555	67	100	249
2747	14464	781	687	65	140	325
5559	20208	1099	828	73	186	364
		305	141	2	26	68

17-8 各类学校数及在校学生数

Number of Schools and Enrolled Students by Type of School

项目	Item	2014	2015
各类学校数合计 （所）	**Total Number of Schools (unit)**	**1693**	**1697**
普通高等学校	Regular Institutions of Higher Education	80	81
中等职业学校	Vocational Secondary Schools	86	86
技工学校	Technical Schools	68	58
普通中学	Regular Secondary Schools	500	510
#高　中	Senior Secondary Schools	120	120
小　学	Primary Schools	938	941
特殊学校	Special Schools	21	21
各类学校在校学生数（人）	**Number of Enrolled Students by Type of School(person)**	**2941554**	**2974053**
普通高等学校	Regular Institutions of Higher Education	1019291	1043221
中等职业学校	Vocational Secondary Schools	244585	237130
技工学校	Technical Schools	240350	236323
普通中学	Regular of Secondary Schools	532870	515228
#高　中	Senior Secondary Schools	178106	178564
小　学	Primary Schools	900072	937870
特殊学校	Special Schools	4386	4281

17-9 各类学校招生数及毕业生数

New Students Enrollment and Graduates by Type of School

单位：人 (person)

项　目	Item	2014	2015
各类学校招生数	**Number of New Students Enrollment by Type of School**	**812692**	**818215**
普通高等学校	Regular Institutions of Higher Education	301492	307415
中等职业学校	Vocational Secondary Schools	88370	80049
技工学校	Technical Schools	74664	80922
普通中学	Regular Secondary Schools	173595	171091
#高　中	Senior Secondary Schools	60116	60267
小　学	Primary Schools	173884	178035
特殊学校	Special Schools	687	703
各类学校毕业生数	**Number of Graduates by Type of School**	**685842**	**699855**
普通高等学校	Regular Institutions of Higher Education	253958	271419
中等职业学校	Vocational Secondary Schools	74726	71326
技工学校	Technical Schools	53120	54490
普通中学	Regular Secondary Schools	178240	176666
#高　中	Senior Secondary Schools	57739	58087
小　学	Primary Schools	124999	125188
特殊学校	Special Schools	799	766

17-10 高中、初中、小学毕业生升学情况

Statistics on Graduates of Senior, Junior Secondary Schools and Primary Schools Entering Higher Level Schools

项　目	Item		2014
高中毕业生数(人)	Graduates of Senior Secondary Schools	(person)	57739
已升学人数(人)	Students Entering Institution of Higher Education	(person)	54595
升学率　(%)	Percentage of Graduates of Senior Secondary Schools Entering Institution of Higher Education	(%)	94.55
初中毕业生数(人)	Graduates of Junior Secondary Schools	(person)	120501
已升学人数(人)	Students Entering Senior Secondary Schools	(person)	115090
升学率　(%)	Percentage of Graduates of Junior Secondary Schools Entering Senior Secondary Schools	(%)	95.51
小学毕业生数(人)	Graduates of Primary Schools	(person)	124999
已升学人数(人)	Students Entering Junior Secondary Schools	(person)	122302
升学率　(%)	Percentage of Graduates of Primary Schools Entering Junior Secondary Schools	(%)	97.84

17-10 续表 continued

项　目	Item		2015
高中毕业生数(人)	Graduates of Senior Secondary Schools	(person)	58087
已升学人数(人)	Students Entering Institution of Higher Education	(person)	55006
升学率　(%)	Percentage of Graduates of Senior Secondary Schools Entering Institution of Higher Education	(%)	94.70
初中毕业生数(人)	Graduates of Junior Secondary Schools	(person)	118579
已升学人数(人)	Students Entering Senior Secondary Schools	(person)	114436
升学率　(%)	Percentage of Graduates of Junior Secondary Schools Entering Senior Secondary Schools	(%)	96.51
小学毕业生数(人)	Graduates of Primary Schools	(person)	125188
已升学人数(人)	Students Entering Junior Secondary Schools	(person)	125188
升学率　(%)	Percentage of Graduates of Primary Schools Entering Junior Secondary Schools	(%)	100.00

17-11 普通中学专任教师学历情况(2015年)

Diploma Qualifications of Full-time Teachers in Regular Secondary Schools (2015)

项 目	Item	人 数 (人) Personnel (person)	高 中 Senior Secondary Schools	初 中 Junior Secondary Schools
合 计	**Total**	**41615**	**14081**	**27534**
研究生毕业	Postgraduates	3520	2085	1435
本科毕业	Graduates Attending Regular College Course	35405	11959	23446
专科及以下毕业	Graduates Attending Specialized Subject	2690	37	2653

17-11 续表 continued

项 目	Item	构 成 (%) Composition (%)	高 中 Senior Secondary Schools	初 中 Junior Secondary Schools
合 计	**Total**	**100.00**	**100.00**	**100.00**
研究生毕业	Postgraduates	8.46	14.81	5.21
本科毕业	Graduates Attending Regular College Course	85.08	84.93	85.15
专科及以下毕业	Graduates Attending Specialized Subject	6.46	0.26	9.64

注：教师学历达标率：高中：99.74%，初中：99.98%。

Note: The academic qualification rate of teachers in senior secondary schools is 99.74 percent, that in junior secondary schools is 99.98 percent.

17-12 各类学校教职工人数及专任教师数
Staff and Workers and Full-time Teachers by Type of School

单位：人 (person)

项　　目	Item	2014	2015
各类学校教职工人数	**Number of Staff and Workers by Type of School**	**211226**	**219131**
普通高等学校	Regular Institutions of Higher Education	86477	91908
中等职业学校	Vocational Secondary Schools	11457	11740
技工学校	Technical Schools	11893	11957
普通中学	Regular Secondary Schools	49214	49507
小　学	Primary Schools	51183	53073
特殊学校	Special Schools	1002	946
各类学校专任教师数	**Number of Full-time Teachers by Type of School**	**160049**	**164078**
普通高等学校	Regular Institutions of Higher Education	57196	59088
中等职业学校	Vocational Secondary Schools	7970	8077
技工学校	Technical Schools	5215	5160
普通中学	Regular Secondary Schools	41501	41615
# 高　中	Senior Secondary Schools	13793	14081
小　学	Primary Schools	47379	49336
特殊学校	Special Schools	788	802

17-13 学生辍学情况
Statistics on Students Dropping Out of Schools

项　　目	Item	2014	2015
高　中	**Senior Secondary Schools**		
上学年初学生　(人)	Number of Students at the Beginning of Preceding Academic Year (person)	174944	177815
# 辍学生　(人)	Students Dropping Out of Schools (person)	826	880
辍学率　(%)	Percentage of Students Dropping Out of Schools (%)	0.47	0.49
初　中	**Junior Secondary Schools**		
上学年初学生　(人)	Number of Students at the Beginning of Preceding Academic Year (person)	365256	351853
# 辍学生　(人)	Students Dropping Out of Schools (person)	1309	962
辍学率　(%)	Percentage of Students Dropping Out of Schools (%)	0.36	0.27
小　学	**Primary Schools**		
上学年初学生　(人)	Number of Students at the Beginning of Preceding Academic Year (person)	841681	885837
# 辍学生　(人)	Students Dropping Out of Schools (person)	524	118
辍学率　(%)	Percentage of Students Dropping Out of Schools (%)	0.06	0.01

17-14 小学教育情况
Statistics on Primary Education

项目	Item	2014	2015
适龄儿童入学率 (%)	Percentage of School-age Children Enrolled (%)	100.00	100.00
6-11岁学龄儿童数 (人)	Number of 6-11 School-age Children (person)	879276	921996
# 已入学人数 (人)	Number of Children Enrolled in Schools (person)	879276	921996
毕业率 (%)	Percentage of Graduation (%)	99.30	99.75
上学年预计毕业生数 (人)	Number of Graduated Pupils in Previous Year (person)	125877	125507
毕业生人数 (人)	Number of Graduates (person)	124999	125188

17-15 成人高等教育基本情况
Basic Statistics on Adult Higher Education

单位：人

项目	Item	2014	2015
成人高等教育	**Higher Education for Adults**		
学校数 (所)	Number of Schools (unit)	9	9
教职工人数	Number of Teachers and Staff	3283	3218
# 专任教师数	Number of Full-time Teachers	1957	1911
聘请校外教师 (人次)	Number of Teachers Engaged from Other Schools (Person-time)	3909	3831
毕业生	Graduates	82636	102866
招生数	New Students Enrollment	153438	142534
在校学生数	Students Enrolled	365358	394829

17-16 成人高等教育在校学生数

Number of Students Enrolled in Adult Higher Education by Level

单位：人

项 目	Item	2014	2015
成人高等教育	**Higher Education for Adults**	**365358**	**394829**
成人高等学校	Institutions of Higher Education for Adults	10848	12685
广播电视大学	Radio and TV Universities	8189	9729
职工高等学校	Schools of Higher Education for Staff and Workers	2659	2956
管理干部学院	Colleges for Management Cadres		
普通高校附设	Departments Run by Regular Institutions of Higher Education	354510	382144
函 授	Correspondence Divisions	107017	141243
业 余	Evening Universities	247493	240901
脱 产	Courses in Form of Full Time for Adults		

17-17 民办普通中小学及幼儿园情况（2015年）

Statistics on Regular Secondary Schools, Primary Schools and Kindergartens Run by Society (2015)

单位：人 (person)

项 目	Item	学校数（所）Number of Schools (unit)	毕业生数 Number of Graduates	招生数 Number of New Entrants	在校学生数 Number of Enrolled Students	教职工数 Number of Teachers and Staff	#专任教师 Full-time Teachers
合 计	**Total**	**1502**	**162400**	**212870**	**738251**	**72442**	**44123**
普通中学	Regular Secondary Schools	203	36070	42535	120682	12815	8158
高 中	Senior Secondary Schools	16	3403	3919	11061	1893	862
初 中	Junior Secondary Schools	187	32667	38616	109621	10922	7296
小 学	Primary Schools	152	42083	63923	321411	17796	15536
幼儿园	Kindergartens	1147	84247	106412	296158	41831	20429

17-18 幼儿园基本情况
Basic Statistics on Kindergartens

项　目	Item	2014	2015
幼儿园数　（所）	**Number of Kindergartens　(unit)**	**1628**	**1666**
公　办	Kindergartens Run by Government	486	519
民　办	Kindergartens Run by Society	1142	1147
教职工人数　（人）	**Number of Teachers and Staff　(person)**	**56664**	**61843**
# 教　师	Teachers	28159	30875
在园幼儿数　（人）	**Number of Student Enrollment　(person)**	**404261**	**445218**

17-19 体育事业基本情况
Basic Statistics on Sports

项　目	Item	2014	2015
群众体育活动情况	Mass Sports Activities		
市区街三级全民健身活动及比赛（项次）	Number of Nationwide Body-building Activities Run by Municipal and District Institutions (item-times)	2280	2300
参加市区街三级全民健身活动人数（万人次）	Number of Persons Taking Part in Nationwide Body- building Activities Run by Municipal and District Institutions (10000 person-times)	850	856
举办国际、国内单项比赛次数（次）	Number of international and national individual competitions (times)	106	31
破纪录	Records Chalked up		
破世界纪录（项、人次）	World Records Chalked up (item, person-times)		
破亚洲纪录（项、人次）	Asian Records Chalked up (item, person-times)		1项1人次
破全国纪录（项、人次）	National Records Chalked up (item, person-times)		2项2人次
获得冠军	Champions Won		
广州运动员获世界冠军（项、人次）	World Champions (item, person-times)	13项14人次	13项14人次
广州运动员获亚洲冠军（项、人次）	Asian Champions (item, person-times)	14项15 人次	8项10人次
广州运动员获全国冠军（项、人次）	National Champions (item, person-times)	46项74人次	46项84人次

17-20 文化主要指标

Main Indicators of Culture

项　目	Item	2014	2015
电影、艺术	**Films and Arts**		
全年摄制完成影片 (部)	Film Production (film)	1	3
# 故事片	Feature Films	1	3
全年发行各种新影片 (部)	Release of Various New Films (film)	258	394
# 国产与合拍片	Chinese-made Films	182	315
进口片	Hong Kong-made and Import Films	76	79
电影放映、艺术表演单位	Film Projection Units and Art Performance Units		
电影院 (间)	Cinemas (unit)	53	62
电影院座位 (个)	Seats of Cinemas (unit)	50196	59060
艺术表演场馆 (个)	Art Performance Halls (unit)	18	17
艺术表演场馆座席数 (个)	Seats of Art Performance Halls (unit)	31967	31330
电影映出场次 (场)	Number of Film Showing (scene)	660721	748771
电影观众人数 (万人次)	Number of Film Spectators (10000 person-times)	1955	2587
专业艺术表演团体 (个)	Specialized Arts Performance Troupes (unit)	58	53
本团原创首演剧目 (个)	Premiere Performance of Original Play (unit)	22	21
艺术表演团体演出场次 (万场)	Number of Performance for Arts Performance Troupes(scene)	0.56	0.55
艺术表演团体国内演出观众人次(万人次)	Number of Spectators for Arts Performance Troupes (10000 person-times)	429	419
广播电视事业	**Broadcasting and Television Stations**		
广　播	Broadcasting		
广播电台 (座)	Number of Broadcasting Stations (set)	2	2
节目套数 (套)	Number of Programs (set)	17	17
中短波转播发射台 (座)	Medium Wave and Short Wave Broadcasting Transmission Stations (set)	3	3
平均日播音 (时)	Broadcasting Hours per Day (hour)	363	363
广播综合人口覆盖率 (%)	Listener Rating (%)	100.00	100.00
电　视	Television		
电视台 (座)	Number of Television Stations (set)	3	3
节目套数 (套)	Number of Programs (set)	53	23
平均周播放时间 (时)	Broadcasting Hours per Week (hour)	4096	3081
制作电视剧 (集)	TV Play Programs (set)	1411	1394
电视综合人口覆盖率 (%)	Viewer Rating (%)	100.00	100.00

注：1.从2011年起专业艺术表演团体统计口径有调整。

2.电影放映指标仅统计了中影南方电影新干线有限公司和广州金逸珠江电影院线有限公司两家院线。

Note: I. In 2011 the coverage of specialized arts performance troupes has been adjusted.

II. Film projection statistic only contain the China Film South Cinema circuit Co., Ltd. and Guangzhou JinYiZhuJiang Movie Circuit Co., Ltd..

17-20 续表 continued

项 目	Item	2014	2015
图书、档案事业	**Books and Archives**		
公共图书馆 (间)	Public Libraries (unit)	15	14
总藏量 (万册)	Total Collections (10000 volumes)	2309	2487
#图 书	Books	1998	2160
阅览室座席 (个)	Seating Capacity of Reading Rooms (seat)	21500	25059
#少儿阅览室座席	Seating Capacity of Children Reading Rooms	3556	4799
总流通人次 (万人次)	Total Number of Circulation (10000 person-times)	2709	2714
书刊文献外借册次 (万册次)	Number of Books Borrowed by the Readers(10000 volume-times)	1443	1676
档案馆 (个)	Archives (unit)	31	31
馆藏案卷总数 (万卷)	Number of Archives (10000 volumes)	1565	1675
群众文化事业	**Mass Culture**		
群众艺术馆、文化馆 (间)	Units Responsible for Guiding Mass Art (unit)	14	13
文化站 (个)	Cultural Stations (unit)	161	161
举办展览 (个)	Number of Exhibitions (unit)	1058	1056
组织文艺活动 (次)	Art Performances and Story-telling (times)	8063	8051
举办训练班 (次)	Training Courses (times)	8708	8988
文物事业	**Cultural Relics**		
博物馆、纪念馆及美术馆(个)	Museums and Memorial Halls (unit)	33	33
藏品数 (件)	Number of Cultural Relics Collection (piece)	369489	360268
#一级品	Grade One	1030	1030
举办陈列展览 (个)	Number of Displays and Exhibitions (unit)	304	307
参观人次 (千人次)	Number of Visitors (1000 person-times)	10616	10373
文物商店 (间)	Cultural Relic Stores (unit)	2	2
出版事业	**Publishing Undertaking**		
全年出版报纸 (种)	Number of Newspapers Published (kind)	56	56
全年出版报纸 (万份)	Number of Newspapers Published (10000 copies)	285821	241147
全年出版图书 (种)	Number of Books Published (kind)	8646	9281
全年出版图书 (万册)	Number of Books Published (10000 copies)	28257	30810
全年出版杂志 (种)	Number of Magazines Published (kind)	300	301
全年出版杂志 (万册)	Number of Magazines Published (10000 copies)	13400	12645
图书销售量 (万册)	Number of Books Sold (10000 volumes)	3710	3692

注：1. 报纸出版种数不包含校报、院报。
2. 2013年起图书销售量不包括花都区、番禺区、增城区和从化区数据。

Note: I. Number of newspaper publishing do not included college newspaper.
II. Since 2013 number of books sold does not include Huadu, Panyu, Zengcheng and Conghua.

17-21 主要年份卫生事业基本情况

Basic Statistics on Public Health in Main Years

年份 Year	卫生机构数（个） Health Care Institutions (unit)	#医院 Hospitals	卫生技术人员（人） Medical Professionals (person)	#医生 Doctors	卫生机构床位数（张） Hospital Beds (bed)	#医院 Hospitals	每万人口医生数（人） Doctors per 10000 Population (person)	每万人口医院床位数（张） Hospital Beds per 10000 Population (bed)
1978	1589	140	31547	12014	17109	14382	24.88	29.78
1980	1802	141	35792	14566	17673	14747	29.02	29.38
1985	2098	163	42522	18079	23830	19439	33.17	35.67
1986	2319	165	44666	19152	25031	20020	34.48	36.05
1987	2173	174	45818	19557	26599	21544	34.61	38.13
1988	2387	182	46957	20094	27981	22663	34.83	39.28
1989	2409	186	47988	20913	28988	23458	35.72	40.07
1990	2353	190	48276	21015	29930	24395	35.36	41.05
1991	2347	194	48618	21026	31293	25286	34.91	41.99
1992	2323	200	49052	21304	32646	26901	34.80	43.94
1993	2094	210	50097	22153	32399	27339	35.52	43.84
1994	2131	216	50819	22401	33086	27871	35.17	43.75
1995	2238	221	52851	23321	34139	28721	36.06	44.41
1996	1987	222	52450	22384	34338	29728	34.12	45.31
1997	1989	224	53654	22829	35301	30067	34.25	45.11
1998	2013	224	54053	22817	35306	30791	33.85	45.67
1999	1670	250	54480	23068	36431	31284	33.68	45.67
2000	1703	252	55677	23503	38758	33716	33.54	48.12
2001	2257	253	56262	23949	39417	34558	33.61	48.50
2002	2265	196	54652	22169	40430	32736	30.76	45.43
2003	2349	183	57274	23464	42210	34140	32.36	47.08
2004	2443	188	59943	24493	45687	35979	33.20	48.77
2005	2517	211	64182	25852	47888	39359	34.44	52.44
2006	2603	223	69091	27338	50500	42821	35.94	56.29
2007	2543	225	76791	29056	52640	45209	37.57	58.45
2008	2388	218	80687	29953	54973	47128	38.20	60.10
2009	2341	224	89179	32926	59038	50367	41.44	63.39
2010	2387	216	95546	33575	62552	53227	41.65	66.03
2011	3459	207	100832	35638	65940	55429	43.75	68.05
2012	3511	224	106708	37442	70649	62194	45.53	75.63
2013	3729	222	114802	39694	73301	64864	47.69	77.93
2014	3749	224	120915	40715	77011	68685	48.33	81.53
2015	3724	229	126681	42499	82022	73313	49.75	85.83

注：1．2002年起卫生指标按照新的《中国卫生统计调查制度》统计。其中，医生为执业(助理)医师数；护师、护士为注册护士数。
2．从2004年起医院不包卫生院及社区卫生服务中心(站)。
3．每万人口医生数和每万人口医院床位数用年末户籍人口计算。

Note: I. Since 2002 statistics of health care have been based on China Health Care Statistical Investigation System of which, doctors, refer to medical practitioners and associate medical practitioners, senior and junior nurses refer to registered nurses.
II.The number of hospitals haven't included the township hospitals since 2004.
III. Doctors per 10000 population and hospital beds per 10000 population are caculated by the registered population.

17-22 医疗卫生机构数

Number of Health Institutions

单位：个 (unit)

项　　目	Item	2014	2015
各类医疗卫生机构合计	**Total Number of Health Care Institutions**	**3749**	**3724**
医　院	**Hospitals**	**224**	**229**
综合医院	General Hospitals	130	132
中医医院	TCM Hospitals	27	27
中西医结合医院	Hospitals Which Integrate Traditional Chinese Therapeutics with Western Therapeutics in Practice	5	6
专科医院	Specialized Hospitals	60	61
护理院	Nursing Homes	2	3
基层医疗卫生机构	**Basic Health Care Institutions**	**3245**	**3219**
社区卫生服务中心(站)	Health Service Certers(Stations) for Community	320	315
社区卫生服务中心	Health Service Centers for Community	151	151
社区卫生服务站	Health Service Stations for Community	169	164
卫生院	Township Hospitals	31	30
村卫生室	Village Health Hospitals	1081	1051
门诊部	Outpatient Departments	619	624
诊　所	Clinics	688	721
卫生所、医务室	Health Stations, Infirmaries	506	478
专业公共卫生机构	**Specialized Health Care Institutions**	**202**	**203**
疾病预防控制中心	CDC(Epidemic Prevention Stations)	18	18
专科疾病防治院(所、站)	Specialized Disease Prevention & Treatment Institutions	8	7
健康教育所(站、中心)	Health Education Stations(Centers)	4	3
妇幼保健院(所、站)	Maternity and Child Care Centers	16	16
急救中心(站)	First Aid Centers(Stations)	6	7
采供血机构	Blood Collection Agencies	5	5
卫生监督所(中心)	Health Supervision Stations	15	15
计划生育技术服务机构	Family-planning Technical Service Institutions	130	132
其他卫生机构	**Others**	**78**	**73**
疗养院	Sanitariums	9	9
医学科学研究机构	Research Institutions of Medical Science	5	5
医学在职培训机构	Training Institutions of Medical Science for Incunbent	1	1
临床检验中心(所、站)	Clinical Inspect Centers(stations)	11	11
统计信息中心	Statistical Information Centers	1	1
其　他	Other Medical Institutions	51	46

注：1.2011年起医疗卫生机构数包含村卫生室.
　　2.2013年起医疗卫生机构数含计生机构。

Note: I. Number of health institutions include village hospitals since 2011.
　　II. Number of health institutions include family-planning Institutions since 2013.

17-23 医疗卫生机构床位数（2015年）

Number of Beds in Medical and Health Institutions (2015)

单位：张 (unit)

项目	Item	2015
各类医疗卫生机构床位	**Total Number of Beds in Health Institutions**	**82022**
医院	**Hospitals**	**73313**
综合医院	General Hospitals	47298
中医医院	TCM Hospitals	10172
中西医结合医院	Hospitals Which Integrate Traditional Chinese Therapeutics with Therapeutics in Practice	1339
专科医院	Specialized Hospitals	13387
护理院	Nursing Homes	1117
基层医疗卫生机构	**Community Medical and Health Institutions**	**4666**
社区卫生服务中心(站)	Health Service Centers for Community	2815
卫生院	Township Hospitals	1825
门诊部	Outpatient Departments	26
专业公共卫生机构	**Specialized Public Health Institutions**	**2834**
专科疾病防治院(所、站)	Specialized Disease Prevention & Treatment Institutions	106
妇幼保健院(所、站)	Maternity and Child Care Centers	2726
急救中心(站)	First Aid Center	2
其他卫生机构	**Others**	**1209**
疗养院	Sanitariums	1209

17-24 医疗卫生机构工作人员(2015年)

Number of Employed Personnel in Medical and Health Institutions (2015)

单位:人 (person)

项 目	Item	2014	2015
合 计	**Total**	**147788**	**153943**
# 卫生技术人员小计	Medical Technical Personnel	120915	126681
执业(助理)医师	Assistant Certified Doctors	40715	42499
# 执业医师	Certified Doctors	38050	39750
注册护士	Registered Nurses	52355	55003
药 师(士)	Pharmacists	7971	8057
技 师(士)	Technicians	6940	7320
# 检验师(士)	Testers	5142	5345
其 他	Others	12934	13802
其他技术人员	Other Technical Personnel	4870	5091
管理人员	Managerial Personnel	6705	7193
工勤技能人员	Workers	13926	13871

注：1．2011年起医疗卫生机构工作人员数含村卫生室人员。
2．2013年起医疗卫生机构工作人员数含计生机构人员。

Note: I. Number of medical persons include persons of village hospitals since 2011.
II. Number of medical persons include persons of family-planning groups since 2013.

17-25 民营医疗机构基本情况(2015年，按地区分)

Basic Statistics on Private Medical and Health Institutions(2015, by District)

地区	District	医疗机构数(个) Numbers of Medical Institutions (unit)	床位数(张) Number of Beds (unit)	人员数(人) Number of Employed Personnel (person)	#卫生技术人员(人) Medical Technical Personnel (person)	#执业(助理)医师(人) Assistant Certified Doctors (person)	#注册护士(人) Registered Nurses (person)
总　计	**Total**	**1616**	**9071**	**23471**	**18705**	**7638**	**7100**
荔湾区	Liwan	110	122	1222	1080	538	374
越秀区	Yuexiu	144	524	2629	1993	959	763
海珠区	Haizhu	104	428	2827	2080	602	431
天河区	Tianhe	296	1111	4672	3646	1579	1507
白云区	Baiyun	416	4980	5397	4474	1773	2029
黄埔区	Huangpu	137	325	1596	1260	521	362
番禺区	Panyu	101	716	2514	2042	700	816
花都区	Huadu	126	467	1400	1188	506	477
南沙区	Nansha	26	60	390	214	92	80
从化区	Conghua	78	181	494	429	198	168
增城区	Zengcheng	78	157	330	299	170	93

17-26 医疗资源与服务情况（2015年）

Resources and Services on Medical Institutions (2015)

项　目	Item	合 计 Total	公立医疗机构 Public Medical Institutions	#政府办 Run by Governments	民营医疗机构 Private Medical Institutions
医疗机构数 (个)	Number of Units (unit)	3498	1882	509	1616
总诊疗人次 (万人次)	Patients Treated (10000 person-times)	14113.16	12373.30	11227.40	1739.86
#门　诊	Outpatient Visits	12793.24	11111.54	10040.81	1681.70
急　诊	Emergency Visits	1113.14	1065.39	1005.90	47.75
观察室留观病例数 (万人次)	Number of Persons for Further Observation (10000 person-times)	117.14	113.26	112.83	3.89
健康检查人次 (万人次)	Number of Persons for Health Examination (10000 person-times)	708.69	603.00	543.80	105.69
入院人数 (万人次)	Number of Inpatients (10000 person-times)	260.88	242.52	234.88	18.36
出院人数 (万人次)	Number of Leaving Hospital(10000 person-times)	260.48	242.02	234.48	18.45
年底实有病床数 (张)	Number of Beds at Year-end (unit)	82022	72951	67902	9071
病床使用率 (%)	Utilization Rate of Beds (%)	85.45	88.11	89.58	63.18
病床周转次数 (次/年)	Turnover Rate of Beds (times/year)	32.7	34.0	35.4	21.8
出院者平均住院日 (日)	Average Hospitalization Period (day)	9.2	9.2	9.0	9.3
医师人均每日担负诊疗人次(人)	Average Daily For Per Doctor visited (person)	13.2	14.2	14.5	8.8
医师人均每日担负住院床日(人)	Doctor Responsible For Inpatient Bed Days Per Capita Daily (person)	1.7	1.9	1.9	0.7

注：2011年起含村卫生室数据。

Note: Number of medical persons include person of village hospitals since 2011.

17-27 医院、卫生院工作情况（2015年）

Statistics on Hospitals and Township Hospitals (2015)

项　　目	Item	医　院 Hospitals	社区卫生服务中心(站) Community Health Centre	卫生院 Township
机构数　(个)	Number of Units (unit)	229	315	30
总诊疗人次　(万人次)	Patients Treated (10000 person-times)	9293.46	2054.55	342.40
#门　诊	Outpatient Visits	8321.80	1915.30	273.92
急　诊	Emergency Visits	859.52	79.67	61.59
观察室留观病例数(万人次)	Number of Persons for Further Observation(10000 person-times)	87.89	9.16	19.87
健康检查人次　(万人次)	Number of Persons for Health Examination(10000 person-times)	449.75	102.64	27.98
入院人数　(万人次)	Number of Inpatients (10000person-times)	229.42	5.87	5.97
出院人数　(万人次)	Number of Leaving Hospital (10000 person-times)	228.94	5.93	5.94
年末实有病床数　(张)	Number of Beds at Year-end (unit)	73313	2815	1825
平均开放病床数　(张)	Average Number of Beds in Use (unit)	71050	2754	1789
病床使用率　(%)	Utilization Rate of Beds (%)	87.23	71.26	61.16
病床周转次数　(次/年)	Turnover Rate of Beds (times/year)	32.2	21.5	33.2
出院者平均住院日　(日)	Average Hospitalization Period (day)	9.5	11.5	6.4

17-28 村卫生室基本情况（2015年）

Statistics on Rural Health Institutions（2015）

项　　目	Item	2014	2015
机构数　(个)	Number of Institutions (unit)	1081	1051
执业(助理)医师　(人)	Certified (Assistant) Doctors (person)	523	490
注册护士　(人)	Certified (Assistant) Nurses (person)	255	239
乡村医生和卫生员　(人)	Rural Doctors and Medical Attendants (person)	1372	1107
乡村医生数	Rural Doctors	1208	1028
卫生员	Medical Attendants	164	79
总诊疗人次　(万人次)	Patients Treated (10000 person-times)	594.55	529.39

注：2015年起，村卫生室执业(助理)医师和注册护士数包含镇卫生院设点的村卫生室相关人员数，2014年数据作相应调整。

Note: Number of certified (assistant) doctors and certified (assistant) nurses in Rural Health Institutions include menbers of Rural Health Institutions set by town health center since 2015. The data in 2014 has been adjusted.

17-29 卫生事业其他指标

Other Indicators of Health Care

项　　目	Item	2015
人均卫生资源	**Per Capita Health Resources**	
每万人口卫生机构床位数　(张)	Number of Hospital Beds per 10000 Population　(unit)	60.75
每万人口卫生技术人员数　(人)	Number of Medical Technical Personnel per 10000 Population　(person)	93.83
每万人口执业(助理)医师数 (人)	Number of Certified (Assistant) Doctors per 10000 Population　(person)	31.48
每万人口注册护士数　(人)	Number of Registered Nurses per 10000 Population　(person)	40.74
防病工作	**Disease Prevention**	
甲、乙类传染病发病率 (1/10万)	Incidence Disease Rate of type A&B Infectious Disease　(per 100000 persons)	334.28
甲、乙类传染病死亡率 (1/10万)	Death Rate of type A&B Infectious Diseases　(per 100000 persons)	0.67
儿童计划免疫接种率　(%)	Planned Vaccination Rate of Children　(%)	
卡介苗接种率	BCG Vaccination Rate	99.86
脊髓灰质炎接种率	Poliovirus Vaccination Rate	99.75
百白破接种率	Pertussis, Diphtheria & Tetanus Vaccination Rate	99.76
麻疹接种率	Measles Virus Vaccination Rate	99.80
乙肝基础免疫	Hepatitis B Basic Vaccination Rate	99.78
乙脑基础免疫	Encephalitis B Basic Vaccination Rate	99.76
妇幼工作	**Women and Children**	
孕产妇保健系统管理率　(%)	Management Rate of Maternity Health Care System　(%)	96.15
孕产妇保健管理覆盖率　(%)	Coverage Rate of Maternity Health Care Management　(%)	98.09
3岁以下儿童保健系统管理率 (%)	Management Rate of Children Health Care System at 3 Years Old and below　(%)	96.24
7岁以下儿童保健管理覆盖率 (%)	Coverage Rate of Children Health Care Management at 7 Years Old and below (%)	99.37
出生缺陷发生率　(1/万)	Incidence Rate of Birth Defect　(persons per 10000 persons)	186.17
出生低体重儿发生率　(%)	Incidence Rate of Low Weight Infants at Birth　(%)	5.85
5岁以下儿童中、重度营养不良患病率　(%)	Incidence Disease Rate from Medium and Serious Malnutrition of Children at 5 Years Old and below　(%)	1.34
婚前医学检查　(%)	Medical Examination Rate before Marriage　(%)	35.96
婚前医学检查疾病检出率　(%)	Disease Rate through Medical Examination before Marriage　(%)	15.04
生命指标	**Life Indicators**	
平均期望寿命　(岁)	Life Expectancy　(year)	81.72
男　性	Male	78.99
女　性	Female	84.60
孕产妇死亡率　(1/10万)	Death Rate of Pregnant and Lying-in Women　(per 100000 persons)	4.42
5岁以下儿童死亡率　(‰)	Death Rate of Children at 5 Years Old and below　(‰)	3.82

注：1．本表人均卫生资源用年末常住人口计算；

2．甲、乙类传染病从1997年起增加肺结核和新生儿破伤风两种病；

3．甲、乙类传染病发病率、死亡率用年平均常住人口计算。

4．平均期望寿命以死因统计年报计算。

5．用“出生缺陷发生率”指标代替“每住院分娩出生缺陷发生率”。

Note: I. Per capita health resources is calculated by annual resident population.

II. Type A and B infections diseases include pulmonary tuberculosis and neonatal tetanus since 1997.

III. The incidence disease rate and death rate of type A and B infections diseases are calculated by annual resident population.

Ⅳ. Life expectancy is calculated according to the statistical yearbook of death.

Ⅴ. Use incidence rate of birth defect instead of each hospital delivery incidence of birth defects.

17-30 律师、公证、基层司法基本情况

项目	Item	1995	2000	2005
律师工作	**Lawyers**			
律师事务所 （个）	Number of Law Offices (unit)	95	153	268
执业律师 （人）	Number of Certified Lawyers (person)	1940	2637	4322
担任常年法律顾问 （家）	Number of Units with Permanent Legal Advisors (unit)	3496	3810	3550
民事诉讼代理 （件）	Civil Case Litigation Agency (case)	5753	6994	23845
经济诉讼代理 （件）	Economic Case Litigation Agency (case)	4077	8190	12407
行政诉讼代理 （件）	Administrative Action Case Litigation Agency (case)	85	154	610
非诉讼法律事务 （件）	off-court Case (case)	11890	13247	26597
刑事辩护及代理 （件）	Criminal Case Litigation Agency (case)	1920	2246	6952
涉外法律事务 （件）	Agent of Foreign-related Legal Affairs Agency (case)	3866	3604	486
索回赔、欠款 （万元）	Claiming Indemnity and Arrears (10000 yuan)	45751	94218	54437
公证工作	**Notarization**			
公证处 （个）	Number of Notary Offices (unit)	14	14	12
公证人员 （人）	Number of Notary Personnel (person)	288	290	401
办结公证总数 （件）	Number of Notary Documents (case)			
# 国内公证业务	Domestic Notarization Business			
涉外公证业务	Foreign-related Notarization Business			
涉港澳台公证业务	Notarization Business Related to Hong Kong, Macao and Taiwan			
帮助避免经济损失（万元）	Amount of Helping to Avoid Economic Losses (10000 yuan)	17386	22168	20640
基层司法工作	**Grassroots Judicial Work**			
司法所 （个）	Number of Law Services (unit)			
司法所人员 （人）	Number of Law Service Personnel (person)			
司法所兼职人员 （人）	Number of Units with Legal Advisors (person)			
司法助理员 （人）	Agent of Civil Cases (person)			
人民调解委员会 （个）	Number of People's Mediation Committees at Year-end (unit)	3766	3569	2976
调解人员 （人）	Number of Mediators at Year-end (person)	35608	36177	19233
调解纠纷总数 （件）	Number of Disputes Mediated (case)	8070	10044	13521

Basic Statistics on Lawyers, Notarization and Grassroots Judicial Work

2006	2007	2008	2009	2010	2011	2012	2013	2014	2015
279	287	293	357	381	417	477	482	519	571
4727	5061	5634	6167	6659	7340	7702	8326	8919	9817
1395	1051	7371	10095	9980	11186	11290	12300	13952	15464
23888	19636	28775	45447	40259	41170	42012	47552	53594	59797
9712	6526								
455	526	674	874	612	816	771	966	2426	2035
21676	22155	22604	47579	30841	39823	25956	54044	35127	51115
6793	5293	1781	1477	8553	9098	7260	7818	8949	8644
1531	633								
59740	19179								
11	11	8	8	11	9	9	9	9	9
287	309	334	121	348	381	384	397	390	377
						456359	392176	349475	396944
						318112	273448	232405	283717
						129815	111183	110756	107469
						8432	7545	6314	5758
4150	4250								
					165	165	164	170	170
					582	543	515	525	555
					506	21	16	62	188
					24				
3093	3012	3130	2858	3068	3280	3322	3435	3349	3338
21700	27000	26977	20506	18075	18871	19726	19901	18752	15525
13908	20039	17065	21018	21238	19778	22968	24787	25088	28924

17-31 社会治安主要指标
Main Indicators of Public Security

项目	Item	2014	2015
刑事案件	**Criminal Cases**		
立案数 (件)	Number of Cases Registered (case)	218639	183583
破案数 (件)	Number of Cases Cracked in Current Year (case)	32273	31593
破案率 (%)	Percentage of Cases Cracked to Total Criminal Cases in Current Year (%)	14.8	17.2
治安案件	**Offense Cases against Public Order**		
受理数 (件)	Number of Cases Accepted to be Treated (case)	156130	185125
查处数 (件)	Number of Cases Investigated and Treated (case)	151353	179866
城市交通事故	**City Traffic Accidents**		
交通事故 (件)	Number of Traffic Accidents (case)	2700	2676
死伤人数 (人)	Number of Deaths and Injuries (person)	3770	3800
# 死亡人数	Number of Deaths	852	847
损失折款 (万元)	Losses Converted into Cash (10000 yuan)	1048	812
火　灾	**Fires**		
火灾起数 (起)	Number of Fires (case)	3282	2644
死伤人数 (人)	Number of Deaths and Injuries (person)	34	34
# 死亡人数	Number of Deaths	20	22
损失折款 (万元)	Losses Converted into Cash (10000 yuan)	2913	2801

注：2014年起社会治安主要指标统计口径有调整，均不统计市区指标。

Note: Since 2014 the coverage of main indicators of public security has been adjusted, excluding urban districts.

17-32 结婚和离婚对数

Couples of Marriage and Divorce

单位：对 (couple)

地　区	District	2014		2015	
		登记结婚对数 Number of Marriage Registration	离婚对数 Number of Divorces	登记结婚对数 Number of Marriage Registration	离婚对数 Number of Divorces
全　市	**Total**	**97540**	**23277**	**92668**	**24722**
荔湾区	Liwan	7483	2084	6622	2062
越秀区	Yuexiu	13324	3710	11763	3802
海珠区	Haizhu	9613	2713	8699	2889
天河区	Tianhe	12794	2192	12562	2408
白云区	Baiyun	10020	2240	9838	2323
黄埔区	Huangpu	6125	1519	6049	1628
番禺区	Panyu	9562	2470	8586	2865
花都区	Huadu	8032	1806	7688	2055
南沙区	Nansha	4020	632	3976	701
从化区	Conghua	6388	1641	6421	1692
增城区	Zengcheng	8978	1969	9438	2015
广州市本级	City Level	1201	301	1026	282

注：法院判决解除和调解解除2015年3148对、2014年3421对。

Note: Number of divorces by the court is about 3148 in 2015, and 3421 in 2014.

17-33 社会保险情况

单位：人

项　目	Item
基本养老保险	Basic Pension Insurance
城镇职工基本养老保险	Basic Pension Insurance for Employed Persons in Urban Units
城乡居民养老保险	Pension Insurance for Urban and Rural Resident
农转居养老保险	Pension Insurance for Resident transferred from Farmers
基本医疗保险	Basic Medical Care Insurance
城镇职工基本医疗保险	Basic Medical Care Insurance for Employed Persons in Urban Units
城乡居民基本医疗保险	Basic Medical Care Insurance for Urban and Rural Residents
失业保险	Unemployment Insurance
工伤保险	Work Injury Insurance
生育保险	Maternity Insurance

注：1.城镇职工医保享受人数仅统计享受医疗待遇人数，未包含医保个人账户注资人数。
　　2.从2015年始，城镇居民基本医疗保险和新型农村合作医疗已整合为城乡居民基本医疗保险一个险种。

Conditions of Social Insurance

(person)

2014		2015	
年末参保 人　数 Persons Participating in Insurance at Year-end	全年享受 人　数 Persons Enjoying Insurance	年末参保 人　数 Persons Participating in Insurance at Year-end	全年享受 人　数 Persons Enjoying Insurance
10705407	1359018	11593978	1462974
9255618	829400	10082417	871625
1233208	396938	1292677	456607
216581	132680	218884	134742
10546721	4878154	10526155	5206481
5720692	3180782	6076242	3343502
		4449913	1862979
4417340	64430	4740721	124054
4153258	14965	4314000	15302
3572028	60890	4368202	175806

Note: I. Number of basic medical care insurance for employed persons in urban units only calculates the number of persons enjoyed medical treatment, excluding the number of personal capital account for medical insurance.

II. Since 2015, basic medical care insurance for employed persons in urban units and the new rural cooperative medical care has been combined to the basic medical care insurance for urban and rural residents.

17-34 优抚和社会救助、福利事业情况

项　　目	Item	1995
优抚事业	**Special Care and Preferential Treatment**	
抚恤. 补助优抚对象总人数 (人)	Number of Persons Enjoying Regular Pensions and Allowances (person)	7029
优待优抚对象户数 (户)	Number of Households Enjoying Special Care and Preferential Treatment (household)	6068
抚恤事业财政性支出 (万元)	Expenses on Special Care and Preferential Treatment (10000 yuan)	2536
社会救助	**Social Relief**	
城市居民最低生活保障人数 (人)	Number of Persons Enjoying Mininum living Security In Urbar Areas (Person)	
城市居民最低生活保障户数 (户)	Number of Households Enjoying Mininum living Security In Urbar Areas(Household)	
农村居民最低生活保障人数 (人)	Number of Persons Enjoying Mininum living Security In Rural Areas (Person)	
农村居民最低生活保障户数 (户)	Number of Households Enjoying Mininum living Security In Rural Areas (Household)	
农村五保供养人数 (人)	Number of Persons Enjoying the Five Guarantees in Rural Areas (Person)	
资助参加医疗救助保险 (人)	Number of Persons Funded to Participate in Medical Care Insurance (Person)	
直接实施医疗救助人次数 (人次)	Number of Persons Direct Implementation of Medical Assistance (Person-times)	
# 住院救助人次数 (人次)	Number of Persons Enjoying Medical Assistance Intpatient Services (Person-times)	
# 门诊救助人次数 (人次)	Number of Persons Enjoying Medical Assistance Outpatient Services (Person-times)	
生活无着人员救助人次数 (人次)	Number of Poor Persons Enjoying Relief (Person-times)	
# 儿童救济人次数 (人次)	Number of Child Enjoying Relief (Person-times)	
社会救济事业财政性支出 (万元)	Expenses on Social Relief (10000 yuan)	
自然灾害生活救助财政性支出 (万元)	Financial Relief Funds for Disasters (10000 yuan)	242
社会福利	**Social Welfare**	
社会福利收养性单位数 (个)	Number of Social Welfare Adoption Units (unit)	139
社会福利收养性单位床位数 (张)	Number of Beds in Social Welfare Adoption Units (unit)	5238
年末社会福利收养性单位在院人数 (人)	Number of Persons in Social Welfare Adoption Units at Year-end (Person)	3956
# 优抚对象	Persons Enjoying Special Care and Preferential Treatment	
"三无对象"	Three-no People in Short	
社会福利企业单位数 (个)	Number of Social Welfare Enterprises (unit)	3113
社会福利企业残疾职工人数 (人)	Number of Disabled Persons in Social Welfare Enterprises (Person)	5816
社会福利事业财政性支出 (万元)	Expenses on Social Welfare (10000 yuan)	
城乡社区服务	**Grassroots Social Security in Urban and Rural Areas**	
社区服务设施数 (个)	Number of Community Service Facilities in Urban Areas (unit)	348
# 社区服务中心 (站)	Centers of Community Service	69

注："三无对象"指无法定赡养(抚养、扶养)义务人、无劳动能力和无生活来源的居民。

Statistics on Special Care, Social Relief and Social Welfare

2000	2005	2006	2007	2008	2009	2010	2011	2012	2013	2014	2015
7128	7295	6677	13403	15478	16039	17422	21151	23590	24633	24914	25512
7947	9953	6986	13135	9909	8362	9073	7649	11053	9950	12373	13977
5027	11818	13921	18887	19572	23971	21669	21171	24590	31623	34553	42692
20132	45038	47822	48045	44991	45412	43206	41548	37682	34523	29297	24256
											15076
15687	68265	72988	74892	70151	70552	68545	65528	56657	52284	43221	33150
											14595
							4932	4850	4805	4465	4466
											175569
											337681
											63589
											274092
							30625	36754	37070	39429	48261
							1833	1971	1815	1554	1712
				31840	33458	38634	47020	64492	73489	84188	82207
220	823	654	1908	1848	503	725	388	323	585	1080	389
182	166	154	152	153	178	159	165	173	180	185	205
12371	17770	18130	20585	23064	24469	27704	33070	34566	41237	42937	54071
8142	8603	9213	9826	17762	18440	23666	26023	25382	25151	26621	29516
302	145	193	397	574	312	278	198	193	85	205	105
3702	3756	4228	4239	4899	4107	4738	4652	4953	3485	3884	3353
118	80	49	41	40	33	34	37	34	32	33	33
1643	1743	454	1098	929	985	952	1279	1220	1094	2357	1003
				25748	64639	41674	53871	70465	83795	114162	119313
236	1871	1747	1073	1180	1570	1391	3302	3888	2301	2377	2203
80	102	108	108	123	122	238	1210	1471	1496	1499	1304

Note: "Three-no people" is short for those urban citizens who have no ability to work, no source of income, and no legal supporters to provide their lives.

17-35 主要年份环境保护基本情况

项 目	Item	1995
市区二氧化硫年日平均值 （毫克/立方米）	**Daily Mean Value of SO2 in Urban Area (mg/m3)**	**0.059**
市区二氧化氮年日平均值 （毫克/立方米）	Daily Mean Value of NO2 in Urban Area (mg/m3)	
市区可吸入颗粒平均浓度 （毫克/立方米）	Annual Concentration of Breathable Particular Matter (mg/m3)	
市区PM2.5平均浓度 （毫克/立方米）	PM2.5 Average Concentrations in Urban Area (mg/m3)	
降水PH值	The PH Value of the Precipitation	3.65
酸雨频率 (%)	Frequency of Acid Rain (%)	73.40
环境空气质量优良天数 （天）	The Number of Days of Good Air Quality (day)	
环境空气质量优良率 (%)	The Rate of Good Air Quality (%)	
废水排放总量 （万吨）	**Volume of Waste Water Discharged (10000 tons)**	**91267**
工业废水排放量	Volume of Industrial Waste Water Discharged	30930
生活污水排放量	Volume of Living Waste Water Discharged	60337
工业废水排放达标量 （万吨）	Volume of Industrial Waste Water up to the Discharge Standards (10000 tons)	19685
工业废水排放达标率 (%)	Percentage of Industrial Waste Water up to the Discharge Standards (%)	63.64
工业废气排放总量 （亿标立方米）	**Volume of Industrial Waste Gas Emission (100 million cu.m)**	**1871.61**
二氧化硫排放量 （万吨）	Volume of Sulphur Dioxide Emission (10000 tons)	14.09
工 业	Industry	14.09
生 活	Living	
工业烟粉尘排放量 （万吨）	Volume of Industrial Soot and Dust Emission (10000 tons)	3.09
建成烟尘控制区数 （个）	**Number of Soot Control Zones Established (unit)**	
建成烟尘控制区面积 （平方公里）	Area of Soot Control Zones Established (sq.km)	
一般工业固体废物产生量 （万吨）	**Volume of General Industrial Solid Wastes Produced (10000 tons)**	**313.00**
一般工业固体废物综合利用量	Volume of Comprehensive Utilization of General Industrial Solid Wastes	224.00
一般工业固体废物综合利用率 (%)	Comprehensive Utilization Rate of General Industrial Solid Wastes (%)	71.30
危险废物产生量 （万吨）	**Volume of Hazardous Wastes Produced (10000 tons)**	
道路交通噪声昼间平均等效声级 （分贝）	**Day-time Average Equivalent Sound Level of Road Traffic Noise (decibel)**	**72.60**

注：1. 从2012年起市环保局不再统计工业废水排放达标量、工业废水排放达标率、建成烟尘控制区数、建成烟尘控制区面积4个指标。
2. 从2013年起广州市全面实施新的环境空气质量标准(GB3095—2012)，环境空气质量优良天数和环境空气质量优良率依据二氧化硫、二氧化氮、可吸入颗粒物、细颗粒物、一氧化碳和臭氧等6项指标进行评价。
3. 废水排放总量从2013年起统计口径调整为包含工业废水排放量、城镇生活污水排放量和集中式治理设施废水排放量(不包括污水处理厂)。
4. 二氧化硫排放量从2013年起统计口径调整为包含工业二氧化硫排放量、生活二氧化硫排放量和集中式治理设施二氧化硫排放量。
5. 根据《环境噪声监测技术规范 城市声环境常规监测》(HJ 640—2012)关于道路交通噪声评价要求，从2014年起将“交通干线噪声平均值”指标修改为“道路交通噪声昼间平均等效声级”，指标内容不变。
6. 根据《环境空气质量标准》(GB3095—2012)等有关环境空气质量评价要求，增加指标“市区PM2.5平均浓度”。
7. 2010年(含)之前，“工业烟粉尘排放量”为“烟尘排放量”。
8. 2015年“一般工业固体废物综合利用量”包括了综合利用往年贮存量0.46万吨。

Fundamental State of Environment Protection in Main Year

2000	2005	2006	2007	2008	2009	2010	2011	2012	2013	2014	2015
0.045	0.053	0.054	0.051	0.046	0.039	0.030	0.028	0.022	0.020	0.017	0.013
0.061	0.068	0.067	0.065	0.056	0.056	0.050	0.049	0.049	0.052	0.048	0.047
	0.088	0.076	0.077	0.071	0.070	0.070	0.069	0.069	0.072	0.067	0.059
									0.053	0.049	0.039
4.71	4.34	4.41	4.42	4.47	4.74	5.06	5.20	5.24	5.34	5.21	5.24
62.30	81.40	75.40	82.60	77.80	60.50	50.70	42.00	40.60	23.70	40.50	38.40
	332	334	333	345	347	357	360	360	260	282	312
98.57	91.00	91.51	91.20	94.50	95.07	97.81	98.63	98.36	71.23	77.50	85.50
95434	125837	128302	111491	126156	119317	125662	141521	152747	157843	161484	161905
24123	20249	20445	21103	34475	26023	23604	24580	22716	22558	19181	18608
71311	105588	107858	90388	91681	93294	102059	116941	130031	135179	142149	143112
21732	19449	19629	20102	33045	25116	22828	23916				
90.09	96.05	96.01	95.25	95.85	96.51	96.72	97.30				
1959.16	2342.16	2126.49	1994.63	2435.84	2539.47	3155.59	4120.19	3646.58	3753.74	3737.21	3550.92
19.58	14.94	12.92	10.53	9.99	9.05	7.85	6.83	6.66	6.57	5.89	5.02
19.21	14.50	12.48	10.09	9.55	8.61	7.41	6.59	6.42	6.33	5.65	4.78
0.37	0.44	0.44	0.44	0.44	0.44	0.44	0.24	0.24	0.24	0.24	0.24
4.69	1.79	1.80	1.79	1.86	1.38	1.13	1.53	1.26	1.10	1.00	0.92
	14	14	13	13	15	15	15				
284.60	441.61	470.82	779.86	908.62	895.00	927.10	952.03				
346.80	540.36	632.30	609.03	661.56	641.84	691.79	659.34	614.85	555.56	495.88	463.38
285.30	520.25	605.46	592.13	605.65	597.95	621.91	625.53	588.98	528.89	468.47	441.35
83.48	91.23	91.13	100.00	91.24	92.35	89.75	94.87	95.70	95.17	94.47	95.15
18.30	22.48	18.43	20.39	16.38	22.59	24.54	30.30	29.78	38.55	46.50	50.52
69.10	69.30	69.40	69.20	69.10	69.20	69.10	68.90	68.90	68.80	68.90	69.00

Note: Ⅰ. Since 2012,Guangzhou Municipal Bureau of Environmental Protection have canceled the following items:Volume of Industrial Waste Water Discharged,Percentage of Industrial Waste Water up to the Discharge Standards,Number of Soot Control Zones Established and Area of Soot Control Zones Established.

Ⅱ. Since 2013, new environment air quality standard (GB3095-2012) has been implemented in guangzhou. The Number of Days of Good Air Quality and The Rate of Good Air Quality are tested on the basis of the following items : Sulfur dioxide, Nitrogen ioxide, TSP, PM, carbon monoxide,ozone.

Ⅲ. Since 2013,Volume of Waste Water Discharged statistic scope has been adjusted.The scope includes Volume of Industrial Waste Water Discharged, Volume of Living Waste Water Discharged and Volume of Waste Water Discharged of centralized facilities.

Ⅳ. Since 2013, Volume of Sulphur Dioxide Emission statistic scope has been adjusted. The scope includes Volume of Industry Sulphur Dioxide Emission, Volume of Living Sulphur Dioxide Emission and Volume of Sulphur Dioxide Emission of centralized facilities.

Ⅴ. Since 2014,the index "Average of Main Road Noise" has been renamed as "Day-time Average Equivalent Sound Level of Road Traffic Noise" according to "Technical Specifications for Environmental Noise Monitoring Routine Monitoring for Urban Environmental Noise"(HJ 640-2012).

Ⅵ. There adds an index of " PM2.5 Average Concentrations in Urban area" according to "Ambient Air Quality Standards "(GB3095-2012).

Ⅶ. The statistical coverage of data of "Volume of Industrial Soot and Dust Emission" of year 2010 and before is "Soot and Dust Emission".

Ⅷ. The data of "Volume of Comprehensive Utilization of General Industrial Solid Wastes" of year 2015 includes utilizing the stocks of industrial solid wastes of the previous year .

【卫生技术人员】指卫生事业机构支付工资的全部固定职工和合同制职工现任职务为卫生技术工作的专业人员。包括中医师、西医师、中西医结合高级医师、护师、中药师、西药师、检验师、其他技师、中医士、西医士、护士、助产士、中药剂士、检验士、其他初级卫生技术人员。

【医生】指经卫生部门审查合格，具有执业资格的医疗专业人员。

【社会福利收养性单位在院人数】包括民政部门管理的和城镇及农村集体举办的社会福利事业单位中收养的老人、少年儿童、缺乏生活自理能力的残疾人员和精神病人。

【律师】指依法取得律师执业证书，为社会提供法律服务的执业人员。

【公证员】指符合《公证法》规定的条件，在公证机构从事公证业务的执业人员。

【办理公证文书】指公证处在一定时期内办结的公证文书件数。公证文书是按司法部规定或批准的格式制作。包括国内公证和涉外公证两部分。其中国内公证分为经济合同公证和民事法律关系公证两大类。

【调解人员】是经群众选举或者接受聘任，在人民调解委员会领导下，从事调解工作的人员。

【调解民间纠纷】指调解委员会依照法律规定，根据自愿原则，用说服教育的方法调解社会上发生的有关民事权利和义务的争执，促成相关当事双方达到协议和谅解，解决纠纷。包括婚姻家庭纠纷，财产权益纠纷等，不包括法院受理调解的民事案件数。

【废水排放总量】为废水排放量、城镇生活污水排放量和集中式治理设施污水排放量之和。

【工业废水排放量】指报告期内经过企业厂区所有排放口排到企业外部的工业废水量。包括生产废水、外排的直接冷却水、超标排放的矿井地下水和与工业废水混排的厂区生活污水，不包括外排的间接冷却水（清污不分流的间接冷却水应计算在废水排放量内）。

【一般工业固体废物产生量】指未被列入《国家危险废物名录》或者根据国家规定的危险废物鉴别标准（GB5085）、固体废物浸出毒性浸出方法（GB5086)及固体废物浸出毒性测定方法（GB/T 15555）鉴定方法判定不具有危险特性的工业固体废物。

【一般工业固体废物综合利用量】报告期内企业通过回收、加工、循环、交换等方式，从固体废物中提取或者使其转化为可以利用的资源、能源和其他原材料的固体废物量（包括当年利用的往年工业固体废物累计贮存量）。如用作农业肥料、生产建筑材料、筑路等。

【Medical Technical Personnel】 refer to all permanent medical staff and workers employed by medical institutions, including doctors of Chinese and Western medicine, senior doctors who integrate traditional Chinese therapeutics with Western therapeutics in practice, senior nurses, pharmacists of Chinese and Western medicine,1aboratory specialists, other specialists, paramedics of Chinese and Western medicine, nurses, midwives, druggists in Chinese and Western medicine, laboratory technicians, other technicians, other practitioners of Chinese medicine, nursing attendants, pharmacological workers of Chinese and Western medicine, laboratory workers, and other primary medical technical personne1.

【Doctors】 refer to qualified professional medical workers approved to practice by public health departments.

【Number of People Taken in by adoption units of Social Welfare Institutions】 refers to the number of old people, children, totally dependent handicapped people and mental patients taken in by social welfare institutions run by civil affairs departments and those run by collective units in urban and rural areas.

【Lawyers】 are certified legal workers according to law, and provide legal service to the public.

【Notary Personnel】 refer to judicial workers of the state notary offices handling notarization work according to law.

【Notarized Documents】 refer to the documents settled by notary offices in a year. The nutria documents are drawn up in accordance with the regulations of the Ministry of Justice, including domestic documents and foreign-related documents. Domestic documents are divided into two major categories: documents on economic contracts and documents on civil legal relations.

【Mediators】 refer to workers who are selected or employed by the masses under the lead of people's mediation committees responsible for mediating in civil disputes and cases of slight infraction of the law.

【Mediation of Civil Disputes】 refers to mediation committees' work in mediating in civil disputes concerning civil rights and duties through persuasion and education in accordance with the provisions of law on a voluntary basis, so as to solve disputes by helping the parties involved come to an agreement and understanding. These disputes include divorce cases and disputes over property ownership, but exclude the civil cases to be handled by the court.

【Total Volume of Waste Water Discharged】 includes the total volume of wastewater emissions, urban sewage and centralized sewage treatment facilities emissions.

【Volume of Industrial Waste Water Discharged】 refers to the volume of industrial waste water discharged ,through all outlets to the outside of industrial enterprises in the reference period, including waste water produced, direct cooling water, underground water from mines that does not meet the standard of discharge, and the domestic sewage mixed up with industrial waste water when discharged, but excluding discharged indirect cooling water. (the indirect cooling water that clear water and turbid water is not divided should be included in total volume of waste water discharged)

【Volume of General Industrial Solid Wastes Produced】 refers not included in the “National List of Hazardous Waste”or in accordance with state hazardous waste identification standard(GB5085),solid waste leaching toxicity method(GB5086)and solid waste leaching toxicity determination method(GB/T 15555)identification of characteristics is determined not to be hazardous industrial solid waste.

【Volume of General Industrial Solid Wastes Utilized in a Comprehensive Way】 refers to the volume of solid wastes from

which useful materials can be extracted or which can be converted into usable resources, energy or other materials by means of reclamation, processing, recycling and exchange(including utilizing in the year the stocks of industrial solid wastes of the previous year). Examples of such utilizations include fertilizers, building materials and road materials.

附录 APPENDIX

附 1　全国国民经济主要指标

Appendix Ⅰ. Main Indicators of National Economy of China

项　　目	Item	2014	2015
年末总人口（万人）	Year-end Population (10000 persons)	136782	137462
国内生产总值（亿元）	Gross Domestic Product (100 million yuan)	636463	676708
# 第一产业	Added Value of Agriculture	58332	60863
工业增加值	Added Value of Industry	228123	228974
全社会固定资产投资额（亿元）	Total Investment in Fixed Assets (100 million yuan)	512760.7	562000
社会消费品零售总额（亿元）	Total Retail Sales of Consumer Goods (100 million yuan)	271896	300931
货物周转量（亿吨公里）	Total Freight To-kilometers (100 million ton-km)	185398	177401
旅客周转量（亿人公里）	Total Passener-kilometers (100 million passenger-km)	30096	30047
邮电业务总量（亿元）	Business Volume of Postal and Telecommunication Services (100 million yuan)	21845.6	28220.0
货物进口总额（亿元）	Total Imports through Customs (100 million yuan)	120423	104485
货物出口总额（亿元）	Total Exports through Customs (100 million yuan)	143912	141255
实际使用外商直接投资（亿美元）	Amount of Capital Actually Used in Foreign Direct Investment(USD 100 million)	1195.6	1263.0
一般公共预算收入（亿元）	General Budgetary Expenditure	140349.7	152217.0
居民消费价格总指数（上年=100）	General Consumer Price Index (preceding year=100)	102.0	101.4
城镇单位在岗职工平均工资（元）	Average Wage of Fully Employed Staff and Workers in Urban Units (yuan)	57346	63241
城镇居民年人均可支配收入（元）	Per Capita Annual Disposable Income of Urban Residents (yuan)	28844	31195
农村居民年人均可支配收入（元）	Per Capita Annual Disposable Income of Rural Residents (yuan)	10489	11422
在校学生数	Number of Enrolled Students by Level of School		
# 普通本科学校（万人）	Undergraduate in Regular HEIS (10000 persons)	2547.7	2625.3
普通高中学校（万人）	Regular Senior Secondary Schools (10000 persons)	2400.5	2374.4
普通小学（万人）	Primary Schools (10000 persons)	9451.1	9692.2
医疗卫生机构床位数（万张）	Hospital Beds (10000 units)	660.1	708.0
卫生技术人员（万人）	Medical Technical Personnel (10000 persons)	759.0	803.0
# 执业医师	Doctors	289.3	300.0

注：1．2015年为初步统计数据。

2．规模以上港口的统计范围为年通过能力在100万吨以上的沿海港口和200万吨以上的内河港口，以及从事外贸、集装箱装卸的港口具体范围由交通运输部划定。

Note: I. The figures of 2015 are preliminary ststistics.

II. Data on production capacity and handing capacity include the seaports handing cargo more than 1 million tons. Inland river ports with turnover over 2 million tons and ports with operation in foreign trade and containing shipping. The specific scope are decided by the Administration of Transportation.

附 2　广东省国民经济主要指标

Appendix Ⅱ. Main Indicators of National Economy of Guangdong Province

项　　目		Item		2014	2015
年末常住人口	（万人）	Year-end Population	(10000 persons)	10724	10849
年末就业人员人数	（万人）	Year-end Employed Persons	(10000 persons)	6183.23	6219.31
地区生产总值	（亿元）	Gross Domestic Products	(100 million yuan)	67809.85	72812.55
人均地区生产总值	（元）	Per Capita GDP	(yuan)	63469	67503
固定资产投资额	（亿元）	Total Investment in Fixed Assets	(100 million yuan)	25928.09	30031.20
社会消费品零售总额	（亿元）	Total Retail Sales of Consumer Goods	(100 million yuan)	28471.15	31517.56
货物周转量	（亿吨公里）	Total Freight To-kilometers	(10 million ton-km)	15020.92	15130.59
旅客周转量	（亿人公里）	Total Passener-kilometers	(100 million passenger-km)	3967.28	4335.79
港口货物吞吐量	（万吨）	Volume of Freight Handled at Ports	(10000 tons)	165455	171109
邮电业务总量	（亿元）	Business Volume of Postal and Telecommunication Services	(100 million yuan)	3394.39	4397.09
货物进口总值	（亿美元）	Total Imports through Customs	(USD 100 million)	4304.97	3793.28
货物出口总值	（亿美元）	Total Exports through Customs	(USD 100 million)	6460.87	6434.68
实际利用外商直接投资	（亿美元）	Amount of Direct Foreign Capital Actually Used	(USD 100 million)	268.71	268.75
地方一般公共预算收入	（亿元）	General Public Budgetary Revenue of Local Government	(100 million yuan)	8065.08	9366.78
地方一般公共预算支出	（亿元）	General Public Budgetary Expenditure of Local Government	(100 million yuan)	9152.64	12827.80
居民消费价格指数	（上年=100）	General Consumer Price Index	(preceding year=100)	102.3	101.5
商品零售价格指数	（上年=100）	General Retail Price Index	(preceding year=100)	101.4	99.6
城镇单位就业人员平均工资	（元）	Average Wage of Fully Employed Staff and Workers in Urban Units	(yuan)	59481	65788
城镇常住居民人均可支配收入	（元）	Per Capita Disposable Income of Urban Residents	(yuan)	32148	34757
农村常住居民人均可支配收入	（元）	Per Capita Disposable Income of Rural Residents	(yuan)	12246	13360
在校学生数	（万人）	Number of Enrolled Students by Level of School	(10000 persons)		
普通高等学校		Institutions of Higher Education		179.42	185.64
中等职业教育学校		Secondary Vocational Schools		128.22	117.21
普通中学		Regular Secondary Schools		590.77	560.72
小　学		Primary Schools		831.91	868.88
医院及卫生院床位	（万张）	Hospital Beds	(10000 units)	37.26	40.07
卫生技术人员	（万人）	Medical Technical Personnel	(10000 persons)	57.57	61.16
#医　生		Doctors		21.07	22.27

附 3　香港特别行政区主要统计指标

Appendix Ⅲ. Main Indicators of Hong Kong Special Administrative Region

项　　目	Item	2014	2015
人口及生命统计	**Population and Vital Events**		
总人口(年中数)　(万人)	Mid-year Population　(10000 persons)	724.2	732.4
男　性	Male	334.5	337.0
女　性	Female	389.7	395.4
粗出生率　(‰)	Crude Birth Rate　(‰)	8.6	8.2
粗死亡率　(‰)	Crude Death Rate　(‰)	6.2	6.3
劳动、就业	**Labor and Employment**		
劳动人口　(万人)	Labor Force　(10000 persons)	387.6	391.0
劳动人口参与率　(%)	Labor Force Participation Rate　(%)	61.1	61.2
失业率　(%)	Unemployment Rate　(%)	3.3	3.3
就业不足率　(%)	Underemployment Rate　(%)	1.5	1.4
本地生产总值	**Gross Domestic Product　(GDP)**		
本地生产总值(按2014年环比物量计算)　(亿港元)	GDP　(in chained 2013 dollars, HKD 100 million)	22582	23132
人均本地生产总值(按2014年环比物量计算)　(港元)	Per Capita GDP　(in chained 2013 dollars, HKD)	311835	316635
本地生产总值(按当年价格计算)　(亿港元)	GDP　(at current prices, HKD 1000 million)	22582	23971
人均本地生产总值(按当年价格计算)　(港元)	Per Capita GDP　(at current prices, HKD)	311835	328117
对外商品贸易	**External Merchandise Trade**		
进口　(亿港元)	Imports　(CIF, HKD 100 million)	42190	40464
香港产品出口　(亿港元)	Domestic Exports　(HKD 100 million)	553	469
转口　(亿港元)	Re-exports　(HKD 100 million)	36175	35584
电力耗用　(兆焦耳)	**Consumption of Electricity　(Mega joule)**		
#工　业	Industrial	11281	11436
商　业	Commercial	102885	103893
住　宅	Residential	43415	42368
工业生产指数　(2008年为100)	**Index of Industrial Production　(2008 = 100)**		
纺织制品	Textiles	119.3	123.7
成　衣	Wearing Apparel	108.1	113.3
金属、电脑、电子及光学产品、机械及设备	Metal, Computer, Electrical and Optical Products, Machinery and Equipment	101.6	92.9

附 3 续表 continued

项 目	Item	2014	2015
新落成私人楼宇	**Newly-Built Real Estate**		
实用楼面面积 (万平方米)	Usable Floor Area (10000 sq.m)		
住 宅	Residential	65	59
非住宅	Non-residential	45	45
持牌车辆总数 (万辆)	**Motor Vehicles Licensed (10000 units)**		
# 货 车	Vans	11.3	11.2
私家车	Sedan	49.5	52.2
旅 游	**Tourism**		
访港旅客 (万人次)	Visitors Arrivals (10000 person-times)	6083.9	5930.8
酒店入住率 (%)	Hotel Room Occupancy Rate (%)	90	86
运输、通讯	**Transport and Communications**		
进出香港货物总量 (万吨)	Inward and Outward Movements of Cargo (10000 tons)		
总卸下	Total Discharged	20090	16877
总装上	Total Loaded	12558	11511
集装箱吞吐量 (万标准集装箱)	Container Throughput (10000 TEUs)	2223	2007
公共交通工具客运量 (百万人次)	Passenger Traffic by Public Vehicles (million person-times)	4569	4599
电话服务 (万条操作线路)	Telephone Services (10000 working lines)	432	421
政府收支 (亿港元)	**Public Accounts (HKD 100 million)**		
政府收入	Total Government Revenue	4553	4500
政府支出	Total Government Expenditure	4335	4356
消费价格指数 (按年变动率)	**Consumer Price Indices (Oct.2009 - Sept.2010 = 100)**		
综合消费价格指数	Composite Consumer Price Index	104.4	103.0
工资指数 (以1992年9月为100)	**Wage Index (September 1992 = 100)**		
名义工资指数	Nominal Wage Index	203.3	211.3
实际工资指数	Real Wage Index	115.7	120.7
教 育 (万人)	**Education (persons)**		
小学学生人数	Student Enrolment in Primary Schools	33.25	34.09
中学学生人数	Student Enrolment in Secondary Schools	39.35	37.17

附 4 澳门特别行政区主要统计指标

Appendix Ⅳ. Main Indicators of Macao Special Administrative Region

项　　目		Item		2014	2015
人口及生命统计		**Population and Demographics Characteristis**			
年终人口估计	（万人）	End-year Estimates of Population	(10000 persons)	63.6	64.7
出生率	（‰）	Crude Birth Rate	(‰)	11.8	11.0
死亡率	（‰）	Crude Death Rate	(‰)	3.1	3.1
劳动、就业		**Labour**			
劳动人口	（万人）	Labour Force		39.5	40.4
劳动力参与率	（%）	Labour Force Participation Rate	(%)	73.8	73.7
失业率	（%）	Unemployment Rate	(%)	1.7	1.8
就业不足率	（%）	Underemployment Rate	(%)	0.4	0.4
本地生产总值		**Gross Domestic Product**			
按2014年不变价格计算		At Constant (2014) Prices			
本地生产总值	（亿澳门元）	GDP	(100 million MOP)	4434.7	3532.3
人均本地生产总值	（万澳门元）	GDP per Capita	(100 million MOP)	71.4	57.5
按当年价格计算		At Current Prices			
本地生产总值	（亿澳门元）	GDP	(100 million MOP)	4434.7	3687.3
人均本地生产总值	（万澳门元）	GDP per Capita	(10000 MOP)	71.4	57.5
对外商品贸易		**External Merchandise Trade**			
出口总值	（亿澳门元）	Exports	(100 million MOP)	99.1	106.9
进口总值	（亿澳门元）	Imports	(100 million MOP)	899.5	846.6
运输、旅游		**Transport, Tourism**			
跨境汽车流量	（万架次）	Cross-Border Vehicle Traffic	(10000 times)	49.4	51.3
访澳旅客	（万人次）	Visitors Arrival	(10000 person-times)	3153	3071
酒店入住率	（%）	Hotel Room Occupancy Rate	(%)	87.0	80.5
财政收支		**Government Accounts**			
公共财政总收入	（亿澳门元）	Total Government Revenue	(100 million MOP)	1618.6	1097.8
公共财政总支出	（亿澳门元）	Total Government Expenditure	(100 million MOP)	670.8	804.8
消费价格指数		**Consumer Price Index**			
综合消费价格指数（2013年10月至2014年9月=100）		Composite Consumer Price Index (Oct.2013 - Sep.2014 = 100)		101.1	105.7
教　育		**Education**			
小学生	（人）	Primary Education	(person)	24252	26436
中学生	（人）	Secondary Education	(person)	30088	28745
高等教育学生	（人）	Higher Education	(person)	30771	31970

注：2014年数据在日后得到更多资料时会作出修订。

Notes: Figures of 2013 are subject to revision as more data become available.